L'ODYSSÉE D'HOMÈRE,

TRADUIT

PAR MADAME DACIER,

AVEC LE TEXTE EN REGARD.

TOME PREMIER.

PARIS.

DE L'IMPRIMERIE D'AUGUSTE DELALAIN,

Libraire, rue des Mathurins-S.-Jacques, N°. 5.

1818.

Toutes mes Editions sont revêtues de ma signature.

Auguste Delalain

L'ODYSSÉE
D'HOMÈRE,
GREC-FRANÇAIS.

ΟΜΗΡΟΥ

ΟΔΥΣΣΕΙΑΣ

ΡΑΨΩΔΙΑ Α.

Θεῶν ἀγορὰ γίνεται περὶ τοῦ τὸν Ὀδυσσέα εἰς Ἰθάκην πεμφθῆναι ἀπὸ τῆς Καλυψοῦς νήσου· μεθ' ἣν ἡ Ἀθηνᾶ εἰς Ἰθάκην παραγίνεται πρὸς Τηλέμαχον, ὁμοιωθεῖσα Μέντῃ βασιλεῖ Ταφίων. Γενομένης δὲ ὁμιλίας, παραινέσασα ἡ Ἀθηνᾶ Τηλεμάχῳ παραγενέσθαι, διὰ τὴν τοῦ πατρὸς ζήτησιν, ἐς Πύλον μὲν, πρὸς Νέστορα, εἰς Σπάρτην δὲ, πρὸς Μενέλαον, ἀπαίρει, ἔμφασιν δοῦσα ὡς θεὸς εἴη· καὶ τῶν μνηστήρων γίνεται εὐωχία.

Ἄλφα, θεῶν ἀγορή, Ὀδυσηΐδι Παλλάδι θάρσος.

Ἄνδρα μοι ἔννεπε, Μοῦσα, πολύτροπον, ὃς μάλα πολλὰ
Πλάγχθη, ἐπεὶ Τροίης ἱερὸν πτολίεθρον ἔπερσε·

L'ODYSSÉE D'HOMÈRE.

LIVRE PREMIER.

ARGUMENT.

Les Dieux tiennent conseil pour faire sortir Ulysse de chez Calypso, et pour le faire retourner à Ithaque. Après ce conseil, Minerve se rend auprès de Télémaque, sous la figure de Mentès, roi des Taphiens ; et, dans une conversation qu'elle a avec lui, elle lui conseille d'aller chercher des nouvelles de son père, à Pylos, chez Nestor, et à Sparte, chez Ménélas ; après quoi elle disparoît ; et en disparoissant elle donne des marques visibles de sa divinité. Les poursuivans de Pénélope, continuant leur vie déréglée dans le palais d'Ulysse, font un grand festin. Le chantre Phémius chante devant eux le retour des Grecs, sujet qui réveille l'affliction de Pénélope, et qui la fait descendre de son appartement pour s'en plaindre. Télémaque la prie de se retirer, et parlant ensuite à ces princes, il indique une assemblée pour le lendemain.

Muse, contez-moi les aventures de cet homme prudent, qui, après avoir ruiné la ville de Troie, bâtie

Πολλῶν δ' ἀνθρώπων ἴδεν ἄστεα, καὶ νόον ἔγνω·
Πολλὰ δ' ὅγ' ἐν πόντῳ πάθεν ἄλγεα, ὃν κατὰ θυμὸν,
Ἀρνύμενος ἥν τε ψυχὴν καὶ νόστον ἑταίρων.   5
Ἀλλ' οὐδ' ὣς ἑτάρους ἐρρύσατο, ἱέμενός περ·
Αὐτῶν γὰρ σφετέρῃσιν ἀτασθαλίῃσιν ὄλοντο·
Νήπιοι, οἳ κατὰ βοῦς ὑπερίονος Ἠελίοιο
Ἤσθιον· αὐτὰρ ὁ τοῖσιν ἀφείλετο νόστιμον ἦμαρ.
Τῶν ἀμόθεν γε, θεά, θύγατερ Διὸς, εἰπὲ καὶ ἡμῖν.   10

  Ἔνθ' ἄλλοι μὲν πάντες, ὅσοι φύγον αἰπὺν ὄλεθρον,
Οἴκοι ἔσαν, πόλεμόν τε πεφευγότες ἠδὲ θάλασσαν·
Τὸν δ' οἶον, νόστου κεχρημένον ἠδὲ γυναικὸς,
Νύμφη πότνι' ἔρυκε Καλυψὼ, δῖα θεάων,
Ἐν σπέσσι γλαφυροῖσι, λιλαιομένη πόσιν εἶναι.   15
Ἀλλ' ὅτε δὴ ἔτος ἦλθε, περιπλομένων ἐνιαυτῶν,
Τῷ οἱ ἐπεκλώσαντο θεοὶ οἰκόνδε νέεσθαι
Εἰς Ἰθάκην, οὐδ' ἔνθα πεφυγμένος ἦεν ἀέθλων,
Καὶ μετὰ οἷσι φίλοισι. Θεοὶ δ' ἐλέαιρον ἅπαντες,
Νόσφι Ποσειδάωνος· ὁ δ' ἀσπερχὲς μενέαινεν   20
Ἀντιθέῳ Ὀδυσῆϊ, πάρος ἣν γαῖαν ἱκέσθαι.
Ἀλλ' ὁ μὲν Αἰθίοπας μετεκίαθε τηλόθ' ἐόντας,
(Αἰθίοπας, τοὶ διχθὰ δεδαίαται, ἔσχατοι ἀνδρῶν,
Οἱ μὲν δυσομένου ὑπερίονος, οἱ δ' ἀνιόντος,)
Ἀντιόων ταύρων τε καὶ ἀρνειῶν ἑκατόμβης.   25
Ἔνθ' ὅγε τέρπετο δαιτὶ παρήμενος· οἱ δὲ δὴ ἄλλοι
Ζηνὸς ἐνὶ μεγάροισιν Ὀλυμπίου ἀθρόοι ἦσαν.
Τοῖσι δὲ μύθων ἦρχε πατὴρ ἀνδρῶν τε θεῶν τε·
Μνήσατο γὰρ κατὰ θυμὸν ἀμύμονος Αἰγίσθοιο,

par la main des Dieux, fut errant plusieurs années en divers pays, visita les villes de différens peuples, et s'instruisit de leurs coutumes et de leurs mœurs. Il souffrit des peines infinies sur la mer, pendant qu'il travailloit à sauver sa vie et à procurer à ses compagnons un heureux retour. Mais tous ses soins furent inutiles. Ces malheureux périrent tous par leur folie. Les insensés! ils eurent l'impiété de se nourrir des troupeaux de bœufs qui étoient consacrés au Soleil, et ce Dieu irrité les punit de ce sacrilége. Déesse, fille de Jupiter, daignez nous apprendre aussi à nous une partie des aventures de ce héros.

Tous ceux qui avoient évité la mort devant les remparts de Troie, étoient arrivés dans leurs maisons, délivrés des périls de la mer et de la guerre; Ulysse étoit seul privé de ce plaisir; malgré l'impatience qu'il avoit de revoir sa femme et ses états, il étoit retenu dans les grottes profondes de la déesse Calypso, qui désiroit passionnément de l'avoir pour mari. Mais après plusieurs années révolues, quand celle que les Dieux avoient marquée pour son retour à Ithaque fut arrivée, ce prince se trouva encore exposé à de nouveaux travaux, quoiqu'il fût au milieu de ses amis. Enfin les Dieux eurent pitié de ses peines. Neptune seul, persévérant dans sa colère, le poursuivit toujours en implacable ennemi, jusqu'à ce qu'il fût de retour dans sa patrie. Un jour que ce Dieu étoit allé chez les Ethiopiens, qui habitent aux extrémités de la terre, et qui sont séparés en deux peuples, dont les uns sont à l'orient et les autres à l'occident; pendant qu'il assistoit avec plaisir au festin d'une hécatombe de taureaux et d'agneaux que ces peuples religieux lui avoient offerte, tous les autres Dieux s'assemblèrent et tinrent conseil dans le palais de Jupiter. Là, le père des Dieux et des hommes s'étant

Τὸν ῥ' Ἀγαμεμνονίδης τηλεκλυτὸς ἔκταν' Ὀρέστης· 30
Τοῦ ὅγ' ἐπιμνησθείς, ἔπε' ἀθανάτοισι μετηύδα·

« Ὢ πόποι, οἷον δή νυ θεοὺς βροτοὶ αἰτιόωνται·
» Ἐξ ἡμέων γάρ φασι κάκ' ἔμμεναι· οἱ δὲ καὶ αὐτοὶ
» Σφῇσιν ἀτασθαλίῃσιν ὑπέρμορον ἄλγε' ἔχουσιν.
» Ὡς καὶ νῦν Αἴγισθος ὑπέρμορον Ἀτρείδαο 35
» Γῆμ' ἄλοχον μνηστὴν, τὸν δ' ἔκτανε νοστήσαντα,
» Εἰδὼς αἰπὺν ὄλεθρον, ἐπεὶ πρό οἱ εἴπομεν ἡμεῖς,
» Ἑρμείαν πέμψαντες ἐύσκοπον Ἀργειφόντην,
» Μήτ' αὐτὸν κτείνειν, μήτε μνάασθαι ἄκοιτιν·
» Ἐκ γὰρ Ὀρέσταο τίσις ἔσσεται Ἀτρείδαο, 40
» Ὁππότ' ἂν ἡβήσῃ τε καὶ ἧς ἱμείρεται αἴης.
» Ὣς ἔφαθ' Ἑρμείας· ἀλλ' οὐ φρένας Αἰγίσθοιο
» Πεῖθ' ἀγαθὰ φρονέων· νῦν δ' ἀθρόα πάντ' ἀπέτισε. »

Τὸν δ' ἠμείβετ' ἔπειτα θεὰ γλαυκῶπις Ἀθήνη·
« Ὢ πάτερ ἡμέτερε Κρονίδη, ὕπατε κρειόντων, 45
» Καὶ λίην κεῖνός γε ἐοικότι κεῖται ὀλέθρῳ·
» Ὣς ἀπόλοιτο καὶ ἄλλος ὅτις τοιαῦτά γε ῥέζοι.
» Ἀλλά μοι ἀμφ' Ὀδυσῆι δαΐφρονι δαίεται ἦτορ
» Δυσμόρῳ, ὃς δὴ δηθὰ φίλων ἄπο πήματα πάσχει,
» Νήσῳ ἐν ἀμφιρύτῃ, ὅθι τ' ὀμφαλός ἐστι θαλάσσης, 50
» Νῆσος δενδρήεσσα· θεὰ δ' ἐν δώμασι ναίει
» Ἄτλαντος θυγάτηρ ὀλοόφρονος, ὅς τε θαλάσσης
» Πάσης βένθεα οἶδεν, ἔχει δέ τε κίονας αὐτὸς
» Μακράς, αἳ γαῖάν τε καὶ οὐρανὸν ἀμφὶς ἔχουσι.
» Τοῦ θυγάτηρ δύστηνον ὀδυρόμενον κατερύκει· 55

souvenu du fameux Égisthe, qu'Oreste avoit tué pour venger la mort de son père, leur parla ainsi :

« Quelle insolence ! les mortels osent accuser les
» Dieux ! ils nous reprochent que nous sommes les
» auteurs des maux qui leur arrivent, et ce sont eux-
» mêmes qui, par leur folie, se précipitent dans des
» malheurs qui ne leur étoient pas destinés ; comme
» Égisthe, car cet exemple est récent. Contre l'ordre
» des destinées, il a épousé la femme d'Agamemnon,
» après avoir assassiné ce prince : il n'ignoroit pourtant
» pas la terrible punition qui suivroit son crime. Nous
» avions eu soin nous-mêmes de l'en avertir, en lui
» envoyant Mercure, qui lui défendit, de notre part,
» d'attenter à la vie du fils d'Atrée et de s'emparer de son
» lit ; qui lui déclara qu'Oreste vengeroit cette mort, et
» le puniroit de ses forfaits dès qu'il seroit en âge, et que,
» commençant à se sentir, il désireroit de rentrer dans
» ses états. Mercure l'avertit en vain ; ce scélérat, aveu-
» glé par sa passion, n'écouta point des avis si salu-
» taires : aussi vient-il de payer à la justice divine tout
» ce qu'il lui devoit. »

La déesse Minerve prenant la parole, répondit :
« Fils du grand Saturne, qui êtes notre père et qui
» régnez sur tous les rois, ce malheureux ne méritoit que
» trop la mort qu'il a soufferte ; périsse comme lui qui-
» conque imitera ses actions ! Mais mon cœur est
» enflammé d'indignation et de colère, quand je pense
» aux malheurs du sage Ulysse, qui depuis long-temps est
» accablé d'une infinité de maux, loin de ses amis, dans
» une île éloignée, toute couverte de bois, au milieu de
» la vaste mer, et habitée par une Déesse fille du sage
» Atlas, qui connoît tous les abîmes de la mer, et qui,
» sur des colonnes d'une hauteur prodigieuse, soutient
» la masse de la terre et la vaste machine des cieux. Cette
» nymphe retient ce malheureux prince, qui passe les

» jours et les nuits dans l'amertume et dans la douleur.
» Elle n'est touchée ni de ses soupirs ni de ses larmes ; mais,
» par des paroles pleines de douceur et par les expres-
» sions de la plus vive tendresse, elle tâche de calmer
» ses chagrins et de lui faire oublier Ithaque. Ulysse
» résiste à tous ses charmes, il ne demande qu'à voir
» seulement la fumée de son palais, et pour acheter ce
» plaisir il est prêt de donner sa vie. Dieu tout-puis-
» sant, votre cœur n'est-il point touché? ne vous lais-
» serez-vous point fléchir? n'est-ce pas le même Ulysse
» qui vous a offert tant de sacrifices sous les murs de
» Troie? Pourquoi êtes-vous donc si irrité contre lui? »

« Ma fille, lui répondit le maître du tonnerre, quelle
» parole venez-vous de laisser échapper? Comment
» seroit-il possible que j'oubliasse le divin Ulysse, qui
» surpasse tous les hommes en prudence, et qui a offert
» le plus de sacrifices aux Dieux immortels qui habitent
» l'Olympe? Mais Neptune est toujours irrité contre lui,
» à cause de son fils Polyphème, le plus grand et le plus
» fort des Cyclopes, qu'il a privé de la vue. Ce Dieu
» étant devenu amoureux de la nymphe Thoossa, fille
» de Phorcys, l'un des Dieux marins, et l'ayant trouvée
» seule dans les grottes profondes et délicieuses du
» palais de son père, eut d'elle ce fils, qui est la cause
» de la haine qu'il conserve contre ce héros: et comme
» il ne peut lui faire perdre la vie, il le fait errer sur la
» vaste mer, et le tient éloigné de ses états. Mais voyons
» ici tous ensemble, et prenons les mesures nécessaires
» pour lui procurer un heureux retour. Neptune sera
» enfin obligé de calmer son ressentiment et de renon-
» cer à sa colère; car il ne pourra pas tenir seul contre
» tous les Dieux. »

La déesse Minerve prenant la parole, dit: « Fils de
» Saturne, père des Dieux et des hommes, si telle est
» la volonté des immortels, qu'Ulysse retourne dans sa

» Αἰεὶ δὲ μαλακοῖσι καὶ αἱμυλίοισι λόγοισι
» Θέλγει, ὅπως Ἰθάκης ἐπιλήσεται· αὐτὰρ Ὀδυσσεὺς
» Ἱέμενος καὶ καπνὸν ἀποθρώσκοντα νοῆσαι
» Ἧς γαίης, θανέειν ἱμείρεται. Οὐδέ νυ σοί περ
» Ἐντρέπεται φίλον ἦτορ, Ὀλύμπιε! οὔ νύ τ᾽ Ὀδυσσεὺς
» Ἀργείων παρὰ νηυσὶ χαρίζετο ἱερὰ ῥέζων   61
» Τροίῃ ἐν εὐρείῃ; τί νύ οἱ τόσον ὠδύσαο, Ζεῦ; »

Τὴν δ᾽ ἀπαμειβόμενος προσέφη νεφεληγερέτα Ζεύς·
« Τέκνον ἐμὸν, ποῖόν σε ἔπος φύγεν ἕρκος ὀδόντων;
» Πῶς ἂν ἔπειτ᾽ Ὀδυσῆος ἐγὼ θείοιο λαθοίμην;   65
» Ὃς πέρι μὲν νόον ἐστὶ βροτῶν, πέρι δ᾽ ἱρὰ θεοῖσιν
» Ἀθανάτοισιν ἔδωκε τοὶ οὐρανὸν εὐρὺν ἔχουσιν;
» Ἀλλὰ Ποσειδάων γαιήοχος ἀσκελὲς αἰὲν
» Κύκλωπος κεχόλωται, ὃν ὀφθαλμοῦ ἀλάωσεν,
» Ἀντίθεον Πολύφημον, ὅου κράτος ἐστὶ μέγιστον   70
» Πᾶσι Κυκλώπεσσι· Θόωσα δέ μιν τέκε νύμφη,
» Φόρκυνος θυγάτηρ ἁλὸς ἀτρυγέτοιο μέδοντος,
» Ἐν σπέσσι γλαφυροῖσι Ποσειδάωνι μιγεῖσα.
» Ἐκ τοῦ δὴ Ὀδυσῆα Ποσειδάων ἐνοσίχθων
» Οὔτι κατακτείνει, πλάζει δ᾽ ἀπὸ πατρίδος αἴης.   75
» Ἀλλ᾽ ἄγεθ᾽, ἡμεῖς οἵδε περιφραζώμεθα πάντες
» Νόστον, ὅπως ἔλθῃσι· Ποσειδάων δὲ μεθήσει
» Ὃν χόλον· οὐ μὲν γάρ τι δυνήσεται ἀντία πάντων
» Ἀθανάτων, ἀέκητι θεῶν, ἐριδαινέμεν οἶος. »

Τὸν δ᾽ ἠμείβετ᾽ ἔπειτα θεὰ γλαυκῶπις Ἀθήνη·   80
« Ὦ πάτερ ἡμέτερε Κρονίδη, ὕπατε κρειόντων,
» Εἰ μὲν δὴ νῦν τοῦτο φίλον μακάρεσσι θεοῖσι,
» Νοστῆσαι Ὀδυσῆα δαΐφρονα ὅνδε δόμονδε,

» Ἑρμείαν μὲν ἔπειτα διάκτορον Ἀργειφόντην
» Νῆσον ἐς Ὠγυγίην ὀτρύνομεν, ὄφρα τάχιστα   85
» Νύμφῃ ἐυπλοκάμῳ εἴπῃ νημερτέα βουλὴν,
» Νόστον Ὀδυσσῆος ταλασίφρονος, ὥς κε νέηται.
» Αὐτὰρ ἐγὼν Ἰθάκηνδ᾽ ἐσελεύσομαι, ὄφρά οἱ υἱὸν
» Μᾶλλον ἐποτρύνω, καί οἱ μένος ἐν φρεσὶ θείω,
» Εἰς ἀγορὴν καλέσαντα καρηκομόωντας Ἀχαιοὺς, 90
» Πᾶσι μνηστήρεσσιν ἀπειπέμεν, οἵτέ οἱ αἰεὶ
» Μῆλ᾽ ἁδινὰ σφάζουσι, καὶ εἰλίποδας ἕλικας βοῦς.
» Πέμψω δ᾽ ἐς Σπάρτην τε καὶ ἐς Πύλον ἠμαθόεντα,
» Νόστον πευσόμενον πατρὸς φίλου, ἤν που ἀκούσῃ,
» Ἠδ᾽ ἵνα μιν κλέος ἐσθλὸν ἐν ἀνθρώποισιν ἔχῃσιν. » 95
Ὣς εἰποῦσ᾽, ὑπὸ ποσσὶν ἐδήσατο καλὰ πέδιλα,
Ἀμβρόσια, χρύσεια, τά μιν φέρον ἠμὲν ἐφ᾽ ὑγρὴν,
Ἠδ᾽ ἐπ᾽ ἀπείρονα γαῖαν, ἅμα πνοιῇς ἀνέμοιο.
Εἵλετο δ᾽ ἄλκιμον ἔγχος, ἀκαχμένον ὀξέϊ χαλκῷ,
βριθὺ, μέγα, στιβαρὸν, τῷ δάμνησι στίχας ἀνδρῶν 100
Ἡρώων, τοῖσίν τε κοτέσσεται ὀβριμοπάτρη.
Βῆ δὲ κατ᾽ Οὐλύμποιο καρήνων ἀίξασα·
Στῆ δ᾽ Ἰθάκης ἐνὶ δήμῳ, ἐπὶ προθύροις Ὀδυσῆος,
Οὐδοῦ ἐπ᾽ αὐλείου· παλάμῃ δ᾽ ἔχε χάλκεον ἔγχος,
Εἰδομένη ξείνῳ Ταφίων ἡγήτορι Μέντῃ.   105
Εὗρε δ᾽ ἄρα μνηστῆρας ἀγήνορας· οἱ μὲν ἔπειτα
Πεσσοῖσι προπάροιθε θυράων θυμὸν ἔτερπον,
Ἥμενοι ἐν ῥινοῖσι βοῶν οὓς ἔκτανον αὐτοί.
Κήρυκες δ᾽ αὐτοῖσι καὶ ὀτρηροὶ θεράποντες,
Οἱ μὲν ἄρ᾽ οἶνον ἔμισγον ἐνὶ κρητῆρσι καὶ ὕδωρ, 110
Οἱ δ᾽ αὖτε σπόγγοισι πολυτρήτοισι τραπέζας
Νίζον, καὶ προτίθεντο, ἰδὲ κρέα πολλὰ δατεῦντο.
Τὴν δὲ πολὺ πρῶτος ἴδε Τηλέμαχος θεοειδής·
Ἧστο γὰρ ἐν μνηστῆρσι φίλον τετιημένος ἦτορ,
Ὀσσόμενος πατέρ᾽ ἐσθλὸν ἐνὶ φρεσὶν, εἴποθεν ἐλθὼν 115
Μνηστήρων τῶν μὲν σκέδασιν κατὰ δώματα θείη,

» patrie, envoyons promptement Mercure à l'île d'Ogy-
» gie porter à la belle nymphe vos ordres suprêmes,
» afin qu'elle laisse partir Ulysse ; cependant j'irai à
» Ithaque pour exciter son fils et pour lui inspirer la
» force dont il a besoin, afin qu'appelant les Grecs à
» une assemblée, il ait le courage de s'opposer à l'inso-
» lence des princes qui poursuivent sa mère, et qui
» égorgent continuellement ses bœufs et ses moutons
» pour faire des sacrifices et des festins. Je l'enverrai à
» Sparte et à Pylos s'informer de son père, afin qu'il
» tâche d'apprendre des nouvelles de son retour, et que
» par cette recherche il acquière un renom immortel
» parmi les hommes. »

En finissant ces mots, elle attache à ses beaux pieds ses talonnières immortelles et toutes d'or, avec lesquelles, plus légère que les vents, elle traverse les mers et la vaste étendue de la terre. Elle prend sa pique armée d'un airain étincelant, cette pique forte et pesante, dont elle renverse les escadrons des plus fiers héros, quand ils ont attiré sa colère. Elle s'élance du haut des sommets de l'Olympe, et arrive à Ithaque, à la porte du palais d'Ulysse : elle s'arrête à l'entrée de la cour, tenant sa pique à la main; et ayant pris la figure de Mentès, roi des Taphiens, elle trouve là les fiers poursuivans de Pénélope, qui, assis sur des peaux de bœufs qu'ils avoient tués eux-mêmes, se divertissoient à jouer. Des hérauts et des jeunes hommes étoient autour d'eux, et s'empressoient à les servir. Les uns mêloient l'eau et le vin dans les urnes, et les autres lavoient et essuyoient les tables avec des éponges, et les couvroient ensuite de toutes sortes de mets. Télémaque, semblable à un Dieu, aperçut la Déesse; car il étoit assis avec ces princes, le cœur triste et uniquement occupé de l'idée de son père, et se le figurant déjà de retour qui chassoit ces insolens, qui se faisoit

Τιμὴν δ' αὐτὸς ἔχοι, καὶ κτήμασιν οἶσιν ἀνάσσοι.
Τὰ φρονέων, μνηστῆρσι μεθήμενος, εἴσιδ' Ἀθήνην·
Βῆ δ' ἰθὺς προθύροιο, νεμεσσήθη δ' ἐνὶ θυμῷ
Ξεῖνον δηθὰ θύρησιν ἐφεστάμεν· ἐγγύθι δὲ στὰς 120
Χεῖρ' ἕλε δεξιτερὴν, καὶ ἐδέξατο χάλκεον ἔγχος,
Καί μιν φωνήσας ἔπεα πτερόεντα προσηύδα·
« Χαῖρε, ξεῖνε· παρ' ἄμμι φιλήσεαι, αὐτὰρ ἔπειτα
» Δείπνου πασσάμενος μυθήσεαι ὅττεό σε χρή. »
Ὣς εἰπὼν ἡγεῖθ', ἡ δ' ἕσπετο Παλλὰς Ἀθήνη· 125
Οἱ δ' ὅτε δή ῥ' ἔντοσθεν ἔσαν δόμου ὑψηλοῖο,
Ἔγχος μὲν ῥ' ἔστησε φέρων πρὸς κίονα μακρὴν,
Δουροδόκης ἔντοσθεν ἐϋξόου, ἔνθα περ ἄλλα
Ἔγχε' Ὀδυσσῆος ταλασίφρονος ἵστατο πολλά·
Αὐτὴν δ' ἐς θρόνον εἷσεν ἄγων, ὑπὸ λῖτα πετάσσας 130
Καλὸν, δαιδάλεον, ὑπὸ δὲ θρῆνυς ποσὶν ἦεν.
Πὰρ δ' αὐτὸς κλισμὸν θέτο ποικίλον, ἔκτοθεν ἄλλων
Μνηστήρων· μὴ ξεῖνος, ἀνιηθεὶς ὀρυμαγδῷ,
Δείπνῳ ἀδδήσειεν, ὑπερφιάλοισι μετελθὼν,
Ἠδ' ἵνα μιν περὶ πατρὸς ἀποιχομένοιο ἔροιτο. 135
Χέρνιβα δ' ἀμφίπολος προχόῳ ἐπέχευε φέρουσα
Καλῇ, χρυσείῃ, ὑπὲρ ἀργυρέοιο λέβητος,
Νίψασθαι· παρὰ δὲ ξεστὴν ἐτάνυσσε τράπεζαν.
Σῖτον δ' αἰδοίη ταμίη παρέθηκε φέρουσα,
Εἴδατα πόλλ' ἐπιθεῖσα, χαριζομένη παρεόντων. 140
Δαιτρὸς δὲ κρειῶν πίνακας παρέθηκεν ἀείρας
Παντοίων, παρὰ δέ σφι τίθει χρύσεια κύπελλα.
Κῆρυξ δ' αὐτοῖσι θάμ' ἐπώχετο οἰνοχοεύων.
Ἐς δ' ἦλθον μνηστῆρες ἀγήνορες· οἱ μὲν ἔπειτα
Ἑξείης ἕζοντο κατὰ κλισμούς τε θρόνους τε· 145
Τοῖσι δὲ κήρυκες μὲν ὕδωρ ἐπὶ χεῖρας ἔχευαν,
Σῖτον δὲ δμωαὶ παρενήνεον ἐν κανέοισιν·
Οἱ δ' ἐπ' ὀνείαθ' ἑτοῖμα, προκείμενα, χεῖρας ἴαλλον.
Κοῦροι δὲ κρητῆρας ἐπεστέψαντο ποτοῖο.

reconnoître pour roi et pour maître, et qui se mettois en possession de tous ses biens. L'esprit rempli de ces pensées, il aperçoit Minerve, et s'avance vers elle, car il ne pouvoit souffrir qu'un étranger fût si long-temps à sa porte. S'étant donc approché, il lui présente la main, prend sa pique pour la soulager, et lui parle en ces termes :

« Etranger, soyez le bienvenu. Vous serez reçu ici » avec toute sorte d'amitié et d'humanité, et avec tous » les honneurs qui vous sont dus. Quand vous aurez pris » quelque nourriture, vous nous direz le sujet qui vous » amène, et ce que vous désirez de moi. » En même temps il marche le premier pour le conduire, et la Déesse le suit.

Dès qu'ils furent entrés, Télémaque alla poser la pique de Minerve à une grande colonne où il y avoit quantité de piques d'Ulysse, et il y mena la Déesse, et la fit asseoir sur un siége qu'il couvrit d'un beau tapis de différentes couleurs, et qui avoit un marchepied bien travaillé. Il met près d'elle un autre siége pour lui, les deux siéges un peu éloignés des poursuivans, afin que son hôte fût moins incommodé du bruit, et que son repas fût plus tranquille que s'il le faisoit manger avec eux, et pour pouvoir aussi lui demander plus librement des nouvelles de son père. En même temps une femme apporte de l'eau dans une aiguière d'or, sur un bassin d'argent, pour donner à laver. Elle met ensuite une table très-propre : la sommelière donna le pain et les autres mets qu'elle avoit sous sa garde, et le maître d'hôtel servit de grands bassins de viandes, et mit devant eux des coupes d'or. Un héraut leur versoit à boire. Cependant les fiers poursuivans entrent dans la salle, et se placent sur différens siéges. Des hérauts leur donnent à laver. Des femmes portent le pain dans de belles corbeilles, et des jeunes hommes remplissent

Αὐτὰρ ἐπεὶ πόσιος καὶ ἐδητύος ἐξ ἔρον ἔντο   150
Μνηστῆρες, τοῖσιν μὲν ἐνὶ φρεσὶν ἄλλα μεμήλει,
Μολπή τ' ὀρχηστύς τε· (τὰ γάρ τ' ἀναθήματα δαιτός.)
Κῆρυξ δ' ἐν χερσὶ κίθαριν περικαλλέα θῆκε
Φημίῳ, ὅς ῥ' ἤειδε παρὰ μνηστῆρσιν ἀνάγκη.
Ἤτοι ὁ φορμίζων ἀνεβάλλετο καλὸν ἀείδειν !   155
Αὐτὰρ Τηλέμαχος προσέφη γλαυκῶπιν Ἀθήνην,
Ἄγχι σχὼν κεφαλήν, ἵνα μὴ πευθοίαθ' οἱ ἄλλοι·

« Ξεῖνε φίλ', εἰ καί μοι νεμεσήσεαι ὅ, ττι κεν εἴπω;
» Τούτοισιν μὲν ταῦτα μέλει, κίθαρις καὶ ἀοιδή,
» Ῥεῖ'· ἐπεὶ ἀλλότριον βίοτον νήποινον ἔδουσιν,   160
» Ἀνέρος, οὗ δή που λεύκ' ὀστέα πύθεται ὄμβρῳ,
» Κείμεν' ἐπ' ἠπείρου, ἢ εἰν ἁλὶ κῦμα κυλίνδει.
» Εἰ κεῖνόν γ' Ἰθάκηνδε ἰδοίατο νοστήσαντα,
» Πάντες κ' ἀρησαίατ' ἐλαφρότεροι πόδας εἶναι,
» Ἢ ἀφνειότεροι χρυσοῖό τε ἐσθητός τε.   165
» Νῦν δ' ὁ μὲν ὣς ἀπόλωλε κακὸν μόρον, οὐδέ τις ἧμιν
» Θαλπωρή, εἴπερ τις ἐπιχθονίων ἀνθρώπων
» Φησὶν ἐλεύσεσθαι· τοῦ δ' ὤλετο νόστιμον ἦμαρ.
» Ἀλλ' ἄγε μοι τόδε εἰπὲ καὶ ἀτρεκέως κατάλεξον,
» Τίς; πόθεν εἰς ἀνδρῶν; πόθι τοι πόλις ἠδὲ τοκῆες;
» Ὁπποίης δ' ἐπὶ νηὸς ἀφίκεο; πῶς δέ σε ναῦται   171
» Ἤγαγον εἰς Ἰθάκην; τίνες ἔμμεναι εὐχετόωνται;
» Οὐ μὲν γάρ τί σε πεζὸν ὀΐομαι ἐνθάδ' ἱκέσθαι·
» Καί μοι τοῦτ' ἀγόρευσον ἐτήτυμον, ὄφρ' εὖ εἰδῶ,
» Ἠὲ νέον μεθέπεις, ἢ καὶ πατρώϊός ἐσσι   175

de vin les urnes. On se met à table ; dès qu'on eut servi, et quand la bonne chère eut chassé la faim et la soif, ils ne pensèrent qu'à la musique et à la danse, qui sont les agréables accompagnemens des festins. Un héraut présenta une lyre au chantre Phémius, qui la prit, quoique avec répugnance, et se mit à chanter et à s'accompagner avec sa lyre devant les poursuivans. Mais Télémaque ne pensa qu'à entretenir Minerve, et penchant la tête de son côté pour n'être pas entendu des autres, il lui dit :

« Mon cher hôte, me pardonnerez-vous si je com-
» mence par vous dire que voilà la vie que mènent ces
» insolens ; ils ne pensent qu'à la bonne chère, à la
» musique et à la danse, parce qu'ils ne vivent pas à leurs
» dépens, et qu'ils consument le bien d'un prince dont
» les os sont peut-être exposés aux vents et à la pluie
» sur quelque rivage, ou bien ils sont dans le sein de la
» vaste mer agitée par les flots et par les tempêtes. Ah !
» s'ils le voyoient un jour de retour dans Ithaque, qu'ils
» aimeroient bien mieux avoir de bonnes jambes, que
» d'être chargés d'or et de riches habits, comme vous le
» voyez ! Mais, il n'en faut plus douter, ce cher prince
» a péri malheureusement ; il ne nous reste aucune
» espérance dont nous puissions nous flatter, quoiqu'il y
» ait des gens qui veulent nous assurer qu'il reviendra.
» Jamais nous ne verrons luire le jour de cet heureux
» retour. Mais dites-moi, je vous prie, qui vous êtes,
» et d'où vous venez, quelle est la ville que vous habi-
» tez, qui sont ceux qui vous ont donné la naissance,
» sur quel vaisseau vous êtes venu, comment vos mate-
» lots vous ont amené, et quelle sorte de gens ce sont : car,
» pour arriver à une île, il n'y a d'autre chemin que la
» mer. Apprenez-moi aussi, je vous en conjure, si c'est
» la première fois que vous êtes venu à Ithaque, ou si
» quelqu'un de vos ancêtres y est venu, qui ait contracté

» Ξεῖνος· ἐπεὶ πολλοὶ ἴσαν ἀνέρες ἡμέτερον δῶ
» Ἄλλοι, ἐπεὶ καὶ κεῖνος ἐπίστροφος ἦν ἀνθρώπων. »

Τὸν δ' αὖτε προσέειπε θεὰ γλαυκῶπις Ἀθήνη·
« Τοιγὰρ ἐγώ τοι ταῦτα μάλ' ἀτρεκέως ἀγορεύσω·
» Μέντης Ἀγχιάλοιο δαΐφρονος εὔχομαι εἶναι   180
» Υἱὸς, ἀτὰρ Ταφίοισι φιληρέτμοισιν ἀνάσσω.
» Νῦν δ' ὧδε ξὺν νηῒ κατήλυθον ἠδ' ἑτάροισιν,
» Πλέων ἐπὶ οἴνοπα πόντον ἐπ' ἀλλοθρόους ἀνθρώπους,
» Ἐς Τεμέσην μετὰ χαλκόν· ἄγω δ' αἴθωνα σίδηρον.
» Νηῦς δέ μοι ἥδ' ἕστηκεν ἐπ' ἀγροῦ νόσφι πόληος, 185
» Ἐν λιμένι Ῥείθρῳ, ὑπὸ Νηΐῳ ὑλήεντι.
» Ξεῖνοι δ' ἀλλήλων πατρώϊοι εὐχόμεθ' εἶναι
» Ἐξ ἀρχῆς, εἴπερ τε γέροντ' εἴρηαι ἐπελθὼν
» Λαέρτην ἥρωα· τὸν οὐκέτι φασὶ πόλινδε
» Ἔρχεσθ', ἀλλ' ἀπάνευθεν ἐπ' ἀγροῦ πήματα πάσχειν
» Γρηῒ σὺν ἀμφιπόλῳ, ἥ οἱ βρῶσίν τε πόσιν τε   191
» Παρτιθεῖ, εὖτ' ἄν μιν κάματος κατὰ γυῖα λάβῃσιν,
» Ἑρπύζοντ' ἀνὰ γουνὸν ἀλωῆς οἰνοπέδοιο.
» Νῦν δ' ἦλθον· δὴ γάρ μιν ἔφαντ' ἐπιδήμιον εἶναι
» Σὸν πατέρ'· ἀλλά νυ τόν γε θεοὶ βλάπτουσι κελεύθου.
» Οὐ γάρ πω τέθνηκεν ἐπὶ χθονὶ δῖος Ὀδυσσεὺς,   196
» Ἀλλ' ἔτι που ζωὸς κατερύκεται εὐρέϊ πόντῳ,
» Νήσῳ ἐν ἀμφιρύτῃ· χαλεποὶ δέ μιν ἄνδρες ἔχουσιν,
» Ἄγριοι, οἵ που κεῖνον ἐρυκανόωσ' ἀέκοντα.
» Αὐτὰρ νῦν τοι ἐγὼ μαντεύσομαι, ὡς ἐνὶ θυμῷ   200
» Ἀθάνατοι βάλλουσι, καὶ ὡς τελέεσθαι ὀΐω,
» Οὔτέ τι μάντις ἐὼν, οὔτ' οἰωνῶν σάφα εἰδώς·
» Οὔτι ἔτι δηρόν γε φίλης ἄπο πατρίδος αἴης
» Ἔσσεται, οὐδ' εἴπέρ τε σιδήρεα δέσματ' ἔχῃσι·
» Φράσσεται ὥς κε νέηται, ἐπεὶ πολυμήχανός ἐστιν.
» Ἀλλ' ἄγε μοι τόδε εἰπὲ καὶ ἀτρεκέως κατάλεξον, 206

» avec nous le droit d'hospitalité ? car notre maison
» a toujours été ouverte à tous les étrangers, parce que
» Ulysse étoit l'ami des hommes. »

La Déesse lui répondit : « Je vous dirai dans la pure
» vérité tout ce que vous me demandez. Je suis Men-
» tès, fils du prudent Anchialus, et je règne sur les
» Taphiens, qui ne s'appliquent qu'à la marine. Je suis
» venu ainsi seul, sur un de mes vaisseaux, pour aller
» trafiquer sur mer avec les étrangers, et je vais à
» Témèse chercher de l'airain et l'échanger contre du
» fer que j'y mène. Mon vaisseau est au bout de l'île,
» dans le port de Rhèthre, sous la montagne de Née,
» qui est couronnée d'une épaisse forêt. Nous sommes
» liés par les liens de l'hospitalité, de père en fils, et
» vous n'avez qu'à le demander au sage et belliqueux
» Laërte. Mais on dit que ce bon vieillard ne revient
» plus à la ville, et qu'accablé de chagrins, il se tient à
» la campagne, avec une esclave fort âgée, qui lui sert
» à manger après qu'il s'est bien fatigué et bien lassé à
» se traîner dans un enclos de vigne qu'il a près de sa
» maison. Je suis venu ici sur ce que j'avois ouï dire
» que votre père étoit de retour, mais j'apprends avec
» douleur que les Dieux l'éloignent encore de sa chère
» Ithaque; car, pour mort, assurément il ne l'est point;
» le divin Ulysse vit, et il est retenu dans quelque île
» fort éloignée, par des hommes inhumains et sau-
» vages qui ne veulent pas le laisser partir. Mais je
» vous prédis, selon que les Dieux me l'inspirent pré-
» sentement, et cela ne manquera pas d'arriver, quoi-
» que je ne sois point prophète, et que je ne sache pas
» bien juger du vol des oiseaux, Ulysse ne sera pas en-
» core long-temps éloigné de sa chère patrie; quand
» même il seroit chargé de chaînes de fer, il trouvera
» le moyen de revenir, car il est fécond en expédiens et
» en ressources. Mais dites-moi aussi, à votre tour, si

» Εἰ δὴ ἐξ αὐτοῖο τόσος πάϊς εἶς Ὀδυσῆος.
» Αἰνῶς γὰρ κεφαλήν τε καὶ ὄμματα καλὰ ἔοικας
» Κείνῳ· ἐπεὶ θαμὰ τοῖον ἐμισγόμεθ᾽ ἀλλήλοισι,
» Πρίν γε τὸν ἐς Τροίην ἀναβήμεναι, ἔνθά περ ἄλλοι
» Ἀργείων οἱ ἄριστοι ἔβαν κοίλης ἐπὶ νηυσίν· 211
» Ἐκ τοῦδ᾽, οὔτ᾽ Ὀδυσῆα ἐγὼν ἴδον, οὔτ᾽ ἐμὲ κεῖνος. »

Τὴν δ᾽ αὖ Τηλέμαχος πεπνυμένος ἀντίον ηὔδα·
« Τοιγὰρ ἐγώ τοι, ξεῖνε, μάλ᾽ ἀτρεκέως ἀγορεύσω,
» Μήτηρ μέν τ᾽ ἐμέ φησι τοῦ ἔμμεναι· αὐτὰρ ἔγωγε 215
» Οὐκ οἶδ᾽· οὐ γάρ πώ τις ἑὸν γόνον αὐτὸς ἀνέγνω.
» Ὡς δὴ ἔγωγ᾽ ὄφελον μάκαρος νύ τευ ἔμμεναι υἱὸς
» Ἀνέρος, ὃν κτεάτεσσιν ἑοῖς ἐπὶ γῆρας ἔτετμε·
» Νῦν δ᾽, ὃς ἀποτμότατος γένετο θνητῶν ἀνθρώπων,
» Τοῦ μ᾽ ἔκ φασι γενέσθαι· ἐπεὶ σύ με τοῦτ᾽ ἐρεείνεις. »

Τὸν δ᾽ αὖτε προσέειπε θεὰ γλαυκῶπις Ἀθήνη· 221
« Οὐ μέν τοι γενεήν γε θεοὶ νώνυμον ὀπίσσω
» Θῆκαν· ἐπεὶ σέ γε τοῖον ἐγείνατο Πηνελόπεια.
» Ἀλλ᾽ ἄγε μοι τόδε εἰπὲ καὶ ἀτρεκέως κατάλεξον,
» Τίς δαίς, τίς δὲ ὅμιλος ὅδ᾽ ἔπλετο; τίπτε δέ σε χρεώ;
» Εἰλαπίνη ἠὲ γάμος; ἐπεὶ οὐκ ἔρανος τάδε γ᾽ ἐστίν. 226
» Ὥς τέ μοι ὑβρίζοντες ὑπερφιάλως δοκέουσι
» Δαίνυσθαι κατὰ δῶμα· νεμεσσήσαιτό κεν ἀνὴρ
» Αἴσχεα πόλλ᾽ ὁρόων, ὅστις πινυτός γε μετέλθοι. »

Τὴν δ᾽ αὖ Τηλέμαχος πεπνυμένος ἀντίον ηὔδα· 230
« Ξεῖν᾽, ἐπεὶ ἂρ δὴ ταῦτά μ᾽ ἀνείρεαι ἠδὲ μεταλλᾷς,
» Μέλλεν μέν ποτε οἶκος ὅδ᾽ ἀφνειὸς καὶ ἀμύμων
» Ἔμμεναι, ὄφρ᾽ ἔτι κεῖνος ἀνὴρ ἐπιδήμιος ἦεν·
» Νῦν δ᾽ ἑτέρως ἐβάλοντο θεοί, κακὰ μητιόωντες,
» Οἳ κεῖνον μὲν ἄϊστον ἐποίησαν περὶ πάντων 235
» Ἀνθρώπων· ἐπεὶ οὔ κε θανόντι περ ὧδ᾽ ἀκαχοίμην,
» Εἰ μετὰ οἷς ἑτάροισι δάμη Τρώων ἐνὶ δήμῳ,

» vous êtes véritablement son fils; vous lui ressemblez
» parfaitement, vous avez sa tête et ses yeux, car nous
» avons été souvent ensemble avant qu'il s'embarquât
» avec l'élite des héros de la Grèce pour aller à Troie;
» nous ne nous sommes pas vus depuis ce temps-là. »

« Je vous dirai la vérité telle que je la sais, répondit
» le prudent Télémaque; ma mère m'assura que je suis
» son fils, je n'en sais pas davantage; quelqu'un peut-il
» se vanter de connoître par lui-même son père? Eh!
» plût aux Dieux que je fusse fils de quelque heureux
» particulier, que la vieillesse eût trouvé vivant paisi-
» blement dans son bien, au milieu de sa famille, au
» lieu que j'ai un père qui est le plus malheureux de
» tous les mortels! »

« Puisque Pénélope vous a mis au monde, reprit
» Minerve, les Dieux ne vous ont pas donné une nais-
» sance obscure, et qui ne doive pas être un jour fort
» célèbre. Mais, dites-moi, je vous prie, quel festin
» est-ce que je vois? quelle est cette nombreuse assem-
» blée? qu'est-ce qui se passe ici? est-ce une fête? est-ce
» une noce? car ce n'est pas un repas ordinaire. Assu-
» rément c'est une débauche; voilà trop d'insolence et
» d'emportement: il n'y a point d'homme sage qui, en
» entrant dans cette salle, ne fût étonné de voir tant de
» choses contre l'honnêteté et la bienséance. »

« Généreux étranger, répondit Télémaque, puisque
» vous voulez savoir tout ce qui se passe ici, je vous dirai
» qu'il n'y auroit point eu de maison plus florissante
» que la nôtre en richesses et en vertu, si Ulysse y avoit
» toujours été; mais les Dieux, pour nous punir, en
» ont ordonné autrement; ils ont fait disparoître ce
» prince, sans que nul homme vivant sache ce qu'il est
» devenu. La douleur que nous aurions de sa mort,
» quelque grande qu'elle fût, seroit moins grande s'il
» étoit péri avec tous ses compagnons sous les murs de

» Ἠὲ φίλων ἐν χερσὶν, ἐπεὶ πόλεμον τολύπευσε·
» Τῷ κέν οἱ τύμβον μὲν ἐποίησαν παναχαιοί,
» Ἠδέ κε καὶ ᾧ παιδὶ μέγα κλέος ἦρατ᾽ ὀπίσσω· 240
» Νῦν δέ μιν ἀκλειῶς Ἅρπυιαι ἀνηρείψαντο·
» Ὤχετ᾽ ἄϊστος, ἄπυστος, ἐμοὶ δ᾽ ὀδύνας τε γόους τε
» Κάλλιπεν· οὐδ᾽ ἔτι κεῖνον ὀδυρόμενος στεναχίζω
» Οἶον, ἐπεί νύ μοι ἄλλα θεοὶ κακὰ κήδε᾽ ἔτευξαν.
» Ὅσσοι γὰρ νήσοισιν ἐπικρατέουσιν ἄριστοι, 245
» Δουλιχίῳ τε, Σάμῃ τε, καὶ ὑλήεντι Ζακύνθῳ,
» Ἠδ᾽ ὅσσοι κραναὴν Ἰθάκην κατακοιρανέουσι,
» Τόσσοι μητέρ᾽ ἐμὴν μνῶνται, τρύχουσι δὲ οἶκον.
» Ἡ δ᾽ οὔτ᾽ ἀρνεῖται στυγερὸν γάμον, οὔτε τελευτὴν
» Ποιῆσαι δύναται· τοὶ δὲ φθινύθουσιν ἔδοντες 250
» Οἶκον ἐμόν· τάχα δή με διαρραίσουσι καὶ αὐτόν. »

Τὸν δ᾽ ἐπαλαστήσασα προσηύδα Παλλὰς Ἀθήνη·
« Ὦ πόποι, ἦ δὴ πολλὸν ἀποιχομένου Ὀδυσῆος
» Δεύῃ, ὅ κε μνηστῆρσιν ἀναιδέσι χεῖρας ἐφείη.
» Εἰ γὰρ νῦν ἐλθὼν, δόμου ἐν πρώτῃσι θύρῃσι 255
» Σταίη, ἔχων πήληκα καὶ ἀσπίδα καὶ δύο δοῦρε,
» Τοῖος ἐών, οἷόν μιν ἐγὼ τὰ πρῶτ᾽ ἐνόησα
» Οἴκῳ ἐν ἡμετέρῳ πίνοντά τε τερπόμενόν τε,
» Ἐξ Ἐφύρης ἀνιόντα παρ᾽ Ἴλου Μερμερίδαο,
» (Ὤχετο γὰρ κἀκεῖσε θοῆς ἐπὶ νηὸς Ὀδυσσεὺς, 260
» Φάρμακον ἀνδροφόνον διζήμενος, ὄφρά οἱ εἴη
» Ἰοὺς χρίεσθαι χαλκήρεας· ἀλλ᾽ ὁ μὲν οὔ οἱ
» Δῶκεν, ἐπεί ῥα θεοὺς νεμεσίζετο αἰὲν ἐόντας·
» Ἀλλὰ πατήρ οἱ δῶκεν ἐμός· φιλέεσκε γὰρ αἰνῶς·)
» Τοῖος ἐὼν μνηστῆρσιν ὁμιλήσειεν Ὀδυσσεὺς, 265

« Troie ; ou si, après avoir terminé une si cruelle guerre,
» il avoit rendu le dernier soupir entre les bras de ses
» amis ; car tous les Grecs lui auroient élevé un magni-
» fique tombeau, dont la gloire auroit rejailli sur son
» fils ; au lieu que présentement les Harpies nous l'ont
» enlevé ; il a disparu avec toute sa gloire, nous n'en
» savons aucunes nouvelles, et il ne m'a laissé en partage
» que les regrets, les larmes et la douleur. Et en le pleu-
» rant, ce n'est pas sa mort seulement que je pleure, je
» pleure encore d'autres malheurs dont les Dieux m'ont
» accablé ; car tous les plus grands princes des îles voi-
» sines, de Dulichium, de Samos, de Zacynthe, ceux
» mêmes qui habitent dans Ithaque, sont tous venus
» s'établir ici, pour rechercher ma mère en mariage, et
» ruinent ma maison. Ma mère les amuse, n'osant ni
» refuser un mariage qu'elle abhorre, ni se résoudre à
» l'accepter. Cependant ils dissipent et perdent tout mon
» bien, et dans peu ils me perdront moi-même. »

La Déesse, touchée de compassion, lui dit en soupirant : « Hélas ! vous avez bien besoin qu'Ulysse, après
» une si longue absence, vienne bientôt réprimer l'in-
» solence de ces princes, et leur faire sentir la force de
» son bras. Ah ! vous verriez un beau changement, si
» tout à coup il venoit à paroître aujourd'hui à la porte
» de votre palais, avec son casque, son bouclier et deux
» javelots, tel que je le vis dans le palais de mon père,
» lorsqu'il revint d'Ephyre, de la cour d'Ilus, fils de
» Mermerus ; car Ulysse étoit allé sur un de ses vais-
» seaux demander à ce prince un poison mortel pour
» en frotter ses dards dont il faisoit la guerre aux bêtes.
» Ilus refusa de lui en donner, parce qu'il avoit la crainte
» des Dieux. Mais lorsque Ulysse repassa à Taphos, mon
» père, qui l'aimoit, qui savoit l'usage qu'il en vouloit
» faire, et qui le connoissoit incapable d'en abuser, lui
» en donna. Si donc Ulysse venoit à se mêler tout d'un

» Πάντες κ' ὠκύμοροί τε γενοίατο πικρόγαμοί τε·
» Ἀλλ' ἤτοι μὲν ταῦτα θεῶν ἐν γούνασι κεῖται·
» Ἢ κεν νοστήσας ἀποτίσεται, ἠὲ καὶ οὐκί,
» Οἷσιν ἐνὶ μεγάροισι· σὲ δὲ φράζεσθαι ἄνωγα
» Ὅππως κεν μνηστῆρας ἀπώσεαι ἐκ μεγάροιο· 270
» Εἰ δ' ἄγε νῦν ξυνίει, καὶ ἐμῶν ἐμπάζεο μύθων,
» Αὔριον εἰς ἀγορὴν καλέσας ἥρωας Ἀχαιοὺς,
» Μῦθον πέφραδε πᾶσι, θεοὶ δ' ἐπιμάρτυροι ἔστων·
» Μνηστῆρας μὲν ἐπὶ σφέτερα σκίδνασθαι ἄνωχθι·
» Μητέρα δ', εἰ οἱ θυμὸς ἐφορμᾶται γαμέεσθαι, 275
» Ἂψ ἴτω ἐς μέγαρον πατρὸς μέγα δυναμένοιο.
» Οἱ δὲ γάμον τεύξουσι, καὶ ἀρτυνέουσιν ἔεδνα
» Πολλὰ μάλ', ὅσσα ἔοικε φίλης ἐπὶ παιδὸς ἔπεσθαι.
» Σοὶ δ' αὐτῷ πυκινῶς ὑποθήσομαι, αἴκε πίθηαι·
» Νῆ' ἄρσας ἐρέτῃσιν ἐείκοσιν, ἥτις ἀρίστη, 280
» Ἔρχεο πευσόμενος πατρὸς δὴν οἰχομένοιο,
» Ἢν τίς τοι εἴπῃσι βροτῶν, ἢ ὄσσαν ἀκούσῃς
» Ἐκ Διὸς, ἥτε μάλιστα φέρει κλέος ἀνθρώποισι.
» Πρῶτα μὲν ἐς Πύλον ἐλθὲ, καὶ εἴρεο Νέστορα δῖον·
» Κεῖθεν δὲ Σπάρτηνδε παρὰ ξανθὸν Μενέλαον· 285
» Ὃς γὰρ δεύτατος ἦλθεν Ἀχαιῶν χαλκοχιτώνων.
» Εἰ μέν κεν πατρὸς βίοτον καὶ νόστον ἀκούσῃς,
» Ἦ τ' ἂν τρυχόμενός περ ἔτι τλαίης ἐνιαυτόν·
» Εἰ δέ κε τεθνειῶτος ἀκούσῃς, μηδέ τ' ἐόντος,

» coup avec ces poursuivans, vous les verriez tous bien-
» tôt livrés à leur mauvaise destinée, et la joie de leurs
» noces convertie en un deuil très-amer. Mais tout cela
» est entre les mains des Dieux. Ils savent seuls s'il
» reviendra vous venger de leurs insolences. Pour vous,
» je vous exhorte de penser aux moyens de les chasser
» de votre palais : écoutez-moi donc, et faites attention à
» ce que je vais vous dire. Dès demain appelez tous ces
» princes à une assemblée ; là, vous leur parlerez, et,
» prenant les Dieux à témoins, vous leur ordonnerez de
» s'en retourner chacun dans sa maison ; et la reine
» votre mère, si elle pense à se remarier, qu'elle se
» retire dans le palais de son père, qui est si puissant. Là,
» Icarius et Phéribée auront soin de lui faire des noces
» magnifiques, et de lui préparer des présens qui
» répondent à la tendresse qu'ils ont pour elle. Après
» avoir congédié l'assemblée, si vous voulez suivre mes
» conseils, vous prendrez un de vos meilleurs vaisseaux,
» vous l'équiperez de vingt bons rameurs, et vous irez
» vous informer de tout ce qui concerne votre père, et
» voir si quelqu'un pourra vous dire ce qu'il est devenu,
» ou si la divine fille de Jupiter, la Renommée, qui,
» plus que toute autre Déesse, sème la gloire des hommes
» dans ce vaste univers, ne pourra point, par quelque
» mot échappé au hasard, vous en apprendre quelque
» nouvelle. Allez d'abord à Pylos, chez le divin Nestor,
» à qui vous ferez des questions ; de là vous irez à
» Sparte, chez Ménélas, qui est revenu de Troie après
» tous les Grecs. Si par hasard vous entendez dire des
» choses qui vous donnent quelque espérance que votre
» père est en vie, et qu'il revient, vous attendrez la
» confirmation de cette bonne nouvelle encore une an-
» née entière, quelque douleur qui vous presse et quelque
» impatience que vous ayez de revenir. Mais si l'on vous
» assure qu'il est mort, et qu'il ne jouit plus de la

» Νοστήσας δὴ ἔπειτα φίλην ἐς πατρίδα γαῖαν, 290
» Σῆμα τέ οἱ χεῦσαι, καὶ ἐπὶ κτέρεα κτερεΐξαι
» Πολλὰ μάλ', ὅσσα ἔοικε· καὶ ἀνέρι μητέρα δοῦναι,
» Αὐτὰρ ἐπὴν δὴ ταῦτα τελευτήσῃς τε καὶ ἔρξῃς,
» Φράζεσθαι δὴ ἔπειτα κατὰ φρένα καὶ κατὰ θυμὸν,
» Ὅππως κεν μνηστῆρας ἐνὶ μεγάροισι τεοῖσι 295
» Κτείνῃς, ἠὲ δόλῳ, ἢ ἀμφαδόν· οὐδέ τί σε χρὴ
» Νηπιάας ὀχέειν, ἐπεὶ οὐκ ἔτι τηλίκος ἐσσί.
» Ἢ οὐκ ἀΐεις οἷον κλέος ἔλλαβε δῖος Ὀρέστης
» Πάντας ἐπ' ἀνθρώπους, ἐπεὶ ἔκτανε πατροφονῆα
» Αἴγισθον δολόμητιν, ὅς οἱ πατέρα κλυτὸν ἔκτα; 300
» Καὶ σὺ, φίλος, (μάλα γάρ σ' ὁρόω καλόν τε μέγαν τε)
» Ἄλκιμος ἔσσ', ἵνα τίς σε καὶ ὀψιγόνων εὖ εἴπῃ.
» Αὐτὰρ ἐγὼν ἐπὶ νῆα θοὴν κατελεύσομαι ἤδη,
» Ἠδ' ἑτάρους, οἵ πού με μάλ' ἀσχαλόωσι μένοντες.
» Σοὶ δ' αὐτῷ μελέτω, καὶ ἐμῶν ἐμπάζεο μύθων.» 305

Τὴν δ' αὖ Τηλέμαχος πεπνυμένος ἀντίον ηὔδα·
« Ξεῖν', ἤτοι μὲν ταῦτα φίλα φρονέων ἀγορεύεις,
» Ὥς τε πατὴρ ᾧ παιδὶ, καὶ οὔποτε λήσομαι αὐτῶν·
» Ἀλλ' ἄγε νῦν ἐπίμεινον, ἐπειγόμενός περ ὁδοῖο,
» Ὄφρα λοεσσάμενός τε, τεταρπόμενός τε φίλον κῆρ,
» Δῶρον ἔχων ἐπὶ νῆα κίῃς, χαίρων ἐνὶ θυμῷ, 311
» Τιμῆεν, μάλα καλὸν, ὅ τοι κειμήλιον ἔσται
» Ἐξ ἐμεῦ· οἷα φίλοι ξεῖνοι ξείνοισι διδοῦσι. »

Τὸν δ' ἠμείβετ' ἔπειτα θεὰ γλαυκῶπις Ἀθήνη·
« Μή μ' ἔτι νῦν κατέρυκε, λιλαιόμενόν περ ὁδοῖο· 315.

» lumière, alors vous reviendrez dans votre patrie, vous
» lui éleverez un tombeau, vous lui ferez des funérailles
» magnifiques et dignes de lui, comme cela est juste,
» et vous donnerez à votre mère un mari que vous choi-
» sirez vous-même. Quand tout cela sera fait, appli-
» quez-vous entièrement à chercher les moyens de vous
» défaire de tous les poursuivans, ou par la force ou par
» la ruse; car, à l'âge où vous êtes, il n'est plus temps
» de vous amuser à des badinages d'enfant. N'entendez-
» vous pas quelle gloire s'est acquise le jeune Oreste
» pour avoir tué ce parricide, ce meurtrier de son
» illustre père, le traître Egisthe? Qu'une noble ému-
» lation aiguise donc votre courage; vous êtes beau et
» bienfait, et vous avez l'air noble. Armez-vous donc
» de force pour mériter comme lui les éloges de la pos-
» térité. Pour moi, je m'en retourne à mon vaisseau; il
» est temps que j'aille retrouver mes compagnons, qui
» sont sans doute bien fâchés que je les fasse si long-
» temps attendre. Allez sans perdre de temps travail-
» ler à ce que je vous ai dit, et que mes conseils ne vous
» sortent pas de la mémoire. »

« Mon hôte, lui répondit le sage Télémaque, vous
» venez de me parler avec toute l'amitié qu'un bon père
» peut témoigner à son fils; jamais je n'oublierai la
» moindre de vos paroles: mais quelque pressé que vous
» soyez de partir, je vous prie d'attendre que vous ayez
» pris quelques rafraîchissemens, et qu'ensuite vous
» ayez le plaisir d'emporter dans votre vaisseau un pré-
» sent honorable, le plus beau que je pourrai choisir,
» et tel qu'on en donne à ses hôtes, quand on a pour
» eux les sentimens que j'ai pour vous. Il sera dans votre
» maison un monument éternel de mon amitié et de ma
» reconnoissance. »

La Déesse prenant la parole, lui dit: « Ne me rete-
» nez pas, je vous prie, et ne retardez pas l'impatience

» Δῶρον δ' ὅ, ττι κέ μοι δοῦναι φίλον ἦτορ ἀνώγει,
» Αὖθις ἀνερχομένῳ δόμεναι οἶκόνδε φέρεσθαι,
» Καὶ μάλα καλὸν ἑλών· σοὶ δ' ἄξιον ἔσται ἀμοιβῆς. »

Ἡ μὲν ἄρ' ὣς εἰποῦσ' ἀπέβη γλαυκῶπις Ἀθήνη,
Ὄρνις δ' ὣς ἀνοπαῖα διέπτατο· τῷ δ' ἐνὶ θυμῷ   320
Θῆκε μένος καὶ θάρσος, ὑπέμνησέν τέ ε πατρὸς
Μᾶλλον ἔτ' ἢ τὸ πάροιθεν· ὁ δὲ, φρεσὶν ᾗσι νοήσας,
Θάμβησεν κατὰ θυμόν· ὀΐσσατο γὰρ θεὸν εἶναι.

Αὐτίκα δὲ μνηστῆρας ἐπῴχετο ἰσόθεος φώς·
Τοῖσι δ' ἀοιδὸς ἄειδε περικλυτὸς, οἱ δὲ σιωπῇ   325
Εἴατ' ἀκούοντες· ὁ δ' Ἀχαιῶν νόστον ἄειδε
Λυγρὸν, ὃν ἐκ Τροίης ἐπετείλατο Παλλὰς Ἀθήνη.
Τοῦ δ' ὑπερωϊόθεν φρεσὶ σύνθετο θέσπιν ἀοιδὴν
Κούρη Ἰκαρίοιο περίφρων Πηνελόπεια·
Κλίμακα δ' ὑψηλὴν κατεβήσατο οἷο δόμοιο,   330
Οὐκ οἴη, ἅμα τῇ γε καὶ ἀμφίπολοι δύ' ἕποντο.
Ἡ δ' ὅτε δὴ μνηστῆρας ἀφίκετο δῖα γυναικῶν,
Στῆ ῥα παρὰ σταθμὸν τέγεος πύκα ποιητοῖο,
Ἄντα παρειάων σχομένη λιπαρὰ κρήδεμνα·
Ἀμφίπολος δ' ἄρα οἱ κεδνὴ ἑκάτερθε παρέστη·   335
Δακρύσασα δ' ἔπειτα προσηύδα θεῖον ἀοιδόν·

« Φήμιε, πολλὰ γὰρ ἄλλα βροτῶν θελκτήρια οἶδας,
» Ἔργ' ἀνδρῶν τε θεῶν τε, τά τε κλείουσιν ἀοιδοί·
» Τῶν ἕν γέ σφιν ἄειδε παρήμενος· οἱ δὲ σιωπῇ
» Οἶνον πινόντων· ταύτης δ' ἀποπαύε' ἀοιδῆς   340
» Λυγρῆς, ἥ τέ μοι αἰεὶ ἐνὶ στήθεσσι φίλον κῆρ
» Τείρει· ἐπεί με μάλιστα καθίκετο πένθος ἄλαστον.
» Τοίην γὰρ κεφαλὴν ποθέω, μεμνημένη αἰεὶ

» que j'ai de partir ; le présent que votre cœur généreux
» vous porte à m'offrir, vous me le ferez à mon retour,
» et je tâcherai de le reconnoître. »

En finissant ces mots, la Déesse le quitte et s'envole
comme un oiseau, et disparoît. Dans le moment elle
remplit le cœur de Télémaque de force et de courage,
et le porte à se souvenir de son père beaucoup plus
encore qu'il n'avoit fait. Le jeune prince, remarquant ces
effets sensibles, est saisi d'étonnement et d'admiration,
et ne doute point que ce ne soit un Dieu qui lui a parlé.

En même temps il rejoint les princes ; le célèbre
musicien chantoit devant eux, et ils l'écoutoient dans
un profond silence. Il chantoit le retour des Grecs, que
la déesse Minerve leur avoit rendu si funeste. La fille
d'Icarius entendit de son appartement ces chants divins,
et en fut frappée. Aussitôt elle descendit suivie de deux
de ses femmes. Quand elle fut arrivée à l'entrée de la
salle où étoient les princes, elle s'arrêta sur le seuil de la
porte, le visage couvert d'un voile d'un grand éclat, et
appuyée sur ses deux femmes ; là, les yeux baignés de
larmes, elle adressa la parole au chantre, et lui dit :

« Phémius, vous avez assez d'autres chants propres à
» toucher et à divertir ; vous êtes instruit de toutes les
» actions les plus célèbres des grands hommes, vous
» n'ignorez pas même celles des Dieux ; et c'est de là que
» les plus grands musiciens tirent d'ordinaire les sujets
» de leurs chants merveilleux : choisissez-en donc quel-
» qu'un, celui qui vous plaira davantage, et que les
» princes continuent leur festin, en vous écoutant dans
» un profond silence ; mais quittez celui que vous avez
» commencé, dont le sujet est trop triste, et qui me
» remplit de douleur : car je suis dans une affliction que
» je ne puis exprimer. De quel époux me vois-je privée !
» J'ai toujours l'idée pleine de ce cher époux, dont la

»Ἀνδρὸς, τοῦ κλέος εὐρὺ καθ᾽ Ἑλλάδα καὶ μέσον Ἄργος,»

Τὴν δ᾽ αὖ Τηλέμαχος πεπνυμένος ἀντίον ηὔδα· 345
« Μῆτερ ἐμή, τί τ᾽ ἄρ᾽ αὖ φθονέεις ἐρίηρον ἀοιδὸν
» Τέρπειν ὅππῃ οἱ νόος ὄρνυται; οὐ νύ τ᾽ ἀοιδοὶ
» Αἴτιοι, ἀλλά ποθι Ζεὺς αἴτιος, ὅστε δίδωσιν
» Ἀνδράσιν ἀλφηστῇσιν ὅπως ἐθέλῃσιν ἑκάστῳ.
» Τούτῳ δ᾽ οὐ νέμεσις Δαναῶν κακὸν οἶτον ἀείδειν· 350
» Τὴν γὰρ ἀοιδὴν μᾶλλον ἐπικλείουσ᾽ ἄνθρωποι,
» Ἥτις ἀκουόντεσσι νεωτάτη ἀμφιπέληται.
» Σοὶ δ᾽ ἐπιτολμάτω κραδίη καὶ θυμὸς ἀκούειν·
» Οὐ γὰρ Ὀδυσσεὺς οἶος ἀπώλεσε νόστιμον ἦμαρ
» Ἐν Τροίῃ, πολλοὶ δὲ καὶ ἄλλοι φῶτες ὄλοντο. 355
» Ἀλλ᾽ εἰς οἶκον ἰοῦσα τὰ σαυτῆς ἔργα κόμιζε,
» Ἱστόν τ᾽ ἠλακάτην τε, καὶ ἀμφιπόλοισι κέλευε
» Ἔργον ἐποίχεσθαι· μῦθος δ᾽ ἄνδρεσσι μελήσει
» Πᾶσι, μάλιστα δ᾽ ἐμοί· τοῦ γὰρ κράτος ἔστ᾽ ἐνὶ οἴκῳ.»

Ἡ μὲν θαμβήσασα πάλιν οἶκόνδε βεβήκει· 360
Παιδὸς γὰρ μῦθον πεπνυμένον ἔνθετο θυμῷ.
Ἐς δ᾽ ὑπερῷ᾽ ἀναβᾶσα σὺν ἀμφιπόλοισι γυναιξί,
Κλαῖεν ἔπειτ᾽ Ὀδυσῆα φίλον πόσιν, ὄφρά οἱ ὕπνον
Ἡδὺν ἐπὶ βλεφάροισι βάλε γλαυκῶπις Ἀθήνη.

Μνηστῆρες δ᾽ ὁμάδησαν ἀνὰ μέγαρα σκιόεντα· 365
Πάντες δ᾽ ἠρήσαντο παραὶ λεχέεσσι κλιθῆναι.
Τοῖσι δὲ Τηλέμαχος πεπνυμένος ἤρχετο μύθων·
« Μητρὸς ἐμῆς μνηστῆρες, ὑπέρβιον ὕβριν ἔχοντες,

» gloire est répandue dans tout le pays d'Argos et dans
» toute la Grèce. »

Le sage Télémaque prenant la parole, répondit :
« Ma mère, pourquoi défendez-vous à Phémius de
» chanter le sujet qu'il a choisi et qui lui plaît davan-
» tage ? Ce ne sont pas les chantres qui sont cause de
» nos malheurs, c'est Jupiter seul ; c'est lui qui envoie
» aux misérables mortels les biens ou les maux qu'il lui
» plaît de leur départir. Il ne faut pas trouver mauvais
» que celui-ci chante le malheureux sort des Grecs, car
» le goût de tous les hommes est d'aimer toujours mieux
» les chansons les plus nouvelles. Ayez la force et le
» courage d'entendre celle-ci. Ulysse n'est pas le seul
» qui ait péri à son retour de Troie ; plusieurs autres
» grands personnages ont péri comme lui. Retournez
» donc dans votre appartement, et ne pensez qu'à vos
» occupations ordinaires ; reprenez vos toiles, vos
» fuseaux, vos laines ; ayez l'œil sur vos femmes, et leur
» ordonnez de presser les ouvrages que vous leur avez
» distribués. Le silence est le partage des femmes, et il
» n'appartient qu'aux hommes de parler dans les assem-
» blées. Ce soin-là me regarde ici. »

Pénélope, étonnée de la sagesse de son fils, dont elle
recueilloit avec soin toutes les paroles, remonte dans
son appartement avec ses femmes, et continue de pleurer son cher Ulysse, jusqu'à ce que la déesse Minerve
lui eût envoyé un doux sommeil qui suspendît sa
douleur.

Dès que la reine fut sortie, les poursuivans firent
beaucoup de bruit dans cette salle spacieuse, tous également enflammés d'amour, et tous poussés d'un désir
égal d'être préférés par Pénélope. Télémaque prend la
parole, et leur dit: « Princes, qui poussez l'emporte-
» ment jusqu'au dernier excès, ne pensons présentement

» Νῦν μὲν δαινύμενοι τερπώμεθα, μηδὲ βοητὺς
» Ἔστω· (ἐπεὶ τόγε καλὸν ἀκούεμεν ἐστὶν ἀοιδοῦ 370
» Τοιοῦδ᾽, οἷος ὅδ᾽ ἐστί, θεοῖς ἐναλίγκιος αὐδήν.)
» Ἠῶθεν δ᾽ ἀγορήνδε καθεζώμεσθα κιόντες
» Πάντες, ἵν᾽ ὑμῖν μῦθον ἀπηλεγέως ἀποείπω,
» Ἐξιέναι μεγάρων· ἄλλας δ᾽ ἀλεγύνετε δαῖτας,
» Ὑμὰ κτήματ᾽ ἔδοντες, ἀμειβόμενοι κατὰ οἴκους. 375
» Εἰ δ᾽ ὕμμιν δοκέει τόδε λωΐτερον καὶ ἄμεινον
» Ἔμμεναι, ἀνδρὸς ἑνὸς βίοτον νήποινον ὀλέσσαι,
» Κείρετ᾽· ἐγὼ δὲ θεοὺς ἐπιβώσομαι αἰὲν ἐόντας,
» Αἴκέ ποθι Ζεὺς δῷσι παλίντιτα ἔργα γενέσθαι,
» Νήποινοί κεν ἔπειτα δόμων ἔντοσθεν ὄλοισθε. » 380
Ὣς ἔφαθ᾽· οἱ δ᾽ ἄρα πάντες ὀδὰξ ἐν χείλεσι φύντες,
Τηλέμαχον θαύμαζον, ὃ θαρσαλέως ἀγόρευε.

Τὸν δ᾽ αὖτ᾽ Ἀντίνοος προσέφη, Εὐπείθεος υἱός·
« Τηλέμαχ᾽, ἦ μάλα δή σε διδάσκουσιν θεοὶ αὐτοὶ
» Ὑψαγόρην τ᾽ ἔμεναι, καὶ θαρσαλέως ἀγορεύειν· 385
» Μὴ σέ γ᾽ ἐν ἀμφιάλῳ Ἰθάκῃ βασιλῆα Κρονίων
» Ποιήσειεν· ὅ τοι γενεῇ πατρώϊόν ἐστι. »

Τὸν δ᾽ αὖ Τηλέμαχος πεπνυμένος ἀντίον ηὔδα·
« Ἀντίνο᾽, εἴπέρ μοι καὶ ἀγάσσεαι ὅ, ττι κεν εἴπω;
» Καί κεν τοῦτ᾽ ἐθέλοιμι, Διός γε διδόντος, ἀρέσθαι.
» Ἦ φῂς τοῦτο κάκιστον ἐν ἀνθρώποισι τετύχθαι; 391
» Οὐ μὲν γάρ τι κακὸν βασιλευέμεν· αἶψά τε οἱ δῶ
» Ἀφνειὸν πέλεται, καὶ τιμηέστερος αὐτός·
» Ἀλλ᾽ ἤτοι βασιλῆες Ἀχαιῶν εἰσὶ καὶ ἄλλοι

» qu'à faire bonne chère ; que le tumulte cesse, et
» qu'on n'entende plus tous ces cris; il est juste d'écouter
» tranquillement un chantre comme celui-ci, qui est
» égal aux Dieux par la beauté de sa voix et par les
» merveilles de ses chants. Demain, à la pointe du
» jour, nous nous rendrons tous à une assemblée que
» j'indique dès aujourd'hui. J'ai à vous parler, pour
» vous déclarer que, sans aucune remise, vous n'avez
» qu'à vous retirer. Sortez de mon palais; allez ailleurs
» faire des festins, en vous traitant tour à tour à vos
» dépens, chacun dans vos maisons. Que si vous trouvez
» qu'il soit plus à propos et plus utile pour vous de man-
» ger impunément le bien d'un seul homme, continuez,
» consumez tout, et moi je m'adresserai aux Dieux
» immortels, et je les prierai que si jamais Jupiter fait
» changer la fortune des méchans, vous périssiez tous
» dans ce palais, sans que votre mort soit jamais ven-
» gée. » Il parla ainsi, et tous ces princes se mordent les
lèvres, et ne peuvent assez s'étonner du courage de ce
jeune prince, et de la vigueur avec laquelle il vient de
leur parler.

Enfin Antinoüs, fils d'Eupithès, rompt le silence,
et dit : « Télémaque, sans doute ce sont les Dieux eux-
» mêmes qui vous enseignent à parler avec tant de hau-
» teur et de confiance. Je souhaite de tout mon cœur que
» Jupiter ne vous donne pas sitôt le sceptre de cette île,
» qui vous appartient par votre naissance. »

« Antinoüs, reprit le sage Télémaque, ne soyez pas
» fâché si je vous dis que je recevrois de bon cœur le
» sceptre des mains de Jupiter. Mais vous paroît-il que
» la royauté soit un si mauvais présent? Ce n'est point
» un malheur de régner, pourvu qu'on règne avec jus-
» tice. Un roi voit bientôt sa maison pleine de richesses,
» et il est comblé de toutes sortes d'honneurs. Mais
» quand je ne serai pas roi d'Ithaque, il y a dans cette

» Πολλοὶ ἐν ἀμφιάλῳ Ἰθάκῃ, νέοι ἠδὲ παλαιοί· 395
» Τῶν κέν τις τόδ᾽ ἔχῃσιν, ἐπεὶ θάνε δῖος Ὀδυσσεύς.
» Αὐτὰρ ἐγὼν οἴκοιο ἄναξ ἔσομ᾽ ἡμετέροιο,
» Καὶ δμώων οὕς μοι ληΐσσατο δῖος Ὀδυσσεύς. »

Τὸν δ᾽ αὖ Εὐρύμαχος Πολύβου παῖς ἀντίον ηὔδα·
» Τηλέμαχ᾽, ἤτοι ταῦτα θεῶν ἐν γούνασι κεῖται, 400
» Ὅστις ἐν ἀμφιάλῳ Ἰθάκῃ βασιλεύσει Ἀχαιῶν·
» Κτήματα δ᾽ αὐτὸς ἔχοις, καὶ δώμασιν οἷσιν ἀνάσσοις.
» Μὴ γὰρ ὅγ᾽ ἔλθοι ἀνὴρ ὅστις σ᾽ ἀέκοντα βίηφι
» Κτήματ᾽ ἀπορραίσει, Ἰθάκης ἔτι ναιεταώσης.
» Ἀλλ᾽ ἐθέλω σε., φέριστε, περὶ ξείνοιο ἔρεσθαι, 405
» Ὁππόθεν οὗτος ἀνήρ, ποίης δ᾽ ἐξ εὔχεται εἶναι
» Γαίης· ποῦ δὲ νύ οἱ γενεὴ καὶ πατρὶς ἄρουρα·
» Ἦέ τοι ἀγγελίην πατρὸς φέρει ἐρχομένοιο,
» Ἢ ἑὸν αὐτοῦ χρεῖος ἐελδόμενος τόδ᾽ ἱκάνει;
» Οἷον ἀναΐξας ἄφαρ οἴχεται, οὐδ᾽ ὑπέμεινε 410
» Γνώμεναι· οὐ μὲν γάρ τι κακῷ εἰς ὦπα ἐῴκει. »

Τὸν δ᾽ αὖ Τηλέμαχος πεπνυμένος ἀντίον ηὔδα·
« Εὐρύμαχ᾽, ἤτοι νόστος ἀπώλετο πατρὸς ἐμοῖο,
» Οὔτ᾽ οὖν ἀγγελίῃς ἔτι πείθομαι, εἴ ποθεν ἔλθοι,
» Οὔτε θεοπροπίης ἐμπάζομαι, ἥντινα μήτηρ 415
» Ἐς μέγαρον καλέσασα θεοπρόπον ἐξερέηται.
» Ξεῖνος δ᾽ οὗτος ἐμὸς πατρώϊος ἐκ Τάφου ἐστὶ,
» Μέντης Ἀγχιάλοιο δαΐφρονος εὔχεται εἶναι
» Υἱὸς, ἀτὰρ Ταφίοισι φιληρέτμοισιν ἀνάσσει. »
Ὣς φάτο Τηλέμαχος· φρεσὶ δ᾽ ἀθανάτην θεὸν ἔγνω.
Οἱ δ᾽ εἰς ὀρχηστύν τε καὶ ἱμερόεσσαν ἀοιδὴν 421
Τρεψάμενοι τέρποντο· μένον δ᾽ ἐπὶ ἕσπερον ἐλθεῖν·
Τοῖσι δὲ τερπομένοισι μέλας ἐπὶ ἕσπερος ἦλθε·

» île plusieurs autres princes jeunes et vieux qui
» méritent de l'être, si le divin Ulysse ne jouit plus de la
» lumière du jour. Pour moi, je me contente de régner
» sur toute ma maison et sur tout ce grand nombre
» d'esclaves que mon père m'a laissés, et qu'il a faits
» dans toutes ses courses. »

Eurymaque, fils de Polybe, prenant la parole, dit:
« Télémaque, tout ce que vous venez de dire est entre
» les mains des Dieux, qui feront asseoir sur le trône
» d'Ithaque celui des Grecs qu'il leur plaira de choisir;
» possédez votre bien en toute sûreté, régnez dans votre
» maison, et que jamais vous ne voyiez arriver ici un
» homme qui vous dépouille par la force, pendant
» qu'Ithaque sera habitée. Mais permettez-moi de vous
» demander qui est cet étranger qui vient de partir :
» d'où est-il ? quelle est sa famille et quel est son pays ?
» Vous apporte-t-il quelque bonne nouvelle du retour
» de votre père? ou n'est-il venu que pour retirer le
» paiement de quelque dette qu'il ait ici ? Il est parti
» bien promptement et n'a pas voulu être connu ; à son
» air on voit bien que ce n'est pas un homme d'une nais-
» sance obscure. »

« Fils de Polybe, répond sagement Télémaque, je
» n'espère plus de voir mon père de retour, c'est pour-
» quoi je n'ajoute plus foi ni aux nouvelles qu'on vient
» m'en apporter, ni aux prédictions que ma mère me
» débite, après avoir recueillies avec soin des devins
» qu'elle appelle dans son palais. L'étranger qui excite
» votre curiosité, c'est un hôte de notre maison, de
» père en fils. Il s'appelle Mentès, fils d'Anchialus, et
» il règne sur les Taphiens, peuple fort appliqué à la
» marine. » Ainsi parla Télémaque, quoiqu'il eût bien
reconnu la Déesse sous la figure de Mentès. Les princes
continuèrent de se livrer au plaisir de la danse et de la
musique jusqu'à la nuit; et lorsque l'étoile du soir eut

Δὴ τότε κακκείοντες ἔϐαν οἶκόνδε ἕκαστος.

Τηλέμαχος δ᾽, ὅθι οἱ θάλαμος περικαλλέος αὐλῆς 425
Ὑψηλὸς δέδμητο, περισκέπτῳ ἐνὶ χώρῳ,
Ἔνθ᾽ ἔϐη εἰς εὐνὴν, πολλὰ φρεσὶ μερμηρίζων.
Τῷ δ᾽ ἄρ᾽ ἅμ᾽ αἰθομένας δαΐδας φέρε κεδν᾽ εἰδυῖα
Εὐρύκλει᾽, Ὤπος θυγάτηρ Πεισηνορίδαο·
Τήν ποτε Λαέρτης πρίατο κτεάτεσσιν ἑοῖσιν   430
Πρωθήϐην ἔτ᾽ ἐοῦσαν, ἐεικοσάϐοια δ᾽ ἔδωκεν·
Ἶσα δέ μιν κεδνῇ ἀλόχῳ τίεν ἐν μεγάροισιν·
Εὐνῇ δ᾽ οὔποτ᾽ ἔμικτο· χόλον δ᾽ ἀλέεινε γυναικός·
Ἥ οἱ ἅμ᾽ αἰθομένας δαΐδας φέρε, καί ἑ μάλιστα
Δμωάων φιλέεσκε, καὶ ἔτρεφε τυτθὸν ἐόντα.   435
Ὤϊξεν δὲ θύρας θαλάμου πύκα ποιητοῖο·
Ἕζετο δ᾽ ἐν λέκτρῳ, μαλακὸν δ᾽ ἔκδυνε χιτῶνα·
Καὶ τὸν μὲν γραίης πυκιμήδεος ἔμϐαλε χερσίν.
Ἡ μὲν τὸν πτύξασα καὶ ἀσκήσασα χιτῶνα,
Πασσάλῳ ἀγκρεμάσασα παρὰ τρητοῖσι λέχεσσι,   440
Βῆ ῥ᾽ ἴμεν ἐκ θαλάμοιο· θύρην δ᾽ ἐπέρυσσε κορώνῃ
Ἀργυρέῃ· ἐπὶ δὲ κληῖδ᾽ ἐτάνυσσεν ἱμάντι.
Ἔνθ᾽ ὅγε παννύχιος, κεκαλυμμένος οἰὸς ἀώτῳ,
Βούλευε φρεσὶν ᾗσιν ὁδὸν, τὴν πέφραδ᾽ Ἀθήνη.

chassé le jour, ils allèrent se coucher chacun dans leur maison.

Le jeune Télémaque, l'esprit agité de différentes pensées, monta dans son appartement, qui étoit au haut d'un pavillon qu'on avoit bâti au bout de la cour, dans un lieu séparé et enfermé. La sage Euryclée, fille d'Ops et petite-fille de Peisenor, portoit devant lui deux flambeaux allumés. Le vieillard Laërte l'avoit autrefois achetée fort jeune, au prix de vingt bœufs, et la considéroit comme sa propre femme; mais pour ne pas causer de jalousie, il n'avoit jamais pensé à l'aimer. Euryclée donc éclairoit à ce jeune prince; car de toutes les femmes du palais, c'étoit celle qui avoit le plus d'affection pour lui, et elle l'avoit élevé depuis son enfance. Dès qu'elle eut ouvert la porte de l'appartement, Télémaque s'assit sur son lit, quitta sa robe, la donna à Euryclée, qui, après l'avoir nettoyée et pliée bien proprement, la mit près de lui. Elle sortit ensuite de sa chambre, tira la porte par son anneau d'argent, et lâchant la courroie qui suspendoit le levier, qui tenoit lieu de clef, elle la ferma. Télémaque passa la nuit à chercher en lui-même les moyens de faire le voyage que Minerve lui avoit conseillé.

ΟΜΗΡΟΥ

ΟΔΥΣΣΕΙΑΣ

ΡΑΨΩΔΙΑ Β.

Συναγαγὼν ἐκκλησίαν Τηλέμαχος, παραγγέλλει τοῖς μνηστῆρ-σιν ἐξιέναι τῆς οἰκίας τοῦ Ὀδυσσέως· λαβὼν δὲ παρὰ μὲν Εὐρυκλείας τὰ πρὸς τὴν ἀποδημίαν ἐπιτήδεια, παρὰ δὲ τῆς Ἀθηνᾶς ἑταίρους καὶ ναῦν, εἰς πλοῦν ἀνάγεται, ἡλίου δύναντος.

———

Βῆτ᾽, ἀγορὴν ἔχει, ἤϊα γρηός, πλοῦν μετ᾽ Ἀθάνας.

Ἦμος δ᾽ ἠριγένεια φάνη ῥοδοδάκτυλος ἠώς,
Ὤρνυτ᾽ ἄρ᾽ ἐξ εὐνῆφιν Ὀδυσσῆος φίλος υἱός,

L'ODYSSÉE D'HOMÈRE.

LIVRE SECOND.
ARGUMENT.

Télémaque tient une assemblée dans laquelle il se plaint hautement des princes qui recherchent sa mère, et il leur déclare qu'ils n'ont qu'à sortir du palais d'Ulysse. Il conjure ses peuples de l'assister, et de se déclarer contre ces insolents. Ces princes veulent se justifier, et l'obliger à renvoyer Pénélope à son père Icarius. Télémaque fait voir l'injustice de cette demande. Sur ce moment, Jupiter envoie deux aigles. Un devin explique ce prodige, et un des princes fait tous ses efforts pour décrediter sa prédiction. Télémaque demande un vaisseau pour aller à Sparte et à Pylos chercher des nouvelles de son père. L'assemblée rompue, Télémaque va faire ses prières à Minerve, sur le bord de la mer. Cette déesse lui apparoît sous la figure de Mentor, et l'assure de son secours. On prépare un navire ; Euryclée donne les provisions nécessaires, et Télémaque s'embarque à l'entrée de la nuit.

L'AURORE commençoit à peine à dorer l'horizon, que le fils d'Ulysse se leva et prit un habit magnifique, mit

Εἵματα ἐσσάμενος, περὶ δὲ ξίφος ὀξὺ θέτ' ὤμῳ·
Ποσσὶ δ' ὑπὸ λιπαροῖσιν ἐδήσατο καλὰ πέδιλα.
Βῆ δ' ἴμεν ἐκ θαλάμοιο θεῷ ἐναλίγκιος ἄντην. 5
Αἶψα δὲ κηρύκεσσι λιγυφθόγγοισι κέλευσε
Κηρύσσειν ἀγορήνδε καρηκομόωντας Ἀχαιούς.
Οἱ μὲν ἐκήρυσσον, τοὶ δ' ἠγείροντο μάλ' ὦκα.
Αὐτὰρ ἐπεί ῥ' ἤγερθεν, ὁμηγερέες τ' ἐγένοντο,
Βῆ ῥ' ἴμεν εἰς ἀγορὴν, παλάμῃ δ' ἔχε χάλκεον ἔγχος,
Οὐκ οἶος· ἅμα τῷγε δύω κύνες ἀργοὶ ἕποντο· 10
Θεσπεσίην δ' ἄρα τῷγε χάριν κατέχευεν Ἀθήνη.
Τὸν δ' ἄρα πάντες λαοὶ ἐπερχόμενον θηεῦντο.
Ἕζετο δ' ἐν πατρὸς θώκῳ, εἶξαν δὲ γέροντες.
Τοῖσι δ' ἔπειθ' ἥρως Αἰγύπτιος ἦρχ' ἀγορεύειν, 15
Ὅς δὴ γήραϊ κυφὸς ἔην, καὶ μυρία ᾔδη.
Καὶ γὰρ τοῦ φίλος υἱὸς ἅμ' ἀντιθέῳ Ὀδυσῆϊ
Ἴλιον εἰς εὔπωλον ἔβη κοίλῃς ἐνὶ νηυσὶν,
Ἄντιφος αἰχμητής· τὸν δ' ἄγριος ἔκτανε Κύκλωψ
Ἐν σπῆϊ γλαφυρῷ, πύματον δ' ὡπλίσσατο δόρπον. 20
Τρεῖς δέ οἱ ἄλλοι ἔσαν, καὶ ὁ μὲν μνηστήρσιν ὁμίλει
Εὐρύνομος, δύο δ' αἰὲν ἔχον πατρώϊα ἔργα·
Ἀλλ' οὐδ' ὣς τοῦ λήθετ' ὀδυρόμενος καὶ ἀχεύων.
Τοῖς ὅγε δακρυχέων ἀγορήσατο καὶ μετέειπεν·

« Κέκλυτε δὴ νῦν μευ, Ἰθακήσιοι, ὅ, ττι κεν εἴπω,
» Οὐδέ ποθ' ἡμετέρη ἀγορὴ γένετ', οὔτε θόωκος, 26
» Ἐξ οὗ Ὀδυσσεὺς δῖος ἔβη κοίλῃς ἐνὶ νηυσί·
» Νῦν δὲ τίς ὧδ' ἤγειρε ; τίνα χρειὼ τόσον ἵκει,
» Ἠὲ νέων ἀνδρῶν, ἢ οἳ προγενέστεροί εἰσιν ;
» Ἠέ τιν' ἀγγελίην στρατοῦ ἔκλυεν ἐρχομένοιο, 30
» Ἥν χ' ἡμῖν σάφα εἴποι ὅτε πρότερός γε πύθοιτο ;
» Ἠέ τι δήμιον ἄλλο πιφαύσκεται, ἠδ' ἀγορεύει ;
» Ἐσθλός μοι δοκεῖ εἶναι, ὀνήμενος· εἴθε οἱ αὐτῷ

sur ses épaules un baudrier, d'où pendoit une riche épée ; et après avoir couvert ses beaux pieds de riches brodequins, il sortit de sa chambre, semblable à un Dieu. Sans perdre un moment, il donne ordre à ses hérauts d'appeler les Grecs à une assemblée ; les hérauts obéissent, et aussitôt les Grecs s'assemblent. Dès qu'ils sont arrivés, et qu'ils ont pris leur place, Télémaque se rend au milieu d'eux, tenant au lieu de sceptre une longue pique, et suivi de deux chiens, ses gardes fidèles. Minerve avoit répandu sur toute sa personne une grâce toute divine : les peuples le voyant entrer sont saisis d'admiration ; il se place sur le trône de son père, et les vieillards s'éloignent par respect. Le héros Egyptius parla le premier. Il étoit courbé sous le poids des ans, et une longue expérience l'avoit instruit. Son fils, le vaillant Antiphus, s'étoit embarqué avec Ulysse, et l'avoit suivi à Ilion ; mais le cruel Cyclope le dévora dans le fond de son antre, et ce fut le dernier qu'il dévora. Il lui restoit encore trois fils ; l'un, appelé Eurynome, étoit un des poursuivans de Pénélope, et les deux autres avoient soin des biens de leur père. Cette consolation n'empêchoit pas ce malheureux père de se souvenir de son aîné ; il en conservoit toujours l'idée, et passoit sa vie dans l'amertume et dans l'affliction. Et alors le visage baigné de larmes, il dit :

« Peuples d'Ithaque, écoutez moi ; nous n'avons vu
» tenir ici d'assemblée ni de conseil depuis le départ du
» divin Ulysse. Qui est donc celui qui nous a assem-
» blés ? quel pressant besoin lui a inspiré cette pensée ?
» Est-ce quelqu'un de nos jeunes gens ? est-ce quelqu'un
» de nos vieillards ? A-t-il reçu de l'armée quelque nou-
» velle dont il veuille nous faire part ? ou veut-il nous
» instruire de quelque chose qui regarde le public ?
» Qui que ce soit, c'est sans doute un homme de bien,

» Ζεὺς ἀγαθὸν τελέσειεν ὅ, τι φρεσὶν ᾗσι μενοινᾷ. »

Ὣς φάτο· χαῖρε δὲ φήμη Ὀδυσσῆος φίλος υἱὸς, 35
Οὐδ' ἄρ' ἔτι δὴν ἧστο, μενοίνησεν δ' ἀγορεύειν·
Στῆ δὲ μέση ἀγορῇ· σκῆπτρον δέ οἱ ἔμβαλε χειρὶ
Κῆρυξ Πεισήνωρ, πεπνυμένα μήδεα εἰδώς.
Πρῶτον ἔπειτα γέροντα καθαπτόμενος προσέειπεν·

« Ὦ γέρον, οὐχ ἑκὰς οὗτος ἀνὴρ (τάχα δ' εἴσεαι αὐτὸς)
» Ὅς λαὸν ἤγειρα· μάλιστα δέ μ' ἄλγος ἱκάνει· 41
» Οὔτέ τιν' ἀγγελίην στρατοῦ ἔκλυον ἐρχομένοιο,
» Ἣν χ' ὑμῖν σάφα εἴπω, ὅτε πρότερός γε πυθοίμην,
» Οὔτέ τι δήμιον ἄλλο πιφαύσκομαι οὐδ' ἀγορεύω·
» Ἀλλ' ἐμὸν αὐτοῦ χρεῖος, ὅ μοι κακὸν ἔμπεσεν οἴκῳ 45
» Διά· τὸ μὲν, πατέρ' ἐσθλὸν ἀπώλεσα, ὅς ποτ' ἐν ὑμῖν
» Τοῖσδεσσιν βασίλευε, πατὴρ δ' ὡς ἤπιος ἦεν·
» Νῦν δ' αὖ καὶ πολὺ μεῖζον, ὃ δὴ τάχα οἶκον ἅπαντα
» Πάγχυ διαρραίσει, βίοτον δ' ἀπὸ πάμπαν ὀλέσσει·
» Μητέρι μοι μνηστῆρες ἐπέχραον οὐκ ἐθελούσῃ, 50
» Τῶν ἀνδρῶν φίλοι υἷες, οἳ ἐνθάδε γ' εἰσὶν ἄριστοι·
» Οἳ πατρὸς μὲν ἐς οἶκον ἀπερρίγασι νέεσθαι
» Ἰκαρίου, ὥς κ' αὐτὸς ἐεδνώσαιτο θύγατρα,
» Δοίη δ' ᾧ κ' ἐθέλοι καί οἱ κεχαρισμένος ἔλθοι·
» Οἳ δ' εἰς ἡμέτερον πωλεύμενοι ἤματα πάντα, 55
» Βοῦς ἱερεύοντες καὶ ὄϊς καὶ πίονας αἶγας,
» Εἰλαπινάζουσι, πίνουσί τε αἴθοπα οἶνον
» Μαψιδίως· τὰ δὲ πολλὰ κατάνεται· οὐ γὰρ ἔπ' ἀνὴρ
» Οἷος Ὀδυσσεὺς ἔσκεν, ἀρὴν ἀπὸ οἴκου ἀμῦναι·
» Ἡμεῖς δ' οὔ νύ τι τοῖοι ἀμυνέμεν· ἦ καὶ ἔπειτα 60

» puisse-t-il réussir dans son entreprise, et que Jupiter
» le favorise dans tous ses desseins ! »

Il parla ainsi, et le fils d'Ulysse, charmé de ce bon augure, ne fut pas long-temps assis, mais plein d'impatience, il se leva au milieu de l'assemblée; et après que le héraut Peisenor, plein de prudence et de sagesse, lui eut mis dans les mains son sceptre, il adressa la parole à Egyptius :

« Sage vieillard, celui qui a assemblé le peuple n'est
» pas loin, vous le voyez devant vos yeux, et c'est la
» douleur dont je suis accablé qui m'a fait prendre ce
» parti; je n'ai reçu aucune nouvelle de l'armée dont je
» puisse vous faire part, et je n'ai rien à vous proposer
» pour le public. C'est une affaire particulière qui me
» regarde. Un grand malheur, que dis-je, deux mal-
» heurs épouvantables sont tombés en même temps sur
» ma maison. Le premier est d'avoir perdu mon père,
» la gloire de nos jours, qui régnoit sur vous avec tant
» de bonté et de justice, que vous trouviez en lui moins
» un maître qu'un père plein de douceur; et le second,
» qui met le comble au premier, et qui va renverser
» mes états et me ruiner sans ressource, est de voir
» une foule de princes qui s'attachent à rechercher ma
» mère sans son consentement, et qui sont les princi-
» paux de mon royaume. Ils refusent tous de se retirer
» auprès de mon grand-père Icarius, qui donneroit une
» grosse dot à sa fille, et l'accorderoit à celui d'entre
» eux qui lui seroit le plus agréable. Mais ils s'opi-
» niâtrent à demeurer chez moi, où ils égorgent tous
» les jours mes bœufs, mes agneaux et mes chèvres, font
» continuellement des festins et épuisent mes celliers ; et
» tout mon bien se dissipe, parce qu'il n'y a point ici
» d'homme comme Ulysse, qui puisse éloigner ce fléau,
» et que je ne suis pas encore en état de m'y opposer;

» Λευγαλέοι τ' ἐσόμεσθα, καὶ οὐ δεδαηκότες ἀλκήν.
» Ἦ τ' ἂν ἀμυναίμην, εἴ μοι δύναμίς γε παρείη.
» Οὐ γὰρ ἔτ' ἀνσχετὰ ἔργα τετεύχαται, οὐδ' ἔτι καλῶς
» Οἶκος ἐμὸς διόλωλε· νεμεσσήθητε καὶ αὐτοί,
» Ἄλλους τ' αἰδέσθητε περικτίονας ἀνθρώπους   65
» Οἳ περιναιετάουσι· θεῶν δ' ὑποδείσατε μῆνιν,
» Μήτι μεταστρέψωσιν ἀγασσάμενοι κακὰ ἔργα.
» Λίσσομαι ἠμὲν Ζηνὸς Ὀλυμπίου, ἠδὲ Θέμιστος,
» Ἥτ' ἀνδρῶν ἀγορὰς ἠμὲν λύει ἠδὲ καθίζει,
» Σχέσθε, φίλοι, καί μ' οἶον ἐάσατε πένθεϊ λυγρῷ 70
» Τείρεσθ'· εἰ μήπου τι πατὴρ ἐμὸς ἐσθλὸς Ὀδυσσεὺς
» Δυσμενέων κάκ' ἔρεξεν ἐϋκνήμιδας Ἀχαιούς·
» Τῶν μ' ἀποτινύμενοι κακὰ ῥέζετε δυσμενέοντες,
» Τούτους ὀτρύνοντες· ἐμοὶ δέ κε κέρδιον εἴη
» Ὑμέας ἐσθέμεναι κειμήλιά τε πρόβασίν τε·   75
» Εἴ χ' ὑμεῖς γε φάγοιτε, τάχ' ἄν ποτε καὶ τίσις εἴη.
» Τόφρα γὰρ ἂρ κατὰ ἄστυ ποτιπτυσσοίμεθα μύθῳ,
» Χρήματ' ἀπαιτίζοντες, ἕως κ' ἀπὸ πάντα δοθείη·
» Νῦν δέ μοι ἀπρήκτους ὀδύνας ἐμβάλλετε θυμῷ. »

Ὣς φάτο χωόμενος, ποτὶ δὲ σκῆπτρον βάλε γαίῃ, 80
Δάκρυ' ἀναπρήσας· οἶκτος δ' ἔλε λαὸν ἅπαντα.
Ἔνθ' ἄλλοι μὲν πάντες ἀκὴν ἔσαν, οὔτέ τις ἔτλη
Τηλέμαχον μύθοισιν ἀμείψασθαι χαλεποῖσιν·
Ἀντίνοος δέ μιν οἶος ἀμειβόμενος προσέειπεν·

« Τηλέμαχ' ὑψαγόρη, μένος ἄσχετε, ποῖον ἔειπες, 85

» (mais il viendra un jour que je leur paroîtrai terrible);
» je n'ai pas encore appris à manier les armes. Certai-
» nement je me vengerois, s'il étoit en mon pouvoir.
» Tout ce qui se passe ici ne peut être supporté, et ma
» maison périt avec trop de honte. Concevez-en donc
» enfin une juste indignation ; respectez les peuples voi-
» sins, évitez leurs reproches, et surtout redoutez la
» colère des Dieux, de peur qu'irrités de tant d'actions
» indignes, ils n'en fassent tomber sur vos têtes la puni-
» tion qu'elles méritent. Je vous en conjure, au nom
» de Jupiter Olympien, et de Thémis qui préside aux
» assemblées, et qui dissipe et fait réussir tous les con-
» seils et tous les projets des hommes ; mes amis,
» opposez-vous à ces injustices, et que je n'aie qu'à me
» livrer tout entier à l'affliction que me cause la perte
» de mon père. Que si jamais le divin Ulysse, avec un
» cœur ennemi, vous a accablés de maux, vengez-vous-
» en sur moi, je me livre à toute votre haine ; excitez
» encore ces insolens, et suivez leur exemple. Il me
» seroit beaucoup plus avantageux que ce fût vous qui
» dévorassiez mes biens, mes troupeaux, et tout ce que
» j'ai de plus précieux; je pourrois au moins espérer
» que vous m'en dédommageriez un jour, car je n'au-
» rois qu'à aller par toute la ville représenter le tort
» qu'on m'auroit fait, et redemander mon bien jusqu'à
» ce qu'on m'eût rendu justice; au lieu que présente-
» ment vous me précipitez dans des maux qui sont sans
» remède. »

Il parla ainsi, animé par la colère, et, le visage baigné de pleurs, il jette à terre son sceptre. Le peuple
est rempli de compassion. Tous les princes demeurent
dans le silence sans oser répondre : Antinoüs fut le seul
qui eut la hardiesse de repartir:

« Télémaque, qui témoignez dans vos discours tant
» de hauteur et tant d'audace, que venez-vous de dire

» Ἡμέας αἰσχύνων; ἐθέλεις δέ κε μῶμον ἀνάψαι·
» Σοὶ δ' οὔτι μνηστῆρες Ἀχαιῶν αἴτιοί εἰσιν,
» Ἀλλὰ φίλη μήτηρ, ἥ τοι πέρι κέρδεα οἶδεν·
» Ἤδη γὰρ τρίτον ἐστὶν ἔτος, τάχα δ' εἶσι τέταρτον,
» Ἐξ οὗ ἀτέμβει θυμὸν ἐνὶ στήθεσσιν Ἀχαιῶν· 90
» Πάντας μέν ῥ' ἔλπει, καὶ ὑπίσχεται ἀνδρὶ ἑκάστῳ,
» Ἀγγελίας προϊεῖσα, νόος δέ οἱ ἄλλα μενοινᾷ.
» Ἡ δὲ δόλον τόνδ' ἄλλον ἐνὶ φρεσὶ μερμήριξε·
» Στησαμένη μέγαν ἱστὸν ἐνὶ μεγάροισιν ὕφαινε,
» Λεπτὸν καὶ περίμετρον· ἄφαρ δ' ἡμῖν μετέειπεν· 95
» Κοῦροι, ἐμοὶ μνηστῆρες, ἐπεὶ θάνε δῖος Ὀδυσσεὺς,
» Μίμνετ' ἐπειγόμενοι τὸν ἐμὸν γάμον, εἰσόκε φᾶρος
» Ἐκτελέσω, (μή μοι μεταμώλια νήματ' ὄληται)
» Λαέρτῃ ἥρωϊ ταφήϊον, εἰς ὅτε κέν μιν
» Μοῖρ' ὀλοὴ καθέλῃσι τανηλεγέος θανάτοιο· 100
» Μήτις μοι κατὰ δῆμον Ἀχαιϊάδων νεμεσήσῃ,
» Αἴκεν ἄτερ σπείρου κεῖται, πολλὰ κτεατίσσας.
» Ὡς ἔφαθ'· ἡμῖν δ' αὖτε πεπείθετο θυμὸς ἀγήνωρ.
» Ἔνθα καὶ ἠματίη μὲν ὑφαίνεσκε μέγαν ἱστὸν,
» Νύκτας δ' ἀλλύεσκεν, ἐπὴν δαΐδας παραθεῖτο. 105
» Ὣς τρίετες μὲν ἔληθε δόλῳ, καὶ ἔπειθεν Ἀχαιούς·
» Ἀλλ' ὅτε τέτρατον ἦλθεν ἔτος, καὶ ἐπήλυθον ὧραι,
» Καὶ τότε δή τις ἔειπε γυναικῶν ἣ σάφα ᾔδη,
» Καὶ τὴν γ' ἀλλύουσαν ἐφεύρομεν ἀγλαὸν ἱστόν.
» Ὣς τὸ μὲν ἐξετέλεσσε, καὶ οὐκ ἐθέλουσ', ὑπ' ἀνάγκης.
» Σοὶ δ' ὧδε μνηστῆρες ὑποκρίνονται, ἵν' εἰδῇς 110
» Αὐτὸς σῷ θυμῷ, εἰδῶσι δὲ πάντες Ἀχαιοί·

» pour nous déshonorer? Vous voulez nous exposer à
» d'éternels reproches. Ce ne sont point les amans de la
» reine votre mère qui sont cause de vos malheurs;
» c'est la reine elle-même, qui n'a recours qu'à des
» artifices et à des subtilités. Il y a déjà trois années
» entières, et la quatrième va bientôt finir, qu'elle élude
» toutes les poursuites des Grecs. Elle nous amuse tous
» de belles espérances; elle promet à chacun de nous,
» en envoyant messages sur messages, et elle pense tout
» le contraire de ce qu'elle promet. Voici le dernier
» tour dont elle s'est avisée. Elle s'est mise à travailler
» dans son appartement à une toile très-fine et d'une
» immense grandeur, et nous a dit à tous: *Jeunes*
» *princes, qui me poursuivez en mariage, puisque le*
» *divin Ulysse n'est plus, attendez, je vous prie, et*
» *permettez que je ne pense à mes noces qu'après que*
» *j'aurai achevé cette toile que j'ai commencée; il ne*
» *faut pas que tout mon ouvrage soit perdu. Je la pré-*
» *pare pour les funérailles de Laërte, quand la Parque*
» *cruelle l'aura livré à la mort, afin qu'aucune femme*
» *des Grecs ne vienne me faire des reproches, si j'avois*
» *laissé sans drap mortuaire, fait de ma main, un*
» *homme si cher et qui possédoit tant de biens.* C'est
» ainsi qu'elle parla, et nous nous laissâmes amuser par
» ses paroles. Le jour elle travailloit avec beaucoup d'as-
» siduité; mais la nuit, dès que les torches étoient allu-
» mées, elle défaisoit ce qu'elle avoit fait le jour. Cette
» ruse nous a été cachée trois ans entiers; mais enfin la
» quatrième année étant venue et presque finie, une de
» ses femmes, qui étoit de la confidence, nous a avertis
» de ce complot; nous-mêmes nous l'avons surprise
» comme elle défaisoit cet ouvrage admirable, et nous
» l'avons forcée malgré elle de l'achever. Voici donc
» la réponse que tous ses poursuivans vous font par ma
» bouche, afin que ni vous ni aucun des Grecs n'en

» Μητέρα σὴν ἀπόπεμψον, ἄνωχθι δέ μιν γαμέεσθαι
» Τῷ ὁτεῴ τε πατὴρ κέλεται, καὶ ἁνδάνει αὐτῇ.
» Εἰ δ' ἔτ' ἀνιήσει γε πολὺν χρόνον υἷας Ἀχαιῶν, 115
» Τὰ φρονέουσ' ἀνὰ θυμὸν, ἅ οἱ πέρι δῶκεν Ἀθήνη,
» Ἔργα τ' ἐπίστασθαι περικαλλέα, καὶ φρένας ἐσθλὰς,
» Κέρδεά θ' οἷ' οὔπω τίν' ἀκούομεν οὐδὲ παλαιῶν,
» Τάων αἳ πάρος ἦσαν ἐϋπλοκαμῖδες Ἀχαιαί,
» Τυρώ τ', Ἀλκμήνη τε, ἐϋπλόκαμός τε Μυκήνη· 120
» Τάων οὔτις ὁμοῖα νοήματα Πηνελοπείῃ
» Ἤδη· ἀτὰρ μὲν τοῦτό γ' ἐναίσιμον οὐκ ἐνόησεν.
» Τόφρα γὰρ οὖν βίοτόν τε τεὸν καὶ κτήματ' ἔδονται,
» Ὄφρά κε κείνη τοῦτον ἔχῃ νόον ὅντινά οἱ νῦν
» Ἐν στήθεσσι τιθεῖσι θεοί· μέγα μὲν κλέος αὐτῇ 125
» Ποιεῖτ', αὐτὰρ σοί γε ποθὴν πολέος βιότοιο.
» Ἡμεῖς δ' οὔτ' ἐπὶ ἔργα πάρος γ' ἴμεν, οὔτε πῆ ἄλλῃ,
» Πρίν γ' αὐτὴν γήμασθαι Ἀχαιῶν ᾧ κ' ἐθέλῃσιν. »

Τὸν δ' αὖ Τηλέμαχος πεπνυμένος ἀντίον ηὔδα·
« Ἀντίνο', οὔπως ἐστὶ δόμων ἀέκουσαν ἀπῶσαι 130
» Ἥ μ' ἔτεχ', ἥ μ' ἔθρεψε· πατὴρ δ' ἐμὸς ἄλλοθι γαίης
» Ζώει ὅγ', ἢ τέθνηκε· κακὸν δέ με πόλλ' ἀποτίνειν
» Ἰκαρίῳ, αἴκ' αὐτὸς ἑκὼν ἀπὸ μητέρα πέμψω.
» Ἐκ γὰρ τοῦ πατρὸς κακὰ πείσομαι, ἄλλα δὲ δαίμων
» Δώσει· ἐπεὶ μήτηρ στυγερὰς ἀρήσετ' Ἐριννῦς 135
» Οἴκου ἀπερχομένη, νέμεσις δέ μοι ἐξ ἀνθρώπων
» Ἔσσεται. ὣς οὐ τοῦτον ἐγώ ποτε μῦθον ἐνίψω.

» prétendiez cause d'ignorance : Renvoyez votre mère,
» et obligez-la à se déclarer en faveur de celui que son
» père choisira, et qu'elle trouvera le plus aimable. Que
» si elle prétend nous amuser ici, et nous faire languir
» encore long-temps, jusqu'à ce qu'elle ait mis en œuvre
» toutes les instructions que Minerve lui a données, en
» lui enseignant tant de beaux ouvrages, en ornant son
» ame de tant de sagesse et de vertu, et en lui inspirant
» des finesses qui ne sont jamais venues dans l'esprit des
» femmes les plus célèbres, de Tyro, d'Alcmène et de la
» belle Mycène (car aucune de ces princesses n'a eu les
» ruses de Pénélope); elle prend là un parti qui ne vous
» est pas fort avantageux : car nous consumerons ici tout
» votre bien, tandis qu'elle persistera dans le dessein
» que les Dieux lui ont inspiré. Il est vrai que, par cette
» conduite, elle acquerra beaucoup de gloire, mais elle
» achevera de vous ruiner ; car, pour nous, nous n'irons
» vaquer à aucune de nos affaires, et nous ne désempa-
» rerons point d'ici que Pénélope n'ait donné la main à
» celui qui lui sera le plus agréable. »

Le sage Télémaque répondit: « Antinoüs, il n'est pas
» possible que je fasse sortir par force de mon palais
» celle qui m'a donné le jour, et qui m'a nourri elle-
» même. Peut-être que mon père vit dans une terre
» étrangère, peut-être aussi qu'il ne vit plus. Suis-je en
» état de rendre à Icarius toutes ses richesses, comme il
» faudra le faire nécessairement, si je renvoie ma mère
» sans autre raison que ma volonté ? Mon père, enfin,
» de retour, ne manqueroit pas de m'en punir ; et quand
» je n'aurois rien à craindre de sa part, me mettrois-je à
» couvert des vengeances des Dieux, après que ma
» mère, chassée de ma maison, auroit invoqué les
» redoutables Furies ; et pourrois-je éviter l'indignation
» de tous les hommes qui s'éleveroient contre moi ?
» Jamais un ordre si injuste et si cruel ne sortira de ma

» Ὑμέτερος δ' εἰ μὲν θυμὸς νεμεσίζεται αὐτῶν,
» Ἔξιτέ μοι μεγάρων, ἄλλας δ' ἀλεγύνετε δαῖτας,
» Ὑμὰ κτήματ' ἔδοντες, ἀμειβόμενοι κατὰ οἴκους· 140
» Εἰ δ' ὑμῖν δοκέει τόδε λωΐτερον καὶ ἄμεινον
» Ἔμμεναι, ἀνδρὸς ἑνὸς βίοτον νήποινον ὀλέσσαι,
» Κείρετ'· ἐγὼ δὲ θεοὺς ἐπιβώσομαι αἰὲν ἐόντας,
» Αἴκέ ποτε Ζεὺς δῶσι παλίντιτα ἔργα γενέσθαι·
» Νήποινοί κεν ἔπειτα δόμων ἔντοσθεν ὄλοισθε. » 145

Ὣς φάτο Τηλέμαχος· τῷ δ' αἰετὼ εὐρύοπα Ζεὺς
Ὑψόθεν ἐκ κορυφῆς ὄρεος προέηκε πέτεσθαι.
Τὼ δ' ἕως μέν ῥ' ἐπέτοντο μετὰ πνοιῆς ἀνέμοιο,
Πλησίω ἀλλήλοισι τιταινομένω πτερύγεσσιν·
Ἀλλ' ὅτε δὴ μέσσην ἀγορὴν πολύφημον ἱκέσθην, 150
Ἔνθ' ἐπιδινηθέντε τιναξάσθην πτερὰ πολλά,
Ἐς δ' ἰδέτην πάντων κεφαλὰς, ὄσσοντο δ' ὄλεθρον·
Δρυψαμένω δ' ὀνύχεσσι παρειὰς ἀμφί τε δειρὰς,
Δεξιὼ ἤϊξαν διά τ' οἰκία καὶ πόλιν αὐτῶν.
Θάμβησαν δ' ὄρνιθας ἐπεὶ ἴδον ὀφθαλμοῖσιν, 155
Ὥρμηναν δ' ἀνὰ θυμὸν ἅπερ τελέεσθαι ἔμελλον.
Τοῖσι δὲ καὶ μετέειπε γέρων ἥρως Ἁλιθέρσης,
Μαστορίδης· ὁ γὰρ οἶος ὁμηλικίην ἐκέκαστο
Ὄρνιθας γνῶναι, καὶ ἐναίσιμα μυθήσασθαι·
Ὅ σφιν ἐΰ φρονέων ἀγορήσατο καὶ μετέειπε· 160

« Κέκλυτε δὴ νῦν μευ, Ἰθακήσιοι, ὅ, ττι κεν εἴπω·
» Μνηστῆρσιν δὲ μάλιστα πιφαυσκόμενος τάδε εἴρω.
» Τοῖσιν γὰρ μέγα πῆμα κυλίνδεται· οὐ γὰρ Ὀδυσσεὺς
» Δὴν ἀπάνευθε φίλων ὧν ἔσσεται, ἀλλά που ἤδη
» Ἐγγὺς ἐών, τοῖσδεσσι φόνον καὶ κῆρα φυτεύει 165
» Πάντεσσιν· πολέσιν δὲ καὶ ἄλλοισιν κακὸν ἔσται,

» bouche. Si vous en êtes fâchés, et que vous soyez si
» rebutés de la conduite de ma mère, sortez de mon
» palais, allez ailleurs faire des fêtes, en vous traitant
» tour à tour à vos dépens, chacun dans vos maisons.
» Que si vous trouvez plus utile et plus expédient pour
» vous de consumer impunément le bien d'un seul, ache-
» vez ; j'invoquerai les Dieux immortels, et je les prie-
» rai qu'ils fassent changer la fortune des méchans, et
» que vous périssiez tous dans ce palais, sans que votre
» mort soit jamais vengée. »

Ainsi parla Télémaque : en même temps Jupiter fait partir du sommet de la montagne deux aigles qui, s'abandonnant au gré des vents, ne font d'abord que planer en se tenant toujours l'un près de l'autre mais dès qu'ils sont arrivés au-dessus de l'assemblée, où l'on entendoit un bruit confus, alors faisant plusieurs tours et battant des ailes, ils marquent par leurs regards toute les têtes des poursuivans et leur prédisent la mort. Car, après s'être ensanglanté avec leurs ongles la tête et le cou, ils prennent leur vol à droite, et traversant toute la ville, ils regagnent tranquillement leur aire. Les Grecs n'eurent pas plus tôt aperçu ces oiseaux de Jupiter, qu'ils furent saisis de frayeur ; car ils prévoyoient ce qui devoit s'accomplir. Le fils de Mastor, le vieillard Halitherse, qui surpassoit en expérience tous ceux de son âge pour discerner le vol des oiseaux et pour expli-quer leurs présages, prenant la parole, leur dit avec beaucoup d'affection et de prudence :

« Peuples d'Ithaque, écoutez ce que j'ai à vous annon-
» cer ; je m'adresse surtout aux poursuivans de Péné-
» lope, car c'est particulièrement sur leur tête que
» va tomber ce malheur. Ulysse ne sera pas encore long-
» temps éloigné de ses amis, il est quelque part près
» d'ici, et porte à tous ces princes une mort certaine ;
» mais ils ne sont pas les seuls, plusieurs d'entre nous

Tome I.

» Οἳ νεμόμεσθ᾽ Ἰθάκην εὐδείελον· ἀλλὰ πολὺ πρὶν
» Φραζώμεσθ᾽, ὥς κεν καταπαύσομεν, ἠδὲ καὶ αὐτοὶ
» Παυέσθων· καὶ γάρ σφιν ἄφαρ τόδε λώϊόν ἐστιν.
» Οὐ γὰρ ἀπείρητος μαντεύσομαι, ἀλλ᾽ εὖ εἰδώς· 170
» Καὶ γὰρ ἐκείνῳ φημὶ τελευτηθῆναι ἅπαντα,
» Ὡς οἱ ἐμυθεόμην, ὅτε Ἴλιον εἰσανέβαινον
» Ἀργεῖοι, μετὰ δέ σφιν ἔβη πολύμητις Ὀδυσσεύς·
» Φῆν κακὰ πολλὰ παθόντ᾽, ὀλέσαντ᾽ ἀπὸ πάντας ἑταίρους,
» Ἄγνωστον πάντεσσιν, ἐεικοστῷ ἐνιαυτῷ,   175
» Οἴκαδ᾽ ἐλεύσεσθαι· τάδε δὴ νῦν πάντα τελεῖται. »

Τὸν δ᾽ αὖτ᾽ Εὐρύμαχος Πολύβου παῖς ἀντίον ηὔδα·
« Ὦ γέρον, εἰ δ᾽ ἄγε νῦν μαντεύεο σοῖσι τέκεσσιν,
» Οἴκαδ᾽ ἰών, μήπου τι κακὸν πάσχωσιν ὀπίσσω·
» Ταῦτα δ᾽ ἐγὼ σέο πολλὸν ἀμείνων μαντεύεσθαι. 180
» Ὄρνιθες δέ τε πολλοὶ ὑπ᾽ αὐγὰς ἠελίοιο
» Φοιτῶσ᾽, οὐδέ τε πάντες ἐναίτιμοι· αὐτὰρ Ὀδυσσεὺς
» Ὤλετο τῆλ᾽· ὡς καὶ σὺ καταφθίσθαι σὺν ἐκείνῳ
» Ὤφελες· οὐκ ἂν τόσσα θεοπροπέων ἀγόρευες,
» Οὐδέ κε Τηλέμαχον κεχολωμένον ὧδ᾽ ἀνιείης, 185
» Σῷ οἴκῳ δῶρον ποτιδέγμενος αἴ κε πόρῃσιν.
» Ἀλλ᾽ ἔκ τοι ἐρέω, τόδε καὶ τετελεσμένον ἔσται,
» Αἴ κε νεώτερον ἄνδρα, παλαιά τε πολλά τε εἰδώς,
» Παρφάμενος ἐπέεσσιν ἐποτρύνῃς χαλεπαίνειν,
» Αὐτῷ μέν οἱ πρῶτον ἀνιηρέστερον ἔσται,   190
» Πρῆξαι δ᾽ ἔμπης οὔτι δυνήσεαι εἵνεκα τῶνδε·

» qui habitons la haute ville d'Ithaque, nous sommes
» menacés du même sort. Avant donc qu'il tombe sur
» nos têtes, prenons ensemble des mesures pour l'éviter.
» Que ces princes changent de conduite, ils gagneront
» infiniment à prendre bientôt ce parti; car ce n'est
» point au hasard et sans expérience que je leur prédis
» ces malheurs; c'est avec une certitude entière, fondée
» sur une science qui ne trompe point. Et je vous dis
» que tout ce que j'avois prédit à Ulysse, lorsque les
» Grecs montèrent à Ilion, et qu'il s'embarqua avec
» eux, est arrivé de point en point. Je lui avois prédit
» qu'il souffriroit des maux sans nombre, qu'il perdroit
» tous ses compagnons, et que la vingtième année il arri-
» veroit dans sa patrie, inconnu à tout le monde. Voici
» la vingtième année, et l'événement va achever de
» justifier ma prédiction. »

Eurymaque, fils de Polybe, lui répondit, en se moquant de ses menaces: « Vieillard, retire-toi, va
» dans ta maison faire les prédictions à tes enfans, de
» peur qu'il ne leur arrive quelque chose de funeste. Je
» suis plus capable que toi de prophétiser et d'expliquer
» ce prétendu prodige. On voit tous les jours une infi-
» nité d'oiseaux voler sous la voûte des cieux, et ils ne
» sont pas tous porteurs de présages. Je te dis, moi,
» qu'Ulysse est mort loin de ses états; et plût aux Dieux
» que tu fusses péri avec lui, tu ne viendrois pas nous
» débiter ici tes belles prophéties, et tu n'exciterois pas
» contre nous Télémaque déjà assez irrité, et cela pour
» quelque présent que tu esperes qu'il te fera pour
» récompenser ton zéle. Mais j'ai une chose à te dire, et
» qui ne manquera pas d'arriver, c'est que si, en te ser-
» vant des vieux tours que ton grand âge t'a appris, tu
» surprends la jeunesse du prince pour l'irriter contre
» nous, tu ne feras qu'augmenter ses maux, et tu ne
» viendras nullement à bout de tes pernicieux desseins;

» Σοὶ δὲ, γέρον, θωὴν ἐπιθήσομεν ἥν κ' ἐνὶ θυμῷ
» Τίνων ἀσχάλλῃς· χαλεπὸν δέ τοι ἔσσεται ἄλγος.
» Τηλεμάχῳ δ' ἐν πᾶσιν ἐγὼν ὑποθήσομαι αὐτὸς,
» Μητέρα ἣν ἐς πατρὸς ἀνωγέτω ἀπονέεσθαι· 195
» Οἱ δὲ γάμον τεύξουσι, καὶ ἀρτυνέουσιν ἔεδνα
» Πολλὰ μάλ', ὅσσα ἔοικε φίλης ἐπὶ παιδὸς ἔπεσθαι.
» Οὐ γὰρ πρὶν παύσασθαι ὀίομαι υἷας Ἀχαιῶν
» Μνηστύος ἀργαλέης· ἐπεὶ οὔτινα δείδιμεν ἔμπης,
» Οὔτ' οὖν Τηλέμαχον μάλα περ πολύμυθον ἐόντα· 200
» Οὔτε θεοπροπίης ἐμπαζόμεθ' ἣν σὺ, γεραιὲ,
» Μύθεαι ἀκράαντον, ἀπεχθάνεαι δ' ἔτι μᾶλλον.
» Χρήματα δ' αὖτε κακῶς βεβρώσεται, οὐδέ ποτ' ἶσα
» Ἔσσεται, ὄφρα κεν ἥγε διατρίβῃσιν Ἀχαιοὺς
» Οὗ γάμον· ἡμεῖς δ' αὖ ποτιδέγμενοι ἤματα πάντα,
» Εἵνεκα τῆς ἀρετῆς ἐριδαίνομεν, οὐδέ μετ' ἄλλας 206
» Ἐρχόμεθ' ἃς ἐπιεικὲς ὀπυιέμεν ἐστὶν ἑκάστῳ. »

Τὸν δ' αὖ Τηλέμαχος πεπνυμένος ἀντίον ηὔδα·
« Εὐρύμαχ', ἠδὲ καὶ ἄλλοι ὅσοι μνηστῆρες ἀγαυοὶ,
» Ταῦτα μὲν οὐχ ὑμέας ἔτι λίσσομαι, οὐδ' ἀγορεύω·
» Ἤδη γὰρ τά γ' ἴσασι θεοὶ καὶ πάντες Ἀχαιοί. 211
» Ἀλλ' ἄγε μοι δότε νῆα θοὴν καὶ εἴκοσ' ἑταίρους,
» Οἵ κέ μοι ἔνθα καὶ ἔνθα διαπρήσσωσι κέλευθον.
» Εἶμι γὰρ ἐς Σπάρτην τε καὶ ἐς Πύλον ἠμαθόεντα,
» Νόστον πευσόμενος πατρὸς δὴν οἰχομένοιο,   215
» Ἤν τίς μοι εἴπῃσι βροτῶν, ἢ ὄσσαν ἀκούσω
» Ἐκ Διὸς, ἥτε μάλιστα φέρει κλέος ἀνθρώποισι.

» nous nous vengerons si cruellement de toi, que tu en
» conserveras long-temps une douleur cuisante. Le seul
» conseil que je puis donner à Télémaque, c'est d'obli-
» ger la reine sa mère à se retirer chez son père ; là,
» ses parens auront soin de lui faire des noces magni-
» fiques, et de lui préparer des présens qui répondront à
» la tendresse qu'ils ont pour elle ; car je ne pense pas
» que les Grecs renoncent à leur poursuite, quelque
» difficile qu'elle soit ; nous ne craignons ici personne,
» non pas même Télémaque, tout grand harangueur
» qu'il est ; et nous nous mettons peu en peine de la pro-
» phétie que tu viens de nous conter, qui ne sera jamais
» accomplie, et qui ne fait que te rendre plus odieux.
» Nous continuerons de consumer les biens d'Ulysse, et
» jamais ce désordre ne cessera tandis qu'elle amusera
» les Grecs en différant son mariage. Tous tant que
» nous sommes ici de rivaux, nous attendrons sans
» nous rebuter, et nous disputerons la reine à cause de
» sa vertu, qui nous empêche de penser aux autres par-
» tis auxquels nous pourrions prétendre. »

Le prudent Télémaque prenant la parole, répondit :
« Eurymaque, et vous tous, fiers poursuivans de la
» reine ma mère, je ne vous fais plus la prière que je
» vous ai faite, je ne vous en parle plus ; les Dieux et
» tous les Grecs savent ce qui se passe, et cela suf-
» fit. Donnez-moi seulement un vaisseau avec vingt
» rameurs qui me mènent de côté et d'autre sur la vaste
» mer. J'ai résolu d'aller à Sparte et à Pylos chercher
» si je ne découvrirai point quelque chose des aventures
» de mon père, qui est absent depuis tant d'années ; si
» je ne pourrai rien apprendre sur son retour ; si quelque
» mortel pourra me dire ce qu'il est devenu ; ou si la
» fille de Jupiter, la Renommée, qui plus que toute
» autre Déesse fait voler la gloire des hommes dans tout
» l'univers, ne m'en donnera point quelque nouvelle.

» Εἰ μέν κεν πατρὸς βίοτον καὶ νόστον ἀκούσω,
» Ἦτ᾽ ἂν τρυχόμενός περ ἔτι τλαίην ἐνιαυτόν·
» Εἰ δέ κε τεθνειῶτος ἀκούσω μηδ᾽ ἔτ᾽ ἐόντος, 220
» Νοστήσας δ᾽ ἔπειτα φίλην ἐς πατρίδα γαῖαν,
» Σῆμά τε οἱ χεύσω, καὶ ἐπὶ κτέρεα κτερεΐξω
» Πολλὰ μάλ᾽, ὅσσα ἔοικε· καὶ ἀνέρι μητέρα δώσω. »

Ἤτοι ὅγ᾽ ὣς εἰπὼν κατ᾽ ἄρ᾽ ἕζετο· τοῖσι δ᾽ ἀνέστη
Μέντωρ, ὅς ῥ᾽ Ὀδυσῆος ἀμύμονος ἦεν ἑταῖρος, 225
Καί οἱ ἰὼν ἐν νηυσὶν ἐπέτρεπεν οἶκον ἅπαντα,
Πείθεσθαί τε γέροντι, καὶ ἔμπεδα πάντα φυλάσσειν.
Ὅ σφιν ἐϋφρονέων ἀγορήσατο καὶ μετέειπε·

« Κέκλυτε δὴ νῦν μευ, Ἰθακήσιοι, ὅ, ττι κεν εἴπω.
» Μήτις ἔτι πρόφρων, ἀγανὸς, καὶ ἤπιος ἔστω 230
» Σκηπτοῦχος βασιλεὺς, μηδὲ φρεσὶν αἴσιμα εἰδὼς,
» Ἀλλ᾽ αἰεὶ χαλεπός τ᾽ εἴη, καὶ αἴσυλα ῥέζοι·
» Ὡς οὔτις μέμνηται Ὀδυσσῆος θείοιο
» Λαῶν οἷσιν ἄνασσε, πατὴρ δ᾽ ὣς ἤπιος ἦεν·
» Ἀλλ᾽ ἤτοι μνηστῆρας ἀγήνορας οὔτι μεγαίρω 235
» Ἔρδειν ἔργα βίαια, κακορραφίῃσι νόοιο·
» Σφὰς γὰρ παρθέμενοι κεφαλὰς, κατέδουσι βιαίως
» Οἶκον Ὀδυσσῆος, τὸν δ᾽ οὐκ ἔτι φασὶ νέεσθαι.
» Νῦν δ᾽ ἄλλῳ δήμῳ νεμεσίζομαι· οἷον ἅπαντες
» Ἧσθ᾽ ἄνεῳ, ἀτὰρ οὔτι καθαπτόμενοι ἐπέεσσιν, 240
» Παύρους μνηστῆρας κατερύκετε πολλοὶ ἐόντες. »

» Si je suis assez heureux pour entendre dire qu'il
» est en vie et en état de revenir, j'attendrai la confir-
» mation de cette bonne nouvelle une année entière,
» avec toute l'inquiétude d'une attente toujours dou-
» teuse. Mais si j'apprends qu'il ne vit plus, et qu'il ne
» jouit plus de la lumière du soleil, je reviendrai dans
» ma chère patrie, je lui éleverai un superbe tombeau,
» je lui ferai des funérailles magnifiques, et j'obligerai
» ma mère à choisir un mari. »

Après qu'il eut parlé de la sorte, il s'assit, et Mentor se leva : c'étoit un des plus fidèles amis d'Ulysse, et celui à qui, en s'embarquant pour Troie, il avoit confié le soin de toute sa maison, afin qu'il la conduisît sous les ordres du bon Laërte. Il parla en ces termes, qui faisoient connoître sa grande sagesse :

« Ecoutez-moi, peuple d'Ithaque, qui est le roi qui
» désormais voudra être modéré, clément et juste ? qui
» est celui, au contraire, qui ne sera pas dur, emporté,
» violent, et qui ne s'abandonnera pas à toutes sortes
» d'injustices, lorsque nous voyons que parmi tant de
» peuples qui étoient soumis au divin Ulysse, et qui ont
» toujours trouvé en lui un père plein de douceur, il
» n'y a pas un seul homme qui se souvienne de lui, et
» n'ait oublié ses bienfaits? Je n'en veux point ici aux
» fiers poursuivans qui commettent dans ce palais toutes
» sortes de violences, par la corruption et la déprava-
» tion de leur esprit, car c'est au péril de leur tête qu'ils
» dissipent les biens d'Ulysse, quoiqu'ils espèrent qu'ils
» ne le verront jamais de retour: mais je suis véritable-
» ment indigné contre son peuple, de voir que vous
» vous tenez tous dans un honteux silence, et que vous
» n'avez pas le courage de vous opposer, au moins par
» vos paroles, aux injustices de ses ennemis, quoique
» vous soyez en très-grand nombre, et qu'ils soient bien
» moins forts que vous. »

Τὸν δ᾽ Εὐηνορίδης Λειώκριτος ἀντίον ηὔδα·
« Μέντορ ἀταρτηρὲ, φρένας ἠλεὲ, ποῖον ἔειπες,
» Ἡμέας ὀτρύνων καταπαυέμεν; ἀργαλέον δὲ
» Ἀνδράσι καὶ πλεόνεσσι μαχήσασθαι περὶ δαιτί. 245
» Εἴπερ γάρ κ᾽ Ὀδυσεὺς Ἰθακήσιος αὐτὸς ἐπελθὼν
» Δαινυμένους κατὰ δῶμα ἑὸν μνηστῆρας ἀγαυοὺς
» Ἐξελάσαι μεγάροιο μενοινήσῃ ἐνὶ θυμῷ,
» Οὔ κέν οἱ κεχάροιτο γυνὴ, μάλα περ χατέουσα,
» Ἐλθόντ᾽, ἀλλά κεν αὐτοῦ ἀεικέα πότμον ἐπίσποι, 250
» Εἰ πλεόνεσσι μάχοιτο· σὺ δ᾽ οὐ κατὰ μοῖραν ἔειπες.
» Ἀλλ᾽ ἄγε, λαοὶ, μὲν σκίδνασθ᾽ ἐπὶ ἔργα ἕκαστος,
» Τούτῳ δ᾽ ὀτρυνέει Μέντωρ ὁδὸν ἠδ᾽ Ἁλιθέρσης,
» Οἵ τέ οἱ ἐξ ἀρχῆς πατρώϊοί εἰσιν ἑταῖροι.
» Ἀλλ᾽, ὀΐω, καὶ δηθὰ καθήμενος, ἀγγελιάων 255
» Πεύσεται εἰν Ἰθάκῃ, τελέει δ᾽ ὁδὸν οὔποτε ταύτην. »

Ὣς ἄρ᾽ ἐφώνησεν· λῦσεν δ᾽ ἀγορὴν αἰψηρήν.
Οἱ μὲν ἄρ᾽ ἐσκίδναντο ἑὰ πρὸς δώμαθ᾽ ἕκαστος·
Μνηστῆρες δ᾽ ἀνὰ δώματ᾽ ἴσαν θείου Ὀδυσῆος·
Τηλέμαχος δ᾽ ἀπάνευθεν ἰὼν ἐπὶ θῖνα θαλάσσης, 260.
Χεῖρας νιψάμενος πολιῆς ἁλὸς, εὔχετ᾽ Ἀθήνῃ·

« Κλῦθί μοι, ὃ χθιζὸς θεὸς ἤλυθες ἡμέτερον δῶ,
» Καί μ᾽ ἐν νηΐ κέλευσας ἐπ᾽ ἠεροειδέα πόντον
» Νόστον πευσόμενον πατρὸς δὴν οἰχομένοιο,
» Ἔρχεσθαι· τὰ δὲ πάντα διατρίβουσιν Ἀχαιοί, 265
» Μνηστῆρες δὲ μάλιστα, κακῶς ὑπερηνορέοντες. »

Ὣς ἔφατ᾽ εὐχόμενος· σχεδόθεν δέ οἱ ἦλθεν Ἀθήνη,

Léocrite, fils d'Evenor, lui répondit: « Imprudent, » insensé Mentor, que venez-vous de dire pour nous » exciter à nous opposer à tant de désordres? Il n'est pas » facile de combattre contre des gens qui sont toujours à » table, quoique vous soyez en plus grand nombre » qu'eux. Si Ulysse lui-même survenoit au milieu de » ces festins, et qu'il entreprît de chasser de son palais » ces fiers poursuivans, la reine sa femme ne se réjoui- » roit pas long-temps de ce retour si désiré; elle le » verroit bientôt périr à ses yeux, parce que, quoique » supérieur en nombre, il combattroit avec désavan- » tage. Vous avez donc parlé contre toute sorte de rai- » son. Mais que tout le peuple se retire pour vaquer à ses » affaires. Mentor et Halitherse, qui sont les plus » anciens amis d'Ulysse, prépareront à Télémaque tout » ce qui est nécessaire pour son départ. Je pense pour- » tant que ce voyage aboutira à attendre à Ithaque les » nouvelles dont on est en peine, et qu'on ne partira » point. »

Il parla ainsi, et en même temps il rompit l'assemblée. Chacun se retire dans sa maison; les poursuivans reprennent le chemin du palais d'Ulysse, et Télémaque s'en va seul sur le rivage de la mer, et après s'être lavé les mains dans ses ondes, il adresse cette prière à Minerve :

Grande Déesse, qui daignâtes hier m'apparoître dans mon palais, et qui m'ordonnâtes de courir la vaste mer pour apprendre des nouvelles du retour de mon père, qui est depuis si long-temps absent, écoutez-moi. Les Grecs, et surtout les poursuivans, s'opposent à l'exécution de vos ordres, et retardent mon départ avec une insolence qu'on ne peut plus supporter.

Il parla ainsi en priant; aussitôt Minerve, prenant la

Μέντορι εἰδομένη ἠμὲν δέμας ἠδὲ καὶ αὐδὴν ;
Καί μιν φωνήσασ᾽ ἔπεα πτερόεντα προσηύδα·

« Τηλέμαχ᾽, οὐδ᾽ ὄπιθεν κακὸς ἔσσεαι, οὐδ᾽ ἀνοήμων·
» Εἰ δή τοι σοῦ πατρὸς ἐνέστακται μένος ἠΰ,   271
» Οἷος ἐκεῖνος ἔην τελέσαι ἔργον τε ἔπος τε,
» Οὔ τοι ἔπειθ᾽ ἁλίη ὁδὸς ἔσσεται, οὐδ᾽ ἀτέλεστος·
» Εἰ δ᾽ οὐ κείνου γ᾽ ἐσσὶ γόνος καὶ Πηνελοπείης,
» Οὔ σέ γ᾽ ἔπειτα ἔολπα τελευτήσειν ἃ μενοινᾷς.   275
» Παῦροι γάρ τοι παῖδες ὁμοῖοι πατρὶ πέλονται·
» Οἱ πλέονες κακίους· παῦροι δέ τε πατρὸς ἀρείους·
» Ἀλλ᾽ ἐπεὶ οὐδ᾽ ὄπιθεν κακὸς ἔσσεαι, οὐδ᾽ ἀνοήμων,
» Οὐδέ σε πάγχυ γε μῆτις Ὀδυσσῆος προλέλοιπεν, »
» Ἐλπωρή τοι ἔπειτα τελευτῆσαι τάδε ἔργα.   280
» Τῷ νῦν μνηστήρων μὲν ἔα βουλήν τε νόον τε
» Ἀφραδέων, ἐπεὶ οὔτι νοήμονες, οὐδὲ δίκαιοι·
» Οὐδέ τι ἴσασιν θάνατον, καὶ κῆρα μέλαιναν,
» Ὅς δή σφιν σχεδόν ἐστιν ἐπ᾽ ἤματι πάντας ὀλέσθαι.
» Σοὶ δ᾽ ὁδὸς οὐκέτι δηρὸν ἀπέσσεται ἣν σὺ μενοινᾷς·
» Τοῖος γάρ τοι ἑταῖρος ἐγὼ πατρώϊός εἰμι,   286
» Ὅς τοι νῆα θοὴν στελέω, καὶ ἅμ᾽ ἕψομαι αὐτός.
» Ἀλλὰ σὺ μὲν πρὸς δώματ᾽ ἰὼν μνηστῆρσιν ὁμίλει,
» Ὅπλισσόν τ᾽ ἤϊα, καὶ ἄγγεσιν ἄρσον ἅπαντα,
» Οἶνον ἐν ἀμφιφορεῦσι, καὶ ἄλφιτα, μυελὸν ἀνδρῶν, 290
» Δέρμασιν ἐν πυκινοῖσιν· ἐγὼ δ᾽ ἀνὰ δῆμον ἑταίρους
» Αἶψ᾽ ἐθελοντῆρας συλλέξομαι· εἰσὶ δὲ νῆες
» Πολλαὶ ἐν ἀμφιάλῳ Ἰθάκῃ νέαι ἠδὲ παλαιαί.

figure et la voix de Mentor, s'approcha de lui et lui adressant la parole :

« Télémaque, lui dit-elle, désormais vous ne man-
» querez ni de valeur ni de prudence, au moins si le
» courage et la sagesse d'Ulysse ont coulé dans vos veines
» avec son sang ; et comme il étoit homme qui effec-
» tuoit toujours non-seulement tout ce qu'il avoit entre-
» pris, mais aussi tout ce qu'il avoit dit une fois, vous
» ferez de même ; votre voyage ne sera pas un vain pro-
» jet, vous l'exécuterez. Mais si vous n'étiez pas fils
» d'Ulysse et de Pénélope, je n'oserois me flatter que
» vous vinssiez à bout de vos desseins. Il est vrai qu'au-
» jourd'hui peu d'enfans ressemblent à leurs pères ; la
» plupart dégénèrent de leur vertu, et il y en a très-
» peu qui les surpassent. Mais, comme je vous l'ai déjà
» dit, vous marquez de la valeur et de la prudence, et
» la sagesse d'Ulysse se fait déjà remarquer en vous ; on
» peut donc espérer que vous accomplirez ce que vous
» avez résolu. Laissez là les complots et les machina-
» tions de ces princes insensés. Ils n'ont ni prudence ni
» justice, et ils ne voient pas la mort qui, par l'ordre
» de leur noire destinée, est déjà près d'eux, et va les
» emporter tous dans un même jour. Le voyage que
» vous méditez ne sera pas long-temps différé ; tel est le
» secours que vous trouverez en moi qui suis l'ancien ami
» de votre père ; je vous équiperai un navire, et je vous
» accompagnerai. Retournez donc dans votre palais,
» vivez avec les princes, à votre ordinaire, et préparez
» cependant les provisions dont vous avez besoin. Rem-
» plissez-en des vaisseaux bien conditionnés, mettez le
» vin dans des urnes, et la farine, qui fait la force des
» hommes, mettez-la dans de bonnes peaux, et moi
» j'aurai soin de vous choisir parmi vos sujets des com-
» pagnons qui vous suivront volontairement. Il y a dans
» le port d'Ithaque assez de vaisseaux, tant vieux que

» Τάων μέν τοι ἐγὼν ἐπιόψομαι ἥτις ἀρίστη·
» Ὦκα δ' ἐφοπλίσσαντες ἐνήσομεν εὐρέϊ πόντῳ. » 295.

Ὡς φάτ' Ἀθηναίη κούρη Διός· οὐδ' ἄρ' ἔτι δὴν
Τηλέμαχος παρέμιμνεν, ἐπεὶ θεοῦ ἔκλυεν αὐδήν.
Βῆ δ' ἴμεναι πρὸς δῶμα, φίλον τετιημένος ἦτορ·
Εὗρε δ' ἄρα μνηστῆρας ἀγήνορας ἐν μεγάροισιν
Αἶγας ἀνιεμένους, σιάλους θ' εὔοντας ἐν αὐλῇ.   300
Ἀντίνοος δ' ἰθὺς γελάσας κίε Τηλεμάχοιο,
Ἔν τ' ἄρα οἱ φῦ χειρί, ἔπος τ' ἔφατ', ἔκ τ' ὀνόμαζε·

« Τηλέμαχ' ὑψαγόρη, μένος ἄσχετε, μή τί τοι ἄλλο
» Ἐν στήθεσσι κακὸν μελέτω ἔργον τε ἔπος τε,
» Ἀλλὰ μάλ' ἐσθιέμεν καὶ πινέμεν, ὡς τὸ πάρος περ· 305.
» Ταῦτα δέ τοι μάλα πάντα τελευτήσουσιν Ἀχαιοί,
» Νῆα καὶ ἐξαίτους ἐρέτας, ἵνα θᾶσσον ἵκηαι
» Ἐς Πύλον ἠγαθέην μετ' ἀγαυοῦ πατρὸς ἀκουήν. »

Τὸν δ' αὖ Τηλέμαχος πεπνυμένος ἀντίον ηὔδα·
« Ἀντίνο', οὔπως ἐστὶν ὑπερφιάλοισι μεθ' ὑμῖν   310.
» Δαίνυσθαί τ' ἀκέοντα, καὶ εὐφραίνεσθαι ἕκηλον.
» Ἦ οὐχ ἅλις ὡς τὸ πάροιθεν ἐκείρετε πολλὰ καὶ ἐσθλὰ
» Κτήματ' ἐμά, μνηστῆρες, ἐγὼ δ' ἔτι νήπιος ἦα;
» Νῦν δ' ὅτε δὴ μέγας εἰμί, καὶ ἄλλων μῦθον ἀκούων
» Πυνθάνομαι, καὶ δή μοι ἀέξεται ἔνδοθι θυμός,   315.
» Πειρήσω ὥς κ' ὔμμι κακὰς ἐπὶ κῆρας ἰήλω,
» Ἠὲ Πύλονδ' ἐλθών, ἢ αὐτοῦ τῷδ' ἐνὶ δήμῳ.
» Εἶμι μέν, (οὐδ' ἁλίη ὁδὸς ἔσσεται ἣν ἀγορεύω,)

» nouvellement construits; je choisirai le meilleur,
» et après l'avoir équipé, nous nous embarquerons
» ensemble. »

La fille de Jupiter parla ainsi, et Télémaque ne s'arrêta pas plus long-temps, après avoir entendu la voix de la Déesse. Il reprit le chemin de son palais, le cœur plein de tristesse; il trouva dans la cour les fiers poursuivans qui dépouilloient des chèvres, et qui faisoient rôtir des cochons engraissés. Antinoüs, le voyant arriver, s'avance au devant de lui en riant, le prend par la main, et lui adresse ces paroles:

« Télémaque, qui tenez des propos si hautains, et qui
» faites voir un courage indomptable, ne vous tour-
» mentez plus à former des projets et à préparer des
» harangues; venez plutôt faire bonne chère avec nous,
» comme vous avez fait jusqu'ici. Les Grecs auront soin
» de préparer toutes choses pour votre départ; ils vous
» donneront un bon vaisseau et des rameurs choisis,
» afin que vous arriviez plus promptement à la déli-
» cieuse Pylos, pour y apprendre des nouvelles de votre
» illustre père. »

Le prudent Télémaque lui répondit : « Antinoüs, je
» ne saurois me résoudre à manger avec des insolens
» comme vous, avec des impies qui ne connoissent ni
» les lois humaines, ni les lois divines; je ne goûterois
» pas tranquillement le plaisir des festins. Ne vous suf-
» fit-il pas d'avoir jusqu'ici consumé tout ce que j'avois
» de plus beau et de meilleur, parce que j'étois enfant?
» Présentement que je suis devenu homme, que l'âge a
» augmenté mes forces, et que les bonnes instructions
» ont éclairé mon cœur et mon esprit, je tâcherai de
» hâter votre malheureuse destinée, soit que j'aille à
» Pylos, ou que je demeure ici. Mais je partirai malgré
» vous, et mon voyage ne sera pas de ces vains projets
» qui ne s'exécutent point; je partirai plutôt sur un

» Ἔμπορος· οὐ γὰρ νηὸς ἐπήβολος, οὐδ᾽ ἐρετάων
» Γίνομαι, ὥς νύ περ ὔμμιν ἐείσατο κέρδιον εἶναι. »

Ἦ ῥα, καὶ ἐκ χειρὸς χεῖρα σπάσεν Ἀντινόοιο 321
Ῥεῖα· μνηστῆρες δὲ δόμον κατὰ δαῖτα πένοντο.
Οἱ δ᾽ ἐπελώβευον καὶ ἐκερτόμεον ἐπέεσσιν,
Ὧδε δέ τις εἴπεσκε νέων ὑπερηνορεόντων·

« Ἦ μάλα Τηλέμαχος φόνον ἡμῖν μερμηρίζει· 325
» Ἦ τινας ἐκ Πύλου ἄξει ἀμύντορας ἠμαθόεντος,
» Ἦ ὅγε καὶ Σπάρτηθεν· ἐπεὶ νύ περ ἵεται αἰνῶς·
» Ἠὲ καὶ εἰς Ἐφύρην ἐθέλει πίειραν ἄρουραν
» Ἐλθεῖν, ὄφρ᾽ ἔνθεν θυμοφθόρα φάρμακ᾽ ἐνείκῃ,
» Ἐν δὲ βάλῃ κρητῆρι, καὶ ἡμέας πάντας ὀλέσσῃ. »

Ἄλλος δ᾽ αὖτ᾽ εἴπεσκε νέων ὑπερηνορεόντων· 331
» Τίς δ᾽ οἶδ᾽, εἴ κε καὶ αὐτὸς ἰὼν κοίλης ἐπὶ νηὸς,
» Τῆλε φίλων ἀπόληται, ἀλώμενος, ὥσπερ Ὀδυσσεύς;
» Οὕτω κεν καὶ μᾶλλον ὀφέλλειεν πόνον ἄμμι·
» Κτήματα γάρ κεν πάντα δασαίμεθα, οἰκία δ᾽ αὖτε
» Τούτου μητέρι δοῖμεν ἔχειν, ἠδ᾽ ὅστις ὀπυίοι. » 336

Ὣς φάν· ὁ δ᾽ ὑψόροφον θάλαμον κατεβήσατο πατρὸς
Εὐρὺν, ὅθι νητὸς χρυσὸς καὶ χαλκὸς ἔκειτο,
Ἐσθής τ᾽ ἐν χηλοῖσιν, ἅλις τ᾽ εὐῶδες ἔλαιον.
Ἐν δὲ πίθοι οἴνοιο παλαιοῦ ἡδυπότοιο 340
Ἕστασαν, ἄκρητον θεῖον ποτὸν ἐντὸς ἔχοντες,
Ἑξείης ποτὶ τοῖχον ἀρηρότες, εἴ ποτ᾽ Ὀδυσσεὺς
Οἴκαδε νοστήσειε, καὶ ἄλγεα πολλὰ μογήσας.
Κληϊσταὶ δ᾽ ἔπεσαν σανίδες πυκινῶς ἀραρυῖαι,
Δικλίδες· ἐν δὲ γυνὴ ταμίη νύκτας τε καὶ ἦμαρ 345

» vaisseau de rencontre, comme un simple passager,
» puisque je ne puis obtenir ni vaisseau ni rameurs,
» parce que vous jugez plus expédient pour vous de me
» les refuser. »

En finissant ces mots, il arrache sa main des mains d'Antinoüs. Les princes continuent à préparer leur festin, et cependant ils se divertissent à railler et à brocarder Télémaque. Parmi cette troupe insolente, les uns disoient :

« Voilà donc Télémaque qui va nous faire bien du
» mal. Prétend-il donc amener de Pylos ou de Sparte
» des troupes qui l'aident à se venger? car il a cette
» vengeance furieusement à cœur. Où veut-il aller dans
» le fertile pays d'Ephyre, afin d'en rapporter quelques
» drogues pernicieuses qu'il mêlera dans notre urne
» pour nous faire tous périr?

» Que sait-on, disoient les autres, si après être monté
» sur la vaste mer, il ne sera pas errant et vagabond
» comme son père, et n'aura pas une fin aussi malheu-
» reuse que lui? C'est là le meilleur moyen qu'il ait de
» nous faire de la peine; car nous aurions celle de par-
» tager entre nous tous ses biens, et, pour son palais,
» nous le laisserions à sa mère, ou à celui qu'elle choi-
» siroit pour mari. »

Ainsi parloient les poursuivans, et le jeune prince descend dans les celliers spacieux et exhaussés du roi son père, où l'on voyoit des monceaux d'or et d'airain, des coffres pleins de riches étoffes, des huiles d'un parfum exquis, et des vaisseaux d'un vin vieux, digne d'être servi à la table des immortels. Toutes ces richesses étoient rangées par ordre, autour de la muraille, en attendant Ulysse, si jamais, délivré de ses travaux, il revenoit heureusement dans son palais. Ces celliers étoient fermés d'une bonne porte, avec une double serrure, et les clefs en étoient confiées à une sage gouvernante qui veilloit

Ἔσκεν, ἣ πάντ᾽ ἐφύλασσε νόου πλυϊδρείῃσιν,
Εὐρύκλει᾽, Ὤπος θυγάτηρ Πεισηνορίδαο.
Τὴν τότε Τηλέμαχος προτέφη θαλαμόνδε καλέσσας·

« Μαῖ᾽, ἄγε δή μοι οἶνον ἐν ἀμφιφορεῦσιν ἄφυσσον
» Ἡδύν, ὅτις μετὰ τὸν λαρώτερος ὃν σὺ φυλάσσεις, 350
» Κεῖνον ὀϊομένη τὸν κάμμορον, εἴ ποθεν ἔλθοι
» Διογενὴς Ὀδυσεὺς, θάνατον καὶ κῆρας ἀλύξας·
» Δώδεκα δ᾽ ἔμπλησον, καὶ πώμασιν ἄρσον ἅπαντας·
» Ἐν δέ μοι ἄλφιτα χεῦσον εὐρραφέεσσι δοροῖσιν·
» Εἴκοσι δ᾽ ἔστω μέτρα μυληφάτου ἀλφίτου ἀκτῆς. 355
» Αὐτὴ δ᾽ οἴη ἴσθι· τὰ δ᾽ ἀθρόα πάντα τετύχθω·
» Ἑσπέριος γὰρ ἐγὼν αἱρήσομαι· ὁππότε κεν δὴ
» Μήτηρ εἰς ὑπερῷ᾽ ἀναβῇ, κοίτου τε μέδηται·
» Εἶμι γὰρ ἐς Σπάρτην τε καὶ ἐς Πύλον ἠμαθόεντα,
» Νόστον πευσόμενος πατρὸς φίλου, ἤν που ἀκούσω. »

Ὣς φάτο· κώκυσεν δὲ φίλη τροφὸς Εὐρύκλεια, 361
Καί ῥ᾽ ὀλοφυρομένη ἔπεα πτερόεντα προσηύδα·

« Τίπτε δέ τοι, φίλε τέκνον, ἐνὶ φρεσὶ τοῦτο νόημα
» Ἔπλετο; πῇ δ᾽ ἐθέλεις ἰέναι πολλὴν ἐπὶ γαῖαν,
» Μοῦνος ἐὼν ἀγαπητός; ὁ δ᾽ ὤλετο τηλόθι πάτρης 365
» Διογενὴς Ὀδυσεὺς, ἀλλογνώτῳ ἐνὶ δήμῳ·
» Οἱ δέ τοι αὐτίκ᾽ ἰόντι κακὰ φράσσονται ὀπίσσω,
» Ὥς κε δόλῳ φθίῃς, τάδε δ᾽ αὐτοὶ πάντα δάσωνται·
» Ἀλλὰ μέν᾽ αὖθ᾽, ἐπὶ σοῖσι καθήμενος· οὐδέ τι σε χρὴ
» Πόντον ἐπ᾽ ἀτρύγετον κακὰ πάσχειν, οὐδ᾽ ἀλάλησθαι. »

Τὴν δ᾽ αὖ Τηλέμαχος πεπνυμένος ἀντίον ηὔδα· 371
« Θάρσει, μαῖ᾽· ἐπεὶ οὔτι ἄνευ θεοῦ ἥδε γε βουλή·
» Ἀλλ᾽ ὄμοσον, μὴ μητρὶ φίλῃ τάδε μυθήσασθαι

nuit et jour sur ces trésors avec beaucoup de fidélité et de prudence; c'étoit Euryclée, fille d'Ops et petite-fille de Peisenor. Télémaque l'ayant fait appeler, lui parla en ces termes :

« Ma nourrice, tirez-moi de ce vin vieux dans des
» urnes, et donnez-moi du plus excellent après celui
» que vous gardez pour le plus malheureux de tous les
» princes, pour le divin Ulysse, si jamais, échappé à la
» cruelle Parque, il se voit heureusement de retour
» chez lui; bouchez avec soin les urnes; mettez dans
» des peaux bien préparées vingt mesures de fleur de
» farine; que personne que vous ne le sache, et que tout
» soit prêt cette nuit. Je viendrai le prendre après que
» ma mère sera montée dans son appartement pour se
» coucher, car je suis résolu d'aller à Sparte et à Pylos,
» tâcher d'apprendre quelques nouvelles du retour de
» mon père. »

Euryclée, entendant cette résolution, jette de grands cris, et les yeux baignés de larmes, elle lui dit :

« Mon cher fils, pourquoi ce dessein vous est-il entré
» dans la tête? où voulez-vous aller? voulez-vous aller
» courir toute la vaste étendue de la terre? vous êtes
» fils unique, et fils si tendrement aimé. Le divin Ulysse
» est mort loin de sa patrie, dans quelque pays éloigné.
» Vous ne serez pas plus tôt parti, que les poursuivans de
» la reine votre mère vous dresseront mille embûches
» pour vous faire périr, et ils partageront entre eux tous
» vos biens. Demeurez donc ici au milieu de vos sujets;
» pourquoi iriez-vous vous exposer aux périls de la mer,
» qui sont infinis? Que l'exemple de votre père vous
» instruise. »

Télémaque, touché de sa tendresse, lui répond : « Ayez
» bon courage, ma chère nourrice; ce dessein ne m'est
» pas venu dans l'esprit sans l'inspiration de quelque
» Dieu; mais jurez-moi que vous ne le découvrirez

» Πρίν γ' ὅτ' ἂν ἑνδεκάτη τε δυωδεκάτη τε γένηται,
» Ἣ αὐτὴν ποθέσαι, καὶ ἀφορμηθέντος ἀκοῦσαι· 375
» Ὡς ἂν μὴ κλαίουσα κατὰ χρόα καλὸν ἰάπτῃ. »

Ὣς ἄρ' ἔφη· γρηῢς δὲ θεῶν μέγαν ὅρκον ἀπώμνυ.
Αὐτὰρ ἐπεί ῥ' ὄμοσέν τε τελεύτησέν τε τὸν ὅρκον,
Αὐτίκ' ἔπειτά οἱ οἶνον ἐν ἀμφιφορεῦσιν ἄφυσσεν,
Ἐν δέ οἱ ἄλφιτα χεῦεν ἐϋρραφέεσσι δοροῖσιν. 380
Τηλέμαχος δ' ἐς δώματ' ἰὼν μνηστῆρσιν ὁμίλει.

Ἔνθ' αὖ ἄλλ' ἐνόησε θεὰ γλαυκῶπις Ἀθήνη,
Τηλεμάχῳ δ' εἰκυῖα κατὰ πτόλιν ᾤχετο πάντῃ,
Καί ῥα ἑκάστῳ φωτὶ παρισταμένη φάτο μῦθον·
Ἑσπερίους δ' ἐπὶ νῆα θοὴν ἀγέρεσθαι ἀνώγει. 385
Ἡ δ' αὖτε Φρονίοιο Νοήμονα φαίδιμον υἱὸν
Ἤτεε νῆα θοήν· ὁ δέ οἱ πρόφρων ὑπέδεκτο.

Δύσετό τ' ἠέλιος, σκιόωντό τε πᾶσαι ἀγυιαί.
Καὶ τότε νῆα θοὴν ἅλαδ' εἴρυσε, πάντα δ' ἐν αὐτῇ
Ὅπλ' ἐτίθει, τά τε νῆες ἐΰσσελμοι φορέουσιν. 390
Στῆσε δ' ἐπ' ἐσχατιῆς λιμένος· περὶ δ' ἐσθλοὶ ἑταῖροι
Ἀθρόοι ἠγερέθοντο· θεὰ δ' ὤτρυνεν ἕκαστον.

Ἔνθ' αὖτ' ἄλλ' ἐνόησε θεὰ γλαυκῶπις Ἀθήνη,
Βῆ δ' ἴμεναι πρὸς δώματ' Ὀδυσσῆος θείοιο·
Ἔνθα μνηστήρεσσιν ἐπὶ γλυκὺν ὕπνον ἔχευεν, 395
Πλάζε δὲ πίνοντας· χειρῶν δ' ἔκβαλλε κύπελλα.
Οἱ δ' εὕδειν ὤρνυντο κατὰ πτόλιν· οὐδ' ἄρ' ἔτι δὴν
Εἴατ', ἐπεί σφισιν ὕπνος ἐπὶ βλεφάροισιν ἔπιπτεν.
Αὐτὰρ Τηλέμαχον προσέφη γλαυκῶπις Ἀθήνη,
Ἐκπροκαλεσσαμένη μεγάρων εὐναιεταόντων, 400
Μέντορι εἰδομένη ἠμὲν δέμας ἠδὲ καὶ αὐδήν·

« Τηλέμαχ', ἤδη μέν τοι ἐϋκνήμιδες ἑταῖροι

» à ma mère que l'onzième ou le douzième jour après
» mon départ, de peur que, dans les transports de sa
» douleur, elle ne meurtrisse son beau visage. Que si
» avant ce terme elle a d'ailleurs quelque nouvelle de
» mon absence, et qu'elle vous ordonne de lui dire la
» vérité, alors vous serez quitte de votre serment. »

Il parla ainsi, et Euryclée, prenant les Dieux à témoins, fit le plus grand de tous les sermens. Quand elle eut juré, et expliqué ce qu'elle promettoit, elle remplit de vin les urnes, mit de la farine dans des peaux, et Télémaque, remontant dans son palais, alla rejoindre les princes.

La déesse Minerve, qui ne perdoit pas de vue ce qu'elle vouloit exécuter, prend la figure de Télémaque, va par toute la ville, parle à tous ceux qu'elle rencontre, les oblige à se rendre sur le rivage à l'entrée de la nuit, et demande au célèbre fils de Phronius, à Noémon, son navire. Il le promet volontiers et avec grand plaisir.

Le soleil cependant se couche, et la nuit répand ses noires ombres sur la terre. Minerve fait lancer à l'eau le navire, l'équipe de tout ce qui est nécessaire pour bien voguer, et le tient à la pointe du port.

Les compagnons du jeune prince s'assemblent, pressés par la Déesse, qui, pour assurer encore davantage le succès de son entreprise, va au palais d'Ulysse, et verse un doux sommeil sur les paupières des poursuivans. Les fumées du vin font leur effet, ils ne peuvent plus se soutenir, les coupes leur tombent des mains, ils se dispersent dans la ville, et vont à pas chancelans chercher à se coucher, n'ayant plus la force de se tenir à table, tant ils sont accablés de sommeil. Alors Minerve prenant la figure et la voix de Mentor, appelle Télémaque pour le faire sortir de son palais.

« Télémaque, lui dit-elle, tous vos compagnons sont

» Εἴατ᾽ ἐπήρετμοι, τὴν σὴν ποτιδέγμενοι ὁρμὴν,
» Ἀλλ᾽ ἴομεν, μὴ δηθὰ διατρίβωμεν ὁδοῖο. »

Ὥς ἄρα φωνήσασ᾽ ἡγήσατο Παλλὰς Ἀθήνη 405
Καρπαλίμως· ὁ δ᾽ ἔπειτα μετ᾽ ἴχνια βαῖνε θεοῖο.
Αὐτὰρ ἐπεί ῥ᾽ ἐπὶ νῆα κατήλυθον ἠδὲ θάλασσαν,
Εὗρον ἔπειτ᾽ ἐπὶ θινὶ καρηκομόωντας ἑταίρους.

Τοῖσι δὲ καὶ μετέειφ᾽ ἱερὴ ἲς Τηλεμάχοιο·
« Δεῦτε, φίλοι, ἤϊα φερώμεθα· πάντα γὰρ ἤδη 410
» Ἀθρό᾽ ἐνὶ μεγάρῳ· μήτηρ δ᾽ ἐμὴ οὔτι πέπυσται,
» Οὐδ᾽ ἄλλαι δμωαί, μία δ᾽ οἴη μῦθον ἄκουσεν. »

Ὥς ἄρα φωνήσας ἡγήσατο· τοὶ δ᾽ ἄμ᾽ ἕποντο.
Οἱ δ᾽ ἄρα πάντα φέροντες, ἐϋσσέλμῳ ἐπὶ νηΐ
Κάτθεσαν, ὡς ἐκέλευσεν Ὀδυσσῆος φίλος υἱός. 415
Ἂν δ᾽ ἄρα Τηλέμαχος νηὸς βαῖν᾽, ἦρχε δ᾽ Ἀθήνη,
Νηΐ δ᾽ ἐνὶ πρύμνῃ κατ᾽ ἄρ᾽ ἕζετο· ἄγχι δ᾽ ἄρ᾽ αὐτῆς
Ἕζετο Τηλέμαχος· τοὶ δὲ πρυμνήσι᾽ ἔλυσαν·
Ἂν δὲ καὶ αὐτοὶ βάντες, ἐπὶ κληῖσι καθῖζον·
Τοῖσιν δ᾽ ἴκμενον οὖρον ἵει γλαυκῶπις Ἀθήνη, 420
Ἀκραῆ ζέφυρον, κελάδοντ᾽ ἐπὶ οἴνοπα πόντον.
Τηλέμαχος δ᾽ ἑτάροισιν ἐποτρύνας ἐκέλευσεν
Ὅπλων ἅπτεσθαι· τοὶ δ᾽ ὀτρύνοντες ἄκουσαν.
Ἱστὸν δ᾽ εἰλάτινον κοίλης ἔντοσθε μεσόδμης
Στῆσαν ἀείραντες· κατὰ δὲ προτόνοισιν ἔδησαν, 425
Ἕλκον δ᾽ ἱστία λευκὰ ἐϋστρέπτοισι βοεῦσιν.
Ἔπρησεν δ᾽ ἄνεμος μέσον ἱστίον, ἀμφὶ δὲ κῦμα
Στείρῃ πορφύρεον μεγάλ᾽ ἴαχε, νηὸς ἰούσης·
Ἡ δ᾽ ἔθεεν κατὰ κῦμα διαπρήσσουσα κέλευθον.
Δησάμενοι δ᾽ ἄρα ὅπλα θοὴν ἀνὰ νῆα μέλαιναν, 430
Στήσαντο κρητῆρας ἐπιστεφέας οἴνοιο·
Λεῖβον δ᾽ ἀθανάτοισι θεοῖς αἰειγενέτῃσιν,
Ἐκ πάντων δὲ μάλιστα Διὸς γλαυκώπιδι κούρῃ.
Παννυχίη μέν ῥ᾽ ἦγε καὶ ἠῶ πεῖρε κέλευθον.

» prêts à faire voile, ils n'attendent plus que vos ordres;
» allons donc et ne différons pas davantage notre
» départ. »

En achevant ces mots, elle marche la première, et Télémaque la suit. A leur arrivée, ils trouvent sur le rivage leurs compagnons tout prêts, et Télémaque, leur adressant la parole, leur dit :

« Allons, mes amis, portons dans le vaisseau toutes
» les provisions nécessaires; je les ai fait préparer dans
» le palais : ma mère n'en sait rien, et de toutes les
» femmes il n'y en a qu'une seule qui soit du secret. »

En même temps il se met à les conduire lui-même; ils le suivent; on porte toutes les provisions, et on les charge sur le vaisseau, comme le prince l'avoit ordonné. Tout étant fait, il monte le dernier : Minerve, qui le conduit, se place sur la poupe, et Télémaque s'assied près d'elle. On délie les câbles, les rameurs se mettent sur leurs bancs. Minerve leur envoie un vent favorable, le Zéphir, qui de ses souffles impétueux fait mugir les flots. Télémaque, hâtant ses compagnons, leur ordonne d'appareiller. Pour seconder son empressement, ils dressent le mât, l'assurent par des cordages, et déploient les voiles : le vent soufflant au milieu, les enfle, et les flots blanchis d'écume gémissent sous les avirons. Le vaisseau fend rapidement le sein de l'humide plaine. Les rameurs quittant leurs rames, couronnent de vin les coupes, et font des libations aux immortels, surtout à la fille de Jupiter, et voguent ainsi toute la nuit et pendant le lever de l'aurore.

ΟΜΗΡΟΥ
ΟΔΥΣΣΕΙΑΣ
ΡΑΨΩΔΙΑ Γ.

Τηλέμαχον ἐλθόντα σὺν Ἀθηνᾷ ξενίζει Νέστωρ· καὶ διηγεῖται αὐτῷ τὰ συμβεβηκότα τοῖς Ἕλλησι, καὶ τὸν ἀπόπλουν ἐκ Τροίας. Πυθόμενος δὲ τὰ περὶ τοὺς μνηστῆρας, καὶ γνωρίσας τὴν Ἀθηνᾶν ἀπιοῦσαν, θυσίαν αὐτῇ ἐπιτελεῖ. Λαβὼν δὲ ὁ Τηλέμαχος ἅρμα σὺν Πεισιστράτῳ Νέστορος υἱεῖ, εἰς Σπάρτην ἀπαίρει· νυκτὸς δὲ ἐπιγενομένης, ξενίζονται παρὰ Διοκλεῖ ἐν Φηραῖς.

ΑΛΛΩΣ.

Τηλέμαχος εἰς Πύλον καταχθεὶς, ἅμα τῇ Ἀθηνᾷ ἐν Μέντορος μορφῇ, καταλαμβάνει τοὺς Πυλίους θυσίαν ταύρων ἐπιτελοῦντας τῷ Ποσειδῶνι· καί τι περὶ τοῦ πατρὸς αὐτῷ πυθομένῳ, ἐκτίθεται τινὰ τῶν Ἰλιακῶν διηγημάτων· μετὰ τοῦτο ἡ μὲν Ἀθηνᾶ ἐν ὀρνέου μορφῇ ἀπαλλάττεται· ὁ δὲ Νέστωρ θυσίαν αὐτῇ συντελέσας, τὸν Τηλέμαχον ἅμα τῷ υἱῷ Πεισιστράτῳ εἰς Λακεδαίμονα ἀποπέμπει.

Γάμμ', ὑπὸ Νέστωρ δέκτο, συνῶρτο δ' ὅς υἱῖ, θεὰ δ' ἔπτη.

ΗΕΛΙΟΣ δ' ἀνόρουσε, λιπὼν περικαλλέα λίμνην,
Οὐρανὸν ἐς πολύχαλκον, ἵν' ἀθανάτοισι φαείνῃ,

L'ODYSSÉE D'HOMÈRE.

LIVRE TROISIÈME.
ARGUMENT.

Télémaque arrive à Pylos, conduit par Minerve. Il trouve Nestor qui fait un sacrifice à Neptune sur le rivage de la mer. Nestor le reçoit avec toute sorte de politesse, quoiqu'il ne le connût pas. Il le fait placer au festin du sacrifice, le mène ensuite dans son palais, lui raconte tout ce qui étoit arrivé aux Grecs pendant la guerre, et leur départ de Troie. Et ayant appris de lui l'histoire des poursuivans de Pénélope, il l'exhorte à ne pas se tenir long-temps éloigné de ses états, mais surtout à aller voir Ménélas, qui étoit de retour depuis peu à Lacédémone, pour en apprendre des nouvelles de son père. Ensuite Nestor ayant reconnu Minerve, comme elle se retiroit, il fait un sacrifice à cette déesse, et donne à Télémaque un char pour le mener à Lacédémone, et son fils pour le conduire. Ces deux princes se mettent en chemin à la pointe du jour, et vont coucher à Phères, dans la maison de Dioclès. Ils en partent le lendemain, et arrivent à Lacédémone.

Le soleil sortoit du sein de l'onde, remontoit au ciel et commençoit à dorer l'horizon, portant la lumière aux

Καὶ θνητοῖσι βροτοῖσιν ἐπὶ ζείδωρον ἄρουραν·
Οἱ δὲ Πύλον, Νηλῆος ἐϋκτίμενον πτολίεθρον,
Ἷξον· τοὶ δ' ἐπὶ θινὶ θαλάσσης ἱερὰ ῥέζον,   5
Ταύρους παμμέλανας, Ἐνοσίχθονι κυανοχαίτῃ.
Ἐννέα δ' ἕδραι ἔσαν, πεντηκόσιοι δ' ἐν ἑκάστῃ
Εἴατο, καὶ προὔχοντο ἑκάστοθι ἐννέα ταύρους.
Ἔνθ' οἱ σπλάχν' ἐπάσαντο, θεῷ δ' ἐπὶ μηρία καῖον.
Οἱ δ' ἰθὺς κατάγοντο, ἰδ' ἱστία νηὸς ἐίσης   10
Στεῖλαν ἀείραντες, τὴν δ' ὥρμισαν· ἐκ δ' ἔβαν αὐτοί,
Ἐκ δ' ἄρα Τηλέμαχος νηὸς βαῖν'· ἦρχε δ' Ἀθήνη·
Τὸν προτέρη προσέειπε θεὰ γλαυκῶπις Ἀθήνη·

« Τηλέμαχ', οὐ μέν σε χρὴ ἔτ' αἰδοῦς οὐδ' ἠβαιόν,
» Τοὔνεκα γὰρ καὶ πόντον ἐπέπλως, ὄφρα πύθηαι   15
» Πατρὸς, ὅπου κύθε γαῖα, καὶ ὅντινα πότμον ἐπέσπεν.
» Ἀλλ' ἄγε νῦν ἰθὺς κίε Νέστορος ἱπποδάμοιο·
» Εἴδομεν ἥντινα μῆτιν ἐνὶ στήθεσσι κέκευθε.
» Λίσσεσθαι δέ μιν αὐτὸν, ὅπως νημερτέα εἴπῃ·
» Ψεῦδος δ' οὐκ ἐρέει· μάλα γὰρ πεπνυμένος ἐστί. »   20

Τὴν δ' αὖ Τηλέμαχος πεπνυμένος ἀντίον ηὔδα·
« Μέντορ, πῶς τ' ἄρ' ἴω, πῶς τ' ἄρ' προσπτύξομαι αὐτόν;
» Οὐδέ τί πω μύθοισι πεπείρημαι πυκινοῖσιν·
» Αἰδὼς δ' αὖ, νέον ἄνδρα γεραίτερον ἐξερέεσθαι. »

Τὸν δ' αὖτε προσέειπε θεὰ γλαυκῶπις Ἀθήνη·   25
« Τηλέμαχ', ἄλλα μὲν αὐτὸς ἐνὶ φρεσὶ σῇσι νοήσεις,
» Ἄλλα δὲ καὶ δαίμων ὑποθήσεται· οὐ γὰρ ὀΐω

Dieux immortels et aux hommes qui sont répandus sur la surface de la terre, lorsque Télémaque arriva à la ville de Nélée, à la célèbre Pylos. Les Pyliens offroient ce jour-là des sacrifices sur le rivage de la mer, et immoloient des taureaux noirs à Neptune. Il y avoit neuf bancs, chacun de cinq cents hommes, et chaque banc avoit pour sa part neuf bœufs. Ils avoient déjà goûté aux entrailles, et brûlé les cuisses des victimes sur l'autel, lorsque le vaisseau arriva dans le port. On plie d'abord les voiles, on approche du rivage, et Télémaque descend le premier, conduit par Minerve qui lui adresse la parole :

« Télémaque, il n'est plus temps d'être retenu par la
» honte; vous n'avez traversé la mer que pour apprendre
» des nouvelles de votre père, et pour tâcher de décou-
» vrir quelle terre le retient loin de nous, et quel est
» son sort. Allez donc avec une hardiesse noble et
» modeste aborder Nestor; sachons s'il n'a point quelque
» nouvelle à vous apprendre, ou quelque conseil à vous
» donner; prions-le de vous dire la vérité avec sa fran-
» chise ordinaire. Il hait naturellement le mensonge et
» la moindre dissimulation; car c'est un homme plein
» de probité et de sagesse. »

Télémaque lui répondit : « Mentor, comment irai-je
» aborder le roi de Pylos? comment le saluerai-je?
» Vous savez que je n'ai aucune expérience du monde,
» et que je n'ai point la sagesse nécessaire pour parler à
» un homme comme lui; d'ailleurs la bienséance ne
» permet pas qu'un jeune homme fasse des questions à
» un homme de cet âge. »

« Télémaque, repartit Minerve, vous trouverez de
» vous-même une partie de ce qu'il faudra dire, et l'autre
» partie vous sera inspirée par quelque Dieu; car les
» Dieux qui ont présidé à votre naissance et à votre

» Οὔ σε θεῶν ἀέκητι γενέσθαι τε τραφέμεν τε. »

Ὣς ἄρα φωνήσασ᾽ ἡγήσατο Παλλὰς Ἀθήνη
Καρπαλίμως· ὁ δ᾽ ἔπειτα μετ᾽ ἴχνια βαῖνε θεοῖο· 30
Ἷξον δ᾽ ἐς Πυλίων ἀνδρῶν ἄγυρέν τε καὶ ἕδρας.
Ἔνθ᾽ ἄρα Νέστωρ ἧστο σὺν υἱάσιν· ἀμφὶ δ᾽ ἑταῖροι
Δαῖτ᾽ ἐντυνόμενοι, κρέα ὤπτων, ἄλλα δ᾽ ἔπειρον.
Οἱ δ᾽, ὡς οὖν ξείνους ἴδον, ἀθρόοι ἦλθον ἅπαντες,
Χερσίν τ᾽ ἠσπάζοντο, καὶ ἑδριάασθαι ἄνωγον. 35
Πρῶτος Νεστορίδης Πεισίστρατος ἐγγύθεν ἐλθὼν
Ἀμφοτέρων ἕλε χεῖρα, καὶ ἵδρυσεν παρὰ δαιτὶ
Κώεσιν ἐν μαλακοῖσιν, ἐπὶ ψαμάθοις ἁλίῃσι,
Πάρ τε κασιγνήτῳ Θρασυμήδεϊ καὶ πατέρι ᾧ.
Δῶκε δ᾽ ἄρα σπλάγχνων μοίρας, ἐν δ᾽ οἶνον ἔχευε 40
Χρυσέῳ ἐν δέπαϊ· δειδισκόμενος δὴ προσηύδα
Παλλάδ᾽ Ἀθηναίην κούρην Διὸς αἰγιόχοιο·

« Εὔχεο νῦν, ὦ ξεῖνε, Ποσειδάωνι ἄνακτι·
» Τοῦ γὰρ καὶ δαίτης ἠντήσατε, δεῦρο μολόντες.
» Αὐτὰρ ἐπὴν σπείσῃς τε καὶ εὔξεαι, ἣ θέμις ἐστί, 45
» Δὸς καὶ τούτῳ ἔπειτα δέπας μελιηδέος οἴνου
» Σπεῖσαι· ἐπεὶ καὶ τοῦτον ὀίομαι ἀθανάτοισιν
» Εὔχεσθαι· πάντες δὲ θεῶν χατέουσ᾽ ἄνθρωποι.
» Ἀλλὰ νεώτερός ἐστιν, ὁμηλικίη δ᾽ ἐμοὶ αὐτῷ·
» Τοὔνεκά τοι προτέρῳ δώσω χρύσειον ἄλεισον. » 50

Ὣς εἰπών, ἐν χερσὶ τίθει δέπας ἡδέος οἴνου,
Χαῖρε δ᾽ Ἀθηναίη πεπνυμένῳ ἀνδρὶ δικαίῳ,
Οὕνεκά οἱ προτέρῃ δῶκε χρύσειον ἄλεισον·
Αὐτίκα δ᾽ εὔχετο πολλὰ Ποσειδάωνι ἄνακτι·

« Κλῦθι, Ποσείδαον γαιήοχε, μηδὲ μεγήρῃς 55
» Ἡμῖν εὐχομένοισι τελευτῆσαι τάδε ἔργα.
» Νέστορι μὲν πρώτιστα καὶ υἱάσι κῦδος ὄπαζε,

» éducation, ne vous abandonneront pas en cette ren-
» contre. »

En achevant ces mots elle marche la première, et Télémaque la suit. Etant arrivés au lieu de l'assemblée, ils trouvèrent Nestor assis avec ses enfans, et autour de lui ses compagnons qui préparoient le festin, et faisoient rôtir les viandes du sacrifice. Les Pyliens ne les eurent pas plus tôt aperçus, qu'ils allèrent au-devant d'eux, les saluèrent et les firent asseoir; et Pisistrate, fils aîné de Nestor, fut le premier qui, s'avançant, prit ces deux étrangers par la main, et les plaça à table, sur des peaux étendues sur le sable du rivage, entre son père et son frère Thrasymède. D'abord il leur présenta une portion des entrailles des victimes, et remplissant de vin une coupe d'or, il la donna à Minerve, fille de Jupiter, et lui dit:

« Etranger, faites vos prières au roi Neptune, car
» c'est à son festin que vous êtes admis à votre arrivée.
» Quand vous lui aurez adressé vos vœux et fait vos
» libations, selon la coutume et comme cela se doit,
» vous donnerez la coupe à votre ami, afin qu'il fasse
» après ses libations et ses prières; car je pense qu'il est
» du nombre de ceux qui reconnoissent des Dieux, et
» il n'y a point d'homme qui n'ait besoin de leur
» secours. Mais je vois qu'il est plus jeune que vous, et
» à peu près de mon âge: c'est pourquoi il ne sera pas
» offensé que je vous donne la coupe avant lui. »

En même temps il lui remet la coupe pleine de vin. Minerve voit avec plaisir la prudence et la justice de ce jeune prince, qui lui avoit présenté à elle la première coupe; et, la tenant entre ses mains, elle adresse cette prière au Dieu des flots:

Puissant Neptune, qui environnez la terre, ne refusez pas à nos prières ce que nous vous demandons; comblez de gloire Nestor et les princes ses enfans;

» Αὐτὰρ ἔπειτ' ἄλλοισι δίδου χαρίεσσαν ἀμοιβὴν,
» Σύμπασι Πυλίοισιν, ἀγακλειτῆς ἑκατόμβης.
» Δὸς δ' ἔτι Τηλέμαχον καὶ ἐμὲ πρήξαντα νέεσθαι, 60
» Οὕνεκα δεῦρ' ἱκόμεσθα θοῇ σὺν νηὶ μελαίνῃ. »

Ὣς ἄρ' ἔπειτ' ἠρᾶτο, καὶ αὐτὴ πάντα τελεύτα·
Δῶκε δὲ Τηλεμάχῳ καλὸν δέπας ἀμφικύπελλον.
Ὣς δ' αὔτως ἠρᾶτο Ὀδυσσῆος φίλος υἱός.
Οἱ δ' ἐπεὶ ὤπτησαν κρέ' ὑπέρτερα καὶ ἐρύσαντο,   65
Μοίρας δασσάμενοι, δαίνυντ' ἐρικυδέα δαῖτα.
Αὐτὰρ ἐπεὶ πόσιος καὶ ἐδητύος ἐξ ἔρον ἕντο,
Τοῖς ἄρα μύθων ἦρχε Γερήνιος ἱππότα Νέστωρ·

« Νῦν δὴ κάλλιόν ἐστι μεταλλῆσαι καὶ ἔρεσθαι
» Ξείνους, οἵ τινές εἰσιν, ἐπεὶ τάρπησαν ἐδωδῆς.   70
» Ὦ ξεῖνοι, τίνες ἐστέ; πόθεν πλεῖθ' ὑγρὰ κέλευθα;
» Ἤ τι κατὰ πρῆξιν, ἢ μαψιδίως ἀλάλησθε,
» Οἷά τε ληϊστῆρες ὑπεὶρ ἅλα; τοί γ' ἀλόωνται
» Ψυχὰς παρθέμενοι, κακὸν ἀλλοδαποῖσι φέροντες; »

Τὸν δ' αὖ Τηλέμαχος πεπνυμένος ἀντίον ηὔδα,   75
Θαρσήσας· αὐτὴ γὰρ ἐνὶ φρεσὶ θάρσος Ἀθήνη
Θῆχ', ἵνα μιν περὶ πατρὸς ἀποιχομένοιο ἔροιτο,
Ἠδ' ἵνα μιν κλέος ἐσθλὸν ἐν ἀνθρώποισιν ἔχῃσιν·

« Ὦ Νέστορ Νηληϊάδη, μέγα κῦδος Ἀχαιῶν,
» Εἴρεαι, ὁππόθεν εἰμέν· ἐγὼ δέ κέ τοι καταλέξω·   80
» Ἡμεῖς ἐξ Ἰθάκης ὑπονηίου εἰλήλουθμεν·
» Πρῆξις δ' ἥδ' ἰδίη, οὐ δήμιος, ἣν ἀγορεύσω.
» Πατρὸς ἐμοῦ κλέος εὐρὺ μετέρχομαι, ἤν που ἀκούσω,
» Δίου Ὀδυσσῆος ταλασίφρονος, ὅν ποτέ φασιν
» Σὺν σοὶ μαρνάμενον, Τρώων πόλιν ἐξαλαπάξαι.   85

répandez sur tous *les Pyliens ses sujets la gracieuse récompense de leur piété et le prix de la magnifique hécatombe qu'ils vous offrent ; accordez-nous, à Télémaque et à moi, un prompt retour dans notre patrie, après avoir béni les desseins qui nous ont fait traverser la mer.*

Elle fit elle-même ces prières, et elle-même les accomplit. Elle donne ensuite la double coupe à Télémaque, qui fit les mêmes vœux. Après que les chairs des victimes furent rôties, et qu'on les eût tirées du feu, on fit les portions et on servit. Quand la bonne chère eut chassé la faim, Nestor dit aux Pyliens :

« Présentement que nous avons reçu ces étrangers à
» notre table, il est plus décent de leur demander qui
» ils sont et d'où ils viennent ; et leur adressant en même
» temps la parole : Étrangers, leur dit-il, qui êtes-vous ?
» et d'où ces flots vous ont-ils apportés sur ce rivage ?
» Venez-vous pour des affaires publiques ou particu-
» lières ? ou ne faites-vous qu'écumer les mers, comme
» des pirates qui exposent leur vie pour aller piller les
» autres nations ? »

Le sage Télémaque répondit avec une honnête hardiesse, que Minerve lui avoit inspirée, afin qu'il demandât à ce prince des nouvelles de son père, et que cette recherche lui acquît parmi les hommes un grand renom :

« Nestor, fils de Nélée, et le plus grand ornement des
» Grecs, lui dit-il, vous demandez qui nous sommes ;
» je vous satisferai. Nous venons de l'île d'Ithaque,
» et ce n'est point une affaire publique qui nous amène
» dans vos états, mais une affaire particulière. Je viens
» pour tâcher d'apprendre des nouvelles de mon père,
» du divin Ulysse, qui a essuyé tant de travaux, qui a
» rempli l'univers du bruit de son nom, et qui, comme
» la Renommée nous l'a appris, combattant avec vous,

» Ἄλλους μὲν γὰρ πάντας, ὅσοι Τρωσὶν πολέμιζον,
» Πευθόμεθ', ἧχι ἕκαστος ἀπώλετο λυγρῷ ὀλέθρῳ·
» Κείνου δ' αὖ καὶ ὄλεθρον ἀπευθέα θῆκε Κρονίων.
» Οὐ γάρ τις δύναται σάφα εἰπέμεν, ὁππόθ' ὄλωλεν·
» Εἴθ' ὅγ' ἐπ' ἠπείρου δάμη ἀνδράσι δυσμενέεσσιν, 90
» Εἴτε καὶ ἐν πελάγει μετὰ κύμασιν Ἀμφιτρίτης.
» Τοὔνεκα νῦν τὰ σὰ γούναθ' ἱκάνομαι, αἴκ' ἐθέλῃσθα
» Κείνου λυγρὸν ὄλεθρον ἐνισπεῖν, εἴπου ὄπωπας
» Ὀφθαλμοῖσι τεοῖσιν, ἢ ἄλλου μῦθον ἄκουσας
» Πλαζομένου· περὶ γάρ μιν ὀϊζυρὸν τέκε μήτηρ. 95
» Μηδέ τί μ' αἰδόμενος μειλίσσεο, μηδ' ἐλεαίρων,
» Ἀλλ' εὖ μοι κατάλεξον, ὅπως ἤντησας ὀπωπῆς·
» Λίσσομαι, εἴποτέ τοί τι πατὴρ ἐμὸς ἐσθλὸς Ὀδυσσεύς,
» Ἢ ἔπος, ἠέ τι ἔργον ὑποστὰς ἐξετέλεσσε
» Δήμῳ ἔνι Τρώων, ὅθι πάσχετε πήματ' Ἀχαιοί, 100
» Τῶν νῦν μοι μνῆσαι, καί μοι νημερτὲς ἔνισπε. »

Τὸν δ' ἠμείβετ' ἔπειτα Γερήνιος ἱππότα Νέστωρ·
« Ὦ φίλ', ἐπεί μ' ἔμνησας ὀϊζύος, ἣν ἐν ἐκείνῳ
» Δήμῳ ἀνέτλημεν μένος ἄσχετοι υἷες Ἀχαιῶν,
» Ἢ μὲν ὅσα ξὺν νηυσὶν ἐπ' ἠεροειδέα πόντον 105
» Πλαζόμενοι κατὰ ληΐδ', ὅπῃ ἄρξειεν Ἀχιλλεύς,
» Ἠδ' ὅσα καὶ περὶ ἄστυ μέγα Πριάμοιο ἄνακτος
» Μαρνάμεθ'· ἔνθα δ' ἔπειτα κατέκταθεν, ὅσσοι ἄριστοι·
» Ἔνθα μὲν Αἴας κεῖται ἀρήϊος, ἔνθα δ' Ἀχιλλεύς,
» Ἔνθα δὲ Πάτροκλος, θεόφιν μήστωρ ἀτάλαντος, 110
» Ἔνθα δ' ἐμὸς φίλος υἱός, ἅμα κρατερὸς καὶ ἀμύμων,
» Ἀντίλοχος, περὶ μὲν θείειν ταχύς, ἠδὲ μαχητής·
» Ἄλλα τε πόλλ' ἐπὶ τοῖς πάθομεν κακά· τίς κεν ἐκεῖνα
» Πάντα γε μυθήσαιτο καταθνητῶν ἀνθρώπων;

» a saccagé la superbe ville de Troie. Le sort de tous les
» princes qui ont porté les armes contre les Troyens nous
» est connu ; nous savons comment et en quel endroit
» une mort cruelle les a emportés. Ulysse est le seul
» dont le fils de Saturne nous cache la triste destinée;
» car personne ne peut nous dire certainement où il est
» mort, s'il a succombé sous l'effort de ses ennemis dans
» une terre étrangère, ou si les flots d'Amphitrite l'ont
» englouti. J'embrasse donc vos genoux, pour vous sup-
» plier de m'apprendre le genre de sa mort, si vous
» l'avez vue de vos yeux, ou si vous l'avez apprise par
» les relations de quelque voyageur; car il n'est que
» trop certain que sa naissance l'avoit destiné à quelque
» fin malheureuse. Que ni la compassion ni aucun
» ménagement ne vous portent à me flatter. Dites-moi
» sincèrement tout ce que vous en avez ou vu ou appris.
» Si jamais mon père vous a heureusement servi ou de
» son épée ou de ses conseils devant les murs de Troie, où
» les Grecs ont souffert tant de maux, je vous conjure
» de me faire paroître en cette occasion que vous n'en
» avez pas perdu la mémoire, et de me dire la vérité. »

Nestor lui répondit : « Etranger, vous me faites res-
» souvenir des maux infinis que nous avons soufferts
» avec tant de constance, soit en courant les mers sous
» la conduite d'Achille, pour fourrager les villes des
» Troyens, soit en combattant devant les murs du
» superbe Ilion. Là nos plus grands capitaines ont trouvé
» leur tombeau : là gît Ajax, ce grand guerrier, sem-
» blable à Mars; là gît Achille, là gît Patrocle, égal
» aux Dieux par la sagesse de ses conseils; là gît mon
» cher fils, le brave et le sage Antiloque, qui étoit aussi
» léger à la course, que ferme dans les combats de main.
» Tous les autres maux que nous avons endurés sont
» en si grand nombre, qu'il n'y a point de mortel qui
» puisse les raconter. Plusieurs années suffiroient à peine

» Οὐδ' εἰ πεντάετές γε καὶ ἑξάετες παραμίμνων 115
» Ἐξερέοις, ὅσα κεῖθι πάθον κακὰ δῖοι Ἀχαιοί·
» Πρίν κεν ἀνιηθεὶς σὴν πατρίδα γαῖαν ἵκοιο.
» Εἰνάετες γάρ σφιν κακὰ ῥάπτομεν ἀμφιέποντες
» Παντοίοισι δόλοισι· μόγις δ' ἐτέλεσσε Κρονίων.
» Ἔνθ' οὔτις ποτὲ μῆτιν ὁμοιωθήμεναι ἄντην 120
» Ἤθελ', ἐπεὶ μάλα πολλὸν ἐνίκα δῖος Ὀδυσσεὺς
» Παντοίοισι δόλοισι, πατὴρ τεός· εἰ ἐτεόν γε
» Κείνου ἔκγονός ἐσσι· σέβας μ' ἔχει εἰσορόωντα·
» Ἤτοι γὰρ μῦθοί γε ἐοικότες, οὐδέ κε φαίης
» Ἄνδρα νεώτερον ὧδε ἐοικότα μυθήσασθαι. 125
» Ἔνθ' ἤτοι εἵως μὲν ἐγὼ καὶ δῖος Ὀδυσσεὺς,
» Οὔτε πότ' εἰν ἀγορῇ δίχ' ἐβάζομεν, οὔτ' ἐνὶ βουλῇ,
» Ἀλλ' ἕνα θυμὸν ἔχοντε, νόῳ, καὶ ἐπίφρονι βουλῇ
» Φραζόμεθ', Ἀργείοισιν ὅπως ὄχ' ἄριστα γένηται.
» Αὐτὰρ ἐπεὶ Πριάμοιο πόλιν διεπέρσαμεν αἰπήν, 130
» Βῆμεν δ' ἐν νήεσσι, θεὸς δ' ἐκέδασσεν Ἀχαιούς·
» Καὶ τότε δὴ Ζεὺς λυγρὸν ἐνὶ φρεσὶ μήδετο νόστον
» Ἀργείοις· ἐπεὶ οὔτι νοήμονες, οὐδὲ δίκαιοι,
» Πάντες ἔσαν· τῷ σφέων πολέες κακὸν οἶτον ἐπέσπον,
» Μήνιος ἐξ ὀλοῆς Γλαυκώπιδος ὀβριμοπάτρης, 135
» Ἥτ' ἔριν Ἀτρείδῃσι μετ' ἀμφοτέροισιν ἔθηκεν.
— » Τὼ δὲ καλεσσαμένω ἀγορὴν ἐς πάντας Ἀχαιοὺς
» Μὰψ, ἀτὰρ οὐ κατὰ κόσμον, ἐς ἠέλιον καταδύντα,
» (Οἱ δ' ἦλθον οἴνῳ βεβαρηότες υἷες Ἀχαιῶν,)
» Μῦθον μυθείσθην, τοῦ εἵνεκα λαὸν ἄγειραν. 140
» Ἔνθ' ἤτοι Μενέλαος ἀνώγει πάντας Ἀχαιοὺς
» Νόστου μιμνήσκεσθαι ἐπ' εὐρέα νῶτα θαλάσσης·

» pour faire le détail de tout ce que les Grecs ont eu à
» soutenir dans cette fatale guerre, et avant que d'en
» entendre la fin, l'impatience vous porteroit à rega-
» gner votre patrie. Neuf années entières se passèrent
» de notre part à machiner la ruine des Troyens, par
» toutes sortes de ruses de guerre ; et encore, après ces
» neuf années, le fils de Saturne ne nous en accorda
» qu'à peine une heureuse fin. Dans toute l'armée, il n'y
» avoit pas un seul homme qui osât s'égaler à Ulysse en
» prudence, car il les surpassoit tous, et personne n'étoit
» si fécond en ressources et en stratagèmes que votre
» père ; je vois bien que vous êtes son fils ; vous me jetez
» dans l'admiration ; je crois l'entendre lui-même, et il ne
» seroit pas possible de trouver un autre jeune homme
» qui parlât si parfaitement que lui. Pendant tout le
» temps qu'a duré le siége, le divin Ulysse et moi nous
» n'avons jamais été de différent avis, soit dans les assem-
» blées, soit dans les conseils ; mais animés tous deux
» d'un même esprit, nous avons toujours dit aux Grecs
» tout ce qui pouvoit assurer un heureux succès à leurs
» entreprises. Après que nous eûmes renversé le superbe
» Ilion, nous montâmes sur nos vaisseaux, prêts à faire
» voile ; mais quelque Dieu ennemi divisa les Grecs ;
» et dès ce moment-là il étoit aisé de voir que Jupi-
» ter leur préparoit un retour funeste, parce qu'ils
» n'avoient pas tous été prudens et justes. Voilà pourquoi
» aussi la plupart ont eu un sort si malheureux ; car ils
» avoient attiré l'indignation de la fille de Jupiter, de la
» grande Minerve, qui jeta la dissension entre les deux
» fils d'Atrée. Ces deux princes ayant sans nécessité, et
» contre la bienséance, convoqué tous les Grecs à une
» assemblée à l'entrée de la nuit, ils y arrivèrent tous
» chargés de vin. Là Agamemnon et Ménélas commen-
» cèrent à leur expliquer le sujet qui les avoit fait
» assembler. Ménélas étoit d'avis que l'on s'embarquât

» Οὐδ' Ἀγαμέμνονι πάμπαν ἐήνδανε· βούλετο γάρ ῥα
» Λαὸν ἐρυκακέειν, ῥέζειν θ' ἱερὰς ἑκατόμβας,
» Ὡς τὸν Ἀθηναίης δεινὸν χόλον ἐξακέσαιτο· 145
» Νήπιος, οὐδὲ τὸ ᾔδη, ὃ οὐ πείσεσθαι ἔμελλεν·
» Οὐ γάρ τ' αἶψα θεῶν τρέπεται νόος αἰὲν ἐόντων·
» Ὣς τὼ μὲν χαλεποῖσιν ἀμειβομένω ἐπέεσσιν
» Ἕστασαν· οἱ δ' ἀνόρουσαν ἐϋκνήμιδες Ἀχαιοὶ
» Ἠχῇ θεσπεσίῃ· δίχα δέ σφισιν ἥνδανε βουλή. 150
» Νύκτα μὲν ἀέσαμεν χαλεπὰ φρεσὶν ὁρμαίνοντες
» Ἀλλήλοις· (ἐπὶ γὰρ Ζεὺς ἤρτυε πῆμα κακοῖο·)
» Ἠῶθεν δ' οἱ μὲν νέας εἵλκομεν εἰς ἅλα δῖαν,
» Κτήματά τ' ἐντιθέμεσθα, βαθυζώνους τε γυναῖκας·
» Ἡμίσεες δ' ἄρα λαοὶ ἐρητύοντο μένοντες 155
» Αὖθι παρ' Ἀτρείδῃ Ἀγαμέμνονι, ποιμένι λαῶν·
» Ἡμίσεες δ' ἀναβάντες ἐλαύνομεν· αἱ δὲ μάλ' ὦκα
» Ἔπλεον· ἐστόρεσεν δὲ θεὸς μεγακήτεα πόντον.
» Ἐς Τένεδον δ' ἐλθόντες, ἐρέξαμεν ἱρὰ θεοῖσιν,
» Οἴκαδε ἱέμενοι· Ζεὺς δ' οὔπω μήδετο νόστον, 160
» Σχέτλιος, ὅς ῥ' ἔριν ὦρσε κακὴν ἐπὶ δεύτερον αὖτις.
» Οἱ μὲν ἀποστρέψαντες ἔβαν νέας ἀμφιελίσσας,
» Ἀμφ' Ὀδυσῆα ἄνακτα δαΐφρονα ποικιλομήτην,
» Αὖτις ἐπ' Ἀτρείδῃ Ἀγαμέμνονι ἦρα φέροντες.
» Αὐτὰρ ἐγὼ σὺν νηυσὶν ἀολλέσιν, αἵ μοι ἕποντο, 165
» Φεῦγον, ἐπεὶ γίνωσκον, ὃ δὴ κακὰ μήδετο δαίμων.
» Φεῦγε δὲ Τυδέος υἱὸς ἀρήϊος, ὦρσε δ' ἑταίρους·
» Ὀψὲ δὲ δὴ μετὰ νῶϊ κίε ξανθὸς Μενέλαος,
» Ἐν Λέσβῳ δ' ἔκιχεν δολιχὸν πλόον ὁρμαίνοντας·
» Ἢ καθύπερθε Χίοιο νεοίμεθα παιπαλοέσσης, 170

» sans attendre davantage, mais cet avis ne plut pas à
» Agamemnon ; car il vouloit retenir les troupes jusqu'à
» ce qu'on eût offert des hécatombes pour désarmer la
» terrible colère de Pallas. Insensé qu'il étoit, il igno-
» roit qu'il ne devoit pas se flatter d'apaiser cette
» Déesse, et que les Dieux immortels, justement irrités,
» ne se laissent pas si facilement fléchir par des sacri-
» fices. Les deux Atrides en vinrent à des paroles d'ai-
» greur. Les Grecs se lèvent avec un grand bruit et une
» confusion épouvantable ; car ils étoient tous partagés.
» Nous passâmes la nuit en cet état, tout prêts à nous
» porter aux plus grandes extrémités les uns contre les
» autres ; car Jupiter avoit donné le signal de notre
» perte. Dès que le jour eut paru, la moitié des Grecs
» mettant leurs vaisseaux à la mer, y chargent le butin,
» et y font monter leurs belles captives. L'autre moitié
» demeure avec Agamemnon. Nous qui étions embar-
» qués, nous faisions route, et nos vaisseaux fendoient
» rapidement les flots que Neptune avoit aplanis
» devant nous. Etant abordés à Ténédos, nous descen-
» dîmes pour faire des sacrifices aux Dieux, afin de nous
» les rendre favorables, et que notre retour fût heu-
» reux. Mais Jupiter n'avoit pas résolu de nous en
» accorder un si prompt. Ce Dieu irrité jeta entre nous
» une nouvelle discorde ; nous nous séparâmes encore ;
» les uns, reprenant le chemin de Troie, s'en retour-
» nèrent avec le prudent Ulysse retrouver Agamemnon,
» pour plaire à ce prince. Mais moi, je continuai ma
» route avec mes vaisseaux, parce que je prévoyois les
» maux que Dieu nous préparoit. Le fils de Tydée, le
» grand Diomède, vint avec nous, et porta ses compa-
» gnons à le suivre. Ménélas nous joignit le soir à l'île
» de Lesbos, comme nous délibérions sur le chemin
» que nous devions prendre, car il y avoit deux avis :
» les uns vouloient qu'en côtoyant la petite île de Psyria,

» Νήσου ἐπὶ Ψυρίης, αὐτὴν ἐπ' ἀριστέρ' ἔχοντες,
» Ἡ ὑπένερθε Χίοιο, παρ' ἠνεμόεντα Μίμαντα.
» Ἠτέομεν δὲ θεὸν φῆναι τέρας· αὐτὰρ ὅγ' ἡμῖν
» Δεῖξε, καὶ ἠνώγει πέλαγος μέσον εἰς Εὔβοιαν
» Τέμνειν, ὄφρα τάχιστα ὑπὲκ κακότητα φύγοιμεν. 175
» Ὦρτο δ' ἐπὶ λιγὺς οὖρος ἀήμεναι· αἱ δὲ μάλ' ὦκα
» Ἰχθυόεντα κέλευθα διέδραμον, ἐς δὲ Γεραιστὸν
» Ἐννύχιαι κατάγοντο· Ποσειδάωνι δὲ ταύρων
» Πόλλ' ἐπὶ μῆρ' ἔθεμεν, πέλαγος μέγα μετρήσαντες.
» Τέτρατον ἦμαρ ἔην, ὅτ' ἐν Ἄργεϊ νῆας ἐΐσας 180
» Τυδεΐδεω ἕταροι Διομήδεος ἱπποδάμοιο
» Ἔστασαν· αὐτὰρ ἔγωγε Πύλονδ' ἔχον· οὐδέ ποτ' ἔσβη
» Οὖρος, ἐπειδὴ πρῶτα θεὸς προέηκεν ἀῆναι.
» Ὣς ἦλθον, φίλε τέκνον, ἀπευθής· οὐδέ τι οἶδα
» Κείνων, οἵ τ' ἐσάωθεν Ἀχαιῶν, οἵ τ' ἀπόλοντο. 185
» Ὅσσα δ' ἐνὶ μεγάροισι καθήμενος ἡμετέροισι
» Πεύθομαι, ἣ θέμις ἐστί, δαήσεαι, οὐδέ σε κεύσω.
» Εὖ μὲν Μυρμιδόνας φάσ' ἐλθέμεν ἐγχεσιμώρους,
» Οὓς ἄγ' Ἀχιλλῆος μεγαθύμου φαίδιμος υἱός·
» Εὖ δὲ Φιλοκτήτην, Ποιάντιον ἀγλαὸν υἱόν· 190
» Πάντας δ' Ἰδομενεὺς Κρήτην εἰσήγαγ' ἑταίρους,
» Οἳ φύγον ἐκ πολέμου, πόντος δέ οἱ οὔτιν' ἀπηύρα·
» Ἀτρεΐδην δὲ καὶ αὐτοὶ ἀκούετε νόσφιν ἐόντες,
» Ὥς τ' ἦλθ', ὥς τ' Αἴγισθος ἐμήσατο λυγρὸν ὄλεθρον.
» Ἀλλ' ἤτοι κεῖνος μὲν ἐπισμυγερῶς ἀπέτισεν· 195

» nous prissions au-dessus de Chio que nous laisserions
» à gauche, et les autres proposoient de prendre au-
» dessous, entre Chio et le mont Minas. Dans ce doute,
» nous demandâmes à Dieu un signe qui nous déter-
» minât; il nous l'accorda, et nous obligea de tenir le
» milieu de la mer, et de faire route tout droit vers l'Eu-
» bée, pour nous dérober plus tôt aux malheurs qui nous
» menaçoient. Un petit vent frais commence à souffler;
» nos vaisseaux volent aisément sur l'humide plaine, et
» le lendemain avant le jour ils arrivent à Géreste. Nous
» mettons pied à terre, et nous faisons des sacrifices à
» Neptune, pour le remercier du grand trajet que nous
» avions fait. Le quatrième jour après notre départ,
» Diomède et ses compagnons arrivèrent à Argos, et moi
» je continuai ma route vers Pylos; le même vent frais,
» que Dieu nous avoit envoyé, ne cessa point de souffler
» pendant tout mon voyage. Ainsi, mon cher fils, j'ar-
» rivai heureusement à Pylos, sans avoir pu apprendre
» la moindre nouvelle des Grecs. Je ne sais pas même
» encore certainement ni ceux qui se sont sauvés, ni
» ceux qui ont péri. Mais pour tout ce que j'ai appris
» dans mon palais, depuis mon retour, je vous en ferai
» part, sans vous en rien cacher. On m'a dit que les
» braves Myrmidons sont arrivés heureusement chez
» eux, conduits par le célèbre fils du vaillant Achille;
» que le grand Philoctète, fils de Pœan, est aussi arrivé
» chez lui; qu'Idoménée a ramené en Crète tous ceux
» de ses compagnons que le dieu Mars avoit épargnés à
» Troie, et qu'il n'en a pas perdu un seul sur la mer.
» Pour le sort du fils d'Atrée, quelque éloigné que vous
» soyez, il ne se peut qu'il ne soit parvenu jusqu'à vous.
» Vous savez comment ce prince est arrivé dans son
» palais, avec quelle perfidie Egisthe l'a assassiné, et de
» quelle manière ce malheureux assassin a reçu le châti-
» ment que méritoit son crime. Quel grand bien n'est-ce

» Ὡς ἀγαθὸν καὶ παῖδα καταφθιμένοιο λιπέσθαι
» Ἀνδρός· ἐπεὶ καὶ κεῖνος ἐτίσατο πατροφονῆα,
» Αἴγισθον δολόμητιν, ὅς οἱ πατέρα κλυτὸν ἔκτα.
» Καὶ σὺ, φίλος, (μάλα γάρ σ᾽ ὁρόω καλόν τε μέγαν τε,)
» Ἄλκιμος ἔσσ᾽, ἵνα τίς σε καὶ ὀψιγόνων εὖ εἴπῃ. » 200

Τὸν δ᾽ αὖ Τηλέμαχος πεπνυμένος ἀντίον ηὔδα·
« Ὦ Νέστορ Νηληϊάδη, μέγα κῦδος Ἀχαιῶν,
» Καὶ λίην κεῖνος μὲν ἐτίσατο, καί οἱ Ἀχαιοὶ
» Οἴσουσι κλέος εὐρὺ, καὶ ἐσσομένοισιν ἀοιδήν.
» Αἲ γὰρ ἐμοὶ τοσσήνδε θεοὶ δύναμιν παραθεῖεν   205
» Τίσασθαι μνηστῆρας ὑπερβασίης ἀλεγεινῆς,
» Οἵτε μοι ὑβρίζοντες ἀτάσθαλα μηχανόωνται.
» Ἀλλ᾽ οὔ μοι τοιοῦτον ἐπέκλωσαν θεοὶ ὄλβον,
» Πατρί τ᾽ ἐμῷ καὶ ἐμοί· νῦν δὲ χρὴ τετλάμεν ἔμπης.»

Τὸν δ᾽ ἠμείβετ᾽ ἔπειτα Γερήνιος ἱππότα Νέστωρ· 210
» Ὦ φίλ᾽, ἐπειδὴ ταῦτα μ᾽ ἀνέμνησας καὶ ἔειπες,
» Φασὶ μνηστῆρας σῆς μητέρος εἵνεκα πολλοὺς
» Ἐν μεγάροις, ἀέκητι σέθεν, κακὰ μηχανάασθαι·
» Εἰπέ μοι, ἠὲ ἑκὼν ὑποδάμνασαι, ἦ σέ γε λαοὶ
» Ἐχθαίρουσ᾽ ἀνὰ δῆμον, ἐπισπόμενοι θεοῦ ὀμφῇ; 215
» Τίς δ᾽ οἶδ᾽, εἴ κε ποτέ σφι βίας ἀποτίσεται ἐλθών,
» Ἢ ὅγε μοῦνος ἐών, ἦ καὶ σύμπαντες Ἀχαιοί;
» Εἰ γάρ σ᾽ ὡς ἐθέλοι φιλέειν γλαυκῶπις Ἀθήνη,
» Ὡς τότ᾽ Ὀδυσσῆος περικήδετο κυδαλίμοιο,
» Δήμῳ ἐνὶ Τρώων, ὅθι πάσχομεν ἄλγε᾽ Ἀχαιοί· 220

» pas de laisser en mourant un fils plein de cou-
» rage ! Ce fils d'Agamemnon s'est glorieusement vengé
» de ce traître qui avoit tué son père. Et vous, mon cher
» fils, imitez cet exemple : vous êtes grand, bien fait et
» de bonne mine ; que le courage réponde donc à ce
» dehors, afin que vous receviez de la postérité le même
» éloge. »

Télémaque répondit : « Sage Nestor, l'ornement et la
» gloire des Grecs, ce jeune prince a fort bien fait de
» punir l'assassin de son père, et les Grecs relèvent fort
» justement la gloire de cette action ; la postérité ne lui
» refusera jamais les louanges qu'elle mérite. Je ne
» demanderois aux Dieux, pour toute grâce, que de
» pouvoir me venger de même de l'insolence des poursui-
» vans de ma mère, qui commettent tous les jours dans
» ma maison des excès infinis, et qui me déshonorent ;
» mais les Dieux n'ont pas résolu de nous accorder à mon
» père et à moi un si grand bonheur. C'est pourquoi il
» faut que je dévore cet affront, quelque dur qu'il me
» paroisse. »

« Mon cher fils, repartit Nestor, puisque vous me
» faites ressouvenir de certains bruits sourds que j'ai
» entendus, j'ai ouï dire qu'un grand nombre de jeunes
» princes amoureux de votre mère, se tiennent dans votre
» palais, malgré vous, et consument votre bien. Appre-
» nez-moi donc si vous vous soumettez à eux, sans vous
» opposer à leurs violences, ou si ce sont les peuples
» d'Ithaque qui, pour obéir à la voix de quelque Dieu,
» se déclarent contre vous. Qui sait si votre père, venant
» un jour sans être attendu, ne les punira pas lui seul de
» leurs injustices, ou même si tous les Grecs ne s'uni-
» ront pas pour vous venger ? Si Minerve vouloit vous
» protéger, comme elle a protégé le célèbre Ulysse pen-
» dant qu'il a combattu sous les murs de Troie, où nous
» avons souffert tant de maux (car je n'ai jamais vu les

» (Οὐ γάρ πω ἴδον ὧδε θεοὺς ἀναφανδὰ φιλεῦντας,
» Ὡς κείνῳ ἀναφανδὰ παρίστατο Παλλὰς Ἀθήνη.)
» Εἴ σ' οὕτως ἐθέλοι φιλέειν, κήδοιτό τε θυμῷ,
» Τῷ κέν τις κείνων γε καὶ ἐκλελάθοιτο γάμοιο. »

Τὸν δ' αὖ Τηλέμαχος πεπνυμένος ἀντίον ηὔδα· 225
« Ὦ γέρον, οὔπω τοῦτο ἔπος τελέεσθαι ὀΐω·
» Λίην γὰρ μέγα εἶπες· ἄγη μ' ἔχει· οὐκ ἂν ἔμοιγε
» Ἐλπομένῳ τὰ γένοιτ', οὐδ' εἰ θεοὶ ὣς ἐθέλοιεν. »

Τὸν δ' αὖτε προσέειπε θεὰ γλαυκῶπις Ἀθήνη·
» Τηλέμαχε, ποῖόν σε ἔπος φύγεν ἕρκος ὀδόντων; 230
» Ῥεῖα θεός γ' ἐθέλων καὶ τηλόθεν ἄνδρα σαῶσαι·
» Βουλοίμην δ' ἂν ἔγωγε καὶ ἄλγεα πολλὰ μογήσας,
» Οἴκαδέ τ' ἐλθέμεναι καὶ νόστιμον ἦμαρ ἰδέσθαι,
» Ἢ ἐλθὼν ἀπολέσθαι ἐφέστιος, ὡς Ἀγαμέμνων
» Ὤλεθ', ὑπ' Αἰγίσθοιο δόλῳ καὶ ἧς ἀλόχοιο. 235
» Ἀλλ' ἤτοι θάνατον μὲν ὁμοίϊον οὐδὲ θεοί περ
» Καὶ φίλῳ ἀνδρὶ δύνανται ἀλαλκέμεν· ὁππότε κεν δὴ
» Μοῖρ' ὀλοὴ καθέλῃσι τανηλεγέος θανάτοιο. »

Τὸν δ' αὖ Τηλέμαχος πεπνυμένος ἀντίον ηὔδα·
« Μέντορ, μηκέτι ταῦτα λεγώμεθα, κηδόμενοί περ. 240
» Κείνῳ δ' οὐκ ἔτι νόστος ἐτήτυμος, ἀλλά οἱ ἤδη
» Φράσσαντ' ἀθάνατοι θάνατον καὶ κῆρα μέλαιναν.
» Νῦν δ' ἐθέλω ἔπος ἄλλο μεταλλῆσαι καὶ ἔρεσθαι
» Νέστορ'· ἐπεὶ περίοιδε δίκας ἠδὲ φρόνιν ἄλλων·

» Dieux se déclarer si manifestement pour personne,
» comme cette Déesse s'est déclarée pour votre père, en
» l'assistant en toute occasion); si elle vouloit donc vous
» témoigner la même bienveillance et avoir de vous le
» même soin, il n'y auroit assurément bientôt aucun
» de ces poursuivans qui fût en état de penser au
» mariage. »

« Grand prince, repartit Télémaque, je ne pense pas
» que ce que vous venez de dire s'accomplisse jamais;
» vous dites là une grande chose, la pensée seule me
» jette dans l'étonnement. Je n'ai garde d'oser me flatter
» d'un si grand bonheur, car mes espérances seroient
» vaines, quand même les Dieux voudroient me favo-
» riser. »

« Ah! Télémaque, repartit Minerve, que venez-vous
» de dire? quel blasphème venez-vous de proférer?
» Quand Dieu le veut, il peut facilement sauver un
» homme, et le ramener des bouts de la terre. Pour
» moi, j'aimerois bien mieux, après avoir essuyé pen-
» dant long-temps des travaux infinis, me voir enfin
» heureusement de retour dans ma patrie, que d'avoir
» le sort d'Agamemnon, qui, après un trop heureux
» voyage, s'est vu assassiner dans son palais, par la tra-
» hison de sa femme et d'Egisthe. Il est vrai que pour ce
» qui est de la mort, terme fatal ordonné à tous les
» hommes, les Dieux ne sauroient en exempter l'homme
» qui leur seroit le plus cher, quand la parque cruelle
» l'a conduit à sa dernière heure. »

Télémaque, reprenant la parole, dit: « Mentor, quit-
» tons ces discours; quelque affligés que nous soyons, il
» n'est plus question de retour pour mon père, les Dieux
» l'ont abandonné à sa noire destinée et l'ont livré à la
» mort. Présentement, je veux parler d'autre chose au
» fils de Nélée, et prendre la liberté de lui faire une
» question, car je vois qu'en prudence et en justice il

» Τρὶς γὰρ δή μιν φασιν ἀνάξασθαι γένε᾽ ἀνδρῶν· 245
» Ὥστε μοι ἀθανάτοις ἰνδάλλεται εἰσοράασθαι.
» Ὦ Νέστορ Νηληϊάδη, σὺ δ᾽ ἀληθὲς ἔνισπε·
» Πῶς ἔθαν᾽ Ἀτρείδης εὐρυκρείων Ἀγαμέμνων;
» Ποῦ Μενέλαος ἔην; τίνα δ᾽ αὐτῷ μήσατ᾽ ὄλεθρον
» Αἴγισθος δολόμητις; ἐπεὶ κτάνε πολλὸν ἀρείω. 250
» Ἦ οὐκ Ἄργεος ἦεν Ἀχαιϊκοῦ, ἀλλά πη ἄλλη
» Πλάζετ᾽ ἐπ᾽ ἀνθρώπους, ὁ δὲ θαρσήσας κατέπεφνε; »

Τὸν δ᾽ ἠμείβετ᾽ ἔπειτα Γερήνιος ἱππότα Νέστωρ·
« Τοίγαρ ἐγώ τοι, τέκνον, ἀληθέα πάντ᾽ ἀγορεύσω·
» Ἤτοι μὲν τάδε κ᾽ αὐτὸς ὀΐεαι, ὥς κεν ἐτύχθη· 255
» Εἰ ζώοντ᾽ Αἴγισθον ἐνὶ μεγάροισιν ἔτετμεν
» Ἀτρείδης, Τροίηθεν ἰών, ξανθὸς Μενέλαος·
» Τῷ κέ οἱ οὐδὲ θανόντι χυτὴν ἐπὶ γαῖαν ἔχευαν,
» Ἀλλ᾽ ἄρα τόν γε κύνες τε καὶ οἰωνοὶ κατέδαψαν,
» Κείμενον ἐν πεδίῳ ἑκὰς ἄστεος· οὐδέ κε τίς μιν 260
» Κλαῦσεν Ἀχαιϊάδων· μάλα γὰρ μέγα μήσατο ἔργον.
» Ἡμεῖς μὲν γὰρ κεῖθι πολέας τελέοντες ἀέθλους
» Ἤμεθ᾽· ὁ δ᾽ εὔκηλος μυχῷ Ἄργεος ἱπποβότοιο
» Πόλλ᾽ Ἀγαμεμνονέην ἄλοχον θέλγεσκ᾽ ἐπέεσσιν,
» Ἡ δ᾽ ἤτοι τοπρὶν μὲν ἀναίνετο ἔργον ἀεικὲς 265
» Δῖα Κλυταιμνήστρη, (φρεσὶ γὰρ κέχρητ᾽ ἀγαθῇσι·
» Πὰρ γὰρ ἔην καὶ ἀοιδὸς ἀνήρ, ᾧ πόλλ᾽ ἐπέτελλεν
» Ἀτρείδης, Τροίηνδε κιών, εἴρυσθαι ἄκοιτιν·)
» Ἀλλ᾽ ὅτε δή μιν μοῖρα θεῶν ἐπέδησε δαμῆναι,
» Δὴ τότε τὸν μὲν ἀοιδὸν ἄγων ἐς νῆσον ἐρήμην, 270

» surpasse tous les autres hommes; aussi dit-on qu'il a
» régné sur trois générations. Et véritablement, quand je
» le regarde, je crois voir une image des immortels.
» Dites-moi donc, sage Nestor, comment a été tué le roi
» Agamemnon ? Où étoit son frère Ménélas ; quelle sorte
» de piége lui a tendu le perfide Egisthe ? car il a tué un
» homme bien plus vaillant que lui. Ménélas n'étoit-il
» point à Argos ? Etoit-il errant dans quelque terre étran-
» gère ? c'est sans doute son absence qui a inspiré cette
» audace à cet assassin. »

« Mon fils, lui répond Nestor, je vous dirai la vérité
» toute pure, les choses se sont passées comme vous
» l'avez fort bien conjecturé. Si Ménélas à son retour de
» Troie eût trouvé dans son palais Egisthe encore vivant,
» jamais on n'auroit élevé de tombeau à ce traître; son
» cadavre gisant sur la terre, loin des murailles,
» auroit servi de pâture aux chiens et aux oiseaux, et pas
» une des femmes grecques n'auroit honoré sa mort de ses
» larmes; car il avoit commis le plus horrible de tous
» les forfaits. Il faut que vous sachiez, mon fils, que
» pendant que nous étions devant Troie, à livrer tous
» les jours de nouveaux combats, ce malheureux, qui
» vivoit dans une lâche oisiveté, dans un coin du Pélo-
» ponèse, conçut une passion criminelle pour la femme
» d'Agamemnon, pour la reine Clytemnestre, qu'il sol-
» licitoit tous les jours de répondre à ses désirs. La reine
» résista long-temps, et refusa de consentir à une action
» si infâme; car outre que son esprit étoit encore sain et
» entier, elle avoit auprès d'elle un chantre qu'Aga-
» memnon lui avoit laissé en partant pour Troie, et
» qu'il avoit chargé particulièrement du soin de la gar-
» der et de veiller à sa conduite. Mais quand l'heure
» marquée par les destins fut arrivée, où ce malheu-
» reux Egisthe devoit triompher de sa chasteté, il com-
» mença par éloigner d'elle ce chantre, il le mena dans

» Κάλλιπεν οἰωνοῖσιν ἕλωρ καὶ κύρμα γενέσθαι·
» Τὴν δ' ἐθέλων ἐθέλουσαν ἀνήγαγεν ὅνδε δόμονδε.
» Πολλὰ δὲ μηρί' ἔκηε θεῶν ἱεροῖς ἐπὶ βωμοῖς,
» Πολλὰ δ' ἀγάλματ' ἀνῆψεν, ὑφάσματά τε, χρυσόν τε,
» Ἐκτελέσας μέγα ἔργον, ὃ οὔποτε ἔλπετο θυμῷ. 275
» Ἡμεῖς μὲν γὰρ ἅμα πλέομεν Τροίηθεν ἰόντες,
» Ἀτρείδης καὶ ἐγώ, φίλα εἰδότες ἀλλήλοισιν·
» Ἀλλ' ὅτε Σούνιον ἱρὸν ἀφικόμεθ', ἄκρον Ἀθηνῶν,
» Ἔνθα κυβερνήτην Μενελάου Φοῖβος Ἀπόλλων
» Οἷς ἀγανοῖς βελέεσσιν ἐποιχόμενος κατέπεφνε, 280
» Πηδάλιον μετὰ χερσὶ θεούσης νηὸς ἔχοντα,
» Φρόντιν Ὀνητορίδην, ὃς ἐκαίνυτο φῦλ' ἀνθρώπων
» Νῆα κυβερνῆσαι, ὁπότε σπέρχοιεν ἄελλαι.
» Ὣς ὃ μὲν ἔνθα κατέσχετ', ἐπειγόμενός περ ὁδοῖο,
» Ὄφρ' ἕταρον θάπτοι, καὶ ἐπὶ κτέρεα κτερίσειεν. 285
» Ἀλλ' ὅτε δὴ καὶ κεῖνος, ἰὼν ἐπὶ οἴνοπα πόντον
» Ἐν νηυσὶ γλαφυρῇσι, Μαλειάων ὄρος αἰπὺ
» Ἷξε θέων, τότε δὴ στυγερὴν ὁδὸν εὐρύοπα Ζεὺς
» Ἐφράσατο, λιγέων δ' ἀνέμων ἐπ' ἀϋτ...α χεῦε,
» Κύματά τε τροφόεντα, πελώρια, ἶσα ὄρεσσιν· 290
» Ἔνθα διατμήξας, τὰς μὲν Κρήτῃ ἐπέλασσεν,
» Ἧχι Κύδωνες ἔναιον, Ἰαρδάνου ἀμφὶ ῥέεθρα.
» Ἔστι δέ τις λισσὴ, αἰπεῖά τε εἰς ἅλα πέτρη,
» Ἐσχατιῇ Γόρτυνος, ἐν ἠεροειδέϊ πόντῳ·
» Ἔνθα Νότος μέγα κῦμα ποτὶ σκαιὸν ῥίον ὠθεῖ 295
» Ἐς Φαιστόν· μικρὸς δὲ λίθος μέγα κῦμ' ἀποέργει.

» une île déserte, et l'abandonna en proie aux oiseaux
» des cieux ; et, retournant à Mycènes, il se vit enfin
» maître de la reine, qui le suivit volontairement dans
» son palais. Alors il offrit sur les autels une infinité de
» victimes, et consacra dans les temples les offrandes
» les plus précieuses, de l'or, de riches étoffes, pour
» remercier les Dieux d'avoir réussi dans une entre-
» prise si difficile, et dont il avoit toujours désespéré.
» Cependant Ménélas et moi, étroitement unis par les
» nœuds de l'amitié, nous étions partis de Troie sur nos
» vaisseaux. Quand nous fûmes abordés à Sunium,
» sacré promontoire d'Athènes, là Apollon tua de ses
» flèches le pilote Phrontis, fils d'Onetor, qui condui-
» soit la galère principale de Ménélas, comme il étoit
» au gouvernail. C'étoit le plus habile de tous les
» pilotes, le plus expérimenté, et celui qui savoit le
» mieux gouverner un vaisseau pendant les plus affreuses
» tempêtes. Quelque pressé que fût Ménélas de continuer
» sa route, il fut retenu là pour enterrer son compa-
» gnon, et pour faire sur son tombeau les sacrifices ordi-
» naires. Quand il se fut rembarqué, et que sa flotte
» eut gagné les hauteurs du promontoire de Malée, alors
» Jupiter, dont les yeux découvrent toute l'étendue
» de la terre, mit de grands obstacles à son retour. Il
» déchaîna contre lui les vents les plus orageux, excita les
» flots les plus terribles, les amoncela et les éleva comme
» les plus hautes montagnes ; et séparant ses vaisseaux,
» il poussa les uns à l'île de Crète, du côté qu'habitent
» les Cydoniens, sur les rives du Jardan. Là, vis-à-vis
» de Cortyne, s'avance dans la mer, toujours couverte
» d'un brouillard épais, un rocher appelé *Lissé* ; c'est
» le promontoire occidental de l'île, du côté de Pheste.
» Le vent du midi pousse les flots contre ce rocher, qui,
» les arrêtant et brisant leur impétuosité, couvre le
» port et assure la plage. Ce fut contre ce rocher que

» Αἱ μὲν ἄρ' ἔνθ' ἦλθον, σπουδῇ δ' ἤλυξαν ὄλεθρον
» Ἄνδρες, ἀτὰρ νῆάς γε ποτὶ σπιλάδεσσιν ἔαξαν
» Κύματ'· ἀτὰρ τὰς πέντε νέας κυανοπρωρείους
» Αἰγύπτῳ ἐπέλασσε φέρων ἄνεμός τε καὶ ὕδωρ.   300
» Ὡς ὁ μὲν ἔνθα πολὺν βίοτον καὶ χρυσὸν ἀγείρων,
» Ἠλᾶτο ξὺν νηυσὶν ἐπ' ἀλλοθρόους ἀνθρώπους.
» Τόφρα δὲ ταῦτ' Αἴγισθος ἐμήσατο οἴκοθι λυγρὰ,
» Κτείνας Ἀτρείδην· δέδμητο δὲ λαὸς ὑπ' αὐτῷ.
» Ἑπτάετες δ' ἤνασσε πολυχρύσοιο Μυκήνης·   305
» Τῷ δέ οἱ ὀγδοάτῳ κακὸν ἤλυθε δῖος Ὀρέστης
» Ἂψ ἀπ' Ἀθηνάων, κατὰ δ' ἔκτανε πατροφονῆα,
» Αἴγισθον δολόμητιν, ὅς οἱ πατέρα κλυτὸν ἔκτα.
» Ἤτοι ὁ τὸν κτείνας δαίνυ τάφον Ἀργείοισιν
» Μητρός τε στυγερῆς καὶ ἀνάλκιδος Αἰγίσθοιο·   310
» Αὐτῆμαρ δέ οἱ ἦλθε βοὴν ἀγαθὸς Μενέλαος,
» Πολλὰ κτήματ' ἄγων, ὅσα οἱ νέες ἄχθος ἄειραν.
» Καὶ σὺ, φίλος, μὴ δηθὰ δόμων ἄπο τῆλ' ἀλάλησο,
» Κτήματά τε προλιπὼν, ἄνδρας τ' ἐν σοῖσι δόμοισι
» Οὕτω ὑπερφιάλους· μή τοι κατὰ πάντα φάγωσι   315
» Κτήματα δασσάμενοι, σὺ δὲ τηϋσίην ὁδὸν ἔλθῃς.
» Ἀλλ' ἐς μὲν Μενέλαον ἐγὼ κέλομαι καὶ ἄνωγα
» Ἐλθεῖν· κεῖνος γὰρ νέον ἄλλοθεν εἰλήλουθεν
» Ἐκ τῶν ἀνθρώπων, ὅθεν οὐκ ἔλποιτό γε θυμῷ
» Ἐλθέμεν, ὅντινα πρῶτον ἀποσφήλωσιν ἄελλαι   320
» Ἐς πέλαγος μέγα τοῖον· ὅθεν τέ περ οὐδ' οἰωνοὶ
» Αὐτόετες οἰχνεῦσιν, ἐπεὶ μέγα τε, δεινόν τε.
» Ἀλλ' ἴθι νῦν σὺν νηΐ τε σῇ καὶ σοῖς ἑτάροισιν·
» Εἰ δ' ἐθέλεις πεζὸς, πάρα τοι δίφρος τε καὶ ἵπποι,

» donnèrent ses vaisseaux qui furent brisés ; les hommes
» ne se sauvèrent qu'avec beaucoup de peine. Il y avoit
» encore quatre navires avec celui que montoit Méné-
» las, ils avoient été séparés des autres ; les vents et les
» flots, après les avoir fort maltraités, les portèrent à
» l'embouchure du fleuve Egyptus. Ce prince amassa
» quantité d'or et d'argent en parcourant ce fleuve, et
» en visitant avec ses vaisseaux les nations qui habitent
» les contrées les plus éloignées. Pendant ce temps-là
» Egisthe exécuta ses pernicieux desseins, et assassina
» Agamemnon ; le peuple se soumit à ce meurtrier, et
» le tyran régna sept années entières à Mycènes ; mais
» la huitième année, le divin Oreste revint d'Athènes
» pour le punir : il tua le meurtrier de son père, le traître
» Egisthe ; et après l'avoir tué, il donna au peuple d'Ar-
» gos le festin des funérailles de son abominable mère
» et de ce lâche assassin. Et ce jour-là même le vaillant
» Ménélas arriva à Lacédémone avec des richesses infi-
» nies, car il en amenoit autant qu'il en avoit pu char-
» ger sur ses vaisseaux. Vous donc, mon fils, ne vous
» tenez pas long-temps éloigné de vos états, en aban-
» donnant ainsi tous vos biens à ces fiers poursuivans,
» de peur qu'ils n'achèvent de vous ruiner en partageant
» entre eux votre royaume, et que vous n'ayez fait un
» voyage inutile et ruineux. Mais avant que de vous en
» retourner, je vous conseille et je vous exhorte d'aller
» voir Ménélas. Il n'y a pas long-temps qu'il est de
» retour de ces régions éloignées, dont tout homme qui
» auroit été poussé par les tempêtes au travers de cette
» mer immense, n'oseroit jamais espérer de revenir, et
» d'où les oiseaux mêmes ne reviendroient qu'à peine
» en un an, tant ce trajet est long et pénible. Allez donc,
» partez avec votre vaisseau et vos compagnons. Que si
» vous aimez mieux aller par terre, je vous offre un

» Πὰρ δέ τοι υἷες ἐμοί, οἵ τοι πομπῆες ἔσονται   325
» Ἐς Λακεδαίμονα δῖαν, ὅθι ξανθὸς Μενέλαος.
» Λίσσεσθαι δέ μιν αὐτὸν, ἵνα νημερτὲς ἐνίσπῃ·
» Ψεῦδος δ᾽ οὐκ ἐρέει· μάλα γὰρ πεπνυμένος ἐστίν. »

Ὣς ἔφατ᾽· ἠέλιος δ᾽ ἄρ᾽ ἔδυ καὶ ἐπὶ κνέφας ἦλθε.
Τοῖσι δὲ καὶ μετέειπε θεὰ γλαυκῶπις Ἀθήνη·   330

« Ὦ γέρον, ἤτοι ταῦτα κατὰ μοῖραν κατέλεξας·
» Ἀλλ᾽ ἄγε, τάμνετε μὲν γλώσσας, κεράασθε δὲ οἶνον,
» Ὄφρα Ποσειδάωνι καὶ ἄλλοις ἀθανάτοισι
» Σπείσαντες, κοίτοιο μεδώμεθα· τοῖο γὰρ ὥρη.
» Ἤδη γὰρ φάος οἴχεθ᾽ ὑπὸ ζόφον· οὐδὲ ἔοικε   335
» Δηθὰ θεῶν ἐν δαιτὶ θαασσέμεν, ἀλλὰ νέεσθαι. »

Ἦ ῥα Διὸς θυγάτηρ, τοὶ δ᾽ ἔκλυον αὐδησάσης.
Τοῖσι δὲ κήρυκες μὲν ὕδωρ ἐπὶ χεῖρας ἔχευαν,
Κοῦροι δὲ κρητῆρας ἐπεστέψαντο ποτοῖο·
Νώμησαν δ᾽ ἄρα πᾶσιν ἐπαρξάμενοι δεπάεσσι·   340
Γλώσσας δ᾽ ἐν πυρὶ βάλλον, ἀνιστάμενοι δ᾽ ἐπέλειβον.
Αὐτὰρ ἐπεὶ σπεῖσάν τ᾽, ἔπιόν θ᾽, ὅσον ἤθελε θυμός,
Δὴ τότ᾽ Ἀθηναίη καὶ Τηλέμαχος θεοειδὴς
Ἄμφω ἱέσθην κοίλην ἐπὶ νῆα νέεσθαι.
Νέστωρ δ᾽ αὖ κατέρυκε καθαπτόμενος ἐπέεσσι·   345

« Ζεὺς τόγ᾽ ἀλεξήσειε, καὶ ἀθάνατοι θεοὶ ἄλλοι,
» Ὡς ὑμεῖς παρ᾽ ἐμεῖο θοὴν ἐπὶ νῆα κίοιτε,
» Ὥστε τευ ἢ παρὰ πάμπαν ἀνείμονος, ἠὲ πενιχροῦ,
» Ὦ οὔτε χλαῖναι καὶ ῥήγεα πόλλ᾽ ἐνὶ οἴκῳ,
» Οὔτ᾽ αὐτῷ μαλακῶς, οὔτε ξείνοισιν, ἐνεύδειν.   350
» Αὐτὰρ ἐμοὶ πάρα μὲν χλαῖναι καὶ ῥήγεα καλά·
» Οὐ θὴν δὴ τοῦδ᾽ ἀνδρὸς Ὀδυσσῆος φίλος υἱὸς

» char et des chevaux, et mes enfans auront l'honneur
» de vous conduire eux-mêmes à Lacédémone, dans le
» palais de Ménélas. Vous prierez ce prince de vous dire
» sans déguisement ce qu'il sait de votre père; il vous
» dira la vérité, car, étant sage et prudent, il abhorre
» le mensonge. »

Ainsi parla Nestor. Cependant le soleil se coucha dans l'Océan, et les ténèbres se répandirent sur la terre. Minerve prenant la parole, dit à ce prince:

« Nestor, vous venez de parler avec beaucoup de rai-
» son et de sagesse; présentement donc, que l'on offre
» en sacrifice les langues des victimes, et que l'on mêle
» le vin dans les urnes, afin qu'après avoir fait nos liba-
» tions à Neptune et aux autres Dieux immortels, nous
» pensions à aller prendre quelque repos, car il en est
» temps. Déjà le soleil a fait place à la nuit, et il ne con-
» vient pas d'être si long-temps à table aux sacrifices
» des Dieux; il est heure de se retirer. »

La fille de Jupiter ayant ainsi parlé, on obéit à sa voix. Les hérauts donnent à laver, et de jeunes hommes remplissent les urnes et présentent du vin dans des coupes à toute l'assemblée. On jette les langues dans le feu de l'autel; alors tout le monde se lève et fait ses libations sur les langues. Quand les libations furent faites, et le repas fini, Minerve et Télémaque voulurent s'en retourner dans leur vaisseau; mais Nestor, les retenant, leur dit avec quelque chagrin:

« Que Jupiter et tous les autres Dieux ne permettent
» pas que vous vous en retourniez sur votre vaisseau, et
» que vous refusiez ma maison comme la maison d'un
» homme nécessiteux, et qui n'auroit pas les moyens de
» donner asile aux étrangers. J'ai chez moi assez de lits,
» de couvertures et de robes; et il ne sera jamais dit
» que le fils d'Ulysse s'en aille coucher sur son bord,

Tome I. 5

» Νηὸς ἐπ' ἰκριόφιν καταλέξεται, ὄφρ' ἂν ἔγωγε
» Ζώω· ἔπειτα δὲ παῖδες ἐνὶ μεγάροισι λίπωνται,
» Ξείνους ξεινίζειν, ὅστις κ' ἐμὰ δώμαθ' ἵκηται. » 355

Τὸν δ' αὖτε προσέειπε θεὰ γλαυκῶπις Ἀθήνη·
« Εὖ δὴ ταῦτά γ' ἔφησθα, γέρον φίλε· σοὶ δὲ ἔοικε
» Τηλέμαχον πείθεσθαι, ἐπεὶ πολὺ κάλλιον οὕτω.
» Ἀλλ' οὗτος μὲν νῦν σοι ἅμ' ἕψεται, ὄφρα κεν εὕδῃ
» Σοῖσιν ἐνὶ μεγάροισιν· ἐγὼ δ' ἐπὶ νῆα μέλαιναν 360
» Εἶμ', ἵνα θαρσύνω θ' ἑτάρους, εἴπω τε ἕκαστα·
» Οἶος γὰρ μετὰ τοῖσι γεραίτερος εὔχομαι εἶναι,
» Οἱ δ' ἄλλοι φιλότητι νεώτεροι ἄνδρες ἕπονται,
» Πάντες ὁμηλικίη μεγαθύμου Τηλεμάχοιο.
» Ἔνθά κε λεξαίμην κοίλῃ παρὰ νηΐ μελαίνῃ   365
» Νῦν· ἀτὰρ ἠῶθεν μετὰ Καύκωνας μεγαθύμους
» Εἶμ', ἔνθα χρεῖός μοι ὀφέλλεται, οὔτι νέον γε,
» Οὐδ' ὀλίγον· σὺ δὲ τοῦτον (ἐπεὶ τεὸν ἵκετο δῶμα)
» Πέμψον σὺν δίφρῳ τε καὶ υἱεῖ· δὸς δέ οἱ ἵππους,
» Οἵ τοι ἐλαφρότατοι θείειν, καὶ κάρτος ἄριστοι. » 370

Ὣς ἄρα φωνήσασ' ἀπέβη γλαυκῶπις Ἀθήνη,
Φήνῃ εἰδομένη· θάμβος δ' ἕλε πάντας ἰδόντας·
Θαύμαζεν δ' ὁ γεραιός, ὅπως ἴδεν ὀφθαλμοῖσιν·
Τηλεμάχου δ' ἕλε χεῖρα, ἔπος τ' ἔφατ', ἔκ τ' ὀνόμαζεν·

« Ὦ φίλος, οὔ σε ἔολπα κακὸν καὶ ἄναλκιν ἔσεσθαι,
» Εἰ δή τοι νέῳ ὧδε θεοὶ πομπῆες ἕπονται.   376
» Οὐ μὲν γάρ τις ὅδ' ἄλλος Ὀλύμπια δώματ' ἐχόντων,
» Ἀλλὰ Διὸς θυγάτηρ ἀγελείη Τριτογένεια,
» Ἥ τοι καὶ πατέρ' ἐσθλὸν ἐν Ἀργείοισιν ἐτίμα.
» Ἀλλά, Ἄνασσ', ἴληθι, δίδωθι δέ μοι κλέος ἐσθλὸν,
» Αὐτῷ, καὶ παίδεσσι, καὶ αἰδοίῃ παρακοίτι·   381
» Σοὶ δ' αὖ ἐγὼ ῥέξω βοῦν ἤνιν, εὐρυμέτωπον,
» Ἀδμήτην, ἣν οὔπω ὑπὸ ζυγὸν ἤγαγεν ἀνήρ.
» Τήν τοι ἐγὼ ῥέξω, χρυσὸν κέρασι περιχεύας. »

» pendant que je vivrai, et que j'aurai chez moi des
» enfans en état de recevoir les hôtes qui me feront
» l'honneur de venir dans mon palais. »

« Vous avez raison, sage Nestor, répondit Minerve;
» il est juste que Télémaque vous obéisse, cela sera plus
» honnête; il vous suivra donc et profitera de la grâce
» que vous lui faites. Pour moi, je m'en retourne dans
» le vaisseau pour rassurer nos compagnons et pour
» leur donner les ordres; car dans toute la troupe il
» n'y a d'homme âgé que moi seul: tous les autres sont
» des jeunes gens de même âge que Télémaque, qui ont
» suivi ce prince par l'attachement qu'ils ont pour lui.
» Je passerai la nuit dans le vaisseau, et demain, dès la
» pointe du jour, j'irai chez les magnanimes Caucons,
» où il m'est dû depuis long-temps une assez grosse
» somme; et puisque Télémaque a été reçu chez vous,
» vous lui donnerez un char avec vos meilleurs che-
» vaux, et un des princes vos fils, pour le conduire. »

En achevant ces mots, la fille de Jupiter disparut sous
la forme d'une chouette. Tous ceux qui furent témoins
de ce miracle, furent saisis d'étonnement, et Nestor,
rempli d'admiration, prit la main de Télémaque et
lui dit :

« Je ne doute pas, mon fils, que vous ne soyez un
» jour un grand personnage, puisque si jeune vous
» avez déjà des Dieux pour conducteurs, et quels Dieux!
» celui que nous venons de voir, c'est Minerve elle-
» même, la fille du grand Jupiter, la Déesse qui pré-
» side aux assemblées. Elle prend de vous le même soin
» qu'elle a pris du divin Ulysse votre père, qu'elle a
» toujours honoré entre tous les Grecs. Grande Déesse,
» soyez-nous favorable, accordez-nous une gloire
» immortelle, à moi, à ma femme et à mes enfans: dès
» demain j'immolerai sur votre autel une génisse d'un
» an, qui n'a jamais porté le joug, et dont je ferai dorer
» les cornes, pour la rendre plus agréable à vos yeux. »

Ὣς ἔφατ' εὐχόμενος· τοῦ δ' ἔκλυε Παλλὰς Ἀθήνη. 385
Τοῖσιν δ' ἡγεμόνευε Γερήνιος ἱππότα Νέστωρ,
Υἱάσι καὶ γαμβροῖσιν, ἑὰ πρὸς δώματα καλά.
Ἀλλ' ὅτε δώμαθ' ἵκοντο ἀγακλυτὰ τοῖο ἄνακτος,
Ἑξείης ἕζοντο κατὰ κλισμούς τε θρόνους τε.
Τοῖς δ' ὁ γέρων ἐλθοῦσιν ἀνὰ κρητῆρα κέρασσεν 390
Οἴνου ἡδυπότοιο, τὸν ἑνδεκάτῳ ἐνιαυτῷ
Ὤϊξεν ταμίη, καὶ ἀπὸ κρήδεμνον ἔλυσε.
Τοῦ ὁ γέρων κρητῆρα κεράσσατο· πολλὰ δ' Ἀθήνῃ
Εὔχετ' ἀποσπένδων, κούρῃ Διὸς Αἰγιόχοιο.

Αὐτὰρ ἐπεὶ σπεῖσάν τ', ἔπιόν θ', ὅσον ἤθελε θυμὸς,
Οἱ μὲν κακκείοντες ἔβαν οἶκόνδε ἕκαστος· 396
Τὸν δ' αὐτοῦ κοίμησε Γερήνιος ἱππότα Νέστωρ
Τηλέμαχον, φίλον υἱὸν Ὀδυσσῆος θείοιο,
Τρητοῖς ἐν λεχέεσσιν, ὑπ' αἰθούσῃ ἐριδούπῳ·
Πὰρ δ' ἄρ' ἐϋμμελίην Πεισίστρατον, ὄρχαμον ἀνδρῶν,
Ὅς οἱ ἔτ' ἠΐθεος παίδων ἦν ἐν μεγάροισιν. 401
Αὐτὸς δ' αὖτε καθεῦδε μυχῷ δόμου ὑψηλοῖο·
Τῷ δ' ἄλοχος δέσποινα λέχος πόρσυνε καὶ εὐνήν.

Ἦμος δ' ἠριγένεια φάνη ῥοδοδάκτυλος Ἠώς,
Ὤρνυτ' ἄρ' ἐξ εὐνῆφι Γερήνιος ἱππότα Νέστωρ· 405
Ἐκ δ' ἐλθὼν, κατ' ἄρ' ἕζετ' ἐπὶ ξεστοῖσι λίθοισιν,
Οἵ οἱ ἔσαν προπάροιθε θυράων ὑψηλάων,
Λευκοί, ἀποστίλβοντες ἀλείφατος· οἷς ἔπι μὲν πρὶν
Νηλεὺς ἵζεσκεν, θεόφιν μήστωρ ἀτάλαντος·
Ἀλλ' ὁ μὲν ἤδη κηρὶ δαμεὶς ἀϊδόσδε βεβήκει. 410
Νέστωρ αὖ τότ' ἔφιζε Γερήνιος, οὖρος Ἀχαιῶν,
Σκῆπτρον ἔχων· περὶ δ' υἷες ἀολλέες ἠγερέθοντο,
Ἐκ θαλάμων ἐλθόντες, Ἐχέφρων τε, Στρατίος τε,
Περσεύς τ', Ἄρητός τε, καὶ ἀντίθεος Θρασυμήδης·
Τοῖσι δ' ἔπειθ' ἕκτος Πεισίστρατος ἤλυθεν ἥρως· 415
Πὰρ δ' ἄρα Τηλέμαχον θεοείκελον εἷσαν ἄγοντες,
Τοῖσι δὲ μύθων ἦρχε Γερήνιος ἱππότα Νέστωρ·

« Καρπαλίμως μοι, τέκνα φίλα, κρηήνατ' ἐέλδωρ,

Ainsi pria Nestor, et la Déesse écouta favorablement sa prière. Ensuite ce vénérable vieillard, marchant le premier, conduisit dans son palais ses fils, ses gendres et son hôte; et quand ils y furent arrivés, et qu'ils furent placés par ordre sur leurs siéges, Nestor fit remplir les urnes d'un excellent vin d'onze ans, que celle qui avoit soin de sa dépense venoit de percer; il présenta les coupes aux princes, et commença à faire des libations, en adressant ses prières à la déesse Minerve.

Après les libations, ils allèrent tous se coucher dans leurs appartemens. Nestor fit coucher Télémaque dans un beau lit, sous un portique superbe, et voulut que le vaillant Pisistrate, le seul de ses enfans qui n'étoit pas encore marié, couchât près de lui pour lui faire honneur. Pour lui, il alla se coucher dans l'appartement le plus reculé de son magnifique palais, où la reine sa femme lui avoit préparé sa couche.

Le lendemain, dès que l'aurore eut doré l'horizon, Nestor se leva, sortit de son appartement, et alla s'asseoir sur des pierres blanches, polies et plus luisantes que l'essence. Elles étoient aux portes de son palais. Le roi Nélée, égal aux Dieux par sa sagesse, avoit coutume de s'y asseoir; la parque l'ayant précipité dans le tombeau, son fils Nestor, le plus fort rempart des Grecs, s'y assit après lui, tenant en sa main son sceptre. Tous ses fils se rendirent près de lui, Echephron, Stratius, Persée, Arétus, et Thrasymède semblable à un Dieu. Le héros Pisistrate vint le dernier avec Télémaque, qu'ils placèrent près de Nestor. Quand ils furent tous autour de lui, ce vénérable vieillard leur dit:

« Mes chers enfans, exécutez promptement ce que je
» désire et ce que je vais vous ordonner, afin que je

» Ὄφρ' ἤτοι πρώτιστα θεῶν ἰλάσσομ.' Ἀθήνην,
» Ἥ μοι ἐναργὴς ἦλθε θεοῦ ἐς δαῖτα θάλειαν. 420
» Ἀλλά γ' ὁ μὲν πεδίονδ' ἐπὶ βοῦν ἴτω, ὄφρα τάχιστα
» Ἔλθῃσιν, ἐλάσῃ δὲ βοῶν ἐπιβουκόλος ἀνήρ.
» Εἷς δ' ἐπὶ Τηλεμάχου μεγαθύμου νῆα μέλαιναν
» Πάντας ἰὼν ἑτάρους ἀγέτω, λιπέτω δὲ δύ' οἴους·
» Εἷς δ' αὖ χρυσοχόον Λαέρκεα δεῦρο κελέσθω 425
» Ἐλθεῖν, ὄφρα βοὸν χρυσὸν κέρασιν περιχεύῃ.
» Οἱ δ' ἄλλοι μένετ' αὐτοῦ ἀολλέες· εἴπατε δ' εἴσω
» Δμωῆσιν κατὰ δώματ' ἀγακλυτὰ δαῖτα πένεσθαι,
» Ἕδρας τε ξύλα τ' ἀμφὶ καὶ ἀγλαὸν οἰσέμεν ὕδωρ. »

Ὣς ἔφαθ'· οἱ δ' ἄρα πάντες ἐποίπνυον· ἦλθε μὲν ἂρ βοῦς
Ἐκ πεδίου, ἦλθον δὲ θοῆς παρὰ νηὸς ἐίσης 431
Τηλεμάχου ἕταροι μεγαλήτορος· ἦλθε δὲ χαλκεὺς,
Ὅπλ' ἐν χερσὶν ἔχων χαλκήϊα, πείρατα τέχνης,
Ἄκμονά τε, σφῦραν τ', εὐποίητόν τε πυράγρην,
Οἷσίν τε χρυσὸν εἰργάζετο· ἦλθε δ' Ἀθήνη 435
Ἱρῶν ἀντιόωσα· γέρων δ' ἱππηλάτα Νέστωρ
Χρυσὸν ἔδωχ'· ὁ δ' ἔπειτα βοὸς κέρασιν περιχεῦεν
Ἀσκήσας, ἵν' ἄγαλμα θεὰ κεχάροιτο ἰδοῦσα.
Βοῦν δ' ἀγέτην κεράων Στρατίος καὶ δῖος Ἐχέφρων·
Χέρνιβα δέ σφ' Ἄρητος ἐν ἀνθεμόεντι λέβητι 440
Ἤλυθεν ἐκ θαλάμοιο φέρων· ἑτέρῃ δ' ἔχεν οὐλὰς
Ἐν κανέῳ· πέλεκυν δὲ μενεπτόλεμος Θρασυμήδης
Ὀξὺν ἔχων ἐν χειρὶ παρίστατο, βοῦν ἐπικόψων·
Περσεὺς δ' ἀμνίον εἶχε· γέρων δ' ἱππηλάτα Νέστωρ
Χέρνιβα τ' οὐλοχύτας τε κατήρχετο· πολλὰ δ' Ἀθήνῃ 445
Εὔχετ' ἀπαρχόμενος, κεφαλῆς τρίχας ἐν πυρὶ βάλλων.

» puisse me rendre favorable la déesse Minerve, qui
» n'a pas dédaigné de se manifester à moi, et qui a
» assisté au sacrifice que j'ai fait à Neptune. Que l'un
» de vous aille donc à ma maison de campagne, pour
» faire venir une génisse qu'un pasteur aura soin de
» conduire ; qu'un autre aille au vaisseau de Télé-
» maque pour avertir tous ses compagnons, il n'en
» laissera que deux qui auront soin du vaisseau. Vous,
» continua-t-il, en s'adressant à un autre, allez ordon-
» ner au doreur Laërce de venir promptement pour
» dorer les cornes de la génisse ; et vous, dit-il aux
» autres, demeurez ici avec moi, et donnez ordre aux
» femmes de ma maison de préparer le festin, et d'avoir
» soin d'apporter les siéges, l'eau et le bois pour le
» sacrifice. »

Il parla ainsi, et les princes obéirent. La génisse vint de la maison de campagne ; les compagnons de Télémaque vinrent du vaisseau ; le doreur vint aussi en même temps, portant lui-même les instrumens de son art, l'enclume, le marteau et les tenailles dont il se servoit à travailler l'or. La déesse Minerve vint aussi pour assister au sacrifice. Nestor fournit l'or au doreur qui, le réduisant en feuilles, en revêtit les cornes de la génisse, afin que la Déesse prît plaisir à voir la victime si richement ornée. Stratius et le divin Echephron la présentèrent, en la tenant par les cornes. Arétus vint du palais, portant d'une main un bassin magnifique avec une aiguière d'or, et de l'autre une corbeille où étoit l'orge sacrée, nécessaire pour l'oblation ; le vaillant Thrasymède se tint près de la victime, la hache à la main, tout prêt à la frapper, et son frère Persée tenoit le vaisseau pour recevoir le sang. Aussitôt Nestor lave ses mains, tire du poil du front de la victime, répand sur la tête l'orge sacrée, et accompagne cette action de prières qu'il adresse à Minerve. Ces prières ne furent

Αὐτὰρ ἐπεί ῥ᾽ εὔξαντο, καὶ οὐλοχύτας προβάλοντο,
Αὐτίκα Νέστορος υἱὸς, ὑπέρθυμος Θρασυμήδης,
Ἤλασεν ἄγχι στάς· πέλεκυς δ᾽ ἀπέκοψε τένοντας,
Αὐχενίους, λῦσεν δὲ βοὸς μένος· αἱ δ᾽ ὀλόλυξαν 450
Θυγατέρες τε, νυοί τε, καὶ αἰδοίη παράκοιτις
Νέστορος, Εὐρυδίκη, πρέσβα Κλυμένοιο θυγατρῶν.
Οἱ μὲν ἔπειτ᾽ ἀνελόντες ἀπὸ χθονὸς εὐρυοδείης
Ἔσχον· ἀτὰρ σφάξεν Πεισίστρατος, ὄρχαμος ἀνδρῶν.
Τῆς δ᾽ ἐπεὶ ἐκ μέλαν αἷμα ῥύη, λίπε δ᾽ ὀστέα θυμός,
Αἶψ᾽ ἄρα μιν διέχευαν· ἄφαρ δ᾽ ἐκ μηρία τάμνον 456
Πάντα κατὰ μοῖραν, κατά τε κνίσσῃ ἐκάλυψαν,
Δίπτυχα ποιήσαντες· ἐπ᾽ αὐτῶν δ᾽ ὠμοθέτησαν·
Καῖε δ᾽ ἐπὶ σχίζης ὁ γέρων, ἐπὶ δ᾽ αἴθοπα οἶνον
Λεῖβε· νέοι δὲ παρ᾽ αὐτὸν ἔχον πεμπώβολα χερσίν. 460
Αὐτὰρ ἐπεὶ κατὰ μῆρ᾽ ἐκάη, καὶ σπλάγχν᾽ ἐπάσαντο,
Μίστυλλόν τ᾽ ἄρα τ᾽ ἄλλα, καὶ ἀμφ᾽ ὀβελοῖσιν ἔπειραν,
Ὤπτων δ᾽, ἀκροπόρους ὀβελοὺς ἐν χερσὶν ἔχοντες·
Τόφρα δὲ Τηλέμαχον λοῦσεν καλὴ Πολυκάστη,
Νέστορος ὁπλοτάτη θυγάτηρ Νηληϊάδαο.   465
Αὐτὰρ ἐπεὶ λοῦσέν τε, καὶ ἔχρισεν λίπ᾽ ἐλαίῳ,
Ἀμφὶ δέ μιν φᾶρος καλὸν βάλεν ἠδὲ χιτῶνα,
Ἐκ ῥ᾽ ἀσαμίνθου βῆ, δέμας ἀθανάτοισιν ὁμοῖος·
Πὰρ δ᾽ ἄρα Νέστορ᾽ ἰὼν κατ᾽ ἄρ᾽ ἕζετο, ποιμένι λαῶν.
Οἱ δ᾽ ἐπεὶ ὤπτησαν κρέ᾽ ὑπέρτερα, καὶ ἐρύσαντο, 470
Δαίνυνθ᾽ ἑζόμενοι· ἐπὶ δ᾽ ἀνέρες ἐσθλοὶ ὄροντο,
Οἶνον ἐνοινοχοεῦντες ἐνὶ χρυσέοις δεπάεσσιν.
Αὐτὰρ ἐπεὶ πόσιος καὶ ἐδητύος ἐξ ἔρον ἔντο,
Τοῖσι δὲ μύθων ἦρχε Γερήνιος ἱππότα Νέστωρ·   474
« Παῖδες ἐμοὶ, ἄγε, Τηλεμάχῳ καλλίτριχας ἵππους
» Ζεύξαθ᾽ ὑφ᾽ ἅρματ᾽ ἄγοντες, ἵνα πρήσσῃσιν ὁδοῖο. »
Ὣς ἔφαθ᾽· οἱ δ᾽ ἄρα τοῦ μάλα μὲν κλύον ἠδ᾽ ἐπίθοντο.
Καρπαλίμως δ᾽ ἔζευξαν ὑφ᾽ ἅρμασιν ὠκέας ἵππους·
Ἐν δὲ γυνὴ ταμίη σῖτον καὶ οἶνον ἔθηκεν,
Ὄψα τε, οἷα ἔδουσι διοτρεφέες βασιλῆες.   480

pas plus tôt achevées, et la victime consacrée par l'orge, que Thrasymède, levant sa hache, frappe la génisse, lui coupe les nerfs du cou, et l'abbat à ses pieds. Les filles de Nestor, ses belles-filles, et la reine son épouse, la vénérable Eurydice, l'aînée des filles de Clyménus, la voyant tomber, font des prières accompagnées de grands cris. Aussitôt les princes la relevèrent, et pendant qu'ils la tiennent, Pisistrate tire son poignard et l'égorge. Le sang sort à gros bouillons, et elle demeure sans vie. En même temps ils la dépouillent et la mettent en pièces. Ils séparent les cuisses entières selon la coutume, les enveloppent d'une double graisse, et mettent par-dessus des morceaux de toutes les autres parties. Nestor lui-même les fait brûler sur le bois de l'autel, et fait des aspersions de vin. Près de lui, des jeunes hommes tenoient des broches à cinq rangs, toutes préparées. Quand les cuisses de la victime furent toutes consumées par le feu, et qu'on eut goûté aux entrailles, on coupa les autres pièces par morceaux et on les fit rôtir. Cependant la plus jeune des filles de Nestor, la belle Polycaste, met Télémaque au bain, et après qu'il fut baigné et parfumé d'essences, elle lui donna une belle tunique et un manteau magnifique, et ce prince sortit de la chambre du bain, semblable aux immortels. Nestor s'avançant, le fit asseoir près de lui.

Quand les viandes furent rôties, on se mit à table, et des jeunes hommes bien faits présentoient le vin dans des coupes d'or. Le repas fini, Nestor, adressant la parole à ses enfans, leur dit :

« Allez, mes enfans, allez promptement atteler un » char pour Télémaque ; choisissez les meilleurs che- » vaux, afin qu'ils le mènent plus vite. » Il dit, et les princes obéissent. Ils eurent attelé le char dans un instant. La femme qui avoit soin de la dépense, y met les provisions les plus exquises qu'elle choisit comme pour

Ἀν δ' ἄρα Τηλέμαχος περικαλλέα βήσατο δίφρον·
Πὰρ δ' ἄρα Νεστορίδης Πεισίστρατος, ὄρχαμος ἀνδρῶν,
Ἐς δίφρον τ' ἀνέβαινε, καὶ ἡνία λάζετο χερσί·
Μάστιξεν δ' ἐλάαν· τὼ δ' οὐκ ἄκοντε πετέσθην
Ἐς πεδίον, λιπέτην δὲ Πύλου αἰπὺ πτολίεθρον. 485
Οἱ δὲ πανημέριοι σεῖον ζυγὸν ἀμφὶς ἔχοντες·
Δύσετό τ' ἠέλιος, σκιόωντό τε πᾶσαι ἀγυιαί.
Ἐς Φηρὰς δ' ἵκοντο, Διοκλῆος ποτὶ δῶμα,
Υἱέος Ὀρσιλόχοιο, τὸν Ἀλφειὸς τέκε παῖδα.
Ἔνθα δὲ νύκτ' ἄεσαν· ὁ δὲ τοῖς πὰρ ξείνια θῆκεν. 490
Ἦμος δ' ἠριγένεια φάνη ῥοδοδάκτυλος Ἠώς,
Ἵππους τε ζεύγνυντ', ἀνά θ' ἅρματα ποικίλ' ἔβαινον·
Ἐκ δ' ἔλασαν προθύροιο, καὶ αἰθούσης ἐριδούπου.
Μάστιξεν δ' ἐλάαν· τὼ δ' οὐκ ἄκοντε πετέσθην·
Ἷξον δ' ἐς πεδίον πυρηφόρον· ἔνθα δ' ἔπειτα 495
Ἦνον ὁδόν· τοῖον γὰρ ὑπέκφερον ὠκέες ἵπποι.
Δύσετό τ' ἠέλιος, σκιόωντό τε πᾶσαι ἀγυιαί.

des rois. Télémaque monte le premier, et Pisistrate, le fils de Nestor, se place près de lui ; et prenant les rênes, il pousse ses généreux coursiers, qui, plus légers que les vents, s'éloignent des portes de Pylos, volent dans la plaine, et marchent ainsi tout le jour sans s'arrêter. Dès que le soleil fut couché, et que les chemins commencèrent à être obscurcis par les ténèbres, ces princes arrivèrent à Phères, dans le palais de Dioclès, fils d'Orsiloque, qui devoit sa naissance au fleuve Alphée ; ils y passèrent la nuit, et Dioclès leur présenta les rafraîchissemens qu'on donne à ses hôtes. Le lendemain, dès que l'aurore eut annoncé le jour, ils remontèrent sur leur char, sortirent de la cour au travers de grands portiques, et poussèrent leurs chevaux, qui dans un moment eurent traversé la plaine grasse et fertile. Ils continuèrent leur chemin avec une extrême diligence, et ils arrivèrent dans le palais de Ménélas, lorsque la nuit commençoit à répandre ses sombres voiles sur la surface de la terre.

ΟΜΗΡΟΥ
ΟΔΥΣΣΕΙΑΣ
ΡΑΨΩΔΙΑ Δ.

Παρὰ Μενελάῳ ξενισθεὶς σὺν Πεισιστράτῳ Τηλέμαχος, ἀπαγγέλλει τὰ κατὰ τὴν Ἰθάκην ὑπὸ τῶν μνηστήρων πραττόμενα· ἔπειτα ἐξηγεῖται αὐτῷ ὁ Μενέλαος περὶ τοῦ νόστου τῶν Ἑλλήνων, καὶ τῆς Πρωτέως μαντείας, δι' ἧς ἔγνω τὸν Ἀγαμέμνονος θάνατον, καὶ ὡς Ὀδυσσεὺς παρὰ Καλυψοῖ εἴη. Βουλὴ δὲ γίνεται τῶν μνηστήρων, περὶ τοῦ τὸν Τηλέμαχον ἀνελεῖν. Παραμυθεῖται δὲ ἡ Ἀθηνᾶ δι' ὀνείρου τὴν Πηνελόπην, ἐπὶ τῇ τοῦ παιδὸς ἀποδημίᾳ δυσχεραίνουσαν, διὰ εἰδώλου, ὁμοιωθεῖσα Ἰφθίμῃ τῇ τῆς Πηνελόπης ἀδελφῇ.

Δέλτα, μάθ' ἀμφὶ πατρὸς παρ' Ἀτρεΐδα ἰοχωμενος υἱός.

Οἱ δ' ἷξον κοίλην Λακεδαίμονα κητώεσσαν·
Πρὸς δ' ἄρα δώματ' ἔλων Μενελάου κυδαλίμοιο.

L'ODYSSÉE D'HOMÈRE.

LIVRE QUATRIÈME.

ARGUMENT.

Télémaque arrive à Lacédémone, dans le palais de Ménélas, avec Pisistrate, le même jour que ce prince célébroit le festin des noces de son fils et de sa fille. Ces nouveaux hôtes ne pouvant se lasser de contempler la richesse et la magnificence de ce vaste palais, Ménélas leur avoue qu'il n'en jouit qu'avec douleur, lorsqu'il se rappelle l'assassinat de son frère et les malheurs de plusieurs autres généraux. Au nom d'Ulysse, Télémaque, ému jusqu'aux larmes, se fait reconnoître pour son fils. Hélène, pour dissiper la consternation, mêle dans le vin une poudre qui égayoit l'esprit, et commence elle-même à divertir la compagnie, en racontant des tours d'adresse qu'Ulysse avoit mis en pratique durant le siége. Ménélas apprend ensuite à Télémaque tout ce qu'il sait du retour des Grecs, et lui fait part de l'oracle de Protée, qui lui avoit appris la mort d'Agamemnon et l'arrivée d'Ulysse auprès de la nymphe Calypso. Les poursuivans tiennent un conseil pour délibérer sur les moyens de se défaire de Télémaque. Minerve console Pénélope affligée du départ de son fils, et lui apparoît en songe, sous la figure d'Iphthime, sœur de cette princesse.

Télémaque et le fils de Nestor arrivent à Lacédémone, qui est environnée de montagnes, ville d'une vaste

Τὸν δ᾽ εὗρον δαινύντα γάμον πολλοῖσιν ἔτῃσιν,
Υἱέος ἠδὲ θυγατρὸς ἀμύμονος, ᾧ ἐνὶ οἴκῳ.
Τὴν μὲν Ἀχιλλῆος ῥηξήνορος υἱέϊ πέμπεν· 5
(Ἐν Τροίῃ γὰρ πρῶτον ὑπέσχετο καὶ κατένευσεν
Δωσέμεναι· τοῖσιν δὲ θεοὶ γάμον ἐξετέλειον.
Τὴν ἄρ᾽ ὅγ᾽ ἔνθ᾽ ἵπποισι καὶ ἅρμασι πέμπε νέεσθαι
Μυρμιδόνων προτὶ ἄστυ περικλυτὸν, οἷσιν ἄνασσεν·)
Υἱέϊ δὲ Σπάρτηθεν Ἀλέκτορος ἤγετο κούρην, 10
Ὅς οἱ τηλύγετος γένετο κρατερὸς Μεγαπένθης
Ἐκ δούλης· Ἑλένῃ δὲ θεοὶ γόνον οὐκ ἔτ᾽ ἔφαινον,
Ἐπειδὴ τοπρῶτον ἐγείνατο παῖδ᾽ ἐρατεινὴν
Ἑρμιόνην, ἣ εἶδος ἔχε χρυσέης Ἀφροδίτης.

Ὣς οἱ μὲν δαίνυντο καθ᾽ ὑψερεφὲς μέγα δῶμα 15
Γείτονες, ἠδὲ ἔται Μενελάου κυδαλίμοιο,
Τερπόμενοι· μετὰ δέ σφιν ἐμέλπετο θεῖος ἀοιδὸς,
Φορμίζων· δοιὼ δὲ κυβιστητῆρε κατ᾽ αὐτοὺς
Μολπῆς ἐξάρχοντες ἐδίνευον κατὰ μέσσον.
Τὼ δ᾽ αὖτ᾽ ἐν προθύροισι δόμων αὐτώ τε καὶ ἵππω, 20
Τηλέμαχός θ᾽ ἥρως καὶ Νέστορος ἀγλαὸς υἱός,
Στῆσαν· ὁ δὲ προμολὼν ἴδετο κρείων Ἐτεωνεὺς,
Ὀτρηρὸς θεράπων Μενελάου κυδαλίμοιο·
Βῆ δ᾽ ἴμεν ἀγγελέων διὰ δώματα ποιμένι λαῶν·
Ἀγχοῦ δ᾽ ἱστάμενος ἔπεα πτερόεντα προσηύδα· 25

« Ξείνω δή τινε τώδε, διοτρεφὲς ὦ Μενέλαε,
» Ἄνδρε δύω, γενεῇ δὲ Διὸς μεγάλοιο ἔϊκτον·
» Ἀλλ᾽ εἴπ᾽, εἰ σφῶϊν καταλύσομεν ὠκέας ἵππους,
» Ἦ ἄλλον πέμπωμεν ἱκανέμεν, ὅς κε φιλήσῃ. »

Τὸν δὲ μέγ᾽ ὀχθήσας προσέφη ξανθὸς Μενέλαος· 30
« Οὐ μὲν νήπιος ἦσθα, Βοηθοΐδη Ἐτεωνεῦ,
» Τοπρίν, ἀτὰρ μὲν νῦν γε, πάϊς ὣς, νήπια βάζεις.

étendue : ils entrent dans le palais de Ménélas, et trouvent ce prince qui célébroit avec sa cour et ses amis le festin des noces de son fils et de celles de sa fille, qu'il marioit le même jour. Car il envoyoit sa fille Hermione au fils d'Achille ; il la lui avoit promise dès le temps qu'ils étoient encore devant Troie, et les Dieux accomplissoient alors ce mariage qui avoit été arrêté. Il se préparoit donc à envoyer cette belle princesse à Néoptolème, dans la ville capitale des Myrmidons, avec un grand train de chars et de chevaux. Et pour son fils unique, le vaillant Mégapenthes, qu'il avoit eu d'une esclave (car les Dieux n'avoient point donné à Hélène d'autres enfans après Hermione, qui avoit toute la beauté de Vénus), il le marioit à une princesse de Sparte même, à la fille d'Alector.

Ménélas étoit à table avec ses amis et ses voisins, le palais retentissoit des cris de joie, mêlés avec le son des instrumens, avec les voix et avec le bruit des danses. Un chantre divin chantoit au milieu d'eux, en jouant de la lyre ; et au milieu d'un grand cercle, deux sauteurs très-dispos, entonnant des airs, faisoient des sauts merveilleux qui attiroient l'admiration de l'assemblée. Télémaque et le fils de Nestor, montés sur leur char, entrent dans la cour du palais. Étéonée, un des principaux officiers de Ménélas, va annoncer leur arrivée au prince ; et s'approchant, il lui dit :

« Divin Ménélas, deux étrangers viennent d'entrer
» dans la cour ; on les prendroit aisément pour les fils
» du grand Jupiter ; ordonnez si nous irons dételer leur
» char ; ou si nous les prierons d'aller chercher ailleurs
» des hôtes qui soient en état de les recevoir. »

Ménélas, offensé de ce discours, lui répondit : « Fils de
» Boëthoüs, jusqu'ici vous ne m'aviez pas paru dépourvu
» de sens, mais aujourd'hui je vous trouve très-insensé
» de me venir faire une telle demande. En vérité, j'ai eu

» Ἡ μὲν δὴ νῶϊ ξεινήϊα πολλὰ φαγόντε
» Ἄλλων ἀνθρώπων δεῦρ᾽ ἱκόμεθ᾽, αἴκε ποθὶ Ζεὺς
» Ἐξοπίσω περ παύσῃ ὀϊζύος· ἀλλὰ λύ᾽ ἵππους   35
» Ξείνων, ἐς δ᾽ αὐτοὺς προτέρω ἄγε θοινηθῆναι. »

Ὣς φάθ᾽· ὁ δ᾽ ἐκ μεγάροιο διέσσυτο, κέκλετο δ᾽ ἄλλους
Ὀτρηροὺς θεράποντας ἅμ᾽ ἑσπέσθαι ἑοῖ αὐτῷ.
Οἱ δ᾽ ἵππους μὲν ἔλυσαν ὑπὸ ζυγοῦ ἱδρώοντας·
Καί τοὺς μὲν κατέδησαν ἐφ᾽ ἱππείῃσι κάπῃσι,   40
Πὰρ δ᾽ ἔβαλον ζειάς, ἀνὰ δ᾽ κρῖ λευκὸν ἔμιξαν·
Ἅρματα δ᾽ ἔκλιναν πρὸς ἐνώπια παμφανόωντα,
Αὐτοὺς δ᾽ εἰσῆγον θεῖον δόμον· οἱ δὲ, ἰδόντες
Θαύμαζον κατὰ δῶμα διοτρεφέος βασιλῆος.
Ὥστε γὰρ ἠελίου αἴγλη πέλεν ἠὲ σελήνης,   45
Δῶμα καθ᾽ ὑψερεφὲς Μενελάου κυδαλίμοιο.
Αὐτὰρ ἐπεὶ τάρπησαν ὁρώμενοι ὀφθαλμοῖσιν,
Ἐς ῥ᾽ ἀσαμίνθους βάντες ἐϋξέστας λούσαντο.
Τοὺς δ᾽ ἐπεὶ οὖν δμωαὶ λοῦσαν καὶ χρῖσαν ἐλαίῳ,
Ἀμφὶ δ᾽ ἄρα χλαίνας οὔλας βάλον ἠδὲ χιτῶνας·   50
Ἐς ῥα θρόνους ἕζοντο παρ᾽ Ἀτρείδην Μενέλαον.
Χέρνιβα δ᾽ ἀμφίπολος προχόῳ ἐπέχευε φέρουσα
Καλῇ, χρυσείῃ, ὑπὲρ ἀργυρέοιο λέβητος,
Νίψασθαι· παρὰ δὲ ξεστὴν ἐτάνυσσε τράπεζαν.
Σῖτον δ᾽ αἰδοίη ταμίη παρέθηκε φέρουσα,   55
Εἴδατα πόλλ᾽ ἐπιθεῖσα, χαριζομένη παρεόντων·
Δαιτρὸς δὲ κρειῶν πίνακας παρέθηκεν ἀείρας
Παντοίων· παρὰ δέ σφι τίθει χρύσεια κύπελλα.
Τὼ καὶ δεικνύμενος προσέφη ξανθὸς Μενέλαος·

« Σίτου θ᾽ ἅπτεσθον, καὶ χαίρετον· αὐτὰρ ἔπειτα   60
» Δείπνου πασσαμένω, εἰρησόμεθ᾽, οἵ τινες ἐστὸν
» Ἀνδρῶν· οὐ γὰρ σφῶν γε γένος ἀπόλωλε τοκήων,

» grand besoin moi-même de trouver de l'hospitalité
» dans tous les pays que j'ai traversés pour revenir dans
» mes états. Veuille le grand Jupiter que je ne sois plus
» réduit à l'éprouver, et que mes peines soient finies !
» Allez donc promptement recevoir ces étrangers, et
» les amenez à ma table. »

Il dit, et Etéonée part sans répliquer, et il ordonna aux autres esclaves de le suivre. Ils détellent les chevaux, qui étoient tout couverts de sueur, les font entrer dans de superbes écuries, leur prodiguant le froment mêlé avec la plus belle orge. Ils mettent le char dans une remise dont l'éclat éblouit les yeux; et ensuite ils conduisent les deux princes dans les appartemens. Télémaque et Pisistrate ne peuvent se lasser d'en admirer la richesse; l'or y éclatoit partout, et les rendoit aussi resplendissans que le soleil. Quand ils furent rassasiés de voir et d'admirer toute cette magnificence, ils furent conduits dans des bains d'une extrême propreté. Les plus belles esclaves du palais les baignèrent, les parfumèrent d'essences, leur donnèrent les plus beaux habits, et les menèrent à la salle du festin, où elles les placèrent auprès du roi, sur de beaux siéges élevés. Une autre esclave porta en même temps, dans un bassin d'argent, une aiguière d'or, admirablement travaillée, donna à laver à ces deux princes, et dressa devant eux une belle table, que la maîtresse de l'office couvrit de mets pour régaler ces hôtes, en leur prodiguant tout ce qu'elle avoit de plus exquis : et le maître d'hôtel leur servit des bassins de toutes sortes de viandes, et mit près d'eux des coupes d'or. Alors Ménélas, leur tendant les mains, leur parla en ces termes :

« Soyez les bienvenus, mes hôtes; mangez et rece-
» vez agréablement ce que nous vous offrons. Après
» votre repas, nous vous demanderons qui vous êtes.
» Sans doute vous n'êtes pas d'une naissance obscure.

» Ἀλλ' ἀνδρῶν γένος ἐστὲ διοτρεφέων βασιλήων,
» Σκηπτούχων· ἐπεὶ οὔ κε κακοὶ τοιούσδε τέκοιεν. »

Ὣς φάτο· καί σφιν νῶτα βοὸς παρὰ πίονα θῆκεν 65
Ὄπτ' ἐν χερσὶν ἑλών, τά ῥά οἱ γέρα πάρθεσαν αὐτῷ·
Οἱ δ' ἐπ' ὀνείναθ' ἑτοῖμα προκείμενα χεῖρας ἴαλλον.
Αὐτὰρ ἐπεὶ πόσιος καὶ ἐδητύος ἐξ ἔρον ἕντο,
Δὴ τότε Τηλέμαχος προσεφώνεε Νέστορος υἱόν,
Ἄγχι σχὼν κεφαλήν, ἵνα μὴ πευθοίαθ' οἱ ἄλλοι· 70

« Φράζεο, Νεστορίδη, τῷ 'μῷ κεχαρισμένε θυμῷ,
» Χαλκοῦ τε στεροπὴν καδδώματα ἠχήεντα,
» Χρυσοῦ τ', ἠλέκτρου τε, καὶ ἀργύρου, ἠδ' ἐλέφαντος.
» Ζηνός που τοιήδε γ' Ὀλυμπίου ἔνδοθεν αὐλή.
» Ὅσσα τάδ' ἄσπετα πολλά· σέβας μ' ἔχει εἰσορόωντα. »

Τοῦ δ' ἀγορεύοντος ξύνετο ξανθὸς Μενέλαος, 76
Καί σφεας φωνήσας ἔπεα πτερόεντα προσηύδα·
« Τέκνα φίλ', ἤτοι Ζηνὶ βροτῶν οὐκ ἄν τις ἐρίζοι·
» (Ἀθάνατοι γὰρ τοῦγε δόμοι καὶ κτήματ' ἔασιν.)
» Ἀνδρῶν δ' ἤκεν τίς μοι ἐρίσσεται, ἠὲ καὶ οὐκί, 80
» Κτήμασιν· ἦ γὰρ πολλὰ παθὼν καὶ πόλλ' ἐπαληθεὶς
» Ἠγαγόμην ἐν νηυσί, καὶ ὀγδοάτῳ ἔτει ἦλθον·
» Κύπρον, Φοινίκην τε, καὶ Αἰγυπτίους ἐπαληθείς,
» Αἰθίοπάς θ' ἱκόμην, καὶ Σιδονίους, καὶ Ἐρεμβοὺς
» Καὶ Λιβύην, ἵνα τ' ἄρνες ἄφαρ κεραοὶ τελέθουσι. 85
» Τρὶς γὰρ τίκτει μῆλα τελεσφόρον εἰς ἐνιαυτόν·
» Ἔνθα μὲν οὔτε ἄναξ ἐπιδευὴς, οὔτε τι ποιμὴν,
» Τυροῦ καὶ κρειῶν, οὐδὲ γλυκεροῖο γάλακτος·
» Ἀλλ' αἰεὶ παρέχουσιν ἐπηετανὸν γάλα θῆσθαι.
» Ἕως ἐγὼ περὶ κεῖνα πολὺν βίοτον συναγείρων 90

» Vous êtes assurément fils de rois, à qui Jupiter a
» confié le sceptre; des hommes du commun n'ont point
» des enfans faits comme vous. »

En achevant ces mots, il leur servit lui-même le dos d'un bœuf rôti, qu'on avoit mis devant lui, comme la portion la plus honorable. Ils choisirent dans cette diversité de mets ce qui leur plut davantage; et sur la fin du repas, Télémaque s'approchant de l'oreille du fils de Nestor, lui dit tout bas, pour n'être point entendu de ceux qui étoient à table:

« Mon cher Pisistrate, prenez-vous garde à l'éclat et à
» la magnificence de ce vaste palais? l'or, l'airain, l'ar-
» gent, les métaux les plus rares et l'ivoire y brillent
» de toutes parts; tel doit être sans doute le palais du
» Dieu qui lance le tonnerre. Quelles richesses infinies!
» Je ne sors point d'admiration. »

Ménélas l'entendit et lui dit: « Mes enfans, il n'y a
» rien en quoi un mortel puisse s'égaler à Jupiter; le
» palais qu'il habite, et tout ce qu'il possède, sont immor-
» tels comme lui: certainement il y a des hommes qui
» sont au-dessus de moi pour les richesses et pour la
» magnificence; il y en a aussi qui sont au-dessous. Dans
» les grands travaux que j'ai essuyés, et dans les longues
» courses que j'ai faites, j'ai amassé beaucoup de bien
» que j'ai chargé sur mes vaisseaux, et je ne suis revenu
» chez moi que dans la huitième année après mon départ
» de Troie. J'ai été porté à Cypre, en Phénicie, en
» Egypte; j'ai été chez les Ethiopiens, les Sidoniens,
» les Erembes; j'ai parcouru la Libye, où les agneaux
» ont des cornes en naissant, et où les brebis ont des
» petits trois fois l'année. Les maîtres et les bergers ne
» manquent jamais de fromage ni de viande, et ils ont
» du lait en abondance dans toutes les saisons. Pendant
» que les vents me font errer dans toutes ces régions
» éloignées, et que mettant à profit ces courses involon-

» Ἡλώμην, τείως μοι ἀδελφεὸν ἄλλος ἔπεφνε,
» Λάθρη, ἀνωϊστί, δόλῳ οὐλομένης ἀλόχοιο·
» Ὡς οὔτοι χαίρων τοῖσδε κτεάτεσσιν ἀνάσσω.
» Καὶ πατέρων τάδε μέλλετ᾽ ἀκουέμεν, οἵ τινες ὕμμιν
» Εἰσίν· ἐπεὶ μάλα πόλλ᾽ ἔπαθον, καὶ ἀπώλεσα οἶκον,
» Εὖ μάλα ναιετάοντα, κεχανδότα πολλὰ καὶ ἐσθλά. 96
» Ὧν ὄφελον τριτάτην πὲρ ἔχων ἐν δώμασι μοῖραν
» Ναίειν, οἱ δ᾽ ἄνδρες σόοι ἔμμεναι, οἳ τότ᾽ ὄλοντο
» Τροίῃ ἐν εὐρείῃ, ἑκὰς Ἄργεος ἱπποβότοιο.
» Ἀλλ᾽ ἔμπης πάντας μὲν ὀδυρόμενος καὶ ἀχεύων, 100
» Πολλάκις ἐν μεγάροισι καθήμενος ἡμετέροισιν,
» Ἄλλοτε μέν τε γόῳ φρένα τέρπομαι, ἄλλοτε δ᾽ αὖτε
» Παύομαι· αἰψηρὸς δὲ κόρος κρυεροῖο γόοιο.
» Τῶν πάντων οὐ τόσσον ὀδύρομαι, ἀχνύμενός περ,
» Ὡς ἑνός, ὅστε μοι ὕπνον ἀπεχθαίρει καὶ ἐδωδὴν 105
» Μνωομένῳ· ἐπεὶ οὔτις Ἀχαιῶν τόσσ᾽ ἐμόγησεν,
» Ὅσσ᾽ Ὀδυσεὺς ἐμόγησε καὶ ἤρατο· τῷ δ᾽ ἄρ᾽ ἔμελλεν
» Αὐτῷ κήδε᾽ ἔσεσθαι, ἐμοὶ δ᾽ ἄχος αἰὲν ἄλαστον
» Κείνου, ὅπως δὴ δηρὸν ἀποίχεται· οὐδέ τι ἴδμεν,
» Ζώει ὅγ᾽, ἢ τέθνηκεν. ὀδύρονται νύ που αὐτὸν 110
» Λαέρτης θ᾽ ὁ γέρων καὶ ἐχέφρων Πηνελόπεια,
» Τηλέμαχός θ᾽, ὃν ἔλειπε νέον γεγαῶτ᾽ ἐνὶ οἴκῳ. »

Ὡς φάτο· τῷ δ᾽ ἄρα πατρὸς ὑφ᾽ ἵμερον ὦρσε γόοιο.
Δάκρυ δ᾽ ἀπὸ βλεφάρων χαμάδις βάλε, πατρὸς ἀκούσας,
Χλαῖναν πορφυρέην ἄντ᾽ ὀφθαλμοῖϊν ἀνασχὼν 115
Ἀμφοτέρῃσιν χερσί· νόησε δέ μιν Μενέλαος·
Μερμήριξε δ᾽ ἔπειτα κατὰ φρένα καὶ κατὰ θυμὸν,

» taires, j'amasse de grands biens, un traître assassine
» mon frère dans son palais, d'une manière inouïe, par
» la trahison de son abominable femme; de sorte que je
» ne possède ces grandes richesses qu'avec douleur. Vous
» devez avoir appris toutes ces choses de vos pères, si
» vous les avez encore: car tout le monde sait que j'ai
» soutenu des travaux infinis, et que j'ai ruiné une ville
» très-riche et très-florissante. Mais plût aux Dieux que
» je n'eusse que la troisième partie des biens dont je
» jouis, et moins encore, et que ceux qui ont péri sous
» les murs d'Ilion, loin d'Argos, fussent encore en vie!
» leur mort est un grand sujet de douleur pour moi.
» Tantôt, enfermé dans mon palais, je trouve une satis-
» faction infinie à les regretter et à les pleurer; et tantôt
» je cherche à me consoler; car on se lasse bientôt de
» soupirs et de larmes. De tous ces grands hommes, il
» n'y en a point dont la perte ne me soit sensible; mais
» il y en a un surtout dont les malheurs me touchent
» plus que ceux des autres. Quand je viens à me souve-
» nir de lui, il m'empêche de goûter les douceurs du
» sommeil, et me rend la table odieuse; car jamais
» homme n'a souffert tant de peines, ni soutenu tant de
» travaux que le divin Ulysse; comme ses maux sont
» infinis, l'affliction que sa perte me causera sera infinie
» et ne passera jamais. Nous n'avons de lui aucune nou-
» velle, et nous ne savons s'il est en vie ou s'il est mort;
» il ne faut pas douter que le vieux Laërte, la sage
» Pénélope et Télémaque son fils, qu'il laissa encore
» enfant, ne passent leur vie à le pleurer. »

Ces paroles réveillèrent tous les déplaisirs de Télémaque, et le plongèrent dans une vive douleur; le nom
de son père fit couler de ses yeux un torrent de larmes,
et pour les cacher, il mit avec ses deux mains son manteau de pourpre devant son visage. Ménélas s'en aperçut,
et il fut quelques momens à délibérer en lui-même s'il

Ἤ μιν αὐτὸν πατρὸς ἐάσσειε μνησθῆναι,
Ἢ πρῶτ' ἐξερέοιτο, ἕκαστά τε μυθήσαιτο.

Ἕως ὁ ταῦθ' ὥρμαινε κατὰ φρένα καὶ κατὰ θυμὸν,
Ἐκ δ' Ἑλένη θαλάμοιο θυώδεος ὑψορόφοιο   121
Ἤλυθεν, Ἀρτέμιδι χρυσηλακάτῳ εἰκυῖα·
Τῇ δ' ἄρ' ἅμ' Ἀδρήστη κλισίην ἐύτυκτον ἔθηκεν·
Ἀλκίππη δὲ τάπητα φέρεν μαλακοῦ ἐρίοιο·
Φυλὼ δ' ἀργύρεον τάλαρον φέρε, τὸν οἱ ἔδωκε   125
Ἀλκάνδρη, Πολύβοιο δάμαρ, ὃς ἔναι' ἐνὶ Θήβης
Αἰγυπτίης, ὅθι πλεῖστα δόμοις ἐνὶ κτήματα κεῖται·
Ὃς Μενελάῳ δῶκε δύ' ἀργυρέας ἀσαμίνθους,
Δοιοὺς δὲ τρίποδας, δέκα δὲ χρυσοῖο τάλαντα·
Χωρὶς δ' αὖθ' Ἑλένῃ ἄλοχος πόρε κάλλιμα δῶρα,   130
Χρυσέην τ' ἠλακάτην, τάλαρόν θ' ὑπόκυκλον ὄπασσεν
Ἀργύρεον, χρυσῷ δ' ἐπὶ χείλεα κεκράαντο.
Τόν ῥά οἱ ἀμφίπολος Φυλὼ παρέθηκε φέρουσα,
Νήματος ἀσκητοῖο βεβυσμένον· αὐτὰρ ἐπ' αὐτῷ
Ἠλακάτη τετάνυστο, ἰοδνεφὲς εἶρος ἔχουσα.   135
Ἕζετο δ' ἐν κλισμῷ, ὑπὸ δὲ θρῆνυς ποσὶν ἦεν.
Αὐτίκα δ' ἥγ' ἐπέεσσι πόσιν ἐρέεινεν ἕκαστα·

« Ἴδμεν δὴ, Μενέλαε διοτρεφές, οἵ τινες οἵδε
» Ἀνδρῶν εὐχετόωνται ἱκανέμεν ἡμέτερον δῶ;
» Ψεύσομαι, ἢ ἔτυμον ἐρέω; κέλεται δέ με θυμός.   140
» Οὐ γάρ πω τινά φημι ἐοικότα ὧδε ἰδέσθαι
» Οὔτ' ἄνδρ', οὔτε γυναῖκα, (σέβας μ' ἔχει εἰσορόωσαν)
» Ὡς ὅδ' Ὀδυσσῆος μεγαλήτορος υἷι ἔοικε
» Τηλεμάχῳ, τὸν ἔλειπε νέον γεγαῶτ' ἐνὶ οἴκῳ

attendroit que ce jeune prince commençât à parler de
son père, ou s'il l'interrogeroit le premier, et s'il tâcheroit d'éclaircir les soupçons qu'il avoit que c'étoit le fils
d'Ulysse.

Pendant qu'il délibéroit, Hélène sort de son magnifique appartement, d'où s'exhaloient des parfums exquis;
elle étoit semblable à la belle Diane, dont les flèches sont
si brillantes. Cette princesse arrive dans la salle, et en
même temps Adreste lui donne un beau siége bien travaillé; Alcippe le couvre d'un tapis de laine très-fine,
rehaussé d'or; et Phylo, la troisième de ses femmes, lui
apporte une corbeille d'argent que cette princesse avoit
reçue d'Alcandre, femme de Polybe, qui habitoit à
Thèbes d'Egypte, une des plus riches de l'univers.
Polybe avoit fait présent à Ménélas de deux grandes
cuves d'argent pour le bain, de deux beaux trépieds et
de dix talens d'or; et sa femme, de son côté, avoit
donné à Hélène une quenouille d'or et cette belle corbeille d'argent, dont le bord étoit d'un or très-fin et
admirablement bien travaillé. Phylo met près de la
princesse sa corbeille, qui étoit remplie de pelotons d'une
laine filée de la dernière finesse; la quenouille, coiffée
d'une laine de pourpre violette, étoit couchée sur la
corbeille. Hélène se place sur le siége qu'Adreste lui
avoit présenté, et qui avoit un beau marchepied, et
adressant la parole à son mari :

« Divin Ménélas, lui dit-elle, savons-nous qui sont
» ces étrangers qui nous ont fait l'honneur de venir
» dans notre palais? Me trompé-je, ou ai-je découvert
» la vérité? Je ne puis vous cacher ma conjecture; je
» n'ai jamais vu ni parmi les hommes, ni parmi les
» femmes, une ressemblance si parfaite; j'en suis dans
» l'étonnement et dans l'admiration; que ce jeune étran-
» ger ressemble au fils du magnanime Ulysse! c'est
» lui-même; ce grand homme le laissa encore enfant,

»Κεῖνος ἀνὴρ, ὅτ' ἐμεῖο κυνώπιδος εἴνεκ' Ἀχαιοὶ 145
» Ἦλθεθ' ὑπὸ Τροίην, πόλεμον θρασὺν ὁρμαίνοντες. »

Τὴν δ' ἀπαμειβόμενος προσέφη ξανθὸς Μενέλαος·
« Οὕτω νῦν καὶ ἐγὼ νοέω, γύναι, ὡς σὺ ἐΐσκεις.
» Κείνου γὰρ τοιοίδε πόδες, τοιαίδε τε χεῖρες,
» Ὀφθαλμῶν τε βολαί, κεφαλή τ', ἐφύπερθέ τε χαῖται·
» Καὶ νῦν ἤτοι ἐγὼ μεμνημένος ἀμφ' Ὀδυσῆϊ, 151
» Μυθεόμην, ὅσα κεῖνος ὀϊζύσας ἐμόγησεν
» Ἀμφ' ἐμοί· αὐτὰρ ὁ πικρὸν ὑπ' ὀφρύσι δάκρυον εἶβε,
» Χλαῖναν πορφυρέην ἄντ' ὀφθαλμοῖιν ἀνασχών. »

Τὸν δ' αὖ Νεστορίδης Πεισίστρατος ἀντίον ηὔδα· 155
« Ἀτρείδη Μενέλαε, διοτρεφὲς, ὄρχαμε λαῶν,
» Κείνου μέντοι ὅδ' υἱὸς ἐτήτυμον, ὡς ἀγορεύεις·
» Ἀλλὰ σαόφρων ἐστί, νεμεσσᾶται δ' ἐνὶ θυμῷ,
» Ὧδ' ἐλθὼν τοπρῶτον, ἐπεσβολίας ἀναφαίνειν
» Ἄντα σέθεν, τοῦ νῶϊ, θεοῦ ὣς, τερπόμεθ' αὐδῇ. 160
» Αὐτὰρ ἐμὲ προέηκε Γερήνιος ἱππότα Νέστωρ,
» Τῷ ἅμα πομπὸν ἕπεσθαι· ἐέλδετο γάρ σε ἰδέσθαι,
» Ὄφρα οἱ ἤ τι ἔπος ὑποθήσεαι, ἠέ τι ἔργον.
» Πολλὰ γὰρ ἄλγε' ἔχει πατρὸς πάϊς οἰχομένοιο,
» Ἐν μεγάροις, ᾧ μὴ ἄλλοι ἀοσσητῆρες ἔωσιν· 165
» Ὡς νῦν Τηλεμάχῳ· ὁ μὲν οἴχεται, οὐδέ οἱ ἄλλοι
» Εἴσ', οἵ κεν κατὰ δῆμον ἀλάλκοιεν κακότητα. »

Τὸν δ' ἀπαμειβόμενος προσέφη ξανθὸς Μενέλαος·
« Ὦ πόποι, ἦ μάλα δὴ φίλου ἀνέρος υἱὸς ἐμὸν δῶ
» Ἵκεθ', ὃς εἵνεκ' ἐμεῖο πολεῖς ἐμόγησεν ἀέθλους· 170
» Καί μιν ἔφην ἐλθόντα φιλησέμεν ἔξοχον ἄλλων
» Ἀργείων, εἰ νῶϊν ὑπεὶρ ἅλα νόστον ἔδωκε
» Νηυσὶ θοῇσι γενέσθαι Ὀλύμπιος εὐρύοπα Ζεύς·
» Καί κέν οἱ Ἄργεϊ νάσσα πόλιν, καὶ δώματ' ἔτευξα,

» quand vous partîtes avec tous les Grecs, et que vous
» allâtes faire une cruelle guerre aux Troyens, pour
» moi malheureuse qui ne méritois que vos mépris. »

« J'avois la même pensée, répondit Ménélas ; voilà
» le port et la taille d'Ulysse ; voilà ses yeux, sa belle
» tête ; d'ailleurs, quand je suis venu par hazard à parler
» de tous les travaux qu'Ulysse a essuyés pour moi, ce
» jeune prince n'a pu retenir ses larmes, et il a voulu
» les cacher, en mettant son manteau devant ses yeux. »

Alors Pisistrate prenant la parole : « Grand Atride,
» lui dit-il, prince si digne de commander à tant de
» peuples, vous voyez assurément devant vos yeux le
» fils d'Ulysse ; mais comme il est très-modeste, le res-
» pect l'empêche, la première fois qu'il a l'honneur de
» vous voir, d'entamer de longs discours devant vous,
» que nous écoutons avec le même plaisir que si nous
» entendions la voix d'un Dieu. Nestor, qui est mon
» père, m'a envoyé avec lui pour le conduire chez
» vous, car il souhaitoit passionnément de vous voir,
» pour vous demander vos conseils ou votre secours ;
» car tous les malheurs qui peuvent arriver à un jeune
» homme dont le père est absent, et qui n'a personne
» qui le défende, sont arrivés à Télémaque ; son père
» n'est plus, et parmi ses sujets il n'en trouve pas un
» qui lui aide à repousser les maux dont il se voit
» accablé. »

« O Dieux ! s'écria alors le roi Ménélas, j'ai donc le
» plaisir de voir dans mon palais le fils d'un homme qui
» a donné tant de combats pour l'amour de moi ! Cer-
» tainement je me préparois à le préférer à tous les
» autres Grecs, et à lui donner la première place dans
» mon affection, si Jupiter, dont les regards découvrent
» tout ce qui se passe dans ce vaste univers, eût voulu
» nous accorder un heureux retour dans notre patrie ;
» je voulois lui donner une ville dans le pays d'Argos,

» Ἐξ Ἰθάκης ἀγαγὼν σὺν κτήμασι καὶ τέκεϊ ᾧ, 175
» Καὶ πᾶσιν λαοῖσι, μίαν πόλιν ἐξαλαπάξας,
» Αἳ περιναιετάουσιν, ἀνάσσονται δ᾽ ἐμοὶ αὐτῷ.
» Καί κε θάμ᾽ ἐνθάδ᾽ ἐόντες ἐμισγόμεθ᾽· οὐδέ κεν ἡμέας
» Ἄλλο διέκρινεν φιλέοντέ τε τερπομένω τέ,
» Πρίν γ᾽ ὅτε δὴ θανάτοιο μέλαν νέφος ἀμφεκάλυψεν.
» Ἀλλὰ τὰ μέν που μέλλεν ἀγάσσεσθαι θεὸς αὐτός, 181
» Ὅς κεῖνον δύστηνον ἀνόστιμον οἶον ἔθηκεν. »

Ὣς φάτο· τοῖσι δὲ πᾶσιν ὑφ᾽ ἵμερον ὦρσε γόοιο.
Κλαῖε μὲν Ἀργείη Ἑλένη Διὸς ἐκγεγαυῖα,
Κλαῖε δὲ Τηλέμαχός τε καὶ Ἀτρείδης Μενέλαος· 185
Οὐδ᾽ ἄρα Νέστορος υἱὸς ἀδακρύτω ἔχεν ὄσσε·
Μνήσατο γὰρ κατὰ θυμὸν ἀμύμονος Ἀντιλόχοιο,
Τόν ῥ᾽ Ἠοῦς ἔκτεινε φαεινῆς ἀγλαὸς υἱός·
Τοῦ ὅγ᾽ ἐπιμνησθεὶς ἔπεα πτερόεντ᾽ ἀγόρευεν·

« Ἀτρείδη, περὶ μέν σε βροτῶν πεπνυμένον εἶναι
» Νέστωρ φάσχ᾽ ὁ γέρων, ὅτ᾽ ἐπιμνησαίμεθα σεῖο 191
» Οἷσιν ἐνὶ μεγάροισι, καὶ ἀλλήλους ἐρέοιμεν.
» Καὶ νῦν, εἴ τι πού ἐστι, πιθοιό μοι· οὐ γὰρ ἔγωγε
» Τέρπομ᾽ ὀδυρόμενος μεταδόρπιος· ἀλλὰ καὶ Ἠὼς
» Ἔσσεται ἠριγένεια· νεμεσσῶμαί γε μὲν οὐδὲν 195
» Κλαίειν, ὅς κε θάνῃσι βροτῶν καὶ πότμον ἐπίσπῃ.
» Τοῦτό νυ καὶ γέρας οἶον ὀϊζυροῖσι βροτοῖσι,
» Κείρασθαί τε κόμην, βαλέειν τ᾽ ἀπὸ δάκρυ παρειῶν.
» Καὶ γὰρ ἐμὸς τέθνηκεν ἀδελφεός, οὔτι κάκιστος
» Ἀργείων· μέλλεις δὲ σὺ ἴδμεναι· οὐ γὰρ ἔγωγε 200
» Ἤντησ᾽, οὐδὲ ἴδον· πέρι δ᾽ ἄλλων φασὶ γενέσθαι

» et lui bâtir un magnifique palais, afin que, quittant le
» séjour d'Ithaque, il vînt avec toutes ses richesses, son
» fils et ses peuples se transporter dans mes états, et
» habiter une ville que j'aurois évacuée de ses habitans ;
» nous aurions vécu toujours ensemble, et il n'y auroit
» eu que la mort qui eût pu séparer deux amis qui se
» seroient aimés si tendrement, et dont l'union auroit
» été si délicieuse. Mais un si grand bonheur a peut-
» être attiré l'envie de ce Dieu, qui n'a refusé qu'à
» Ulysse seul cet heureux retour. »

Ces paroles les firent tous fondre en larmes ; la fille du grand Jupiter, la belle Hélène, se mit à pleurer ; Télémaque et le grand Atride pleurèrent, et le fils du sage Nestor ne demeura pas seul insensible ; son frère Antiloque, que le vaillant fils de l'Aurore avoit tué dans le combat, lui revint dans l'esprit, et, à ce souvenir, le visage baigné de pleurs, il dit à Ménélas :

« Fils d'Atrée, toutes les fois que mon père et moi,
» nous entretenant dans son palais, nous sommes venus
» à parler de vous, je lui ai toujours ouï dire que vous
» étiez le plus sage et le plus prudent de tous les hommes,
» c'est pourquoi j'espère que vous voudrez bien suivre
» le conseil que j'ose vous donner ; je vous avoue que je
» n'aime point les larmes qu'on verse à la fin du festin.
» Demain la brillante aurore ramènera le jour. Je n'ai
» garde de trouver mauvais qu'on pleure ceux qui sont
» morts et qui ont accompli leur destinée ; je sais que
» le seul honneur qu'on puisse faire aux misérables
» mortels après leur trépas, c'est de se couper les che-
» veux sur leur tombeau, et de l'arroser de ses larmes.
» J'ai aussi perdu sous les murs de Troie un frère qui
» n'étoit pas le moins brave des Grecs ; vous le savez
» mieux que moi, car je n'ai jamais eu le plaisir de le
» voir ; mais tout le monde rend ce témoignage à Anti-
» loque, qu'il étoit au-dessus des plus vaillans, soit qu'il

» Ἀντίλοχον, περὶ μὲν θείειν ταχὺν, ἠδὲ μαχητήν. »

Τὸν δ' ἀπαμειβόμενος προσέφη ξανθὸς Μενέλαος·
« Ὦ φίλ', ἐπεὶ τόσα εἶπες, ὅσ' ἂν πεπνυμένος ἀνὴρ
» Εἴποι καὶ ῥέξειε, καὶ ὃς προγενέστερος εἴη· 205
» (Τοίου γὰρ καὶ πατρὸς, ὃ καὶ πεπνυμένα βάζεις·
» Ῥεῖα δ' ἀρίγνωτος γόνος ἀνέρος, ᾧ τε Κρονίων
» Ὄλβον ἐπικλώσῃ γαμέοντί τε γεινομένῳ τέ.
» Ὡς νῦν Νέστορι δῶκε διαμπερὲς ἤματα πάντα,
» Αὐτὸν μὲν λιπαρῶς γηρασκέμεν ἐν μεγάροισιν, 210
» Υἱέας αὖ πινυτούς τε καὶ ἔγχεσιν εἶναι ἀρίστους)
» Ἡμεῖς δὲ κλαυθμὸν μὲν ἐάσομεν, ὃς πρὶν ἐτύχθη·
» Δόρπου δ' ἐξαῦτις μνησώμεθα, χερσὶ δ' ἐφ' ὕδωρ
» Χευάντων· μῦθοι δὲ καὶ ἠῶθέν περ ἔσονται
» Τηλεμάχῳ καὶ ἐμοὶ ,, διαειπέμεν ἀλλήλοισιν. » 215

Ὣς ἔφατ'· Ἀσφαλίων δ' ἄρ ὕδωρ ἐπὶ χεῖρας ἔχευεν,
Ὀτρηρὸς θεράπων Μενελάου κυδαλίμοιο.
Οἱ δ' ἐπ' ὀνείαθ' ἑτοῖμα προκείμενα χεῖρας ἴαλλον.
Ἔνθ' αὖτ' ἄλλ' ἐνόησ' Ἑλένη Διὸς ἐκγεγαυῖα·
Αὐτίκ' ἄρ' εἰς οἶνον βάλε φάρμακον, ἔνθεν ἔπινον, 220
Νηπενθές τ' ἄχολόν τε, κακῶν ἐπίληθον ἁπάντων·
Ὃς τὸ καταβρόξειεν, ἐπὴν κρητῆρι μιγείη,
Οὐκ ἂν ἐφημέριός γε βάλοι κατὰ δάκρυ παρειῶν,
Οὐδ' εἴ οἱ κατατεθναίη μήτηρ τὲ πατήρ τε,
Οὐδ' εἴ οἱ προπάροιθεν ἀδελφεὸν, ἢ φίλον υἱὸν, 225
Χαλκῷ δηϊόψεν, ὁ δ' ὀφθαλμοῖσιν ὁρῷτο.
Τοῖα Διὸς θυγάτηρ ἔχε φάρμακα μητιόεντα,
Ἐσθλὰ, τὰ οἱ Πολύδαμνα πόρεν Θῶνος παράκοιτις,
Αἰγυπτίη· τῇ πλεῖστα φέρει ζείδωρος ἄρουρα
Φάρμακα, πολλὰ μὲν ἐσθλὰ μεμιγμένα, πολλὰ δὲ λυγρά.
Ἰητρὸς δὲ ἕκαστος ἐπιστάμενος περὶ πάντων 231

» fallût poursuivre l'ennemi, ou combattre de pied
» ferme. »

Le roi Ménélas prenant la parole, lui répondit :
« Prince, vous venez de dire ce que l'homme le plus
» prudent, et qui seroit dans un âge bien plus avancé
» que le vôtre, pourroit dire et faire de plus sensé. A
» vos discours pleins de sagesse, on voit bien de quel
» père vous êtes sorti ; car on reconnoît toujours faci-
» lement les enfans de ceux à qui Jupiter a départi ses
» plus précieuses faveurs, dans le moment de leur nais-
» sance, et dans celui de leur mariage, comme il a fait
» à Nestor, qu'il a toujours honoré d'une protection sin-
» gulière, et à qui il a accordé la grâce de passer tran-
» quillement et à son aise sa vieillesse dans ses états, et
» d'avoir des fils distingués par leur sagesse et par leur
» courage. Cessons donc nos regrets et nos larmes, et
» remettons-nous à table ; que l'on apporte de l'eau pour
» laver les mains. Demain, dès que le jour aura paru,
» nous pourrons, Télémaque et moi, avoir ensemble
» une conversation aussi longue qu'il le voudra. »

Il parla ainsi, et Asphalion, un des plus fidèles servi-
teurs de Ménélas, donna à laver. On se remet à table, et
on recommence à manger. Cependant la fille de Jupiter,
la belle Hélène, s'avisa d'une chose qui fut d'un grand
secours. Elle mêla dans le vin qu'on servoit à table
une poudre qui assoupissoit le chagrin, calmoit la colère,
et faisoit oublier tous les maux. Celui qui en avoit pris
dans sa boisson n'auroit pas versé une seule larme dans
toute la journée, quand même son père et sa mère
seroient morts, qu'on auroit tué en sa présence son
frère ou son fils unique, et qu'il l'auroit vu de ses propres
yeux : telle étoit la vertu de cette drogue, que lui avoit
donnée Polydamna, femme de Thonis, roi d'Egypte,
dont le fertile terroir produit une infinité de plantes
bonnes et mauvaises, et où tous les hommes sont excellens

Ἀνθρώπων· ἢ γὰρ Παιήονός εἰσι γενέθλης.
Αὐτὰρ ἐπεί ῥ᾽ ἐνέηκε, κέλευσέ τε οἰνοχοῆσαι,
Ἐξαῦτις μύθοισιν ἀμειβομένη προσέειπεν·

« Ἀτρείδη Μενέλαε, διοτρεφὲς, ἠδὲ καὶ οἵδε   335
» Ἀνδρῶν ἐσθλῶν παῖδες, (ἀτὰρ θεὸς ἄλλοτ᾽ ἐπ᾽ ἄλλῳ
» Ζεὺς ἀγαθόν τε κακόν τε διδοῖ· δύναται γὰρ ἅπαντα)
» Ἦ τοι νῦν δαίνυσθε, καθήμενοι ἐν μεγάροισι,
» Καὶ μύθοις τέρπεσθε· ἐοικότα γὰρ καταλέξω.
» Πάντα μὲν οὐκ ἂν ἐγὼ μυθήσομαι οὐδ᾽ ὀνομήνω, 240
» Ὅσσαι Ὀδυσσῆος ταλασίφρονος εἰσὶν ἄεθλοι·
» Ἀλλ᾽ οἷον τόδ᾽ ἔρεξε καὶ ἔτλη καρτερὸς ἀνὴρ
» Δήμῳ ἔνι Τρώων, ὅθι πάσχετε πήματ᾽ Ἀχαιοί.
» Αὐτόν μιν πληγῇσιν ἀεικελίῃσι δαμάσσας,
» Σπεῖρα κάκ᾽ ἀμφ᾽ ὤμοισι βαλὼν, οἰκῆϊ ἐοικὼς, 245
» Ἀνδρῶν δυσμενέων κατέδυ πόλιν εὐρυάγυιαν.
» Ἄλλῳ δ᾽ αὐτὸν φωτὶ κατακρύπτων ἤϊσκε
» Δέκτῃ, ὃς οὐδὲν τοῖος ἔην ἐπὶ νηυσὶν Ἀχαιῶν·
» Τῷ ἴκελος κατέδυ Τρώων πόλιν· οἱ δ᾽ ἀβάκησαν
» Πάντες· ἐγὼ δέ μιν οἴη ἀνέγνων τοῖον ἐόντα,   250
» Καί μιν ἀνηρώτων· ὁ δὲ κερδοσύνῃ ἀλέεινεν.
» Ἀλλ᾽ ὅτε δή μιν ἐγὼν λόεον καὶ χρῖον ἐλαίῳ,
» Ἀμφὶ δ᾽ εἵματα ἕσσα, καὶ ὤμοσα καρτερὸν ὅρκον,
» Μὴ μὲν πρὶν Ὀδυσῆα μετὰ Τρώεσσ᾽ ἀναφῆναι,
» Πρίν γε τὸν ἐς νῆάς τε θοὰς κλισίας τ᾽ ἀφικέσθαι·
» Καὶ τότε δή μοι πάντα νόον κατέλεξεν Ἀχαιῶν· 256
» Πολλοὺς δὲ Τρώων κτείνας ταναήκεϊ χαλκῷ,
» Ἦλθε μετ᾽ Ἀργείους· κατὰ δὲ φρόνιν ἤγαγε πολλήν.

médecins; et c'est de là qu'est venue la race de Péon. Après qu'Hélène eut mêlé cette merveilleuse drogue dans le vin, elle prit la parole, et dit:

« Roi Ménélas, et vous jeunes princes, le Dieu
» suprême, le grand Jupiter, mêle la vie des hommes
» de biens et de maux, comme il lui plaît, car sa puis-
» sance est sans bornes; c'est pourquoi jouissez présen-
» tement du plaisir de la table, et divertissez-vous à faire
» des histoires qui puissent vous amuser; je vous don-
» nerai l'exemple, et je vous raconterai une histoire qui
» ne vous déplaira pas. Il me seroit impossible de vous
» faire ici le détail de tous les travaux du patient Ulysse:
» je vous raconterai seulement une entreprise qu'il osa
» tenter au milieu des Troyens, et dont je suis instruite
» mieux que personne. Un jour, après s'être déchiré le
» corps à coups de verges, et s'être couvert de vieux
» haillons, comme un vil esclave, il entra dans la ville
» ennemie, ainsi déguisé, et dans un état bien différent
» de celui où il étoit dans l'armée des Grecs, car il
» paroissoit un véritable mendiant. Il entra donc ainsi
» dans la ville des Troyens; personne ne le reconnut,
» je fus la seule qui ne fus point trompée par ce dégui-
» sement; je lui fis plusieurs questions pour tirer la
» vérité de sa bouche; mais lui, avec sa finesse et sa
» souplesse ordinaire, il évita toujours de me répondre
» et de m'éclaircir. Mais après que je l'eus baigné et
» parfumé d'essences, que je lui eus donné des habits, et
» que je l'eus rassuré, par un serment inviolable, que
» je ne le décelerois aux Troyens qu'après qu'il seroit
» retourné dans son camp, alors il s'ouvrit à moi, et me
» découvrit de point en point tous les desseins des Grecs.
» Après cette confidence, il tua de sa main un grand
» nombre de Troyens et repassa dans l'armée des Grecs,
» auxquels il porta toutes les instructions qui leur étoient
» nécessaires pour l'exécution de leur grand dessein. En

» Ἔνθ' ἄλλαι Τρωαὶ λίγ' ἐκώκυον· αὐτὰρ ἐμὸν κῆρ
» Χαῖρ', ἐπεὶ ἤδη μοι κραδίη τέτραπτο νέεσθαι   260
» Ἂψ οἶκόνδ'· ἄτην δὲ μετέστενον, ἣν Ἀφροδίτη
» Δῶχ', ὅτε μ' ἤγαγε κεῖσε φίλης ἀπὸ πατρίδος αἴης,
» Παῖδά τ' ἐμὴν νοσφισσαμένη, θάλαμόν τε, πόσιν τὲ,
» Οὔ τευ δευόμενον, οὔτ' ἄρ' φρένας, οὔτε τι εἶδος. »

Τὴν δ' ἀπαμειβόμενος προσέφη ξανθὸς Μενέλαος· 265
« Ναὶ δὴ ταῦτά γε πάντα, γύναι, κατὰ μοῖραν ἔειπες.
» Ἤδη μὲν πολέων ἐδάην βουλήν τε νόον τὲ
» Ἀνδρῶν ἡρώων, πολλὴν δ' ἐπελήλυθα γαῖαν·
» Ἀλλ' οὔπω τοιοῦτον ἐγὼν ἴδον ὀφθαλμοῖσιν,
» Οἷον Ὀδυσσῆος ταλασίφρονος ἔσκε φίλον κῆρ·   270
» Οἷον καὶ τόδ' ἔρεξε καὶ ἔτλη καρτερὸς ἀνὴρ,
» Ἵππῳ ἔνι ξεστῷ, ἵν' ἐνήμεθα πάντες ἄριστοι
» Ἀργείων, Τρώεσσι φόνον καὶ κῆρα φέροντες.
» Ἦλθες ἔπειτα σὺ κεῖσε· κελευσέμεναι δέ σ' ἔμελλέ
» Δαίμων, ὃς Τρώεσσιν ἐβούλετο κῦδος ὀρέξαι,   275
» Καί τοι Δηίφοβος θεοείκελος ἕσπετ' ἰούσῃ.
» Τρὶς δὲ περίστειξας κοῖλον λόχον ἀμφαφόωσα,
» Ἐκ δ' ὀνομακλήδην Δαναῶν ὀνόμαζες ἀρίστους,
» Πάντων Ἀργείων φωνὴν ἴσκουσ' ἀλόχοισιν.
» Αὐτὰρ ἐγὼ, καὶ Τυδείδης, καὶ δῖος Ὀδυσσεὺς   280
» Ἥμενοι ἐν μέσσοισιν, ἀκούσαμεν, ὡς ἐβόησας.
» Νῶϊ μὲν ἀμφοτέρω μενεήναμεν ὁρμηθέντε,
» Ἢ ἐξελθέμεναι, ἢ ἔνδοθεν αἶψ' ὑπακοῦσαι·

» même-temps toute la ville retentit des cris et des hur-
» lemens des Troyennes, et moi je sentis dans mon
» cœur une secrète joie; car, entièrement changée, je
» ne désirois rien tant que de retourner à Lacédémone,
» et je pleurois amèrement les malheurs où la déesse
» Vénus m'avoit plongée, en me menant dans cette
» terre étrangère, et en me faisant abandonner mon
» palais, ma fille et mon mari, qui, en esprit, en beauté
» et en bonne mine, ne cédoit à aucun homme du
» monde. »

« Tout ce que vous venez de dire d'Ulysse, reprit
» Ménélas, est vrai dans toutes ces circonstances. J'ai
» connu à fond plusieurs grands personnages; j'ai péné-
» tré leur cœur et leur esprit, sources de leurs actions,
» et j'ai voyagé dans plusieurs contrées ; mais jamais je
» n'ai vu un homme tel qu'Ulysse, pour le courage, la
» patience, la prudence et la force. Quel grand service
» ne rendit-il pas aux Grecs dans le cheval de bois, où
» les principaux de l'armée s'étoient enfermés avec
» moi, portant aux Troyens la ruine et la mort! Vous
» sortîtes de la ville pour voir cette machine énorme,
» et il faut bien croire que c'étoit quelque Dieu qui, se
» déclarant contre les Grecs, et voulant donner aux
» Troyens une gloire immortelle, vous força à venir.
» Déiphobus, semblable à un Dieu, vous accompagnoit;
» vous fîtes trois fois le tour de ce cheval; vous por-
» tâtes trois frois les mains sur ces embûches cachées,
» comme pour les sonder; vous appelâtes les plus braves
» capitaines Grecs, en les nommant chacun par leur
» nom, et en contrefaisant la voix de leurs femmes;
» mais le fils de Tydée, le divin Ulysse et moi, qui
» étions assis au milieu, nous reconnûmes votre voix,
» et d'abord Diomède et moi nous voulûmes prendre le
» parti de sortir, l'épée à la main, plutôt que d'at-
» tendre que nous fussions découverts : Ulysse nous

» Ἀλλ' Ὀδυσεὺς κατέρυκε καὶ ἔσχεθεν ἱεμένω περ.
» Ἔνθ' ἄλλοι μὲν πάντες ἀκὴν ἔσαν υἷες Ἀχαιῶν· 285
» Ἄντικλος δὲ σέ γ' οἷος ἀμείψασθαι ἐπέεσσιν
» Ἤθελεν· ἀλλ' Ὀδυσεὺς ἐπὶ μάστακα χερσὶ πίεζε
» Νωλεμέως κρατερῇσι, σάωσε δὲ πάντας Ἀχαιούς·
» Τόφρα δ' ἔχ', ὄφρα σὲ νόσφιν ἀπήγαγε Παλλὰς Ἀθήνη. »

Τὸν δ' αὖ Τηλέμαχος πεπνυμένος ἀντίον ηὔδα· 290
« Ἀτρείδη Μενέλαε, διοτρεφές, ὄρχαμε λαῶν,
» Ἄλγιον· οὐ γάρ οἵ τι τάγ' ἤρκεσε λυγρὸν ὄλεθρον,
» Οὐδ' εἰ οἱ κραδίη γε σιδηρέη ἔνδοθεν ἦεν.
» Ἀλλ' ἄγετ', εἰς εὐνὴν τρέπεθ' ἡμέας, ὄφρα κεν ἤδη
» Ὕπνῳ ὑπὸ γλυκερῷ τερπώμεθα κοιμηθέντες. » 295

Ὣς ἔφατ'· Ἀργείη δ' Ἑλένη δμωῇσι κέλευσε
Δέμνι' ὑπ' αἰθούσῃ θέμεναι, καὶ ῥήγεα καλὰ
Πορφύρε' ἐμβαλέειν, στορέσαι τ' ἐφύπερθε τάπητας,
Χλαίνας τ' ἐνθέμεναι οὔλας καθύπερθεν ἕσασθαι.
Αἱ δ' ἴσαν ἐκ μεγάροιο, δάος μετὰ χερσὶν ἔχουσαι. 300
Δέμνια δὲ στόρεσαν· ἐκ δὲ ξείνους ἄγε κῆρυξ.
Οἱ μὲν ἄρ' ἐν προδόμῳ δόμου αὐτόθι κοιμήσαντο
Τηλέμαχός θ' ἥρως καὶ Νέστορος ἀγλαὸς υἱός·
Ἀτρείδης δὲ κάθευδε μυχῷ δόμου ὑψηλοῖο,
Πὰρ δ' Ἑλένη τανύπεπλος ἐλέξατο δῖα γυναικῶν. 305
Ἦμος δ' ἠριγένεια φάνη ῥοδοδάκτυλος ἠώς,
Ὤρνυτ' ἄρ' ἐξ εὐνῆφι βοὴν ἀγαθὸς Μενέλαος
Εἵματα ἑσσάμενος· περὶ δὲ ξίφος ὀξὺ θέτ' ὤμῳ,
Ποσσὶ δ' ὑπὸ λιπαροῖσιν ἐδήσατο καλὰ πέδιλα·
Βῆ δ' ἴμεν ἐκ θαλάμοιο θεῷ ἐναλίγκιος ἄντην, 310
Τηλεμάχῳ δὲ παρῖζεν, ἔπος τ' ἔφατ', ἔκ τ' ὀνόμαζε·

« Τίπτε δέ σε χρειὼ δεῦρ' ἤγαγε, Τηλέμαχ' ἥρως,

» retint et refréna cette impatience trop imprudente.
» Tous les autres capitaines, qui étoient avec nous,
» demeurèrent dans un profond silence; le seul Anti-
» clus alloit vous répondre; mais dans le moment Ulysse,
» lui portant les deux mains sur la bouche, sauva tous
» les Grecs; car il la lui serra si fort, qu'il l'empêcha
» de respirer, jusqu'à ce que la favorable Minerve vous
» eût emmenée d'un autre côté. »

Le sage Télémaque répondit à Ménélas : « Fils
» d'Atrée, tout ce que vous venez de dire ne fait
» qu'augmenter mon affliction; tant de grandes qualités
» n'ont pas mis mon père à couvert d'une fin malheu-
» reuse, et c'est en vain que son courage invincible a
» résisté à tant de périls. Mais permettez que nous allions
» nous coucher, et que le doux sommeil vienne sus-
» pendre pendant quelques momens nos chagrins et nos
» inquiétudes. »

En même-temps la divine Hélène ordonna à ses
femmes de leur dresser des lits sous un portique, d'étendre
à terre les plus belles peaux, de mettre sur ces peaux
les plus belles étoffes de pourpre, de couvrir ces étoffes
de beaux tapis, et d'étendre sur ces tapis les plus belles
couvertures. Ces femmes obéissent; elles sortent aussitôt de l'appartement avec des flambeaux, et vont dresser
les lits, et un héraut conduit les deux princes. Le fils
d'Ulysse et le fils de Nestor couchèrent ainsi dans le
portique, au bout de la cour; le grand Ménélas alla
coucher dans son appartement, au fond de son palais,
et Hélène, pleine de majesté et de grâce, se coucha près
de lui. L'aurore n'eut pas plus tôt annoncé le jour, que
Ménélas se leva, prit ses habits et son épée, couvrit ses
beaux pieds de brodequins magnifiques, et s'étant
rendu dans l'appartement de Télémaque, il s'assit près
de ce prince, et lui parla ainsi :

« Généreux Télémaque, quelle pressante affaire vous

» Ἐς Λακεδαίμονα δῖαν, ἐπ᾽ εὐρέα νῶτα θαλάσσης;
» Δήμιον, ἢ ἴδιον; τόδε μοι νημερτὲς ἔνισπε. »

Τὸν δ᾽ αὖ Τηλέμαχος πεπνυμένος ἀντίον ηὔδα· 315
« Ἀτρείδη Μενέλαε, διοτρεφές, ὄρχαμε λαῶν,
» Ἤλυθον, εἴ τινά μοι κληηδόνα πατρὸς ἐνίσποις·
» Ἐσθίεταί μοι οἶκος, ὄλωλε δὲ πίονα ἔργα.
» Δυσμενέων δ᾽ ἀνδρῶν πλεῖος δόμος, οἵ τε μοι αἰεὶ
» Μῆλ᾽ ἁδινὰ σφάζουσι, καὶ εἰλίποδας ἕλικας βοῦς, 320
» Μητρὸς ἐμῆς μνηστῆρες ὑπέρβιον ὕβριν ἔχοντες.
» Τοὔνεκα νῦν τὰ σὰ γούναθ᾽ ἱκάνομαι, αἴκ᾽ ἐθέλῃσθα
» Κείνου λυγρὸν ὄλεθρον ἐνισπεῖν, εἴπου ὄπωπας
» Ὀφθαλμοῖσι τεοῖσιν, ἢ ἄλλου μῦθον ἀκούσας
» Πλαζομένου· πέρι γάρ μιν ὀϊζυρὸν τέκε μήτηρ. 325
» Μηδέ τί μ᾽ αἰδόμενος μειλίσσεο, μηδ᾽ ἐλεαίρων,
» Ἀλλ᾽ εὖ μοι κατάλεξον, ὅπως ἤντησας ὀπωπῆς.
» Λίσσομαι, εἴ ποτέ τοί τι πατὴρ ἐμὸς ἐσθλὸς Ὀδυσσεὺς
» Ἢ ἔπος ἠέ τι ἔργον ὑποστὰς ἐξετέλεσσε
» Δήμῳ ἔνι Τρώων, ὅθι πάσχετε πήματ᾽ Ἀχαιοί, 330
» Τῶν νῦν μοι μνῆσαι, καί μοι νημερτὲς ἔνισπε. »

Τὸν δὲ μέγ᾽ ὀχθήσας προσέφη ξανθὸς Μενέλαος·
» Ὦ πόποι, ἦ μάλα δὴ κρατερόφρονος ἀνδρὸς ἐν εὐνῇ
» Ἤθελον εὐνηθῆναι, ἀνάλκιδες αὐτοὶ ἐόντες.
» Ὡς δ᾽ ὁπότ᾽ ἐν ξυλόχῳ ἔλαφος κρατεροῖο λέοντος 335
» Νεβροὺς κοιμήσασα νεηγενέας γαλαθηνούς,
» Κνημοὺς ἐξερέῃσι καὶ ἄγκεα ποιήεντα

» a amené à Lacédémone, et vous a fait exposer aux
» périls de la mer ? Est-ce une affaire publique, ou une
» affaire particulière ? expliquez-moi le sujet de votre
» voyage. »

« Grand roi, que Jupiter honore d'une protection
» particulière, lui répond le sage Télémaque, je suis
» venu dans votre palais, pour voir si vous ne pourriez
» point me donner quelque lumière sur la destinée de
» mon père. Ma maison périt, tout mon bien se con-
» sume, mon palais est plein d'ennemis; les fiers pour-
» suivans de ma mère égorgent continuellement mes
» troupeaux, et ils me traitent avec la dernière insolence :
» c'est pourquoi je viens embrasser vos genoux, et vous
» prier de m'apprendre le malheureux sort de mon
» père, si vous en avez été témoin, ou si vous l'avez
» appris de quelques voyageurs, car il est bien sûr que
» sa mère, en le mettant au monde, l'a livré à un cruel
» destin. Qu'aucun égard pour moi, ni aucune compas-
» sion ne vous portent à me ménager; dites-moi sans
» nul déguisement tout ce que vous avez vu ou su, je
» vous en conjure; si jamais mon père vous a rendu
» quelque service, soit en vous donnant ses conseils,
» soit en s'exposant pour vous aux plus périlleuses aven-
» tures, sous les remparts de Troie, où vous avez tant
» souffert avec tous les Grecs, témoignez-moi aujour-
» d'hui que vous n'avez pas oublié ses services, et dites-
» moi la vérité. »

Ménélas, pénétré d'indignation de ce qu'il venoit
d'entendre, s'écria : « O Dieux ! se peut-il que des
» hommes si lâches prétendent s'emparer de la couche
» d'un si grand homme ! Comme lorsqu'une biche timide
» prend ses jeunes faons, encore sans force, et à qui elle
» donne encore à téter, et après les avoir portés dans le
» repaire d'un fort lion, au milieu d'une forêt, elle sort
» pour aller paître sur les collines et dans les vallons;

» Βοσκομένη, ὁ δ' ἔπειτα ἑὴν εἰσήλυθεν εὐνήν,
» Ἀμφοτέροισι δ' τοῖσιν ἀεικέα πότμον ἐφῆκεν·
» Ὡς Ὀδυσεὺς κείνοισιν ἀεικέα πότμον ἐφήσει.   340
» Αἲ γὰρ, Ζεῦ τε πάτερ, καὶ Ἀθηναίη, καὶ Ἄπολλον,
» Τοῖος ἐὼν οἷός ποτ', ἐϋκτιμένῃ ἐνὶ Λέσβῳ,
» Ἐξ ἔριδος Φιλομηλείδῃ ἐπάλαισεν ἀναστὰς,
» Κὰδ δ' ἔβαλε κρατερῶς, κεχάροντο δὲ πάντες Ἀχαιοὶ,
» Τοῖος ἐὼν μνηστῆρσιν ὁμιλήσειεν Ὀδυσσεὺς,   345
» Πάντες κ' ὠκύμοροί τε γενοίατο πικρόγαμοί τε.
» Ταῦτα δ', ἅ μ' εἰρωτᾷς καὶ λίσσεαι, οὐκ ἂν ἔγωγε
» Ἄλλα παρὲξ εἴποιμι παρακλιδὸν, οὐδ' ἀπατήσω·
» Ἀλλὰ τὰ μέν μοι ἔειπε γέρων ἅλιος νημερτὴς,
» Τῶν οὐδέν τοι ἐγὼ κρύψω ἔπος, οὐδ' ἐπικεύσω.   350

» Αἰγύπτῳ μ' ἔτι δεῦρο θεοὶ μεμαῶτα νέεσθαι
» Ἔσχον, ἐπεὶ οὔ σφιν ἔρεξα τεληέσσας ἑκατόμβας·
» Οἱ δ' αἰεὶ βούλοντο θεοὶ μεμνῆσθαι ἐφετμέων.
» Νῆσος ἔπειτά τις ἐστὶ πολυκλύστῳ ἐνὶ πόντῳ,
» Αἰγύπτου προπάροιθε, (Φάρον δέ ἑ κικλήσκουσι) 355
» Τόσσον ἄνευθ', ὅσσον τε πανημερίη γλαφυρὴ νηῦς
» Ἤνυσεν, ᾗ λιγὺς οὖρος ἐπιπνείῃσιν ὄπισθεν.
» Ἐν δὲ λιμὴν εὔορμος, ὅθεν τ' ἀπὸ νῆας ἐΐσας
» Ἐς πόντον βάλλουσιν, ἀφυσσάμενοι μέλαν ὕδωρ.
» Ἔνθα μ' ἐείκοσιν ἤματ' ἔχον θεοί, οὐδέ ποτ' οὖροι 360
» Πνείοντες φαίνονθ' ἁλιαέες, οἵ ῥά τε νηῶν
» Πομπῆες γίνονται ἐπ' εὐρέα νῶτα θαλάσσης.
» Καί νύ κεν ἤϊα πάντα κατέφθιτο, καὶ μένε' ἀνδρῶν,

» mais pendant ce temps-là le lion revient dans son
» antre, et trouvant ces nouveaux hôtes, il les met en
» pièces ; il en sera de même de ces poursuivans : Ulysse
» revenu contre leurs espérances les mettra tous à mort.
» Grand Jupiter, et vous Minerve et Apollon, faites
» qu'Ulysse tombe tout à coup sur ces insolens, tel
» qu'il étoit, lorsqu'au milieu de la belle ville de Lesbos,
» défié à la lutte par le vaillant roi Philomélidès, il le
» terrassa, et réjouit par sa victoire tous les Grecs, spec-
» tateurs de son combat. Ah ! ces lâches périroient bien-
» tôt, et feroient des noces bien funestes. Mais, prince,
» sur ce que vous souhaitez de moi, je ne biaiserai
» point, et je ne vous tromperai point. Je vous dirai
» sincèrement ce que j'ai appris d'un Dieu marin, qui
» ne dit jamais que la vérité ; je ne vous celerai rien de
» tout ce que j'ai entendu de sa bouche. »

« A mon retour de Troie, les Dieux, bien loin de
» favoriser l'impatience que j'avois d'arriver dans mes
» états, me retinrent en Egypte, parce que je ne leur
» avois pas offert les hécatombes que je leur devois ; car
» les Dieux veulent que nous nous souvenions toujours
» de leurs commandemens, et que nous leur rendions
» nos hommages. Dans la mer d'Egypte, vis-à-vis du
» Nil, il y a une certaine île qu'on appelle le Phare ;
» elle est éloignée d'une des embouchures de ce fleuve
» d'autant de chemin qu'en peut faire en un jour un
» vaisseau qui a le vent en poupe ; cette île a un bon
» port, d'où les vaisseaux se mettent commodément en
» mer, après y avoir fait de l'eau. Les Dieux me
» retinrent là vingt jours entiers, sans m'envoyer aucun
» des vents qui sont nécessaires pour sortir du port, et
» qui accompagnent heureusement les vaisseaux qui
» font voile. Mes provisions étoient déjà presque toutes
» consumées, le courage de mes compagnons abattu, et
» j'étois perdu sans ressource, si une Déesse n'eût eu

» Εἰ μή τίς με Θεῶν ὀλοφύρατο, καί μ' ἐσάωσε,
» Πρωτέος ἰφθίμου θυγάτηρ, ἁλίοιο γέροντος,   365
» Εἰδοθέη· τῇ γάρ ῥα μάλιστά γε θυμὸν ὄρινα,
» Ἥ μ' οἴῳ ἔρροντι συνήντετο, νόσφιν ἑταίρων.
» Αἰεὶ γὰρ περὶ νῆσον ἀλώμενοι ἰχθυάασκον
» Γναμπτοῖς ἀγκίστροισιν· ἔτειρε δὲ γαστέρα λιμός.
» Ἡ δ' ἐμεῦ ἄγχι στᾶσα ἔπος φάτο, φώνησέν τε·   370
» Νήπιος εἶς, ὦ ξεῖνε, λίην τόσον, ἠὲ χαλίφρων,
» Ἠὲ ἑκὼν μεθίης, καὶ τέρπεαι ἄλγεα πάσχων,
» Ὡς δὴ δήθ' ἐνὶ νήσῳ ἐρύκεαι, οὐδέ τι τέκμωρ
» Εὑρέμεναι δύνασαι, μινύθει δέ τοι ἦτορ ἑταίρων.

» Ὡς ἔφατ'· αὐτὰρ ἐγώ μιν ἀμειβόμενος προσέειπον·
» Ἐκ μέν τοι ἐρέω, ἥτις σύ περ ἐσσὶ θεάων,   376
» Ὡς ἐγὼ οὔτι ἑκὼν κατερύκομαι, ἀλλά νύ μέλλω
» Ἀθανάτους ἀλιτέσθαι, οἳ οὐρανὸν εὐρὺν ἔχουσιν·
» Ἀλλὰ σύ πέρ μοι εἰπὲ, (θεοὶ δέ τε πάντα ἴσασιν,)
» Ὅστις μ' ἀθανάτων πεδάᾳ καὶ ἔδησε κελεύθου·   380
» Νόστον θ', ὡς ἐπὶ πόντον ἐλεύσομαι ἰχθυόεντα.

» Ὡς ἐφάμην· ἡ δ' αὐτίκ' ἀμείβετο δῖα θεάων·
» Τοιγὰρ ἐγώ τοι, ξεῖνε, μάλ' ἀτρεκέως καταλέξω,
» Πωλεῖταί τις δεῦρο γέρων ἅλιος νημερτὴς,
» Ἀθάνατος Πρωτεὺς Αἰγύπτιος, ὅστε θαλάσσης   385
» Πάσης βένθεα οἶδε, Ποσειδάωνος ὑποδμώς·
» Τόνδε τ' ἐμόν φασιν πατέρ' ἔμμεναι, ἠδὲ τεκέσθαι.
» Τόνγ' εἴπως σὺ δύναιο λοχησάμενος λελαβέσθαι,
» Ὅς κέν τοι εἴπῃσιν ὁδὸν καὶ μέτρα κελεύθου,
» Νόστον θ', ὡς ἐπὶ πόντον ἐλεύσεαι ἰχθυόεντα·   390
» Καὶ δέ κέ τοι εἴπῃσι, διοτρεφὲς, αἴκ' ἐθέλῃσθα,

» compassion de moi. Eidothée, fille de Protée, Dieu
» marin, touchée de l'état malheureux où elle me
» voyoit, vint à ma rencontre, comme j'étois séparé de
» mes compagnons qui, dispersés dans l'île, pêchoient
» à la ligne ; car la faim les portoit à se servir de tous
» les alimens que la fortune leur présentoit. Cette Déesse
» s'approchant de moi, m'adresse la parole, et me dit :
» Etranger, est-ce folie, négligence, ou dessein formé
» qui vous retiennent dans la triste situation où vous
» êtes, et prenez-vous plaisir à être malheureux ? Pour-
» quoi demeurez-vous si long-temps dans cette île sans
» trouver aucune fin à vos travaux ? Cependant vos com-
» pagnons perdent tout courage. »

« Elle parla ainsi, et frappé d'admiration, je lui
» répondis : Grande Déesse (car il est aisé de voir que
» je parle à une Divinité) ; je ne m'arrête point ici
» volontairement ; il faut sans doute que j'aie offensé les
» immortels qui habitent les cieux : mais puisque vous
» êtes si bonne et si généreuse, dites-moi, je vous prie,
» quel Dieu me retient dans cette île déserte et me ferme
» tous les chemins de la vaste mer, et enseignez-moi
» les moyens de retourner dans ma patrie. J'espère,
» qu'apaisé par mes sacrifices, il voudra bien me laisser
» partir. »

« Etranger, me repartit la Déesse, je ne vous dégui-
» serai rien, et je vous dirai tout ce que je sais : un vieil-
» lard marin, de la race des immortels, et toujours vrai
» dans ses réponses, vient tous les jours sur ce rivage :
» c'est Protée l'Egyptien, qui connoît les profondeurs
» de toutes les mers, et qui est comme le principal
» ministre de Neptune ; c'est de lui que j'ai reçu le jour ;
» si, vous mettant en embuscade, vous pouvez le sur-
» prendre, il vous dira la route que vous devez tenir,
» et vous enseignera les moyens de retourner dans votre
» patrie ; il vous apprendra même, si vous le voulez,

» Ὅ, ττι τοι ἐν μεγάροισι κακόν τ' ἀγαθόν τε τέτυκται,
» Οἰχομένοιο σέθεν δολιχὴν ὁδὸν ἀργαλέην τέ·

» Ὣς ἔφατ'· αὐτὰρ ἐγώ μιν ἀμειβόμενος προσέειπον·
» Αὐτὴ νῦν φράζευ σὺ λόχον θείοιο γέροντος, 395
» Μήπως μὲ προϊδὼν, ἠὲ προδαεὶς, ἀλέηται·
» Ἀργαλέος γάρ τ' ἐστὶ θεὸς βροτῷ ἀνδρὶ δαμῆναι.

» Ὣς ἐφάμην· ἡ δ' αὐτίκ' ἀμείβετο δῖα θεάων·
» Τοιγὰρ ἐγώ τοι, ξεῖνε, μάλ' ἀτρεκέως καταλέξω·
» Ἦμος δ' ἠέλιος μέσον οὐρανὸν ἀμφιβεβήκει, 400
» Τῆμος ἄρ' ἐξ ἁλὸς εἶσι γέρων ἅλιος νημερτὴς,
» Πνοιῇ ὑπὸ Ζεφύροιο, μελαίνῃ φρικὶ καλυφθεὶς,
» Ἐκ δ' ἐλθὼν κοιμᾶται ὑπὸ σπέσσι γλαφυροῖσιν.
» Ἀμφὶ δέ μιν Φῶκαι, νέποδες καλῆς Ἀλοσύδνης,
» Ἀθρόαι εὕδουσιν, πολιῆς ἁλὸς ἐξαναδῦσαι, 405
» Πικρὸν ἀποπνείουσαι ἁλὸς πολυβενθέος ὀδμήν.
» Ἔνθα σ' ἐγὼν ἀγαγοῦσα, ἅμ' ἠοῖ φαινομένηφιν,
» Εὐνάσω ἑξείης· σὺ δ' ἐὺ κρίνασθαι ἑταίρους
» Τρεῖς, οἵ τοι παρὰ νηυσὶν ἐϋσσέλμοισιν ἄριστοι·
» Πάντα δέ τοι ἐρέω ὀλοφώϊα τοῖο γέροντος. 410
» Φώκας μέν τοι πρῶτον ἀριθμήσει, καὶ ἔπεισιν·
» Αὐτὰρ ἐπὴν πάσας πεμπάσσεται, ἠδὲ ἴδηται,
» Λέξεται ἐν μέσσοισι, νομεὺς ὣς πώεσι μήλων·
» Τὸν μὲν ἐπὴν δὴ πρῶτα κατευνηθέντα ἴδησθε,
» Καὶ τότ' ἔπειτ' ὔμμιν μελέτω κάρτος τὲ βίη τὲ, 415
» Αὖθι δ' ἔχειν μεμαῶτα καὶ ἐσσύμενόν περ ἀλύξαι.

» tout le bien et tout le mal qui est arrivé chez vous
» pendant votre absence, depuis que vous êtes parti
» pour ce voyage si long et si périlleux. »

« Mais, divine nymphe, je ne puis rien sans votre
» secours, lui répondis-je, enseignez-moi, je vous prie,
» quelle sorte d'embûches il faut dresser à ce Dieu
» marin, afin qu'il ne puisse les prévoir pour les éviter,
» car il est bien difficile à un mortel de surprendre un
» Dieu. »

« La Déesse exauça ma prière, et me dit : Je vais
» vous enseigner la manière dont vous devez vous con-
» duire, prenez bien garde de ne pas l'oublier. Tous les
» jours, à l'heure que le soleil, parvenu au plus haut
» des cieux, enflamme l'air de ses rayons, ce Dieu, qui
» est toujours vrai dans ses réponses, sort des antres pro-
» fonds de la mer, aux souffles du zéphyr, et, tout cou-
» vert d'algue et d'écume, il va se coucher dans des
» grottes fraîches et charmantes. Quantité de monstres
» marins, peuples de la déesse Amphitrite, sortent aussi
» des abîmes de la mer, vont se reposer tout autour de
» lui, et remplissent ces grottes d'une odeur de marine
» que l'on ne peut supporter. Demain, dès que l'aurore
» commencera à paroître, je vous cacherai dans ces
» grottes : cependant ayez soin de choisir trois des plus
» braves et des plus déterminés de vos compagnons, qui
» sont sur vos vaisseaux. Je vais vous découvrir toutes
» les ruses et tous les stratagèmes dont ce Dieu se
» servira contre vous. A son arrivée, il commencera
» par compter et faire passer en revue devant lui tous
» ses monstres ; quand il les aura tous vus et bien
» comptés, il se couchera au milieu, comme un berger
» au milieu de son troupeau. Lorsque vous le verrez
» assoupi, rappelez toutes vos forces et tout votre cou-
» rage, et vous jetant tous sur lui, serrez-le étroitement,
» malgré ses efforts ; car, pour vous échapper, il se

» Πάντα δὲ γιγνόμενος πειρήσεται, ὅσσ' ἐπὶ γαῖαν
» Ἑρπετὰ γίνονται, καὶ ὕδωρ, καὶ θεσπιδαὲς πῦρ·
» Ὑμεῖς δ' ἀστεμφέως ἐχέμεν, μᾶλλόν τε πιέζειν.
» Ἀλλ' ὅτε κέν δὴ σ' αὐτὸς ἀνείρηται ἐπέεσσιν,   420
» Τοῖος ἐών, οἷόν κε κατευνηθέντα ἴδησθε,
» Καὶ τότε δὴ σχέσθαι τε βίης, λῦσαί τε γέροντα,
» Ἥρως· εἴρεσθαι δὲ, θεῶν ὅστις σε χαλέπτει·
» Νόστον θ', ὡς ἐπὶ πόντον ἐλεύσεαι ἰχθυόεντα.

» Ὣς εἰποῦσ', ὑπὸ πόντον ἐδύσατο κυμαίνοντα· 425
» Αὐτὰρ ἐγὼν ἐπὶ νῆας, ὅθ' ἕστασαν ἐν ψαμάθοισιν,
» Ἤϊα· πολλὰ δέ μοι κραδίη πόρφυρε κιόντι.
» Αὐτὰρ ἐπεί ῥ' ἐπὶ νῆα κατήλυθον ἠδὲ θάλασσαν,
» Δόρπον θ' ὁπλισάμεσθ', ἐπί τ' ἤλυθεν ἀμβροσίη νὺξ,
» Δὴ τότε κοιμήθημεν ἐπὶ ῥηγμῖνι θαλάσσης.   430
» Ἦμος δ' ἠριγένεια φάνη ῥοδοδάκτυλος ἠώς,
» Καὶ τότε δὴ παρὰ θῖνα θαλάσσης εὐρυπόροιο
» Ἤϊα, πολλὰ θεοὺς γουνούμενος· αὐτὰρ ἑταίρους

» Τρεῖς ἄγον, οἷσι μάλιστα πεποίθεα πᾶσαν ἐπ' ἰθύν.
» Τόφρα δ' ἄρ' ἤγ' ὑποδῦσα θαλάσσης εὐρέα κόλπον,
» Τέσσαρα φωκάων ἐκ πόντου δέρματ' ἔνεικε·   436
» Πάντα δ' ἔσαν νεόδαρτα· δόλον δ' ἐπεμήδετο πατρί·
» Εὐνὰς δ' ἐν ψαμάθοισι διαγλάψασ' ἁλίῃσιν,
» Ἧστο μένουσ', ἡμεῖς δὲ μάλα σχεδὸν ἤλθομεν αὐτῆς·
» Ἑξείης δ' εὔνησε, βάλεν δ' ἐπὶ δέρμα ἑκάστῳ. 440
» Κεῖθι δὴ αἰνότατος λόχος ἔπλετο· τεῖρε γὰρ αἰνῶς
» Φωκάων ἁλιοτρεφέων ὀλοώτατος ὀδμή·

» métamorphosera en mille manières : il prendra la
» figure de tous les animaux les plus féroces. Il se chan-
» gera aussi en eau ; il deviendra feu ; que toutes ces
» formes affreuses ne vous épouvantent point, et ne vous
» obligent point à lâcher prise ; au contraire, liez-le,
» et le retenez plus fortement. Mais dès que, revenu à la
» première forme où il étoit quand il s'est endormi,
» il commencera à vous interroger, alors n'usez plus de
» violence. Vous n'aurez qu'à le délier, et à lui deman-
» der qui est le Dieu qui vous poursuit si cruellement.»

« En achevant ces mots, elle se plongea dans la mer ;
» les flots firent un grand bruit et se blanchirent
» d'écume. Sur l'heure même je repris le chemin de
» mes vaisseaux qui étoient retirés sur le sable, et, en
» marchant, mon cœur étoit agité de différentes pen-
» sées. Quand je fus arrivé à ma flotte, nous préparâmes
» le souper, et la nuit venue, nous nous couchâmes sur
» le rivage. Le lendemain, à la pointe du jour, après
» avoir fait mes prières aux Dieux, je me mis en che-
» min pour me rendre au même lieu où la Déesse
» m'avoit parlé, et je menai avec moi trois de mes
» compagnons les plus hardis pour tout entreprendre,
» et dont j'étois le plus assuré. »

« Cependant la nymphe, qui s'étoit plongée dans la
» mer, en sortit, portant avec elle quatre peaux de
» veaux marins, qui ne venoient que d'être dépouillés ;
» c'étoit la ruse qu'elle avoit imaginée pour tromper son
» père. En même temps elle creusa dans le sable une
» espèce de caverne où elle se tint en nous attendant ;
» nous arrivons auprès d'elle, elle nous place et nous
» met sur chacun une de ces peaux qu'elle avoit appor-
» tées. Voilà donc notre embuscade dressée, mais une
» embuscade insupportable, et où nous ne pouvions
» durer, car l'odeur empoisonnée de ces veaux marins
» nous suffoquoit. Eh ! qui est-ce qui pourroit se tenir

» Τίς γὰρ ἂν εἰναλίῳ παρὰ κήτεϊ κοιμηθείη;
» Ἀλλ' αὐτὴ ἐσάωσε, καὶ ἐφράσατο μέγ' ὄνειαρ·
» Ἀμβροσίην ὑπὸ ῥῖνα ἑκάστῳ θῆκε φέρουσα,   445
» Ἡδὺ μάλα πνείουσαν· ὄλεσσε δὲ κήτεος ὀδμήν.
» Πᾶσαν δ' ἠοίην μένομεν τετληότι θυμῷ.

» Φῶκαι δ' ἐξ ἁλὸς ἦλθον ἀολλέες· αἱ μὲν ἔπειτα
» Ἑξῆς κυνάζοντο παρὰ ῥηγμῖνι θαλάσσης.
» Ἔνδιος δ' ὁ γέρων ἦλθ' ἐξ ἁλός, εὗρε δὲ φώκας 450
» Ζατρεφέας· πάσας δ' ἄρ' ἐπῴχετο, λέκτο δ' ἀριθμόν.
» Ἐν δ' ἡμέας πρώτους λέγε κήτεσιν, οὐδέ τι θυμῷ
» Ὠΐσθη δόλον εἶναι· ἔπειτα δὲ λέκτο καὶ αὐτός.
» Ἡμεῖς δ' αἶψ' ἰάχοντες ἐπεσσύμεθ'· ἀμφὶ δὲ χεῖρας
» Βάλλομεν· οὐδ' ὁ γέρων δολίης ἐπελήθετο τέχνης, 455
» Ἀλλ' ἤτοι πρώτιστα λέων γένετ' ἠϋγένειος,
» Αὐτὰρ ἔπειτα δράκων, καὶ πάρδαλις, ἠδὲ μέγας σῦς·
» Γίνετο δ' ὑγρὸν ὕδωρ, καὶ δένδρεον ὑψιπέτηλον.

» Ἡμεῖς δ' ἀστεμφέως ἔχομεν τετληότι θυμῷ·
» Ἀλλ' ὅτε δή ῥ' ἀνίαζ' ὁ γέρων, ὀλοφώϊα εἰδώς,   460
» Καὶ τότε δή μ' ἐπέεσσιν ἀνειρόμενος προσέειπεν·
» Τίς νύ τοι, Ἀτρέος υἱὲ, θεῶν συμφράσσατο βουλὰς,
» Ὄφρα μ' ἕλοις ἀέκοντα λοχησάμενος; τέο σε χρή;

» Ὣς ἔφατ'· αὐτὰρ ἐγώ μιν ἀμειβόμενος προσέειπον·
» Οἶσθα, γέρον· τί με ταῦτα παρατροπέων ἐρεείνεις;
» Ὡς δὴ δήθ' ἐνὶ νήσῳ ἐρύκομαι, οὐδέ τι τέκμωρ   466
» Εὑρέμεναι δύναμαι, μινύθει δέ μοι ἔνδοθεν ἦτορ.

» long-temps dans une peau de monstre marin? Mais la
» Déesse nous sauva, en s'avisant d'un remède qui nous
» fut d'un très-grand secours. Elle nous mit à chacun
» dans les narines une goutte d'ambroisie, qui, répan-
» dant une odeur céleste, surmonta bientôt celle des
» veaux marins. Nous demeurâmes en cet état toute la
» matinée avec tout le courage imaginable. »

« Cependant les monstres marins sortent de la mer
» en foule et se couchent le long du rivage. Sur le midi,
» le Dieu marin sortit de la mer, et trouva son troupeau
» en bon état, car il visita tous ses monstres les uns
» après les autres et les compta. Il nous passa en revue
» avec eux, sans entrer dans le moindre soupçon que ce
» fût une embûche. Il se couche au milieu; nous ne le
» vîmes pas plus tôt assoupi, que nous nous jetâmes tous
» sur lui avec des cris épouvantables, et nous le ser-
» râmes très-étroitement entre nos bras. Le vieillard
» n'oublia pas en cette occasion son art ordinaire; il se
» changea d'abord en un énorme lion; il prit ensuite la
» figure d'un dragon horrible; il devint léopard, san-
» glier; il se changea en eau; enfin, il nous parut comme
» un grand arbre. »

« A tous ces changemens, nous le serrions encore
» davantage, sans nous épouvanter, jusqu'à ce qu'enfin,
» las de ses ruses, il me questionna le premier: Fils
» d'Atrée, me dit-il, quel Dieu vous a suggéré ce con-
» seil, et vous a donné le moyen de me prendre dans
» vos piéges? Que désirez-vous de moi? »

« Alors, le lâchant, et n'usant plus de violence, je
» lui répondis avec respect: Divinité de la mer, pour-
» quoi me faites-vous ces questions pour éviter de me
» répondre? Vous n'ignorez pas les maux qui me
» pressent, vous savez que je suis retenu dans cette île,
» et que je ne puis trouver le moyen d'en sortir; mon
» cœur se consume de douleur et d'impatience. Dites-

» Ἀλλὰ σύ πέρ μοι εἰπὲ, (θεοὶ δέ τε πάντα ἴσασιν)
» Ὅστις μ' ἀθανάτων πεδάᾳ καὶ ἔδησε κελεύθου,
» Νόστον θ', ὡς ἐπὶ πόντον ἐλεύσομαι ἰχθυόεντα. 470

» Ὣς ἐφάμην· ὁ δέ μ' αὖτις ἀμειβόμενος προσέειπεν·
» Ἀλλὰ μάλ' ὤφελλες Διΐ τ' ἄλλοισίν τε θεοῖσιν
» Ῥέξας ἱερὰ κάλ' ἀναβαινέμεν, ὄφρα τάχιστα
» Σὴν ἐς πατρίδ' ἵκοιο, πλέων ἐπὶ οἴνοπα πόντον.
» Οὐ γάρ τοι πρὶν μοῖρα φίλους τ' ἰδέειν, καὶ ἱκέσθαι
» Οἶκον ἐϋκτίμενον καὶ σὴν ἐς πατρίδα γαῖαν, 476
» Πρίν γ' ὅτ' ἂν Αἰγύπτοιο διϊπετέος ποταμοῖο
» Αὖτις ὕδωρ ἔλθῃς, ῥέξῃς θ' ἱερὰς ἑκατόμβας
» Ἀθανάτοισι θεοῖσι, τοὶ οὐρανὸν εὐρὺν ἔχουσι·
» Καὶ τότε τοι δώσουσιν ὁδὸν θεοί, ἣν σὺ μενοινᾷς. 480

» Ὣς ἔφατ'· αὐτὰρ ἔμοιγε κατεκλάσθη φίλον ἦτορ,
» Οὕνεκά μ' αὖτις ἄνωγεν ἐπ' ἠεροειδέα πόντον
» Αἴγυπτόνδ' ἰέναι, δολιχὴν ὁδὸν ἀργαλέην τέ.
» Ἀλλὰ καὶ ὣς μιν ἔπεσσιν ἀμειβόμενος προσέειπον·

» Ταῦτα μὲν οὕτω δὴ τελέω, γέρον, ὡς σὺ κελεύεις.
» Ἀλλ' ἄγε μοι τόδε εἰπὲ καὶ ἀτρεκέως κατάλεξον, 486
» Εἰ πάντες σὺν νηυσὶν ἀπήμονες ἦλθον Ἀχαιοί,
» Οὓς Νέστωρ καὶ ἐγὼ λίπομεν Τροίηθεν ἰόντες,
» Ἠέ τις ὤλετ' ὀλέθρῳ ἀδευκέϊ ἧς ἐπὶ νηὸς,
» Ἠὲ φίλων ἐν χερσὶν, ἐπεὶ πόλεμον τολύπευσεν; 490

» Ὣς ἐφάμην· ὁ δέ μ' αὖτις ἀμειβόμενος προσέειπεν·
» Ἀτρείδη, τί με ταῦτα διείρεαι; οὐδέ τί σε χρὴ
» Ἴδμεναι, οὐδὲ δαῆναι ἐμὸν νόον· οὐδέ σε φημὶ
» Δὴν ἄκλαυτον ἔσεσθαι, ἐπὴν εὖ πάντα πύθηαι·

» moi donc, je vous prie (car rien n'est caché aux
» Dieux), dites-moi qui est le Dieu qui me retient ici
» malgré moi, et qui me ferme les chemins de la vaste
» mer, et enseignez-moi le moyen de m'en retourner
» dans ma patrie. »

« Vous deviez avant toutes choses, me répondit le
» Dieu marin, offrir vos sacrifices à Jupiter et à tous les
» autres Dieux, et ne vous embarquer qu'après vous
» être acquitté dignement de ce devoir. C'étoit le seul
» moyen de retourner dans vos états ; le destin inflexible
» ne vous permet de revoir vos amis, votre palais et
» votre chère patrie, que vous ne soyez retourné encore
» dans le fleuve Egyptus qui descend de Jupiter, et que
» vous n'ayez offert des hécatombes parfaites aux Dieux
» immortels qui habitent l'Olympe ; alors seulement les
» Dieux vous accorderont cet heureux retour, que vous
» désirez avec tant d'ardeur et d'impatience. »

« Il dit, et mon cœur fut saisi de douleur et de tris-
» tesse, parce que ce Dieu m'ordonnoit de rentrer dans
» le fleuve Egyptus, dont le chemin est difficile et dan-
» gereux ; mais faisant effort sur moi-même, et surmon-
» tant mon chagrin, je lui répondis : »

« Sage vieillard, j'exécuterai vos ordres ; mais avant
» que je me sépare de vous, dites-moi, je vous prie,
» sans me rien déguiser, si tous les Grecs que nous
» quittâmes, Nestor et moi, à notre départ de Troie,
» sont arrivés heureusement dans leur patrie, ou s'il y
» en a quelqu'un qui soit mort sur ses vaisseaux ou entre
» les mains de ses amis, après avoir terminé une si
» cruelle guerre. »

« Fils d'Atrée, me répondit le Dieu, pourquoi me
» faites-vous toutes ces questions ? Il n'est pas nécessaire
» que vous sachiez tout ce qui s'est passé ; votre curiosité
» vous coûteroit cher, et vous ne pourriez le savoir sans
» verser bien des larmes. Plusieurs sont morts, plusieurs

» Πολλοὶ μὲν γὰρ τῶνδε δάμεν, πολλοὶ δὲ λίποντο. 495
» Ἀρχοὶ δ᾽ αὖ δύο μοῦναι Ἀχαιῶν χαλκοχιτώνων,
» Ἐν νόστῳ ἀπόλοντο· μάχῃ δέ τι καὶ σὺ παρῆσθα·
» Εἷς δ᾽ ἔτι πού ζωὸς κατερύκεται εὐρέϊ πόντῳ·
» Αἴας μὲν μετὰ νηυσὶ δάμη δολιχηρέτμοισι·
» Γυρῇσιν μὲν πρῶτα Ποσειδάων ἐπέλασσε   500
» Πέτρῃσιν μεγάλῃσι, καὶ ἐξεσάωσε θαλάσσης·
» Καί νύ κεν ἔκφυγε κῆρα, καὶ ἐχθόμενός περ Ἀθήνῃ,
» Εἰ μὴ ὑπερφίαλον ἔπος ἔκβαλε, καὶ μέγ᾽ ἀάσθη·
» Φῆ ῥ᾽ ἀέκητι θεῶν φυγέειν μέγα λαῖτμα θαλάσσης·
» Τοῦ δὲ Ποσειδάων μεγάλ᾽ ἔκλυεν αὐδήσαντος. 505
» Αὐτίκ᾽ ἔπειτα τρίαιναν ἑλὼν χερσὶ στιβαρῇσιν,
» Ἤλασε Γυραίην πέτρην, ἀπὸ δ᾽ ἔσχισεν αὐτήν.
» Καὶ τὸ μὲν αὐτόθι μεῖνε, τὸ δὲ τρύφος ἔμπεσε πόντῳ·
» Τῷ ῥ᾽ Αἴας τὸ πρῶτον ἐφεζόμενος μέγ᾽ ἀάσθη,
» Τὸν δ᾽ ἐφόρει κατὰ πόντον ἀπείρονα κυμαίνοντα. 510
» Ὣς ὁ μὲν ἔνθ᾽ ἀπόλωλεν, ἐπεὶ πίεν ἁλμυρὸν ὕδωρ·
» Σὸς δέ που ἔκφυγε κῆρας ἀδελφεὸς, ἠδ᾽ ὑπάλυξεν,
» Ἐν νηυσὶ γλαφυρῇσι· σάωσε δὲ πότνια Ἥρη.
» Ἀλλ᾽ ὅτε δὴ τάχ᾽ ἔμελλε Μαλειάων ὄρος αἰπὺ
» Ἵξεσθαι, τότε δή μιν ἀναρπάξασα θύελλα   515
» Πόντον ἐπ᾽ ἰχθυόεντα φέρεν, μεγάλα στενάχοντα,
» Ἀγροῦ ἐπ᾽ ἐσχατιὴν, ὅθι δώματα ναῖε Θυέστης
» Τοπρὶν, ἀτὰρ τότ᾽ ἔναιε Θυεστιάδης Αἴγισθος.
» Ἀλλ᾽ ὅτε δὴ καὶ κεῖθεν ἐφαίνετο νόστος ἀπήμων,
» Ἂψ δὲ θεοὶ οὖρον στρέψαν, καὶ οἴκαδ᾽ ἵκοντο, 520
» Ἤτοι ὁ μὲν χαίρων ἐπεβήσετο πατρίδος αἴης,
» Καὶ κύνει ἁπτόμενος ἣν πατρίδα· πολλὰ δ᾽ ἀπ᾽ αὐτοῦ
» Δάκρυα θερμὰ χέοντ᾽, ἐπεὶ ἀσπασίως ἴδε γαῖαν.
» Τὸν δ᾽ ἄρ᾽ ἀπὸ σκοπιῆς εἶδε σκοπὸς, ὅν ῥα καθεῖσεν
» Αἴγισθος δολόμητις ἄγων· ὑπὸ δ᾽ ἔσχετο μισθὸν, 525
» Χρυσοῦ δοιὰ τάλαντα· φύλασσε δ᾽ ὅγ᾽ εἰς ἐνιαυτὸν,

» autres sont échappés. Vous avez perdu deux généraux
» dans le voyage, car je ne vous parle point des pertes
» que vous avez faites dans les combats, vous y étiez
» présent; un autre de vos généraux, encore plein de
» vie, est retenu dans la vaste mer, Ajax, fils d'Oilée,
» a péri malheureusement avec sa flotte; car son vais-
» seau ayant été brisé par la tempête, comme il luttoit
» contre les flots, Neptune le poussa sur les roches
» Gyréennes, et le tira de ce grand péril; il auroit évité
» la mort, malgré la haine de Minerve, s'il n'eût pro-
» noncé une parole trop superbe qui le fit périr; il dit
» que par ses seules forces il s'étoit tiré de ces gouffres
» malgré les Dieux. Neptune, qui entendit cette impiété,
» prit son redoutable trident, et en frappa la roche sur
» laquelle ce prince étoit assis. La moitié de la roche
» demeura ferme sur ses racines, et l'autre moitié, se
» détachant comme une montagne, tomba dans la mer,
» et le précipita avec elle dans les abîmes. Voilà la
» mort malheureuse dont il périt, enseveli dans les
» ondes. Le roi votre frère échappa de cette tempête
» avec ses vaisseaux, car Junon lui prêta son secours;
» mais comme il étoit prêt d'aborder au promontoire de
» Malée, un tourbillon de vent emporta ses navires, et
» les poussa à l'extrémité du golfe, dans ce coin de terre
» qu'habitoit autrefois Thieste, et où Egisthe régnoit
» alors. Quoiqu'il fût encore éloigné de Lacédémone,
» il ne laissa pas de se regarder comme heureusement
» arrivé dans sa patrie. Les Dieux calmèrent les vents;
» il descendit de son vaisseau, et embrassant la terre de
» cette chère patrie, qu'il revoyoit avec tant de plaisir,
» il versa des larmes de joie. Il fut d'abord aperçu par
» une sentinelle, que le traître Egisthe avoit placée sur
» le sommet du promontoire pour observer son arrivée,
» et il lui avoit promis pour récompense deux talens
» d'or. Il y avoit un an entier que cette sentinelle étoit

» Μή ἑ λάθοι παριών, μνήσαιτο δὲ θούριδος ἀλκῆς.
» Βῆ δ' ἴμεν ἀγγελέων πρὸς δώματα ποιμένι λαῶν·
» Αὐτίκα δ' Αἴγισθος δολίην ἐφράσσατο τέχνην·
» Κρινάμενος κατὰ δῆμον ἐείκοσι φῶτας ἀρίστους, 530
» Εἶσε λόχον, ἑτέρωθι δ' ἀνώγει δαῖτα πένεσθαι.
» Αὐτὰρ ὁ βῆ καλέων Ἀγαμέμνονα, ποιμένα λαῶν,
» Ἵπποισιν καὶ ὄχεσφιν, ἀεικέα μερμηρίζων.
» Τὸν δ' οὐκ εἰδότ' ὄλεθρον ἀνήγαγε καὶ κατέπεφνε
» Δειπνίσσας, ὥς τις τε κατέκτανε βοῦν ἐπὶ φάτνῃ. 535
» Οὐδέ τις Ἀτρείδεω ἑτάρων λίπεθ', οἵ οἱ ἕποντο,
» Οὐδέ τις Αἰγίσθου· ἀλλ' ἔκταθεν ἐν μεγάροισιν.

» Ὣς ἔφατ'· αὐτὰρ ἔμοιγε κατεκλάσθη φίλον ἦτορ.
» Κλαῖον δ' ἐν ψαμάθοισι καθήμενος· οὐδέ νύ μοι κῆρ
» Ἤθελ' ἔτι ζώειν καὶ ὁρᾶν φάος ἠελίοιο. 540
» Αὐτὰρ ἐπεὶ κλαίων τε κυλινδόμενός τ' ἐκορέσθην,
» Δὴ τότε μὲ προσέειπε γέρων ἅλιος νημερτής·

» Μηκέτι, Ἀτρέος υἱὲ, πολὺν χρόνον ἀσκελὲς οὕτω
» Κλαῖ', ἐπεὶ οὐκ ἀνυσίν τινα δήομεν· ἀλλὰ τάχιστα
» Πείρα, ὅπως κεν δὴ σὴν πατρίδα γαῖαν ἵκηαι. 545
» Ἢ γάρ μιν ζωόν γε κιχήσεαι, ἤ κεν Ὀρέστης
» Κτεῖνεν ὑποφθάμενος· σὺ δέ κεν τάφου ἀντιβολήσαις.
» Ὣς ἔφατ'· αὐτὰρ ἐμοὶ κραδίη καὶ θυμὸς ἀγήνωρ
» Αὖτις ἐνὶ στήθεσσι, καὶ ἀχνυμένῳ περ, ἰάνθη·
» Καί μιν φωνήσας ἔπεα πτερόεντα προσηύδα· 550

» Τούτους μὲν δὴ οἶδα· σὺ δὲ τρίτον ἄνδρ' ὀνόμαζε,
» Ὅστις ἔτι ζωὸς κατερύκεται εὐρέϊ πόντῳ,

» aux aguets, pour empêcher qu'il ne lui échappât, et
» qu'il n'eût le temps de se mettre sur ses gardes. Le
» voyant donc arrivé, il va en diligence annoncer cette
» nouvelle au roi, qui en même temps se met à dresser
» ses embûches. Il choisit dans le peuple vingt scélérats
» des plus déterminés, les met en embuscade, fait pré-
» parer un magnifique festin, et, sortant avec un nom-
» breux cortége de chars et de chevaux, il va au-devant
» d'Agamemnon, pour le recevoir et le mener dans
» son palais où il devoit exécuter son infâme entreprise.
» Il mène en pompe ce prince, qui ne se doutoit point
» de sa trahison, le fait mettre à table, et là il le tue,
» comme on tue un taureau à sa crèche. Tous les com-
» pagnons de ce prince ont le même sort; mais, quoique
» surpris, ils ne laissèrent pas de vendre chèrement leur
» vie, car ils tuèrent tous les assassins dont Egisthe
» s'étoit servi pour ce crime abominable; il n'en échappa
» pas un seul. »

« Il parla ainsi, et moi, pénétré de douleur, je me
» jette sur le sable que je baigne de mes larmes, et,
» m'abandonnant au désespoir, je ne veux plus vivre
» ni jouir de la lumière du soleil. Mais après que j'eus
» bien répandu des pleurs, le Dieu marin me dit. »

« Fils d'Atrée, le temps est précieux, ne le perdez
» pas, cessez de pleurer inutilement ; avec toutes vos
» larmes nous ne trouverons point la fin de vos mal-
» heurs, cherchez plutôt les moyens les plus prompts
» de retourner dans vos états; vous trouverez encore ce
» traître plein de vie, à moins qu'Oreste ne vous ait
» prévenu, qu'il n'ait déjà vengé son père, et fait tom-
» ber ce meurtrier sous ses coups. Mais en ce cas-là,
» vous pourriez toujours assister au repas de ses funé-
» railles. »

« Ces paroles ranimèrent mon courage ; je sentis
» mon cœur reprendre sa vigueur, et j'eus quelques

» Ἠὲ θανών· ἐθέλω δέ, καὶ ἀχνύμενός περ, ἀκοῦσαι.

» Ὡς ἐφάμην· ὁ δέ μ᾽ αὖτις ἀμειβόμενος προσέειπεν·
» Υἱὸς Λαέρτεω, Ἰθάκῃ ἔνι οἰκία ναίων·   555
» Τὸν δ᾽ ἴδον ἐν νήσῳ θαλερὸν κατὰ δάκρυ χέοντα,
» Νύμφης ἐν μεγάροισι Καλυψοῦς, ἥ μιν ἀνάγκῃ
» Ἴσχει· ὁ δ᾽ οὐ δύναται ἣν πατρίδα γαῖαν ἱκέσθαι·
» Οὐ γάρ οἱ πάρα νῆες ἐπήρετμοι, καὶ ἑταῖροι,
» Οἵ κέν μιν πέμποιεν ἐπ᾽ εὐρέα νῶτα θαλάσσης. 560
» Σοὶ δ᾽ οὐ θέσφατόν ἐστι, διοτρεφὲς ὦ Μενέλαε,
» Ἄργει ἐν ἱπποβότῳ θανέειν καὶ πότμον ἐπισπεῖν·
» Ἀλλά σ᾽ ἐς Ἠλύσιον πεδίον καὶ πείρατα γαίης
» Ἀθάνατοι πέμψουσιν, (ὅθι ξανθὸς Ῥαδάμανθυς,
» Τῇ περ ῥηίστη βιοτὴ πέλει ἀνθρώποισιν·   565
» Οὐ νιφετός, οὔτ᾽ ἄρ χειμὼν πολύς, οὔτε πότ᾽ ὄμβρος,
» Ἀλλ᾽ αἰεὶ Ζεφύροιο λιγυπνείοντας ἀήτας
» Ὠκεανὸς ἀνίησιν, ἀναψύχειν ἀνθρώπους·)
» Οὕνεκ᾽ ἔχεις Ἑλένην, καί σφιν γαμβρὸς Διός ἐσσι.

» Ὡς εἰπών, ὑπὸ πόντον ἐδύσατο κυμαίνοντα. 570
» Αὐτὰρ ἐγὼν ἐπὶ νῆας ἅμ᾽ ἀντιθέοις ἑτάροισιν
» Ἤια· πολλὰ δέ μοι κραδίη πόρφυρε κιόντι.
» Αὐτὰρ ἐπεί ῥ᾽ ἐπὶ νῆα κατήλθομεν ἠδὲ θάλασσαν,
» Δόρπον θ᾽ ὁπλισάμεσθ᾽, ἐπί τ᾽ ἤλυθεν ἀμβροσίη νύξ,
» Δὴ τότε κοιμήθημεν ἐπὶ ῥηγμῖνι θαλάσσης.   575
» Ἦμος δ᾽ ἠριγένεια φάνη ῥοδοδάκτυλος ἠώς,
» Νῆας μὲν πάμπρωτον ἐρύσσαμεν εἰς ἅλα δῖαν,
» Ἐν δ᾽ ἱστοὺς τιθέμεσθα καὶ ἱστία νηυσὶν ἐίσης·
» Ἐν δὲ καὶ αὐτοὶ βάντες ἐπὶ κληῖσι κάθιζον,
» Ἑξῆς δ᾽ ἑζόμενοι πολιὴν ἅλα τύπτον ἐρετμοῖς. 580

» mouvemens de joie. Etant donc revenu à moi, je lui
» dis : »

« Vous m'avez fort bien instruit du sort des deux
» généraux qui ont péri à leur retour de Troie; mais je
» vous prie de me nommer le troisième qui est retenu
» mort ou vif dans la vaste mer; quelque triste que soit
» cette nouvelle, je désire de l'apprendre. En même
» temps, sans balancer, il me répondit : C'est le fils de
» Laërte, roi d'Ithaque; je l'ai vu moi-même fondre en
» larmes dans le palais de Calypso, qui le retient malgré
» lui, et qui le prive de tous les moyens de retourner
» dans sa patrie, car il n'a ni vaisseaux ni rameurs qui
» puissent le conduire sur les flots de la vaste mer. Pour
» vous, roi Ménélas, continua-t-il, ce n'est pas l'ordre
» du destin que vous mouriez à Argos; les immortels
» vous enverront dans les Champs-Élysiens, à l'extré-
» mité de la terre, où le sage Rhadamanthe donne des
» lois, où les hommes passent une vie douce et tran-
» quille, où l'on ne sent ni les neiges, ni les frimas de
» l'hiver, ni les pluies, mais où l'air est toujours rafraî-
» chi par les douces haleines des zéphyrs que l'Océan y
» envoie continuellement; et ces Dieux puissans vous
» accorderont ce grand privilége, parce que vous avez
» épousé Hélène, et que vous êtes gendre du grand
» Jupiter. »

« En finissant ces mots, il se plonge dans la mer, et
» moi je pris le chemin de mes vaisseaux avec mes
» fidèles compagnons, l'esprit agité de différentes pen-
» sées. Quand nous fûmes arrivés à notre flotte, on pré-
» para le souper, et la nuit vint couvrir la terre de ses
» ombres. Nous couchâmes sur le rivage, et le lende-
» main, dès que la brillante aurore eut ramené le jour,
» nous tirâmes les vaisseaux en mer, nous dressâmes les
» mâts, nous déployâmes les voiles, et mes compagnons,
» se plaçant sur les bancs, firent blanchir la mer sous

» Ἄψ δ' εἰς Αἰγύπτοιο, διϊπετέος ποταμοῖο,
» Στῆσα νέας, καὶ ἔρεξα τελήεσσας ἑκατόμβας.
» Αὐτὰρ ἐπεὶ κατέπαυσα θεῶν χόλον αἰὲν ἐόντων,
» Χεῦ' Ἀγαμέμνονι τύμβον, ἵν' ἄσβεστον κλέος εἴη.
» Ταῦτα τελευτήσας νεόμην· ἔδοσαν δέ μοι οὖρον 585
» Ἀθάνατοι, τοί μ' ὦκα φίλην ἐς πατρίδ' ἔπεμψαν.
» Ἀλλ' ἄγε νῦν ἐπίμεινον ἐνὶ μεγάροισιν ἐμοῖσιν,
» Ὄφρα κεν ἑνδεκάτη τε δυωδεκάτη τε γένηται·
» Καὶ τότε σ' εὖ πέμψω, δώσω δέ τοι ἀγλαὰ δῶρα,
» Τρεῖς ἵππους καὶ δίφρον εὔξοον· αὐτὰρ ἔπειτα 690
» Δώσω καλὸν ἄλεισον, ἵνα σπένδῃσθα θεοῖσιν
» Ἀθανάτοις, ἐμέθεν μεμνημένος ἤματα πάντα. »

Τὸν δ' αὖ Τηλέμαχος πεπνυμένος ἀντίον ηὔδα·
» Ἀτρείδη, μὴ δή με πολὺν χρόνον ἐνθάδ' ἔρυκε.
» Καὶ γάρ κ' εἰς ἐνιαυτὸν ἐγὼ παρὰ σοί γ' ἀνεχοίμην
» Ἥμενος, οὐδέ κέ μ' οἴκου ἔλοι πόθος. οὐδὲ τοκήων· 5g6
» (Αἰνῶς γὰρ μύθοισιν ἔπεσσί τε σοῖσιν ἀκούων
» Τέρπομαι·) ἀλλ' ἤδη μοι ἀνιάζουσιν ἑταῖροι
» Ἐν Πύλῳ ἠγαθέῃ· σὺ δέ με χρόνον ἐνθάδ' ἐρύκεις.
» Δῶρον δ', ὅ, ττι κέ μοι δοίης, κειμήλιον ἔστω· 600
» Ἵππους δ' εἰς Ἰθάκην οὐκ ἄξομαι, ἀλλά σοι αὐτῷ
» Ἐνθάδε λείψω ἄγαλμα· σὺ γὰρ πεδίοιο ἀνάσσεις
» Εὐρέος, ᾧ ἔνι μὲν λωτὸς πολύς, ἐν δὲ κύπειρον,
» Πυροί τε, ζειαί τε, ἰδ' εὐρυφυὲς κρῖ λευκόν.
» Ἐν δ' Ἰθάκῃ οὔτ' ἄρ δρόμοι εὐρέες, οὔτε τι λειμών·
» Αἰγίβοτος, καὶ μᾶλλον ἐπήρατος ἱπποβότοιο. 606

» l'effort de leurs rames. J'arrivai bientôt à l'embou-
» chure du fleuve Egyptus, qui tire ses sources de Jupi-
» ter. J'arrêtai là mes vaisseaux, j'offris des hécatombes
» parfaites, et quand j'eus apaisé la colère des Dieux
» immortels, j'élevai un tombeau à Agamemnon, afin
» que sa gloire passât d'âge en âge. Après m'être acquitté
» de ces devoirs, je remis à la voile. Les Dieux m'en-
» voyèrent un vent très-favorable, et en peu de temps
» ils me ramenèrent dans mes états. Voilà tout ce que
» je puis vous apprendre. Mais, Télémaque, demeurez
» chez moi encore quelque temps. Dans dix ou douze
» jours je vous renverrai avec des présens, je vous don-
» nerai trois de mes meilleurs chevaux et un beau char.
» J'ajouterai à cela une belle coupe d'or, qui vous ser-
» vira à faire vos libations, et qui vous fera souvenir de
» moi. »

Le sage Télémaque répondit : « Fils d'Atrée, ne me
» retenez pas ici plus long-temps. Si je ne consultois que
» mon inclination, je resterois de tout mon cœur avec
» vous une année entière, et j'oublierois ma maison et
» mes parens, tant j'ai de plaisir à vous entendre. Mais
» les compagnons que j'ai laissés à Pylos s'affligent de
» mon absence, et vous voulez encore me retenir? Pour
» ce qui est des présens que vous voulez me faire, je
» vous prie de les garder, ou souffrez que je ne reçoive
» qu'un simple bijou. Je n'emmenerai point vos che-
» vaux à Ithaque, mais je vous les laisserai ici, car ils
» sont nécessaires à vos plaisirs. Vous régnez dans un
» grand pays, qui consiste en des campagnes spacieuses,
» où tout ce qui est nécessaire pour la nourriture des
» chevaux croît abondamment, au lieu que dans
» Ithaque il n'y a ni plaines où l'on puisse faire des
» courses, ni pâturages pour les haras; elle n'est propre
» qu'à nourrir des chèvres, et avec tout cela elle m'est
» plus agréable que les pays où l'on nourrit des chevaux.

» Οὐ γάρ τις νήσων ἱππήλατος, οὐδ' εὐλείμων,
» Αἵ θ' ἁλὶ κεκλίαται· Ἰθάκη δέ τε καὶ περὶ πασέων. »

Ὣς φάτο· μείδησεν δὲ βοὴν ἀγαθὸς Μενέλαος, 609
Χειρί τέ μιν κατέρεξεν, ἔπος τ' ἔφατ', ἔκ τ' ὀνόμαζεν·

« Αἵματος εἶς ἀγαθοῖο, φίλον τέκος, οἷ' ἀγορεύεις.
» Τοιγὰρ ἐγώ τοι ταῦτα μεταστήσω· δύναμαι γάρ.
» Δώρων δ', ὅσσ' ἐν ἐμῷ οἴκῳ κειμήλια κεῖται,
» Δώσω, ὃ κάλλιστον καὶ τιμηέστατόν ἐστιν.
» Δώσω τοι κρητῆρα τετυγμένον· ἀργύρεος δὲ 615
» Ἔστιν ἅπας, χρυσῷ δ' ἐπὶ χείλεα κεκράανται·
» Ἔργον δ' Ἡφαίστοιο· πόρεν δέ ἑ Φαίδιμος ἥρως
» Σιδονίων βασιλεὺς, ὅθ' ἑὸς δόμος ἀμφεκάλυψε
» Κεῖσέ με νοστήσαντα· τεΐν δ' ἐθέλω τόδ' ὀπάσσαι. »

Ὣς οἱ μὲν τοιαῦτα πρὸς ἀλλήλους ἀγόρευον· 620
Δαιτυμόνες δ' ἐς δώματ' ἴσαν θείου βασιλῆος·
Οἱ δ' ἦγον μὲν μῆλα, φέρον δ' εὐήνορα οἶνον·
Σῖτον δέ σφ' ἄλοχοι καλλικρήδεμνοι ἔνεικαν.
Ὣς οἱ μὲν περὶ δεῖπνον ἐνὶ μεγάροισι πένοντο.

Μνηστῆρες δὲ πάροιθεν Ὀδυσσῆος μεγάροιο 625
Δίσκοισιν τέρποντο καὶ αἰγανέῃσιν ἱέντες,
Ἐν τυκτῷ δαπέδῳ, ὅθι πὲρ πάρος ὕβριν ἔχεσκον.
Ἀντίνοος δὲ καθῆστο καὶ Εὐρύμαχος θεοειδὴς,
Ἀρχοὶ μνηστήρων, ἀρετῇ δ' ἔσαν ἔξοχ' ἄριστοι·
Τοῖς δ' υἱὸς Φρονίοιο Νοήμων ἐγγύθεν ἐλθὼν, 630
Ἀντίνοον μύθοισιν ἀνειρόμενος προσέειπεν·

« Ἀντίνο', ἦ ῥά τι ἴδμεν ἐνὶ φρεσὶν, ἦε καὶ οὐκὶ,
» Ὁππότε Τηλέμαχος νεῖτ' ἐκ Πύλου ἠμαθόεντος;
» Νῆά μοι οἴχετ' ἄγων· ἐμὲ δὲ χρεὼ γίνεται αὐτῆς,
» Ἤλιδ' ἐς εὐρύχορον διαβήμεναι, ἔνθα μοὶ ἵπποι 635

» D'ordinaire les îles, surtout celles qui sont dans nos
» mers, n'abondent pas en pâturages et n'ont pas de
» grandes plaines, et Ithaque encore moins que les
» autres. »

Ménélas l'entendant parler ainsi, se mit à sourire, et en l'embrassant, il lui dit :

« Mon cher fils, par vos discours, vous faites bien
» connoître la noblesse du sang dont vous sortez. Je
» changerai donc mes présens, car cela m'est facile; et
» parmi les choses rares que je garde dans mon palais,
» je choisirai la plus belle et la plus précieuse. Je vous
» donnerai une urne admirablement bien travaillée;
» elle est toute d'argent, et ses bords sont d'un or très-
» fin ; c'est un ouvrage de Vulcain même. Un grand
» héros, le roi des Sidoniens, m'en fit présent, lorsqu'à
» mon retour il me reçut dans son palais. Je veux que
» vous la receviez de ma main. »

C'est ainsi que s'entretenoient ces deux princes. Les officiers du roi arrivent pour préparer le dîner; ils amènent des moutons et apportent d'excellent vin, et leurs femmes les suivent avec des corbeilles pleines des dons de Cérès.

Cependant les désordres continuent dans Ithaque ; les fiers poursuivans se d---tissent devant le palais d'Ulysse à jouer au disque, et à lancer -- ---- --- dans des cours spacieuses, préparées avec soin, et qui étoien--- --- ordinaire de leurs insolences. Antinoüs et Eurymaque, qui en étoient les plus considérables, et comme les chefs, car ils surpassoient tous les autres en courage, étoient assis à les regarder. Noémon, fils de Phronius, s'approchant du premier, lui dit :

« Antinoüs, sait-on quand Télémaque doit être de
» retour de Pylos? car il a emmené mon vaisseau, et
» j'en ai grand besoin pour passer en Elide, où j'ai
» douze belles cavales et plusieurs mulets, qui ne sont

» Δώδεκα θήλειαι, ὑπὸ δ' ἡμίονοι ταλαεργοὶ
» Ἀδμῆτες· τῶν κέν τιν' ἐλασσάμενος δαμασαίμην.

Ὣς ἔφαθ'· οἱ δ' ἀνὰ θυμὸν ἐθάμβεον· οὐ γὰρ ἔφαντο
Ἐς Πύλον οἴχεσθαι Νηλήϊον, ἀλλά που αὐτοῦ
» Ἀγρῶν, ἢ μήλοισι παρέμμεναι, ἠὲ συβώτῃ. 640

Τὸν δ' αὖτ' Ἀντίνοος προσέφη Εὐπείθεος υἱός·
« Νημερτές μοι ἔνισπε, πότ' ᾤχετο, καὶ τίνες αὐτῷ
» Κοῦροι ἕποντ' Ἰθάκης ἐξαίρετοι, ἦ ἑοὶ αὐτοῦ
» Θῆτές τε δμῶές τε; δύναιτό γε καὶ τὸ τελέσσαι;
» Καί μοι τοῦτ' ἀγόρευσον ἐτήτυμον, ὄφρ' εὖ εἰδῶ, 645
» Ἦ σε βίῃ ἀέκοντος ἀπηύρατο νῆα μέλαιναν,
» Ἦε ἑκὼν οἱ δῶκας, ἐπεὶ προσπτύξατο μύθῳ; »

Τὸν δ' υἱὸς Φρονίοιο Νοήμων ἀντίον ηὔδα·
» Αὐτὸς ἑκὼν οἱ δῶκα· τί κεν ῥέξειε καὶ ἄλλος,
» Ὁππότ' ἀνὴρ τοιοῦτος, ἔχων μελεδήματα θυμῷ, 650
» Αἰτίζῃ; χαλεπόν κεν ἀνήνασθαι δόσιν εἴη.
» Κοῦροι δ', οἳ κατὰ δῆμον ἀ........ουσι μεθ' ἡμέας,
» Οἵ οἱ .... ἀρχὸν ἐγὼ βαίνοντ' ἐνόησα
» Μέντορα, ἠὲ θεόν, τῷ δ' αὐτῷ πάντα ἐῴκει.
» Ἀλλὰ τὸ θαυμάζω· ἴδον ἐνθάδε Μέντορα δῖον 655
» Χθιζὸν ὑπ' ἠοῖον· τότε δ' ἔμβη νηῒ Πύλονδε. »

Ὣς ἄρα φωνήσας ἀπέβη πρὸς δώματα πατρός.
Τοῖσιν δ' ἀμφοτέροισιν ἀγάσσατο θυμὸς ἀγήνωρ.
Μνηστῆρες δ' ἄμυδις κάθισαν, καὶ παῦσαν ἀέθλων.

» pas encore domptés, et je voudrois en dresser quel-
» qu'un et l'accoutumer au joug. »

Il parla ainsi, et les poursuivans sont fort étonnés de
cette nouvelle ; car ils ne pensoient pas que Télémaque
fût allé à Pylos, mais ils croyoient qu'il étoit aux
champs pour voir ses troupeaux, et pour s'entretenir
avec celui qui en avoit l'intendance.

Le fils d'Eupeïthès, Antinoüs, prenant la parole, et
l'interrogeant à son tour, lui dit : « Noémon, dites-moi
» la vérité, quel jour est parti Télémaque ? qui sont les
» jeunes gens qui l'ont suivi ? les a-t-il choisis dans
» Ithaque, ou n'a-t-il pris que de ses domestiques et de
» ses esclaves ? car il pourroit bien ne s'être fait accom-
» pagner que par ces sortes de gens. Dites-moi aussi
» sans déguisement s'il a pris votre vaisseau malgré
» vous, ou si vous le lui avez donné de votre bon gré,
» sur ce qu'il vous l'a demandé lui-même ? »

« C'est moi-même qui le lui ai volontairement prêté,
» répondit le sage Noémon, quelque autre en ma place
» auroit-il pu faire autrement, quand un prince comme
» celui-là, accablé de chagrins, et qui roule de grands
» desseins dans sa tête, l'auroit demandé ? Il étoit diffi-
» cile et dangereux même de le refuser. Les jeunes gens
» qui l'ont suivi sont la fleur de notre jeunesse, et je
» remarquai Mentor à leur tête, à moins que ce ne fût
» quelque Dieu ; je puis pourtant assurer qu'il ressem-
» bloit parfaitement à Mentor. Mais ce qui m'étonne,
» et ce que je ne comprends pas, c'est qu'hier encore,
» avant le point du jour, je vis Mentor de mes yeux,
» et je l'avois vu embarquer de mes yeux avec Télé-
» maque pour Pylos. »

Après avoir ainsi parlé, il retourna dans la maison de
son père, et ces deux princes demeurèrent fort étonnés.
Les autres poursuivans de Pénélope quittant leurs jeux,
vinrent s'asseoir en foule, et Antinoüs, l'esprit agité de

Τοῖσιν δ' Ἀντίνοος μετέφη Εὐπείθεος υἱὸς, 660
Ἀχνύμενος· μένεος δὲ μέγα φρένες ἀμφιμέλαιναι
Πίμπλαντ', ὄσσε δέ οἱ πυρὶ λαμπετόωντι εἴκτην·

« Ὦ πόποι, ἦ μέγα ἔργον ὑπερφιάλως ἐτελέσθη,
» Τηλεμάχῳ ὁδὸς ἥδε· φάμεν δέ οἱ οὐ τελέεσθαι.
» Ἐκ τόσσον δ' ἀέκητι νέος πάϊς οἴχεται αὔτως 665
» Νῆα ἐρυσσάμενος, κρίνας τ' ἀνὰ δῆμον ἀρίστους.
» Ἄρξει καὶ προτέρω κακὸν ἔμμεναι· ἀλλά οἱ αὐτῷ
» Ζεὺς ὀλέσειε βίην, πρὶν ἡμῖν πῆμα φυτεῦσαι.
» Ἀλλ' ἄγε μοι δότε νῆα θοὴν καὶ εἴκοσ' ἑταίρους,
» Ὄφρα μιν αὐτὸν ἰόντα λοχήσομαι, ἠδὲ φυλάξω, 670
» Ἐν πορθμῷ Ἰθάκης τὲ Σάμοιό τε παιπαλοέσσης·
» Ὡς ἂν ἐπισμυγερῶς ναυτίλλεται εἵνεκα πατρός. »

Ὣς ἔφαθ'· οἱ δ' ἄρα πάντες ἐπῄνεον, ἠδ' ἐκέλευον·
Αὐτίκ' ἔπειτ' ἀνστάντες ἔβαν δόμον εἰς Ὀδυσῆος.
Οὐδ' ἄρα Πηνελόπεια πολὺν χρόνον ἦεν ἄπυστος 675
Μύθων, οὓς μνηστῆρες ἐνὶ φρεσὶ βυσσοδόμευον.
Κῆρυξ γάρ οἱ ἔειπε Μέδων, ὃς ἐπεύθετο βουλὰς,
Αὐλῆς ἐκτὸς ἐών· οἱ δ' ἔνδοθι μῆτιν ὕφαινον·
Βῆ δ' ἴμεν ἀγγελέων διὰ δώματ~ Πηνελοπείῃ·
Τὸν δὲ κατ' οὐδοῦ β.... ...ροσηύδα Πηνελόπεια· 680

« Κῆρυξ, τίπτε δέ σε πρόεσαν μνηστῆρες ἀγαυοί;
» Ἦ εἰπέμεναι δμωῇσιν Ὀδυσσῆος θείοιο
» Ἔργων παύσασθαι, σφίσι δ' αὐτοῖς δαῖτα πένεσθαι,
» Μὴ μνηστεύσαντες, μηδ' ἄλλοθ' ὁμιλήσαντες,
» Ὕστατα καὶ πύματα νῦν ἐνθάδε δειπνήσειαν, 685
» Οἳ θάμ' ἀγειρόμενοι, βίοτον κατακείρετε πολλὸν,
» Κτῆσιν Τηλεμάχοιο δαΐφρονος· οὐδέ τι πατρῶν
» Ὑμετέρων τὸ πρόσθεν ἀκούετε, παῖδες ἐόντες,

noires pensées, et les yeux étincelans de fureur, éclata en ces termes :

« O Dieux, quelle audacieuse entreprise pour Télé-
» maque que ce voyage ! Nous pensions que ses menaces
» seroient sans effet. Ce jeune homme est pourtant parti
» à notre insçu, et a mené avec lui notre plus brave
» jeunesse ; ce mal pourroit aller plus loin, mais il
» retombera sur sa tête, avant qu'il puisse exécuter
» contre nous ses pernicieux desseins. Donnez-moi donc
» promptement le vaisseau le plus léger et vingt bons
» rameurs ; j'irai l'attendre à son retour, et je lui dres-
» serai une embuscade entre Ithaque et Samos, afin que
» le voyage qu'il a entrepris pour apprendre des nou-
» velles de son père lui soit funeste. »

Il dit, et tous les princes louèrent son dessein, et l'exhortèrent à l'exécuter : en même temps ils rentrèrent dans le palais d'Ulysse. Pénélope fut bientôt informée des discours que ces princes avoient tenus, et du complot qu'ils avoient formé. Le héraut Médon, qui avoit tout entendu hors de la cour, lui en alla faire un rapport fidèle ; car pendant que ces princes tenoient leur conseil secret dans le palais, ce héraut alla à l'appartement de Pénélope pour l'instruire de ce qui s'étoit passé. Dès que Pénélope l'aperçut à la porte de sa chambre :

« Héraut, lui dit-elle, pourquoi les fiers poursuivans
» vous envoient-ils ici ? est-ce pour ordonner à mes
» femmes de quitter leur travail, et d'aller leur prépa-
» rer un festin ? Ah ! pourquoi ont-ils jamais pensé à
» moi ? pourquoi le ciel a-t-il permis qu'ils aient jamais
» mis le pied dans le palais ? Au moins si ce repas étoit
» leur dernier repas, et la fin de leur amour et de leur
» insolence ! Lâches, qui vous êtes assemblés ici pour
» consumer le bien du sage Télémaque, n'avez-vous
» jamais ouï dire à vos pères, dans votre enfance, quel

» Οἷος Ὀδυσσεὺς ἔσκε μεθ᾽ ὑμετέροισι τοκεῦσιν,
» Οὔτε τινὰ ῥέξας ἐξαίσιον, οὔτε τι εἰπὼν 690
» Ἐν δήμῳ· (ἥτ᾽ ἐστὶ δίκη θείων βασιλήων·)
» Ἄλλον κ᾽ ἐχθαίρῃσι βροτῶν, ἄλλον κε φιλοίη.
» Κεῖνος δ᾽ οὔποτε πάμπαν ἀτάσθαλον ἄνδρα ἐώργει.
» Ἀλλ᾽ ὁ μὲν ὑμέτερος θυμὸς καὶ ἀεικέα ἔργα 694
» Φαίνεται, οὐδέ τις ἐστὶ χάρις μετόπισθ᾽ εὐεργέων. »

Τὴν δ᾽ αὖτε προσέειπε Μέδων, πεπνυμένα εἰδώς·
« Αἲ γὰρ δὴ, βασίλεια, τόδε πλεῖστον κακὸν εἴη·
» Ἀλλὰ πολὺ μεῖζόν τε καὶ ἀργαλεώτερον ἄλλο
» Μνηστῆρες φράζονται, ὃ μὴ τελέσειε Κρονίων·
» Τηλέμαχον μεμάασι κατακτάμεν ὀξέϊ χαλκῷ, 700
» Οἴκαδε νισσόμενον· ὁ δ᾽ ἔβη μετὰ πατρὸς ἀκουὴν
» Ἐς Πύλον ἠγαθέην, ἠδ᾽ ἐς Λακεδαίμονα δῖαν. »

Ὣς φάτο· τῆς δ᾽ αὐτοῦ λύτο γούνατα καὶ φίλον ἦτορ·
Δὴν δέ μιν ἀμφασίη ἐπέων λάβε· τὼ δέ οἱ ὄσσε
Δακρυόφιν πλῆσθεν, θαλερὴ δέ οἱ ἔσχετο φωνή. 705
Ὀψὲ δὲ δή μιν ἔπεσσιν ἀμειβομένη προσέειπε·

« Κῆρυξ, τίπτε δέ μοι παῖς οἴχεται; οὐδέ τί μιν χρεὼ
» Νηῶν ὠκυπόρων ἐπιβαινέμεν, αἵθ᾽ ἁλὸς ἵπποι
» Ἀνδράσι γίγνονται, περόωσι δὲ πουλὺν ἐφ᾽ ὑγρήν·
» Ἦ ἵνα μηδ᾽ ὄνομ᾽ αὐτοῦ ἐν ἀνθρώποισι λίπηται; » 710

Τὴν δ᾽ ἠμείβετ᾽ ἔπειτα Μέδων, πεπνυμένα εἰδώς·
« Οὐκ οἶδ᾽, εἴ τις μιν θεὸς ὤρορεν, ἦε καὶ αὐτοῦ
» Θυμὸς ἐφωρμήθη ἴμεν ἐς Πύλον, ὄφρα πύθηται
» Πατρὸς ἑοῦ, ἢ νόστον, ἢ ὅντινα πότμον ἐπέσπεν. »

Ὣς ἄρα φωνήσας ἀπέβη κατὰ δῶμ᾽ Ὀδυσῆος. 715
Τὴν δ᾽ ἄχος ἀμφεχύθη θυμοφθόρον, οὐδ᾽ ἄρ᾽ ἔτ᾽ ἔτλη
Δίφρῳ ἐφέζεσθαι, πολλῶν κατὰ οἶκον ἐόντων·
Ἀλλ᾽ ἄρ᾽ ἐπ᾽ οὐδοῦ ἷζε πολυκμήτου θαλάμοιο,
Οἴκτρ᾽ ὀλοφυρομένη, περὶ δὲ δμωαὶ μινύριζον

» homme c'étoit qu'Ulysse, et comment il vivoit avec
» eux, sans jamais faire la moindre injustice à per-
» sonne, sans dire la moindre parole désobligeante, et
» ce qui n'est pas défendu aux rois mêmes les plus
» justes, sans marquer aucune préférence en aimant
» l'un et haïssant l'autre; en un mot, sans donner jamais
» aucun sujet de plainte au moindre de ses sujets? Ah!
» votre mauvais cœur ne se montre que trop par toutes
» ces actions indignes. L'ingratitude est le prix dont on
» paie aujourd'hui les bienfaits. »

« Grande reine, repartit le prudent Médon, plût aux
» Dieux que ce fût là le plus grand mal! mais ces
» princes en machinent un bien plus grand et plus
» terrible encore : veuille le fils de Saturne confondre
» leurs projets! ils se préparent à tuer Télémaque, et ils
» vont lui dresser des embûches à son retour de Pylos
» et de Lacédémone, où il est allé pour apprendre le
» sort du roi son père. »

A ces mots, Pénélope tombe en foiblesse : tout d'un coup le cœur et les genoux lui manquent; elle est long-temps sans pouvoir proférer une seule parole, et ses yeux sont noyés de pleurs. Enfin, revenue de sa défaillance, elle dit, à mots entrecoupés :

« Héraut, pourquoi mon fils est-il parti? quelle
» nécessité de monter sur des vaisseaux, et d'aller cou-
» rir les mers avec tant de péril? est-ce pour ne laisser
» pas même la mémoire de son nom parmi les hommes? »

« Je ne sais, répondit Médon, si quelque Dieu lui a
» inspiré ce dessein, ou si de lui-même il a entrepris
» ce voyage pour aller apprendre des nouvelles ou du
» retour du roi, ou de sa triste destinée. »

En achevant ces mots il se retire. Pénélope demeure en proie à sa douleur; elle n'a plus la force de se tenir sur son siége; elle se jette sur le plancher de sa chambre, et remplit l'air de ses cris. Toutes ses femmes l'environnent,

Πᾶσαι, ὅσαι κατὰ δώματ' ἔσαν νέαι ἠδὲ παλαιαί· 720
Τῆς ἁδινὸν γοόωσα μετηύδα Πηνελόπεια·

« Κλῦτε, φίλαι, πέρι γάρ μοι Ὀλύμπιοι ἄλγε' ἔδωκαν
» Ἐκ πασέων, ὅσσαι μοι ὁμοῦ τράφεν ἠδ' ἐγένοντο·
» Ἣ πρὶν μὲν πόσιν ἐσθλὸν ἀπώλεσα θυμολέοντα,
» Παντοίης ἀρετῇσι κεκασμένον ἐν Δαναοῖσιν,   725
» Ἐσθλὸν, τοῦ κλέος εὐρὺ καθ' Ἑλλάδα καὶ μέσον Ἄργος.
» Νῦν δ' αὖ παῖδ' ἀγαπητὸν ἀνηρείψαντο θύελλαι
» Ἀκλέα ἐκ μεγάρων· οὐδ' ὁρμηθέντος ἄκουσα.
» Σχέτλιαι, οὐδ' ὑμεῖς περ ἐνὶ φρεσὶ θέσθε ἑκάστη
» Ἐκ λεχέων μ' ἀνεγεῖραι, ἐπιστάμεναι σάφα θυμῷ,
» Ὁππότ' ἐκεῖνος ἔβη κοίλην ἐπὶ νῆα μέλαιναν.   730
» Εἰ γὰρ ἐγὼ πυθόμην ταύτην ὁδὸν ὁρμαίνοντα,
» Τῷ κε μάλ' ἤ κεν ἔμεινε, καὶ ἐσσύμενός περ ὁδοῖο,
» Ἤ κέ με τεθνηκυῖαν ἐνὶ μεγάροισιν ἔλειπεν.
» Ἀλλά τις ὀτρηρὸς Δολίον καλέσειε γέροντα,   735
» Δμῶ' ἐμὸν, (ὅν μοι ἔδωκε πατὴρ ἔτι δεῦρο κιούσῃ,
» Καί μοι κῆπον ἔχει πολυδένδρεον·) ὄφρα τάχιστα
» Λαέρτῃ τάδε πάντα παρεζόμενος καταλέξῃ,
» Εἰ δή που τινα κεῖνος ἐνὶ φρεσὶ μῆτιν ὑφήνας,
» Ἐξελθὼν λαοῖσιν ὀδύρεται, οἳ μεμάασιν   740
» Ὃν καὶ Ὀδυσσῆος φθῖσαι γόνον ἀντιθέοιο. »

Τὴν δ' αὖτε προσέειπε φίλη τροφὸς Εὐρύκλεια·
« Νύμφα φίλη, σὺ μὲν ἄρ με κατάκτανε νηλέϊ χαλκῷ,
» Ἢ ἔα ἐν μεγάρῳ· μῦθον δέ τι οὐκ ἐπικεύσω·
» Ἤδε' ἐγὼ τάδε πάντα· πόρον δέ οἱ, ὅσσ' ἐκέλευσε,
» Σῖτον καὶ μέθυ ἡδύ· ἐμεῦ δ' ἕλετο μέγαν ὅρκον, 746
» Μὴ πρὶν σοι ἐρέειν, πρὶν δωδεκάτην τε γενέσθαι,
» Ἤ σ' αὐτὴν ποθέσαι, καὶ ἀφορμηθέντος ἀκοῦσαι·

et accompagnent ses cris de leurs gémissemens et de leurs plaintes. Enfin elle rompt le silence, et leur dit :

« Mes amies, les Dieux m'ont choisie, préférable-
» ment à toutes les femmes de mon siècle, pour m'acca-
» bler de douleurs. J'ai perdu un mari d'une valeur
» héroïque, orné de toutes les vertus, et dont la gloire
» est répandue dans toute la Grèce, et mon fils unique
» vient de m'être enlevé par les tempêtes ; il est péri mal-
» heureusement. Je n'ai point été avertie de son départ.
» Malheureuses que vous êtes, n'étoit-il pas de votre
» devoir de m'éveiller, puisque vous étiez parfaitement
» instruites du temps où il s'embarquoit ? Si vous m'aviez
» découvert son dessein, ou je l'aurois retenu près de
» moi, quelque envie qu'il eût eu de partir, ou bien il
» m'auroit vue mourir à ses yeux avant son départ.
» Mais qu'on aille appeler le vieillard Dolius, ce servi-
» teur fidèle que mon père me donna quand je vins à
» Ithaque, et qui a soin de mes jardins. Il ira en dili-
» gence annoncer à Laërte tout ce qui se passe, afin que
» si sa prudence lui suggère quelque bon conseil, il
» vienne nous en faire part, et porter ses plaintes au
» peuple qui va laisser périr son petit-fils, le fils du
» divin Ulysse. »

Alors la nourrice Euryclée prenant la parole, dit :
« Ma princesse, vous pouvez me faire mourir ou me
» retenir dans une étroite prison, je ne vous cacherai
» point ce que j'ai fait. J'ai su le dessein de ce cher
» prince, je lui ai même donné tout ce qu'il a voulu ;
» c'est moi qui lui ai fourni toutes les provisions pour
» son voyage ; mais il a exigé de moi, par un grand ser-
» ment, que je ne vous apprendrois son départ que le
» douzième jour, à moins qu'en étant informée d'ail-
» leurs vous ne m'en demandassiez des nouvelles ; car il
» craignoit que votre douleur ne vous portât à de trop

» Ὡς ἂν μὴ κλαίουσα κατὰ χρόα καλὸν ἰάπτῃς·
» Ἀλλ' ὑδρηναμένη, καθαρὰ χροῒ εἵμαθ' ἑλοῦσα, 750
» Εἰς ὑπερῷ' ἀναβᾶσα, σὺν ἀμφιπόλοισι γυναιξίν,
» Εὔχε' Ἀθηναίῃ, κούρῃ Διὸς Αἰγιόχοιο·
» Ἡ γάρ κέν μιν ἔπειτα καὶ ἐκ θανάτοιο σαώσει·
» Μηδὲ γέροντα κάκου κεκακωμένον· οὐ γὰρ ὀΐω
» Πάγχυ θεοῖς μακάρεσσι γονὴν Ἀρκεισιάδαο 755
» Ἔχθεσθ'· ἀλλ' ἔτι πού τις ἐπέσσεται, ὅς κεν ἔχῃσι
» Δώματά θ' ὑψερεφέα καὶ ἀπόπροθι πίονας ἀγρούς. »

Ὣς φάτο· τῆς δ' εὔνησε γόον, σχέθε δ' ὄσσε γόοιο·
Ἡ δ' ὑδρηναμένη, καθαρὰ χροῒ εἵμαθ' ἑλοῦσα,
Εἰς ὑπερῷ' ἀνέβαινε σὺν ἀμφιπόλοισι γυναιξίν· 760
Ἐν δ' ἔθετ' οὐλοχύτας κανέῳ, ἠρᾶτο δ' Ἀθήνῃ·

« Κλῦθί μοι, αἰγιόχοιο Διὸς τέκος, ἀτρυτώνη,
» Εἴποτέ τοι πολύμητις ἐνὶ μεγάροισιν Ὀδυσσεὺς
» Ἢ βοὸς, ἢ ὄϊος κατὰ πίονα μηρί' ἔκηε,
» Τῶν νῦν μοι μνῆσαι, καί μοι φίλον υἷα σάωσον· 765
» Μνηστῆρας δ' ἀπάλαλκε κακῶς ὑπερηνορέοντας. »
Ὣς εἰποῦσ' ὀλόλυξε· θεὰ δέ οἱ ἔκλυεν ἀρῆς·

Μνηστῆρες δ' ὁμάδησαν ἀνὰ μέγαρα σκιόεντα·
Ὧδε δέ τις εἴπεσκε νέων ὑπερηνορεόντων·

« Ἦ μάλα δὴ γάμον ἄμμι πολυμνήστη βασίλεια 770
» Ἀρτύνει· οὐδέ τι οἶδεν, ὅ οἱ φόνος υἷϊ τέτυκται. »

» grands excès contre vous-même. Mais si vous voulez
» bien suivre mon conseil, vous vous purifierez, vous
» prendrez vos habits les plus magnifiques, vous mon-
» terez au haut de votre appartement, suivie de vos
» femmes, et là vous adresserez vos prières à la déesse
» Minerve, qui est assez puissante pour tirer le prince
» votre fils des bras mêmes de la mort. Ne fatiguez pas
» inutilement Laërte, qui est dans une si grande vieil-
» lesse, et si abattu. Je ne saurois croire que la race
» d'Arcésius soit l'objet de la haine des Dieux immor-
» tels ; assurément il en restera quelque rejeton qui
» régnera dans ce palais, et qui jouira de ces campagnes
» fertiles qui dépendent d'Ithaque. »

Ces paroles calmèrent la douleur de Pénélope, et firent cesser ses larmes. Elle se purifie, prend ses habits les plus magnifiques, et, suivie de ses femmes, elle monte au plus haut de son palais; et présentant à Minerve dans une corbeille l'orge sacrée, elle lui adresse cette prière:

Invincible fille du Dieu qui est armé de sa redoutable égide, écoutez mes vœux. Si jamais le sage Ulysse a fait brûler sur vos autels dans son palais la graisse de l'élite de ses troupeaux, souvenez-vous aujourd'hui de ses sacrifices, sauvez mon fils, et délivrez-moi de ces fiers poursuivans qui commettent chez moi tant d'insolences. Elle accompagna cette prière de cris et de larmes, et la Déesse l'exauça.

Cependant les poursuivans, qui avoient entendu le bruit que la reine et ses femmes avoient fait, alloient et venoient dans le palais; et il y en eut quelqu'un des plus imprudens qui dit tout haut:

« Assurément la reine prépare aujourd'hui le festin
» de ses noces, et elle ne sait pas qu'une mort prochaine
» menace son fils. »

Ὣς ἄρα τις εἴπεσκε· τὰ δ᾽ οὐκ ἴσαν, ὡς ἐτέτυκτο.
Τοῖσιν δ᾽ Ἀντίνοος ἀγορήσατο καὶ μετέειπε·

« Δαιμόνιοι, μύθους μὲν ὑπερφιάλους ἀλέασθε
» Πάντας ὁμῶς, μήπως τις ἐπαγγείλῃσι καὶ εἴσω. 775
» Ἀλλ᾽ ἄγε σιγῇ τοῖον ἀναστάντες τελέωμεν
» Μῦθον, ὃ δὴ καὶ πᾶσιν ἐνὶ φρεσὶν ἤραρεν ἡμῖν. »

Ὣς εἰπὼν, ἐκρίνατ᾽ ἐείκοσι φῶτας ἀρίστους·
Βὰν δ᾽ ἰέναι ἐπὶ νῆα θοὴν καὶ θῖνα θαλάσσης.
Νῆα μὲν ἂρ πάμπρωτον ἁλὸς βένθοσδε ἔρυσσαν· 780
Ἐν δ᾽ ἱστόν τ᾽ ἐτίθεντο καὶ ἱστία νηὶ μελαίνῃ·
Ἠρτύναντο δ᾽ ἐρετμὰ τροποῖς ἐν δερματίνοισι,
Πάντα κατὰ μοῖραν· ἀνά θ᾽ ἱστία λεύκ᾽ ἐπέτασσαν.
Τεύχεα δέ σφιν ἔνεικαν ὑπέρθυμοι θεράποντες·
Ὑψοῦ δ᾽ ἐν νοτίῳ τήν γ᾽ ὥρμισαν· ἐν δ᾽ ἔβαν αὐτοί, 785
Ἔνθα δὲ δόρπον ἕλοντο, μένον δ᾽ ἐπὶ ἕσπερον ἐλθεῖν.
Ἡ δ᾽ ὑπερῴ᾽ ἀναβᾶσα περίφρων Πηνελόπεια
Κεῖτ᾽ ἄρ᾽ ἄσιτος, ἄπαστος ἐδητύος ἠδὲ ποτῆτος,
Ὁρμαίνουσ᾽, εἴ οἱ θάνατον φύγοι υἱὸς ἀμύμων,
Ἦ ὅγ᾽ ὑπὸ μνηστῆρσιν ὑπερφιάλοισι δαμείη. 790
Ὅσσα δὲ μερμήριξε λέων ἀνδρῶν ἐν ὁμίλῳ
Δείσας, ὁππότε μιν δόλιον περὶ κύκλον ἄγωσι·
Τόσσα μιν ὁρμαίνουσαν ἐπέλλαβε νήδυμος ὕπνος·
Εὗδε δ᾽ ἀνακλινθεῖσα· λύθεν δέ οἱ ἅψεα πάντα.

Ἔνθ᾽ αὖτ᾽ ἄλλ᾽ ἐνόησε θεὰ γλαυκῶπις Ἀθήνη· 795
Εἴδωλον ποίησε, δέμας δ᾽ ἤϊκτο γυναικὶ
Ἰφθίμῃ, κούρῃ μεγαλήτορος Ἰκαρίοιο·
Τὴν Εὔμηλος ὄπυιε, Φερῆς ἔνι οἰκία ναίων.
Πέμπε δέ μιν πρὸς δώματ᾽ Ὀδυσσῆος θείοιο,
Εἴπως Πηνελόπειαν ὀδυρομένην γοόωσαν 800
Παύσειε κλαυθμοῖο, γόοιό τε δακρυόεντος.
Ἐς θάλαμον δ᾽ εἰσῆλθε παρὰ κληῗδος ἱμάντα,
Στῆ δ᾽ ἄρ᾽ ὑπὲρ κεφαλῆς, καί μιν πρὸς μῦθον ἔειπεν·

Insensés qu'ils étoient! les Dieux préparoient à leurs complots détestables un succès bien différent de celui qu'ils attendoient.

Antinoüs entendant ce discours imprudent, prit la parole, et dit: « Malheureux princes, cessez ces propos » téméraires, de peur que quelqu'un n'aille les rappor- » ter dans ce palais; gardons le silence, et exécutons » notre projet. »

En même temps il choisit vingt bons rameurs. Ils vont tous sur le rivage, tirent un vaisseau en mer, dressent le mât, disposent les rames et déploient les voiles. Leurs esclaves, pleins de courage, portent leurs armes. Quand tout fut prêt, ils montent tous dans le vaisseau, préparent leur souper, et attendent que l'étoile du soir vienne leur donner le signal du départ. Cependant la sage Pénélope s'étoit couchée sans prendre aucune nourriture, toujours occupée de son cher fils, et pleine d'inquiétude dans l'attente incertaine de savoir s'il éviteroit la mort, ou s'il tomberoit dans les piéges que lui dressoient ces insolens. Une lionne, qui se voit environnée d'une multitude de chasseurs qui l'ont surprise, après lui avoir ôté ses lionceaux, n'est plus émue ni agitée; elle ne pouvoit trouver aucun repos. Enfin, le sommeil vint calmer son agitation, et fermer ses paupières.

Minerve, pour la consoler, forma un fantôme, qui ressembloit parfaitement à la princesse Iphthimé, sœur de Pénélope et fille du magnanime Icarius, qu'Eumélus, roi de Phères, avoit épousée. Cette Déesse l'envoya au palais d'Ulysse, pour tâcher d'apaiser l'affliction de cette princesse, et de faire cesser ses plaintes et ses déplaisirs. Cette image entre donc dans la chambre où elle étoit couchée, quoique les portes fussent fermées; elle se place sur sa tête, et lui dit:

« Εὕδεις, Πηνελόπεια, φίλον τετιημένη ἦτορ;
» Οὐ μέν σ᾽ οὐδὲ ἐῶσι θεοὶ ῥεῖα ζώοντες   805
» Κλαίειν, οὐδ᾽ ἀκαχῆσθαι, ἐπεί ῥ᾽ ἔτι νόστιμός ἐστι
» Σὸς πάϊς· οὐ μὲν γάρ τι θεοῖς ἀλιτήμενός ἐστιν. »

Τὴν δ᾽ ἠμείβετ᾽ ἔπειτα περίφρων Πηνελόπεια,
Ἡδὺ μάλα κνώσσουσ᾽ ἐν ὀνειρείῃσι πύλῃσι·

« Τίπτε, κασιγνήτη, δεῦρ᾽ ἤλυθες; οὔτι πάρος γε 810
» Πωλέ᾽, ἐπεὶ μάλα πολλὸν ἀπόπροθι δώματα ναίεις·
» Καί με κέλῃ παύσασθαι ὀϊζύος, ἠδ᾽ ὀδυνάων
» Πολλέων, αἵ μ᾽ ἐρέθουσι κατὰ φρένα καὶ κατὰ θυμόν·
» Ἡ πρὶν μὲν πόσιν ἐσθλὸν ἀπώλεσα θυμολέοντα,
» Παντοίης ἀρετῇσι κεκασμένον ἐν Δαναοῖσιν,   815
» Ἐσθλόν· τοῦ κλέος εὐρὺ καθ᾽ Ἑλλάδα καὶ μέσον Ἄργος.
» Νῦν δ᾽ αὖ παῖς ἀγαπητὸς ἔβη κοίλης ἐπὶ νηὸς
» Νήπιος, οὔτε πόνων εὖ εἰδὼς, οὔτ᾽ ἀγοράων.
» Τοῦ δὴ ἐγὼ καὶ μᾶλλον ὀδύρομαι, ἤπερ ἐκείνου·
» Τοῦ δ᾽ ἀμφιτρομέω καὶ δείδια, μή τι πάθῃσιν 820
» Ἢ ὅγε τῶν ἐνὶ δήμῳ, ἵν᾽ οἴχεται, ἢ ἐνὶ πόντῳ·
» Δυσμενέες γὰρ πολλοὶ ἐπ᾽ αὐτῷ μηχανόωνται,
» Ἱέμενοι κτεῖναι, πρὶν πατρίδα γαῖαν ἱκέσθαι. »

Τὴν δ᾽ ἀπαμειβόμενον προσέφη εἴδωλον ἀμαυρόν·
« Θάρσει, μηδέ τι πάγχυ μετὰ φρεσὶ δείδιθι λίην· 825
» Τοίη γάρ τοι πομπὸς ἅμ᾽ ἔρχεται, ἥν τε καὶ ἄλλοι
» Ἀνέρες ἠρήσαντο παρεστάμεναι, (δύναται γάρ,)
» Παλλὰς Ἀθηναίη· σὲ δ᾽ ὀδυρομένην ἐλεαίρει·
» Ἡ νῦν με προέηκε, τεῒν τάδε μυθήσασθαι. »

Τὴν δ᾽ αὖτε προσέειπε περίφρων Πηνελόπεια· 830
» Εἰ μὲν δὴ θεὸς ἐσσὶ, θεοῖό τε ἔκλυες αὐδῆς,

« Pénélope, vous dormez accablée de deuil et de
» tristesse. Mais non, les Dieux immortels ne veulent
» point que vous pleuriez et que vous vous livriez en
» proie à la douleur ; votre fils va revenir, il n'a pas
» encore offensé les Dieux pour attirer leur vengeance. »

La chaste Pénélope, profondément endormie dans le palais des songes, lui répondit :

« Ma sœur, pourquoi venez-vous ici ? vous n'y êtes
» jamais venue ; car vous habitez un pays fort éloigné.
» Vous me commandez de la part des Dieux, d'essuyer
» mes pleurs et de calmer les douleurs qui me dévorent.
» Mais le puis-je après avoir perdu un mari d'une
» valeur sans égale, orné de toutes les vertus, et l'admi-
» ration de toute la Grèce ? pour comble de malheurs,
» j'apprends que mon fils unique vient de s'embarquer.
» C'est un enfant qui n'est point fait aux travaux ; et
» qui n'a nulle expérience pour parler dans les assem-
» blées ; je suis encore plus affligée pour ce cher fils,
» que je ne le suis pour mon mari ; et je tremble qu'il
» ne lui arrive quelque chose de funeste, soit dans les
» pays où il va s'engager, soit sur la mer ; car il a bien
» des ennemis qui lui dressent des embûches, et qui
» épient son retour pour exécuter leur pernicieux
» dessein. »

L'image d'Iphthimé lui répond : « Prenez courage,
» ma sœur, et dissipez toutes vos alarmes ; votre fils a
» avec lui un guide que les autres hommes voudroient
» bien avoir, car sa puissance est infinie ; c'est Minerve
» elle-même. Cette Déesse, touchée de votre affliction,
» m'a envoyée vous déclarer ce que vous venez d'en-
» tendre. »

« Ah ! je vois bien que vous n'êtes pas Iphthimé,
» repartit la sage Pénélope ; si vous êtes donc quelque
» Déesse, et que vous ayez entendu la voix de Minerve,

» Εἰ δ' ἄγε μοι καὶ κεῖνον ὀϊζυρὸν κατάλεξον,
» Εἴπου ἔτι ζώει, καὶ ὁρᾷ φάος ἠελίοιο,
» Ἢ ἤδη τέθνηκε, καὶ εἰν ἀΐδαο δόμοισι. »

Τὴν δ' ἀπαμειβόμενον προσέφη εἴδωλον ἀμαυρόν·
« Οὐ μέν τοι κεῖνόν γε διηνεκέως ἀγορεύσω,   836
» Ζώει ὅγ', ἢ τέθνηκε· κακὸν δ' ἀνεμώλια βάζειν. »

Ὣς εἰπὼν, σταθμοῖο παρὰ κληῖδα λιάσθη
Ἐς πνοιὰς ἀνέμων· ἡ δ' ἐξ ὕπνου ἀνόρουσε
Κούρη Ἰκαρίοιο· φίλον δέ οἱ ἦτορ ἰάνθη,   840
Ὣς οἱ ἐναργὲς ὄνειρον ἐπέσσυτο νυκτὸς ἀμολγῷ.
Μνηστῆρες δ' ἀναβάντες ἐπέπλεον ὑγρὰ κέλευθα,
Τηλεμάχῳ φόνον αἰπὺν ἐνὶ φρεσὶν ὁρμαίνοντες.
Ἔστι δέ τις νῆσος μέσσῃ ἁλὶ πετρήεσσα,
Μεσσηγὺς Ἰθάκης τε Σάμοιό τε παιπαλοέσσης,   845
Ἀστερὶς, οὐ μεγάλη· λιμένες δ' ἔνι ναύλοχοι αὐτῇ
Ἀμφίδυμοι· τῇ τόν γε μένον λοχόωντες Ἀχαιοί.

» apprenez-moi, je vous en conjure, le sort de mon
» mari; jouit-il encore de la lumière du soleil? ou la
» mort l'a-t-elle précipité dans le séjour des ombres?»

« Je ne vous apprendrai point le sort de votre mari,
» lui répondit Iphthimé, et je ne vous dirai point s'il est
» vivant ou s'il a fini sa destinée; c'est une trés-mauvaise
» chose de parler en vain. »

En achevant ces paroles, le fantôme passa au travers de la porte fermée, et disparut. Pénélope se réveilla en même temps, et elle sentit quelque sorte de joie de ce qu'un songe si clair lui étoit apparu. Cependant les fiers poursuivans, qui s'étoient embarqués, voguoient sur la plaine liquide, cherchant un lieu propre à exécuter le complot qu'ils avoient formé contre la vie de Télémaque. Il y a au milieu de la mer, entre Ithaque et Samos, une petite île qu'on nomme Astéris; elle est toute remplie de rochers; mais elle a de bons ports ouverts des deux côtés. Ce fut là que les princes Grecs se placèrent pour dresser des embûches à Télémaque,

ΟΜΗΡΟΥ

ΟΔΥΣΣΕΙΑΣ

ΡΑΨΩΔΙΑ Ε.

Ἐκκλησίαν τῶν θεῶν δευτέραν ποιησάμενος ὁ Ζεὺς, Ἑρμῆν πέμπει ἐπὶ Καλυψὼ, κελεύων ἀποπέμπειν τὸν Ὀδυσσέα· ἡ δὲ τὸ κελευσθὲν ποιεῖ. Τῇ δὲ ὀκτωκαιδεκάτῃ ἡμέρᾳ ἰδὼν αὐτὸν ὁ Ποσειδῶν, καὶ χαλεπήνας, λύει τὴν σχεδίαν. Ἰνὼ δὲ αὐτῷ δίδωσι κρήδεμνον, ἐντειλαμένη ἐπιβάντι τῆς γῆς ἀπορρίψαι αὐτό· καὶ πολλὰ παθὼν, εἰς τὴν τῶν Φαιάκων χώραν ἔρχεται διασωθείς.

Ἐ, πλεῖ ἐπὶ σχεδίης Ὀδυσεὺς πόντῳ καθείσης.

Ἠὼς δ' ἐκ λεχέων παρ' ἀγαυοῦ Τιθωνοῖο
Ὤρνυθ', ἵν' ἀθανάτοισι φάως φέροι ἠδὲ βροτοῖσιν·

L'ODYSSÉE D'HOMÈRE.

LIVRE CINQUIÈME.

ARGUMENT.

Jupiter, après avoir tenu un second conseil avec tous les Dieux, envoie Mercure à la nymphe Calypso, pour lui ordonner de renvoyer Ulysse. La nymphe en frémit, et fait des reproches amers aux Dieux de l'Olympe de leur envie maligne. Elle obéit cependant, et fournit même à Ulysse des matériaux et des instrumens pour construire un radeau qui fut achevé en quatre jours. Ulysse s'embarque, avec les provisions et les habits que Calypso lui fournit. Il vogue ainsi dix-sept jours sans accident, mais le dix-huitième jour, Neptune brise son bâtiment. Ino, pour sauver ce prince d'un si grand danger, lui donne son voile, et lui recommande de le jeter dans la mer dès qu'il aura pris terre. Ulysse, après avoir beaucoup souffert dans ce naufrage, aborde enfin à l'île des Phéaciens.

L'Aurore, quittant la couche du beau Tithon, annonçoit aux hommes l'arrivée du jour: déjà les Dieux

Οἱ δὲ θεοὶ θῶκόνδε καθίζανον, ἐν δ' ἄρα τοῖσι
Ζεὺς ὑψιβρεμέτης, οὗ τε κράτος ἐστὶ μέγιστον.
Τοῖσι δ' Ἀθηναίη λέγε κήδεα πόλλ' Ὀδυσῆος, 5
Μνησαμένη· μέλε γάρ οἱ ἐὼν ἐν δώμασι νύμφης.

« Ζεῦ πάτερ, ἠδ' ἄλλοι μάκαρες θεοὶ αἰὲν ἐόντες,
» Μήτις ἔτι πρόφρων, ἀγανὸς καὶ ἤπιος ἔστω
» Σκηπτοῦχος βασιλεύς, μηδὲ φρεσὶν αἴσιμα εἰδώς,
» Ἀλλ' αἰεὶ χαλεπός τ' εἴη, καὶ αἴσυλα ῥέζοι· 10
» Ὡς οὔτις μέμνηται Ὀδυσσῆος θείοιο
» Λαῶν, οἷσιν ἄνασσε, πατὴρ δ' ὡς ἤπιος ἦεν·
» Ἀλλ' ὁ μὲν ἐν νήσῳ κεῖται κρατέρ' ἄλγεα πάσχων,
» Νύμφης ἐν μεγάροισι Καλυψοῦς, ἥ μιν ἀνάγκη
» Ἴσχει· ὁ δ' οὐ δύναται ἣν πατρίδα γαῖαν ἱκέσθαι. 15
» Οὐ γάρ οἱ πάρα νῆες ἐπήρετμοι, καὶ ἑταῖροι,
» Οἵ κέν μιν πέμποιεν ἐπ' εὐρέα νῶτα θαλάσσης.
» Νῦν αὖ παῖδ' ἀγαπητὸν ἀποκτεῖναι μεμάασιν,
» Οἴκαδε νεισόμενον· ὁ δ' ἔβη μετὰ πατρὸς ἀκουὴν
» Ἐς Πύλον ἠγαθέην, ἠδ' ἐς Λακεδαίμονα δῖαν. » 20

Τὴν δ' ἀπαμειβόμενος προσέφη νεφεληγερέτα Ζεύς·
« Τέκνον ἐμόν, ποῖόν σε ἔπος φύγεν ἕρκος ὀδόντων;
» Οὐ γὰρ δὴ τοῦτον μὲν ἐβούλευσας νόον αὐτή,
» Ὡς ἤτοι κείνους Ὀδυσεὺς ἀποτίσεται ἐλθών;
» Τηλέμαχον δὲ σὺ πέμψον ἐπισταμένως, (δύνασαι γάρ,)
» Ὥς κε μάλ' ἀσκηθὴς ἣν πατρίδα γαῖαν ἵκηται· 25
» Μνηστῆρες δ' ἐν νηὶ παλιμπετὲς ἀπονέωνται. »

Ἦ ῥα, καὶ Ἑρμείαν, φίλον υἱόν, ἀντίον ηὔδα·
« Ἑρμεία, (σὺ γὰρ αὖτε τά τ' ἄλλα πὲρ ἄγγελός ἐσσι,)
» Νύμφῃ ἐϋπλοκάμῳ εἰπεῖν νημερτέα βουλήν, 30

étoient assemblés pour le conseil, et Jupiter, qui ébranle la terre par ses tonnerres, et dont la force est infinie, étoit à leur tête, plein de majesté et de gloire. La déesse Minerve leur racontoit toutes les peines que souffroit Ulysse dans le palais de Calypso.

« Grand Jupiter, et vous Dieux immortels, leur dit-
» elle, qui est le roi portant sceptre qui voudra être
» doux et clément, et ne marcher que dans les voies de
» la justice? ou plutôt qui est celui qui ne s'abandon-
» nera pas à toutes sortes d'injustices et de violences,
» en prenant sa volonté seule pour la règle de toutes ses
» actions, quand on voit que parmi les sujets du divin
» Ulysse, il n'y en a pas un qui se souvienne de lui,
» quoiqu'il ait toujours eu pour eux les bontés d'un
» père? Il est resté dans une île, accablé d'ennuis et de
» peine, retenu malgré lui dans le palais de Calypso,
» sans aucun moyen de retourner dans sa patrie; car il
» n'a ni vaisseau ni rameurs qui puissent le conduire
» sur la vaste mer; et son fils unique, qui est allé à
» Pylos et à Lacédémone pour apprendre de ses nou-
» velles, va tomber dans les piéges des poursuivans, qui
» l'attendent pour lui ôter la vie. »

« Ma fille, lui répond le maître du tonnerre, quels
» discours venez-vous de nous tenir? n'avez-vous pas
» pris les mesures nécessaires pour qu'Ulysse, de retour
» dans ses états, puisse se venger de ses ennemis? et
» pour Télémaque, conduisez-le vous-même, comme
» vous l'entendez. N'êtes-vous pas toute-puissante? faites
» qu'il arrive sans nul accident dans sa patrie, et que les
» poursuivans soient obligés de s'en retourner sans avoir
» exécuté leur pernicieux complot. »

Ce Dieu parla ainsi, et appelant son fils Mercure, il lui dit : « Mercure, car c'est vous qui, outre vos autres
» fonctions, êtes toujours chargé de mes ordres, allez
» donner à Calypso un bon conseil; persuadez-la de

» Νόστον Ὀδυσῆος ταλασίφρονος, ὥς κε νέηται,
» Οὔτε θεῶν πομπῇ, οὔτε θνητῶν ἀνθρώπων·
» Ἀλλ' ὅγ' ἐπὶ σχεδίης πολυδέσμου πήματα πάσχων
» Ἤματί κ' εἰκοστῷ Σχερίην ἐρίβωλον ἵκοιτο,
» Φαιήκων ἐς γαῖαν, οἳ ἀγχίθεοι γεγάασιν· 35
» Οἵ κέν μιν περὶ κῆρι, θεὸν ὥς, τιμήσουσιν,
» Πέμψουσιν δ' ἐν νηὶ φίλην ἐς πατρίδα γαῖαν,
» Χαλκόν τε χρυσόν τε ἅλις, ἐσθῆτά τε δόντες,
» Πόλλ', ὅσ' ἂν οὐδέποτ' ἐκ Τροίης ἐξήρατ' Ὀδυσσεύς,
» Εἴ περ ἀπήμων ἦλθε, λαχὼν ἀπὸ ληίδος αἶσαν. 40
» Ὣς γάρ οἱ μοῖρ' ἐστὶ φίλους τ' ἰδέειν, καὶ ἱκέσθαι
» Οἶκον ἐς ὑψόροφον, καὶ ἑὴν ἐς πατρίδα γαῖαν. »

Ὣς ἔφατ'· οὐδ' ἀπίθησε διάκτορος Ἀργειφόντης·
Αὐτίκ' ἔπειθ' ὑπὸ ποσσὶν ἐδήσατο καλὰ πέδιλα,
Ἀμβρόσια, χρύσεια· τά μιν φέρον ἠμὲν ἐφ' ὑγρὴν, 45
Ἠδ' ἐπ' ἀπείρονα γαῖαν, ἅμα πνοιῇς ἀνέμοιο.
Εἵλετο δὲ ῥάβδον, τῇ τ' ἀνδρῶν ὄμματα θέλγει,
Ὧν ἐθέλει, τοὺς δ' αὖτε καὶ ὑπνώοντας ἐγείρει.
Τὴν μετὰ χερσὶν ἔχων πέτετο κρατὺς Ἀργειφόντης·
Πιερίην δ' ἐπιβάς, ἐξ αἰθέρος ἔμπεσε πόντῳ. 50
Σεύατ' ἔπειτ' ἐπὶ κῦμα, Λάρῳ ὄρνιθι ἐοικώς,
Ὅστε κατὰ δεινοὺς κόλπους ἁλὸς ἀτρυγέτοιο
Ἰχθῦς ἀγρώσσων, πυκινὰ πτερὰ δεύεται ἅλμῃ·
Τῷ ἴκελος πολέεσσιν ὀχήσατο κύμασιν Ἑρμῆς.
Ἀλλ' ὅτε δὴ τὴν νῆσον ἀφίκετο τηλόθ' ἐοῦσαν, 55
Ἔνθ' ἐκ πόντου βὰς ἰοειδέος, ἤπειρόνδε
Ἤιεν· ὄφρα μέγα σπέος ἵκετο, τῷ ἔνι νύμφη
Ναῖεν ἐϋπλόκαμος· τὴν δ' ἔνδοθι τέτμεν ἐοῦσαν.
Πῦρ μὲν ἐπ' ἐσχαρόφιν μέγα καίετο, τηλόθι δ' ὀδμὴ
Κέδρου τ' εὐκεάτοιο, θύου τ' ἀνὰ νῆσον ὀδώδει, 60
Δαιομένων· ἡ δ' ἔνδον ἀοιδιάους' ὀπὶ καλῇ,
Ἱστὸν ἐποιχομένη, χρυσείῃ κερκίδ' ὕφαινεν.

» laisser partir Ulysse, afin qu'il retourne dans ses états;
» et que, sans être conduit ni par les Dieux, ni par aucun
» homme, mais abandonné seul sur un radeau, après
» des peines, il arrive enfin le vingtième jour dans la
» fertile Schérie, terre des Phéaciens, dont le bonheur
» approche de celui des immortels mêmes. Ces peuples
» fortunés l'honoreront comme un Dieu, le recondui-
» ront dans ses états, et lui donneront de l'airain, de
» l'or, des étoffes magnifiques; en un mot, ils lui feront
» tant de présens, qu'il auroit été moins riche, si, sans
» aucun accident, il avoit apporté chez lui tout le butin
» qu'il avoit eu pour sa part à Troie, et qu'il avoit
» embarqué sur ses vaisseaux. C'est ainsi que le destin
» veut qu'il retourne dans sa chère patrie, et qu'il
» revoie ses amis et son palais. »

Il dit, et Mercure obéit à cet ordre; il ajuste d'abord sur ses pieds ses talonnières immortelles et toutes d'or, avec lesquelles, plus vite que les vents, il traverse les mers et toute l'étendue de la terre; il prend sa verge d'or avec laquelle il plonge les hommes dans le som- meil, et les en retire quand il lui plaît; et la tenant à la main, il prend son vol, traverse la Piérie, et fon- dant du haut des airs, il vole sur les flots, semblable à un oiseau marin qui, chassant aux poissons, vole légère- ment sur la surface des ondes qu'il bat de ses ailes; tel Mercure vole sur la cime des flots. Quand il fut par- venu à cette île, qui est fort éloignée, il quitte la mer, et prenant la terre, il marche sur le rivage, jusqu'à ce qu'il soit arrivé à la grotte où la belle nymphe habitoit. Il la trouve dans cette grotte; à l'entrée il y avoit de grands brasiers magnifiques d'où s'exhaloit une odeur de cèdres ou d'autres bois odoriférans qui parfumoient toute l'île. Devant elle étoit un beau métier où elle tra- vailloit à un ouvrage incomparable avec une navette d'or, et, en travaillant, elle chantoit des airs divins,

Ὕλη δὲ σπέος ἀμφιπεφύκει τηλεθόωσα,
Κλήθρη τ', αἴγειρός τε, καὶ εὐώδης κυπάρισσος.
Ἔνθα δέ τ' ὄρνιθες τανυσίπτεροι εὐνάζοντο, 65
Σκῶπές τ', ἴρηκές τε, τανύγλωσσοί τε κορῶναι
Εἰνάλιαι, τῆσίν τε θαλάσσια ἔργα μέμηλεν.
Ἡ δ' αὐτοῦ τετάνυστο περὶ σπείους γλαφυροῖο
Ἡμερὶς ἡβώωσα, τεθήλει δὲ σταφυλῇσι·
Κρῆναι δ' ἑξείης πίσυρες ῥέον ὕδατι λευκῷ. 70
Πλησίαι ἀλλήλων τετραμμέναι ἄλλυδις ἄλλη·
Ἀμφὶ δὲ λειμῶνες μαλακοὶ ἴου, ἠδὲ σελίνου,
Θήλεον· ἔνθα κ' ἔπειτα καὶ ἀθάνατός περ ἐπελθὼν
Θηήσαιτο ἰδὼν, καὶ τερφθείη φρεσὶν ᾗσιν·
Ἔνθα στὰς θηεῖτο διάκτορος Ἀργειφόντης. 75
Αὐτὰρ ἐπειδὴ πάντα ἑῷ θηήσατο θυμῷ,
Αὐτίκ' ἄρ' εἰς εὐρὺ σπέος ἤλυθεν· οὐδέ μιν ἄντην
Ἠγνοίησεν ἰδοῦσα Καλυψώ, δῖα θεάων·
(Οὐ γάρ τ' ἀγνῶτες θεοὶ ἀλλήλοισι πέλονται
Ἀθάνατοι, οὐδ' εἴτις ἀπόπροθι δώματα ναίει.) 80
Οὐδ' ἄρ' Ὀδυσσῆα μεγαλήτορα ἔνδον ἔτετμεν,
Ἀλλ' ὅγ' ἐπ' ἀκτῆς κλαῖε καθήμενος· ἔνθα πάρος περ
Δάκρυσι καὶ στοναχῇσι καὶ ἄλγεσι θυμὸν ἐρέχθων,
Πόντον ἐπ' ἀτρύγετον δερκέσκετο, δάκρυα λείβων.
Ἑρμείαν δ' ἐρέεινε Καλυψώ, δῖα θεάων, 85
Ἐν θρόνῳ ἱδρύσασα φαεινῷ σιγαλόεντι·
« Τίπτε μοι, Ἑρμεία χρυσόρραπι, εἰλήλουθας,
» Αἰδοῖός τε φίλος τε; πάρος γέ μεν οὔτι θαμίζεις.
» Αὔδα, ὅ, τι φρονέεις· τελέσαι δέ με θυμὸς ἄνωγεν,
» Εἰ δύναμαι τελέσαι γε, καὶ εἰ τετελεσμένον ἐστίν·
» Ἀλλ' ἕπεο προτέρω, ἵνα τοὶ πὰρ ξείνια θείω. » 91
Ὣς ἄρα φωνήσασα θεὰ παρέθηκε τράπεζαν,
Ἀμβροσίης πλήσασα· κέρασσε δὲ νέκταρ ἐρυθρόν·
Αὐτὰρ ὁ πῖνε καὶ ἦσθε διάκτορος Ἀργειφόντης.
Αὐτὰρ ἐπεὶ δείπνησε, καὶ ἤραρε θυμὸν ἐδωδῇ, 95
Καὶ τότε δή μιν ἔπεσσιν ἀμειβόμενος προσέειπεν·

avec une voix merveilleuse. La grotte étoit ombragée d'une forêt d'aunes, de peupliers et de cyprès, où mille oiseaux de mer avoient leur retraite, et elle étoit environnée d'une vigne chargée de raisins. Quatre fontaines rouloient leurs flots d'argent de quatre différens côtés, et formoient quatre grands canaux autour de prairies émaillées de toutes sortes de fleurs : les immortels mêmes n'auroient pu voir un si beau lieu sans l'admirer, et sans sentir dans leur cœur une secrète joie; aussi Mercure en fut-il frappé. Quand il eut bien admiré tous les dehors, il entra dans la grotte. Dès que la déesse Calypso l'eut aperçu, elle le reconnut; car un Dieu n'est jamais inconnu à un autre Dieu, quoiqu'ils habitent des régions très-éloignées. Ulysse n'étoit pas avec la Déesse; il étoit assis sur le rivage de la mer, où il alloit ordinairement exhaler sa douleur et soupirer ses déplaisirs, le visage baigné de larmes, dévorant son cœur, accablé de tristesse, et la vue toujours attachée sur l'élément qui s'opposoit à son retour. Calypso se lève, va au-devant de Mercure, le fait asseoir sur un siége admirable qui brilloit comme le soleil, et lui adresse ses paroles:

« Divin interprète des Dieux, Mercure, qui m'êtes
» si cher et si respectable, pourquoi venez-vous dans
» cette île? elle n'avoit jamais été honorée de votre
» présence; dites tout ce que vous désirez, je suis prête
» à vous obéir, si ce que vous demandez est possible et
» qu'il dépende de moi. Mais avant que de me dire le
» sujet de votre voyage, venez que je vous présente les
» rafraîchissemens qu'exige l'hospitalité. »

En même temps elle met devant lui une table, elle la couvre d'ambroisie, et remplit les coupes de nectar. Mercure prend de cette nourriture immortelle, et, le repas fini, il dit à Calypso:

« Εἰρωτᾷς μ᾽ ἐλθόντα, θεὰ, θεόν; αὐτὰρ ἐγώ τοι
» Νημερτέως τὸν μῦθον ἐνισπήσω· κέλεαι γάρ.
» Ζεὺς ἐμὲ ἠνώγει δεῦρ᾽ ἐλθέμεν οὐκ ἐθέλοντα·
» Τίς δ᾽ ἂν ἑκὼν τοσσόνδε διαδράμοι ἁλμυρὸν ὕδωρ, 100
» Ἄσπετον; οὐδέ τις ἄγχι βροτῶν πόλις, οἵτε θεοῖσιν
» Ἱερά τε ῥέζουσι καὶ ἐξαίτους ἑκατόμβας.
» Ἀλλὰ μάλ᾽ οὔπως ἐστὶ Διὸς νόον Αἰγιόχοιο
» Οὔτε παρὲξ ἐλθεῖν ἄλλον θεὸν, οὔθ᾽ ἁλιῶσαι.
» Φησί τοι ἄνδρα παρεῖναι οἰζυρώτατον ἄλλων   105
» Τῶν ἀνδρῶν, οἳ ἄστυ περὶ Πριάμοιο μάχοντο
» Εἰνάετες, δεκάτῳ δὲ πόλιν πέρσαντες ἔβησαν
» Οἴκαδ᾽· ἀτὰρ ἐν νόστῳ Ἀθηναίην ἀλίτοντο,
» Ἥ σφιν ἐπῶρσ᾽ ἄνεμόν τε κακὸν καὶ κύματα μακρά.
Ἔνθ᾽ ἄλλοι μὲν πάντες ἀπέφθιθον ἐσθλοὶ ἑταῖροι, 110
» Τὸν δ᾽ ἄρα δεῦρ᾽ ἄνεμός τε φέρων καὶ κῦμα πέλασσεν·
» Τὸν νῦν σ᾽ ἠνώγει ἀποπεμπέμεν, ὅ, ττι τάχιστα·
» Οὐ γάρ οἱ τῇδ᾽ αἶσα φίλων ἄπο νόσφιν ὀλέσθαι,
» Ἀλλ᾽ ἔτι οἱ μοῖρ᾽ ἐστὶ φίλους τ᾽ ἰδέειν, καὶ ἱκέσθαι
» Οἶκον ἐς ὑψόροφον καὶ ἑὴν ἐς πατρίδα γαῖαν. » 115

Ὣς φάτο· ῥίγησεν δὲ Καλυψὼ, δῖα θεάων,
Καί μιν φωνήσασ᾽ ἔπεα πτερόεντα προσηύδα·

« Σχέτλιοί ἐστέ, θεοὶ, ζηλήμονες ἔξοχον ἄλλων,
» Οἵτε θεαῖς ἀγάασθε παρ᾽ ἀνδράσιν εὐνάζεσθαι
» Ἀμφαδίην, ἤ τίς τε φίλον ποιήσετ᾽ ἀκοίτην.   120
» Ὣς μὲν ὅτ᾽ Ὠρίων᾽ ἕλετο ῥοδοδάκτυλος Ἠὼς,
» Τόφρα οἱ ἠγάασθε θεοὶ ῥεῖα ζώοντες,
» Ἕως μιν ἐν Ὀρτυγίῃ χρυσόθρονος Ἄρτεμις ἁγνὴ
» Οἷς ἀγανοῖς βελέεσσιν ἐποιχομένη κατέπεφνεν·

« Déesse, vous me demandez ce que je viens vous
» annoncer ; je vous le déclarerai donc sans aucun
» déguisement, puisque vous me l'ordonnez vous-même.
» Jupiter m'a commandé de venir ici, quelque répu-
» gnance que j'y eusse ; car qui est-ce qui viendroit de
» son bon gré traverser une si grande étendue de mer,
» où l'on ne trouve pas sur sa route une seule ville qui
» fasse des sacrifices aux Dieux, et qui leur offre des
» hécatombes ? Mais il n'est pas permis à aucun Dieu
» d'enfreindre ou de négliger les ordres de Jupiter. Il
» dit que vous avez auprès de vous le plus malheureux
» de tous ceux qui ont combattu neuf années entières
» sous les remparts de la ville de Priam, et qui, après
» l'avoir saccagée la dixième année, se sont embarqués
» pour retourner chez eux. Mais à leur départ ils ont
» offensé Minerve ; cette Déesse, dans sa fureur, a
» excité contre eux une violente tempête, et a soulevé
» les flots. Ses vaisseaux ont été brisés, tous ses compa-
» gnons engloutis dans les ondes ; et lui, après avoir
» lutté long-temps contre la mort, a été poussé par les
» vents sur ce rivage. C'est lui que Jupiter vous ordonne
» de renvoyer sans aucun délai, car le destin ne veut
» pas qu'il meure loin de ses états ; la Parque file son
» retour et veut qu'il revoie ses amis, son palais et sa
» chère patrie. »

Ces paroles remplirent de douleur et de dépit l'ame
de la Déesse ; elle en frémit, et éclata en ces termes :

« Que vous êtes injustes, vous autres Dieux qui habi-
» tez l'Olympe ! l'envie la plus maligne a placé son
» trône dans votre cœur. Vous ne pouvez souffrir que
» les Déesses choisissent des mortels pour maris. La belle
» Aurore n'eut pas plutôt regardé favorablement le
» jeune Orion, que l'envie s'alluma dans ces Dieux
» toujours heureux, et elle ne cessa qu'après que la
» chaste Diane, avec ses flèches mortelles, eut privé
» cette Déesse de son cher amant, dans l'île d'Ortygie.

» Ὣς δ' ὁπότ' Ἰασίωνι ἐϋπλόκαμος Δημήτηρ, 125
» Ὧι θυμῷ εἴξασα, μίγη φιλότητι καὶ εὐνῇ,
» Νειῷ ἐνὶ τριπόλῳ· οὐδὲ δὴν ἦεν ἄπυστος
» Ζεὺς, ὅς μιν κατέπεφνε βαλὼν ἀργῆτι κεραυνῷ.
» Ὣς δ' αὖ νῦν μοι ἄγασθε, θεοί, βροτὸν ἄνδρα παρεῖναι.
» Τὸν μὲν ἐγὼν ἐσάωσα περὶ τρόπιος βεβαῶτα 130
» Οἶον· ἐπεί οἱ νῆα θοὴν ἀργῆτι κεραυνῷ
» Ζεὺς ἔλσας ἐκέασσε μέσῳ ἐνὶ οἴνοπι πόντῳ·
» Ἔνθ' ἄλλοι μὲν πάντες ἀπέφθιθον ἐσθλοὶ ἑταῖροι,
» Τὸν δ' ἄρα δεῦρ' ἄνεμός τε φέρων καὶ κῦμα πέλασσε.
» Τὸν μὲν ἐγὼ φίλεόν τε καὶ ἔτρεφον, ἠδὲ ἔφασκον 135
» Θήσειν ἀθάνατον καὶ ἀγήραον ἤματα πάντα.
» Ἀλλ' ἐπεὶ οὔπως ἐστὶ Διὸς νόον Αἰγιόχοιο
» Οὔτε παρὲξ ἐλθεῖν ἄλλον θεὸν, οὐδ' ἁλιῶσαι,
» Ἐρρέτω, εἴ μιν κεῖνος ἐποτρύνει καὶ ἀνώγει
» Πόντον ἐπ' ἀτρύγετον· πέμψω δέ μιν οὔπη ἔγωγε. 140
» Οὐ γάρ μοι πάρα νῆες ἐπήρετμοι, καὶ ἑταῖροι,
» Οἵ κέν μιν πέμποιεν ἐπ' εὐρέα νῶτα θαλάσσης.
» Αὐτάρ οἱ πρόφρων ὑποθήσομαι, οὐδ' ἐπικεύσω,
» Ὥς κε μάλ' ἀσκηθὴς ἣν πατρίδα γαῖαν ἵκηται. »
Τὸν δ' αὖτε προσέειπε διάκτορος Ἀργειφόντης· 145
« Οὕτω νῦν ἀπόπεμπε, Διὸς δ' ἐποπίζεο μῆνιν,
» Μήπως τοι μετόπισθε κοτεσσάμενος χαλεπήνῃ. »
Ὣς ἄρα φωνήσας ἀπέβη κρατὺς Ἀργειφόντης·
Ἡ δ' ἐπ' Ὀδυσσῆα μεγαλήτορα πότνια νύμφη
Ἤϊ', ἐπειδὴ Ζηνὸς ἐπέκλυεν ἀγγελιάων. 150
Τὸν δ' ἄρ' ἐπ' ἀκτῆς εὗρε καθήμενον· οὐδέ ποτ' ὄσσε
Δακρυόφιν τέρσοντο· κατείβετο δὲ γλυκὺς αἰὼν
Νόστον ὀδυρομένῳ, ἐπεὶ οὐκέτι ἥνδανε νύμφη.
Ἀλλ' ἤτοι νύκτας μὲν ἰαύεσκεν καὶ ἀνάγκῃ
Ἐν σπέσσι γλαφυροῖσι παρ' οὐκ ἐθέλων ἐθελούσῃ· 155
Ἤματα δ' ἐν πέτρῃσι καὶ ἠϊόνεσσι καθίζων,
Δάκρυσι καὶ στοναχῇσι καὶ ἄλγεσι θυμὸν ἐρέχθων,
Πόντον ἐπ' ἀτρύγετον δερκέσκετο, δάκρυα λείβων.

» Dès que la blonde Cérès eut accordé ses bonnes grâces
» au sage Jasion, voilà d'abord l'œil envieux de Jupiter
» ouvert sur ce mystère, et ce malheureux prince en
» butte à ses traits. Moi de même, je ne puis, sans exci-
» ter votre envie, m'attacher un homme que je sauvai
» du naufrage, comme il flottoit sur une planche des
» débris de son vaisseau, après que, d'un coup de
» foudre, Jupiter l'eut brisé au milieu de la mer, et que
» tous ses compagnons étant péris, les vents et les flots
» l'eurent poussé sur cette côte. Je le tirai de ce danger,
» je le recueillis ; je l'ai tenu depuis ce temps-là chez
» moi, et je lui ai fait tous les bons traitemens dont j'ai
» pu m'aviser ; je voulois même le rendre immortel, et
» lui communiquer une vie exempte de vieillesse. Mais
» il n'est permis à aucun autre Dieu d'enfreindre ou de
» négliger les lois suprêmes de ce fils de Saturne. Que
» ce cher prince périsse donc, puisque ce Dieu le veut
» si fort, et qu'il ordonne qu'on l'expose encore aux
» mêmes périls dont je l'ai tiré. Pour moi, je ne le ren-
» verrai point, car je n'ai ni vaisseau ni rameurs à lui
» donner pour le conduire. Tout ce que je puis faire,
» c'est, s'il veut me quitter, de lui donner les avis et
» les conseils dont il a besoin pour arriver heureusement
» dans sa patrie. »

Le messager des Dieux l'entendant parler de la sorte, lui dit : « Déesse, renvoyez ce prince, et prévenez la » colère de Jupiter, de peur qu'elle ne vous soit funeste. »

En achevant ces mots, il la quitte et prend son vol vers l'Olympe. En même temps la belle nymphe, pour exécuter les ordres de Jupiter, prend le chemin de la mer et va chercher Ulysse. Elle le trouve assis sur le rivage, où il passoit les jours à pleurer et à se consumer, les regards toujours attachés sur la mer, et soupirant toujours après son départ, qu'il ne pouvoit obtenir de cette Déesse ; et la nuit il alloit coucher dans la grotte,

Ἀγχοῦ δ' ἱσταμένη προσεφώνεε δῖα θεάων·

« Κάμμορε, μή μοι ἔτ' ἐνθάδ' ὀδύρεο, μηδέ τοι αἰὼν
» Φθινέτω· ἤδη γάρ σε μάλα πρόφρασσ' ἀποπέμψω. 161
» Ἀλλ' ἄγε, δούρατα μακρὰ ταμὼν, ἁρμόζεο χαλκῷ
» Εὐρεῖαν σχεδίην· ἀτὰρ ἴκρια πῆξαι ἐπ' αὐτῇ
» Ὑψοῦ, ὥς σε φέρῃσιν ἐπ' ἠεροειδέα πόντον.
» Αὐτὰρ ἐγὼ σῖτον καὶ ὕδωρ καὶ οἶνον ἐρυθρὸν 165
» Ἐνθήσω μενοεικέ', ἅ κέν τοι λιμὸν ἐρύκοι.
» Εἵματά τ' ἀμφιέσω· πέμψω δέ τοι οὖρον ὄπισθεν,
» Ὥς κε μάλ' ἀσκηθὴς σὴν πατρίδα γαῖαν ἵκηαι,
» Αἴκε θεοί γ' ἐθέλωσι, τοὶ οὐρανὸν εὐρὺν ἔχουσιν,
» Οἵ μευ φέρτεροί εἰσι νοῆσαί τε κρῆναί τε. » 170

Ὣς φάτο· ῥίγησεν δὲ πολύτλας δῖος Ὀδυσσεὺς,
Καί μιν φωνήσας ἔπεα πτερόεντα προσηύδα·

« Ἄλλο τι δὴ σύ, θεά, τόδε μήδεαι, οὐδέ τι πομπήν,
» Ἥ με κέλεαι σχεδίῃ περάαν μέγα λαῖτμα θαλάσσης,
» Δεινόν τ' ἀργαλέον τε· τὸ δ' οὐδ' ἐπὶ νῆες ἐῖσαι 175
» Ὠκύποροι περόωσιν, ἀγαλλόμεναι Διὸς οὔρῳ.
» Οὐδ' ἂν ἐγὼν, ἀέκητι σέθεν, σχεδίης ἐπιβαίην,
» Εἰ μή μοι τλαίης γε, θεά, μέγαν ὅρκον ὀμόσσαι,
» Μή τί μοι αὐτῷ πῆμα κακὸν βουλευσέμεν ἄλλο. »

Ὣς φάτο· μείδησεν δὲ Καλυψὼ, δῖα θεάων, 180
Χειρί τέ μιν κατέρεξεν, ἔπος τ' ἔφατ', ἔκ τ' ὀνόμαζε·

« Ἦ δὴ ἀλιτρός γ' ἐσσὶ, καὶ οὐκ ἀποφώλια εἰδώς·
» Οἷον δὴ τὸν μῦθον ἐπεφράσθης ἀγορεῦσαι;
» Ἴστω νῦν τόδε Γαῖα καὶ Οὐρανὸς εὐρὺς ὕπερθεν,
» Καὶ τὸ κατειβόμενον Στυγὸς ὕδωρ, (ὅστε μέγιστος
» Ὅρκος δεινότατός τε πέλει μακάρεσσι θεοῖσι,) 186

mais toujours malgré lui. La Déesse, s'approchant, lui adressa ces paroles:

« Malheureux prince, ne vous affligez plus sur ce
» rivage, et ne vous consumez plus en regrets; je suis
» prête à vous renvoyer aujourd'hui même; coupez
» tout à l'heure des arbres de cette forêt, assemblez un
» radeau et couvrez-le de planches, afin qu'il vous porte
» sur les flots. Je vous donnerai les provisions qui vous
» sont nécessaires, et de bons habits pour vous garantir
» des injures de l'air, et je vous enverrai un vent favo-
» rable, qui vous conduira heureusement dans votre
» patrie, si les Dieux qui habitent l'Olympe, et qui sont
» plus puissans que moi, soit pour bien penser, soit
» pour exécuter leurs pensées, veulent vous accorder
» un heureux retour. »

Elle dit, et Ulysse frémissant à cette proposition, lui répondit tout consterné:

« Déesse, apparemment vous avez d'autres vues que
» celles de me renvoyer, puisque vous m'ordonnez de
» traverser sur un radeau une mer si difficile, si dan-
» gereuse, et que les meilleurs et les plus forts navires,
» accompagnés du vent le plus favorable, ne passent
» qu'avec beaucoup de danger. Je vous déclare donc
» que je ne partirai point malgré vous, et à moins que
» vous ne me fassiez le plus grand des sermens, que
» vous ne formez aucun mauvais dessein contre ma
» vie. »

Il parla ainsi, et la Déesse se mit à rire; et le prenant par la main, elle lui dit:

« Il faut avouer que vous êtes un homme bien fin et
» d'un esprit très-profond, et plein de solidité et de pru-
» dence. Le discours que vous venez de me tenir en est
» une grande preuve. Je vous jure donc, et je prends à
» témoin la terre, le ciel et les eaux du Styx: et c'est le
» plus grand et le plus terrible serment que les Dieux

» Μή τι τοι αὐτῷ πῆμα κακὸν βουλευσέμεν ἄλλο·
» Ἀλλὰ τὰ μὲν νοέω καὶ φράσσομαι, ἅσσ' ἂν ἐμοί περ
» Αὐτῇ μηδοίμην, ὅτε με χρειὼ τόσον ἵκοι.
» Καὶ γὰρ ἐμοὶ νόος ἐστὶν ἐναίσιμος, οὐδέ μοι αὐτῇ 190
» Θυμὸς ἐνὶ στήθεσσι σιδήρεος, ἀλλ' ἐλεήμων. »

Ὣς ἄρα φωνήσασ' ἡγήσατο δῖα θεάων
Καρπαλίμως· ὁ δ' ἔπειτα μετ' ἴχνια βαῖνε θεοῖο·
Ἷξον δὲ σπεῖος γλαφυρὸν θεὸς ἠδὲ καὶ ἀνήρ·
Καί ῥ' ὁ μὲν ἔνθα κάθιζεν ἐπὶ θρόνου, ἔνθεν ἀνέστη 195
Ἑρμείας· νύμφη δ' ἐτίθει πάρα πᾶσαν ἐδωδήν,
Ἔσθειν καὶ πίνειν, οἷα βροτοὶ ἄνδρες ἔδουσιν·
Αὐτὴ δ' ἀντίον ἷζεν Ὀδυσσῆος θείοιο,
Τῇ δὲ παρ' ἀμβροσίην δμωαὶ καὶ νέκταρ ἔθηκαν.
Οἱ δ' ἐπ' ὀνείαθ' ἑτοῖμα προκείμενα χεῖρας ἴαλλον. 200
Αὐτὰρ ἐπεὶ τάρπησαν ἐδητύος ἠδὲ ποτῆτος,

Τοῖς ἄρα μύθων ἦρχε Καλυψώ, δῖα θεάων·
« Διογενὲς Λαερτιάδη, πολυμήχαν' Ὀδυσσεῦ,
» Οὕτω δὴ οἶκόνδε φίλην ἐς πατρίδα γαῖαν
» Αὐτίκα νῦν ἐθέλεις ἰέναι; σὺ δὲ χαῖρε καὶ ἔμπης· 205
» Εἴγε μὲν εἰδείης σῇσι φρεσίν, ὅσσα τοι αἶσα
» Κήδε' ἀναπλῆσαι, πρὶν πατρίδα γαῖαν ἱκέσθαι,
» Ἐνθάδε αὖθι μένων σὺν ἐμοὶ τόδε δῶμα φυλάσσοις,
» Ἀθάνατός τ' εἴης· ἱμειρόμενός περ ἰδέσθαι
» Σὴν ἄλοχον, τῆς αἰὲν ἐέλδεαι ἤματα πάντα. 210
» Οὐ μέν θην κείνης γε χερείων εὔχομαι εἶναι,
» Οὐ δέμας, οὐδὲ φυήν· ἐπεὶ οὔπως οὐδὲ ἔοικεν
» Θνητὰς ἀθανάτῃσι δέμας καὶ εἶδος ἐρίζειν. »

Τὴν δ' ἀπαμειβόμενος προσέφη πολύμητις Ὀδυσσεύς·
« Πότνια θεά, μή μοι τόδε χώεο· οἶδα καὶ αὐτὸς 215
» Πάντα μάλ', οὕνεκα σεῖο περίφρων Πηνελόπεια
» Εἶδος ἀκιδνοτέρη, μέγεθός τ', εἰς ἄντα ἰδέσθαι.
» (Ἡ μὲν γάρ, βροτός ἐστι, σὺ δ' ἀθάνατος καὶ ἀγήρως·)

» puissent faire; je vous jure que je ne forme aucun
» mauvais dessein contre votre vie, et que je vous
» donne les mêmes conseils et les mêmes avis que je
» prendrois moi-même, si j'étois dans le même état où
» vous vous trouvez; car mon esprit suit les règles de la
» justice, et mon cœur n'est point un cœur de fer, mais
» un cœur sensible et plein de compassion. »

En finissant ces mots, elle se mit à marcher, et Ulysse la suivit. Ils arrivèrent ensemble dans la grotte. Ulysse se plaça sur le siége que Mercure venoit de quitter. La Déesse servit devant lui une table couverte de tous les mets dont les hommes peuvent se nourrir, et s'étant assise vis-à-vis de lui, ses nymphes mirent devant elle une autre table, et lui servirent l'ambroisie et le nectar, nourriture ordinaire des immortels.

Quand le repas fut fini, Calypso prenant la parole, dit à ce prince: « Fils de Laërte, vous voilà donc prêt
» à partir pour retourner dans votre chère patrie; vous
» voulez me quitter; malgré votre dureté, je vous sou-
» haite toute sorte de bonheur; mais si vous saviez tous
» les maux que vous aurez à souffrir dans ce retour,
» vous choisiriez assurément de demeurer ici avec moi,
» et vous préféreriez l'immortalité à tant de travaux et
» de peines, quelque impatience que vous ayez de
» revoir votre femme, dont l'image vous occupe nuit
» et jour. J'ose me flatter que je ne lui suis inférieure
» ni en beauté, ni en bonne mine, ni en esprit; les
» mortelles pourroient-elles disputer quelque avantage
» aux Déesses. »

Le sage Ulysse lui répond: « Vénérable Déesse, que
» ce que je vais prendre la liberté de vous dire n'allume
» point contre moi votre courroux. Je sais parfaitement
» combien la sage Pénélope vous est inférieure en beauté
» et en majesté, car elle n'est qu'une simple mortelle,
» au lieu que ni la mort ni la vieillesse n'ont point

» Ἀλλὰ καὶ ὣς ἐθέλω καὶ ἐέλδομαι ἤματα πάντα
» Οἴκαδέ τ' ἐλθέμεναι, καὶ νόστιμον ἦμαρ ἰδέσθαι. 220
» Εἰ δ' αὖ τις ῥαίῃσι θεῶν ἐνὶ οἴνοπι πόντῳ,
» Τλήσομαι, ἐν στήθεσσιν ἔχων ταλαπενθέα θυμόν·
» Ἤδη γὰρ μάλα πόλλ' ἔπαθον καὶ πόλλ' ἐμόγησα
» Κύμασι, καὶ πολέμῳ· μετὰ καὶ τόδε τοῖσι γενέσθω. »

Ὣς ἔφατ'· ἠέλιος δ' ἄρ' ἔδυ καὶ ἐπὶ κνέφας ἦλθεν·
Ἐλθόντες δ' ἄρα τώγε μυχῷ σπείους γλαφυροῖο, 226
Τερπέσθην φιλότητι παρ' ἀλλήλοισι μένοντε.
Ἦμος δ' ἠριγένεια φάνη ῥοδοδάκτυλος ἠώς,
Αὐτίχ' ὁ μὲν χλαῖνάν τε χιτῶνά τε ἕννυτ' Ὀδυσσεύς,
Αὐτὴ δ' ἀργύφεον φᾶρος μέγα ἕννυτο νύμφη, 230
Λεπτὸν, καὶ χαρίεν, περὶ δὲ ζώνην βάλετ' ἰξύϊ
Καλὴν, χρυσείην· κεφαλῇ δ' ἐπέθηκε καλύπτρην·
Καὶ τότ' Ὀδυσσῆϊ μεγαλήτορι μήδετο πομπήν.
Δῶκε μέν οἱ πέλεκυν μέγαν, ἄρμενον ἐν παλάμῃσι,
Χάλκεον, ἀμφοτέρωθεν ἀκαχμένον· αὐτὰρ ἐν αὐτῷ 235
Στειλειὸν περικαλλὲς, ἐλάϊνον· εὖ ἐναρηρός·
Δῶκε δ' ἔπειτα σκέπαρνον εὔξοον· ἦρχε δ' ὁδοῖο
Νήσου ἐπ' ἐσχατιῆς, ὅθι δένδρεα μακρὰ πεφύκει,
Κλήθρη τ', αἴγειρός τ', ἐλάτη τ' ἦν οὐρανομήκης,
Αὖα πάλαι, περίκηλα, τά οἱ πλώοιεν ἐλαφρῶς. 240
Αὐτὰρ ἐπειδὴ δεῖξ', ὅθι δένδρεα μακρὰ πεφύκει,
Ἡ μὲν ἔβη πρὸς δῶμα Καλυψώ, δῖα θεάων·
Αὐτὰρ ὁ τάμνετο δοῦρα· θοῶς δέ οἱ ἤνυτο ἔργον.
Εἴκοσι δ' ἔκβαλε πάντα, πελέκκησεν δ' ἄρα χαλκῷ,
Ξέσσε δ' ἐπισταμένως, καὶ ἐπὶ στάθμην ἴθυνε. 245
Τόφρα δ' ἔνεικε τέρετρα Καλυψώ, δῖα θεάων,

» d'empire sur vous. Cependant je ne demande qu'à me
» revoir dans ma patrie; jour et nuit je ne soupire
» qu'après cet heureux retour. Que si quelque Dieu
» veut me persécuter au milieu des flots, je prendrai le
» parti de souffrir et d'armer mon cœur de patience. J'ai
» soutenu tant de travaux, et essuyé tant de peines et à
» la guerre et sur mer, que j'y suis accoutumé ; ces der-
» niers maux ne feront qu'augmenter le nombre de
» ceux que j'ai déjà soufferts. »

Il parla ainsi. Le soleil se coucha dans l'onde, et les ténèbres se répandirent sur la terre. Calypso et Ulysse se retirèrent dans le fond de la grotte, et oublièrent leurs chagrins et leurs inquiétudes entre les bras du sommeil. Le lendemain, dès que l'aurore eut doré l'horizon, Ulysse se leva, prit sa tunique et son manteau, et la Déesse mit une robe d'une blancheur qui éblouissoit les yeux, et d'une finesse et d'une beauté que rien n'égaloit; c'étoit l'ouvrage des Grâces; elle en arrêta les plis avec une ceinture d'or, et couvrit sa tête d'un voile admirable. Dès qu'elle fut habillée, elle ne pensa plus qu'à fournir à Ulysse ce qui étoit nécessaire pour son départ. Elle lui donna une belle hache à deux tranchans, dont le manche étoit de bois d'olivier, et une scie toute neuve ; et se mettant à marcher devant lui, elle le mena à l'extrémité de l'île, où les arbres étoient les plus grands: il y avoit des aunes, des peupliers et des sapins, qui sont le bois le plus sec, et par conséquent le plus léger et le plus propre pour la mer. Quand elle lui eut montré les plus grands et les meilleurs, elle le quitta, et s'en retourna dans sa grotte. Ulysse se met à couper ces arbres et à les tailler, et il avançoit considérablement son ouvrage, parce qu'il étoit soutenu dans son travail par l'espérance d'un prompt départ qui le combloit de joie. Il abattit vingt arbres en tout, les tailla, les polit et les dressa. Cependant la Déesse lui

Τέτρηνεν δ' ἄρα πάντα, καὶ ἥρμοσεν ἀλλήλοισι·
Γόμφοισιν δ' ἄρα τήν γε καὶ ἁρμονίῃσιν ἄρηρεν.
Ὅσσον τίς τ' ἔδαφος νηὸς τορνώσεται ἀνὴρ
Φορτίδος εὐρείης, εὖ εἰδὼς τεκτοσυνάων,   250
Τόσσον ἐπ' εὐρεῖαν σχεδίην ποιήσατ' Ὀδυσσεύς.
Ἴκρια δὲ στήσας, ἀραρὼν θαμέσι σταμίνεσσι,
Ποίει, ἀτὰρ μακρῇσιν ἐπηγκενίδεσσι τελεύτα.
Ἐν δ' ἱστὸν ποίει, καὶ ἐπίκριον ἄρμενον αὐτῷ.
Πρὸς δ' ἄρα πηδάλιον ποιήσατο, ὄφρ' ἰθύνοι.   255
Φράξε δέ μιν ῥίπεσσι διαμπερὲς οἰσυΐνῃσι,
Κύματος εἶλαρ ἔμεν· πολλὴν δ' ἐπεχεύατο ὕλην.
Τόφρα δὲ φάρε' ἔνεικε Καλυψώ, δῖα θεάων,
Ἱστία ποιήσασθαι· ὁ δ' εὖ τεχνήσατο καὶ τά.
Ἐν δ' ὑπέρας τὲ, κάλους τὲ, πόδας τ' ἐνέδησεν ἐν αὐτῇ.
Μοχλοῖσιν δ' ἄρα τήν γε κατείρυσεν εἰς ἅλα δῖαν. 261
Τέτρατον ἦμαρ ἔην, καὶ τῷ τετέλεστο ἅπαντα·
Τῷ δ' ἄρα πέμπτῳ πέμπ' ἀπὸ νήσου δῖα Καλυψώ,
Εἵματά τ' ἀμφιέσασα θυώδεα, καὶ λούσασα.
Ἐν δέ οἱ ἀσκὸν ἔθηκε θεὰ μέλανος οἴνοιο   265
Τὸν ἕτερον, ἕτερον δ' ὕδατος μέγαν· ἐν δὲ καὶ ἤϊα
Κωρύκῳ, ἐν δέ οἱ ὄψα τίθει μενοεικέα πολλά·
Οὖρον δὲ προέηκεν ἀπήμονά τε λιαρόν τε.
Γηθόσυνος δ' οὔρῳ πέτασ' ἱστία δῖος Ὀδυσσεύς·
Αὐτὰρ ὁ πηδαλίῳ ἰθύνετο τεχνηέντως   270
Ἥμενος· οὐδέ οἱ ὕπνος ἐπὶ βλεφάροισιν ἔπιπτε,
Πληϊάδας τ' ἐσορῶντι, καὶ ὀψὲ δύοντα Βοώτην,
Ἄρκτον θ', ἣν καὶ ἄμαξαν ἐπίκλησιν καλέουσιν,
Ἥ τ' αὐτοῦ στρέφεθαι, καί τ' Ὠρίωνα δοκεύει·
Οἴη δ' ἄμμορός ἐστι λοετρῶν Ὠκεανοῖο.   275
Τὴν γὰρ δή μιν ἄνωγε Καλυψώ, δῖα θεάων,
Ποντοπορευέμεναι ἐπ' ἀριστερὰ χειρὸς ἔχοντα.
Ἑπταδεκαίδεκα μὲν πλέεν ἤματα ποντοπορεύων,

apporta des tarières, dont il se servit pour les percer et les assembler. Il les arrêta avec des clous et des liens, et fit un radeau aussi long et aussi large que le fond d'un vaisseau de charge, qu'un habile charpentier a bâti selon toutes les règles de son art. Il l'environna de planches, qu'il attacha à des soliveaux qu'il mit debout, d'espace en espace, et le finit en le couvrant d'ais fort épais et bien joints; il y dressa un mât traversé d'une antenne; et pour le bien conduire il y fit un bon gouvernail, qu'il munit des deux côtés de bons câbles de saule, afin qu'il résistât à l'impétuosité des flots. Enfin il mit au fond beaucoup de matière, comme une espèce de lest. Calypso lui apporta des toiles pour faire des voiles qu'il tailla parfaitement; il les attacha aux vergues, et mit les cordages qui servent à les plier et à les étendre, après quoi il tira son petit bâtiment sur le rivage avec de bons leviers, pour le lancer à l'eau. Tout cet ouvrage fut fait le quatrième jour. Le lendemain, qui étoit le cinquième, la Déesse le renvoya de son île, après l'avoir baigné et lui avoir donné des habits magnifiques et très-parfumés. Elle mit sur le radeau une outre de vin et une autre d'eau, qui étoit beaucoup plus grande; elle y mit aussi dans des peaux le pain et toutes les autres provisions dont il avoit besoin, et lui envoya un vent favorable. Ulysse, plein de joie, déploie ses voiles, et prenant le gouvernail, se met à conduire sa nacelle sans jamais laisser fermer ses paupières au sommeil, regardant toujours attentivement les Pléiades, et le Bouvier qui se couche si tard, et la grande Ourse, qu'on appelle aussi le Chariot, qui tourne toujours sur son pôle, observant sans cesse l'Orion, et qui est la seule constellation qui ne se baigne jamais dans les eaux de l'Océan. La Déesse avoit obligé Ulysse de faire route en laissant à gauche cette constellation. Il vogua ainsi dix-sept jours entiers. Le dix-huitième

Ὀκτωκαιδεκάτῃ δ' ἐφάνη ὄρεα σκιόεντα
Γαίης Φαιήκων, ὅθι τ' ἄγχιστον πέλεν αὐτῷ· 280
Εἴσατο δ', ὡς ὅτε ῥινὸν ἐν ἠεροειδέϊ πόντῳ.

Τὸν δ' ἐξ Αἰθιόπων ἀνιὼν κρείων Ἐνοσίχθων,
Τηλόθεν ἐκ Σολύμων ὀρέων ἴδεν· εἴσατο γάρ οἱ
Πόντον ἐπιπλείων· ὁ δ' ἐχώσατο κηρόθι μᾶλλον·
Κινήσας δὲ κάρη προτὶ ὃν μυθήσατο θυμόν· 285

« Ὢ πόποι, ἦ μάλα δὴ μετεβούλευσαν θεοὶ ἄλλως
» Ἀμφ' Ὀδυσῆϊ, ἐμεῖο μετ' Αἰθιόπεσσιν ἐόντος·
» Καὶ δὴ Φαιήκων γαίης σχεδόν, ἔνθα οἱ αἶσα
» Ἐκφυγέειν μέγα πεῖρας ὀϊζύος, ἥ μιν ἱκάνει·
» Ἀλλ' ἔτι μέν μίν φημι ἄδην ἐλάαν κακότητος· » 290

Ὣς εἰπὼν, σύναγεν νεφέλας, ἐτάραξε δὲ πόντον,
Χερσὶ τρίαιναν ἑλών· πάσας δ' ὀρόθυνεν ἀέλλας
Παντοίων ἀνέμων· σὺν δὴ νεφέεσσι κάλυψε
Γαῖαν ὁμοῦ καὶ πόντον· ὀρώρει δ' οὐρανόθεν νύξ.
Σὺν δ' Εὖρός τε Νότος τ' ἔπεσε, Ζέφυρός τε δυσαὴς, 295
Καὶ Βορέης αἰθρηγενέτης, μέγα κῦμα κυλίνδων.
Καὶ τότ' Ὀδυσσῆος λύτο γούνατα καὶ φίλον ἦτορ·
Ὀχθήσας δ' ἄρα εἶπε πρὸς ὃν μεγαλήτορα θυμόν·

« Ὤ μοι ἐγὼ δειλὸς, τί νύ μοι μήκιστα γένηται;
» Δείδω, μὴ δὴ πάντα θεὰ νημερτέα εἶπεν, 300
» Ἥ μ' ἔφατ' ἐν πόντῳ, πρὶν πατρίδα γαῖαν ἱκέσθαι,
» Ἄλγε' ἀναπλήσειν· τάδε δὴ νῦν πάντα τελεῖται.
» Οἵοισιν νεφέεσσι περιστέφει οὐρανὸν εὐρὺν
» Ζεὺς, ἐτάραξε δὲ πόντον, ἐπισπέρχουσι δ' ἄελλαι
» Παντοίων ἀνέμων· νῦν μοι σῶς αἰπὺς ὄλεθρος· 305
» Τρὶς μάκαρες Δαναοὶ, καὶ τετράκις, οἳ τότ' ὄλοντο
» Τροίῃ ἐν εὐρείῃ, χάριν Ἀτρείδῃσι φέροντες,

jour il découvrit les sombres montagnes de la terre des Phéaciens, par où son chemin étoit le plus court. Cette île lui parut comme un bouclier au milieu de cette mer obscurcie par les brouillards et les nuages.

Neptune, qui revenoit de chez les Ethiopiens, l'aperçut de loin, de dessus les montagnes des Solymes; comme il voguoit heureusement. En même temps il est enflammé de colère, et branlant la tête, il dit en son cœur:

« Qu'est-ce que je vois? les Dieux ont donc changé
» de résolution en faveur d'Ulysse pendant que j'ai été
» chez les Ethiopiens! le voilà déjà près de l'île des
» Phéaciens, où le Destin veut qu'il trouve la fin de
» tous les maux qui le menacent. Mais je trouverai bien
» le moyen de l'en éloigner et de l'exposer à des misères
» encore plus grandes. »

En finissant ces mots, il assemble les nuages, bouleverse la mer avec son trident, excite toutes les tempêtes, couvre la terre et la mer d'épaisses ténèbres; une nuit obscure tombe du ciel et cache le jour. Le vent du midi, le vent d'orient, le violent zéphyr, et le Borée, ce tyran des mers, se déchaînent et élèvent des montagnes de flots. Alors Ulysse sent ses forces et son courage l'abandonner, et dans son désespoir, il s'écrie:

« Ah! malheureux que je suis, quels malheurs m'at-
» tendent encore! Que je crains que la déesse Calypso
» ne m'ait dit la vérité, quand elle m'a averti que j'avois
» encore bien des maux à essuyer, avant que de pou-
» voir arriver dans ma chère patrie; voilà sa prédiction
» qui s'accomplit. De quels nuages noirs Jupiter a cou-
» vert le ciel! quel mugissement affreux des flots! tous
» les vents ont rompu leurs barrières, on ne voit
» qu'orages affreux de tous côtés, je ne dois plus attendre
» que la mort. Heureux et mille fois heureux les Grecs
» qui, pour la querelle des Atrides, sont morts sous les

Tome I. 9

» Ὡς δὴ ἔγωγ' ὄφελον θανέειν καὶ πότμον ἐπισπεῖν
» Ἤματι τῷ, ὅτέ μοι πλεῖστοι χαλκήρεα δοῦρα
» Τρῶες ἐπέῤῥιψαν περὶ Πηλείωνι θανόντι.   310
» Τῷ κ' ἔλαχον κτερέων, καί μευ κλέος ἦγον Ἀχαιοί·
» Νῦν δέ με λευγαλέῳ θανάτῳ εἵμαρτο ἁλῶναι. »

Ὡς ἄρα μιν εἰπόντ' ἔλασεν μέγα κῦμα κατ' ἄκρης,
Δεινὸν ἐπεσσύμενον, περὶ δὲ σχεδίην ἐλέλιξεν.
Τῆλε δ' ἀπὸ σχεδίης αὐτὸς πέσε, πηδάλιον δὲ   315
Ἐκ χειρῶν προέηκε· μέσον δέ οἱ ἱστὸν ἔαξε
Δεινὴ μισγομένων ἀνέμων ἐλθοῦσα θύελλα.
Τηλοῦ δὲ σπεῖρον καὶ ἐπίκριον ἔμπεσε πόντῳ,
Τὸν δ' ἄρ' ὑπόβρυχα θῆκε πολὺν χρόνον· οὐδὲ δυνάσθη
Αἶψα μάλ' ἀνσχεθέειν, μεγάλου ὑπὸ κύματος ὁρμῆς·
Εἵματα γάρ ῥ' ἐβάρυνε, τά οἱ πόρε δῖα Καλυψώ·   321
Ὀψὲ δὲ δή ῥ' ἀνέδυ, στόματος δ' ἐξέπτυσεν ἅλμην
Πικρήν, ἥ οἱ πολλὴ ἀπὸ κρατὸς κελάρυζεν.
Ἀλλ' οὐδ' ὣς σχεδίης ἐπελήθετο, τειρόμενός περ,
Ἀλλὰ μεθορμηθεὶς ἐν κύμασιν, ἐλλάβετ' αὐτῆς·   325
Ἐν μέσσῃ δὲ καθῖζε, τέλος θανάτου ἀλεείνων.
» Τὴν δ' ἐφόρει μέγα κῦμα κατὰ ῥόον ἔνθα καὶ ἔνθα.
Ὡς δ' ὅτ' ὀπωρινὸς Βορέης φορέῃσιν ἀκάνθας
Ἀμπεδίον, πυκιναὶ δὲ πρὸς ἀλλήλῃσιν ἔχονται·
Ὣς τὴν ἀμπέλαγος ἄνεμοι φέρον ἔνθα καὶ ἔνθα.   330
Ἄλλοτε μέν τε Νότος Βορέῃ προβάλεσκε φέρεσθαι,
Ἄλλοτε δ' αὖτ' Εὖρος Ζεφύρῳ εἴξασκε διώκειν.

Τὸν δὲ ἴδεν Κάδμου θυγάτηρ, καλλίσφυρος Ἰνώ,
Λευκοθέη, ἣ πρὶν μὲν ἔην βροτὸς αὐδήεσσα,
Νῦν δ' ἁλὸς ἐν πελάγεσσι θεῶν ἐξέμμορε τιμῆς·   335
Ἥ ῥ' Ὀδυσῆ' ἐλέησεν ἀλώμενον, ἄλγε' ἔχοντα,

» murs de la superbe ville de Priam! Eh! pourquoi les
» Dieux ne me laissèrent-ils pas périr aussi le jour que
» les Troyens, dans une sortie, firent pleuvoir sur moi
» une si furieuse grêle de traits autour du corps d'Achille?
» On m'auroit fait des funérailles honorables, et ma
» gloire auroit été célébrée par tous les Grecs; au lieu
» que présentement je péris d'une mort triste et mal-
» heureuse. »

Il achevoit à peine ces mots, qu'un flot épouvantable venant fondre sur la pointe de la nacelle, la fait tourner avec rapidité; ce mouvement impétueux jette Ulysse bien loin, en lui faisant abandonner son gouvernail; un furieux coup de vent brise le mât par le milieu; la voile et l'antenne sont emportées, et ce prince est long-temps enseveli dans les ondes, sans pouvoir vaincre l'effort de la vague qui le couvroit, car il étoit appesanti par les habits que lui avoit donnés la Déesse. Enfin, après beaucoup de peines, il surmonte le flot et reparoît; en même temps il rend par la bouche une grande quantité d'eau, il en coule des ruisseaux de sa tête et de ses cheveux. Dans cet état, quoique abattu et sans forces, il ne perd pourtant pas le jugement, et n'oublie pas son radeau; mais faisant effort, et s'élevant au-dessus des vagues, il l'approche, s'en saisit, s'assied au milieu, et évite ainsi la mort qui l'environne; la nacelle est le jouet des flots qui la poussent çà et là. Comme on voit en automne l'aquilon ballotter des épines dans les campagnes, quoiqu'elles soient fort épaisses et entrelacées; de même les vents ballottoient la nacelle de tous côtés. Tantôt le vent du midi la laisse emporter à l'aquilon, et tantôt le vent d'orient la cède au zéphyr.

La fille de Cadmus, la belle Ino, qui n'étoit autrefois qu'une mortelle, et qui alors étoit déjà adorée comme Déesse de la mer, sous le nom de Leucothée, voyant Ulysse accablé de maux, et porté de tous côtés

Αἰθυίῃ δ' εἰκυῖα ποτῇ ἀνεδύσατο λίμνης·
Ἶξε δ' ἐπὶ σχεδίης πολυδέσμου, εἰπέ τε μῦθον·

« Κάμμορε, τίπτε τοι ὧδε Ποσειδάων ἐνοσίχθων
» Ὠδύσατ' ἐκπάγλως, ὅτι τοι κακὰ πολλὰ φυτεύει; 340
» Οὐ μὲν δή σε καταφθίσει, μάλα πὲρ μενεαίνων.
» Ἀλλὰ μάλ' ὧδ' ἔρξαι, (δοκέεις δέ μοι οὐκ ἀπινύσσειν,)
» Εἵματα ταῦτ' ἀποδὺς, σχεδίην ἀνέμοισι φέρεσθαι
» Κάλλιπ'· ἀτὰρ χείρεσσι νέων, ἐπιμαίεο νόστου
» Γαίης Φαιήκων, ὅθι τοι μοῖρ' ἐστὶν ἀλύξαι.   345
» Τῆ δὲ τόδε κρήδεμνον ὑπὸ στέρνοιο τάνυσσαι
» Ἄμβροτον· οὐδέν τοι παθέειν δέος, οὐδ' ἀπολέσθαι.
» Αὐτὰρ ἐπὴν χείρεσσιν ἐφάψεαι ἠπείροιο,
» Ἂψ ἀποδυσάμενος βαλέειν εἰς οἴνοπα πόντον,
» Πολλὸν ἀπ' ἠπείρου, αὐτὸς δ' ἀπὸ νόσφι τραπέσθαι.»

Ὣς ῥα φωνήσασα θεὰ κρήδεμνον ἔδωκεν,   351
Αὐτὴ δ' ἂψ ἐς πόντον ἐδύσατο κυμαίνοντα,
Αἰθυίῃ εἰκυῖα· μέλαν δέ ἑ κῦμα κάλυψεν.
Αὐτὰρ ὁ μερμήριξε πολύτλας δῖος Ὀδυσσεύς,
Ὀχθήσας δ' ἄρα εἶπε πρὸς ὃν μεγαλήτορα θυμόν· 355

« Ὤ μοι ἐγὼ, μήτις μοι ὑφαίνῃσιν δόλον ἄλλον
» Ἀθανάτων, ὅτε με σχεδίης ἀποβῆναι ἀνώγει.
» Ἀλλὰ μάλ' οὔπω πείσομ'· ἐπεὶ ἑκὰς ὀφθαλμοῖσι
» Γαῖαν ἐγὼν ἰδόμην, ὅθι μοι φάτο φύξιμον εἶναι.
» Ἀλλὰ μάλ' ὧδ' ἔρξω, δοκέει δέ μοι εἶναι ἄριστον· 360
» Ὄφρ' ἂν μέν κεν δούρατ' ἐν ἁρμονίῃσιν ἀρήρῃ,
» Τόφρ' αὐτοῦ μενέω καὶ τλήσομαι ἄλγεα πάσχων·

par la tempête, fut touchée de compassion, et, sortant tout à coup du sein de l'onde avec la rapidité d'un plongeon, elle vole sur la nacelle, et, s'arrêtant vis-à-vis d'Ulysse, elle lui dit :

« Malheureux prince, pourquoi le redoutable Neptune
» est-il entré dans une si funeste colère contre vous? il
» vous poursuit avec tant d'animosité, et il vous expose
» à tant de misères! Mais quelque envie qu'il ait de vous
» faire périr, il n'en viendra pourtant pas à bout. Faites
» donc ce que je vais vous dire : vous me paroissez
» homme prudent et avisé; quittez vos habits, abandon-
» nez votre nacelle aux vents, et, vous jetant à la mer,
» gagnez à la nage l'île des Phéaciens, où le Destin
» veut que vous trouviez votre salut. Prenez seulement
» ce voile immortel que je vous donne, étendez-le de-
» vant vous, et ne craignez rien, non-seulement vous
» ne périrez point, mais il ne vous arrivera pas le
» moindre mal. Et dès que vous aurez gagné le rivage,
» ôtez ce voile, jetez-le dans la mer le plus loin que
» vous pourrez, et en le jetant, souvenez-vous de
» détourner la tête. »

En finissant ces mots, elle lui présente ce voile, et se replonge dans la mer. Ulysse repasse dans son esprit ce qu'il vient d'entendre, et, pénétré de douleur, il dit en lui-même :

« Ah malheureux! que je crains que ce Dieu, quel
» qu'il soit, ne machine encore ma perte, puisqu'il me
» presse d'abandonner mon radeau. Mais je n'ai garde
» de lui obéir; car la terre, où il dit que je dois me
» sauver, je la vois encore bien éloignée. Voici ce que
» je m'en vais faire, et c'est assurément le meilleur
» parti : pendant que mon radeau sera entier, et que les
» liens maintiendront l'assemblage des planches et des
» solives qui le composent, je ne l'abandonnerai point,
» et j'y attendrai tout ce qui pourra m'arriver. Mais

» Αὐτὰρ ἐπὴν δή μοι σχεδίην διὰ κῦμα τινάξῃ,
» Νήξομ᾽· ἐπεὶ οὐ μέν τι πάρα προνοῆσαι ἄμεινον· »

Ἕως ὁ ταῦθ᾽ ὥρμαινε κατὰ φρένα καὶ κατὰ θυμόν,
Ὦρσε δ᾽ ἐπὶ μέγα κῦμα Ποσειδάων ἐνοσίχθων,   366
Δεινόν τ᾽, ἀργαλέον τε, κατηρεφές· ἤλασε δ᾽ αὐτόν.
Ὡς δ᾽ ἄνεμος ζαὴς ἠίων θημῶνα τινάξῃ
Καρφαλέων, τὰ μὲν ἄρ τε διεσκέδασ᾽ ἄλλυδις ἄλλῃ·
Ὡς τῆς δούρατα μακρὰ διεσκέδασ᾽· αὐτὰρ Ὀδυσσεὺς 370
Ἀμφ᾽ ἑνὶ δούρατι βαῖνε, κέληθ᾽ ὡς ἵππον ἐλαύνων,
Εἵματα δ᾽ ἐξαπέδυνε, τά οἱ πόρε δῖα Καλυψώ.
Αὐτίκα δὲ κρήδεμνον ὑπὸ στέρνοιο τάνυσσεν·
Αὐτὸς δὲ πρηνὴς ἁλὶ κάππεσε, χεῖρε πετάσσας,
Νηχέμεναι μεμαώς· ἴδε δὲ κρείων Ἐνοσίχθων,   375
Κινήσας δὲ κάρη προτὶ ὃν μυθήσατο θυμόν.

« Οὕτω νῦν κακὰ πολλὰ παθὼν ἀλόω κατὰ πόντον,
» Εἰσόκεν ἀνθρώποισι διοτρεφέεσσι μιγείης·
» Ἀλλ᾽ οὐδ᾽ ὥς σε ἔολπα ὀνόσσεσθαι κακότητος. »

Ὣς ἄρα φωνήσας, ἵμασεν καλλίτριχας ἵππους, 380
Ἵκετο δ᾽ εἰς Αἰγὰς, ὅθι οἱ κλυτὰ δώματ᾽ ἔασιν.

Αὐτὰρ Ἀθηναίη, κούρη Διὸς, ἄλλ᾽ ἐνόησεν·
Ἤτοι τῶν ἄλλων ἀνέμων κατέδησε κελεύθους,
Παύσασθαι δ᾽ ἐκέλευσε καὶ εὐνηθῆναι ἅπαντας·
Ὦρσε δ᾽ ἐπὶ κραιπνὸν Βορέην, πρὸ δὲ κύματ᾽ ἔαξεν,
Ἕως ὅγε Φαιήκεσσι φιληρέτμοισι μιγείη   386
Διογενὴς Ὀδυσεὺς, θάνατον καὶ κῆρας ἀλύξας.
Ἔνθα δύω νύκτας, δύο δ᾽ ἤματα κύματι πηγῷ
Πλάζετο· πολλὰ δέ οἱ κραδίη προτιόσσετ᾽ ὄλεθρον.
Ἀλλ᾽ ὅτε δὴ τρίτον ἦμαρ εὐπλόκαμος τέλεσ᾽ ἠώς, 390
Καὶ τότ᾽ ἔπειτ᾽ ἄνεμος μὲν ἐπαύσατο, ἠδὲ γαλήνη
Ἔπλετο νηνεμίη· ὁ δ᾽ ἄρα σχεδὸν εἴσιδε γαῖαν,
Ὀξὺ μάλα προϊδὼν, μεγάλου ὑπὸ κύματος ἀρθείς.

Ὡς δ᾽ ὅταν ἀσπάσιος βίοτος παίδεσσι φανείη

» sitôt que la violence des flots l'aura désuni et mis en
» pièces, je me jetterai à la nage; je ne saurois rien
» imaginer de meilleur. »

Pendant que le divin Ulysse s'entretenoit de ces pensées, Neptune excita une vague aussi haute qu'une montagne, et la poussa contre lui. Comme un tourbillon dissipe un monceau de pailles sèches, et les disperse çà et là, cette vague dissipe de même toutes les pièces du radeau. Ulysse se saisit d'une solive, monte dessus, et la mène comme un cheval de selle. Alors il dépouille les habits que Calypso lui avoit donnés, attache devant lui le voile de Leucothée, se jette à la mer, et se met à nager. Neptune le vit, et, branlant la tête, il dit en son cœur :

« Après avoir tant souffert, va encore errer en cet
» état sur les ondes, jusqu'à ce que tu abordes chez ces
» heureux mortels que Jupiter traite comme ses enfans.
» Quand tu y seras arrivé, je ne crois pas que tu aies
» sujet de rire des maux que tu auras endurés. »

En même temps il pousse ses fougueux coursiers, et arrive à Egues, où il avoit un magnifique palais.

Cependant la fille de Jupiter, la puissante Minerve, pensa bien différemment: elle ferma les chemins des airs à tous les vents, et leur commanda de s'apaiser; elle ne laissa en liberté que le seul Borée, avec lequel elle brisa les flots, jusqu'à ce qu'Ulysse fût arrivé chez les Phéaciens, et qu'il se fût dérobé aux attentats de la Parque. Deux jours et deux nuits ce prince fut ballotté sur les flots, toujours entre les bras de la mort; mais quand la belle Aurore eut amené le troisième jour, le vent s'apaisa, la tempête fit place au calme, et Ulysse, élevé sur la cime d'une vague, vit de ses yeux la terre assez près de lui.

Telle qu'est la joie que des enfans sentent de voir revenir tout d'un coup à la vie un père qu'ils aiment

Πατρὸς, ὃς ἐν νούσῳ κεῖται κρατέρ' ἄλγεα πάσχων,
Δηρὸν τηκόμενος, στυγερὸς δέ οἱ ἔχραε δαίμων, 396
Ἀσπάσιον δ' ἄρα τόν γε θεοὶ κακότητος ἔλυσαν·
Ὣς Ὀδυσῆ' ἀσπαστὸν ἐείσατο γαῖα καὶ ὕλη.
Νῆχε δ', ἐπειγόμενος ποσὶν ἠπείρου ἐπιβῆναι·
Ἀλλ' ὅτε τόσσον ἀπῆν, ὅσσον τε γέγωνε βοήσας, 400
Καὶ δὴ δοῦπον ἄκουσε ποτὶ σπιλάδεσσι θαλάσσης·
Ῥόχθει γὰρ μέγα κῦμα ποτὶ ξερὸν ἠπείροιο
Δεινὸν ἐρευγόμενον· εἴλυτο δὲ πάνθ' ἁλὸς ἄχνῃ·
Οὐ γὰρ ἔσαν λιμένες, νηῶν ὄχοι, οὐδ' ἐπιωγαί,
Ἀλλ' ἀκταὶ προβλῆτες ἔσαν, σπιλάδες τέ, πάγοι τέ.
Καὶ τότ' Ὀδυσσῆος λύτο γούνατα καὶ φίλον ἦτορ, 406
Ὀχθήσας δ' ἄρα εἶπε πρὸς ὃν μεγαλήτορα θυμόν.

« Ὤ μοι· ἐπειδὴ γαῖαν ἀελπέα δῶκεν ἰδέσθαι
» Ζεὺς, καὶ δὴ τόδε λαῖτμα διατμήξας ἐπέρησα,
» Ἔκβασις οὔπῃ φαίνεθ' ἁλὸς πολιοῖο θύραζε· 410
» Ἔκτοσθεν μὲν γὰρ πάγοι ὀξέες, ἀμφὶ δὲ κῦμα
» Βέβρυχεν ῥόθιον, λισσὴ δ' ἀναδέδρομε πέτρη,
» Ἀγχιβαθὴς δὲ θάλασσα· καὶ οὔπως ἔστι πόδεσσι
» Στήμεναι ἀμφοτέροισι, καὶ ἐκφυγέειν κακότητα,
» Μήπως μ' ἐκβαίνοντα βάλῃ λίθακι ποτὶ πέτρῃ 415
» Κῦμα μέγ' ἁρπάξαν, μελέη δέ μοι ἔσσεται ὁρμή.
» Εἰ δέ κ' ἔτι προτέρω παρανήξομαι, ἤν που ἐφεύρω
» Ἠϊόνας τε παραπλῆγας, λιμένας τε θαλάσσης,
» Δείδω, μή μ' ἐξαῦτις ἀναρπάξασα θύελλα
» Πόντον ἐπ' ἰχθυόεντα φέρῃ, βαρέα στενάχοντα, 420
» Ἤ ἔτι μοι καὶ κῆτος ἐπισσεύῃ μέγα δαίμων
» Ἐξ ἁλὸς, οἷά τε πολλὰ τρέφει κλυτὸς Ἀμφιτρίτη·
» Οἶδα γὰρ, ὥς μοι ὀδώδυσται κλυτὸς Ἐννοσίγαιος.»

Ἕως ὁ ταῦθ' ὥρμαινε κατὰ φρένα καὶ κατὰ θυμόν,

tendrement, et qui, consumé par une longue maladie, dont un Dieu ennemi l'avoit affligé, étoit prêt à rendre le dernier soupir; telle fut la joie d'Ulysse, quand il découvrit la terre et les forêts : il nage avec une nouvelle ardeur pour gagner le rivage; mais quand il n'en fut plus éloigné que de la portée de la voix, il entendit un bruit affreux; les flots qui venoient se briser contre des rochers dont le rivage étoit bordé, mugissoient horriblement et les couvroient d'écume. Il n'y avoit là ni ports à recevoir les vaisseaux, ni abri commode; le rivage étoit avancé et tout hérissé de rochers et semé d'écueils. A cette vue, Ulysse sent son courage et ses forces l'abandonner, et, dans cette extrémité, il dit en son cœur:

« Hélas! après que Jupiter a permis que je visse la
» terre que je n'espérois plus de voir, après que j'ai
» passé avec tant de travaux et de peines ce long trajet
» de mer, je ne trouve aucune issue pour sortir de ces
» abîmes. Je ne vois de tous côtés que des pointes
» d'écueils, que les flots heurtent impétueusement avec
» des meuglemens épouvantables. Plus près du rivage,
» je ne découvre qu'une chaîne de rochers escarpés, et
» une mer profonde, où l'on ne trouve point de fond
» pour se tenir sur ses pieds et reprendre haleine. Si
» j'avance, je crains que le flot, m'enveloppant, ne me jette
» contre une de ces roches pointues, et que mes efforts
» ne me soient funestes. Si je suis assez heureux pour
» me tirer de ces écueils et pour approcher du rivage,
» j'ai à craindre qu'un coup de vent ne m'enlève et ne
» me rejette au milieu des flots, ou même que le puis-
» sant Dieu qui me persécute n'envoie contre moi quel-
» qu'un des monstres marins qui sont en si grand
» nombre dans le sein d'Amphitrite; car je connois
» toute la colère dont Neptune est animé contre moi. »

Dans le moment que toutes ces pensées lui passent

*9

Τόφρα δέ μιν μέγα κῦμα φέρεν τρηχεῖαν ἐπ' ἀκτήν. 425
Ἔνθ' ἀπὸ ῥινός τε δρύφθη, σύν τ' ὀστέ' ἀράχθη,
Εἰ μὴ ἐπὶ φρεσὶ θῆκε θεὰ γλαυκῶπις Ἀθήνη·
Ἀμφοτέρῃσι δὲ χερσὶν ἐπεσσύμενος λάβε πέτρης,
Τῆς ἔχετο στενάχων, εἵως μέγα κῦμα παρῆλθε.
Καὶ τὸ μὲν ὣς ὑπάλυξε· παλιρρόθιον δέ μιν αὖτις 430
Πλῆξεν ἐπεσσύμενον, τηλοῦ δέ μιν ἔμβαλε πόντῳ.
Ὡς δ' ὅτε πουλύποδος θαλάμης ἐξελκομένοιο
Πρὸς κοτυληδονόφιν πυκιναὶ λάϊγγες ἔχονται·
Ὣς τοῦ πρὸς πέτρῃσι θρασειάων ἀπὸ χειρῶν
Ῥινοὶ ἀπέδρυφθεν· τὸν δὲ μέγα κῦμα κάλυψεν. 435
Ἔνθα κε δὴ δύστηνος ὑπὲρ μόρον ὤλετ' Ὀδυσσεύς,
Εἰ μὴ ἐπιφροσύνην δῶκε γλαυκῶπις Ἀθήνη·
Κύματος ἐξαναδύς, τά τ' ἐρεύγεται ἤπειρόνδε,
Νῆχε παρὲξ ἐς γαῖαν ὁρώμενος, εἴπου ἐφεύροι
Ἠιόνας τε παραπλῆγας, λιμένας τε θαλάσσης. 440
Ἀλλ' ὅτε δὴ ποταμοῖο κατὰ στόμα καλλιρόοιο
Ἷξε νέων, τῇ δή οἱ ἐείσατο χῶρος ἄριστος,
Λεῖος πετράων, καὶ ἐπὶ σκέπας ἦν ἀνέμοιο·
Ἔγνω δὴ προρέοντα, καὶ εὔξατο ὃν κατὰ θυμόν·

« Κλῦθι, ἄναξ, ὅστ' ἐσσί· πολύλλιστον δὲ σ' ἱκάνω,
» Φεύγων ἐκ πόντοιο Ποσειδάωνος ἐνιπάς. 446
» Αἰδοῖος μὲν τ' ἐστὶ καὶ ἀθανάτοισι θεοῖσιν,
» Ἀνδρῶν ὅστις ἵκηται ἀλώμενος, ὡς καὶ ἐγὼ νῦν
» Σόν τε ῥόον, σά τε γούναθ' ἱκάνω, πολλὰ μογήσας·

dans l'esprit, le flot le pousse avec impétuosité contre le rivage bordé de rochers. Il se seroit brisé infailliblement si Minerve ne l'eût secouru, en lui inspirant d'avancer les deux mains, de se prendre au rocher et de s'y tenir ferme jusqu'à ce que le flot fût passé ; par ce moyen, il se déroba à sa fureur, mais le même flot, repoussé par le rivage, le heurta à son retour et l'emporta bien loin dans la mer. Comme lorsqu'un polype s'est collé à une roche, on ne peut l'en arracher qu'il n'emporte avec lui des parties de la roche même ; ainsi Ulysse embrasse si fortement le rocher qu'il a saisi, que le choc violent de la vague ne peut l'en arracher sans qu'il y laisse une partie de la chair de ses mains ; cette vague, en l'emportant, le couvre tout entier. Ce malheureux prince alloit périr, contre l'ordre même des destinées, si Minerve ne lui eût donné en cette terrible occasion une présence d'esprit admirable. Dès qu'il fut revenu au-dessus de l'eau au milieu des vagues qui le poussoient contre le rivage, il se mit à nager sans approcher trop de la terre et sans s'en éloigner trop non plus, mais la regardant toujours et cherchant quelque roche avancée qui pût lui servir d'abri. Après beaucoup d'efforts, il arrive vis-à-vis de l'embouchure d'un fleuve. Ce lieu lui parut très-favorable, car il n'y avoit point d'écueils, et il étoit à couvert des vents ; il reconnut le courant, et dans son cœur, adressant la parole au Dieu de ce fleuve, il dit :

Grand Dieu, qui que vous soyez, vous voyez un étranger qui a grand besoin de votre secours, et qui fuit la colère de Neptune. Tous les hommes qui, dans le pitoyable état où je me trouve, s'adressent aux Dieux immortels, sont pour eux, si j'ose le dire, un objet respectable et digne de compassion. C'est pourquoi, après avoir souffert des peines infinies, je viens avec confiance dans votre courant embrasser vos

» Ἀλλ' ἐλέαιρε, ἄναξ· ἱκέτης δέ τοι εὔχομαι εἶναι. » 450

Ὣς φάθ'· ὁ δ' αὐτίκα παῦσεν ἑὸν ῥόον, ἔσχε δὲ κῦμα·
Πρόσθε δέ οἱ ποίησε γαλήνην· τὸν δ' ἐσάωσεν
Ἐς ποταμοῦ προχοάς· ὁ δ' ἄρ' ἄμφω γούνατ' ἔκαμψε,
Χεῖράς τε στιβαράς· ἁλὶ γὰρ δέδμητο φίλον κῆρ.
Ὤδεε δὲ χρόα πάντα· θάλασσα δὲ κήκιε πολλὴ   455
Ἂν στόμα τὲ, ῥῖνάς τε· ὁ δ' ἄπνευστος καὶ ἄναυδος
Κεῖτ' ὀλιγηπελέων, κάματος δέ μιν αἰνὸς ἵκανεν.

Ἀλλ' ὅτε δὴ ῥ' ἄμπνυτο καὶ ἐς φρένα θυμὸς ἀγέρθη,
Καὶ τότε δὴ κρήδεμνον ἀπὸ ἕο λῦσε θεοῖο.
Καὶ τὸ μὲν ἐς ποταμὸν ἁλιμυρήεντα μεθῆκεν,   460
Ἂψ δ' ἔφερεν μέγα κῦμα κατὰ ῥόον· αἶψα δ' ἄρ' Ἰνὼ
Δέξατο χερσὶ φίλῃσιν· ὁ δ' ἐκ ποταμοῖο λιασθεὶς
Σχοίνῳ ὑπεκλίνθη, κύσε δὲ ζείδωρον ἄρουραν·
Ὀχθήσας δ' ἄρα εἶπε πρὸς ὃν μεγαλήτορα θυμόν·

« Ὤ μοι ἐγώ, τί πάθω; τί νύ μοι μήκιστα γένηται;
» Εἰ μέν κ' ἐν ποταμῷ δυσκηδέα νύκτα φυλάξω,   466
» Μή μ' ἄμυδις στίβη τὲ κακὴ καὶ θῆλυς ἐέρση,
» Ἐξ ὀλιγηπελίης, δαμάσῃ κεκαφηότα θυμόν·
» Αὔρη δ' ἐκ ποταμοῦ ψυχρὴ πνέει ἠῶθι πρό.
» Εἰ δέ κεν ἐς κλιτὸν ἀναβὰς καὶ δάσκιον ὕλην,   470
» Θάμνοις ἐν πυκινοῖσι καταδράθω, εἴ με μεθείη
» Ῥῖγος καὶ κάματος, γλυκερὸς δέ μοι ὕπνος ἐπέλθῃ,
» Δείδω, μὴ θήρεσσιν ἕλωρ καὶ κύρμα γένωμαι. »

Ὣς ἄρα οἱ φρονέοντι δοάσσατο κέρδιον εἶναι·
Βῆ ῥ' ἴμεν εἰς ὕλην· τὴν δὲ σχεδὸν ὕδατος εὗρεν   475
Ἐν περιφαινομένῳ, δοιοὺς δ' ἄρ' ὑπήλυθε θάμνους,
Ἐξ ὁμόθεν πεφυῶτας· ὁ μὲν, φυλίης, ὁ δ' ἐλαίης.
Τοὺς μὲν ἄρ' οὔτ' ἀνέμων διάει μένος ὑγρὸν ἀέντων,
Οὐδέποτ' ἠέλιος φαέθων ἀκτῖσιν ἔβαλλεν,

genoux ; ayez pitié de ma misère, je me rends votre suppliant.

Il dit, et aussitôt le Dieu arrête son cours, retient ses ondes, fait devant ce prince une sorte de sérénité et de calme, et le sauve en le recevant au milieu de son embouchure dans un lieu qui étoit à sec. Ulysse n'y est pas plus tôt, que les genoux et les bras lui manquent, car son cœur est presque suffoqué par l'eau de la mer ; il avoit tout le corps enflé, l'eau lui sortoit par la bouche et par les narines, et il demeura sans voix, sans respiration et sans pouls, tous ses membres étant également accablés de fatigue et de lassitude.

Quand il fut revenu de cette défaillance, il détacha le voile que Leucothée lui avoit donné ; et le jeta dans l'embouchure du fleuve ; les flots l'emportèrent bien loin derrière, et Ino le retira promptement. Ulysse sort ensuite du fleuve, et, se couchant sur du jonc qui le bordoit, il baisa la terre, et plein d'inquiétude, il dit en lui-même :

« Que vais-je devenir, et que doit-il encore m'arri-
» ver ? Si je couche ici, près du fleuve, le froid de la
» nuit et la rosée du matin achèveront de m'ôter la vie
» dans la foiblesse où je suis, car il se lève le matin des
» rivières un vent très-froid. Que si je gagne la colline,
» et qu'entrant dans le fort du bois je me jette sur les
» broussailles, quand même je pourrois dissiper le froid
» et la lassitude et m'endormir, je crains de servir de
» pâture aux bêtes carnassières de la forêt. »

Après avoir bien balancé dans son esprit, ce dernier parti lui parut le meilleur. Il prend donc le chemin du bois, qui étoit assez près du fleuve, dans un endroit un peu élevé ; il se mit entre deux arbres qui sembloient sortir de la même racine, dont l'un étoit un olivier sauvage, et l'autre un olivier franc. Leurs rameaux étoient si entrelacés et si serrés, que ni les souffles des vents, ni

Οὔτ' ὄμβρος περάασκε διαμπερές· ὣς ἄρα πυκνοὶ 480
Ἀλλήλοισιν ἔφυν ἐπαμοιβαδίς· οὓς ὕπ' Ὀδυσσεὺς
Δύσετ'· ἄφαρ δ' εὐνὴν ἐπαμήσατο χερσὶ φίλῃσιν
Εὐρεῖαν· φύλλων γὰρ ἔην χύσις ἤλιθα πολλὴ,
Ὅσσον τ' ἠὲ δύω, ἠὲ τρεῖς ἄνδρας ἔρυσθαι
Ὥρῃ χειμερίῃ· εἰ καὶ μάλα περ χαλεπαίνοι. 485
Τὴν μὲν ἰδὼν γήθησε πολύτλας δῖος Ὀδυσσεὺς,
Ἐν δ' ἄρα μέσσῃ λέκτο, χύσιν δ' ἐπεχεύατο φύλλων·
Ὡς δ' ὅτε τις δαλὸν σποδιῇ ἐνέκρυψε μελαίνῃ,
Ἀγροῦ ἐπ' ἐσχατιῆς, ᾧ μὴ πάρα γείτονες ἄλλοι,
Σπέρμα πυρὸς σώζων, ἵνα μή ποθεν ἄλλοθεν αὕοι· 490
Ὣς Ὀδυσεὺς φύλλοισι καλύψατο· τῷ δ' ἄρ' Ἀθήνη
Ὕπνον ἐπ' ὄμμασι χεῦ', ἵνα μιν παύσειε τάχιστα
Δυσπονέος καμάτοιο, φίλα βλέφαρ' ἀμφικαλύψας.

les rayons du soleil, ni la pluie ne les avoient jamais pénétrés, et qu'ils offroient une retraite tranquille. Ulysse s'y retira, et se fit un lit de feuilles ; car la terre en étoit si couverte, qu'il y en auroit eu assez pour coucher deux ou trois hommes dans la saison de l'hiver, quand le froid auroit été le plus rude. Ulysse voyant cette richesse, sentit une joie extrême ; il se coucha au milieu, et ramassant les feuilles des environs, il s'en fit une bonne couverture pour se garantir des injures de l'air. Comme un homme qui habite dans une campagne écartée, et qui n'a autour de lui aucun voisin, couvre la nuit un tison sous la cendre pour se conserver quelque semence de feu, de peur que s'il venoit à lui manquer, il ne pût en avoir ailleurs ; ainsi Ulysse se couvrit tout entier de feuilles, et Minerve fit couler sur ses paupières un doux sommeil, pour le délasser de toutes ses fatigues.

ΟΜΗΡΟΥ
ΟΔΥΣΣΕΙΑΣ
ΡΑΨΩΔΙΑ Ζ.

Ἀθηνᾶ ἐπιστᾶσα ὄναρ τῇ Ἀλκινόου θυγατρὶ Ναυσικάᾳ, κελεύει αὐτῇ τὴν ἐσθῆτα ἐπὶ τὸν ποταμὸν ἀγαγούσῃ, πλύνειν· πλησίον γὰρ αὐτῇ εἶναι τὸν γάμον· ἡ δὲ τὸ κελευσθὲν ποιεῖ. Ἔπειτα παίζει μετὰ τῶν θεραπαινῶν· ἀκούσας δὲ αὐτῶν ὁ Ὀδυσσεὺς, ἐξυπνίζεται· καὶ δεηθεὶς Ναυσικάας, ἐσθῆτα καὶ τροφὴν παρ' αὐτῆς λαβὼν, ἕπεται αὐτῇ εἰς τὴν πόλιν.

ΑΛΛΗ.

Ναυσικάα, ἡ Ἀλκινόου θυγάτηρ, ὑπὸ ὀνείρου τραπεῖσα, ἐπὶ τὸν ποταμὸν κάτεισι, πλύνουσα τὴν ἐσθῆτα· μετὰ δὲ τὸ πλῦναι, παιδιά τις, ὁποία εἰκὸς, διὰ σφαίρας ταῖς κόραις γίνεται. Ὀδυσσεὺς δὲ, θορύβου γενομένου, διυπνίσθη, καὶ ἐσθῆτος τυχὼν, μέχρι τοῦ τῆς Ἀθηνᾶς ἱεροῦ, ὃ πρὸ τῆς πόλεως ἦν, συνώδευε τῇ κόρῃ.

Ζῆτα δὲ Ναυσικάα κόμισ' ἐν Σχερίῃ Ὀδυσῆα.

Ὣς ὁ μὲν ἔνθα καθεῦδε πολύτλας δῖος Ὀδυσσεὺς,
Ὕπνῳ καὶ καμάτῳ ἀρημένος· αὐτὰρ Ἀθήνη

L'ODYSSÉE D'HOMÈRE.

LIVRE SIXIÈME.

ARGUMENT.

Minerve va dans l'île des Phéaciens, apparoît en songe à Nausicaa, fille du roi Alcinoüs, et lui ordonne d'aller laver ses robes dans le fleuve, parce que le jour de ses noces approche. Nausicaa étonnée de ce songe, se lève et demande à son père la permission d'aller aux lavoirs avec un de ses chars. Elle part accompagnée de ses femmes, et pourvue par la reine sa mère de ce qui étoit nécessaire pour leur dîner. Après avoir lavé la charge qu'elles avoient apportée, et fini le repas, Nausicaa et ses femmes commencèrent à jouer toutes ensemble à la paume. Ulysse s'éveille au bruit, et, défiguré comme il étoit, il met l'épouvante parmi les femmes qui s'enfuirent toutes. Nausicaa seule ne s'ébranle point, et après l'avoir écouté, vêtu et régalé, elle le mène dans le palais de son père.

PENDANT que le divin Ulysse, accablé de sommeil et de lassitude après tant de travaux, repose tranquillement,

Βῆ ῥ' ἐς Φαιήκων ἀνδρῶν δῆμόν τε πόλιν τε·
Οἳ πρὶν μέν ποτ' ἔναιον ἐν εὐρυχόρῳ Ὑπερείῃ,
Ἀγχοῦ Κυκλώπων, ἀνδρῶν ὑπερηνορεόντων, 5
Οἵ σφεας σινέσκοντο, βίηφι δὲ φέρτεροι ἦσαν.
Ἔνθεν ἀναστήσας ἄγε Ναυσίθοος θεοειδὴς,
Εἷσεν δ' ἐν Σχερίῃ ἑκὰς ἀνδρῶν ἀλφηστάων·
Ἀμφὶ δὲ τεῖχος ἔλασσε πόλει, καὶ ἐδείματο οἴκους,
Καὶ νηοὺς ποίησε θεῶν, καὶ ἐδάσσατ' ἀρούρας. 10
Ἀλλ' ὁ μὲν ἤδη κηρὶ δαμεὶς ἄϊδόσδε βεβήκει·
Ἀλκίνοος δὲ τότ' ἦρχε, θεῶν ἄπο μήδεα εἰδώς.
Τοῦ μὲν ἔβη πρὸς δῶμα θεὰ γλαυκῶπις Ἀθήνη,
Νόστον Ὀδυσσῆϊ μεγαλήτορι μητιόωσα.
Βῆ δ' ἴμεν ἐς θάλαμον πολυδαίδαλον, ᾧ ἔνι κούρη 15
Κοιμᾶτ', ἀθανάτῃσι φυὴν καὶ εἶδος ὁμοίη,
Ναυσικάα, θυγάτηρ μεγαλήτορος Ἀλκινόοιο·
Πὰρ δὲ δύ' ἀμφίπολοι, Χαρίτων ἄπο κάλλος ἔχουσαι,
Σταθμοῖϊν ἑκάτερθε, θύραι δ' ἐπέκειντο φαειναί.
Ἡ δ' ἀνέμου ὡς πνοιὴ ἐπέσσυτο δέμνια κούρης· 20
Στῆ δ' ἄρ' ὑπὲρ κεφαλῆς, καί μιν πρὸς μῦθον ἔειπεν,
Εἰδομένη κούρῃ ναυσικλειτοῖο Δύμαντος,
Ἥ οἱ ὁμηλικίη μὲν ἔην, κεχάριστο δὲ θυμῷ·
Τῇ μιν ἐεισαμένη προσέφη γλαυκῶπις Ἀθήνη·

« Ναυσικάα, τί νύ σ' ὧδε μεθήμονα γείνατο μήτηρ;
» Εἵματα μέν τοι κεῖται ἀκηδέα, σιγαλόεντα· 26
» Σοὶ δὲ γάμος σχεδόν ἐστιν, ἵνα χρὴ καλὰ μὲν αὐτὴν
» Ἕννυσθαι, τὰ δὲ τοῖσι παρασχεῖν, οἵ κέ σ' ἄγωνται.
» Ἐκ γάρ τοι τούτων φάτις ἀνθρώπους ἀναβαίνει
» Ἐσθλή· χαίρουσιν δὲ πατὴρ καὶ πότνια μήτηρ. 30
» Ἀλλ' ἴομεν πλυνέουσαι ἅμ' ἠοῖ φαινομένηφι,

la déesse Minerve va à l'île des Phéaciens, qui habitoient auparavant les plaines d'Hypérie, près des Cyclopes, hommes violens qui les maltraitoient et les pilloient, en abusant injustement de leur force. Le divin Nausithoüs, lassé de ces violences, les retira de ces lieux, où ils étoient exposés à tant de maux, et les mena dans l'île de Schérie, alors sauvage, séparée du commerce des hommes: il y forma une ville qu'il environna de murailles; les Dieux eurent des temples, et les terres furent partagées avec justice. Après que Nausithoüs, vaincu par la Parque, fut passé dans le séjour ténébreux, Alcinoüs son fils, instruit dans la justice par les Dieux mêmes, régna en sa place; et ce fut dans le palais de ce roi que Minerve se rendit pour ménager le retour d'Ulysse. Elle entre dans un magnifique appartement, où étoit couchée la fille d'Alcinoüs, la belle Nausicaa, parfaitement semblable aux Déesses, et par les qualités de l'esprit et par celles du corps. Dans la même chambre, aux deux côtés de la porte, couchoient deux de ses femmes, faites comme les Grâces; la porte étoit bien fermée sur elles. La Déesse se glisse, comme un vent léger, sur le lit de Nausicaa, se place sur sa tête, et prenant la figure de la fille de Dymas, une des compagnes de la princesse, qui étoit de même âge, et qu'elle aimoit tendrement, elle lui adressa ces paroles:

« Nausicaa, pourquoi êtes-vous si paresseuse et si
» négligente? Vous laissez là vos belles robes, sans en
» prendre aucun soin; cependant le jour de votre
» mariage approche, où il faudra que vous preniez la
» plus belle, et que vous donniez les autres aux amis
» de votre époux, qui vous accompagneront le jour de
» vos noces. Voilà ce qui donne aux princesses comme
» vous une grande réputation dans le monde, et ce qui
» fait la joie de leurs parens. Allons donc laver ces belles
» robes, dès que l'aurore aura amené le jour. Je vous

» Καί τοι ἐγὼ συνέριθος ἅμ᾽ ἕψομαι, ὄφρα τάχιστα
» Ἐντύνεαι· ἐπεὶ οὔτοι ἔτι δὴν παρθένος ἔσσεαι·
» Ἤδη γάρ σε μνῶνται ἀριστῆες κατὰ δῆμον
» Πάντων Φαιήκων, ὅθι τοι γένος ἐστὶ καὶ αὐτῇ.   35
» Ἀλλ᾽ ἄγ᾽ ἐπότρυνον πατέρα κλυτὸν ἠῶθι πρὸ
» Ἡμιόνους καὶ ἄμαξαν ἐφοπλίσαι, ἥ κεν ἄγῃσι
» Ζῶστρά τε, καὶ πέπλους, καὶ ῥήγεα σιγαλόεντα.
» Καὶ δέ σοι ὧδ᾽ αὐτῇ πολὺ κάλλιον, ἠὲ πόδεσσιν
» Ἔρχεσθαι· πολλὸν γὰρ ἄπο πλυνοί εἰσι πόληος.»   40

Ἡ μὲν ἄρ᾽ ὣς εἰποῦσ᾽ ἀπέβη γλαυκῶπις Ἀθήνη
Οὔλυμπόνδ᾽, ὅθι φασὶ θεῶν ἕδος ἀσφαλὲς αἰεὶ
Ἔμμεναι· οὔτ᾽ ἀνέμοισι τινάσσεται, οὔτε ποτ᾽ ὄμβρῳ
Δεύεται, οὔτε χιὼν ἐπιπίλναται· ἀλλὰ μάλ᾽ αἴθρη
Πέπταται ἀννέφελος, λευκὴ δ᾽ ἐπιδέδρομεν αἴγλη·   45
Τῷ ἔνι τέρπονται μάκαρες θεοὶ ἤματα πάντα·
Ἔνθ᾽ ἀπέβη Γλαυκῶπις, ἐπεὶ διαπέφραδε κούρῃ.

Αὐτίκα δ᾽ ἠὼς ἦλθεν ἐΰθρονος, ἥ μιν ἔγειρε
Ναυσικάαν ἐΰπεπλον· ἄφαρ δ᾽ ἀπεθαύμασ᾽ ὄνειρον.
Βῆ δ᾽ ἰέναι διὰ δώμαθ᾽, ἵν᾽ ἀγγείλειε τοκεῦσι,   50
Πατρὶ φίλῳ καὶ μητρί, κιχήσατο δ᾽ ἔνδον ἐόντας.
Ἡ μὲν ἐπ᾽ ἐσχάρῃ ἧστο, σὺν ἀμφιπόλοισι γυναιξίν,
Ἠλάκατα στρωφῶσ᾽ ἁλιπόρφυρα· τῷ δὲ θύραζε
Ἐρχομένῳ ξύμβλητο μετὰ κλειτοὺς βασιλῆας
Ἐς βουλήν, ἵνα μιν κάλεον Φαίηκες ἀγαυοί.   55
Ἡ δὲ μάλ᾽ ἄγχι στᾶσα φίλον πατέρα προσέειπε·

« Πάππα φίλ᾽, οὐκ ἂν δή μοι ἐφοπλίσσειας ἀπήνην
» Ὑψηλὴν, εὔκυκλον, ἵνα κλυτὰ εἵματ᾽ ἄγωμαι
» Ἐς ποταμὸν πλυνέουσα, τά μοι ῥερυπωμένα κεῖται;
» Καὶ δέ σοι αὐτῷ ἔοικε μετὰ πρώτοισιν ἐόντι,   60

» accompagnerai et je vous aiderai à préparer tout ce
» qui est nécessaire pour cette grande fête ; car assuré-
» ment vous ne serez pas long-temps sans être mariée.
» Vous êtes recherchée par les principaux des Phéa-
» ciens, qui sont de même nation que vous. Allez donc
» promptement trouver le roi votre père, et priez-le de
» vous donner des mulets et un char où vous mettiez
» les couvertures, les manteaux, les robes, et où vous
» monterez vous-mêmes ; il est plus honnête que vous
» y alliez ainsi, que d'y aller à pied, car les lavoirs sont
» trop loin de la ville. »

Après avoir ainsi parlé, la Déesse se retire dans le haut Olympe, où est le séjour immortel des Dieux, séjour toujours tranquille, que les vents n'agitent jamais, qui ne sent jamais, ni pluies, ni frimas, ni neige ; où une sérénité sans nuages règne toujours, qu'une brillante clarté environne, et où les Dieux ont sans aucune interruption des plaisirs aussi immortels qu'eux-mêmes. C'est dans cet heureux séjour que la sage Minerve se retira.

Dans le moment la riante aurore vint éveiller la belle Nausicaa. Cette princesse admire en secret le songe qu'elle a eu, et elle sort de sa chambre pour en aller faire part à son père et à sa mère. Elle traverse le palais, et trouve le roi et la reine dans leur appartement. La reine étoit assise près de son feu, au milieu de ses femmes, filant des laines de la plus belle pourpre, et le roi sortoit pour aller trouver les princes de sa cour, et se rendre avec eux à un conseil que les Phéaciens devoient tenir, et où ils l'avoient appelé. Nausicaa s'approche du roi, et lui dit :

« Ne voulez-vous pas bien, mon père, qu'on me pré-
» pare un de vos meilleurs chars, afin que je porte au
» fleuve les robes et les habits qui ont besoin d'être
» lavés ? Il est de la dignité d'un prince comme vous,
» et de la bienséance, de paroître tous les jours aux

» Βουλὰς βουλεύειν καθαρὰ χροΐ εἵματ᾽ ἔχοντα·
» Πέντε δέ τοι φίλοι υἶες ἐνὶ μεγάροις γεγάασιν,
» Οἱ δύ᾽ ὀπυίοντες, τρεῖς δ᾽ ἠΐθεοι θαλέθοντες·
» Οἱ δ᾽ αἰεὶ ἐθέλουσι, νεόπλυτα εἵματ᾽ ἔχοντες,
» Ἐς χορὸν ἔρχεσθαι· τὰ δ᾽ ἐμῇ φρενὶ πάντα μέμηλεν.»
Ὣς ἔφατ᾽· αἴδετο γὰρ θαλερὸν γάμον ἐξονομῆναι 65
Πατρὶ φίλῳ· ὁ δὲ πάντα νόει, καὶ ἀμείβετο μύθῳ·
« Οὔτε τοι ἡμιόνων φθονέω, τέκος, οὔτε τευ ἄλλου·
» Ἔρχευ· ἀτάρ τοι δμῶες ἐφοπλίσσουσιν ἀπήνην
» Ὑψηλὴν, εὔκυκλον, ὑπερτερίῃ ἀραρυῖαν.» 70
Ὣς εἰπὼν, δμώεσσιν ἐκέκλετο· τοὶ δ᾽ ἐπίθοντο·
Οἱ μὲν ἄρ᾽ ἐκτὸς ἄμαξαν ἐΰτροχον ἡμιονείην
Ὅπλεον, ἡμιόνους θ᾽ ὕπαγον, ζεῦξάν θ᾽ ὑπ᾽ ἀπήνῃ·
Κούρη δ᾽ ἐκ θαλάμοιο φέρεν ἐσθῆτα φαεινὴν,
Καὶ τὴν μὲν κατέθηκεν ἐϋξέστῳ ἐπ᾽ ἀπήνῃ· 75
Μήτηρ δ᾽ ἐν κίστῃ ἐτίθει μενοεικέ᾽ ἐδωδὴν,
Παντοίην, ἐν δ᾽ ὄψα τίθει, ἐν δ᾽ οἶνον ἔχευεν
Ἀσκῷ ἐν αἰγείῳ· (κούρη δ᾽ ἐπεβήσετ᾽ ἀπήνης·)
Δῶκε δὲ χρυσείῃ ἐν ληκύθῳ ὑγρὸν ἔλαιον,
Εἵως χυτλώσαιτο σὺν ἀμφιπόλοισι γυναιξίν. 80
Ἡ δ᾽ ἔλαβεν μάστιγα καὶ ἡνία σιγαλόεντα,
Μάστιξεν δ᾽ ἐλάαν· καναχὴ δ᾽ ἦν ἡμιόνοιϊν.
Αἱ δ᾽ ἄμοτον τανύοντο· φέρον δ᾽ ἐσθῆτα, καὶ αὐτὴν,
Οὐκ οἴην· ἅμα τῇ γε καὶ ἀμφίπολοι κίον ἄλλαι.
Αἱ δ᾽ ὅτε δὴ ποταμοῖο ῥόον περικαλλέ᾽ ἵκοντο, 85
Ἔνθ᾽ ἤτοι πλυνοὶ ἦσαν ἐπηετανοί, πολὺ δ᾽ ὕδωρ
Καλὸν ὑπεκπρορέει, μάλα περ ῥυπόωντα καθῆραι·
Ἔνθ᾽ αἴγ᾽ ἡμιόνους μὲν ὑπεκπροέλυσαν ἀπήνης,
Καὶ τοὺς μὲν σεῦαν ποταμὸν πάρα δινήεντα,
Τρώγειν ἄγρωστιν μελιηδέα· ταὶ δ᾽ ἀπ᾽ ἀπήνης 90
Εἵματα χερσὶν ἕλοντο, καὶ ἐσφόρεον μέλαν ὕδωρ·
Στεῖβον δ᾽ ἐν βόθροισι θοῶς ἔριδα προφέρουσαι.
Αὐτὰρ ἐπεὶ πλῦνάν τε, κάθηράν τε ῥύπα πάντα,
Ἑξείης πέτασαν παρὰ θῖν᾽ ἁλὸς, ᾗχι μάλιστα

» assemblées et aux conseils avec des habits propres.
» Vous avez cinq fils, deux qui sont déjà mariés, et
» trois qui sont encore dans la fleur de la première
» jeunesse. Ils aiment tous à avoir tous les jours des
» habits luisans de propreté, pour paroître aux danses
» et aux divertissemens, et vous savez que ce soin-là
» me regarde. »

Elle parla ainsi. La pudeur ne lui permit pas de dire
un seul mot de ses noces. Le prince, qui pénétroit les
sentimens de son cœur, lui répondit:

« Je ne vous refuserai, ma chère fille, ni ce char,
» ni autre chose que vous puissiez me demander; allez,
» mes gens vous prépareront un char bien couvert. »

En même temps il donna l'ordre, qui fut aussitôt
exécuté. On tire le char de la remise, et on y attelle les
mulets. Nausicaa fait apporter de son appartement une
grande quantité de robes et d'habits précieux, et on les
met dans le char. La reine sa mère a soin d'y faire
mettre dans une belle corbeille tout ce qui est nécessaire pour le dîner, avec une outre d'excellent vin; et
elle donne une fiole d'or remplie d'essence, afin que la
princesse et ses femmes eussent de quoi se parfumer
après le bain. Tout étant prêt, Nausicaa monte sur le
char avec ses femmes, prend les rênes et pousse les
mulets, qui remplissent l'air de leurs hennissemens.

Dès qu'elle fut arrivée au fleuve où étoient les lavoirs,
toujours pleins d'une eau plus claire que le cristal, les
nymphes dételèrent les mulets et les lâchèrent dans les
beaux herbages dont les bords du fleuve étoient revêtus; et tirant les habits du char, elles les portèrent à
brassées dans l'eau, et se mirent à laver et à nettoyer
avec une sorte d'émulation, et se défiant les unes les
autres. Quand ils furent bien lavés, ces nymphes les
étendirent sur le rivage de la mer, que les ondes avoient

Λάϊγγας ποτὶ χέρσον ἀποπλύνεσκε θάλασσα. 95
Αἱ δὲ, λοεσσάμεναι, καὶ χρισσάμεναι λίπ' ἐλαίῳ,
Δεῖπνον ἔπειθ' εἵλοντο παρ' ὄχθῃσιν ποταμοῖο·
Εἵματα δ' ἠελίοιο μένον τερσήμεναι αὐγῇ.
Αὐτὰρ ἐπεὶ σίτου τάρφθεν δμωαί τε, καὶ αὐτὴ,
Σφαίρῃ ταί τ' ἄρ' ἔπαιζον, ἀπὸ κρήδεμνα βαλοῦσαι·
Τῇσι δὲ Ναυσικάα λευκώλενος ἤρχετο μολπῆς· 101
Οἵη δ' Ἄρτεμις εἶσι κατ' οὔρεος ἰοχέαιρα
Ἢ κατὰ Τηΰγετον περιμήκετον, ἢ Ἐρύμανθον,
Τερπομένη κάπροισι καὶ ὠκείῃς ἐλάφοισι,
Τῇ δέ θ' ἅμα Νύμφαι, κοῦραι Διὸς Αἰγιόχοιο, 105
Ἀγρονόμοι παίζουσι· γέγηθε δέ τε φρένα Λητώ·
Πασάων δ' ὕπερ ἥγε κάρη ἔχει ἠδὲ μέτωπα,
Ῥεῖα δ' ἀριγνώτη πέλεται, καλαὶ δέ τε πᾶσαι·
Ὣς ἥγ' ἀμφιπόλοισι μετέπρεπε παρθένος ἀδμής.
Ἀλλ' ὅτε δὴ ἄρ' ἔμελλε πάλιν οἶκόνδε νέεσθαι, 110
Ζεύξασ' ἡμιόνους, πτύξασά τε εἵματα καλὰ,
Ἔνθ' αὖτ' ἄλλ' ἐνόησε θεὰ γλαυκῶπις Ἀθήνη,
Ὡς Ὀδυσεὺς ἔγροιτο, ἴδοι τ' εὐώπιδα κούρην,
Ἥ οἱ Φαιήκων ἀνδρῶν πόλιν ἡγήσαιτο.
Σφαῖραν ἔπειτ' ἔρριψε μετ' ἀμφίπολον βασίλεια· 115
Ἀμφιπόλου μὲν ἅμαρτε, βαθείῃ δ' ἔμπεσε δίνῃ·
Αἱ δ' ἐπὶ μακρὸν ἄϋσαν· ὁ δ' ἔγρετο δῖος Ὀδυσσεύς·
Ἑζόμενος δ' ὥρμαινε κατὰ φρένα καὶ κατὰ θυμόν·

« Ὤ μοι ἐγὼ, τέων αὖτε βροτῶν ἐς γαῖαν ἱκάνω;
» Ἦ ῥ' οἵγ' ὑβρισταί τε καὶ ἄγριοι, οὐδὲ δίκαιοι; 120
» Ἦε φιλόξεινοι, καί σφιν νόος ἐστὶ θεουδής;
» Ὥστε με κουράων ἀμφήλυθε θῆλυς ἀϋτὴ
» Νυμφάων, αἳ ἔχουσ' ὀρέων αἰπεινὰ κάρηνα,
» Καὶ πηγὰς ποταμῶν, καὶ πίσεα ποιήεντα·
» Ἦ νύ που ἀνθρώπων εἰμὶ σχεδὸν αὐδηέντων; 125
» Ἀλλ' ἄγ', ἐγὼν αὐτὸς πειρήσομαι, ἠδὲ ἴδωμαι. »

Ὣς εἰπὼν θάμνων ὑπεδύσετο δῖος Ὀδυσσεύς·
Ἐκ πυκινῆς δ' ὕλης πτόρθον κλάσε χειρὶ παχείῃ

rempli de petits cailloux. Elles se baignèrent et se parfumèrent, et, en attendant que le soleil eût séché leurs habits, elles se mirent à table pour dîner. Le repas fini, elles quittent leurs voiles, et commencent à jouer toutes ensemble à la paume; Nausicaa se met ensuite à chanter. Telle qu'on voit Diane parcourir les sommets des montagnes du vaste Taigète ou du sombre Érymanthe, et se divertir à chasser le sanglier ou le cerf, suivie de ses nymphes, filles de Jupiter, qui habitent toujours les campagnes; la joie remplit le cœur de Latone; car quoique sa fille soit au milieu de tant de nymphes, toutes d'une beauté parfaite et d'une taille divine, elle les surpasse toutes en beauté, en majesté et en belle taille, et on la reconnoît aisément pour leur reine; telle Nausicaa paroît au-dessus de toutes ses femmes. Quand elle fut en état de s'en retourner au palais de son père, et qu'elle se préparoit à faire atteler les mulets, après avoir plié les robes, alors Minerve songea à faire qu'Ulysse se réveillât, et qu'il vît la princesse, afin qu'elle le menât à la ville des Phéaciens. Nausicaa prenant donc une balle, voulut la pousser à une de ses femmes; mais elle la manqua, et la balle alla tomber dans le fleuve: en même temps elles jetèrent toutes de grands cris; Ulysse s'éveilla à ce bruit, et, se mettant en son séant, il dit en lui-même:

« En quel pays suis-je venu? ceux qui l'habitent
» sont-ils des hommes sauvages, cruels et injustes, ou
» des hommes touchés des Dieux et qui respectent
» l'hospitalité? Des voix de jeunes filles viennent de
» frapper mes oreilles; sont-ce des nymphes des mon-
» tagnes, des fleuves ou des étangs? ou seroient-ce des
» hommes que j'aurois entendus? Il faut que je le voie
» et que je m'éclaircisse. »

En même temps il se glisse dans le plus épais du buisson; et, rompant des branches pour couvrir sa nudité

Φύλλων, ὡς ῥύσαιτο περὶ χροῒ μήδεα φωτός.
Βῆ δ' ἴμεν, ὥστε λέων ὀρεσίτροφος, ἀλκὶ πεποιθὼς, 130
Ὅστ' εἶσ' ὑόμενος καὶ ἀήμενος· ἐν δέ οἱ ὄσσε
Δαίεται· αὐτὰρ ὁ βουσὶν ἐπέρχεται, ἢ οἴεσσιν,
Ἠὲ μετ' ἀγροτέρας ἐλάφους· κέλεται δέ ἑ γαστὴρ,
Μήλων πειρήσοντα καὶ ἐς πυκινὸν δόμον ἐλθεῖν·
Ὣς Ὀδυσεὺς κούρῃσιν ἐϋπλοκάμοισιν ἔμελλε 135
Μίξεσθαι, γυμνός περ ἐών· χρειὼ γὰρ ἵκανε.
Σμερδαλέος δ' αὐτῇσι φάνη, κεκακωμένος ἅλμῃ·
Τρέσσαν δ' ἄλλυδις ἄλλη ἐπ' ἠϊόνας προὐχούσας·
Οἴη δ' Ἀλκινόου θυγάτηρ μένε· τῇ γὰρ Ἀθήνη
Θάρσος ἐνὶ φρεσὶ θῆκε, καὶ ἐκ δέος εἵλετο γυίων· 140
Στῆ δ' ἀντασχομένη· ὁ δὲ μερμήριξεν Ὀδυσσεὺς,
Ἢ γούνων λίσσοιτο λαβὼν εὐώπιδα κούρην,
Ἢ αὔτως ἐπέεσσιν ἀποσταδὰ μειλιχίοισι
Λίσσοιτ', εἰ δείξειε πόλιν, καὶ εἵματα δοίη.
Ὣς ἄρα οἱ φρονέοντι δοάσσατο κέρδιον εἶναι 145
Λίσσεσθαι ἐπέεσσιν ἀποσταδὰ μειλιχίοισι,
Μή οἱ γοῦνα λαβόντι χολώσαιτο φρένα κούρη.
Αὐτίκα μειλίχιον καὶ κερδαλέον φάτο μῦθον·

« Γουνοῦμαί σε, ἄνασσα· θεός νύ τις, ἢ βροτός ἐσσι·
» Εἰ μέν τις θεὸς ἐσσὶ, τοὶ οὐρανὸν εὐρὺν ἔχουσιν, 150
» Ἀρτέμιδί σε ἔγωγε, Διὸς κούρῃ μεγάλοιο,
» Εἶδός τε, μέγεθός τε, φυήν τ', ἄγχιστα ἐΐσκω·
» Εἰ δέ τις ἐσσὶ βροτῶν, τοὶ ἐπὶ χθονὶ ναιετάουσι,
» Τρισμάκαρες μὲν σοί γε πατὴρ καὶ πότνια μήτηρ,
» Τρισμάκαρες δὲ κασίγνητοι· μάλα πού σφίσι θυμὸς

sous les feuilles, il sort de son fort comme un lion qui, se
confiant en sa force, après avoir souffert les vents et la
pluie, court les montagnes; le feu sort de ses yeux, et
il cherche à se jeter sur un troupeau de bœufs et de moutons, ou à déchirer quelque cerf; la faim qui le presse
est si forte, qu'il ne balance point à s'enfermer même
dans la bergerie pour se rassasier. Tel Ulysse sort pour
aborder ces jeunes nymphes, quoique nu, car il est
forcé par la nécessité. Dès qu'il se montre défiguré
comme il est par l'écume de la mer, il leur paroît si
épouvantable, qu'elles prennent toutes la fuite, pour
aller se cacher; l'une d'un côté, l'autre d'un autre, derrière des rochers, dont le rivage est bordé. La seule
fille d'Alcinoüs attend sans s'étonner; car la déesse
Minerve bannit de son ame la frayeur, et lui inspira la
fermeté et le courage. Elle demeure donc sans s'ébranler, et Ulysse délibéra en son cœur s'il iroit embrasser
les genoux de cette belle nymphe, ou s'il se contente-
roit de lui adresser la parole de loin, et de la prier dans
les termes les plus touchans de lui donner des habits, et
de lui enseigner la ville la plus prochaine. Après avoir
combattu quelque temps, il crut qu'il étoit mieux de lui
adresser ses prières sans l'approcher, de peur que s'il
alloit embrasser ses genoux, la nymphe, prenant cela
pour un manque de respect, n'en fût offensée. Choisis-
sant donc les paroles les plus insinuantes et les plus
capables de la fléchir, il dit:

« Grande princesse, vous voyez à vos genoux un sup-
» pliant; vous êtes une Déesse, ou une mortelle. Si vous
» êtes une des Déesses qui habitent l'Olympe, je ne
» doute pas que vous ne soyez Diane, fille du grand
» Jupiter; vous avez sa beauté, sa majesté, ses charmes;
» et si vous êtes une des mortelles qui habitent sur la
» terre, heureux votre père et votre mère, heureux
» vos frères! quelle source continuelle de plaisirs pour

» Αἰὲν ἐϋφροσύνῃσιν ἰαίνεται, εἵνεκα σεῖο, 156
» Λευσσόντων τοιόνδε θάλος χορὸν εἰσοιχνεῦσαν.
» Κεῖνος δ' αὖ περὶ κῆρι μακάρτατος ἔξοχον ἄλλων,
» Ὅς κέ σ' ἐέδνοισι βρίσας οἶκόνδ' ἀγάγηται.
» Οὐ γάρ πω τοιοῦτον ἴδον βροτὸν ὀφθαλμοῖσιν, 160
» Οὔτ' ἄνδρ', οὔτε γυναῖκα· σέβας μ' ἔχει εἰσορόωντα.
» Δήλῳ δή ποτε τοῖον Ἀπόλλωνος παρὰ βωμῷ
» Φοίνικος νέον ἔρνος ἀνερχόμενον ἐνόησα·
» (Ἦλθον γὰρ κἀκεῖσε, πολὺς δέ μοι ἕσπετο λαὸς
» Τὴν ὁδὸν, ᾗ δὴ ἔμελλεν ἐμοὶ κακὰ κήδε' ἔσεσθαι·)
» Ὣς δ' αὔτως καὶ κεῖνο ἰδὼν, ἐτεθήπεα θυμῷ 166
» Δήν· ἐπεὶ οὔπω τοῖον ἀνήλυθεν ἐκ δόρυ γαίης·
» Ὣς σὲ, γύναι, ἄγαμαί τε, τέθηπά τε, δείδιά τ' αἰνῶς
» Γούνων ἅψασθαι· χαλεπὸν δέ με πένθος ἱκάνει.
» Χθιζὸς ἐεικοστῷ φύγον ἤματι οἴνοπα πόντον· 170
» Τόφρα δέ μ' αἰεὶ κῦμα φόρει κραιπναί τε θύελλαι
» Νήσου ἀπ' Ὠγυγίης· νῦν δ' ἐνθάδε κάββαλε δαίμων,
» Ὄφρ' ἔτι που καὶ τῇδε πάθω κακόν· οὐ γὰρ ὀΐω
» Παύσεθ'· ἀλλ' ἔτι πολλὰ θεοὶ τελέουσι πάροιθεν.
» Ἀλλὰ, ἄνασσ', ἐλέαιρε, σὲ γὰρ κακὰ πολλὰ μογήσας
» Ἐς πρώτην ἱκόμην· τῶν δ' ἄλλων οὔτινα οἶδα 176
» Ἀνθρώπων, οἳ τήνδε πόλιν καὶ γαῖαν ἔχουσιν.
» Ἄστυ δέ μοι δεῖξον, δὸς δὲ ῥάκος ἀμφιβαλέσθαι,
» Εἴ τι πού εἴλυμα σπείρων ἔχες ἐνθάδ' ἰοῦσα.
» Σοὶ δὲ θεοὶ τόσα δοῖεν, ὅσα φρεσὶ σῇσι μενοινᾷς, 180
» Ἄνδρα τε καὶ οἶκον, καὶ ὁμοφροσύνην ὀπάσειαν

» eux de voir tous les jours une jeune personne si admi-
» rable faire l'ornement des fêtes ! Mais mille fois plus
» heureux encore celui qui, après vous avoir comblée
» de présens, préféré à tous ses rivaux, aura l'avan-
» tage de vous mener dans son palais ! Car je n'ai jamais
» vu un objet si surprenant; j'en suis frappé d'étonne-
» ment et d'admiration. Je crois voir encore cette belle
» tige de palmier que je vis à Délos, près de l'autel
» d'Apollon, et qui s'étoit élevée tout d'un coup du fond
» de la terre ; car dans un malheureux voyage, qui a
» été pour moi une source de douleurs, je passai autre-
» fois dans cette île, suivi d'une nombreuse armée que
» je commandois. En voyant cette belle tige, je fus
» d'abord interdit et étonné, car jamais la terre n'en-
» fanta un arbre si admirable. L'étonnement et l'admi-
» ration que me cause votre vue, ne sont pas moins
» grands. La crainte seule m'a empêché de vous appro-
» cher pour embrasser vos genoux ; vous voyez un
» homme accablé de douleur et de tristesse; hier j'échap-
» pai des dangers de la mer, après avoir été vingt jours
» entiers le jouet des flots et des tempêtes, en revenant
» de l'île d'Ogygie; un Dieu m'a jeté sur ce rivage,
» peut-être pour me livrer à de nouveaux malheurs ;
» car je n'ose pas me flatter que les Dieux soient las de
» me persécuter; ils me donneront encore des marques
» de leur haine. Mais, grande princesse, ayez pitié de
» moi. Après tant de travaux, vous êtes la première
» dont j'implore l'assistance; je n'ai rencontré personne
» avant vous dans ces lieux. Enseignez-moi le chemin
» de la ville, et faites-moi donner quelque méchant
» habit pour me couvrir. Ainsi, que les Dieux vous
» accordent tout ce que vous pouvez désirer ; qu'ils vous
» donnent un mari digne de vous et une maison floris-
» sante, et qu'ils y répandent une union que rien ne
» puisse jamais troubler ! Car le plus grand présent que

» Ἐσθλήν· οὐ μὲν γάρ του γε κρεῖσσον καὶ ἄρειον,
» Ἢ ὅθ᾽ ὁμοφρονέοντε νοήμασιν οἶκον ἔχητον
» Ἀνὴρ ἠδὲ γυνή· πόλλ᾽ ἄλγεα δυσμενέεσσι,
» Χάρματα δ᾽ εὐμενέτῃσι· μάλιστα δέ τ᾽ ἔκλυον αὐτοί. »

Τὸν δ᾽ αὖ Ναυσικάα λευκώλενος ἀντίον ηὔδα· 186
« Ξεῖν᾽, ἐπεὶ οὔτε κακῷ, οὔτ᾽ ἄφρονι φωτὶ ἔοικας,
» Ζεὺς δ᾽ αὐτὸς νέμει ὄλβον Ὀλύμπιος ἀνθρώποισιν,
» Ἐσθλοῖς, ἠδὲ κακοῖσιν; ὅπως ἐθέλῃσιν, ἑκάστῳ·
» Καί που σοὶ τάδ᾽ ἔδωκε, σὲ δὲ χρὴ τετλάμεν ἔμπης.
» Νῦν δ᾽, ἐπεὶ ἡμετέρην τε πόλιν καὶ γαῖαν ἱκάνεις, 191
» Οὔτ᾽ οὖν ἐσθῆτος δευήσεαι, οὔτε τευ ἄλλου,
» Ὧν ἐπέοιχ᾽ ἱκέτην ταλαπείριον ἀντιάσαντα.
» Ἄστυ δέ τοι δείξω, ἐρέω δέ τοι οὔνομα λαῶν.
» Φαίηκες μὲν τήνδε πόλιν καὶ γαῖαν ἔχουσιν·   195
» Εἰμὶ δ᾽ ἐγὼ θυγάτηρ μεγαλήτορος Ἀλκινόοιο,
» Τοῦ δ᾽ ἐκ Φαιήκων ἔχεται κάρτος τε, βίη τε. »

Ἦ ῥα, καὶ ἀμφιπόλοισιν ἐϋπλοκάμοισι κέλευσε·
» Στῆτέ μοι, ἀμφίπολοι· πόσε φεύγετε, φῶτα ἰδοῦσαι;
» Ἦ μήπου τινὰ δυσμενέων φάσθ᾽ ἔμμεναι ἀνδρῶν; 200
» Οὐκ ἔσθ᾽ οὗτος ἀνὴρ διερὸς βροτός, οὐδὲ γένηται,
» Ὅς κεν Φαιήκων ἀνδρῶν ἐς γαῖαν ἵκηται,
» Δηϊοτῆτα φέρων· μάλα γὰρ φίλοι ἀθανάτοισιν.
» Οἰκέομεν δ᾽ ἀπάνευθε, πολυκλύστῳ ἐνὶ πόντῳ,
» Ἔσχατοι, οὐδέ τις ἄμμι βροτῶν ἐπιμίσγεται ἄλλος.
» Ἀλλ᾽ ὅδε τις δύστηνος ἀλώμενος ἐνθάδ᾽ ἱκάνει, 206
» Τὸν νῦν χρὴ κομέειν· πρὸς γὰρ Διός εἰσιν ἅπαντες
» Ξεῖνοί τε, πτωχοί τε· δόσις δ᾽ ὀλίγη τε, φίλη τε.
» Ἀλλὰ δότ᾽, ἀμφίπολοι, ξείνῳ βρῶσίν τε, πόσιν τε·
» Λούσατε δ᾽ ἐν ποταμῷ, ὅθ᾽ ἐπὶ σκέπας ἔστ᾽ ἀνέμοιο. »

Ὣς ἔφαθ᾽· αἱ δ᾽ ἔσταν τε καὶ ἀλλήλῃσι κέλευσαν· 211
Κὰδ δ᾽ ἄρ᾽ Ὀδυσσῆ᾽ εἷσαν ἐπὶ σκέπας, ὡς ἐκέλευσε
Ναυσικάα, θυγάτηρ μεγαλήτορος Ἀλκινόοιο·

» les Dieux puissent faire à un mari et à une femme,
» c'est l'union. C'est elle qui fait le désespoir de leurs
» ennemis, la joie de ceux qui les aiment, et qui devient
» pour eux un trésor de gloire et de réputation. »

La belle Nausicaa lui répondit : « Étranger, toutes
» vos manières, et la sagesse que vous faites paroître
» dans vos discours, font assez voir que vous n'êtes pas
» d'une naissance obscure. Jupiter distribue les biens
» aux bons et aux méchans, comme il plaît à sa provi-
» dence. Il vous a donné les maux en partage, c'est à
» vous de les supporter. Présentement donc que vous
» êtes venu dans notre île, vous ne manquerez ni d'ha-
» bits, ni d'aucun secours qu'un étranger doit attendre
» de ceux chez qui il aborde. Je vous enseignerai notre
» ville, et le nom des peuples qui l'habitent. Vous êtes
» dans l'île des Phéaciens, et je suis la fille du grand
» Alcinoüs qui règne sur ces peuples. »

Elle dit, et adressant la parole à ses femmes, elle
leur crie : « Arrêtez, où fuyez-vous pour avoir vu un
» seul homme ? pensez-vous que ce soit quelque ennemi ?
» ne savez-vous pas que tout homme qui oseroit aborder
» à l'île des Phéaciens, pour y porter la guerre, ne
» seroit pas long-temps en vie ? car nous sommes aimés
» des Dieux, et nous habitons au bout de la mer, sépa-
» rés de tout commerce. Celui que vous voyez est un
» homme persécuté par une cruelle destinée, et que la
» tempête a jeté sur ces bords. Il faut en avoir soin,
» car tous les étrangers et tous les pauvres viennent de
» Jupiter ; le peu qu'on leur donne leur fait beaucoup
» de bien, et ils en ont de la reconnoissance ; donnez-
» lui donc à manger, et baignez-le dans le fleuve, à
» l'abri des vents. »

A ces mots, ses femmes s'arrêtèrent et obéirent : elles
mènent Ulysse dans un lieu couvert, comme la princesse l'avoit ordonné, mettent près de lui le linge, la

Πὰρ δ' ἄρα οἱ φᾶρός τε, χιτῶνά τε, εἴματ', ἔθηκαν·
Δῶκαν δὲ χρυσέῃ ἐν ληκύθῳ ὑγρὸν ἔλαιον,   215
Ἤνωγον δ' ἄρα μιν λοῦσθαι ποταμοῖο ῥοῇσι.
Δή ῥα τότ' ἀμφιπόλοισι μετηύδα δῖος Ὀδυσσεύς·

« Ἀμφίπολοι, στῆθ' οὕτω ἀπόπροθεν, ὄφρ' ἐγὼ αὐτὸς
» Ἄλμην ὤμοιϊν ἀπολούσομαι, ἀμφὶ δ' ἐλαίῳ
» Χρίσσομαι· ἦ γὰρ δηρὸν ἀπὸ χροός ἐστιν ἀλοιφή· 220
» Ἄντην δ' οὐκ ἂν ἔγωγε λοέσσομαι· αἰδέομαι γὰρ
» Γυμνοῦσθαι, κούρῃσιν ἐϋπλοκάμοισι μετελθών. »

Ὣς ἔφαθ'· αἱ δ' ἀπάνευθεν ἴσαν, εἶπον δ' ἄρα κούρῃ.
Αὐτὰρ ὁ ἐκ ποταμοῦ χρόα νίζετο δῖος Ὀδυσσεὺς
Ἅλμην, ἥ οἱ νῶτα καὶ εὐρέας ἄμπεχεν ὤμους·   225
Ἐκ κεφαλῆς δ' ἔσμηχεν ἁλὸς χνόον ἀτρυγέτοιο.
Αὐτὰρ ἐπειδὴ πάντα λοέσσατο καὶ λίπ' ἄλειψεν,
Ἀμφὶ δὲ εἵματα ἕσσαθ', ἅ οἱ πόρε παρθένος ἀδμής·
Τὸν μὲν Ἀθηναίη θῆκεν, Διὸς ἐκγεγαυῖα,
Μείζονά τ' εἰσιδέειν καὶ πάσσονα· καδδὲ κάρητος 230
Οὔλας ἧκε κόμας, ὑακινθίνῳ ἄνθει ὁμοίας.
Ὡς δ' ὅτε τις χρυσὸν περιχεύεται ἀργύρῳ ἀνὴρ
Ἴδρις, ὃν Ἥφαιστος δέδαεν καὶ Παλλὰς Ἀθήνη
Τέχνην παντοίην, χαρίεντα δὲ ἔργα τελείει·
Ὣς ἄρα τῷ κατέχευε χάριν κεφαλῇ τε καὶ ὤμοις· 235
Ἕζετ' ἔπειτ' ἀπάνευθε κιών, ἐπὶ θῖνα θαλάσσης,
Κάλλεϊ καὶ χάρισι στίλβων· θηεῖτο δὲ κούρη·
Δή ῥα τότ' ἀμφιπόλοισιν ἐϋπλοκάμοισι μετηύδα·

Κλῦτέ μοι, ἀμφίπολοι λευκώλενοι, ὄφρα τι εἴπω·
« Οὐ πάντων ἀέκητι θεῶν, οἳ ὄλυμπον ἔχουσιν,   240
» Φαιήκεσσ' ὅδ' ἀνὴρ ἐπιμίσγεται ἀντιθέοισι.
» Πρόσθεν μὲν γὰρ δή μοι ἀεικέλιος δόατ' εἶναι,

tunique et les autres habits dont il avoit besoin ; lui donnent la fiole d'or où il restoit encore assez d'essence, et le pressent de se baigner dans le fleuve.

Alors Ulysse prenant la parole, leur dit : « Belles » nymphes, éloignez-vous un peu, je vous prie, afin » que je nettoie moi-même toute l'écume dont je suis » couvert, et que je me parfume avec cette essence ; il » y a long-temps qu'un pareil rafraîchissement n'a » approché de mon corps. Mais je n'oserois me baigner » en votre présence ; la pudeur et le respect me défendent » de paroître devant vous. »

En même temps les nymphes s'éloignent, et vont rendre compte à Nausicaa de ce qui les obligeoit de se retirer. Cependant Ulysse se jette dans le fleuve, nettoie l'écume qui étoit restée sur son corps, essuie sa tête et ses cheveux, et se parfume ; il met ensuite les habits magnifiques que la princesse lui avoit fait donner. Alors la fille du grand Jupiter, la sage Minerve, le fait paroître d'une taille plus grande et plus majestueuse, donne de nouvelles grâces à ses beaux cheveux, qui, semblables à la fleur d'hyacinthe, et tombant par gros anneaux, ombrageoient ses épaules. Comme un habile ouvrier, à qui Vulcain et Minerve ont montré tous les secrets de son art, mêle l'or à un ouvrage d'argent, pour faire un chef-d'œuvre, ainsi Minerve répand sur toute la personne d'Ulysse la beauté, la noblesse et la majesté. Ce héros se retirant un peu, va s'asseoir un moment sur le rivage de la mer ; il étoit tout brillant de beauté et de grâces.

La princesse ne peut se lasser de l'admirer, et s'adressant à ses femmes, elle leur dit: « Assurément » ce n'est point contre l'ordre de tous les Dieux que » cet étranger est abordé dans cette île, dont le bon- » heur égale la félicité qui règne dans le ciel. D'abord » il m'avoit paru un homme vil et méprisable, et

» Νῦν δὲ θεοῖσιν ἔοικε, τοὶ οὐρανὸν εὐρὺν ἔχουσιν.
» Αἲ γὰρ ἐμοὶ τοιόσδε πόσις κεκλημένος εἴη
» Ἐνθάδε ναιετάων, καί οἱ ἅδοι αὐτόθι μίμνειν. 245
» Ἀλλὰ δότ᾽, ἀμφίπολοι, ξείνῳ βρῶσίν τε, πόσιν τε. »

Ὣς ἔφαθ᾽· αἱ δ᾽ ἄρα τῆς μάλα μὲν κλύον, ἠδὲ πίθοντο,
Πὰρ δ᾽ ἄρ᾽ Ὀδυσσῆϊ θέσσαν βρῶσίν τε, πόσιν τε.
Ἤτοι ὁ πῖνε καὶ ἦσθε πολύτλας δῖος Ὀδυσσεὺς
Ἁρπαλέως· δηρὸν γὰρ ἐδητύος ἦεν ἄπαστος. 250
Αὐτὰρ Ναυσικάα λευκώλενος ἄλλ᾽ ἐνόησεν·
Εἵματ᾽ ἄρα πτύξασα τίθει καλῆς ἐπ᾽ ἀπήνης,
Ζεῦξεν δ᾽ ἡμιόνους κρατερώνυχας· ἂν δ᾽ ἔβη αὐτή·
Ὤτρυνεν δ᾽ Ὀδυσῆα, ἔπος τ᾽ ἔφατ᾽, ἔκ τ᾽ ὀνόμαζε·

« Ὄρσεο δὴ νῦν, ξεῖνε, πόλινδ᾽ ἴμεν, ὄφρα σε πέμψω
» Πατρὸς ἐμοῦ πρὸς δῶμα δαΐφρονος, ἔνθα σέ φημι 256
» Πάντων Φαιήκων εἰδησέμεν, ὅσσοι ἄριστοι.
» Ἀλλὰ μάλ᾽ ὧδ᾽ ἔρδειν, (δοκέεις δέ μοι οὐκ ἀπινύσσειν,)
» Ὄφρ᾽ ἂν μέν κ᾽ ἀγγροὺς ἴομεν καὶ ἔργ᾽ ἀνθρώπων,
» Τόφρα σὺν ἀμφιπόλοισι, μεθ᾽ ἡμιόνους καὶ ἄμαξαν,
» Καρπαλίμως ἔρχεσθαι· ἐγὼ δ᾽ ὁδὸν ἡγεμονεύσω· 261
» Αὐτὰρ ἐπὴν πόλιος ἐπιβήσομεν, ἣν πέρι πύργος
» Ὑψηλὸς, καλὸς δὲ λιμὴν ἑκάτερθε πόλιος,
» Λεπτὴ δ᾽ εἰσίθμη· νῆες δ᾽ ὁδὸν ἀμφιέλισσαι
» Εἰρύαται· πᾶσιν γὰρ ἐπίστιόν ἐστιν ἑκάστῳ 265
» Ἔνθα δέ τε σφ᾽ ἀγορή, καλὸν Ποσιδήϊον ἀμφίς,
» Ῥυτοῖσιν λάεσσι κατωρυχέεσσ᾽ ἀραρυῖα.
» Ἔνθα δὲ νηῶν ὅπλα μελαινάων ἀλέγουσι,
» Πείσματα, καὶ σπεῖρα καὶ ἀποξύγουσιν ἐρετμά.
» Οὐ γὰρ Φαιήκεσσι μέλει βιὸς, οὐδὲ φαρέτρη, 270
» Ἀλλ᾽ ἱστοὶ καὶ ἐρετμὰ νεῶν, καὶ νῆες ἐΐσαι,
» Ἧσιν ἀγαλλόμενοι πολιὴν περόωσι θάλασσαν·

» présentement je vois qu'il ressemble aux immortels
» qui habitent le haut Olympe. Plût à Jupiter que le
» mari qu'il me destine fût fait comme lui, qu'il voulût
» s'établir dans cette île, et qu'il s'y trouvât heureux !
» mais donnez-lui vite à manger, afin qu'il rétablisse ses
» forces. »

Elles obéissent aussitôt, et elles servent une table à Ulysse, qui n'avoit pas mangé depuis long-temps, et qui avoit grand besoin de prendre de la nourriture. Cependant la belle Nausicaa pense à ce qu'elle doit faire pour son retour : elle attelle son char, met dedans les paquets, et y monte. Ensuite s'adressant à Ulysse, elle lui parle en ces termes pour l'obliger de partir :

« Levez-vous, étranger, lui dit-elle, partons, afin
» que je vous mène dans le palais de mon père, où je
» m'assure que les principaux des Phéaciens vous vien-
» dront rendre leurs respects. Voici la conduite que
» vous devez tenir, car vous êtes un homme sage. Pen-
» dant que nous serons encore loin de la ville, et que
» nous traverserons les campagnes, vous n'avez qu'à
» suivre doucement mon char avec mes femmes, je
» vous montrerai le chemin. La ville n'est pas fort éloi-
» gnée ; elle est ceinte d'une haute muraille, et à cha-
» cun de ses deux bouts elle a un bon port, dont l'entrée
» est droite et difficile, ce qui en fait la sûreté. L'un et
» l'autre sont si commodes, que tous les vaisseaux y sont
» à l'abri de tous vents : entre les deux ports il y a un
» beau temple de Neptune, et autour du temple une
» grande place qui leur est commune, toute bâtie de belles
» pierres, et où l'on prépare l'armement des vaisseaux,
» les cordages, les mâts, les voiles, les rames; car les
» Phéaciens ne manient ni le carquois, ni la flèche ; ils
» ne connoissent que les cordages, les mâts, les vais-
» seaux qui font tout leur plaisir, et sur lesquels ils
» courent les mers les plus éloignées. Quand nous

» Τῶν ἀλεείνω φῆμιν ἀδευκέα, μήτις ὀπίσσω
» Μωμεύῃ· μάλα δ' εἰσὶν ὑπερφίαλοι κατὰ δῆμον.
» Καί νύ τις ὧδ' εἴπῃσι κακώτερος ἀντιβολήσας, 275
» Τίς δ' ὅδε Ναυσικάᾳ ἕπεται καλός τε, μέγας τε
» Ξεῖνος; ποῦ δέ μιν εὗρε; πόσις νύ τοι ἔσσεται αὐτῇ·
» Ἤ τινά που πλαγχθέντα κομίσσατο ἧς ἀπὸ νηὸς,
» Ἀνδρῶν τηλεδαπῶν· ἐπεὶ οὔ τινες ἐγγύθεν εἰσίν.
» Ἤ τίς οἱ εὐξαμένῃ πολυάρητος θεὸς ἦλθεν, 280
» Οὐρανόθεν καταβάς; ἕξει δέ μιν ἤματα πάντα.
» Βέλτερον, εἴ κ' αὐτή περ ἐποιχομένη πόσιν εὗρεν
» Ἄλλοθεν· ἦ γὰρ τούσδε γ' ἀτιμάζει κατὰ δῆμον
» Φαίηκας, τοί μιν μνῶνται πολέες τε καὶ ἐσθλοί.
» Ὣς ἐρέουσιν, ἐμοὶ δέ κ' ὀνείδεα ταῦτα γένοιτο· 285
» Καὶ δ' ἄλλῃ νεμεσῶ, ἥτις τοιαῦτά γε ῥέζοι,
» Ἥ τ' ἀέκητι φίλων πατρὸς καὶ μητρὸς ἐόντων
» Ἀνδράσι μίσγηται, πρίν γ' ἀμφάδιον γάμον ἐλθεῖν.
» Ξεῖνε, σὺ δ' ὧδ' ἐμέθεν ξυνίει ἔπος, ὄφρα τάχιστα
» Πομπῆς καὶ νόστοιο τύχῃς παρὰ πατρὸς ἐμεῖο· 290
» Δήομεν ἀγλαὸν ἄλσος Ἀθήνης ἄγχι κελεύθου,
» Αἰγείρων· ἐν δὲ κρήνη νάει, ἀμφὶ δὲ λειμών·
» Ἔνθα δὲ πατρὸς ἐμοῦ τέμενος, τεθαλυῖά τ' ἀλωή,
» Τόσσον ἀπὸ πτόλιος, ὅσσον τε γέγωνε βοήσας·
» Ἔνθα καθεζόμενος μεῖναι χρόνον, εἰσόκεν ἡμεῖς 295
» Ἄστυδε ἔλθωμεν, καὶ ἱκώμεθα δώματα πατρός.
» Αὐτὰρ ἐπὴν ἡμέας ἔλπῃ ποτὶ δώματ' ἀφῖχθαι,
» Καὶ τότε Φαιήκων ἴμεν ἐς πόλιν, ἠδ' ἐρέεσθαι
» Δώματα πατρὸς ἐμοῦ μεγαλήτορος Ἀλκινόοιο.

» approcherons des murailles, alors il faut nous séparer,
» car je crains la langue des Phéaciens : il y a beau-
» coup d'insolens et de médisans parmi ce peuple ; je
» craindrois qu'on ne médît de ma conduite, si l'on me
» voyoit avec vous. Car quelqu'un qui me rencontre-
» roit, ne manqueroit pas de dire : *Qui est cet étran-
» ger si beau et si bien fait qui suit Nausicaa ? où l'a-
» t-elle trouvé ? Est-ce un mari qu'elle amène ? est-ce
» quelque voyageur qui, venant d'un pays éloigné
» (car nous n'avons point de voisins) et étant abordé
» dans notre île, se soit égaré, et qu'elle ait recueilli ?
» ou plutôt est-ce quelqu'un des Dieux qui, à sa
» prière, soit descendu du ciel, et qu'elle prétende
» retenir toujours ? Elle a très-bien fait d'aller d'elle-
» même donner la main à un étranger; car il est aisé
» de voir qu'elle méprise sa nation, et qu'elle rebute
» les Phéaciens, dont les principaux la recherchent
» en mariage.* Voilà ce que l'on ne manqueroit pas de
» dire, et ce seroit une tache à ma réputation ; car moi-
» même je ne pardonnerois pas à une autre fille qui en
» useroit ainsi, qui, sans la permission de son père et
» de sa mère, paroîtroit avec un homme avant que
» d'être mariée à la face des autels. C'est pourquoi,
» généreux étranger, pensez bien à ce que je vais vous
» dire, afin que vous puissiez obtenir promptement de
» mon père tout ce qui est nécessaire pour votre départ.
» Nous allons trouver sur notre chemin un bois de peu-
» pliers, qui est consacré à Minerve ; il est arrosé d'une
» fontaine, et environné d'une belle prairie. C'est là
» que mon père a un grand parc et de beaux jardins
» qui ne sont éloignés de la ville que de la portée de la
» voix. Vous vous arrêterez là, et vous y attendrez
» autant de temps qu'il nous en faut pour arriver au
» palais. Quand vous jugerez que nous pourrons y être
» arrivés, vous nous suivrez, et en entrant dans la ville

» Ῥεῖα δ' ἀρίγνωτ' ἐστί, καὶ ἂν παῖς ἡγήσαιτο 300
» Νήπιος· οὐ μὲν γάρ τι ἐοικότα τοῖσι τέτυκται
» Δώματα Φαιήκων, οἷος δόμος Ἀλκινόοιο
» Ἥρωος· ἀλλ' ὁπότ' ἄν σε δόμοι κεκύθωσι καὶ αὐλή,
» Ὦκα μάλ' ἐκ μεγάροιο διελθέμεν, ὄφρ' ἂν ἵκηαι
» Μητέρ' ἐμήν· ἡ δ' ἧσται ἐπ' ἐσχάρῃ ἐν πυρὸς αὐγῇ,
» Ἠλάκατα στρωφῶσ' ἁλιπόρφυρα, θαῦμα ἰδέσθαι, 305
» Κίονι κεκλιμένη, δμωαὶ δέ οἱ εἵατ' ὄπισθεν·
» Ἔνθα δὲ πατρὸς ἐμεῖο θρόνος ποτικέκλιται αὐτῇ,
» Τῷ ὅγε οἰνοποτάζει ἐφήμενος, ἀθάνατος ὥς.
» Τὸν παραμειψάμενος, μητρὸς ποτὶ γούνασι χεῖρας 310
» Βάλλειν ἡμετέρης, ἵνα νόστιμον ἦμαρ ἴδηαι
» Χαίρων, καρπαλίμως, εἰ καὶ μάλα τηλόθεν ἐσσί.
» Εἴ κέν τοι κείνη γε φίλα φρονέησ' ἐνὶ θυμῷ,
» Ἐλπωρή τοι ἔπειτα φίλους τ' ἰδέειν, καὶ ἱκέσθαι
» Οἶκον ἐϋκτίμενον καὶ σὴν ἐς πατρίδα γαῖαν. » 315
Ὣς ἄρα φωνήσασ' ἵμασεν μάστιγι φαεινῇ
Ἡμιόνους· αἱ δ' ὦκα λίπον ποταμοῖο ῥέεθρα·
Αἱ δ' εὖ μὲν τρώχων, εὖ δὲ πλίσσοντο πόδεσσιν·
Ἡ δὲ μάλ' ἡνιόχευεν, ὅπως ἅμ' ἑποίατο πεζοὶ,
Ἀμφίπολοί τ', Ὀδυσεύς τε· νόῳ δ' ἐπέβαλλεν ἱμάσθλην.
Δύσετο δ' ἠέλιος, καὶ τοὶ κλυτὸν ἄλσος ἵκοντο 321
Ἱρὸν Ἀθηναίης, ἵν' ἄρ' ἕζετο δῖος Ὀδυσσεύς·
Αὐτίκ' ἔπειτ' ἠρᾶτο Διὸς κούρῃ μεγάλοιο·

« Κλῦθί μοι, Αἰγιόχοιο Διὸς τέκος ἀτρυτώνη,
» Νῦν δή πέρ μευ ἄκουσον, ἐπεὶ πάρος οὔποτ' ἄκουσας
» Ῥαιομένου, ὅτε μ' ἔρραιε κλυτὸς Ἐννοσίγαιος. 326
» Δός μ' ἐς Φαίηκας φίλον ἐλθεῖν, ἠδ' ἐλεεινόν. »

Ὣς ἔφατ' εὐχόμενος, τοῦ δ' ἔκλυε Παλλὰς Ἀθήνη·
Αὐτῷ δ' οὔπω φαίνετ' ἐναντίον· αἴδετο γάρ ῥα
Πατροκασίγνητον· ὁ δ' ἐπιζαφελῶς μενέαινεν 330
Ἀντιθέῳ Ὀδυσῆϊ, πάρος ἣν γαῖαν ἱκέσθαι.

» vous demanderez le palais d'Alcinoüs. Il est assez
» connu, et il n'y a pas un enfant qui ne vous l'enseigne,
» car dans toute la ville il n'y a point de palais comme
» celui du héros Alcinoüs. Quand vous aurez passé la
» cour, et que vous aurez gagné l'escalier, traversez les
» appartemens sans vous arrêter, jusqu'à ce que vous
» soyez arrivé auprès de la reine ma mère. Vous la trou-
» verez auprès de son foyer, qui, à la clarté de ses bra-
» siers, et appuyée contre une colonne, filera des laines
» de pourpre d'une beauté merveilleuse; ses femmes
» seront auprès d'elle, attentives à leur ouvrage. Mon
» père est dans la même chambre, et vous le trouverez
» assis à table comme un Dieu. Ne vous arrêtez point à
» lui, mais allez embrasser les genoux de ma mère, afin
» que vous obteniez promptement les secours néces-
» saires pour vous en retourner. Car si elle vous reçoit
» favorablement, vous pouvez espérer de revoir vos
» amis et votre patrie. »

En finissant ces mots, elle pousse ses mulets, qui s'éloignent des bords du fleuve. Mais elle ménage sa marche de manière que ses femmes et Ulysse, qui étoient à pied, pussent suivre sans se fatiguer. Comme le soleil alloit se coucher, ils arrivent au bois de peupliers, qui étoit consacré à Minerve. Ulysse s'y arrêta, et adressa cette prière à la fille du grand Jupiter :

Invincible fille du Dieu qui porte l'égide, vous avez refusé de m'écouter lorsque je vous ai invoqué dans les dangers auxquels le courroux de Neptune m'a exposé. Mais écoutez-moi aujourd'hui, faites que je sois bien reçu des Phéaciens, et qu'ils aient pitié de l'état où je suis réduit.

Minerve exauça sa prière, mais elle ne lui apparut point; car elle craignoit son oncle Neptune, qui étoit toujours irrité contre le divin Ulysse, avant son retour à Ithaque.

ΟΜΗΡΟΥ
ΟΔΥΣΣΕΙΑΣ

ΡΑΨΩΔΙΑ Η.

Ναυσικάα εἰς τὴν πόλιν ἀφικνεῖται, καὶ μετ' ὀλίγον Ὀδυσσεὺς ἱκετεύει Ἀρήτην τὴν τοῦ Ἀλκινόου τοῦ βασιλέως γυναῖκα· καὶ κατὰ τὸ δεῖπνον πυθομένης ὁπόθεν τὴν ἐσθῆτα ἔσχεν, (ἐγνώρισε γὰρ αὐτήν,) τὰ συμβάντα αὐτῷ κατὰ τὸν πλοῦν ἀπὸ τῆς Ὠγυγίας μέχρι τῆς τῶν Φαιάκων γῆς διηγεῖται.

ΑΛΛΗ.

Ἀθηνᾶ τὴν πόλιν παραγενομένῳ Ὀδυσσεῖ ἀπαντᾷ καὶ ἑξῆς ἀντιδείκνυσι τὸν Ἀλκινόου οἶκον· εἰς ὃν εἰσελθὼν Ὀδυσσεὺς προσπίπτει τοῖς τῆς Ἀρήτης γόνασι, καὶ δεῖται αὐτῆς πέμψαι αὐτὸν εἰς τὴν πατρίδα. Ἀναστήσας δὲ αὐτὸν ὁ Ἀλκίνοος παρακαθίζει αὐτῷ, καὶ δεῖπνον παρέχει. Ἡ δὲ Ἀρήτη θεασαμένη τὴν ἐσθῆτα, πυνθάνεται, πόθεν ἔσχεν; Ὁ δὲ διηγεῖται αὐτοῖς τὸν ἀπὸ Καλυψοῦς πλοῦν, καὶ τὸ γενόμενον Ναυάγιον, καὶ τὴν πρὸς αὐτοὺς ἄφιξιν, καὶ ὅτι δεηθεὶς Ναυσικάας, ἔλαβε τὴν ἐσθῆτα.

Ἦτα δ' εὖ φρονέουσ' Ὀδυσεῖ Σχερίης βασιλῆες.

Ὣς ὁ μὲν ἔνθ' ἠρᾶτο πολύτλας δῖος Ὀδυσσεύς,
Κούρην δὲ προτὶ ἄστυ φέρεν μένος ἡμιονοῖϊν.

L'ODYSSÉE D'HOMÈRE.

LIVRE SEPTIÈME.

ARGUMENT.

Nausicaa arrive dans la ville sur le soir, et se retire dans son appartement. Ulysse qui la suivoit de près sous la conduite de Minerve, qui le rendoit invisible, entre dans le palais d'Alcinoüs, admire ses richesses, sans être aperçu, et s'introduit dans la salle, sur la fin du repas. Il s'approche de la reine Arèté, au moment que le nuage se dissipe, et embrassant ses genoux, suivant le conseil que lui avoit donné Minerve, il implore son assistance. Après qu'il eut soupé, la reine demande à Ulysse d'où il avoit les habits qu'il portoit; car elle les reconnut. Sur cela Ulysse lui raconte tout ce qui lui est arrivé dans son voyage, depuis son départ de l'île d'Ogygie jusqu'à son arrivée chez les Phéaciens.

Telle fut la prière qu'Ulysse, exercé par tant de travaux, adressa à Minerve. Cependant Nausicaa arrive

Ἡ δ' ὅτε δὴ οὗ πατρὸς ἀγακλυτὰ δώμαθ' ἵκανεν,
Στῆσεν ἄρ ἐν προθύροισι· κασίγνιτοι δέ μιν ἀμφὶς
Ἵσταντ', ἀθανάτοις ἐναλίγκιοι, οἵ ῥ' ἀπ' ἀπήνης   5
Ἡμιόνους ἔλυον, ἐσθῆτά τε ἔσφερον εἴσω.
Αὐτὴ δ' ἐς θάλαμον ἑὸν ἤϊε· δαῖε δέ οἱ πῦρ,
Γρῆυς Ἀπειραίη θαλαμηπόλος Εὐρυμέδουσα,
Τήν ποτ' Ἀπείρηθεν νέες ἤγαγον ἀμφιέλισσαι·
Ἀλκινόῳ δ' αὐτὴν γέρας ἔξελον, οὕνεκα πᾶσι   10
Φαιήκεσσιν ἄνασσε, θεοῦ δ' ὣς δῆμος ἄκουεν·
Ἣ τρέφε Ναυσικάαν λευκώλενον ἐν μεγάροισιν.
Ἥ οἱ πῦρ ἀνέκαιε, καὶ εἴσω δόρπον ἐκόσμει.
Καὶ τότ' Ὀδυσσεὺς ὦρτο πόλινδ' ἴμεν· ἀμφὶ δ' Ἀθήνη
Πολλὴν ἠέρα χεῦε, φίλα φρονέουσ' Ὀδυσῆϊ,   15
Μήτις Φαιήκων μεγαθύμων ἀντιβολήσας
Κερτομέοι τ' ἐπέεσσι, καὶ ἐξερέοιθ', ὅτις εἴη.
Ἀλλ' ὅτε δὴ ἄρ' ἔμελλε πόλιν δύσεσθαι ἐραννήν,
Ἔνθα οἱ ἀντεβόλησε θεὰ γλαυκῶπις Ἀθήνη,
Παρθενικῇ εἰκυῖα νεήνιδι, κάλπιν ἐχούσῃ·   20
Στῆ δὲ πρόσθ' αὐτοῦ· ὁ δ' ἀνείρετο δῖος Ὀδυσσεύς·

« Ὦ τέκος, οὐκ ἄν μοι δόμον ἀνέρος ἡγήσαιο
» Ἀλκινόου, ὃς τοῖσδε μετ' ἀνθρώποισιν ἀνάσσει;
» Καὶ γὰρ ἐγὼ ξεῖνος ταλαπείριος ἐνθάδ' ἱκάνω,
» Τηλόθεν ἐξ ἀπίης γαίης· τῷ οὔτινα οἶδα   25
» Ἀνθρώπων, οἳ τήνδε πόλιν καὶ γαῖαν ἔχουσι. »

Τὸν δ' αὖτε προσέειπε θεὰ γλαυκῶπις Ἀθήνη·
« Τοιγὰρ ἐγώ τοι, ξεῖνε πάτερ, δόμον, ὅν με κελεύεις,
» Δείξω· ἐπεί μοι πατρὸς ἀμύμονος ἐγγύθι ναίει.
» Ἀλλ' ἴθι σιγῇ τοῖον· ἐγὼ δ' ὁδὸν ἡγεμονεύσω.   30
» Μηδέ τιν' ἀνθρώπων προτιόσσεο, μηδ' ἐρέεινε·
» Οὐ γὰρ ξείνους οἵδε μάλ' ἀνθρώπους ἀνέχονται,
» Οὐδ' ἀγαπαζόμενοι φιλέουσ', ὅς κ' ἄλλοθεν ἔλθοι.
» Νηυσὶ θοῇσιν τοίγε πεποιθότες ὠκείῃσιν,

au palais de son père. Elle n'est pas plus tôt entrée dans la cour, que ses frères, semblables aux Dieux, viennent au-devant d'elle, détellent ses mulets, et portent dans le palais les paquets qui étoient dans le char. La princesse va dans son appartement; Euryméduse, qui l'avoit élevée, et qui avoit alors soin de sa chambre, lui alluma du feu. C'étoit une femme que les Phéaciens amenèrent d'Epire sur leurs vaisseaux, et qu'ils choisirent pour en faire présent à Alcinoüs, parce qu'il étoit leur roi, et qu'ils l'écoutoient comme un Dieu. Euryméduse lui alluma donc du feu, et prépara son souper. Alors Ulysse jugea qu'il étoit temps de partir pour arriver à la ville. Minerve, sous la protection de laquelle il marchoit, l'environna d'un nuage, et le rendit invisible, de peur que quelqu'un des superbes Phéaciens le rencontrant, ne lui dît quelque parole de raillerie, et ne lui demandât qui il étoit, et ce qu'il venoit faire. Comme il étoit donc prêt d'entrer, la Déesse alla à sa rencontre, sous la figure d'une jeune fille qui portoit une cruche. Ulysse la voyant, lui dit:

« Ma fille, voudriez-vous bien me mener au palais
» d'Alcinoüs, roi de cette île; je suis un étranger qui
» viens d'une contrée fort éloignée, et je ne connois
» aucun des habitans de ce pays. »

La Déesse lui répondit : « Etranger, je vous montre-
» rai avec plaisir le palais que vous demandez, car il est
» près de celui de mon père. Vous n'avez qu'à marcher
» dans un profond silence, je vous conduirai moi-
» même; souvenez-vous seulement de ne regarder et
» de n'interroger aucun de ceux que vous rencontrerez;
» ces habitans ne reçoivent pas volontiers chez eux les
» étrangers, ils ne les voient pas de bon œil, et ne leur
» rendent pas tous les soins qu'ils méritent; ce sont des
» hommes nés pour la marine, et qui, se confiant en la
» bonté de leurs vaisseaux, font des voyages de long

» Λαῖτμα μέγ' ἐκπερόωσιν, ἐπεί σφισι δῶκ' Ἐνοσίχθων·
» Τῶν νέες ὠκεῖαι, ὡσεὶ πτερὸν, ἠὲ νόημα. »   39

Ὡς ἄρα φωνήσασ' ἡγήσατο Παλλὰς Ἀθήνη
Καρπαλίμως· ὁ δ' ἔπειτα μετ' ἴχνια βαῖνε θεοῖο·
Τὸν δ' ἄρα Φαίηκες ναυσικλυτοὶ οὐκ ἐνόησαν
Ἐρχόμενον κατὰ ἄστυ διὰ σφέας· οὐ γὰρ Ἀθήνη   40
Εἴα ἐϋπλόκαμος, δεινὴ θεὸς, ἥ ῥά οἱ ἀχλὺν
Θεσπεσίην κατέχευε, φίλα φρονέουσ' ἐνὶ θυμῷ.
Θαύμαζεν δ' Ὀδυσεὺς λιμένας καὶ νῆας εΐσας,
Αὐτῶν θ' ἡρώων ἀγορὰς, καὶ τείχεα μακρὰ,
Ὑψηλὰ, σκολόπεσσιν ἀρηρότα, θαῦμα ἰδέσθαι·   45
Ἀλλ' ὅτε δὴ βασιλῆος ἀγακλυτὰ δώμαθ' ἵκοντο,
Τοῖσί δὲ μύθων ἦρχε θεὰ γλαυκῶπις Ἀθήνη·

« Οὗτος δή τοι, ξεῖνε πάτερ, δόμος, ὃν με κελεύεις
» Πεφραδέμεν· δήεις δὲ διοτρεφέας βασιλῆας
» Δαίτην δαινυμένους· σὺ δ' ἔσω κίε, μηδέ τι θυμῷ   50
» Τάρβει· θαρσαλέος γὰρ ἀνὴρ ἐν πᾶσιν ἀμείνων
» Ἔργοισιν τελέθει, εἰ καὶ ποθεν ἄλλοθεν ἔλθοι.
» Δέσποιναν μὲν πρῶτα κιχήσεαι ἐν μεγάροισιν,
» Ἀρήτη δ' ὄνομ' ἐστὶν ἐπώνυμον· ἐκ δὲ τοκήων
» Τῶν αὐτῶν, οἵ περ τέκον Ἀλκίνοον βασιλῆα.   55
» Ναυσίθοον μὲν πρῶτα Ποσειδάων ἐνοσίχθων
» Γείνατο, καὶ Περίβοια, γυναικῶν εἶδος ἀρίστη,
» Ὁπλοτάτη θυγάτηρ μεγαλήτορος Εὐρυμέδοντος,
» Ὃς ποθ' ὑπερθύμοισι Γιγάντεσσιν βασίλευεν·
» Ἀλλ' ὁ μὲν ὤλεσε λαὸν ἀτάσθαλον, ὤλετο δ' αὐτός.
» Τῇ δὲ Ποσειδάων ἐμίγη, καὶ ἐγείνατο παῖδα   61
» Ναυσίθοον μεγάθυμον, ὃς ἐν Φαίηξιν ἄνασσε·
» Ναυσίθοος δ' ἔτεκε Ῥηξήνορά τ', Ἀλκίνοόν τε.
» Τὸν μὲν ἄκουρον ἐόντα βάλ' ἀργυρότοξος Ἀπόλλων,
» Νυμφίον ἐν μεγάρῳ, μίαν οἴην παῖδα λιπόντα   65

» cours; car Neptune les a faits comme maîtres de la
» mer. Leurs vaisseaux volent plus vite qu'un oiseau,
» ou que la pensée même. »

En finissant ces mots, elle marche la première, et
Ulysse la suit; aucun des Phéaciens ne l'aperçut comme
il traversoit la ville au milieu d'eux; car la déesse
Minerve l'avoit environné d'un épais nuage, qui les
empêchoit de le voir. Ulysse, en marchant, ne pouvoit
se lasser d'admirer les ports, la beauté des navires dont
ils étoient remplis, la magnificence des places publiques,
la hauteur des murailles et les remparts palissadés;
autant de merveilles dont il étoit surpris. Quand ils
furent arrivés tous deux devant le palais du roi, la
Déesse dit à Ulysse :

« Etranger, voilà le palais que vous demandez. Vous
» allez trouver le roi à table avec les princes. Entrez
» hardiment, et ne témoignez aucune crainte; car un
» homme hardi, quoique étranger, réussit mieux qu'un
» autre dans tout ce qu'il entreprend. Les affaires
» demandent du courage. Vous adresserez d'abord vos
» prières à la reine; elle se nomme Arété, et elle est
» de la même maison que le roi son mari. Car il faut
» que vous sachiez que le dieu Neptune eut de Péribée
» un fils, nommé Nausithoüs; Péribée étoit la plus belle
» des femmes de son temps, et fille du brave Eurymé-
» don qui régnoit sur les superbes géans. Cet Eury-
» médon fit périr tous ses sujets dans les guerres injustes
» qu'il entreprit, et périt aussi avec eux. Après sa mort,
» Neptune, devenu amoureux de sa fille, eut d'elle ce
» Nausithoüs, qui étoit un homme d'un courage
» héroïque, et qui régna sur les Phéaciens. Nausithoüs
» eut deux fils, Rhexenor et Alcinoüs. Rhexenor, peu
» de temps après son mariage, fut tué par les flèches
» d'Apollon, et ne laissa qu'une fille, qui est cette Arété.
» Alcinoüs l'a épousée, et jamais femme n'a été plus

» Ἀρήτην· τὴν δ' Ἀλκίνοος ποιήσατ' ἄκοιτιν,
» Καί μιν ἔτισ', ὡς οὔτις ἐπὶ χθονὶ τίεται ἄλλη,
» Ὅσσαι νῦν γε γυναῖκες ὑπ' ἀνδράσιν οἶκον ἔχουσιν,
» Ὣς κείνη περὶ κῆρι τετίμηταί τε, καὶ ἐστὶν,
» Ἔκ τε φίλων παίδων, ἔκ τ' αὐτοῦ Ἀλκινόοιο,   70
» Καὶ λαῶν, οἵ μιν ῥα, θεὸν ὣς, εἰσορόωντες,
» Δειδέχαται μύθοισιν, ὅτε στείχησ' ἀνὰ ἄστυ.
» Οὐ μὲν γάρ τι νόου γε καὶ αὐτὴ δεύεται ἐσθλοῦ,
» Οἷσίν τ' εὖ φρονέῃσι, καὶ ἀνδράσι νείκεα λύει.
» Εἰ κέν τοι κείνη γε φίλα φρονέῃσ' ἐνὶ θυμῷ,   75
» Ἐλπωρή τοι ἔπειτα φίλους τ' ἰδέειν, καὶ ἱκέσθαι
» Οἶκον ἐς ὑψόροφον καὶ σὴν ἐς πατρίδα γαῖαν. »

Ὣς ἄρα φωνήσασ', ἀπέβη γλαυκῶπις Ἀθήνη
Πόντον ἐπ' ἀτρύγετον· λίπε δὲ Σχερίην ἐρατεινήν·
Ἵκετο δ' ἐς Μαραθῶνα, καὶ εὐρυάγυιαν Ἀθήνην,   80
Δῦνε δ' Ἐρεχθῆος πυκινὸν δόμον· αὐτὰρ Ὀδυσσεὺς
Ἀλκινόου πρὸς δώματ' ἴε κλυτά· πολλὰ δέ οἱ κῆρ
Ὥρμαιν' ἱσταμένῳ, πρὶν χάλκεον οὐδὸν ἱκέσθαι·
Ὥστε γὰρ ἠελίου αἴγλη πέλεν, ἠὲ σελήνης,
Δῶμα καθ' ὑψερεφὲς μεγαλήτορος Ἀλκινόοιο.   85
Χάλκεοι μὲν γὰρ τοῖχοι ἐληλάδατ' ἔνθα καὶ ἔνθα,
Ἐς μυχὸν ἐξ οὐδοῦ· περὶ δὲ θριγκὸς κυάνοιο·
Χρύσειαι δὲ θύραι πυκινὸν δόμον ἐντὸς ἔεργον·
Ἀργύρεοι δὲ σταθμοὶ ἐν χαλκέῳ ἕστασαν οὐδῷ,
Ἀργύρεον δ' ἐφ' ὑπερθύριον, χρυσέη δὲ κορώνη.   90
Χρύσειοι δ' ἑκάτερθε καὶ ἀργύρεοι κύνες ἦσαν,
Οὓς Ἥφαιστος ἔτευξεν ἰδυίῃσι πραπίδεσσι,
Δῶμα φυλασσέμεναι μεγαλήτορος Ἀλκινόοιο,
Ἀθανάτους ὄντας καὶ ἀγήρως ἤματα πάντα.
Ἐν δὲ θρόνοι περὶ τοῖχον ἐρηρέδατ' ἔνθα καὶ ἔνθα,   95
Ἐς μυχὸν ἐξ οὐδοῖο διαμπερές· ἔνθ' ἐνὶ πέπλοι
Λεπτοὶ εὔννητοι βεβλήατο, ἔργα γυναικῶν.
Ἔνθα δὲ Φαιήκων ἡγήτορες ἑδριόωντο,

» estimée ni plus honorée de son mari qu'Arété l'est
» d'Alcinoüs. Ses fils ont aussi pour elle tout le respect
» et toute la soumission qu'ils lui doivent, et elle est
» adorée de ses peuples, qui la regardent comme leur
» Déesse tutélaire, et qui ne la voient jamais passer dans
» les rues sans la combler de bénédictions. Aussi est-ce
» une femme d'une prudence consommée et d'une rare
» vertu. Tous les différens qui s'élèvent entre ses sujets,
» elle les termine par sa sagesse. Si vous pouvez attirer
» sa bienveillance, et gagner son estime, comptez que
» bientôt vous aurez tous les secours nécessaires pour
» vous en retourner dans votre patrie, et revoir vos
» amis et votre palais. »

Après avoir ainsi parlé, la Déesse disparut, quitta l'aimable Schérie, et, prenant son vol vers les plaines de Marathon, elle se rendit à Athènes, et entra dans la célèbre cité d'Erechthée. Dans le même temps, Ulysse entre dans le palais d'Alcinoüs. En entrant, il s'arrête, l'esprit agité de différentes pensées; car tout le palais brilloit d'une lumière aussi éclatante que celle de la lune, ou même que celle du soleil. Toutes les murailles étoient d'airain massif. Une corniche bleu-céleste régnoit tout autour. Les portes étoient d'or, les chambranles d'argent sur un parquet d'airain, le dessus des portes de même, et les anneaux d'or. Aux deux côtés des portes on voyoit des chiens d'une grandeur extraordinaire, les uns d'or, les autres d'argent; Vulcain les avoit faits par les secrets merveilleux de son art, afin qu'ils gardassent l'entrée du palais d'Alcinoüs. Ils étoient immortels, et toujours jeunes, la vieillesse n'ayant point de pouvoir sur eux. Des deux côtés de la salle, les murs étoient bordés de beaux siéges tout d'une seule pièce, et couverts de beaux tapis d'une finesse merveilleuse, ouvrage des femmes du pays. Les principaux des Phéaciens, assis sur ces siéges, célébroient un

Πίνοντες καὶ ἔδοντες· ἐπιετανὸν γὰρ ἔχεσκον.
Χρύσειοι δ᾽ ἄρα κοῦροι ἐϋδμήτων ἐπὶ βωμῶν   100
Ἕστασαν, αἰθομένας δαΐδας μετὰ χερσὶν ἔχοντες,
Φαίνοντες νύκτας κατὰ δώματα δαιτυμόνεσσι.
Πεντήκοντα δέ οἱ δμωαὶ κατὰ δῶμα γυναῖκες·
Αἱ μὲν ἀλετρεύουσι μύλης ἔπι μήλοπα καρπὸν,
Αἱ δ᾽ ἱστοὺς ὑφόωσι καὶ ἠλάκατα στρωφῶσιν   105
Ἥμεναι, οἷά τε φύλλα μακεδνῆς αἰγείροιο·
Καιροσέων δ᾽ ὀθονέων ἀπολείβεται ὑγρὸν ἔλαιον·
Τόσσον Φαίηκες πέρι πάντων ἴδριες ἀνδρῶν
Νῆα θοὴν ἐνὶ πόντῳ ἐλαυνέμεν, ὡς δὲ γυναῖκες
Ἱστὸν τεχνῆσαι· πέρι γάρ σφισι δῶκεν Ἀθήνη   110
Ἔργα τ᾽ ἐπίστασθαι περικαλλέα, καὶ φρένας ἐσθλάς.
Ἔκτοσθεν δ᾽ αὐλῆς μέγας ὄρχατος ἄγχι θυράων
Τετράγυος· περὶ δ᾽ ἕρκος ἐλήλαται ἀμφοτέρωθεν.
Ἔνθα δὲ δένδρεα μακρὰ πεφύκει τηλεθόωντα,
Ὄγχναι, καὶ ῥοιαὶ, καὶ μηλέαι ἀγλαόκαρποι,   115
Συκαῖ τε γλυκεραὶ, καὶ ἐλαῖαι τηλεθόωσαι·
Τάων οὔποτε καρπὸς ἀπόλλυται, οὐδ᾽ ἐπιλείπει
Χείματος, οὐδὲ θέρευς, ἐπετήσιος· ἀλλὰ μάλ᾽ αἰεὶ
Ζεφυρίη πνείουσα, τὰ μὲν φύει, ἄλλα δὲ πέσσει.
Ὄγχνη ἐπ᾽ ὄγχνῃ γηράσκει, μῆλον δ᾽ ἐπὶ μήλῳ,   120
Αὐτὰρ ἐπὶ σταφυλῇ σταφυλὴ, σῦκον δ᾽ ἐπὶ σύκῳ.
Ἔνθα δέ οἱ πολύκαρπος ἀλωὴ ἐῤῥίζωται·

grand festin, car ce n'étoit tous les jours que nouvelles fêtes. Sur des piédestaux magnifiques étoient de jeunes garçons tout d'or, tenant des torches allumées pour éclairer la salle du festin. Il y avoit dans ce palais cinquantes belles esclaves, dont les unes servoient à moudre les dons de la blonde Cérès, les autres filoient ou travailloient sur le métier, et faisoient des étoffes précieuses. Elles étoient toutes assises de suite, et on voyoit toutes leurs mains se remuer en même temps, comme les branches des plus hauts peupliers quand elles sont agitées par les vents. Les étoffes qu'elles travailloient étoient d'une finesse et d'un éclat qu'on ne pouvoit se lasser d'admirer; l'huile même auroit coulé dessus sans y laisser de tache. Car autant les Phéaciens sont au-dessus des autres hommes pour gouverner les vaisseaux au milieu de la vaste mer, autant leurs femmes surpassent toutes les autres en adresse, pour faire les beaux ouvrages; la déesse Minerve leur ayant donné le bon esprit pour imaginer les plus beaux dessins, et toute l'habileté nécessaire pour les bien exécuter. De la cour on entre dans un grand jardin de quatre arpens, enfermé d'une haie vive. Dans ce jardin il y a un verger planté d'arbres fruitiers en plein vent, toujours chargés de fruits; on y voit des poiriers, des grenadiers, des orangers, dont le fruit est le charme des yeux, des figuiers d'une rare espèce, et des oliviers toujours verts. Jamais ces arbres ne sont sans fruit, ni l'hiver, ni l'été. Un doux zéphyr entretient toujours leur vigueur et leur séve; et pendant que les premiers fruits mûrissent, il en produit toujours de nouveaux. La poire prête à cueillir en fait voir une qui naît; la grenade et l'orange déjà mûres en montrent de nouvelles qui vont mûrir; l'olive est poussée par une autre olive, et la figue ridée fait place à une autre qui la suit. D'un autre côté, il y a une vigne qui porte des raisins en toute saison. Pendant

Τῆς ἕτερον μὲν, θειλόπεδον λευρῷ ἐνὶ χώρῳ
Τέρσεται ἠελίῳ· ἑτέρας δ' ἄρα τε τρυγόωσιν,
Ἄλλας δὲ τραπέουσι· πάροιθε δέ τ' ὄμφακές εἰσιν, 125
Ἄνθος ἀφιεῖσαι, ἕτεραι δ' ὑποπερκάζουσιν.
Ἔνθα δὲ κοσμηταὶ πρασιαὶ παρὰ νείατον ὄρχον
Παντοῖαι πεφύασιν, ἐπηετανὸν γανόωσαι·
Ἐν δὲ δύω κρῆναι, ἡ μέν τ' ἀνὰ κῆπον ἅπαντα
Σκίδναται, ἡ δ' ἑτέρωθεν ὑπ' αὐλῆς οὐδὸν ἵησι· 130
Πρὸς δόμον ὑψηλὸν, ὅθεν ὑδρεύοντο πολῖται.
Τοῖά ῥ' ἐν Ἀλκινόοιο θεῶν ἔσαν ἀγλαὰ δῶρα.

Ἔνθα στὰς θηεῖτο πολύτλας δῖος Ὀδυσσεύς.
Αὐτὰρ ἐπειδὴ πάντα ἑῷ θηήσατο θυμῷ,
Καρπαλίμως ὑπὲρ οὐδὸν ἐβήσατο δώματος εἴσω. 135
Εὗρι δὲ Φαιήκων ἡγήτορας ἠδὲ μέδοντας
Σπένδοντας δεπάεσσιν ἐϋσκόπῳ Ἀργειφόντῃ,
Ὦ πυμάτῳ σπένδεσκον, ὅτε μνησαίατο κοίτου.
Αὐτὰρ ὁ βῆ διὰ δῶμα πολύτλας δῖος Ὀδυσσεὺς,
Πολλὴν ἠέρ' ἔχων, ἥν οἱ περίχευεν Ἀθήνη, 140
Ὄφρ' ἵκετ' Ἀρήτην τε καὶ Ἀλκίνοον βασιλῆα.
Ἀμφὶ δ' ἄρ' Ἀρήτης βάλε γούνασι χεῖρας Ὀδυσσεύς·
Καὶ τότε δή ῥ' αὐτοῖο πάλιν χύτο θέσφατος ἀήρ.
Οἱ δ' ἄνεῳ ἐγένοντο δόμον κατὰ φῶτα ἰδόντες·
Θαύμαζον δ' ὁρόωντες· ὁ δ' ἐλλιτάνευεν Ὀδυσσεύς· 145

« Ἀρήτη, θύγατερ Ῥηξήνορος ἀντιθέοιο,
» Σόν τε πόσιν, σά τε γούναθ' ἱκάνω, πολλὰ μογήσας,
» Τούσδε τε δαιτυμόνας, τοῖσιν θεοὶ ὄλβια δοῖεν
» Ζωέμεναι, καὶ παισὶν ἐπιτρέψειεν ἕκαστος

que les uns sèchent au soleil, dans un lieu découvert, on coupe les autres, et on foule dans le pressoir ceux que le soleil a déjà préparés; car les ceps, chargés do grappes toutes noires qui sont prêtes à couper, en laissent voir d'autres toutes vertes qui sont prêtes à tourner et à mûrir. Au bas du jardin, il y a un potager très-bien tenu, qui fournit toutes sortes d'herbages, et qui, par ses différens carrés toujours verts et toujours fertiles, réjouit toute l'année celui qui l'entretient. Il y a deux fontaines, dont l'une, se partageant en différens canaux, arrose tout le jardin, et l'autre, coulant le long des murs de la cour, va former devant le palais un grand bassin qui sert à la commodité des citoyens. Tels sont les magnifiques présens dont les Dieux ont embelli le palais d'Alcinoüs : Ulysse s'arrête pour les considérer, et ne peut se lasser de les admirer.

Après les avoir admirés, il entre dans la salle, où il trouve les princes et les chefs des Phéaciens, qui, après le repas, faisoient des libations à Mercure; ce Dieu étoit le dernier à l'honneur duquel ils versoient le vin de leurs coupes, quand ils étoient sur le point de s'aller coucher. Ulysse s'avance, couvert du nuage dont la Déesse l'avoit environné pour l'empêcher d'être vu. Il s'approche d'Arété et d'Alcinoüs, et embrasse les genoux de la reine. Le nuage se dissipe dans ce moment, et les Phéaciens, apercevant tout d'un coup cet étranger, demeurent dans le silence, remplis d'étonnement et d'admiration. Ulysse tenant toujours les genoux de la reine, dit :

» Arété, fille de Rhexenor, qui étoit égal aux Dieux;
» après avoir souffert des maux infinis, je viens me jeter
» à vos pieds et embrasser vos genoux, ceux du roi et
» ceux de tous ces princes qui sont assis à votre table;
» veuillent les Dieux faire couler leurs jours dans une
» longue prospérité, et leur faire la grâce de laisser à

» Κτήματ' ἐνὶ μεγάροισι, γέρας θ', ὅ, τι δῆμος ἔδωκεν·
» Αὐτὰρ ἐμοὶ πομπὴν ὀτρύνετε πατρίδ' ἱκέσθαι   151
» Θᾶσσον· ἐπειδὴ δηθὰ φίλων ἄπο πήματα πάσχω. »

Ὣς εἰπὼν κατ' ἄρ' ἕζετ' ἐπ' ἐσχάρῃ ἐν κονίῃσι
Πὰρ πυρί· οἱ δ' ἄρα πάντες ἀκὴν ἐγένοντο σιωπῇ.
Ὀψὲ δὲ δὴ μετέειπε γέρων ἥρως Ἐχένηος,   155
Ὃς δὴ Φαιήκων ἀνδρῶν προγενέστερος ἦεν,
Καὶ μύθοισι κέκαστο, παλαιά τε, πολλά τε εἰδώς·
Ὅς σφιν ἐϋφρονέων ἀγορήσατο καὶ μετέειπεν·

« Ἀλκίνο', οὐ μέν τοι τόδε κάλλιον, οὐδὲ ἔοικε,
» Ξεῖνον μὲν χαμαὶ ἧσθαι ἐπ' ἐσχάρῃ ἐν κονίῃσιν·   160
» Οἵγε δὲ σὸν μῦθον ποτιδέγμενοι ἰσχανόωνται.
» Ἀλλ' ἄγε δὴ ξεῖνον μὲν ἐπὶ θρόνου ἀργυροήλου
» Εἷσον ἀναστήσας· σὺ δὲ κηρύκεσσι κέλευσον
» Οἶνον ἐπικρῆσαι, ἵνα καὶ Διὶ τερπικεραύνῳ
» Σπείσομεν, ὅσθ' ἱκέτῃσιν ἅμ' αἰδοίοισιν ὀπηδεῖ·   165
» Δόρπον δὲ ξείνῳ ταμίη δότω ἔνδον ἐόντων. »

Αὐτὰρ ἐπεὶ τόγ' ἄκουσ' ἱερὸν μένος Ἀλκινόοιο,
Χειρὸς ἑλὼν Ὀδυσῆα δαΐφρονα, ποικιλομήτην,
Ὦρσεν ἀπ' ἐσχαρόφιν, καὶ ἐπὶ θρόνου εἷσε φαεινοῦ,
Υἱὸν ἀναστήσας, ἀγαπήνορα Λαοδάμαντα,   170
Ὅς οἱ πλησίον ἷζε, μάλιστα δέ μιν φιλέεσκε.
Χέρνιβα δ' ἀμφίπολος προχόῳ ἐπέχευε φέρουσα
Καλῇ, χρυσείῃ, ὑπὲρ ἀργυρέοιο λέβητος,
Νίψασθαι· παρὰ δὲ ξεστὴν ἐτάνυσσε τράπεζαν·
Σῖτον δ' αἰδοίη ταμίη παρέθηκε φέρουσα,   175
Εἴδατα πόλλ' ἐπιθεῖσα, χαριζομένη παρεόντων·
Αὐτὰρ ὁ πῖνε καὶ ἦσθε πολύτλας δῖος Ὀδυσσεύς.
Καὶ τότε κήρυκα προσέφη μένος Ἀλκινόοιο·

« Ποντόνοε, κρητῆρα κερασσάμενος μέθυ νεῖμον

» leurs enfans après eux toutes leurs richesses, et les
» honneurs dont le peuple les a revêtus! Mais donnez-
» moi les secours nécessaires pour m'en retourner
» promptement dans ma patrie; car il y a long-temps
» qu'éloigné de ma famille et de mes amis, je suis en
» butte à tous les traits de la fortune. »

En finissant ces mots, il s'assied sur la cendre du foyer. Le roi et les princes demeurent encore plus interdits. Enfin, le héros Echénéus, qui étoit le plus âgé des Phéaciens, qui savoit le mieux parler, et de qui la prudence étoit augmentée par les exemples des anciens temps, dont il étoit instruit, rompit le premier le silence, et dit :

« Alcinoüs, il n'est ni séant ni honnête que vous lais-
» siez cet étranger assis à terre sur la cendre de votre
» foyer. Tous ces princes et chefs des Phéaciens n'at-
» tendent que vos ordres; relevez-le donc, et faites-le
» asseoir sur un de ces siéges; ordonnez en même temps
» aux hérauts de verser de nouveau du vin dans les
» urnes, afin que nous fassions nos libations au Dieu
» qui lance la foudre, car c'est lui qui tient sous sa
» protection les supplians, et qui les rend respectables à
» tous les hommes. Et que la maîtresse de l'office lui
» serve une table de ce qu'elle a de plus exquis. »

Alcinoüs n'eut pas plus tôt entendu ces paroles, que prenant Ulysse par la main, il le relève, et le fait asseoir sur un siége magnifique, qu'il lui fait céder par son fils Léodamas qui étoit assis près de lui, et qu'il aimoit plus que tous ses autres enfans. Une esclave bien faite apporte de l'eau dans une aiguière d'or sur un bassin d'argent, et donne à laver à Ulysse. Elle dresse ensuite une table, et la maîtresse de l'office la couvre de tout ce qu'elle a de meilleur. Ulysse mange et boit, et le roi adressant la parole à un de ses hérauts:

« Pontonoüs, lui dit-il, mêlez du vin dans une urne,

» Πᾶσιν ἀνὰ μέγαρον, ἵνα καὶ Διῒ τερπικεραύνῳ 180
» Σπείσομεν, ὅσθ᾽ ἱκέτῃσιν ἅμ᾽ αἰδοίοισιν ὀπηδεῖ. »

Ὣς φάτο· Ποντόνοος δὲ μελίφρονα οἶνον ἐκίρνα·
Νώμησεν δ᾽ ἄρα πᾶσιν ἐπαρξάμενος δεπάεσσιν.
Αὐτὰρ ἐπεὶ σπεῖσάν τ᾽, ἔπιόν θ᾽, ὅσον ἤθελε θυμὸς,
Τοῖσίν δ᾽ Ἀλκίνοος ἀγορήσατο καὶ μετέειπε·   185

« Κέκλυτε, Φαιήκων ἡγήτορες ἠδὲ μέδοντες,
» Ὄφρ᾽ εἴπω, τά με θυμὸς ἐνὶ στήθεσσι κελεύει.
» Νῦν μὲν δαισάμενοι κατακείετε οἴκαδ᾽ ἰόντες·
» Ἠῶθεν δὲ γέροντας ἐπὶ πλέονας καλέσαντες,
» Ξεῖνον ἐνὶ μεγάροις ξεινίσσομεν, ἠδὲ θεοῖσι   190
» Ῥέξομεν ἱερὰ καλά· ἔπειτα δὲ καὶ περὶ πομπῆς
» Μνησόμεθ᾽, ὥσχ᾽ ὁ ξεῖνος ἄνευθε πόνου καὶ ἀνίης
» Πομπῇ ὕφ᾽ ἡμετέρῃ ἣν πατρίδα γαῖαν ἵκηται,
» Χαίρων καρπαλίμως· εἰ καὶ μάλα τηλόθεν ἐστί.
» Μηδέ τι μεσσηγύς γε κακὸν καὶ πῆμα πάθῃσι,   195
» Πρίν γε τὸν ἧς γαίης ἐπιβήμεναι· ἔνθα δ᾽ ἔπειτα
» Πείσεται ἄσσα οἱ αἶσα, κατακλῶθές τε βαρεῖαι
» Γεινομένῳ νήσαντο λίνῳ, ὅτε μιν τέκε μήτηρ.
» Εἰ δέ τις ἀθανάτων γέ κατ᾽ οὐρανοῦ εἰλήλουθεν,
» Ἄλλο τι δὴ τόδ᾽ ἔπειτα θεοὶ περιμηχανόωνται. 200
» Αἰεὶ γὰρ τοπάρος γέ θεοὶ φαίνονται ἐναργεῖς
» Ἡμῖν, εὖθ᾽ ἔρδωμεν ἀγακλειτὰς ἑκατόμβας·
» Δαίνυνταί τε παρ᾽ ἄμμι καθήμενοι, ἔνθα πέρ ἡμεῖς.
» Εἰ δ᾽ ἄρα τις καὶ μοῦνος ἰὼν ξύμβληται ὁδίτης,
» Οὔτι κατακρύπτουσιν· ἐπεί σφισιν ἐγγύθεν εἰμέν,205
» Ὥσπερ Κύκλωπές τε, καὶ ἄγρια φῦλα Γιγάντων. »

Τὸν δ᾽ ἀπαμειβόμενος προσέφη πολύμητις Ὀδυσσεύς·
« Ἀλκίνο᾽, ἄλλο τί τοι μελέτω φρεσίν· οὐ γὰρ ἔγωγε
» Ἀθανάτοισιν ἔοικα, τοὶ οὐρανὸν εὐρὺν ἔχουσιν,

» et servez-en à tous les convives, afin que nous fas-
» sions nos libations au Dieu qui lance le tonnerre, et
» qui accompagne de sa protection les supplians. »

Il dit; Pontonoüs mêle du vin dans une urne, et en présente à tous les conviés. Après qu'on eut bu, et que les libations furent faites, Alcinoüs élevant la voix, dit:

« Princes et chefs des Phéaciens, puisque le repas est
» fini, vous pouvez vous retirer dans vos maisons, il est
» temps d'aller goûter le repos du doux sommeil;
» demain nous assemblerons nos vieillards en plus
» grand nombre, nous régalerons notre hôte, nous
» ferons des sacrifices à Jupiter, et nous penserons aux
» moyens de le renvoyer, afin que sans peine et sans
» inquiétude, par notre secours, il retourne prompte-
» ment dans sa patrie, quelque éloignée qu'elle soit, et
» qu'il ne lui arrive rien de fâcheux dans ce voyage.
» Quand il sera chez lui, et dans la suite des temps, il
» souffrira tout ce que la destinée et les Parques inexo-
» rables lui ont préparé par leurs fuseaux, dès le
» moment de sa naissance. Que si c'est quelqu'un des
» immortels qui soit descendu de l'Olympe pour nous
» visiter, c'est donc pour quelque chose d'extraordi-
» naire, car jusqu'ici les Dieux ne se sont montrés à
» nous que lorsque nous leur avons immolé des héca-
» tombes. Alors ils nous ont fait l'honneur d'assister à
» nos sacrifices, et de se mettre à table avec nous: et
» quand quelqu'un de nous est parti pour quelque
» voyage, ils n'ont pas dédaigné de se rendre visibles et
» de nous accompagner. Car je puis dire que nous leur
» ressemblons autant par notre piété et par notre jus-
» tice, que les Cyclopes et les géans se ressemblent par
» leur injustice et par leur impiété. »

Ulysse, entendant le roi parler de la sorte, lui répondit: « Alcinoüs, changez de sentiment, je vous prie, je
» ne ressemble en rien aux immortels qui habitent le

» Οὐ δέμας, οὐδὲ φυὴν, ἀλλὰ θνητοῖσι βροτοῖσιν· 210
» Οὕς τινας ὑμεῖς ἴστε μάλιστ' ἀχέοντας ἀϊζὺν
» Ἀνθρώπων· τοῖσίν κεν ἐν ἄλγεσιν ἰσωσαίμην·
» Καὶ δ' ἔτι κεν καὶ πλείον' ἐγὼ κακὰ μυθησαίμην,
» Ὅσσα γε δὴ ξύμπαντα θεῶν ἰότητι μόγησα.
» Ἀλλ' ἐμὲ μὲν δορπῆσαι ἐάσσατε, κηδόμενόν περ· 215
» Οὐ γάρ τι στυγερῇ ἐπὶ γαστέρι κύντερον ἄλλο
» Ἔπλετο, ἥτ' ἐκέλευσεν ἕο μνήσασθαι ἀνάγκῃ,
» Καὶ μάλα τειρόμενον, καὶ ἐνὶ φρεσὶ πένθος ἔχοντα.
» Ὡς καὶ ἐγὼ πένθος μὲν ἔχω φρεσίν· ἡ δὲ μάλ' αἰεὶ
» Ἐσθέμεναι κέλεται καὶ πινέμεν· ἐκ δέ με πάντων 220
» Ληθάνει, ὅσσ' ἔπαθον, καὶ ἐνιπλήσασθαι ἀνώγει.
» Ὑμεῖς δ' ὀτρύνεσθε ἅμ' ἠοῖ φαινομένηφιν,
» Ὥς κέ με τὸν δύστηνον ἐμῆς ἐπιβήσετε πάτρης,
» Καί περ πολλὰ παθόντα· ἰδόντα με καὶ λίποι αἰὼν,
» Κτῆσιν ἐμὴν, δμῶάς τε, καὶ ὑψερεφὲς μέγα δῶμα. »
  Ὡς ἔφαθ'· οἱ δ' ἄρα πάντας ἐπῄνεον, ἠδ' ἐκέλευον 226
Πεμπέμεναι τὸν ξεῖνον, ἐπεὶ κατὰ μοῖραν ἔειπεν.
Αὐτὰρ ἐπεὶ σπεῖσάν τ', ἔπιόν θ', ὅσον ἤθελε θυμὸς,
Οἱ μὲν κακκείοντες ἔβαν οἰκόνδε ἕκαστος·
Αὐτὰρ ὁ ἐν μεγάρῳ ὑπελείπετο δῖος Ὀδυσσεὺς, 230
Πὰρ δέ οἱ Ἀρήτη τε, καὶ Ἀλκίνοος θεοειδὴς
Ἥσθην· ἀμφίπολοι δ' ἀπεκόσμεον ἔντεα δαιτός.
Τοῖσιν δ' Ἀρήτη λευκώλενος ἤρχετο μύθων,
Ἔγνω γὰρ φάρός τε, χιτῶνά τε, εἵματ' ἰδοῦσα,
Καλὰ, τά ῥ' αὐτὴ τεῦξε, σὺν ἀμφιπόλοισι γυναιξί· 235
Καί μιν φωνήσασ' ἔπεα πτερόεντα προσηύδα·
  « Ξεῖνε, τὸ μέν σε πρῶτον ἐγὼν εἰρήσομαι αὐτή,
» Τίς; πόθεν εἰς ἀνδρῶν; τίς τοι τάδε εἵματ' ἔδωκεν;
» Οὐ δὴ φῂς ἐπὶ πόντον ἀλώμενος ἐνθάδ' ἱκέσθαι; »
  Τὴν δ' ἀπαμειβόμενος προσέφη πολύμητις Ὀδυσσεύς·
« Ἀργαλέον, βασίλεια, διηνεκέως ἀγορεῦσαι   241
» Κήδε', ἐπεί μοι πολλὰ δόσαν θεοὶ οὐρανίωνες.

« brillant Olympe; je n'ai ni leurs corps, ni aucunes de
» leurs propriétés; mais je ressemble aux mortels, et à
» un des plus misérables mortels que vous puissiez con-
» noître; car je le dispute aux plus infortunés. Si je
» vous racontois tous les maux que j'ai eus à souffrir par
» la volonté des Dieux, vous verriez que j'ai plus souf-
» fert que tous les malheureux ensemble. Mais permet-
» tez que j'achève mon repas; malgré l'affliction qui me
» consume, il n'y a point de nécessité plus impérieuse
» que la faim; elle force le plus affligé à la satisfaire,
» elle me fait oublier tous mes malheurs et toutes mes
» pertes pour lui obéir. Demain, dès la pointe du jour,
» ayez la bonté de me fournir les moyens de retourner
» dans ma chère patrie, tout malheureux que je suis.
» Après tout ce que j'ai souffert, je consens de tout mon
» cœur à mourir, pourvu que j'aie le plaisir de revoir
» mon palais et ma famille. »

Il dit, et tous les princes louèrent son discours, et se
préparèrent à lui fournir tout ce dont il auroit besoin;
car sa demande leur parut juste. Les libations étant
donc faites, ils se retirèrent tous dans leur maison pour
se coucher. Ulysse demeura dans la salle, Arété et
Alcinoüs demeurèrent près de lui; et pendant qu'on
desservoit et qu'on ôtoit les tables, la reine, reconnois-
sant le manteau et les habits dont il étoit couvert, et
qu'elle avoit faits elle-même avec ses femmes, prit la
parole et dit:

« Etranger, permettez-moi de vous demander pre-
» mièrement qui vous êtes, d'où vous êtes, et qui vous
» a donné ces habits? Ne nous avez-vous pas dit qu'er-
» rant sur la vaste mer, vous avez été jeté sur nos côtes
» par la tempête? »

« Grande reine, répondit le prudent Ulysse, il me
» seroit difficile de vous raconter en détail tous les
» malheurs dont les Dieux m'ont accablé, ils sont en

» Τοῦτο δέ τοι ἐρέω, ὅ μ' ἀνείρεαι, ἠδὲ μεταλλᾷς·
» Ὠγυγίη τις νῆσος ἀπόπροθεν εἰν ἁλὶ κεῖται,
» Ἔνθα μὲν Ἄτλαντος θυγάτηρ, δολόεσσα Καλυψὼ,
» Ναίει ἐϋπλόκαμος, δεινὴ θεός· οὐδέ τις αὐτῇ   245
» Μίσγεται, οὔτε θεῶν, οὔτε θνητῶν ἀνθρώπων.
» Ἀλλ' ἐμὲ τὸν δύστηνον ἐφέστιον ἤγαγε δαίμων
» Οἶον, ἐπεί μοι νῆα θοὴν ἀργῆτι κεραυνῷ
» Ζεὺς ἔλσας ἐκέασσε, μέσῳ ἐνὶ οἴνοπι πόντῳ·   250
» Ἔνθ' ἄλλοι μὲν πάντες ἀπέφθιθον ἐσθλοὶ ἑταῖροι·
» Αὐτὰρ ἐγὼ, τρόπιν ἀγκὰς ἑλὼν νεὸς ἀμφιελίσσης,
» Ἐννῆμαρ φερόμην· δεκάτῃ δέ με νυκτὶ μελαίνῃ
» Νῆσον ἐς Ὠγυγίην πέλασαν θεοί, ἔνθα Καλυψὼ
» Ναίει ἐϋπλόκαμος, δεινὴ θεός· ἥ με λαβοῦσα,   255
» Ἐνδυκέως ἐφίλει τε, καὶ ἔτρεφεν, ἠδὲ ἔφασκε,
» Θήσειν ἀθάνατον, καὶ ἀγήραον ἤματα πάντα·
» Ἀλλ' ἐμὸν οὔποτε θυμὸν ἐνὶ στήθεσσιν ἔπειθεν.
» Ἔνθα μὲν ἑπτάετες μένον ἔμπεδον, εἵματα δ' αἰεὶ
» Δάκρυσι δεύεσκον, τά μοι ἄμβροτα δῶκε Καλυψώ·
» Ἀλλ' ὅτε δὴ ὄγδοόν μοι ἐπιπλόμενον ἔτος ἦλθε, 261
» Καὶ τότε δή με κέλευσεν ἐποτρύνουσα νέεσθαι,
» Ζηνὸς ὑπ' ἀγγελίης, ἢ καὶ νόος ἐτράπετ' αὐτῆς.
» Πέμπε δ' ἐπὶ σχεδίης πολυδέσμου· πολλὰ δ' ἔδωκε,
» Σῖτον καὶ μέθυ ἡδύ· καὶ ἄμβροτα εἵματα ἕσσεν·   265
» Οὖρον δὲ προέηκεν ἀπήμονά τέ, λιαρόν τε.
» Ἑπταδεκαίδεκα μὲν πλέον ἤματα ποντοπορεύων,
» Ὀκτωκαιδεκάτῃ δ' ἐφάνη ὄρεα σκιόεντα
» Γαίης ὑπερτέρης· γήθησε δέ μοι φίλον ἦτορ,
» Δυσμόρῳ· ἦ γὰρ ἔμελλον ἔτι ξυνέσεσθαι ὀϊζύϊ   270
» Πολλῇ, τήν μοι ἐπῶρσε Ποσειδάων ἐνοσίχθων·
» Ὅς μοι ἐφορμήσας ἀνέμους, κατέδησε κελεύθους,

« trop grand nombre ; je satisferai seulement à ce que
« vous me faites l'honneur de me demander. Fort loin
« d'ici, au milieu de la mer, est une île appelée Ogy-
« gie, où habite la fille d'Atlas, la belle Calypso, Déesse
« très-dangereuse par ses attraits et par ses caresses, qui
« sont autant de pièges dont il est difficile de se garan-
« tir. Aucun ni des Dieux ni des hommes ne fréquente
« dans cette île ; un Dieu ennemi m'y fit aborder moi
« seul, après que Jupiter lançant sa foudre eut brisé
« mon vaisseau, et fait périr mes compagnons. Dans ce
« péril, j'embrassai une planche du débris de mon nau-
« frage, et je fus neuf jours le jouet des flots. Enfin la
« dixième nuit, les Dieux me poussèrent sur la côte
« d'Ogygie, où Calypso me reçut avec toutes les
« marques d'affection et d'estime, et me fit tous les meil-
« leurs traitemens qu'on peut désirer. Elle m'offroit
« même de me rendre immortel, et de m'exempter
« pour toujours de la vieillesse ; mais elle n'eut pas la
« force de me persuader. Je demeurai avec elle sept
« années entières, baignant tous les jours de mes larmes
« mes habits tissus de sa main immortelle. Enfin la
« huitième année étant venue, elle me pressa elle-même
« de partir ; car elle avoit reçu par le messager des
« Dieux un ordre exprès de Jupiter, qui avoit entière-
« ment changé son esprit. Elle me renvoya donc sur
« une espèce de radeau ; elle me fournit de tout ce qui
« m'étoit nécessaire, de pain, de vin, d'habits, et m'en-
« voya un vent très-favorable. Je voguai heureusement
« dix-sept jours. Le dix-huitième, je découvris les noirs
« sommets des montagnes de votre île, et je sentis une
« très-grande joie. Malheureux ! toute ma mauvaise
« fortune n'étoit pas encore épuisée ; Neptune me pré-
« paroit de nouvelles persécutions. Pour me fermer les
« chemins de ma patrie, il déchaîna contre moi les
« vents et souleva la mer pendant deux jours et deux

» Ὤρινεν δὲ θάλασσαν ἀθέσφατον· οὐδέ τι κῦμα
» Εἴα ἐπὶ σχεδίης ἀδινὰ στενάχοντα φέρεσθαι.
» Τὴν μὲν ἔπειτα θύελλα διεσκέδασ'· αὐτὰρ ἔγωγε 275
» Νηχόμενος τόδε λαῖτμα διέτμαγον· ὄφρα με γαίῃ
» Ὑμετέρῃ ἐπέλασσε φέρων ἄνεμός τε καὶ ὕδωρ.
» Ἔνθα κέ μ' ἐκβαίνοντα βιήσατο κῦμ' ἐπὶ χέρσου,
» Πέτρῃς πρὸς μεγάλῃσι βαλὸν καὶ ἀτερπέϊ χώρῳ·
» Ἀλλ' ἀναχασσάμενος νῆχον πάλιν, ἕως ἐπῆλθον 280
» Ἐς ποταμὸν, τῇ δή μοι ἐείσατο χῶρος ἄριστος,
» Λεῖος πετράων· καὶ ἐπὶ σκέπας ἦν ἀνέμοιο.
» Ἐκ δ' ἔπεσον θυμηγερέων· ἐπὶ δ' ἀμβροσίη νὺξ
» Ἤλυθ'· ἐγὼ δ' ἀπάνευθε διϊπετέος ποταμοῖο
» Ἐκβὰς ἐν θάμνοισι κατέδραθον· ἀμφὶ δὲ φύλλα 285
» Ἠφυσάμην· ὕπνον δὲ θεὸς κατ' ἀπείρονα χεῦεν.
» Ἔνθα μὲν ἐν φύλλοισι, φίλον τετιημένος ἦτορ,
» Εὗδον παννύχιος, καὶ ἐπ' ἠῶ, καὶ μέσον ἦμαρ·
» Δύσετό τ' ἠέλιος, καί με γλυκὺς ὕπνος ἀνῆκεν.
» Ἀμφιπόλους δ' ἐπὶ θινὶ τεῆς ἐνόησα θυγατρὸς 290
» Παιζούσας, ἐν δ' αὐτὴ ἔην εἰκυῖα θεοῖσιν.
» Τὴν ἱκέτευσ'· ἡ δ' οὔτι νοήματος ἤμβροτεν ἐσθλοῦ,
» Ὡς οὐκ ἂν ἔλποιο νεώτερον ἀντιάσαντα
» Ἑρξέμεν· αἰεὶ γάρ τε νεώτεροι ἀφραδέουσιν.
» Ἥ μοι σῖτον ἔδωκεν ἅλις, ἠδ' αἴθοπα οἶνον, 295
» Καὶ λοῦσ' ἐν ποταμῷ, καί μοι τάδε εἵματ' ἔδωκεν.
» Ταῦτά τοι, ἀχνύμενός περ, ἀληθείην κατέλεξα. »

Τὸν δ' αὖτ' Ἀλκίνοος ἀπαμείβετο, φώνησέν τε·
« Ξεῖν', ἤτοι μὲν τοῦτό γ' ἐναίσιμον οὐκ ἐνόησε
» Παῖς ἐμὴ, οὕνεκά σ' οὔτι μετ' ἀμφιπόλοισι γυναιξὶν

» nuits. Les flots qui heurtoient impétueusement ma
» petite nacelle, me montroient la mort à tout moment;
» enfin la tempête devint si furieuse, qu'elle brisa et
» dissipa ce frêle vaisseau. Je me mis à nager; les vents
» et les flots me poussèrent hier contre le rivage, et
» comme je pensois m'y sauver, la violence du flot me
» repoussa contre de grands rochers, dans un lieu fort
» dangereux; je m'en éloignai en nageant encore, et je
» fis tant que j'arrivai à l'embouchure du fleuve. Là je
» découvris un endroit commode, parce qu'il étoit à
» couvert des vents, et qu'il n'y avoit aucun rocher. Je le
» gagnai, en rassemblant le peu qui me restoit de
» forces, et j'y arrivai presque sans vie. La nuit cou-
» vrit la terre et la mer de ses ombres; et moi, après
» avoir un peu repris mes esprits, je m'éloignai du
» fleuve, je me fis un lit de branches et je me couvris de
» feuilles ; un Dieu favorable m'envoya un doux som-
» meil qui suspendit toutes mes douleurs. J'ai dormi
» tranquillement toute la nuit, et la plus grande partie
» du jour. Comme le soleil baissoit, je me suis éveillé ;
» et j'ai vu les femmes de la princesse votre fille qui
» jouoient ensemble. Elle paroissoit au milieu d'elles
» comme une Déesse. J'ai imploré son secours ; elle n'a
» pas manqué de donner en cette occasion des marques
» de son bon esprit et de ses inclinations nobles et géné-
» reuses ; vous n'oseriez attendre de si beaux sentimens
» de toute autre personne de son âge, soit homme, soit
» femme ; car la prudence et la sagesse ne sont pas le
» partage des jeunes gens. Elle m'a fait donner à man-
» ger, elle a ordonné qu'on me baignât dans le fleuve,
» et m'a donné ces habits. Voilà la pure vérité, et tout
» ce que mon affliction me permet de vous apprendre. »

Le roi prenant la parole, dit à Ulysse: « Étranger, il
» y a une seule chose où ma fille a manqué, c'est qu'é-
» tant la première à qui vous vous êtes adressé, elle ne

» Ἦγεν ἐς ἡμέτερον· σὺ δ' ἄρα πρώτην ἱκέτευσας.» 301

Τὸν δ' ἀπαμειβόμενος προσέφη πολύμητις Ὀδυσσεύς.
» Ἥρως, μή μοι τοὔνεκ' ἀμύμονα νείκεε κούρην·
» Ἡ μὲν γάρ μ' ἐκέλευε σὺν ἀμφιπόλοισιν ἕπεσθαι·
» Ἀλλ' ἐγὼ οὐκ ἔθελον, δείσας, αἰσχυνόμενός τε, 305
» Μήπως καὶ σοὶ θυμὸς ἐπισκύσαιτο ἰδόντι·
» Δύσζηλοι γάρ τ' εἰμὲν ἐπὶ χθονὶ φῦλ' ἀνθρώπων. »

Τὸν δ' αὖτ' Ἀλκίνοος ἀπαμείβετο, φώνησέν τε·
« Ξεῖν', οὔ μοι τοιοῦτον ἐνὶ στήθεσσι φίλον κῆρ
» Μαψιδίως κεχολῶσθαι· ἀμείνω δ' αἴσιμα πάντα. 310
» Αἲ γάρ, Ζεῦ τε πάτερ, καὶ Ἀθηναίη, καὶ Ἄπολλον,
» Τοῖος ἐών, οἷος ἐσσί, τά τε φρονέων, ἅτ' ἐγώ περ,
» Παῖδά τ' ἐμὴν ἐχέμεν, καὶ ἐμὸς γαμβρὸς καλέεσθαι,
» Αὖθι μένων· οἶκον δὲ ἐγὼ καὶ κτήματα δοίην
» Αἴκ' ἐθέλων γε μένοις· ἀέκοντα δέ σ' οὔτις ἐρύξει 315
» Φαιήκων· μὴ τοῦτο φίλον Διῒ πατρὶ γένοιτο.
» Πομπὴν δ' ἐς τόδ' ἐγὼ τεκμαίρομαι, ὄφρ' εὖ εἰδῇς,
» Αὔριον· ἐς τῆμος δὲ σὺ μὲν δεδμημένος ὕπνῳ
» Λέξεαι· οἱ δ' ἐλόωσι γαλήνην, ὄφρ' ἂν ἵκηαι
» Πατρίδα σὴν, καὶ δῶμα, καὶ εἴ πού τοι φίλον ἐστίν·
» Εἴπερ καὶ μάλα πολλὸν ἑκαστέρω ἔστ' Εὐβοίης· 321
» Τὴν γὰρ τηλοτάτω φάσ' ἔμμεναι, οἵ μιν ἴδοντο
» Λαῶν ἡμετέρων, ὅτε τε ξανθὸν Ῥαδάμανθυν
» Ἦγον, ἐποψόμενον Τιτυὸν, Γαιήιον υἱόν·
» Καὶ μέν οἱ ἔνθ' ἦλθον, καὶ ἄτερ καμάτοιο τέλεσσαν
» Ἤματι τῷ αὐτῷ, καὶ ἀπήγαγον οἴκαδ' ὀπίσσω. 326
» Εἰδήσεις δὲ καὶ αὐτὸς ἐνὶ φρεσὶν, ὅσσον ἄρισται
» Νῆες ἐμαὶ καὶ κοῦροι, ἀναρρίπτειν ἅλα πηδῷ. »

Ὣς φάτο· γήθησεν δὲ πολύτλας δῖος Ὀδυσσεύς·
Εὐξάμενος δ' ἄρα εἶπεν, ἔπος τ' ἔφατ', ἔκ τ' ὀνόμαζε· 330

« Ζεῦ πάτερ, αἴθ' ὅσα εἶπε, τελευτήσειεν ἅπαντα,

» vous a pas conduit elle-même dans mon palais avec
» ses femmes. »

« Grand prince, repartit Ulysse, ne blâmez point la
» princesse votre fille, elle n'a aucun tort; elle m'a
» ordonné de la suivre avec ses femmes; c'est moi qui
» n'ai pas voulu, de peur qu'en me voyant avec elle,
» votre esprit ne fût obscurci par quelque soupçon,
» comme par un nuage; car nous autres mortels nous
» sommes fort jaloux et fort soupçonneux. »

« Étranger, répond Alcinoüs, je ne suis point sujet
» à cette passion, et je ne me mets pas légèrement en
» colère. J'approuve toujours tout ce qui est honnête et
» juste. Plût à Jupiter, à Minerve et à Apollon, que tel
» que vous êtes, et ayant les mêmes pensées que moi,
» vous puissiez épouser ma fille et devenir mon gendre;
» je vous donnerois un beau palais et de grandes
» richesses, si vous preniez le parti de demeurer avec
» nous. Il n'y a personne ici qui veuille vous retenir par
» force, à Dieu ne plaise. Je vous promets que demain
» tout sera prêt pour votre voyage; dormez seulement
» en toute sûreté. Les gens que je vous donnerai obser-
» veront le moment que la mer sera bonne, afin que
» vous puissiez arriver heureusement dans votre patrie,
» et partout où vous voudrez aller; dussiez-vous aller
» au delà de l'Eubée qui est fort loin d'ici, comme nous
» le savons par le rapport de nos pilotes, qui y menèrent
» autrefois le beau Rhadamanthe, lorsqu'il alla voir
» Tityus, le fils de la Terre. Quelque éloignée qu'elle
» soit, ils le menèrent et le ramenèrent dans le même
» jour sans beaucoup de peine. Et vous-même vous con-
» noîtrez par expérience la bonté et la légèreté de mes
» vaisseaux, l'adresse et la force de mes rameurs. »

Il dit, et Ulysse, pénétré d'une joie qu'il n'avoit pas
encore sentie, leva les yeux au ciel, et fit cette prière :

Grand Jupiter, faites qu'Alcinoüs accomplisse ce

» Ἀλκίνοος· τοῦ μέν κεν ἐπὶ ζείδωρον ἄρουραν
» Ἄσβεστον κλέος εἴη, ἐγὼ δέ κε πατρίδ᾽ ἱκοίμην. »

Ὣς οἱ μὲν τοιαῦτα πρὸς ἀλλήλους ἀγόρευον.
Κέκλετο δ᾽ Ἀρήτη λευκώλενος ἀμφιπόλοισιν   335
Δέμνι᾽ ὑπ᾽ αἰθούσῃ θέμεναι, καὶ ῥήγεα καλὰ
Πορφύρε᾽ ἐμβαλέειν, στορέσαι τ᾽ ἐφύπερθε τάπητας,
Χλαίνας τ᾽ ἐνθέμεναι οὔλας, καθύπερθεν ἕσασθαι·
Αἱ δ᾽ ἴσαν ἐκ μεγάροιο, δάος μετὰ χερσὶν ἔχουσαι·
Αὐτὰρ ἐπεὶ στόρεσαν πυκινὸν λέχος ἐγκονέουσαι,   340
Ὤτρυνον Ὀδυσῆα παριστάμεναι ἐπέεσσιν·
« Ὄρσο κέων, ὦ ξεῖνε· πεποίηται δέ τοι εὐνή. »

Ὣς φάν· τῷ δ᾽ ἀσπαστὸν ἐείσατο κοιμηθῆναι.
Ὣς ὁ μὲν ἔνθα καθεῦδε πολύτλας δῖος Ὀδυσσεύς,
Τρητοῖς ἐν λεχέεσσιν, ὑπ᾽ αἰθούσῃ ἐριδούπῳ.   345
Ἀλκίνοος δ᾽ ἄρα λέκτο μυχῷ δόμου ὑψηλοῖο·
Πὰρ δὲ γυνὴ δέσποινα λέχος πόρσυνε καὶ εὐνήν.

qu'il me promet ; que la gloire de ce prince, sans jamais s'affoiblir, remplisse la terre entière, et que je retourne heureusement dans mes états !

Comme cette conversation alloit finir, Arété commanda à ses femmes de dresser un lit à Ulysse sous le portique, de le garnir de belles étoffes de pourpre, d'étendre sur ces étoffes de beaux tapis, et de mettre par-dessus des couvertures très-fines. Ces femmes traversent aussitôt les appartemens, tenant dans leurs mains des flambeaux allumés. Quand elles eurent préparé le lit, elles revinrent avertir Ulysse que tout étoit prêt.

Aussitôt il prend congé du roi et de la reine, et il est conduit par ces femmes dans le superbe portique qui lui étoit destiné. Alcinoüs alla aussi se coucher dans l'appartement le plus reculé de son palais, et la reine se coucha dans un autre lit, auprès de celui du roi.

ΟΜΗΡΟΥ
ΟΔΥΣΣΕΙΑΣ
ΡΑΨΩΔΙΑ Θ.

Ἐκκλησία γίνεται τῶν Φαιάκων περὶ τοῦ ξένου, καὶ ναῦς καθέλκεται πρὸς ἐκπομπὴν τοῦ Ὀδυσσέως, καὶ ἑστιῶνται παρὰ τῷ Ἀλκινόῳ τῶν Φαιάκων οἱ ἄριστοι, καὶ μετὰ ταῦτα δίσκῳ ἀγωνίζονται Φαίακες καὶ Ὀδυσσεύς· καὶ ὁ Δημόδοκος ᾄδει, πρῶτα μὲν τὰ περὶ τὴν μοιχείαν Ἄρεως καὶ Ἀφροδίτης· ἔπειτα δὲ τὰ περὶ τὴν εἰσαγωγὴν τοῦ Δουρσίου ἵππου· καὶ τοῦ Ὀδυσσέως κλαίοντος, ὁ Ἀλκίνοος πυνθάνεται, διὰ τί κλαίει καὶ τίς, καὶ πόθεν εἴη.

Θῆτα δ', ἄθλοις Φαίηκες Ὀδυσσῆος πείρηθεν.

ΗΜΟΣ δ' ἠριγένεια φάνη ῥοδοδάκτυλος Ἠὼς,
Ὤρνυτ' ἄρ' ἐξ εὐνῆς ἱερὸν μένος Ἀλκινόοιο·
Ἂν δ' ἄρα διογενὴς ὦρτο πτολίπορθος Ὀδυσσεύς·
Τοῖσιν δ' ἡγεμόνευ' ἱερὸν μένος Ἀλκινόοιο
Φαιήκων ἀγορήνδ', ἥ σφιν παρὰ νηυσὶ τέτυκτο.   5
Ἐλθόντες δὲ κάθιζον ἐπὶ ξεστοῖσι λίθοισι

L'ODYSSÉE D'HOMÈRE.

LIVRE HUITIÈME.
ARGUMENT.

Alcinoüs assemble le conseil des Phéaciens sur le port, près des vaisseaux, pour délibérer sur la demande de l'étranger qui est arrivé chez lui. On équipe un vaisseau pour son départ, et les principaux des Phéaciens sont invités à un festin dans le palais. Après le repas, Alcinoüs les anime à se divertir par des exercices. Ulysse, invité par le fils du roi à entrer en lice, s'en excuse sur ses souffrances; mais choqué ensuite par le discours d'Euryale, il fait preuve de son adresse, et provoque même les autres. Ce qui attiroit surtout l'admiration d'Ulysse, et les complimens qu'il en fit à Alcinoüs, fut l'agilité admirable de ses deux fils à la danse; ce roi, charmé des louanges de son hôte, engagea tous les autres princes à lui faire des présens, tandis qu'il en fit préparer lui-même par la reine sa femme. On fit encore grande chère le soir; et ce fut là que le chantre Démodocus, après avoir ravi Ulysse en chantant les amours de Mars et de Vénus, le fit fondre en larmes, en entonnant le stratagème du cheval de bois, rempli des guerriers qui saccagèrent Troie.

L'Aurore avoit à peine annoncé le jour, que le roi Alcinoüs se leva. Ulysse ne fut pas moins diligent. Le roi le mena au lieu où il avoit convoqué l'assemblée pour le conseil, et c'étoit sur le port devant les vaisseaux. A mesure que les Phéaciens arrivoient, ils se

Πλησίον· ἡ δ᾽ ἀνὰ ἄστυ μετῴχετο Παλλὰς Ἀθήνη,
Εἰδομένη κήρυκι δαΐφρονος Ἀλκινόοιο,
Νόστον Ὀδυσσῆϊ μεγαλήτορι μητιόωσα·
Καί ῥα ἑκάστῳ φωτὶ παρισταμένη φάτο μῦθον· 10
 « Δεῦτ᾽ ἄγε, Φαιήκων ἡγήτορες, ἠδὲ μέδοντες,
» Εἰς ἀγορὴν ἰέναι, ὄφρα ξείνοιο πύθησθε,
» Ὃς νέον Ἀλκινόοιο δαΐφρονος ἵκετο δῶμα,
» Πόντον ἐπιπλαγχθείς, δέμας ἀθανάτοισιν ὁμοῖος. »
  Ὣς εἰποῦσ᾽, ὤτρυνε μένος καὶ θυμὸν ἑκάστου· 15
Καρπαλίμως δ᾽ ἔμπληντο βροτῶν ἀγοραί τε, καὶ ἕδραι
Ἀγρομένων· πολλοὶ γὰρ ἐθηήσαντο ἰδόντες
Υἱὸν Λαέρταο δαΐφρονα· τῷ δ᾽ ἄρ᾽ Ἀθήνη
Θεσπεσίην κατέχευε χάριν κεφαλῇ τε, καὶ ὤμοις·
Καί μιν μακρότερον καὶ πάσσονα θῆκεν ἰδέσθαι, 20
Ὥς κεν Φαιήκεσσι φίλος πάντεσσι γένοιτο,
Δεινός τ᾽, αἰδοῖός τε, καὶ ἐκτελέσειεν ἀέθλους
Πολλούς, οὓς Φαίηκες ἐπειρήσαντ᾽ Ὀδυσῆος.
Αὐτὰρ ἐπεί ῥ᾽ ἤγερθεν, ὁμηγερέες τ᾽ ἐγένοντο,
Τοῖσιν δ᾽ Ἀλκίνοος ἀγορήσατο καὶ μετέειπε· 25
 « Κέκλυτε, Φαιήκων ἡγήτορες, ἠδὲ μέδοντες,
» Ὄφρ᾽ εἴπω, τά με θυμὸς ἐνὶ στήθεσσι κελεύει·
» Ξεῖνος ὅδ᾽, οὐκ οἶδ᾽ ὅστις, ἀλώμενος ἵκετ᾽ ἐμὸν δῶ,
» Ἠὲ πρὸς Ἠοίων, ἢ Ἑσπερίων ἀνθρώπων·
» Πομπὴν δ᾽ ὀτρύνει, καὶ λίσσεται ἔμπεδον εἶναι. 30
» Ἡμεῖς δ᾽, ὡς τοπάρος περ, ἐποτρυνώμεθα πομπήν.
» Οὐδὲ γὰρ οὐδέ τις ἄλλος, ὅτις κ᾽ ἐμὰ δώμαθ᾽ ἵκηται,
» Ἐνθάδ᾽ ὀδυρόμενος δηρὸν μένει, εἵνεκα πομπῆς.
» Ἀλλ᾽ ἄγε, νῆα μέλαιναν ἐρύσσομεν εἰς ἅλα δῖαν
» Πρωτόπλοον· κούρω δὲ δύω, καὶ πεντήκοντα, 35
» Κρινάσθων κατὰ δῆμον, ὅσοι πάρος εἰσὶν ἄριστοι.
» Δησάμενοι δ᾽ εὖ πάντες ἐπὶ κληῗσιν ἐρετμά
» Ἔκβητ᾽· αὐτὰρ ἔπειτα θοὴν ἀλεγύνετε δαῖτα,
» Ἡμέτερόνδ᾽ ἐλθόντες· ἐγὼ δ᾽ εὖ πᾶσι παρέξω·
» Κούροισιν μὲν ταῦτ᾽ ἐπιτέλλομαι· αὐτὰρ οἱ ἄλλοι 40

plaçoient sur des pierres polies. La déesse Minerve, qui vouloit assurer un heureux retour à Ulysse, ayant pris la figure d'un héraut d'Alcinoüs, étoit allée par toute la ville avant le jour, et avoit exhorté en ces termes tous les principaux des Phéaciens qu'elle avoit rencontrés :

« Princes et chefs des peuples qui habitent cette île,
» rendez-vous promptement au conseil pour entendre
» les demandes d'un étranger, qui, après avoir erré
» long-temps sur la mer, est arrivé au palais d'Alci-
» noüs, et qu'on prendroit pour un des immortels. »

Par ces paroles elle inspira de la curiosité à tous ces princes. L'assemblée fut bientôt formée, et tous les siéges remplis. On regardoit avec admiration le prudent fils de Laërte. Aussi la déesse Minerve lui avoit inspiré une grâce toute divine, elle le faisoit paroître plus grand et plus fort, afin que, par cette taille avantageuse, et par cet air de majesté, il attirât l'estime et l'affection des Phéaciens, et qu'il se tirât avec avantage de tous les combats que ces princes devoient proposer pour éprouver ses forces. Lorsque tout le monde fut placé, Alcinoüs prit la parole, et dit :

« Princes et chefs des Phéaciens, écoutez ce que j'ai
» à vous proposer. Je ne connois point cet étranger,
» qui, après avoir perdu sa route sur la mer, est arrivé
» dans mon palais. Je ne sais d'où il vient, si c'est des
» contrées du couchant ou des climats de l'aurore : mais
» il nous prie de lui fournir promptement les moyens
» de retourner dans sa patrie. Ne nous démentons point
» en cette occasion. Jamais étranger, qui ait abordé
» dans notre île, n'a demandé inutilement les secours
» dont il a eu besoin. Ordonnons donc sans différer
» qu'on mette en mer un vaisseau tout neuf, le meilleur
» qui soit dans nos ports, et choisissons cinquante-deux
» rameurs des plus habiles, qu'ils préparent les rames,
» et quand tout sera prêt, qu'ils viennent manger chez
» moi, pour se disposer à partir ; on leur fournira tout

» Σκηπτοῦχοι βασιλῆες ἐμὰ πρὸς δώματα καλὰ
» Ἔργχισθ᾽, ὄφρα ξεῖνον ἐνὶ μεγάροις φιλέωμεν,
» Μηδέ τις ἀρνείσθω· καλέσασθε δὲ θεῖον ἀοιδὸν
» Δημόδοκον· τῷ γάρ ῥα θεὸς πέρι δῶκεν ἀοιδὴν
» Τερπνὴν, ὅππη θυμὸς ἐποτρύνησιν ἀείδειν. » 45
Ὣς ἄρα φωνήσας ἡγήσατο· τοὶ δ᾽ ἅμ᾽ ἕποντο
Σκηπτοῦχοι· κῆρυξ δὲ μετῴχετο θεῖον ἀοιδόν·
Κούρω δὲ κρινθέντε δύω, καὶ πεντήκοντα,
Βήτην, ὡς ἐκέλευσ᾽, ἐπὶ θῖν᾽ ἁλὸς ἀτρυγέτοιο.
Αὐτὰρ ἐπεί ῥ᾽ ἐπὶ νῆα κατήλυθον, ἠδὲ θάλασσαν, 50
Νῆα μὲν οἵ γε μέλαιναν ἁλὸς βένθοσδε ἔρυσσαν,
Ἐν δ᾽ ἱστόν τ᾽ ἐτίθεντο καὶ ἱστία νηῒ μελαίνῃ,
Ἠρτύναντο δ᾽ ἐρετμὰ τροποῖς ἐν δερματίνοισι,
Πάντα κατὰ μοῖραν· ἀνὰ δ᾽ ἱστία λευκὰ πέτασσαν,
Ὑψοῦ δ᾽ ἐν νοτίῳ τήν γ᾽ ὥρμισαν· αὐτὰρ ἔπειτα 55
Βάν ῥ᾽ ἴμεν Ἀλκινόοιο δαΐφρονος ἐς μέγα δῶμα.
Πλῆντο δ᾽ ἄρ᾽ αἴθουσαί τε, καὶ ἕρκεα, καὶ δόμοι ἀνδρῶν
Ἀγρομένων· πολλοὶ δ᾽ ἄρ᾽ ἔσαν νέοι, ἠδὲ παλαιοί.
Τοῖσιν δ᾽ Ἀλκίνοος δυοκαίδεκα μῆλ᾽ ἱέρευσεν,
Ὀκτὼ δ᾽ ἀργιόδοντας ὗας, δύο δ᾽ εἰλίποδας βοῦς· 60
Τοὺς δέρον ἀμφί θ᾽ ἕπον, τετύκοντό τε δαῖτ᾽ ἐρατεινήν·
Κῆρυξ δ᾽ ἐγγύθεν ἦλθεν ἄγων ἐρίηρον ἀοιδὸν,
Τὸν πέρι Μοῦσ᾽ ἐφίλησε, δίδου δ᾽ ἀγαθόν τε, κακόν τε,
Ὀφθαλμῶν μὲν ἄμερσε, δίδου δ᾽ ἡδεῖαν ἀοιδήν.
Τῷ δ᾽ ἄρα Ποντόνοος θῆκε θρόνον ἀργυρόηλον 65
Μέσσῳ δαιτυμόνων, πρὸς κίονα μακρὴν ἐρείσας·
Κὰδ δ᾽ ἐκ πασσαλόφιν κρέμασεν φόρμιγγα λίγειαν
Αὐτοῦ ὑπὲρ κεφαλῆς, καὶ ἐπέφραδε χερσὶν ἑλέσθαι
Κῆρυξ· πὰρ δ᾽ ἐτίθει κάνεον, καλήν τε τράπεζαν,
Πὰρ δὲ δέπας οἴνοιο, πιεῖν, ὅτε θυμὸς ἀνώγοι, 70
Οἱ δ᾽ ἐπ᾽ ὀνείαθ᾽ ἑτοῖμα προκείμενα χεῖρας ἴαλλον.
Αὐτὰρ ἐπεὶ πόσιος καὶ ἐδητύος ἐξ ἔρον ἕντο,
Μοῦσ᾽ ἄρ᾽ ἀοιδὸν ἀνῆκεν ἀειδέμεναι κλέα ἀνδρῶν,
Οἴμης, τῆς τότ᾽ ἄρα κλέος οὐρανὸν εὐρὺν ἵκανε·

» ce qui est nécessaire. Et pour vous, princes, rendez-
» vous tous dans mon palais, vous m'aiderez à faire les
» honneurs à mon hôte. Qu'aucun ne manque de s'y
» trouver, et qu'on fasse venir le chantre Démodocus,
» à qui Dieu a donné l'art de chanter, et qui par ses
» chants divins charme tous ceux qui l'entendent. »

En finissant ces mots, il se lève et marche le premier. Les princes le suivent, et un héraut va avertir le chantre Démodocus. On choisit cinquante-deux rameurs qui se rendent aussitôt sur le rivage, mettent en mer le meilleur vaisseau, dressent le mât, attachent les voiles et placent les avirons. Quand le vaisseau fut prêt à partir, ils se rendirent tous au palais d'Alcinoüs. Les portiques, les cours, les salles furent bientôt remplies. Le roi leur fit donner douze moutons, huit cochons engraissés et deux bœufs. Ils les dépouillèrent et les préparèrent, et se mirent à table. Le héraut amène cependant le chantre divin, que les muses avoient comblé de leurs faveurs; mais à ces faveurs elles avoient mêlé beaucoup d'amertume, car elles l'avoient privé de la vue en lui donnant l'art de chanter. Le héraut Pontonoüs le place au milieu des conviés, sur un siége tout parsemé de clous d'argent, qu'il appuie contre une colonne à laquelle il pend sa lyre, en l'avertissant de l'endroit où il l'a mise, afin qu'il la puisse prendre quand il en aura besoin. Il met devant lui une petite table, sur laquelle on sert des viandes, une coupe et du vin. On fait bonne chère, et le repas étant fini, la Muse inspire à Démodocus de chanter les aventures des héros. Il commença par un chant fort connu, et dont la réputation avoit volé jusqu'aux cieux; il contenoit la célèbre dispute qu'Ulysse

Νεῖκος Ὀδυσσῆος καὶ Πηλείδεω Ἀχιλῆος, 75
Ὥς ποτε δηρίσαντο, θεῶν ἐν δαιτὶ θαλείῃ,
Ἐκπάγλοις ἐπέεσσιν· ἄναξ δ' ἀνδρῶν Ἀγαμέμνων
Χαῖρε νόῳ, ὅτ' ἄριστοι Ἀχαιῶν δηριόωντο·
Ὥς γάρ οἱ χρείων μυθήσατο Φοῖβος Ἀπόλλων
Πυθοῖ ἐν ἠγαθέῃ, ὅθ' ὑπέρβη λάϊνον οὐδὸν 80
Χρησόμενος· τότε γάρ ῥα κυλίνδετο πήματος ἀρχὴ
Τρωσί τε καὶ Δαναοῖσι, Διὸς μεγάλου διὰ βουλάς.

Ταῦτ' ἄρ' ἀοιδὸς ἄειδε περικλυτός· αὐτὰρ Ὀδυσσεὺς
Πορφύρεον μέγα φᾶρος ἑλὼν χερσὶ στιβαρῇσι,
Κὰκ κεφαλῆς εἴρυσσε, κάλυψε δὲ καλὰ πρόσωπα· 85
Αἴδετο γὰρ Φαίηκας, ὑπ' ὀφρύσι δάκρυα λείβων.
Ἤτοι ὅτε λήξειεν ἀείδων θεῖος ἀοιδός,
Δάκρυ' ὀμορξάμενος, κεφαλῆς ἄπο φᾶρος ἕλεσκε,
Καὶ δέπας ἀμφικύπελλον ἑλών, σπείσασκε θεοῖσιν·
Αὐτὰρ ὅτ' ἂψ ἄρχοιτο, καὶ ὀτρύνειαν ἀείδειν 90
Φαιήκων οἱ ἄριστοι, (ἐπεὶ τέρποντ' ἐπέεσσιν,)
Ἂψ Ὀδυσεὺς κατὰ κρᾶτα καλυψάμενος γοάασκεν.
Ἔνθ' ἄλλους μὲν πάντας ἐλάνθανε, δάκρυα λείβων,
Ἀλκίνοος δέ μιν οἶος ἐπεφράσατ', ἠδ' ἐνόησεν,
Ἥμενος ἄγχ' αὐτοῦ· βαρὺ δὲ στενάχοντος ἄκουσεν· 95
Αἶψα δὲ Φαιήκεσσι φιληρέτμοισι μετηύδα·

« Κέκλυτε, Φαιήκων ἡγήτορες, ἠδὲ μέδοντες,
» Ἤδη μὲν δαιτὸς κεκορήμεθα θυμὸν ἐΐσης,
» Φόρμιγγός θ', ἣ δαιτὶ συνήορός ἐστι θαλείῃ·
» Νῦν δ' ἐξέλθωμεν, καὶ ἀέθλων πειρηθῶμεν 100
» Πάντων· ὥς χ' ὁ ξεῖνος ἐνίσπῃ οἷσι φίλοισιν,
» Οἴκαδε νοστήσας, ὅσσον περιγινόμεθ' ἄλλων,
» Πύξ τε, παλαισμοσύνῃ τε, καὶ ἅλμασιν, ἠδὲ πόδεσσιν. »

Ὣς ἄρα φωνήσας, ἡγήσατο· τοὶ δ' ἅμ' ἕποντο·
Κὰδ δ' ἐκ πασσαλόφιν κρέμασε φόρμιγγα λίγειαν, 105

et Achille avoient eue devant les remparts de Troie, au milieu du festin d'un sacrifice, et dans laquelle ils en étoient venus aux grosses paroles, ce qui avoit fait un très-grand plaisir à Agamemnon ; car ce prince voyoit avec une extrême joie les premiers des Grecs se disputer ensemble, parce que c'étoit là l'accomplissement d'un oracle qu'il avoit reçu autrefois à Pytho, où il étoit allé consulter Apollon, lorsqu'un long enchaînement de malheurs commençoit déjà à menacer les Troyens et les Grecs par les décrets de Jupiter.

Ce chant étoit si admirable et si divin, qu'il charma tout le monde. Ulysse, qui fondoit en larmes, eut toujours la tête couverte de son manteau pour cacher son visage, car il avoit quelque sorte de honte que les Phéaciens le vissent pleurer. Toutes les fois que Démodocus cessoit de chanter, Ulysse essuyoit ses larmes et rebaissoit son manteau ; et prenant une coupe, il faisoit des libations aux Dieux. Mais dès que les princes le pressoient de reprendre sa lyre, et qu'il recommençoit à chanter, Ulysse recommençoit aussi à répandre des larmes et à les cacher. Aucun des princes qui étoient à table ne s'en aperçut ; Alcinoüs seul, qui étoit assis près de lui, vit ses pleurs et entendit ses profonds soupirs ; aussitôt élevant la voix, il dit :

« Princes et chefs des Phéaciens, je crois que le repas
» est fini, et que nous avons entendu assez de musique,
» qui est pourtant le plus doux accompagnement des
» festins ; sortons donc de table, et allons nous exercer
» à toutes sortes de combats, afin que, quand cet étran-
» ger sera de retour dans sa patrie, il puisse dire à ses
» amis combien nous sommes au-dessus de tous les
» autres hommes aux combats du ceste et de la lutte, à
» courir et à sauter. »

Il se lève en même temps, et le héraut ayant pendu à la colonne la lyre, il prend Démodocus par la main, le

Δημοδόκου δ' έλε χεῖρα, καὶ ἔξαγεν ἐκ μεγάροιο
Κῆρυξ· ἦρχε δὲ τῷ αὐτὴν ὁδὸν, ἥνπερ οἱ ἄλλοι
Φαιήκων οἱ ἄριστοι, ἀέθλια θαυμανέοντες.
Βὰν δ' ἴμεν εἰς ἀγορὴν, ἅμα δ' ἕσπετο πουλὺς ὅμιλος,
Μυρίοι· ἂν δ' ἴσταντο νέοι πολλοί τε, καὶ ἐσθλοί. 110
Ὦρτο μὲν Ἀκρόνεώς τε, καὶ Ὠκύαλος, καὶ Ἐλατρεὺς,
Ναυτεύς τε, Πρυμνεύς τε, καὶ Ἀγχίαλος, καὶ Ἐρετμεὺς,
Ποντεύς τε, Πρωρεύς τε, Θόων, Ἀναβησίνεώς τε,
Ἀμφίαλός θ', υἱὸς Πολυνήου Τεκτονίδαο·
Ἂν δὲ καὶ Εὐρύαλος βροτολοιγῷ ἶσος Ἄρηϊ, 115
Ναυβολίδης θ', ὃς ἄριστος ἔην εἶδός τε, δέμας τε,
Πάντων Φαιήκων, μετ' ἀμύμονα Λαοδάμαντα·
Ἂν δ' ἔσταν τρεῖς παῖδες ἀμύμονες Ἀλκινόοιο,
Λαοδάμας θ', Ἅλιός τε, καὶ ἀντίθεος Κλυτόνηος.
Οἱ δή τοι πρῶτον μὲν ἐπειρήσαντο πόδεσσιν· 120
Τοῖσι δ' ἀπὸ νύσσης τέτατο δρόμος· οἱ δ' ἅμα πάντες
Καρπαλίμως ἐπέτοντο κονίοντες πεδίοιο.
Τῶν δὲ θέειν ὄχ' ἄριστος ἔην Κλυτόνηος ἀμύμων·
Ὅσσον τ' ἐν νειῷ οὖρον πέλει ἡμιονοῖϊν,
Τόσσον ὑπεκπροθέων λαοὺς ἵκεθ', οἱ δ' ἐλίποντο. 125
Οἱ δὲ παλαισμοσύνης ἀλεγεινῆς πειρήσαντο,
Τῇ δ' αὖτ' Εὐρύαλος ἀπεκαίνυτο πάντας ἀρίστους·
Ἅλματι δ' Ἀμφίαλος πάντων προφερέστερος ἦεν·
Δίσκῳ δ' αὖ πάντων προφερέστατος ἦεν Ἐλατρεὺς,
Πὺξ δ' αὖ Λαοδάμας, ἀγαθὸς παῖς Ἀλκινόοιο. 130
Αὐτὰρ ἐπειδὴ πάντες ἐτέρφθησαν φρέν' ἀέθλοις,
Τοῖς ἄρα Λαοδάμας μετέφη παῖς Ἀλκινόοιο·

« Δεῦτε φίλοι, τὸν ξεῖνον ἐρώμεθα, εἴτιν' ἀέθλων
» Οἶδέ τε, καὶ δεδάηκε· φυήν γε μὲν οὐ κακός ἐστι,
» Μηρούς τε, κνήμας τε, καὶ ἄμφω χεῖρας ὕπερθεν, 135
» Αὐχένα τε στιβαρὸν, μέγα τε σθένος· οὐδέ τι ἥβης
» Δεύεται, ἀλλὰ κακοῖσι συνέρρηκται πολέεσσιν.
» Οὐ γὰρ ἔγωγέ τι φημὶ κακώτερον ἄλλο θαλάσσης,

conduit hors de la salle du festin, et le mène par le même chemin que tenoient tous les autres pour aller voir et admirer les combats. Quand ils arrivèrent au lieu de l'assemblée, ils y trouvèrent une foule innombrable de peuple qui s'y étoit déjà rendu; plusieurs jeunes gens des mieux faits et des plus dispos se présentèrent pour combattre; Acronée, Ocyale, Elatrée, Nautès, Pyrmnès, Anchiale, Eretmès, Pontès, Prorès, Thoon, Anabésinée, Amphiale, fils de Polynée, Euryale semblable à l'homicide Mars, et Naubolydès qui, par sa grande taille et par sa bonne mine, étoit au-dessus de tous les Phéaciens, après le prince Léodamas. Trois fils d'Alcinoüs se présentèrent aussi, Léodamas, Halius et le divin Clytonée. Voilà tous ceux qui se levèrent pour le combat de la course. On marqua donc la carrière. Ils partent tous en même temps, et excitent des tourbillons de poussière qui les dérobent aux yeux des spectateurs. Mais Clytonée surpassa tous ses concurrens, et les laissa tous aussi loin derrière lui que des fortes mules, traçant des sillons dans un champ, laissent derrière elles des bœufs pesans et tardifs. Après la course, ils s'attachèrent au pénible combat de la lutte, et Euryale fut vainqueur. Amphiale fit admirer à ses rivaux même sa légèreté à sauter. Elatrée remporta le prix du disque, et le brave Léodamas, fils d'Alcinoüs, fut victorieux au combat du ceste. Cette jeunesse s'étant assez divertie à tous ces combats, le prince Léodamas prit la parole, et dit:

« Mes amis, demandons à cet étranger s'il n'a point
» appris à s'exercer à quelque combat, car il est très-
» bien fait, et d'une taille très-propre à se distinguer
» dans toutes sortes d'exercices. Quelles jambes! quelles
» épaules, quels bras! il est même encore jeune. Mais
» peut-être est-il affoibli par les grandes fatigues qu'il a
» souffertes, car je ne crois pas qu'il y ait rien de plus

» Ἄνδρα τε συγχεῦαι, εἰ καὶ μάλα καρτερὸς εἴη. »

Τὸν δ' αὖτ' Εὐρύαλος ἀπαμείβετο, φώνησέν τε· 140
« Λαοδάμα, μάλα τοῦτο ἔπος κατὰ μοῖραν ἔειπες·
» Αὐτὸς νῦν προκάλεσσαι ἰών, καὶ πέφραδε μύθῳ. »

Αὐτὰρ ἐπεὶ τόγ' ἄκουσ' ἀγαθὸς παῖς Ἀλκινόοιο,
Στῆ ῥ' ἐς μέσσον ἰών, καὶ Ὀδυσσῆα προσέειπεν·

« Δεῦρ' ἄγε καὶ σὺ, ξεῖνε πάτερ, πείρησαι ἀέθλων,
» Εἴ τινά που δεδάηκας· ἔοικε δέ σ' ἴδμεν ἀέθλους· 146
» Οὐ μὲν γὰρ μεῖζον κλέος ἀνέρος, ὄφρα κεν ᾖσιν,
» Ἢ ὅτι ποσσίν τε ῥέξῃ καὶ χερσὶν ἑῇσιν.
» Ἀλλ' ἄγε πείρησαι, σκέδασον δ' ἀπὸ κήδεα θυμοῦ·
» Σοὶ δ' ὁδὸς οὐκ ἔτι δηρὸν ἀπέσσεται, ἀλλά τοι ἤδη 150
» Νηῦς τε κατείρυσται, καὶ ἐπαρτέες εἰσὶν ἑταῖροι. »

Τὸν δ' ἀπαμειβόμενος προσέφη πολύμητις Ὀδυσσεύς·
« Λαοδάμα, τί με ταῦτα κελεύετε κερτομέοντες;
» Κήδεά μοι καὶ μᾶλλον ἐνὶ φρεσίν, ἤπερ ἄεθλοι,
» Ὃς πρὶν μὲν μάλα πόλλ' ἔπαθον, καὶ πόλλ' ἐμόγησα·
» Νῦν δὲ μεθ' ὑμετέρῃ ἀγορῇ νόστοιο χατίζων 156
» Ἧμαι, λισσόμενος βασιλῆά τε, πάντα τε δῆμον. »

Τὸν δ' αὖτ' Εὐρύαλος ἀπαμείβετο, νείκεσέ τ' ἄντην·
« Οὐ γάρ σ' οὐδὲ, ξεῖνέ, δαήμονι φωτὶ ἐΐσκω
» Ἄθλων, οἷά τε πολλὰ μετ' ἀνθρώποισι πέλονται· 160
» Ἀλλὰ τῷ, ὅς θ' ἅμα νηῒ πολυκληῖδι θαμίζων,
» Ἀρχὸς ναυτάων, οἵτε πρηκτῆρες ἔασιν,
» Φόρτου τε μνήμων, καὶ ἐπίσκοπος ᾖσιν ὁδαίων,

» terrible que la mer, et de plus propre à épuiser et
» anéantir l'homme le plus robuste. »

« Vous avez raison, Léodamas, répond Euryale, et
» vous nous remontrez fort bien notre devoir. Allez
» donc, provoquez vous-même votre hôte. »

A ces mots, le brave fils d'Alcinoüs s'avançant au milieu de l'assemblée, dit à Ulysse:

« Généreux étranger, venez faire preuve de votre
» force et de votre adresse, car il y a de l'apparence
» que vous avez appris tous les exercices, et que vous
» êtes très-adroit à toutes sortes de combats; il n'y a
» point de plus grande gloire pour un homme que de
» paroître avec éclat aux combats de la course et de la
» lutte. Venez donc, entrez en lice avec nous, et ban-
» nissez de votre esprit tous ces noirs chagrins qui vous
» dévorent; votre départ ne sera pas long-temps dif-
» féré, le vaisseau qui doit vous porter n'attend qu'un
» vent favorable, et vos rameurs sont tous prêts. »

Alors Ulysse prenant la parole, répond : « Léoda-
» mas, pourquoi me provoquez-vous en me piquant et en
» aiguillonnant mon courage? mes chagrins me tiennent
» plus au cœur que les combats. Jusqu'ici j'ai essuyé des
» peines extrêmes et soutenu des travaux infinis; pré-
» sentement je ne parois dans cette assemblée que pour
» obtenir du roi et de tout le peuple les moyens de m'en
» retourner au plus tôt dans ma patrie. »

Le fougueux Euryale ne gardant plus de mesure, s'emporta jusqu'aux invectives, et dit: « Etranger, je
» ne vous ai jamais pris pour un homme qui ait été
» dressé à tous les combats qu'on voit établis parmi les
» peuples les plus célèbres; vous ressemblez bien mieux
» à quelque patron de navire, qui passe sa vie à courir
» les mers pour trafiquer ou pour piller, ou même à
» quelque écrivain de vaisseau, qui tient registre des

» Κερδέων θ' ἁρπαλέων· οὐδ' ἀθλητῆρι ἔοικας. »

Τὸν δ' ἄρ' ὑπόδρα ἰδὼν προσέφη πολύμητις Ὀδυσσεύς·
« Ξεῖν', οὐ καλὸν ἔειπες· ἀτασθάλῳ ἀνδρὶ ἔοικας. 166
» Οὕτως οὐ πάντεσσι θεὸς χαρίεντα δίδωσιν
» Ἀνδράσιν, οὔτε φυὴν, οὔτ' ἄρ' φρένας, οὔτ' ἀγορητύν·
» Ἄλλος μὲν γάρ τ' εἶδος ἀκιδνότερος πέλει ἀνὴρ,
» Ἀλλὰ θεὸς μορφὴν ἔπεσι στέφει· οἱ δέ τ' ἐς αὐτὸν 170
» Τερπόμενοι λεύσσουσιν· ὁ δ' ἀσφαλέως ἀγορεύει
» Αἰδοῖ μειλιχίῃ, μετὰ δὲ πρέπει ἀγρομένοισιν·
» Ἐρχόμενον δ' ἀνὰ ἄστυ, θεὸν ὣς, εἰσορόωσιν.
» Ἄλλος δ' αὖ εἶδος μὲν ἀλίγκιος ἀθανάτοισιν·
» Ἀλλ' οὔ οἱ χάρις ἀμφιπεριστέφεται ἐπέεσσιν. 175
» Ὣς καὶ σοὶ εἶδος μὲν ἀριπρεπὲς, οὐδέ κεν ἄλλως
» Οὐδὲ θεὸς τεύξειε· νόον δ' ἀποφώλιος ἐσσί·
» Ὤρινάς μοι θυμὸν ἐνὶ στήθεσσι φίλοισιν,
» Εἰπὼν οὐ κατὰ κόσμον· ἐγὼ δ' οὐ νῆϊς ἀέθλων,
» Ὣς σύ γε μυθεῖαι, ἀλλ' ἐν πρώτοισιν ὀΐω 180
» Ἔμμεναι, ὄφρ' ἥβῃ τε πεποίθεα, χερσί τ' ἐμῇσι.
» Νῦν δ' ἔχομαι κακότητι καὶ ἄλγεσι· πολλὰ γὰρ ἔτλην,
» Ἀνδρῶν τε πτολέμους, ἀλεγεινά τε κύματα πείρων·
» Ἀλλὰ καὶ ὣς κακὰ πολλὰ παθὼν, πειρήσομ' ἀέθλων·
» Θυμοδακὴς γὰρ μῦθος· ἐπώτρυνας δέ με εἰπών. » 185

Ἦ ῥά, καὶ αὐτῷ φάρει ἀναΐξας λάβε δίσκον

» provisions et des prises ; vous n'avez nullement l'air
» d'un guerrier. »

Ulysse le regardant avec des yeux pleins de colère,
lui dit : « Jeune homme, vous ne parlez pas bien, et
» vous avez tout l'air d'un écervelé. Certainement les
» Dieux ne donnent pas à tous les hommes toutes leurs
» faveurs ensemble, et le même homme n'a pas tou-
» jours en partage la bonne mine, le bon esprit et l'art
» de bien parler. L'un est mal fait et de mauvaise mine ;
» mais Dieu répare ce défaut, en lui donnant l'élo-
» quence comme une couronne qui le fait regarder
» avec admiration. Il parle avec retenue, il ne hasarde
» rien qui l'expose au repentir, et toutes ses paroles
» sont pleines de douceur et de modestie ; il est l'oracle
» des assemblées, et quand il marche dans la ville on
» le regarde comme un Dieu. Un autre a une figure si
» agréable, qu'on le prendroit pour un des immortels;
» mais les grâces n'accompagnent pas tous ses discours.
» Il ne faut que vous voir ; vous êtes parfaitement bien
» fait ; à peine les Dieux mêmes pourroient-ils ajouter
» à cette bonne mine ; mais vous manquez de sens. Vos
» paroles étourdies ont excité ma colère. Je ne suis pas
» si novice dans les combats que vous pensez. Pendant
» que j'ai été dans la fleur de la jeunesse, et que mes
» forces ont été entières, j'ai toujours paru parmi les
» premiers. Présentement je suis accablé de malheurs et
» de misère ; car j'ai passé par de grandes épreuves, et
» souffert bien des maux et des peines dans les diverses
» guerres où je me suis trouvé, et dans mes voyages sur
» mer. Cependant, quelque affoibli que je sois par tant
» de travaux et de fatigues, je ne laisserai pas d'entrer
» dans les combats que vous me proposez. Vos paroles
» m'ont piqué jusqu'au vif, et ont réveillé mon cou-
» rage. »

Il dit, et s'avançant brusquement, sans quitter son

Μείζονα καὶ πάχετον, στιβαρώτερον οὐκ ὀλίγον περ,
Ἢ οἵῳ Φαίηκες ἐδίσκεον ἀλλήλοισι.
Τόν ῥα περιστρέψας ἧκε στιβαρῆς ἀπὸ χειρός·
Βόμβησεν δὲ λίθος· κατὰ δ᾽ ἔπτηξαν ποτὶ γαίῃ   190
Φαίηκες δολιχήρετμοι, ναυσίκλυτοι ἄνδρες,
Λᾶος ὑπαὶ ῥιπῆς· ὁ δ᾽ ὑπέρπτατο σήματα πάντων,
Ῥίμφα θέων ἀπὸ χειρός· ἔθηκε δὲ τέρματ᾽ Ἀθήνη,
Ἀνδρὶ δέμας εἰκυῖα· ἔπος τ᾽ ἔφατ᾽, ἔκ τ᾽ ὀνόμαζε·

« Καί κ᾽ ἀλαός τοι, ξεῖνε, διακρίνειε τὸ σῆμα 195
» Ἀμφαφόων· ἐπεὶ οὔτι μεμιγμένον ἐστὶν ὁμίλῳ,
» Ἀλλὰ πολὺ πρῶτον· σὺ δὲ θάρσει τόνδε γ᾽ ἄεθλον·
» Οὔτις Φαιήκων τόν γ᾽ ἵξεται, οὐδ᾽ ὑπερήσει. »

Ὣς φάτο· γήθησεν δὲ πολύτλας δῖος Ὀδυσσεὺς,
Χαίρων, οὕνεχ᾽ ἑταῖρον ἐνηέα λεῦσσ᾽ ἐν ἀγῶνι·   200
Καὶ τότε κουφότερον μετεφώνεε Φαιήκεσσι·

« Τοῦτον νῦν ἀφίκεσθε, νέοι· τάχα δ᾽ ὕστερον ἄλλον
» Ἥσειν, ἢ τοσσοῦτον, οἴομαι, ἢ ἔτι μᾶσσον.
» Τῶν δ᾽ ἄλλων, ὅτινα κραδίη θυμός τε κελεύει,
» Δεῦρ᾽ ἄγε πειρηθήτω, ἐπεί μ᾽ ἐχολώσατε λίην, 205
» Ἢ πὺξ, ἠὲ πάλῃ, ἢ καὶ ποσίν, οὔτι μεγαίρω,
» Πάντων Φαιήκων, πλήν γ᾽ αὐτοῦ Λαοδάμαντος·
» Ξεῖνος γάρ μοι ὅδ᾽ ἐστί· τίς ἂν φιλέοντι μάχοιτο;
» Ἄφρων δὴ κεῖνός γε καὶ οὐτιδανὸς πέλει ἀνήρ,
» Ὅστις ξεινοδόκῳ ἔριδα προφέρηται ἀέθλων,   210
» Δήμῳ ἐν ἀλλοδαπῷ· ἕο τ᾽ αὐτοῦ πάντα κολούει·
» Τῶν δ᾽ ἄλλων οὔπερ τίν᾽ ἀναίνομαι, οὐδ᾽ ἀθερίζω,
» Ἀλλ᾽ ἐθέλω ἴδμεν καὶ πειρηθήμεναι ἄντην·

manteau, il prend un disque plus grand, plus épais et beaucoup plus pesant que celui dont les Phéaciens se servoient. Et après lui avoir fait faire deux ou trois tours avec le bras, il le pousse avec tant de force, que la pierre fendant rapidement les airs, rend un sifflement horrible. Les Phéaciens, ces excellens hommes de mer, ces grands rameurs, étonnés et effrayés de cette rapidité, se baissent jusqu'à terre. Le disque poussé par un bras si robuste, passe de beaucoup les marques de ses rivaux; Minerve, sous la figure d'un homme, met la marque du disque d'Ulysse, et lui adressant la parole, elle lui dit:

« Etranger, un aveugle même distingueroit à tâtons
» votre marque de celle de tous les autres; car elle n'est
» point mêlée ni confondue avec les leurs, mais elle
» est bien au delà. Ayez bonne espérance du succès de
» ce combat, aucun des Phéaciens n'ira jusque-là, bien
» loin de vous surpasser. »

La Déesse parla ainsi. Ulysse sentit une joie secrète de voir dans l'assemblée un homme qui le favorisoit. Et encouragé par ce secours, il dit avec plus de hardiesse:

« Jeunes gens, atteignez ce but, si vous pouvez: tout
» à l'heure je vais pousser un autre disque beaucoup
» plus loin que le premier. Et pour ce qui est des autres
» combats, que celui qui se sentira assez de courage,
» vienne s'éprouver contre moi, puisque vous m'avez
» offensé. Au ceste, à la lutte, à la course, je ne cède à
» aucun des Phéaciens, qu'au seul Léodamas, car il
» m'a reçu dans son palais. Qu'est-ce qui voudroit com-
» battre contre un prince dont il auroit reçu des faveurs
» si grandes? Il n'y a qu'un homme de néant et un
» insensé qui puisse défier au combat son hôte, dans un
» pays étranger: ce seroit connoître bien mal ses inté-
» rêts. Mais de tous les Phéaciens, je n'en refuse ni
» méprise aucun. Me voilà prêt d'entrer en lice contre

» Πάντα γὰρ οὐ κακός εἰμι μετ᾽ ἀνδράσιν, ὅσσοι ἄεθλοι.
» Εὖ μὲν τόξον οἶδα εὔξοον ἀμφαφάασθαι· 215
» Πρῶτός κ᾽ ἄνδρα βάλοιμι, οϊστεύσας ἐν ὁμίλῳ
» Ἀνδρῶν δυσμενέων· εἰ καὶ μάλα πολλοὶ ἑταῖροι
» Ἄγχι παρασταῖεν, καὶ τοξαζοίατο φωτῶν.
» Οἷος δή με Φιλοκτήτης ἀπεκαίνυτο τόξῳ,
» Δήμῳ ἐνὶ Τρώων, ὅτε τοξαζοίμεθ᾽ Ἀχαιοί. 220
» Τῶν δ᾽ ἄλλων ἐμέ φημι πολὺ προφερέστερον εἶναι,
» Ὅσσοι νῦν βροτοί εἰσιν ἐπὶ χθονὶ σῖτον ἔδοντες.
» Ἀνδράσι δὲ προτέροισιν ἐριζέμεν οὐκ ἐθελήσω,
» Οὔθ᾽ Ἡρακλῆϊ, οὔτ᾽ Εὐρύτῳ Οἰχαλιῆϊ,
» Οἵ ῥα καὶ ἀθανάτοισιν ἐρίζεσκον περὶ τόξων· 225
» Τῷ ῥα καὶ αἶψ᾽ ἔθανεν μέγας Εὔρυτος, οὐδ᾽ ἐπὶ γῆρας
» Ἵκετ᾽ ἐνὶ μεγάροισι· χολωσάμενος γὰρ Ἀπόλλων
» Ἔκτανεν, οὕνεκά μιν προκαλίζετο τοξάζεσθαι.
» Δουρὶ δ᾽ ἀκοντίζω, ὅσον οὐκ ἄλλος τις ὀϊστῷ·
» Οἴοισιν δείδοικα ποσίν, μήτις με παρέλθῃ 230
» Φαιήκων· λίην γὰρ ἀεικελίως ἐδαμάσθην
» Κύμασιν ἐν πολλοῖς· ἐπεὶ οὐ κομιδὴ κατὰ νῆα
» Ἦεν ἐπηετανός· τῷ μοι φίλα γυῖα λέλυνται. »

Ὣς ἔφατ᾽· οἱ δ᾽ ἄρα πάντες ἀκὴν ἐγένοντο σιωπῇ·
Ἀλκίνοος δέ μιν οἶος ἀμειβόμενος προσέειπε· 235

« Ξεῖν᾽, ἐπεὶ οὐκ ἀχάριστα μεθ᾽ ἡμῖν ταῦτ᾽ ἀγορεύεις,
» Ἀλλ᾽ ἐθέλεις ἀρετὴν σὴν φαινέμεν, ἥ τοι ὀπηδεῖ,
» Χωόμενος, ὅτι σ᾽ οὗτος ἀνὴρ ἐν ἀγῶνι παραστὰς
» Νείκεσεν ὡς ἂν σὴν ἀρετὴν βροτὸς οὔτις ὄνοιτο,
» Ὅστις ἐπίσταιτο ᾗσι φρεσὶν ἄρτια βάζειν· 240

» tous ceux qui se présenteront. Je puis dire que je ne
» suis pas tout-à-fait maladroit à toutes sortes de com-
» bats. Je sais assez bien manier l'arc, et je me vante de
» frapper au milieu d'un nombre d'ennemis celui que je
» choisirai, quoique tous ses compagnons qui l'envi-
» ronnent aient l'arc tendu et prêt à tirer sur moi. Phi-
» loctète étoit le seul qui me surpassoit, quand nous
» nous exercions sous les remparts de Troie. Mais de
» tous les autres hommes qui sont aujourd'hui sur la
» terre, et qui se nourrissent des dons de Cérès, il n'y
» en a point sur qui je ne remporte le prix; car je ne
» voudrois pas m'égaler aux héros qui ont été avant
» nous, ni à Hercule, ni à Eurytus d'OEchalie, qui,
» sur l'adresse à tirer de l'arc, osoient entrer en lice
» même contre les Dieux. Voilà pourquoi le grand
» Eurytus ne parvint pas à une grande vieillesse; il
» mourut jeune, car Apollon, irrité de ce qu'il avoit eu
» l'audace de le défier, lui ôta la vie. Je lance la pique
» comme un autre lance le javelot. Il n'y a que la course
» où je craindrois que quelqu'un des Phéaciens ne me
» vainquît; car je suis bien affoibli par toutes les fatigues
» et par la faim même que j'ai soufferte sur la mer, mon
» vaisseau ayant été brisé par une furieuse tempête, et
» les vivres m'ayant manqué, ce qui m'a causé une foi-
» blesse dont je ne suis pas encore revenu. »

Après qu'il eut cessé de parler, un profond silence
régna parmi ces princes. Alcinoüs seul prenant la parole,
lui répondit:

« Étranger, tout ce que vous venez de nous dire nous
» est très-agréable, et nous voyons avec plaisir que vous
» voulez bien faire preuve de votre force et de votre
» adresse, piqué des reproches qu'Euryale a osé vous
» faire au milieu de nous. Il est certain qu'il n'y a point
» d'homme, pour peu qu'il ait de prudence et de sens,
» qui ne rende justice à votre mérite. Mais écoutez-moi,

» Ἀλλ' ἄγε, νῦν ἐμέθεν ξυνίει ἔπος, ὄφρα καὶ ἄλλῳ
» Εἴπῃς ἡρώων, ὅτε κεν σοῖς ἐν μεγάροισι
» Δαινύῃ παρὰ σῇ τ' ἀλόχῳ καὶ σοῖσι τέκεσσιν,
» Ἡμετέρης ἀρετῆς μεμνημένος, οἷα καὶ ἡμῖν
» Ζεὺς ἐπὶ ἔργα τίθησι διαμπερὲς ἐξέτι πατρῶν. 245
» Οὐ γὰρ πυγμάχοι εἰμὲν ἀμύμονες, οὐδὲ παλαισταί,
» Ἀλλὰ ποσὶ κραιπνῶς θέομεν, καὶ νηυσὶν ἄριστοι·
» Αἰεὶ δ' ἡμῖν δαίς τε φίλη, κίθαρίς τε, χοροί τε,
» Εἵματά τ' ἐξημοιβά, λοετρά τε θερμά, καὶ εὐναί.
» Ἀλλ' ἄγε, Φαιήκων βητάρμονες, ὅσσοι ἄριστοι, 250
» Παίσατε· ὥς χ' ὁ ξεῖνος ἐνίσπῃ οἷσι φίλοισιν,
» Οἴκαδε νοστήσας, ὅσσον περιγινόμεθ' ἄλλων
» Ναυτιλίῃ, καὶ ποσσὶ, καὶ ὀρχηστυΐ, καὶ ἀοιδῇ.
» Δημοδόκῳ δέ τις αἶψα κιὼν φόρμιγγα λίγειαν
» Οἰσέτω, ἥ που κεῖται ἐν ἡμετέροισι δόμοισιν. » 255

Ὣς ἔφατ' Ἀλκίνοος θεοείκελος· ὦρτο δὲ κῆρυξ
Οἴσων φόρμιγρα λιγυρὴν δόμου ἐκ βασιλῆος.
Αἰσυμνῆται δὲ κριτοὶ ἐννέα πάντες ἀνέσταν
Δήμιοι, οἳ κατ' ἀγῶνας εὐπρήσσεσκον ἕκαστα·
Λείηναν δὲ χορὸν, καλὸν δ' εὔρυναν ἀγῶνα. 260
Κῆρυξ δ' ἐγγύθεν ἦλθε φέρων φόρμιγγα λίγειαν
Δημοδόκῳ· ὁ δ' ἔπειτα κί' ἐς μέσον· ἀμφὶ δὲ κοῦροι
Πρωθῆβαι ἵσταντο, δαήμονες ὀρχηθμοῖο·
Πέπληγον δὲ χορὸν θεῖον ποσίν· αὐτὰρ Ὀδυσσεὺς
Μαρμαρυγὰς θηεῖτο ποδῶν, θαύμαζε δὲ θυμῷ. 265
Αὐτὰρ ὁ φορμίζων ἀνεβάλλετο καλὸν ἀείδειν,
Ἀμφ' Ἄρεος φιλότητος, ἐϋστεφάνου τ' Ἀφροδίτης,
Ὡς τὰ πρῶτα μίγησαν ἐν Ἡφαίστοιο δόμοισι

» je vous prie, afin que quand vous serez de retour
» chez vous, et que vous serez à table avec votre femme
» et vos enfans, vous puissiez raconter aux héros qui
» vous feront la cour, l'heureuse vie que nous menons,
» et les exercices dont Jupiter veut bien que nous la
» partagions sans discontinuation depuis nos premiers
» pères. Nous ne sommes pas bons aux combats ni du
» ceste ni de la lutte, mais nous excellons dans la course
» et dans l'art de conduire des vaisseaux : nos divertis-
» semens de tous les jours, ce sont les festins, la musique
» et la danse ; nous aimons la magnificence en habits,
» les bains chauds et la galanterie. Allons donc, que nos
» plus excellens danseurs viennent tous présentement
» faire voir leur adresse, afin que cet illustre étranger
» puisse dire à ses amis combien les Phéaciens sont au-
» dessus des autres hommes à la course, à la danse et
» dans la musique, aussi-bien que dans l'art de conduire
» des vaisseaux. Que quelqu'un aille promptement
» prendre la lyre qui est dans mon palais, et qu'il l'ap-
» porte à Démodocus. »

Ainsi parla le divin Alcinoüs, et un héraut partit
pour aller chercher la lyre dans le palais; et neuf juges
choisis par le peuple, pour régler et préparer tout ce
qui étoit nécessaire pour les jeux, se lèvent en même
temps. Ils aplanissent d'abord le lieu où l'on devoit danser, et marquent un assez grand espace libre. Cependant
le héraut apporte la lyre à Démodocus, qui s'avance au
milieu, et les jeunes gens, qui devoient danser, se
rangent autour de lui, et commencent leur danse avec
une légèreté merveilleuse. Ulysse regardoit attentivement
les vifs et brillans mouvemens de leurs pieds et la justesse de leurs cadences, et ne pouvoit se lasser de les
admirer. Le chantre chantoit sur sa lyre les amours de
Mars et de Vénus; comment ce Dieu avoit eu pour la première fois les faveurs de cette Déesse dans l'appartement

Λάθρη· πολλὰ δ' ἔδωκε, λέχος δ' ᾔσχυνε καὶ εὐνὴν
Ἡφαίστοιο ἄνακτος· ἄφαρ δέ οἱ ἄγγελος ἦλθεν   270
Ἥλιος, ὅς σφ' ἐνόησε μιγαζομένους φιλότητι.
Ἥφαιστος δ', ὡς οὖν θυμαλγέα μῦθον ἄκουσε,
Βῆ ῥ' ἴμεν ἐς χαλκεῶνα, κακὰ φρεσὶ βυσσοδομεύων·
Ἐν δ' ἔθετ' ἀκμοθέτῳ μέγαν ἄκμονα, κόπτε δὲ δεσμοὺς
Ἀρρήκτους, ἀλύτους, ὄφρ' ἔμπεδον αὖθι μένοιεν.   275
Αὐτὰρ ἐπειδὴ τεῦξε δόλον, κεχολωμένος Ἄρει,
Βῆ ῥ' ἴμεν ἐς θάλαμον, ὅθι οἱ φίλα δέμνι' ἔκειτο·
Ἀμφὶ δ' ἄρ' ἑρμῖσιν χέε δέσματα κύκλῳ ἀπάντη·
Πολλὰ δὲ καὶ καθύπερθε μελαθρόφιν ἐξεκέχυντο
Ἠΰτ' ἀράχνια λεπτά, τά κ' οὐ κέ τις οὐδὲ ἴδοιτο   280
Οὐδὲ θεῶν μακάρων· πέρι γὰρ δολόεντα τέτυκτο.
Αὐτὰρ ἐπειδὴ πάντα δόλον περὶ δέμνια χεῦεν,
Εἴσατ' ἴμεν ἐς Λῆμνον, ἐϋκτίμενον πτολίεθρον,
Ἥ οἱ γαιάων πολὺ φιλτάτη ἐστὶν ἁπασέων.
Οὐδ' ἀλαοσκοπιὴν εἶχε χρυσήνιος Ἄρης,   285
Ὡς ἴδεν Ἥφαιστον κλυτοτέχνην νόσφι κιόντα·
Βῆ δ' ἴμεναι πρὸς δῶμα περικλυτοῦ Ἡφαίστοιο,
Ἰσχανόων φιλότητος ἐϋστεφάνου Κυθερείης.
Ἡ δὲ νέον παρὰ πατρὸς ἐρισθενέος Κρονίωνος
Ἐρχομένη κατ' ἄρ' ἕζεθ'· ὁ δ' εἴσω δώματος ᾔει,   290
Ἔν τ' ἄρα οἱ φῦ χειρί, ἔπος τ' ἔφατ', ἔκ τ' ὀνόμαζε·

« Δεῦρο, φίλη, λέκτρονδε τραπείομεν εὐνηθέντε·
» Οὐ γὰρ ἔθ' Ἥφαιστος μεταδήμιος, ἀλλά που ἤδη
» Οἴχεται ἐς Λῆμνον, μετὰ Σίντιας ἀγριοφώνους. »

Ὣς φάτο· τῇ δ' ἀσπαστὸν ἐείσατο κοιμηθῆναι. 295
Τὼ δ' ἐς δέμνια βάντε κατέδραθον· ἀμφὶ δὲ δεσμοὶ
Τεχνήεντες ἔχυντο πολύφρονος Ἡφαίστοιο·

même de Vulcain, et comment il l'avoit comblée de présens pour souiller la couche de son mari. Le Soleil qui les vit, en alla d'abord avertir ce Dieu, qui, apprenant cette fâcheuse nouvelle, entre d'abord dans sa forge, l'esprit plein de grands desseins de vengeance ; il met son énorme enclume sur son pied, et commence à forger des liens indissolubles, pour arrêter les coupables. Quand il eut trouvé ces liens en état de servir son ressentiment, il alla dans la chambre où étoit son lit, que l'on avoit déshonoré. Il étendit ces liens en bas, tout autour et en haut, il en couvrit le dedans du ciel du lit et des pentes, et les disposa de manière, que par un secret merveilleux, ils devoient envelopper ces deux amans dès qu'ils seroient couchés. C'étoit comme des toiles d'araignée, mais d'une si grande finesse, qu'ils ne pouvoient être aperçus d'aucun homme, non pas même d'un Dieu, tant ils étoient imperceptibles, et se déroboient aux yeux les plus fins. Quand ce piége secret fut bien dressé, il fit semblant de partir pour Lemnos, qu'il aime plus que toutes les autres terres qui lui sont consacrées. Son départ n'échappa pas au dieu Mars, que son amour tenoit fort éveillé. Il ne le vit pas plus tôt parti, qu'il se rendit chez ce Dieu, dans l'impatience de revoir sa belle Cythérée. Elle ne venoit que d'arriver du palais de Jupiter son père, et elle s'étoit assise toute brillante de beauté. Le Dieu de la guerre entre dans sa chambre, lui prend la main, et lui parle en ces termes :

« Belle Déesse, profitons d'un temps si favorable, les » momens sont précieux aux amans ; Vulcain n'est point » ici, il vient de partir pour Lemnos, et il est allé voir » ses Sintiens au langage barbare. »

Il dit, et Vénus se laissa persuader. Ils ne furent pas plus tôt couchés, que les liens de l'industrieux Vulcain se répandirent sur eux, et les enveloppèrent de manière

Οὐδέ τι κινῆσαι μελέων ἦν, οὐδ' ἀναεῖραι·
Καὶ τότε δὴ γίνωσκον, ὅτ' οὐκ ἔτι φυκτὰ πέλονται.
Ἀγχίμολον δέ σφ' ἦλθε περικλυτὸς Ἀμφιγυήεις,   300
Αὖτις ὑποστρέψας, πρὶν Λήμνου γαῖαν ἱκέσθαι·
Ἥλιος γάρ οἱ σκοπιὴν ἔχεν, εἶπέ τε μῦθον.
Βῆ δ' ἴμεναι πρὸς δῶμα, φίλον τετιημένος ἦτορ·
Ἔστη δ' ἐν προθύροισι· χόλος δέ μιν ἄγριος ᾕρει,
Σμερδαλέον δ' ἐβόησε, γέγωνέ τε πᾶσι θεοῖσι·   305

« Ζεῦ πάτερ, ἠδ' ἄλλοι μάκαρες θεοὶ αἰὲν ἐόντες,
» Δεῦθ', ἵνα ἔργα γελαστὰ καὶ οὐκ ἐπιεικτὰ ἴδησθε·
» Ὡς ἐμὲ χωλὸν ἐόντα Διὸς θυγάτηρ Ἀφροδίτη
» Αἰὲν ἀτιμάζει, φιλέει δ' ἀΐδηλον Ἄρηα·
» Οὕνεχ' ὁ μὲν καλός τε καὶ ἀρτίπος, αὐτὰρ ἔγωγε   310
» Ἠπεδανὸς γενόμην· ἀτὰρ οὔτι μοι αἴτιος ἄλλος,
» Ἀλλὰ τοκῆε δύω· τὼ μὴ γείνασθαι ὄφελλον.
» Ἀλλ' ὄψεσθ', ἵνα τώ γε καθεύδετον ἐν φιλότητι,
» Εἰς ἐμὰ δέμνια βάντες· ἐγὼ δ' ὁρόων ἀκάχημαι.
» Οὐ μὲν σφέας ἔτ' ἔολπα μίνυνθά γε κειέμεν οὕτω,   315
» Καὶ μάλα περ φιλέοντε· τάχ' οὐκ ἐθελήσετον ἄμφω
» Εὕδειν· ἀλλὰ σφῶε δόλος καὶ δεσμὸς ἐρύξει,
» Εἰσόκε μοι μάλα πάντα πατὴρ ἀποδώσει ἔεδνα,
» Ὅσσα οἱ ἐγγυάλιξα, κυνώπιδος εἵνεκα κούρης.
» Οὕνεκά οἱ καλὴ θυγάτηρ, ἀτὰρ οὐκ ἐχέθυμος. »   320

Ὣς ἔφαθ'· οἱ δ' ἀγέροντο θεοὶ ποτὶ χαλκοβατὲς δῶ·
Ἦλθε Ποσειδάων γαιήοχος, ἦλθ' ἐριούνης
Ἑρμείας, ἦλθεν δὲ ἄναξ ἑκάεργος Ἀπόλλων·
Θηλύτεραι δὲ θεαὶ μένον αἰδοῖ οἴκοι ἑκάστη.
Ἔσταν δ' ἐν προθύροισι θεοί, δωτῆρες ἑάων·   325

qu'ils ne pouvoient ni se dégager ni se remuer. Alors ils connurent qu'il ne leur étoit pas possible d'éviter d'être surpris. Vulcain, de retour de ce voyage, qu'il n'avoit pas achevé, entre dans ce moment, car le Soleil, qui étoit en sentinelle pour lui, l'avertit du succès de ses piéges. Il s'avance sur le seuil de la porte ; à cette vue, il est saisi de fureur, et se met à crier avec tant de force, qu'il est entendu de tous les Dieux de l'Olympe.

« Père Jupiter, s'écria-t-il, et vous, Dieux immor-
» tels, accourez tous pour voir des choses très-infâmes,
» et qu'on ne peut supporter. La fille de Jupiter, Vénus
» me méprise, parce que je suis boiteux, et elle est
» amoureuse de Mars, de ce Dieu pernicieux, qui
» devroit être l'horreur des Dieux et des hommes. Elle
» l'aime, parce qu'il est beau et bien fait, et que je
» suis incommodé. Mais est-ce moi qui suis cause de
» mon malheur? ne sont-ce pas ceux qui m'ont donné
» la naissance? hé ! pourquoi me la donnoient-ils ?
» Venez, venez voir comme ils dorment tranquillement
» dans ma couche, enivrés d'amour. Quel spectacle
» pour un mari! mais quelque amoureux qu'ils puissent
» être, je suis sûr que bientôt ils voudroient bien n'être
» pas si unis, et qu'ils maudiront l'heure de ce rendez-
» vous; car ces liens que j'ai imaginés, vont les retenir
» jusqu'à ce que le père de cette débauchée m'ait rendu
» la dot et tous les présens que je lui ai faits pour elle.
» Sa fille est assurément fort belle, mais ses mœurs
» déshonorent sa beauté. »

A ces cris, tous les Dieux se rendent dans son appartement. Neptune qui ébranle la terre, Mercure si utile aux hommes, et Apollon dont les traits sont inévitables, s'y rendirent comme les autres. Les Déesses, par pudeur et par bienséance, demeurent dans leur palais. Les Dieux étant arrivés, s'arrêtèrent sur le seuil

Ἄσβεστος δ' ἄρ' ἐνῶρτο γέλως μακάρεσσι θεοῖσι,
Τέχνας εἰσορόωσι πολύφρονος Ἡφαίστοιο.

Ὧδε δέ τις εἴπεσκεν ἰδὼν ἐς πλησίον ἄλλον·
« Οὐκ ἀρετᾶ κακὰ ἔργα· κιχάνει τοι βραδὺς ὠκύν·
» Ὡς καὶ νῦν Ἥφαιστος ἐὼν βραδὺς εἷλεν Ἄρηα, 330
» Ὠκύτατόν περ ἐόντα θεῶν, οἳ ὄλυμπον ἔχουσι,
» Χωλὸς ἐών, τέχνῃσι· τὸ καὶ μοιχάγρι' ὀφέλλει. »

Ὡς οἱ μὲν τοιαῦτα πρὸς ἀλλήλους ἀγόρευον·
Ἑρμῆν δὲ προσέειπεν ἄναξ, Διὸς υἱὸς, Ἀπόλλων·

« Ἑρμεία, Διὸς υἱὲ, διάκτορε, δῶτορ ἑάων, 335
» Ἦ ῥά κεν ἐν δεσμοῖς ἐθέλοις κρατεροῖσι πιεσθεὶς
» Εὕδειν ἐν λέκτροισι παρὰ χρυσέῃ Ἀφροδίτῃ; »

Τὸν δ' ἠμείβετ' ἔπειτα διάκτορος Ἀργειφόντης·
« Αἲ γὰρ τοῦτο γένοιτο, ἄναξ ἑκατηβόλ' Ἄπολλον·
» Δεσμοὶ μὲν τρὶς τόσσοι ἀπείρονες ἀμφὶς ἔχοιεν, 340
» Ὑμεῖς δ' εἰσορόῳτε, θεοὶ, πᾶσαί τε θέαιναι,
» Αὐτὰρ ἐγὼν εὕδοιμι παρὰ χρυσέῃ Ἀφροδίτῃ. »

Ὡς ἔφατ'· ἐν δὲ γέλως ὦρτ' ἀθανάτοισι θεοῖσιν.
Οὐδὲ Ποσειδάωνα γέλως ἔχε, λίσσετο δ' αἰεὶ
Ἥφαιστον κλυτοεργὸν, ὅπως λύσειεν Ἄρηα· 345
Καί μιν φωνήσας ἔπεα πτερόεντα προσηύδα·

« Λῦσον· ἐγὼ δέ τοι αὐτὸν ὑπίσχομαι, (ὡς σὺ κελεύεις,)
» Τίσειν αἴσιμα πάντα μετ' ἀθανάτοισι θεοῖσι. »

Τὸν δ' αὖτε προσέειπε περικλυτὸς Ἀμφιγυήεις·
« Μή με, Ποσείδαον γαιήοχε, ταῦτα κέλευε· 350
» Δειλαί τοι δειλῶν γε καὶ ἐγγύαι ἐγγυάασθαι.
» Πῶς ἂν ἐγώ σε δέοιμι μετ' ἀθανάτοισι θεοῖσιν,
» Εἴ κεν Ἄρης οἴχοιτο, χρέος καὶ δεσμὸν ἀλύξας; »

de la porte, et se mirent à rire de tout leur cœur, en voyant l'artifice de Vulcain. Et l'on entendoit qu'ils se disoient les uns aux autres :

« Les mauvaises actions ne prospèrent pas; le pesant
» a surpris le léger; car nous voyons que Vulcain, qui
» marche pesamment et lentement, parce qu'il est boi-
» teux, a attrapé Mars qui est le plus léger et le plus
» vite de tous les immortels. L'art a suppléé à la nature.
» Mars ne peut s'empêcher de payer la rançon que
» doivent les adultères pris sur le fait. »

Voilà ce qu'ils se disoient les uns aux autres. Mais Apollon adressant la parole à Mercure, lui dit:

« Fils de Jupiter, Mercure, qui portez les ordres
» des Dieux, et qui faites de si utiles présens aux
» hommes, ne voudriez-vous pas bien tenir la place de
» Mars, et être surpris dans ces piéges avec la belle
» Vénus? »

Le messager des immortels lui répondit: « Apollon,
» je m'estimerois très-heureux d'avoir une pareille
» aventure; ces liens, dûssent-ils encore être plus forts,
» et dussiez-vous, tous tant que vous êtes de Dieux et
» de Déesses dans l'Olympe, être spectateurs de ma
» captivité, les faveurs de la belle Vénus me console-
» roient de vos brocards et de toutes vos railleries. »

Il dit, et le ris des immortels recommença. Neptune fut le seul qui ne rit point; mais prenant son sérieux, il prioit instamment Vulcain de délier Mars.

« Déliez ce Dieu, lui disoit-il, je vous prie, et je vous
» réponds devant tous les Dieux qui m'entendent, qu'il
» vous paiera tout ce qui sera jugé juste et raisonnable. »

Vulcain lui répond : « Neptune, n'exigez point cela
» de moi ; c'est une méchante affaire que de se rendre
» caution pour les méchans. D'ailleurs comment pour-
» rois-je vous retenir dans mes liens au milieu de tous
» les Dieux, si Mars en liberté emportoit ma dette? »

Τὸν δ᾽ αὖτε προσέειπε Ποσειδάων ἐνοσίχθων·
« Ἥφαιστ᾽, εἴπερ γάρ κεν Ἄρης χρεῖος ὑπαλύξας 355
» Οἴχηται φεύγων, αὐτός τοι ἐγὼ τάδε τίσω. »

Τὸν δ᾽ ἠμείβετ᾽ ἔπειτα περικλυτὸς Ἀμφιγυήεις·
« Οὐκ ἔστ᾽, οὐδὲ ἔοικε, τεὸν ἔπος ἀρνήσασθαι. »
Ὣς εἰπών, δεσμὸν ἀνίει μένος Ἡφαίστοιο.
Τὼ δ᾽ ἐπεὶ ἐκ δεσμοῖο λύθεν, κρατεροῦ περ᾽ ἐόντος, 360
Αὐτίκ᾽ ἀναΐξαντες, ὁ μὲν Θρήκηνδε βεβήκει,
Ἡ δ᾽ ἄρα Κύπρον ἵκανε φιλομμειδὴς Ἀφροδίτη,
Ἐς Πάφον· ἔνθα δέ οἱ τέμενος βωμός τε θυήεις·
Ἔνθα δέ μιν Χάριτες λοῦσαν, καὶ χρῖσαν ἐλαίῳ
Ἀμβρότῳ, οἷα θεοὺς ἐπενήνοθεν αἰὲν ἐόντα· 365
Ἀμφὶ δὲ εἵματα ἕσσαν ἐπήρατα, θαῦμα ἰδέσθαι.

Ταῦτ᾽ ἄρ᾽ ἀοιδὸς ἄειδε περικλυτός· αὐτὰρ Ὀδυσσεὺς
Τέρπετ᾽ ἐνὶ φρεσὶν ᾗσιν ἀκούων, ἠδὲ καὶ ἄλλοι
Φαίηκες δολιχήρετμοι, ναυσίκλυτοι ἄνδρες.

Ἀλκίνοος δ᾽ Ἅλιον καὶ Λαοδάμαντα κέλευσεν 370
Μουνὰξ ὀρχήσασθαι, ἐπεί σφισιν οὔτις ἔριζεν.
Οἱ δ᾽ ἐπεὶ οὖν σφαῖραν καλὴν μετὰ χερσὶν ἕλοντο
Πορφυρέην, τήν σφιν Πόλυβος ποίησε δαΐφρων,
Τὴν ἕτερος ῥίπτασκε ποτὶ νέφεα σκιόεντα,
Ἰδνωθεὶς ὀπίσω· ὁ δ᾽ ἀπὸ χθονὸς ὑψόσ᾽ ἀερθείς, 375
Ῥηϊδίως μεθέλεσκε, πάρος ποσὶν οὖδας ἱκέσθαι.
Αὐτὰρ ἐπειδὴ σφαίρῃ ἀν᾽ ἰθὺν πειρήσαντο,
Ὠρχείσθην δὴ ἔπειτα ποτὶ χθονὶ πουλυβοτείρῃ,
Ταρφέ᾽ ἀμειβομένω· κοῦροι δ᾽ ἐπελήκεον ἄλλοι,
Ἑσταότες κατ᾽ ἀγῶνα· πολὺς δ᾽ ὑπὸ κόμπος ὀρώρει. 380
Δὴ τότ᾽ ἄρ᾽ Ἀλκίνοον προσεφώνεε δῖος Ὀδυσσεύς·

« Ἀλκίνοε κρεῖον, πάντων ἀριδείκετε λαῶν,

« N'ayez point cette crainte, repartit Neptune ; si
» Mars, délivré de ses liens, s'enfuit sans vous satis-
» faire, je vous assure que je vous satisferai. »

« Cela étant, reprit Vulcain, je ne puis ni ne dois
» rien refuser à vos prières. » En même temps il délie
ces merveilleux liens. Les captifs ne se sentent pas plus
tôt libres, qu'ils se lèvent et s'envolent. Mars prend le
chemin de Thrace, et la mère des jeux et des ris celui
de Cypre, et se rend à Paphos, où elle a un temple et
un autel où les parfums exhalent continuellement une
fumée odoriférante.

Dès qu'elle y est arrivée, les Grâces la déshabillent,
la baignent, la parfument d'une essence immortelle qui
est réservée pour les Dieux, et l'habillent d'une robe
charmante qui relève sa beauté, et qu'on ne peut voir
sans admiration.

Voilà quelle étoit la chanson que chantoit Démodocus. Ulysse l'entendoit avec un merveilleux plaisir, et
tous les Phéaciens étoient charmés. Alcinoüs appelle
ses deux fils Halius et Léodamas ; voyant que personne
ne vouloit disputer le prix de la danse, il leur ordonne
de danser seuls. Ces deux princes, pour montrer leur
adresse, prennent un ballon rouge que Polybe leur avoit
fait. L'un d'eux se pliant, et se renversant en arrière, le
pousse jusqu'aux nues ; et l'autre s'élançant en l'air avec
une admirable agilité, le reçoit et le repousse avant
qu'il tombe à leurs pieds. Après qu'ils se furent exercés
à le pousser et repousser plusieurs fois, ils finirent cette
danse haute, et en commencèrent une basse. Ils firent
plusieurs tours et retours avec une justesse merveilleuse.
Tous les autres jeunes gens, qui étoient debout tout
autour, battoient des mains, et tout retentissoit du bruit
des acclamations et des louanges. Alors Ulysse dit à
Alcinoüs :

« Grand prince, qui par votre bonne mine effacez

» Ἡ μὲν ἀπείλησας βητάρμονας εἶναι ἀρίστους
» Ἡ δ' ἄρ' ἑτοῖμα τέτυκτο· σέβας μ' ἔχει εἰσορόωντα. »

Ὣς φάτο· γήθησεν δ' ἱερὸν μένος Ἀλκινόοιο· 385
Αἶψα δὲ Φαιήκεσσι φιληρέτμοισι μετηύδα·

« Κέκλυτε, Φαιήκων ἡγήτορες, ἠδὲ μέδοντες,
» Ὁ ξεῖνος μάλα μοι δοκέει πεπνυμένος εἶναι.
» Ἀλλ' ἄγε, οἱ δῶμεν ξεινήϊον, ὡς ἐπιεικές·
» Δώδεκα γὰρ κατὰ δῆμον ἀριπρεπέες βασιλῆες 390
» Ἀρχοὶ κραίνουσι, τρισκαιδέκατος δ' ἐγὼ αὐτός·
» Τῶν οἱ ἕκαστος φᾶρος ἐϋπλυνὲς, ἠδὲ χιτῶνα,
» Καὶ χρυσοῖο τάλαντον ἐνείκατε τιμήεντος.
» Αἶψα δὲ πάντα φέρωμεν ἀολλέες, ὄφρ' ἐνὶ χερσὶ
» Ξεῖνος ἔχων, ἐπὶ δόρπον ἴῃ χαίρων ἐνὶ θυμῷ· 395
» Εὐρύαλος δέ ἑ αὐτὸν ἀρεσσάσθω ἐπέεσσι
» Καὶ δώρῳ· ἐπεὶ οὔτι ἔπος κατὰ μοῖραν ἔειπεν. »

Ὣς ἔφαθ'· οἱ δ' ἄρα πάντες ἐπῄνεον, ἠδ' ἐκέλευον·
Δῶρα δ' ἄρ' οἰσέμεναι πρόεσαν κήρυκα ἕκαστος.
Τὸν δ' αὖτ' Εὐρύαλος ἀπαμείβετο, φώνησέν τε· 400

« Ἀλκίνοε κρεῖον, πάντων ἀριδείκετε λαῶν,
» Τοιγὰρ ἐγὼ τὸν ξεῖνον ἀρέσσομαι, ὡς σὺ κελεύεις·
» Δώσω οἱ τόδ' ἄορ παγχάλκεον, ᾧ ἔπι κώπη
» Ἀργυρέη, κολεὸν δὲ νεοπρίστου ἐλέφαντος
» Ἀμφιδεδίνηται· πολέος δέ οἱ ἄξιον ἔσται. » 405

Ὣς εἰπὼν, ἐν χερσὶ τίθει ξίφος ἀργυρόηλον,
Καί μιν φωνήσας ἔπεα πτερόεντα προσηύδα·

« Χαῖρε, πάτερ ὦ ξεῖνε· ἔπος δ' εἴπερ τι βέβακται
» Δεινὸν, ἄφαρ τὸ φέροιεν ἀναρπάξασαι ἄελλαι·
» Σοὶ δὲ θεοὶ ἄλοχόν τ' ἰδέειν, καὶ πατρίδ' ἱκέσθαι,
» Δοῖεν· ἐπειδὴ δηθὰ φίλων ἄπο πήματα πάσχεις. » 411

» tout ce que je vois ici ; vous m'aviez bien promis que
» vous me feriez voir les plus habiles danseurs qui
» soient sur la terre. Vous m'avez tenu parole, et je ne
» puis vous exprimer toute mon admiration. »

Ce discours fut très-agréable à Alcinoüs, qui, prenant aussitôt la parole, dit :

« Princes et chefs des Phéaciens, écoutez-moi. Cet
» étranger me paroît un homme sage et de rare pru-
» dence, faisons-lui selon la coutume un présent, mais
» un présent qui soit proportionné à son mérite. Vous
» êtes ici douze princes qui gouvernez sous moi, et qui
» rendez la justice au peuple ; portons ici chacun un
» manteau, une tunique et un talent d'or, afin que cet
» étranger les recevant de notre main, se mette à table
» ce soir avec plus de joie. J'ordonne aussi qu'Euryale
» l'apaise par ses soumissions et par ses présens, parce
» qu'il lui devoit des égards, et qu'il l'a offensé contre
» toute sorte de justice. »

Il dit, tous les princes approuvèrent son discours, et envoyèrent chacun leur héraut pour apporter les présens. En même temps Euryale dit à Alcinoüs :

« Grand roi, je ferai à cet étranger la satisfaction
» que vous m'ordonnez, et je lui donnerai une belle
» épée d'un acier très-fin, dont la poignée est d'argent,
» et le fourreau de la plus fine ivoire qu'on ait jamais
» travaillée ; je suis sûr qu'il ne le trouvera pas indigne
» de lui. »

En finissant ces mots, il présente cette épée à Ulysse, et lui dit :

« Généreux étranger, si je vous ai dit quelque parole
» trop dure, souffrez que les vents l'emportent, ayez la
» bonté de l'oublier, et je prie les Dieux qu'ils vous
» fassent la grâce de revoir votre femme et votre patrie,
» et qu'ils finissent les maux que vous souffrez depuis
» long-temps, éloigné de vos amis et de votre famille. «

Τὸν δ' ἀπαμειβόμενος προσέφη πολύμητις Ὀδυσσεύς·
« Καὶ σὺ, φίλος, μάλα χαῖρε, θεοὶ δέ τοι ὄλβια δοῖεν·
» Μηδέ τι τοι ξιφεός γε ποθὴ μετόπισθε γένοιτο
» Τούτου, ὃ δή μοι δῶκας ἀρεσσάμενος ἐπέεσσιν. » 415

Ἦ ῥα, καὶ ἀμφ' ὤμοισι θέτο ξίφος ἀργυρόηλον·
Δύσετό τ' ἠέλιος, καὶ τῷ κλυτὰ δῶρα παρῆεν·
Καὶ τάγ' ἐς Ἀλκινόοιο φέρον κήρυκες ἀγανοί·
Δεξάμενοι δ' ἄρα παῖδες ἀμύμονος Ἀλκινόοιο,
Μητρὶ παρ' αἰδοίῃ ἔθεσαν περικαλλέα δῶρα.   420
Τοῖσιν δ' ἡγεμόνευ' ἱερὸν μένος Ἀλκινόοιο·
Ἐλθόντες δὲ κάθιζον ἐν ὑψηλοῖσι θρόνοισι·
Δὴ ῥα τότ' Ἀρήτην προσέφη μένος Ἀλκινόοιο·

« Δεῦρο, γύναι, φέρε χηλὸν ἀριπρεπέ', ἥτις ἀρίστη·
» Ἐν δ' αὐτῇ θὲς φᾶρος ἐΰπλυνές, ἠδὲ χιτῶνα·   425
» Ἀμφὶ δέ οἱ πυρὶ χαλκὸν ἰήνατε, θέρμετε δ' ὕδωρ,
» Ὄφρα λοεσσάμενός τε, ἰδών τ' εὖ κείμενα πάντα
» Δῶρα, τά οἱ Φαίηκες ἀμύμονες ἐνθάδ' ἔνεικαν,
» Δαιτί τε τέρπηται, καὶ ἀοιδῆς ὕμνον ἀκούων·
» Καί οἱ ἐγὼ τόδ' ἄλεισον ἐμὸν περικαλλὲς ὀπάσσω,
» Χρύσεον, ὄφρ' ἐμέθεν μεμνημένος ἤματα πάντα 430
» Σπένδῃ ἐνὶ μεγάρῳ Διΐ τ', ἄλλοισίν τε θεοῖσιν. »

Ὣς ἔφατ'· Ἀρήτη δὲ μετὰ δμωῇσιν ἔειπεν,
Ἀμφὶ πυρὶ στῆσαι τρίποδα μέγαν ὅττι τάχιστα.
Αἱ δὲ λοετροχόον τρίποδ' ἔστασαν ἐν πυρὶ κηλέῳ· 435
Ἐν δ' ἄρ' ὕδωρ ἔχεαν, ὑπὸ δὲ ξύλα δαῖον ἑλοῦσαι.
Γάστρην μὲν τρίποδος πῦρ ἄμφεπε, θέρμετο δ' ὕδωρ.
Τόφρα δ' ἄρ' Ἀρήτη ξείνῳ περικαλλέα χηλὸν
Ἐξέφερεν θαλάμοιο, τίθει δ' ἐνὶ κάλλιμα δῶρα,
Ἐσθῆτα, χρυσόν τε, τά οἱ Φαίηκες ἔδωκαν·   440
Ἐν δ' αὐτῇ φᾶρος θῆκεν, καλόν τε χιτῶνα,

« Mon cher Euryale, repart Ulysse, puissiez-vous
» n'avoir jamais que des sujets de joie, et que les Dieux
» vous comblent de prospérité ; et fassent que vous
» n'ayez jamais besoin de cette épée dont vous me faites
» présent, après m'avoir apaisé par vos paroles pleines
» de douceur et de politesse. »

En achevant ces mots, il met à son côté cette riche
épée. Comme le soleil étoit près de se coucher, les
magnifiques présens arrivent, et les hérauts les portent
au palais d'Alcinoüs, où les fils du roi les prennent eux-
mêmes des mains des hérauts, et les portent chez la reine
leur mère. Le roi marchoit à leur tête. Dès qu'ils furent
arrivés dans l'appartement de la reine, ils s'assirent, et
Alcinoüs dit à Arété :

« Ma femme, faites apporter ici le plus beau coffre
» que vous ayez, après y avoir mis un riche manteau et
» une belle tunique, et ordonnez à vos femmes d'aller
» tout à l'heure faire chauffer de l'eau ; notre hôte,
» après s'être baigné, et après avoir vu ces présens bien
» rangés dans ce coffre, en soupera plus gaiement, et
» goûtera mieux le plaisir de la musique. Je lui don-
» nerai ma belle coupe d'or, afin que quand il sera de
» retour chez lui, il s'en serve à faire des libations à
» Jupiter et aux autres Dieux, en se souvenant toujours
» de moi. »

La reine en même temps donne ordre à ses femmes
d'aller promptement faire chauffer un bain. Elles
obéissent, et mettent sur le feu un grand vaisseau d'airain, elles le remplissent d'eau, et elles mettent dessous
beaucoup de bois ; dans un moment le vaisseau est environné de flammes, et l'eau commence à frémir. Cependant Arété ayant fait tirer de son cabinet son plus beau
coffre, le présente à Ulysse, et devant lui elle y met l'or,
les manteaux et les tuniques dont les Phéaciens lui
avoient fait présent, et elle y ajoute un beau manteau

Καί μιν φωνήσασ' ἔπεα πτερόεντα προσηύδα·

« Αὐτὸς νῦν ἴδε πῶμα, θοῶς δ' ἐπὶ δεσμὸν ἴηλον,
» Μή τις τοι καθ' ὁδὸν δηλήσεται, ὁππόταν αὖτε
» Εὕδησθα γλυκὺν ὕπνον, ἰὼν ἐν νηΐ μελαίνῃ. » 445

Αὐτὰρ ἐπεὶ τόγ' ἄκουσε πολύτλας δῖος Ὀδυσσεύς,
Αὐτίκ' ἐπήρτυε πῶμα, θοῶς δ' ἐπὶ δεσμὸν ἴηλε
Ποικίλον, ὅν ποτέ μιν δέδαε φρεσὶ πότνια Κίρκη.
Αὐτόδιον δ' ἄρα μιν ταμίη λούσασθαι ἄνωγεν,
Ἐς ῥ' ἀσάμινθον βάνθ'· ὁ δ' ἄρ' ἀσπασίως ἴδε θυμῷ 450
Θερμὰ λοέτρ'· ἐπεὶ οὔτι κομιζόμενός γ' ἐθάμιζεν,
Ἐπειδὴ λίπε δῶμα Καλυψοῦς ἠϋκόμοιο.
Τόφρα δέ οἱ κομιδή γε, θεῷ ὥς, ἔμπεδος ἦεν.
Τὸν δ' ἐπεὶ οὖν δμωαὶ λοῦσαν, καὶ χρῖσαν ἐλαίῳ,
Ἀμφὶ δέ μιν χλαῖναν καλὴν βάλον ἠδὲ χιτῶνα, 455
Ἐκ ῥ' ἀσαμίνθου βὰς ἄνδρας μετὰ οἰνοποτῆρας
Ἤϊε· Ναυσικάα δὲ, θεῶν ἄπο κάλλος ἔχουσα,
Στῆ ῥα παρὰ σταθμὸν τέγεος πύκα ποιητοῖο·
Θαύμαζεν δ' Ὀδυσῆα ἐν ὀφθαλμοῖσιν ὁρῶσα,
Καί μιν φωνήσασ' ἔπεα πτερόεντα προσηύδα· 460

« Χαῖρε, ξεῖν', ἵνα καί ποτ' ἐὼν ἐν πατρίδι γαίῃ
» Μνήσῃ ἐμεῖ, ὅτι μοι πρώτῃ ζωάγρι' ὀφέλλεις. »

Τὴν δ' ἀπαμειβόμενος προσέφη πολύμητις Ὀδυσσεύς·
« Ναυσικάα, θύγατερ μεγαλήτορος Ἀλκινόοιο,
» Οὕτω νῦν Ζεὺς θείη ἐρίγδουπος πόσις Ἥρης, 465
» Οἴκαδέ τ' ἐλθέμεναι, καὶ νόστιμον ἦμαρ ἰδέσθαι.
» Τῷ κέν τοι κἀκεῖθι, θεῷ ὥς, εὐχετοῴμην
» Αἰεὶ ἤματα πάντα· σὺ γάρ μ' ἐβιώσαο, κούρη. »

Ἦ ῥα, καὶ ἐς θρόνον ἷζε παρ' Ἀλκίνοον βασιλῆα.
Οἱ δ' ἤδη μοίρας τ' ἔνεμον, κερόωντό τε οἶνον. 470

et une tunique magnifique. Quand elle eut tout bien rangé, elle lui dit :

« Etranger, voyez ce coffre, il ferme fort bien, vous
» n'avez qu'à y faire votre nœud, de peur que dans
» votre voyage quelqu'un ne vous vole pendant que
» vous dormirez tranquillement dans votre vaisseau. »

Le divin Ulysse n'eut pas plus tôt entendu la reine parler ainsi, qu'il jeta les yeux sur ces riches présens, les enferma et les scella d'un nœud merveilleux, dont l'ingénieuse Circé lui avoit donné le secret. Dans le moment la maîtresse de l'office le presse de s'aller mettre au bain. Ils vont dans la chambre des bains. Ulysse est ravi de voir des bains chauds, car depuis qu'il avoit quitté le palais de la belle Calypso, il n'avoit pas eu la commodité d'en user. Mais alors il avoit tout à souhait comme un Dieu. Quand il fut baigné et parfumé, et que les femmes lui eurent mis des habits magnifiques, il sortit de la chambre des bains, et alla à la salle du festin. La princesse Nausicaa, dont la beauté étoit égale à celle des Déesses, étoit à l'entrée de la salle. Dès qu'elle vit Ulysse, elle fut frappée d'admiration, et lui adressant la parole, elle lui dit :

« Etranger, je vous souhaite toute sorte de bonheur ;
» mais quand vous serez de retour dans votre patrie, ne
» m'oubliez pas, souvenez-vous que c'est à moi que
» vous avez l'obligation de la vie. »

Le sage Ulysse lui répond : « Belle princesse, fille du
» magnanime Alcinoüs, que le mari de la vénérable
» Junon, le grand Jupiter, me conduise seulement dans
» ma patrie, et me fasse la grâce de revoir ma femme
» et mes amis : je vous promets que tous les jours je
» vous adresserai mes vœux, comme à une Déesse, car
» je ne tiens la vie que de vous. »

Après avoir parlé de la sorte, il s'assied près du roi. Cependant on fait les portions pour le festin, et on

Κῆρυξ δ᾽ ἐγγύθεν ἦλθεν, ἄγων ἐρίηρον ἀοιδὸν,
Δημόδοκον, λαοῖσι τετιμένον· εἶσε δ᾽ ἄρ᾽ αὐτὸν
Μέσσῳ δαιτυμόνων, πρὸς κίονα μακρὸν ἐρείσας.
Δὴ τότε κήρυκα προσέφη πολύμητις Ὀδυσσεὺς,
Νώτου ἀποπροταμών· ἐπὶ δὲ πλεῖον ἐλέλειπτο   475
Ἀργιόδοντος υἱὸς, θαλερὴ δ᾽ ἦν ἀμφὶς ἀλοιφή·

« Κῆρυξ, τῇ δὴ τοῦτο πόρε κρέας, ὄφρα φάγῃσι,
» Δημοδόκῳ, καί μιν προσπτύξομαι, ἀχνύμενός περ.
» Πᾶσι γὰρ ἀνθρώποισιν ἐπιχθονίοισιν ἀοιδοὶ
» Τιμῆς ἔμμοροί εἰσι καὶ αἰδοῦς, οὕνεκ᾽ ἄρα σφέας 430
» Οἴμας Μοῦσ᾽ ἐδίδαξε· φίλησε δὲ φῦλον ἀοιδῶν. »

Ὣς ἄρ᾽ ἔφη· κῆρυξ δὲ φέρων ἐν χερσὶν ἔθηκεν
Ἥρωϊ Δημοδόκῳ· ὁ δ᾽ ἐδέξατο, χαῖρε δὲ θυμῷ.
Οἱ δ᾽ ἐπ᾽ ὀνείαθ᾽ ἑτοῖμα προκείμενα χεῖρας ἴαλλον.
Αὐτὰρ ἐπεὶ πόσιος καὶ ἐδητύος ἐξ ἔρον ἕντο,   485
Δὴ τότε Δημόδοκον προσέφη πολύμητις Ὀδυσσεύς·

« Δημόδοκ᾽, ἔξοχα δή σε βροτῶν αἰνίζομ᾽ ἁπάντων,
» Ἢ σέ γε Μοῦσ᾽ ἐδίδαξε, Διὸς παῖς, ἦ σέ γ᾽ Ἀπόλλων·
» Λίην γὰρ κατὰ κόσμον Ἀχαιῶν οἶτον ἀείδεις,
» Ὅσσ᾽ ἔρξαν τ᾽, ἔπαθόν τε, καὶ ὅσσ᾽ ἐμόγησαν Ἀχαιοί·
» Ὥς τέ που ἢ αὐτὸς παρεὼν, ἢ ἄλλου ἀκούσας.   491
» Ἀλλ᾽ ἄγε δὴ μετάβηθι, καὶ ἵππου κόσμον ἄεισον
» Δουρατέου, τὸν Ἐπειὸς ἐποίησεν σὺν Ἀθήνῃ,
» Ὅν ποτ᾽ ἐς ἀκρόπολιν δόλον ἤγαγε δῖος Ὀδυσσεὺς,
» Ἀνδρῶν ἐμπλήσας, οἳ Ἴλιον ἐξαλάπαξαν.   495
» Αἴκεν δή μοι ταῦτα κατὰ μοῖραν καταλέξῃς,
» Αὐτίκ᾽ ἐγὼ πᾶσιν μυθήσομαι ἀνθρώποισιν,
» Ὡς ἄρα τοι πρόφρων θεὸς ὤπασε θέσπιν ἀοιδήν. »

Ὣς φάθ᾽. Ὁ δ᾽ ὁρμηθεὶς θεοῦ ἤρχετο, φαῖνε δ᾽ ἀοιδὴν,

mêle le vin dans les urnes. Un héraut s'avance, conduisant par la main le divin chantre Démodocus, il le place au milieu de la table, et l'appuie contre une colonne. Alors Ulysse s'adressant au héraut, et lui mettant entre les mains la meilleure partie du dos d'un cochon qu'on lui avoit servi, il lui dit:

« Héraut, prenez cette partie de la portion dont on
» m'a honoré, et donnez-la de ma part à Démodocus,
» l'assurant que quelque affligé que je sois, je l'admire
» et je l'honore parfaitement; les chantres comme lui
» doivent être honorés et respectés de tous les hommes,
» parce que c'est la muse elle-même qui leur a appris
» leurs chansons, et qu'elle les aime et les favorise. »

Il dit, et le héraut présente de sa part cette portion au héros Démodocus, qui la reçut avec joie. On mange, on fait grande chère, et quand l'abondance eut chassé la faim, Ulysse prenant la parole, dit à Démodocus:

« Divin chantre, je vous admire et je vous loue plus
» que tous les autres mortels, car ce sont les muses,
» filles du grand Jupiter, qui vous ont enseigné, ou
» plutôt c'est Apollon lui-même; vous chantez avec
» un ordre qui marque une connoissance profonde des
» malheurs des Grecs, tout ce qu'ils ont fait et souffert,
» et tous les travaux qu'ils ont essuyés, comme si vous
» aviez été présent, ou que vous l'eussiez appris d'eux-
» mêmes. Mais continuez, je vous prie, et chantez-nous
» le stratagème du cheval de bois qu'Epée construisit
» par le secours de Minerve, et qu'Ulysse, par un arti-
» fice assez heureux, fit entrer dans la citadelle, après
» l'avoir rempli de guerriers qui saccagèrent Troie. Si
» vous me chantez bien en détail toute cette aventure,
» je rendrai témoignage à tous les hommes que c'est
» Apollon lui-même qui vous a dicté une si merveil-
» leuse chanson. »

Il dit, et le chantre, rempli de l'esprit du Dieu,

Ἔνθεν ἑλὼν, ὡς οἱ μὲν ἐϋσσέλμων ἐπὶ νηῶν   500
Βάντες ἀπέπλειον, πῦρ ἐν κλισίῃσι βαλόντες,
Ἀργεῖοι· τοὶ δ' ἤδη ἀγακλυτὸν ἀμφ' Ὀδυσῆα
Εἴατ' ἐνὶ Τρώων ἀγορῇ, κεκαλυμμένοι ἵππῳ·
Αὐτοὶ γάρ μιν Τρῶες ἐς ἀκρόπολιν ἐρύσαντο.
Ὣς ὁ μὲν εἱστήκει· τοὶ δ' ἄκριτα πόλλ' ἀγόρευον,   505
Ἥμενοι ἀμφ' αὐτόν· τρίχα δέ σφισιν ἥνδανε βουλή,
Ἠὲ διατμῆξαι κοῖλον δόρυ νηλέϊ χαλκῷ,
Ἢ κατὰ πετράων βαλέειν ἐρύσαντας ἐπ' ἄκρας,
Ἢ ἐάαν μέγ' ἄγαλμα θεῶν θελκτήριον εἶναι,
Τῇ περ δὴ καὶ ἔπειτα τελευτήσεσθαι ἔμελλεν.   510
Αἶσα γὰρ ἦν ἀπολέσθαι, ἐπὴν πόλις ἀμφικαλύψῃ
Δουράτεον μέγαν ἵππον, ὅθ' εἴατο πάντες ἄριστοι
Ἀργείων, Τρώεσσι φόνον καὶ κῆρα φέροντες.
Ἤειδεν δ', ὡς ἄστυ διέπραθον υἷες Ἀχαιῶν,
Ἱππόθεν ἐκχύμενοι, κοῖλον λόχον ἐκπρολιπόντες.   515
Ἄλλον δ' ἄλλῃ ἄειδε πόλιν κεραϊζέμεν αἰπήν·
Αὐτὰρ Ὀδυσσῆα προτὶ δώματα Δηϊφόβοιο
Βήμεναι, ἠΰτ' Ἄρηα, σὺν ἀντιθέῳ Μενελάῳ.
Κεῖθι δὴ αἰνότατον πόλεμον φάτο τολμήσαντα
Νικῆσαι καὶ ἔπειτα, διὰ μεγάθυμον Ἀθήνην.   520

Ταῦτ' ἄρ' ἀοιδὸς ἄειδε περικλυτός· αὐτὰρ Ὀδυσσεὺς
Τήκετο· δάκρυ δ' ἔδευεν ὑπὸ βλεφάροισι παρειάς.
Ὡς δὲ γυνὴ κλαίῃσι φίλον πόσιν ἀμφιπεσοῦσα,
Ὅς τε ἑῆς πρόσθεν πόλιος λαῶν τε πέσῃσιν,
Ἄστεϊ καὶ τεκέεσσιν ἀμύνων νηλεὲς ἦμαρ·   525

commença à chanter, et exposa parfaitement toute l'histoire, comme fort bien informé, commençant au moment que les Grecs, faisant semblant de se retirer, montèrent sur leurs vaisseaux, après avoir mis le feu à leurs tentes. Ulysse et tous les officiers d'élite, enfermés dans ce cheval, étoient au milieu de la place; car les Troyens eux-mêmes l'avoient traîné jusque dans la citadelle. Ce cheval étoit là au milieu, et les Troyens, assemblés tout au tour, discouroient et proposoient plusieurs choses sans pouvoir convenir. Il y avoit trois avis principaux. Les uns vouloient que l'on mît en pièces cette énorme machine : les autres conseilloient qu'on la traînât au haut de la citadelle, et qu'on la précipitât des murailles; et le troisième parti étoit de ceux qui, frappés de la religion, soutenoient qu'elle devoit être inviolable, et qu'il falloit la laisser comme une offrande agréable aux Dieux, et capable de les apaiser, et ce dernier avis l'emporta; car c'étoit l'ordre des destinées que Troie pérît, puisqu'elle avoit reçu dans ses murs cette grande machine, grosse de tant de capitaines, qui portoient aux Troyens la ruine et la mort. Il chanta ensuite comment les Grecs sortis du ventre du cheval, comme d'une vaste caverne, saccagèrent la ville ; représenta ces braves chefs répandus dans tous les quartiers, et portant partout le fer et la flamme. Il raconta comment Ulysse, accompagné de Ménélas, et semblable au dieu Mars, alla dans le palais de Déiphobus, et soutint là un grand combat, qui fut long-temps douteux, et dont la victoire leur demeura enfin par le secours de Minerve.

Voilà ce que chanta ce chantre divin. Ulysse fondoit en larmes, son visage en étoit couvert. Il pleuroit aussi amèrement qu'une femme, qui, voyant tomber son époux, combattant devant les murailles de sa ville pour la défense de sa patrie et de ses enfans, sort éperdue,

Ἡ μὲν τὸν θνήσκοντα καὶ ἀσπαίροντ' ἐσιδοῦσα,
Ἀμφ' αὐτῷ χυμένη λίγα κωκύει· οἱ δέ τ' ὄπισθεν
Κόπτοντες δούρεσσι μετάφρενον, ἠδὲ καὶ ὤμους,
Εἴρερον εἰσανάγουσι, πόνον τ' ἐχέμεν καὶ ὀϊζύν·
Τῆς δ' ἐλεεινοτάτῳ ἄχεϊ φθινύθουσι παρειαί· 530
Ὣς Ὀδυσεὺς ἐλεεινὸν ὑπ' ὀφρύσι δάκρυον εἶβεν,
Ἔνθ' ἄλλους μὲν πάντας ἐλάνθανε δάκρυα λείβων,
Ἀλκίνοος δέ μιν οἶος ἐπεφράσατ', ἠδ' ἐνόησεν,
Ἥμενος ἄγχ' αὐτοῦ, βαρὺ δὲ στενάχοντος ἄκουσεν·
Αἶψα δὲ Φαιήκεσσι φιληρέτμοισι μετηύδα· 535

« Κέκλυτε, Φαιήκων ἡγήτορες, ἠδὲ μέδοντες,
» Δημόδοκος δ' ἤδη σχεθέτω φόρμιγγα λίγειαν·
» Οὐ γάρ πως πάντεσσι χαριζόμενος τάδ' ἀείδει.
» Ἐξ οὗ δορπέομέν τε, καὶ ὤρορε δῖος ἀοιδὸς,
» Ἐκ τοῦδ' οὔπω παύσατ' ὀϊζυροῖο γόοιο 540
» Ὁ ξεῖνος· μάλα πού μιν ἄχος φρένας ἀμφιβέβηκεν·
» Ἀλλ' ἄγ', ὁ μὲν σχεθέτω, ἵν' ὁμῶς τερπώμεθα πάντες,
» Ξεινοδόκοι καὶ ξεῖνος· ἐπεὶ πολὺ κάλλιον οὕτω.
» Εἵνεκα γὰρ ξείνοιο τάδ' αἰδοίοιο τέτυκται,
» Πομπὴ καὶ φίλα δῶρα, τά οἱ δίδομεν φιλέοντες. 545
» Ἀντὶ κασιγνήτου ξεῖνός θ' ἱκέτης τε τέτυκται
» Ἀνέρι, ὅστ' ὀλίγον πέρ ἐπιψαύει πραπίδεσσι.
» Τῷ νῦν μηδὲ σὺ κεῦθε νοήμασι κερδαλέοισιν,
» Ὅ, ττι κέ σ' εἴρωμαι· φάσθαι δέ σε κάλλιόν ἐστιν.
» Εἴπ' ὄνομ', ὅ, ττι σε κεῖθι κάλεον μήτηρ τε, πατήρ τε,
» Ἄλλοι θ', οἳ κατὰ ἄστυ, καὶ οἳ περιναιετάουσιν· 551
» Οὐ μὲν γάρ τις πάμπαν ἀνώνυμος ἔστ' ἀνθρώπων,
» Οὐ κακὸς, οὐδὲ μὲν ἐσθλὸς, ἐπὴν τὰ πρῶτα γένηται,
» Ἀλλ' ἐπὶ πᾶσι τίθενται, ἐπεί κε τέκωσι τοκῆες.
» Εἰπὲ δέ μοι γαῖάν τε τεήν, δῆμόν τε, πόλιν τε· 555
» Ὄφρά σε τῇ πέμπωσι τιτυσκόμεναι φρεσὶ νῆες.

et se jette sur ce cher mari palpitant encore, remplit l'air de ses gémissemens, et le tient embrassé, pendant que ses barbares ennemis l'achèvent à coups de piques, et préparent à cette infortunée une dure servitude et des maux infinis. Elle gémit, elle crie, elle pleure, pénétrée de la plus vive douleur. Ainsi pleuroit Ulysse. Ses larmes ne furent aperçues que du seul Alcinoüs, qui étoit assis près de lui et qui entendit ses sanglots. Touché de sa douleur, il dit aux Phéaciens :

« Princes et chefs de mon peuple, écoutez ce que j'ai
» à vous dire. Que Démodocus cesse de chanter et de
» jouer de la lyre, car ce qu'il chante ne plaît pas éga-
» lement à tous ceux qui l'entendent. Depuis que nous
» sommes à table, et qu'il a commencé à chanter, cet
» étranger n'a cessé de pleurer et de gémir, et une noire
» tristesse s'est emparée de son esprit. Que Démodocus
» cesse donc, afin que notre hôte ne soit pas le seul
» affligé, et qu'il ait autant de plaisir que nous, qui
» avons le bonheur de le recevoir; c'est ce que demande
» l'hospitalité et l'honnêteté même. Cette fête n'est que
» pour lui seul; c'est pour lui que nous préparons un
» vaisseau; c'est à lui que nous avons fait, de si bon
» cœur, tous ces présens. Un suppliant et un hôte doivent
» être regardés comme un frère par tout homme qui a
» tant soit peu de sens. Mais aussi, mon hôte, ne nous
» cachez pas, par une finesse intéressée, ce que je vais
» vous demander; vous nous devez les mêmes égards.
» Apprenez nous quel est le nom que votre père et votre
» mère vous ont donné, et sous lequel vous êtes connu
« de vos voisins; car tout homme en ce monde, bon ou
» méchant, a nécessairement un nom qu'on lui donne
» dès qu'il vient de naître. Dites-nous donc quel est le
» vôtre, quelle est votre patrie et quelle est la ville que
» vous habitez, afin que nos vaisseaux, qui sont doués
» d'intelligence, puissent vous ramener. Car il faut que

» Οὐ γὰρ Φαιήκεσσι κυβερνητῆρες ἔασιν,
» Οὐδέ τι πηδάλι᾽ ἐστί, τά τ᾽ ἄλλαι νῆες ἔχουσιν·
» Ἀλλ᾽ αὐταὶ ἴσασι νοήματα καὶ φρένας ἀνδρῶν.
» Καὶ πάντων ἴσασι πόλιας καὶ πίονας ἀγροὺς   560
» Ἀνθρώπων· καὶ λαῖτμα τάχισθ᾽ ἁλὸς ἐκπερόωσιν,
» Ἠέρι καὶ νεφέλῃ κεκαλυμμέναι· οὐδέ ποτέ σφιν
» Οὔτε τι πημανθῆναι ἔπι δέος, οὐδ᾽ ἀπολέσθαι.
» Ἀλλὰ τάδ᾽ ὥς ποτε πατρὸς ἐγὼν εἰπόντος ἄκουσα
» Ναυσιθόου, ὅς ἔφασκε Ποσειδάων᾽ ἀγάσασθαι   565
» Ἡμῖν, οὕνεκα πομποὶ ἀπήμονες εἰμὲν ἁπάντων.
» Φῆ ποτε Φαιήκων ἀνδρῶν εὐεργέα νῆα
» Ἐκ πομπῆς ἀνιοῦσαν ἐν ἠεροειδέϊ πόντῳ
» Ῥαισέμεναι, μέγα δ᾽ ἧμιν ὄρος πόλει ἀμφικαλύψειν.

» Ὣς ἀγόρευ᾽ ὁ γέρων· τὰ δέ κεν θεὸς ἢ τελέσειεν,
» Ἤ κ᾽ ἀτέλεστ᾽ εἴη, ὥς οἱ φίλον ἔπλετο θυμῷ.   571
» Ἀλλ᾽ ἄγε μοι τόδε εἰπέ, καὶ ἀτρεκέως κατάλεξον,
» Ὅππῃ ἀπεπλάγχθης τε, καὶ ἅς τινας ἵκεο χώρας
» Ἀνθρώπων· αὐτούς τε, πόλεις τ᾽ εὖ ναιεταώσας.
» Ἠμὲν ὅσοι χαλεποί τε, καὶ ἄγριοι, οὐδὲ δίκαιοι·   575
» Οἵτε φιλόξεινοι, καί σφιν νόος ἐστὶ θεουδής.
» Εἰπὲ δ᾽, ὅ, τι κλαίεις καὶ ὀδύρεαι ἔνδοθι θυμῷ,
» Ἀργείων, Δαναῶν, ἠδ᾽ Ἰλίου οἶτον ἀκούων.
» Τὸν δὲ θεοὶ μὲν τεῦξαν, ἐπεκλώσαντο δ᾽ ὄλεθρον
» Ἀνθρώποις, ἵνα ᾖσι καὶ ἐσσομένοισιν ἀοιδή.   580

« vous sachiez que les vaisseaux des Phéaciens n'ont ni
» gouvernail ni pilote, comme les vaisseaux des autres
» nations ; mais ils ont de la connoissance comme les
» hommes, et ils savent d'eux-mêmes les chemins de
» toutes les villes et de tous les pays. Ils font très-prompte-
» ment les plus grands trajets, toujours enveloppés d'un
» nuage obscur qui les empêche d'être découverts, et
» jamais ils n'ont à craindre ni de périr par un naufrage,
» ni d'être endommagés par les flots, par les vents ou
» par les écueils. Je me souviens d'avoir ouï autrefois
» Nausithoüs, mon père, qui nous disoit que le dieu
» Neptune étoit irrité contre nous, de ce que nous nous
» chargions de reconduire tous les hommes sans distinc-
» tion, et que par là nous les faisions jouir du privilége
» que nous avons seuls de courir les mers sans aucun
» péril, et qu'il nous menaçoit qu'un jour un de nos
» vaisseaux, revenant de conduire un étranger chez lui,
» seroit puni de ce bienfait, et qu'il périroit au milieu
» de la mer, et qu'une grande montagne tomberoit sur
» la ville des Phéaciens, et la couvriroit toute entière.

» Voilà ce que ce sage vieillard nous contoit sur la foi
» de quelque ancien oracle. Et ce Dieu peut accomplir
» ces menaces ou les rendre vaines, comme il le jugera
» à propos. Mais contez-moi, je vous prie, sans dégui-
» sement, comment vous avez perdu votre route ; sur
» quelles terres vous avez été jeté ; quelles villes, quels
» hommes vous avez vus ; quels sont les peuples que
» vous avez trouvés cruels, sauvages, et sans aucun sen-
» timent de justice, et quels sont ceux qui vous ont paru
» humains, hospitaliers et touchés de la crainte des
» Dieux ? Dites-nous aussi pourquoi vous vous affligez
» en vous-même et pourquoi vous pleurez en entendant
» chanter les malheurs des Grecs et ceux d'Ilion. Ces
» malheurs viennent de la main des Dieux, qui ont
» ordonné la mort de tant de milliers d'hommes, afin

» Ἦ τίς τοι καὶ πηὸς ἀπώλετο Ἰλιόθι πρὸ,
» Ἐσθλὸς ἐὼν γαμβρὸς, ἢ πενθερὸς, οἵ τε μάλιστα
» Κήδιστοι τελέθουσι, μεθ' αἷμά τε, καὶ γένος αὐτῶν;
« Ἦ τίς που καὶ ἑταῖρος ἀνὴρ κεχαρισμένα εἰδὼς
» Ἐσθλός· ἐπεὶ οὐ μέν τι κασιγνήτοιο χερείων   585
» Γίνεται, ὅς κεν, ἑταῖρος ἐὼν, πεπνυμένα εἰδῇ.

» que la poésie en tire des chants utiles à ceux qui vien-
» dront après eux. Avez-vous perdu devant les murs
» de cette place un beau-père, un gendre, ou quelque
» autre parent encore plus proche, ou quelque bon
» ami compagnon d'armes, sage et prudent? Car un
» ami qui a ces qualités, n'est ni moins aimable ni moins
» estimable qu'un frère. »

ΟΜΗΡΟΥ

ΟΔΥΣΣΕΙΑΣ

ΡΑΨΩΔΙΑ Ι.

Ἀρχὴ τῶν Ὀδυσσέως διηγημάτων, ἐν οἷς φησὶ πεπολεμη-
κέναι τοῖς Κίκοσι, καὶ πρὸς τοὺς Λωτοφάγους παραγενέσθαι, καὶ πρὸς τὸν Κύκλωπα Πολύφημον πορευθῆναι·
καὶ τοῦτον φαγόντα ἓξ ἤδη ἑταίρους ἐκτυφλῶσαι.

Λωτοφάγων, Κικόνων, σὺν Κυκλώπεσσιν, Ἰῶτα.

Τὸν δ' ἀπαμειβόμενος προσέφη πολύμητις Ὀδυσσεύς·
« Ἀλκίνοε κρεῖον, πάντων ἀριδείκετε λαῶν,
» Ἤτοι μὲν τόδε καλὸν ἀκουέμεν ἐστὶν ἀοιδοῦ
» Τοιοῦδ', οἷος ὅδ' ἐστί, θεοῖς ἐναλίγκιος αὐδήν·
» Οὐ γὰρ ἔγωγέ τί φημι τέλος χαριέστερον εἶναι, 5
» Ἢ ὅταν εὐφροσύνη μὲν ἔχῃ κατὰ δῆμον ἅπαντα,

L'ODYSSÉE D'HOMÈRE.

LIVRE NEUVIÈME.

ARGUMENT.

Ulysse, à la prière du roi Alcinoüs, raconte aux Phéaciens toutes ses aventures depuis le jour de son embarquement, après la ruine d'Ilion. Sa descente et pillage chez les Ciconiens, qui ensuite le forcèrent à se retirer avec perte. Son arrivée chez les Lotophages, et de là à la terre des Cyclopes, où Polyphême dévora six de ses compagnons. Il passe ensuite aux ruses dont il se servit pour en tirer vengeance, et pour sortir de la caverne où ce monstrueux géant les tenoit tous enfermés.

Le prudent Ulysse ne pouvant résister aux prières d'Alcinoüs, lui répond : « Grand roi, qui effacez tous
» les autres princes, c'est assurément une belle chose
» que d'entendre un chantre comme celui que nous
» avons entendu, dont les chants égalent par leur beauté
» les chants des Dieux mêmes. Et je suis persuadé que la
» fin la plus agréable que l'homme puisse se proposer,
» c'est de voir tout un peuple en joie, et dans toutes les

» Δαιτυμόνες δ' ἀνὰ δώματ' ἀκουάζωνται ἀοιδοῦ,
» Ἥμενοι ἑξείης· παρὰ δὲ πλήθωσι τράπεζαι
» Σίτου καὶ κρειῶν· μέθυ δ' ἐκ κρητῆρος ἀφύσσων
» Οἰνοχόος φορέῃσι καὶ ἐγχείῃ δεπάεσσιν·   10
» Τοῦτο τί μοι κάλλιστον ἐνὶ φρεσὶν εἴδεται εἶναι.
» Σοὶ δ' ἐμὰ κήδεα θυμὸς ἐπετράπετο στονόεντα
» Εἴρεσθ', ὄφρ' ἔτι μᾶλλον ὀδυρόμενος στοναχίζω.
» Τί πρῶτον, τί δ' ἔπειτα, τί δ' ὑστάτιον καταλέξω;
» Κήδε' ἐπεί μοι πολλὰ δόσαν θεοὶ οὐρανίωνες.   15
» Νῦν δ' ὄνομα πρῶτον μυθήσομαι, ὄφρα καὶ ὑμεῖς
» Εἴδετ'· ἐγὼ δ' ἂν ἔπειτα, φυγὼν ὑπὸ νηλεὲς ἦμαρ,
» Ὑμῖν ξεῖνος ἔω, καὶ ἀπόπροθι δώματα ναίων·
» Εἴμ' Ὀδυσεὺς Λαερτιάδης, ὃς πᾶσι δόλοισιν
» Ἀνθρώποισι μέλω, καί μευ κλέος οὐρανὸν ἵκει. 20
» Ναιετάω δ' Ἰθάκην εὐδείελον· ἐν δ' ὄρος αὐτῇ
» Νήριτον, εἰνοσίφυλλον, ἀριπρεπές· ἀμφὶ δὲ νῆσοι
» Πολλαὶ ναιετάουσι μάλα σχεδὸν ἀλλήλῃσι,
» Δουλίχιόν τε, Σάμη τέ, καὶ ὑλήεσσα Ζάκυνθος·
» Αὐτὴ δὲ χθαμαλὴ πανυπερτάτη εἰν ἁλὶ κεῖται   25
» Πρὸς ζόφον· (αἱ δέ τ' ἄνευθε πρὸς ἠῶ τ' ἠέλιόν τε,)
» Τρηχεῖ', ἀλλ' ἀγαθὴ κουροτρόφος· οὔτι ἔγωγε
» Ἧς γαίης δύναμαι γλυκερώτερον ἄλλο ἰδέσθαι.
» Ἦ μέν μ' αὐτόθ' ἔρυκε Καλυψώ, δῖα θεάων,
» Ἐν σπέσσι γλαφυροῖσι, λιλαιομένη πόσιν εἶναι· 30
» Ὣς δ' αὔτως Κίρκη κατερήτυεν ἐν μεγάροισιν
» Αἰαίη, δολόεσσα, λιλαιομένη πόσιν εἶναι·
» Ἀλλ' ἐμὸν οὔποτε θυμὸν ἐνὶ στήθεσσιν ἔπειθον.
» Ὣς οὐδὲν γλύκιον ἧς πατρίδος οὐδὲ τοκήων
» Γίνεται, εἴπερ καί τις ἀπόπροθι πίονα οἶκον   35

» maisons des festins où l'on entende de belle musique,
» les tables bien couvertes et les urnes bien pleines de
» bon vin, d'où un échanson en verse dans toutes les
» coupes pour en donner à tous les conviés. Vous jouis-
» sez de cet avantage. Mais pourquoi m'ordonnez-vous
» de vous raconter tous mes malheurs, dont le récit ne
» peut que m'affliger encore davantage et troubler votre
» plaisir? Par où dois-je les commencer ces tristes récits?
» par où dois-je les finir? car je suis l'homme du monde
» que les Dieux ont le plus éprouvé par toutes sortes de
» traverses. Il faut d'abord vous dire mon nom, afin
» que vous me connoissiez tous, et qu'après que je serai
» échappé de tous les malheurs qui me menacent encore,
» je sois lié avec vous par les liens de l'hospitalité,
» quoique j'habite une contrée fort éloignée. Je suis
» Ulysse, fils de Laërte; Ulysse si connu de tous les
» hommes par ses ruses et par ses stratagèmes de guerre,
» et dont la gloire vole jusqu'au ciel; je demeure dans
» l'île d'Ithaque, dont l'air est fort tempéré, et qui est
» célèbre par le mont Nérite tout couvert de bois. Elle
» est environnée d'îles toutes habitées. Elle a près d'elle
» Dulichium, Samé, et plus bas Zacynthe qui n'est
» presque qu'une forêt, et elle est la plus proche du
» continent et la plus voisine du pôle: les autres sont
» vers le midi et vers le levant. C'est une île escarpée,
» mais qui porte une brave jeunesse, et pour moi je ne
» vois rien qui soit plus agréable à l'homme que sa
» patrie. La déesse Calypso a voulu me retenir dans ses
» grottes profondes et me prendre pour mari. La char-
» mante Circé, qui a tant de merveilleux secrets, m'a
» fait les mêmes offres, et n'a rien oublié pour me rete-
» nir dans son palais, mais inutilement. Jamais elle n'a
» pu me persuader, car nous n'avons rien de plus doux
» ni de plus cher que notre patrie et nos parens; et pour
» les revoir, nous quittons volontiers le pays le plus

» Γαίῃ ἐν ἀλλοδαπῇ ναίει ἀπάνευθε τοκήων.
» Εἰ δ' ἄγε τοι καὶ νόστον ἐμὸν πολυκηδέ᾽ ἐνίσπω,
» Ὅν μοι Ζεὺς ἐφέηκεν ἀπὸ Τροίηθεν ἰόντι.

» Ἰλιόθεν με φέρων ἄνεμος Κικόνεσσι πέλασσεν,
» Ἰσμάρῳ· ἔνθα δ᾽ ἐγὼ πόλιν ἔπραθον, ὤλεσα δ᾽ αὐτούς.
» Ἐκ πόλιος δ᾽ ἀλόχους καὶ κτήματα πολλὰ λαβόντες 41
» Δασσάμεθ᾽, ὡς μήτις μοι ἀτεμβόμενος κίοι ἴσης.
» Ἔνθ᾽ ἤτοι μὲν ἐγὼ διερῷ ποδὶ φευγέμεν ἡμέας
» Ἠνώγεα· τοὶ δὲ μέγα νήπιοι οὐκ ἐπίθοντο.
» Ἔνθα δὲ πολλὸν μὲν μέθυ πίνετο, πολλὰ δὲ μῆλα 45
» Ἔσφαζον παρὰ θῖνα, καὶ εἰλίποδας ἕλικας βοῦς.
» Τόφρα δ᾽ ἄρ᾽ οἰχόμενοι Κίκονες Κικόνεσσι γεγώνευν,
» Οἵ σφισι γείτονες ἦσαν ἅμα πλέονες καὶ ἀρείους,
» Ἤπειρον ναίοντες, ἐπιστάμενοι μὲν ἀφ᾽ ἵππων
» Ἀνδράσι μάρνασθαι, καὶ ὅθι χρὴ πεζὸν ἐόντα. 50
» Ἦλθον ἔπειθ᾽, ὅσα φύλλα, καὶ ἄνθεα γίνεται ὥρῃ,
» Ἤριοι· τότε δή ῥα κακὴ Διὸς αἶσα παρέστη
» Ἡμῖν αἰνομόροισιν, ἵν᾽ ἄλγεα πολλὰ πάθωμεν.
» Στησάμενοι δ᾽ ἐμάχοντο μάχην παρὰ νηυσὶ θοῇσι·
» Βάλλον δ᾽ ἀλλήλους χαλκήρεσιν ἐγχείῃσιν. 55
» Ὄφρα μὲν ἠὼς ἦν, καὶ ἀέξετο ἱερὸν ἦμαρ,
» Τόφρα δ᾽ ἀλεξάμενοι μένομεν πλέονάς περ ἐόντας·
» Ἦμος δ᾽ ἠέλιος μετενίσσετο βουλυτόνδε,
» Καὶ τότε δὴ Κίκονες κλῖναν δαμάσαντες Ἀχαιούς.
» Ἓξ δ᾽ ἀφ᾽ ἑκάστης νηὸς ἐϋκνήμιδες ἑταῖροι 60
» Ὤλονθ᾽· οἱ δ᾽ ἄλλοι φύγομεν θάνατόν τε, μόρον τε.

» abondant et les établissemens les plus avantageux et
» les plus solides. Mais il faut commencer le récit de tous
» les malheurs qu'il a plu à Jupiter de m'envoyer depuis
» mon départ de Troie.

» Je n'eus pas plus tôt mis à la voile avec toute ma
» flotte, que je fus battu d'un vent orageux qui me
» poussa sur les côtes des Ciconiens, vis-à-vis de la ville
» d'Ismare. Là je fis une descente ; je battis les Cico-
» niens, je saccageai leur ville et j'emmenai un grand
» butin. Nous partageâmes notre proie avec le plus
» d'égalité qu'il fut possible, et je pressois mes compa-
» gnons de se rembarquer sans perdre de temps ; mais
» les insensés refusèrent de me croire, et s'amusèrent à
» faire bonne chère sur le rivage ; le vin ne fut pas
» épargné, ils égorgèrent quantité de moutons et de
» bœufs. Cependant les Ciconiens appelèrent à leur
» secours d'autres Ciconiens leurs voisins, qui habi-
» toient dans les terres, et qui étoient en plus grand
» nombre, plus aguerris qu'eux, mieux disciplinés et
» mieux dressés à bien combattre à pied et à cheval. Ils
» vinrent le lendemain à la pointe du jour avec des
» troupes aussi nombreuses que les feuilles et les fleurs
» du printemps. Alors la fortune commença à se décla-
» rer contre nous par l'ordre de Jupiter, et à nous livrer
» à tous les malheurs ensemble. Les Ciconiens nous
» attaquèrent devant nos vaisseaux à grands coups
» d'épées et de piques. Le combat fut long et opiniâtre.
» Tout le matin, pendant que la sacrée lumière du jour
» croissoit, nous soutînmes heureusement leurs efforts,
» quoiqu'ils fussent très-supérieurs en nombre ; mais
» quand le soleil commença à pencher vers son cou-
» chant, ils nous enfoncèrent et nous tuèrent beau-
» coup de monde. Je perdis six hommes par chacun de
» mes vaisseaux, le reste se sauva, et nous nous éloi-
» gnâmes avec joie d'une plage qui nous avoit été si

» Ἔνθεν δὲ προτέρω πλέομεν ἀκαχήμενοι ἦτορ,
» Ἄσμενοι ἐκ θανάτοιο, φίλους ὀλέσαντες ἑταίρους.
» Οὐδ' ἄρα μοι προτέρω νῆες κίον ἀμφιέλισσαι,
» Πρίν τινα τῶν δειλῶν ἑτάρων τρὶς ἕκαστον αὖσαι, 65
» Οἳ θάνον ἐν πεδίῳ Κικόνων ὕπο δηϊωθέντες.
» Νηυσὶ δ' ἐπῶρσ' ἄνεμον βορέην νεφεληγερέτα Ζεὺς
» Λαίλαπι θεσπεσίῃ, σὺν δὲ νεφέεσσι κάλυψε
» Γαῖαν ὁμοῦ καὶ πόντον· ὀρώρει δ' οὐρανόθεν νύξ.
» Αἱ μὲν ἔπειτ' ἐφέροντ' ἐπικάρσιαι, ἱστία δέ σφιν 70
» Τριχθά τε καὶ τετραχθὰ διέσχισεν ἲς ἀνέμοιο.
» Καὶ τὰ μὲν ἐς νῆας κάθεμεν δείσαντες ὄλεθρον,
» Αὐτὰς δ' ἐσσυμένως προερύσσαμεν ἤπειρόνδε.
» Ἔνθα δύω νύκτας, δύο τ' ἤματα συνεχὲς αἰεὶ
» Κείμεθ', ὁμοῦ καμάτῳ τε, καὶ ἄλγεσι θυμὸν ἔδοντες·
» Ἀλλ' ὅτε δὴ τρίτον ἦμαρ ἐϋπλόκαμος τέλεσ' ἠὼς, 76
» Ἱστοὺς στησάμενοι, ἀνά θ' ἱστία λεύκ' ἐρύσαντες
» Ἥμεθα· τὰς δ' ἄνεμός τε, κυβερνῆταί τ' ἴθυνον.
» Καί νύ κεν ἀσκηθὴς ἱκόμην ἐς πατρίδα γαῖαν,
» Ἀλλά με κῦμα, ῥόος τέ, περιγνάμπτοντα Μάλειαν,
» Καὶ βορέης ἀπέωσε, παρέπλαγξεν δὲ Κυθήρων. 81
» Ἔνθεν δ' ἐννῆμαρ φερόμην ὀλοοῖς ἀνέμοισι
» Πόντον ἐπ' ἰχθυόεντ'· αὐτὰρ δεκάτῃ ἐπέβημεν
» Γαίης Λωτοφάγων, οἵτ' ἄνθινον εἶδαρ ἔδουσιν.
» Ἔνθα δ' ἐπ' ἠπείρου βῆμεν, καὶ ἀφυσσάμεθ' ὕδωρ·
» Αἶψα δὲ δεῖπνον ἕλοντο θοῇς παρὰ νηυσὶν ἑταῖροι. 86
» Αὐτὰρ ἐπεὶ σίτοιό τ' ἐπασσάμεθ', ἠδὲ ποτῆτος,
» Δὴ τότ' ἐγὼν ἑτάρους προΐειν πεύθεσθαι ἰόντας,
» (Ἄνδρε δύω κρίνας; τρίτατον κήρυχ' ἅμ' ὀπάσσας,)
» Οἵτινες ἀνέρες εἶεν ἐπὶ χθονὶ σῖτον ἔδοντες. 90
» Οἱ δ' αἶψ' οἰχόμενοι μίγεν ἀνδράσι Λωτοφάγοισιν.
» Οὐδ' ἄρα Λωτοφάγοι μήδονθ' ἑτάροισιν ὄλεθρον
» Ἡμετέροις, ἀλλά σφι δόσαν λωτοῖο πάσασθαι.
» Τῶν δ' ὅστις λωτοῖο φάγοι μελιηδέα καρπὸν,

» funeste. Mais quelque pressés que nous fussions, mes
» navires ne partirent point que nous n'eussions appelé
» trois fois à haute voix les ames de nos compagnons qui
» avoient été tués. Alors le souverain maître du tonnerre
» nous envoya un vent de nord très-violent avec une
» furieuse tempête ; la terre et la mer furent en un
» moment couvertes d'épais nuages, et une nuit obscure
» tomba tout d'un coup des cieux. Mes vaisseaux étoient
» poussés par le travers sans tenir de route certaine ;
» leurs voiles furent bientôt en pièces par la violence
» du vent ; nous les baissâmes et les pliâmes pour éviter
» la mort qui nous menaçoit, et à force de rames nous
» gagnâmes une rade où nous fûmes à couvert. Nous
» demeurâmes là deux jours et deux nuits accablés de
» travail et dévorés par le chagrin. Le troisième jour,
» dès que l'aurore eut paru, nous relevâmes nos mâts,
» et déployant nos voiles que nous avions racommodées,
» nous nous remîmes en mer. Nos pilotes, secondés par
» un vent favorable, nous menoient par le plus droit
» chemin, et je me flattois d'arriver heureusement dans
» ma patrie ; mais comme je doublois le cap de Malée,
» le violent Borée et les courans de cette mer me repous-
» sèrent et m'éloignèrent de l'île de Cythère. De là je
» voguai neuf jours entiers abandonné aux vents impé-
» tueux, et le dixième jour j'abordai à la terre des Loto-
» phages, qui se nourrissent du fruit d'une fleur. Nous
» descendîmes, nous fîmes de l'eau, et mes compagnons
» se mirent à préparer leur dîner. Après le repas je
» choisis deux des plus hardis de la troupe, et je les
» envoyai avec un héraut reconnoître le pays et s'infor-
» mer quels peuples l'habitoient. Ils marchent bien déli-
» bérés et se mêlent parmi ces peuples, qui ne leur
» firent aucun mauvais traitement ; ils leur donnèrent
» seulement à goûter de leur fruit de Lotos. Tous ceux qui
» mangèrent de ce fruit ne vouloient ni s'en retourner,

» Οὐκ ἔτ' ἀπαγγεῖλαι πάλιν ἤθελεν, οὐδὲ νέεσθαι· 95
» Ἀλλ' αὐτοῦ βούλοντο μετ' ἀνδράσι Λωτοφάγοισι
» Λωτὸν ἐρεπτόμενοι μενέμεν, νόστου τε λαθέσθαι·
» Τοὺς μὲν ἐγὼν ἐπὶ νῆας ἄγον κλαίοντας ἀνάγκῃ,
» Νηυσὶ δ' ἐνὶ γλαφυρῇσιν ὑπὸ ζυγὰ δῆσα ἐρύσσας.
» Αὐτὰρ τοὺς ἄλλους κελόμην ἐρίηρας ἑταίρους 100
» Σπερχομένους νηῶν ἐπιβαινέμεν ὠκειάων,
» Μή πώ τις λωτοῖο φαγών, νόστοιο λάθηται.
» Οἱ δ' αἶψ' εἴσβαινον, καὶ ἐπὶ κληῖσι κάθιζον·
» Ἑξῆς δ' ἑζόμενοι πολιὴν ἅλα τύπτον ἐρετμοῖς.
» Ἔνθεν δὲ προτέρω πλέομεν, ἀκαχήμενοι ἦτορ. 105
» Κυκλώπων δ' ἐς γαῖαν ὑπερφιάλων, ἀθεμίστων,
» Ἱκόμεθ', οἵ ῥα θεοῖσι πεποιθότες ἀθανάτοισιν,
» Οὔτε φυτεύουσιν χερσὶν φυτόν, οὔτ' ἀρόωσιν·
» Ἀλλὰ τά γ' ἄσπαρτα καὶ ἀνήροτα πάντα φύονται,
» Πυροὶ καὶ κριθαί, ἠδ' ἄμπελοι, αἵτε φέρουσιν 110
» Οἶνον ἐρισταφύλον, καί σφιν Διὸς ὄμβρος ἀέξει.
» Τοῖσιν δ' οὔτ' ἀγοραὶ βουληφόροι, οὔτε θέμιστες·
» Ἀλλ' οἵ γ' ὑψηλῶν ὀρέων ναίουσι κάρηνα
» Ἐν σπέσσι γλαφυροῖσι· θεμιστεύει δὲ ἕκαστος
» Παίδων ἠδ' ἀλόχων· οὐδ' ἀλλήλων ἀλέγουσι. 115

» Νῆσος ἔπειτα λάχεια παρὲκ λιμένος τετάνυσται
» Γαίης Κυκλώπων, οὔτε σχεδὸν, οὔτ' ἀποτηλοῦ,
» Ὑλήεσσ'· ἐν δ' αἶγες ἀπειρέσιαι γεγάασιν
» Ἄγριαι· οὐ μὲν γὰρ πάτος ἀνθρώπων ἀπερύκει·
» Οὐδέ μιν εἰσοιχνεῦσι κυνηγέται, οἵτε καθ' ὕλην 120
» Ἄλγεα πάσχουσιν, κορυφὰς ὀρέων ἐφέποντες.
» Οὔτ' ἄρα ποίμνῃσιν καταίσχεται, οὔτ' ἀρότοισιν,
» Ἀλλ' ἥ γ' ἄσπαρτος καὶ ἀνήροτος ἤματα πάντα,

» ni donner de leurs nouvelles ; ils n'avoient d'autre
» envie que de demeurer là avec ces peuples, et de
» vivre de Lotos dans un entier oubli de leur patrie.
» Mais je les envoyai prendre, et malgré leurs larmes je
» les fis monter sur leurs vaisseaux, je les attachai aux
» bancs, et je commandai à tous mes autres compagnons
» de se rembarquer, de peur que quelqu'un d'entre eux,
» venant à goûter de ce Lotos, n'oubliât son retour. Ils
» se rembarquent tous sans différer et font écumer les
» flots sous l'effort de leurs rames. Nous nous éloignons
» de cette côte fort affligés, et nous sommes portés par
» les vents sur les terres des Cyclopes, gens superbes,
» qui ne reconnoissent point de lois, et qui, se confiant
» en la providence des Dieux, ne plantent ni ne sement,
» mais se nourrissent des fruits que la terre produit sans
» être cultivée. Le froment, l'orge et le vin croissent
» chez eux en abondance, les pluies de Jupiter gros-
» sissent ces fruits, qui mûrissent dans leur saison. Ils
» ne tiennent point d'assemblées pour délibérer sur les
» affaires publiques, et ne se gouvernent point par des
» lois générales qui règlent leurs mœurs et leur police;
» mais ils habitent les sommets des montagnes, et se
» tiennent dans des antres. Chacun gouverne sa famille
» et règne sur sa femme et sur ses enfans, et ils n'ont
» point de pouvoir les uns sur les autres.

» Vis-à-vis et à quelque distance du port de l'île que
» ces Cyclopes habitent, on trouve une petite île toute
» couverte de bois et pleine de chèvres sauvages, parce
» qu'elles n'y sont point épouvantées par les hommes, et
» que les chasseurs, qui se donnent tant de peine en
» brossant dans les forêts et en courant sur les cimes des
» montagnes, n'y vont point pour les poursuivre. Elle
» n'est fréquentée ni par des bergers qui gardent des
» troupeaux, ni par des laboureurs qui travaillent les
» terres, mais demeurant toujours inculte, elle n'a

» Ἀνδρῶν χηρεύει, βόσκει δέ τε μηκάδας αἶγας.
» Οὐ γὰρ Κυκλώπεσσι νέες πάρα μιλτοπάρῃοι,   125
» Οὐδ' ἄνδρες νηῶν ἔνι τέκτονες, οἵ κε κάμοιεν
» Νῆας ἐϋσσέλμους, αἵ κεν τελέοιεν ἕκαστα,
» Ἄστε' ἐπ' ἀνθρώπων ἱκνεύμεναι· οἷά τε πολλὰ
» Ἄνδρες ἐπ' ἀλλήλους νηυσὶν περόωσι θάλασσαν,
» Οἵ κέ σφιν καὶ νῆσον ἐϋκτιμένην ἐκάμοντο.   130
» Οὐ μὲν γάρ τι κακή γε, φέροι δέ κεν ὥρια πάντα·
» Ἐν μὲν γὰρ λειμῶνες ἁλὸς πολιοῖο παρ' ὄχθας
» Ὑδρηλοί, μαλακοί· μάλα κ' ἄφθιτοι ἄμπελοι εἶεν.
» Ἐν δ' ἄροσις λείη· μάλα κεν βαθὺ λήϊον αἰὲν
» Εἰς ὥρας ἀμῷεν· ἐπεὶ μάλα πῖαρ ὑπ' οὖδας.   135
» Ἐν δὲ λιμὴν εὔορμος, ἵν' οὐ χρεὼ πείσματός ἐστιν,
» Οὔτ' εὐνὰς βαλέειν, οὔτε πρυμνήσι' ἀνάψαι,
» Ἀλλ' ἐπικέλσαντας μεῖναι χρόνον, εἰσόκε ναυτέων
» Θυμὸς ἐποτρύνῃ, καὶ ἐπιπνεύσωσιν ἀῆται.
» Αὐτὰρ ἐπὶ κρατὸς λιμένος ῥέει ἀγλαὸν ὕδωρ,   140
» Κρήνη ὑπὸ σπείους· περὶ δ' αἴγειροι πεφύασιν.
» Ἔνθα κατεπλέομεν, καί τις θεὸς ἡγεμόνευε
» Νύκτα δι' ὀρφναίην· οὐδὲ προὔφαινετ' ἰδέσθαι.
» Ἀὴρ γὰρ παρὰ νηυσὶ βαθεῖ' ἦν, οὐδὲ σελήνη
» Οὐρανόθεν προὔφαινε· κατείχετο γὰρ νεφέεσσιν.145
» Ἔνθ' οὔτις τὴν νῆσον ἐσέδρακεν ὀφθαλμοῖσιν·
» Οὔτ' οὖν κύματα μακρὰ κυλινδόμενα προτὶ χέρσον
» Εἰσίδομεν, πρὶν νῆας ἐϋσσέλμους ἐπικέλσαι.
» Κελσάσῃσι δὲ νηυσί, καθείλομεν ἱστία πάντα·
» Ἐκ δὲ καὶ αὐτοὶ βῆμεν ἐπὶ ῥηγμῖνι θαλάσσης·   150
» Ἔνθα δ' ἀποβρίξαντες ἐμείναμεν ἠῶ δῖαν.
» Ἦμος δ' ἠριγένεια φάνη ῥοδοδάκτυλος ἠώς,
» Νῆσον θαυμάζοντες ἐδινεόμεσθα κατ' αὐτήν.
» Ὦρσαν δὲ νύμφαι, κοῦραι Διὸς Αἰγιόχοιο,

» point d'habitans : voilà pourquoi elle est si pleine de
» chèvres sauvages. Et ce qui la rend inhabitée, c'est
» que les Cyclopes ses voisins n'ont point de vaisseaux,
» et que parmi eux il n'y a point de charpentiers qui
» puissent en bâtir pour aller commercer dans les autres
» villes, comme cela se pratique parmi les autres hommes
» qui traversent les mers, et vont et viennent pour leurs
» affaires particulières. S'ils avoient eu des vaisseaux, ils
» n'auroient pas manqué de se mettre en possession de
» cette île, qui n'est point mauvaise, et qui porteroit
» toutes sortes de fruits; car tous ses rivages sont bordés
» de prairies bien arrosées, toujours couvertes d'her-
» bages tendres et hauts ; les vignes y seroient excel-
» lentes, et le labourage très-aisé, et l'on y auroit
» toujours des moissons très-abondantes, car le terroir
» est fort gras. Elle a de plus un port commode et sûr,
» où l'on n'a besoin d'arrêter les vaisseaux, ni par des
» ancres, ni par des cordages; quand on y est entré, on
» peut attendre tranquillement que les pilotes et les
» vents appellent. A la tête du port est une belle source
» d'une eau excellente, sous une grotte couverte d'aunes.
» Nous abordâmes à cette île par une nuit fort obscure,
» un Dieu sans doute nous conduisant, car nous ne
» l'avions pas aperçue; ma flotte étoit enveloppée d'une
» profonde obscurité, et la lune n'éclairoit point, car
» les nuages la couvroient toute entière. Aucun de nous
» n'avoit donc découvert l'île, et nous ne nous aper-
» çûmes que les flots se brisoient contre les terres que
» quand nous fûmes entrés dans le port. Dès que nous y
» fûmes, nous pliâmes les voiles ; nous descendîmes sur
» le rivage, et nous abandonnant au sommeil, nous
» attendîmes le jour. Le lendemain l'aurore n'eut pas
» plus tôt ramené la lumière que nous commençâmes à
» nous promener dans cette île, dont la beauté nous
» ravissoit. Les nymphes, filles de Jupiter, firent lever

» Αἶγας ὀρεσκῴους, ἵνα δειπνήσειαν ἑταῖροι. 155
» Αὐτίκα καμπύλα τόξα καὶ αἰγανέας δολιχαύλους
» Εἰλόμεθ' ἐκ νηῶν· διὰ δὲ τρίχα κοσμηθέντες
» Βάλλομεν· αἶψα δ' ἔδωκε θεὸς μενοεικέα θήρην.
» Νῆες μέν μοι ἕποντο δυώδεκα, ἐς δὲ ἑκάστην
» Ἐννέα λάγχανον αἶγες· ἐμοὶ δὲ δέκ' ἔξελον οἴῳ. 160
» Ὣς τότε μὲν πρόπαν ἦμαρ, ἐς ἠέλιον καταδύντα,
» Ἥμεθα δαινύμενοι κρέα τ' ἄσπετα, καὶ μέθυ ἡδύ.
» Οὐ γάρ πω νηῶν ἐξέφθιτο οἶνος ἐρυθρὸς,
» Ἀλλ' ἐνέην· πολλὸν γὰρ ἐν ἀμφιφορεῦσιν ἕκαστοι
» Ἠφύσαμεν, Κικόνων ἱερὸν πτολίεθρον ἑλόντες. 165
» Κυκλώπων δ' ἐς γαῖαν ἐλεύσσομεν, ἐγγὺς ἐόντων.
» Καπνόν τ', αὐτῶν τε φθογγὴν, οἰῶν τε, καὶ αἰγῶν.
» Ἦμος δ' ἠέλιος κατέδυ, καὶ ἐπὶ κνέφας ἦλθε,
» Δὴ τότε κοιμήθημεν ἐπὶ ῥηγμῖνι θαλάσσης·
» Ἦμος δ' ἠριγένεια φάνη ῥοδοδάκτυλος ἠώς, 170
» Καὶ τότ' ἐγὼν ἀγορὴν θέμενος, μετὰ πᾶσιν ἔειπον·

» Ἄλλοι μὲν νῦν μίμνετ', ἐμοὶ ἐρίηρες ἑταῖροι·
» Αὐτὰρ ἐγὼ σὺν νηΐ τ' ἐμῇ καὶ ἐμοῖς ἑτάροισιν
» Ἐλθὼν, τῶν δ' ἀνδρῶν πειρήσομαι, οἵ τινές εἰσιν,
» Ἤ ῥ' οἵγ' ὑβρισταί τε, καὶ ἄγριοι, οὐδὲ δίκαιοι· 175
» Ἠὲ φιλόξεινοι, καί σφιν νόος ἐστὶ θεουδής.

» Ὣς εἰπὼν, ἀνὰ νηὸς ἔβην· ἐκέλευσα δ' ἑταίρους
» Αὐτούς τ' ἀμβαίνειν, ἀνά τε πρυμνήσια λῦσαι.
» Οἱ δ' αἶψ' εἴσβαινον, καὶ ἐπὶ κληῖσι καθῖζον·
» Ἑξῆς δ' ἑζόμενοι πολιὴν ἅλα τύπτον ἐρετμοῖς. 18
» Ἀλλ' ὅτε δὴ τὸν χῶρον ἀφικόμεθ', ἐγγὺς ἐόντα,
» Ἔνθα δ' ἐπ' ἐσχατιῇ εἴδομεν, ἄγχι θαλάσσης,
» Ὑψηλὸν, δάφνῃσι κατηρεφές· ἔνθα δὲ πολλὰ

» devant nous des troupeaux de chèvres sauvages, afin
» que nous eussions de quoi nous nourrir. Aussitôt nous
» allons prendre dans nos vaisseaux des dards attachés
» à des courroies, et nous étant partagés en trois bandes,
» nous nous mettons à chasser. Dieu nous eut bientôt
» envoyé une chasse assez abondante. J'avois douze
» vaisseaux, il y eut pour chaque vaisseau neuf chèvres,
» et mes compagnons en choisirent dix pour le mien.
» Nous passâmes tout le reste du jour à table jusqu'au
» coucher du soleil; nous avions de la viande en abon-
» dance et le vin ne nous manquoit point, car à la prise
» de la ville des Ciconiens, mes compagnons avoient eu
» soin de s'en fournir et d'en remplir de grandes urnes.
» Nous découvrions la terre des Cyclopes, qui n'étoit
» séparée de nous que par un petit trajet; nous voyions
» la fumée qui sortoit de leurs cavernes, et nous enten-
» dions les cris de leurs troupeaux. Dès que le soleil se
» fut couché et que la nuit eut répandu ses ténèbres sur
» la terre, nous nous mîmes à dormir sur le rivage, et
» le lendemain, à la pointe du jour, j'assemblai mes
» compagnons, et leur dis:

» Mes amis, attendez-moi ici; avec un seul de mes
» vaisseaux, je vais reconnoître moi-même quels hommes
» habitent cette terre que nous voyons près de nous, et
» m'éclaircir s'ils sont insolens, cruels et injustes, ou
» s'ils sont humains, hospitaliers et touchés de la crainte
» des Dieux.

» En achevant ces mots, je montai sur un de mes
» vaisseaux, et je commandai à un certain nombre de
» mes compagnons de me suivre, et de délier les câbles;
» ils obéissent; et s'étant assis sur les bancs, ils firent
» force de rames. En abordant à cette île, qui n'étoit pas
» éloignée, nous aperçûmes, dans l'endroit le plus
» reculé, près de la mer, un antre fort exhaussé, tout
» couvert de lauriers, où des troupeaux de moutons et

» Μῆλ', ὄϊές τε, καὶ αἶγες ἰαύεστον· περὶ δ' αὐλὴ
» Ὑψηλὴ δέδμητο κατωρυχέεσσι λίθοισι, 185
» Μακρῇσίν τε πίτυσσιν, ἰδὲ δρυσὶν ὑψικόμοισιν.
» Ἔνθα δ' ἀνὴρ ἐνίαυε πελώριος, ὅς ῥά τε μῆλα
» Οἶος ποιμαίνεσκεν ἀπόπροθεν· οὐδὲ μετ' ἄλλους
» Πωλεῖτ', ἀλλ' ἀπάνευθεν ἐὼν ἀθεμίστια ᾔδη.
» Καὶ γὰρ θαῦμ' ἐτέτυκτο πελώριον· οὐδὲ ἐῴκει 190
» Ἀνδρί γε σιτοφάγῳ, ἀλλὰ ῥίῳ ὑλήεντι
» Ὑψηλῶν ὀρέων, ὅτε φαίνεται οἶον ἀπ' ἄλλων.
» Δὴ τότε τοὺς ἄλλους κελόμην ἐρίηρας ἑταίρους
» Αὐτοῦ πὰρ νηΐ τε μένειν, καὶ νῆα ἔρυσθαι·
» Αὐτὰρ ἐγὼ κρίνας ἑτάρων δυοκαίδεκ' ἀρίστους 195
» Βῆν· ἀτὰρ αἴγεον ἀσκὸν ἔχον μέλανος οἴνοιο,
» Ἡδέος, ὅν μοι ἔδωκε Μάρων, Εὐάνθεος υἱὸς,
» Ἱρεὺς Ἀπόλλωνος, ὃς Ἴσμαρον ἀμφιβεβήκει·
» Οὕνεκά μιν σὺν παισὶ περισχόμεθ', ἠδὲ γυναικὶ,
» Ἀζόμενοι· ᾤκει γὰρ ἐν ἄλσεϊ δενδρήεντι 200
» Φοίβου Ἀπόλλωνος· ὁ δέ μοι πόρεν ἀγλαὰ δῶρα·
» Χρυσοῦ μέν μοι δῶκ' εὐεργέος ἑπτὰ τάλαντα·
» Δῶκε δέ μοι κρητῆρα πανάργυρον· αὐτὰρ ἔπειτα
» Οἶνον ἐν ἀμφιφορεῦσι δυώδεκα πᾶσιν ἀφύσσας,
» Ἡδὺν, ἀκηράσιον, θεῖον ποτόν· οὐδέ τις αὐτὸν 205
» Ἠείδει δμώων, οὐδ' ἀμφιπόλων ἐνὶ οἴκῳ,
» Ἀλλ' αὐτός τ', ἄλοχός τε φίλη, ταμίη τε μί' οἴη.
» Τὸν δ' ὅτε πίνοιεν μελιηδέα οἶνον ἐρυθρὸν,
» Ἓν δέπας ἐμπλήσας, ὕδατος ἀνὰ εἴκοσι μέτρα
» Χεῦ'· ὀδμὴ δ' ἡδεῖα ἀπὸ κρητῆρος ὀδώδει, 210
» Θεσπεσίη· τότ' ἂν οὔτοι ἀποσχέσθαι φίλον ἦεν.
» Τοῦ φέρον ἐμπλήσας ἀσκὸν μέγαν, ἐν δὲ καὶ ἤϊα
» Κωρύκῳ· αὐτίκα γάρ μοι ὀΐσσατο θυμὸς ἀγήνωρ,

» de chèvres faisoient entendre leurs cris. Tout autour
» étoit une basse-cour, bâtie de grosses pierres non
» taillées; elle étoit ombragée d'une futaie de grands
» pins et de hauts chênes. C'étoit là l'habitation d'un
» homme d'une taille prodigieuse, qui paissoit seul ses
» troupeaux, fort loin des autres Cyclopes; car jamais
» il ne se mêloit avec eux; mais se tenant toujours à
» l'écart, il menoit une vie brutale et sauvage. C'étoit
» un monstre étonnant; il ne ressembloit point à un
» homme, mais à une haute montagne, dont le sommet
» s'élève au-dessus de toutes les montagnes voisines.
» J'ordonnai à mes compagnons de m'attendre et de bien
» garder mon vaisseau; et après en avoir choisi seule-
» ment douze des plus déterminés, je m'avançai, por-
» tant avec moi une outre d'excellent vin rouge que
» m'avoit donné Maron, fils d'Evanthès, grand prêtre
» d'Apollon, qui étoit adoré à Ismare. Il m'avoit fait ce
» présent par reconnoissance de ce que, touchés de son
» caractère, nous l'avions sauvé avec sa femme et ses
» enfans, et garanti du pillage; car il demeuroit dans le
» bois sacré d'Apollon. Il me donna encore sept talens
» d'or, et une belle coupe d'argent; et après avoir rem-
» pli douze grandes urnes de cet excellent vin, il fit
» boire tous mes compagnons. C'étoit un vin délicieux,
» sans aucun mélange, une boisson divine. Il ne la lais-
» soit à la disposition d'aucun de ses esclaves, pas même
» de ses enfans; il n'y avoit que sa femme et lui avec la
» maîtresse de l'office, qui en eussent la clef. Quand on
» en buvoit chez lui, il mêloit dans la coupe vingt fois
» autant d'eau que de vin, et malgré ce mélange, il en
» sortoit une odeur céleste, qui parfumoit toute la
» maison. Il n'y avoit ni sagesse ni tempérance qui
» puissent tenir contre cette liqueur. J'emplis donc une
» outre de ce vin; je le pris avec moi, avec quelques
» autres provisions; car j'eus quelque pressentiment que

» Ἄνδρ' ἐπελεύσεσθαι μεγάλην ἐπιειμένον ἀλκὴν,
» Ἄγριον, οὔτε δίκας εὖ εἰδότα, οὔτε θέμιστας. 215
» Καρπαλίμως δ' εἰς ἄντρον ἀφικόμεθ', οὐδέ μιν ἔνδον
» Εὕρομεν, ἀλλ' ἐνόμευε νομὸν κάτα πίονα μῆλα.
» Ἐλθόντες δ' εἰς ἄντρον ἐθηεύμεσθα ἕκαστα·
» Ταρσοὶ μὲν τυρῶν βρῖθον, στείνοντο δὲ σηκοὶ
» Ἀρνῶν ἠδ' ἐρίφων· διακεκριμέναι δὲ ἕκασται 220
» Ἕρχατο· χωρὶς μὲν πρόγονοι, χωρὶς δὲ μέτασσαι,
» Χωρὶς δ' αὖθ' ἕρσαι· ναῖον δ' ὀρῷ ἄγγεα πάντα,
» Γαυλοί τε, σκαφίδες τε, τετυγμένα, τοῖς ἐνάμελγεν.
» Ἔνθ' ἐμὲ μὲν πρώτισθ' ἕταροι λίσσοντ' ἐπέεσσι,
» Τυρῶν αἰνυμένους ἰέναι πάλιν· αὐτὰρ ἔπειτα 225
» Καρπαλίμως ἐπὶ νῆα θοὴν ἐρίφους τε καὶ ἄρνας
» Σηκῶν ἐξελάσαντας ἐπιπλεῖν ἁλμυρὸν ὕδωρ·
» Ἀλλ' ἐγὼ οὐ πιθόμην, (ἦ τ' ἂν πολὺ κέρδιον ἦεν,)
» Ὄφρ' αὐτόν τε ἴδοιμι, καὶ εἴ μοι ξείνια δοίη·
» Οὐδ' ἄρ' ἔμελλ' ἑτάροισι φανεὶς ἐρατεινὸς ἔσεσθαι.
» Ἔνθα δὲ πῦρ κείαντες ἐθύσαμεν· ἠδὲ καὶ αὐτοὶ 231
» Τυρῶν αἰνύμενοι φάγομεν· μένομέν τέ μιν ἔνδον
» Ἥμενοι, ἕως ἐπῆλθε νέμων· φέρε δ' ὄβριμον ἄχθος
» Ὕλης ἀζαλέης, ἵνα οἱ ποτιδόρπιον εἴη.
» Ἔκτοσθεν δ' ἄντροιο βαλὼν ὀρυμαγδὸν ἔθηκεν· 235
» Ἡμεῖς δὲ δείσαντες ἀπεσσύμεθ' ἐς μυχὸν ἄντρου.
» Αὐτὰρ ὅγ' εἰς εὐρὺ σπέος ἤλασε πίονα μῆλα
» Πάντα μάλ', ὅσσ' ἤμελγε, τὰ δ' ἄρσενα λεῖπε θύρηφιν,
» Ἀρνειούς τε, τράγους τε, βαθείης ἔκτοθεν αὐλῆς.
» Αὐτὰρ ἔπειτ' ἐπέθηκε θυρεὸν μέγαν ὑψόσ' ἀείρας, 240
» Ὄβριμον· οὐκ ἂν τόν γε δύω καὶ εἴκοσ' ἄμαξαι
» Ἐσθλαί, τετράκυκλοι, ἀπ' οὔδεος ὀχλίσσειαν·

» nous aurions affaire à quelque homme d'une force
» prodigieuse, à un homme sauvage et cruel, et qui ne
» connoîtroit ni raison ni justice. En un moment, nous
» arrivâmes dans la caverne. Nous ne l'y trouvâmes
» point ; il avoit mené ses troupeaux au pâturage. Nous
» entrons, et nous admirons le bel ordre où tout est
» dans cet antre ; les paniers de jonc pleins de fromages ;
» les bergeries remplies d'agneaux et de chevreaux, et
» ces bergeries toutes séparées ; il y en avoit de diffé-
» rentes pour les différens âges. Les plus vieux étoient
» d'un côté, ceux d'un âge moyen d'un autre, et les plus
» jeunes étoient aussi à part. Il y avoit quantité de vais-
» seaux pleins de lait caillé, et on en voyoit d'autres
» tous prêts pour traire ses brebis et ses chèvres, quand
» elles reviendroient du pâturage. Tous mes compa-
» gnons me prioient instamment de nous en retourner
» sur l'heure même, de prendre des fromages, d'em-
» mener ses agneaux et ses chèvres, et de regagner
» promptement notre vaisseau. Je ne voulus jamais les
» croire ; c'étoit pourtant le meilleur parti : mais à
» quelque prix que ce fût, je voulois voir le Cyclope,
» et savoir s'il ne me feroit pas les présens de l'hospita-
» lité, quoique je crusse bien que sa vue ne seroit pas
» fort agréable à mes compagnons. Nous allumons du
» feu pour offrir aux Dieux un léger sacrifice, et nous
» nous mettons à manger de ces fromages, en attendant
» le retour de notre hôte. Enfin nous le voyons arriver ;
» il portoit sur ses épaules une charge horrible de bois
» sec, pour préparer son souper. En entrant, il jette à
» terre sa charge, qui fit un si grand bruit, que nous
» en fûmes effrayés, et que nous allâmes nous tapir dans
» le fond de l'antre. Après cela il fit entrer les brebis, et
» laissa à la porte tous les mâles. Il ferma ensuite sa
» caverne avec une roche, que vingt charrettes attelées
» de bœufs les plus forts n'auroient pu remuer, si énorme

» Τόσσην ἠλίβατον πέτρην ἐπέθηκε θύρῃσιν.
» Ἑζόμενος δ᾽ ἤμελγεν ὄῖς καὶ μηκάδας αἶγας,
» Πάντα κατὰ μοῖραν, καὶ ὑπ᾽ ἔμβρυον ἧκεν ἑκάστῃ.
» Αὐτίκα δ᾽ ἥμισυ μὲν θρέψας λευκοῖο γάλακτος, 246
» Πλεκτοῖς ἐν ταλάροισιν ἀμησάμενος κατέθηκε·
» Ἥμισυ δ᾽ αὖτ᾽ ἔστησεν ἐν ἄγγεσιν, ὄφρα οἱ εἴη
» Πίνειν δαινυμένῳ, καί οἱ ποτιδόρπιον εἴη.
» Αὐτὰρ ἐπειδὴ σπεῦσε πονησάμενος τὰ ἃ ἔργα, 250
» Καὶ τότε πῦρ ἀνέκαιε, καὶ εἴσιδεν, εἴρετο δ᾽ ἡμέας·

» Ὦ ξεῖνοι, τίνες ἐστέ; πόθεν πλεῖθ᾽ ὑγρὰ κέλευθα;
» Ἤ τι κατὰ πρῆξιν, ἢ μαψιδίως ἀλάλησθε;
» Οἷά τε ληϊστῆρες ὑπεὶρ ἅλα, τοί τ᾽ ἀλόωνται
» Ψυχὰς παρθέμενοι, κακὸν ἀλλοδαποῖσι φέροντες. 255

» Ὣς ἔφαθ᾽· ἡμῖν δ᾽ αὖτε κατεκλάσθη φίλον ἦτορ,
» Δεισάντων φθόγγον τε βαρύν, αὐτόν τε πέλωρον.
» Ἀλλὰ καὶ ὥς μιν ἔπεσσιν ἀμειβόμενος προσέειπον·

» Ἡμεῖς τοι Τροίηθεν ἀποπλαγχθέντες Ἀχαιοὶ
» Παντοίοις ἀνέμοισιν ὑπὲρ μέγα λαῖτμα θαλάσσης,
» Οἴκαδε ἱέμενοι, ἄλλην ὁδόν, ἄλλα κέλευθα 261
» Ἤλθομεν· οὕτω πού Ζεὺς ἤθελε μητιάασθαι.
» Λαοὶ δ᾽ Ἀτρεΐδεω Ἀγαμέμνονος εὐχόμεθ᾽ εἶναι,
» Τοῦ δὴ νῦν γε μέγιστον ὑπουράνιον κλέος ἐστί·
» Τόσσην γὰρ διέπερσε πόλιν καὶ ἀπώλεσε λαοὺς 265
» Πολλούς· ἡμεῖς δ᾽ αὖτε κιχανόμενοι τὰ σὰ γοῦνα
» Ἱκόμεθ᾽, εἴ τι πόροις ξεινήϊον, ἠὲ καὶ ἄλλως
» Δώῃς δωτίνην, ἥτε ξείνων θέμις ἐστίν.
» Ἀλλ᾽ αἰδεῖο, φέριστε, θεούς· ἱκέται δέ τοι εἰμέν.
» Ζεὺς δ᾽ ἐπιτιμήτωρ ἱκετάων τε, ξείνων τε, 270
» Ξείνιος, ὃς ξείνοισιν ἅμ᾽ αἰδοίοισιν ὀπηδεῖ.

» Ὣς ἐφάμην· ὁ δέ μ᾽ αὖτις ἀμείβετο νηλέϊ θυμῷ·
» Νήπιος εἶς, ὦ ξεῖν᾽, ἢ τηλόθεν εἰλήλουθας,

» étoit la masse de pierre dont il boucha l'entrée de sa
» caverne. Quand il se fut bien fermé, il s'assit, com-
» mença à traire ses brebis et ses chèvres, mit sous cha-
» cun son agneau et son chevreau ; fit cailler la moitié
» de son lait, qu'il mit dans des paniers, pour faire du
» fromage, et réserva l'autre moitié dans des vaisseaux,
» pour la boire à son souper. Tout ce ménage étant fini,
» il alluma du feu ; et nous ayant aperçus à la clarté du
» feu, il nous cria :

» Etrangers, qui êtes-vous ? d'où venez-vous, en tra-
» versant les flots ? est-ce pour le négoce ? ou errez-vous
» à l'aventure, comme des pirates qui écument les mers,
» en exposant leur vie pour piller tous ceux qui tombent
» entre leurs mains ?

» Il dit. Nous fûmes saisis de frayeur en entendant sa
» voix épouvantable et en voyant cette taille prodi-
» gieuse. Cependant je ne laissai pas de lui répondre :

» Nous sommes des Grecs qui, après le siège de Troie,
» avons été long-temps le jouet des vents et des tem-
» pêtes. En tâchant de regagner notre patrie nous avons
» été écartés de notre route, et nous avons été portés en
» divers pays. C'est ainsi que l'a ordonné le grand Jupi-
» ter, maître de la destinée des hommes. Nous sommes
» sujets du roi Agamemnon, dont la gloire remplit
» aujourd'hui la terre entière, car il vient de saccager
» une ville célèbre et de ruiner un empire florissant.
» Nous venons embrasser vos genoux ; traitez-nous
» comme vos hôtes, et faites-nous les présens qu'exige
» l'hospitalité ; respectez les Dieux, nous sommes vos
» supplians, et souvenez-vous qu'il y a dans les cieux un
» Jupiter qui préside à l'hospitalité, et qui, prenant en
» main la défense des étrangers, punit sévèrement ceux
» qui les outragent. »

» Ces paroles ne touchèrent point ce monstre ; il me
» répondit avec une dureté impie : Etranger, tu es bien

» Ὅς με θεοὺς κέλεαι ἢ δειδίμεν, ἢ ἀλέασθαι.
» Οὐ γὰρ Κύκλωπες Διὸς αἰγιόχου ἀλέγουσιν, 275
» Οὐδὲ θεῶν μακάρων· ἐπειὴ πολὺ φέρτεροί εἰμέν.
» Οὐδ' ἂν ἐγὼ Διὸς ἔχθος ἀλευάμενος πεφιδοίμην,
» Οὔτε σεῦ, οὔθ' ἑτάρων, εἰ μὴ θυμός με κελεύει.
» Ἀλλά μοι εἴφ', ὅπη ἔσχες ἰὼν εὐεργέα νῆα·
» Ἢ που ἐπ' ἐσχατιῆς, ἢ καὶ σχεδόν, ὄφρα δαείω. 280

» Ὣς φάτο πειράζων· ἐμὲ δ' οὐ λάθεν εἰδότα πολλά·
» Ἀλλά μιν ἄψορρον προσέφην δολίοις ἐπέεσσι·

» Νέα μέν μοι κατέαξε Ποσειδάων ἐνοσίχθων,
» Πρὸς πέτρῃσι βαλών, ὑμῆς ἐπὶ πείρασι γαίης,
» Ἄκρῃ προσπελάσας· ἄνεμος δ' ἐκ πόντου ἔνεικεν· 285
» Αὐτὰρ ἐγὼ σὺν τοῖσδε ὑπέκφυγον αἰπὺν ὄλεθρον.

» Ὣς ἐφάμην· ὁ δέ μ' οὐδὲν ἀμείβετο νηλέϊ θυμῷ·
» Ἀλλ' ὅγ' ἀναΐξας ἑτάροις ἐπὶ χεῖρας ἴαλλε·
» Σὺν δὲ δύω μάρψας, ὥστε σκύλακας ποτὶ γαίῃ
» Κόπτ'· ἐκ δ' ἐγκέφαλος χαμάδις ῥέε, δεῦε δὲ γαῖαν.
» Τοὺς δὲ διαμελεϊστὶ ταμὼν ὡπλίσσατο δόρπον· 291
» Ἤσθιε δ', ὥστε λέων ὀρεσίτροφος, οὐδ' ἀπέλειπεν
» Ἔγκατά τε σάρκας τε, καὶ ὀστέα μυελόεντα.
» Ἡμεῖς δὲ κλαίοντες ἀνεσχέθομεν Διῒ χεῖρας,
» Σχέτλια ἔργ' ὁρόωντες· ἀμηχανίη δ' ἔχε θυμόν. 295
» Αὐτὰρ ἐπεὶ Κύκλωψ μεγάλην ἐμπλήσατο νηδὺν,
» Ἀνδρόμεα κρέ' ἔδων, καὶ ἐπ' ἄκρητον γάλα πίνων,
» Κεῖτ' ἔντοσθ' ἄντροιο τανυσσάμενος διὰ μήλων·
» Τὸν μὲν ἐγὼ βούλευσα κατὰ μεγαλήτορα θυμόν,
» Ἆσσον ἰών, ξίφος ὀξὺ ἐρυσσάμενος παρὰ μηροῦ, 300
» Οὐτάμεναι πρὸς στῆθος, ὅθι φρένες ἧπαρ ἔχουσιν,
» Χείρ' ἐπιμασσάμενος· ἕτερος δέ με θυμὸς ἔρυκεν.

» dépourvu de sens, ou tu viens de bien loin, toi qui
» m'exhortes à respecter les Dieux et à avoir de l'huma-
» nité. Sache que les Cyclopes ne se soucient point de
» Jupiter ni de tous les autres Dieux, car nous sommes
» plus forts et plus puissans qu'eux; et ne te flatte point
» que, pour me mettre à couvert de sa colère, j'aurai
» compassion de toi et de tes compagnons, si mon cœur
» de lui-même ne se tourne à la pitié. Mais dis-moi où
» tu as laissé ton vaisseau ? Est-ce près d'ici ou à l'extré-
» mité de l'île ? que je sache où il est.

» Il parla ainsi pour me tendre des piéges, mais j'avois
» trop d'expérience pour me laisser surprendre à ses
» ruses. J'usai de ruse à mon tour, et je lui répondis :

» Neptune, qui ébranle la terre quand il lui plaît, a
» fracassé mon vaisseau en le poussant contre des roches
» à la pointe de votre terre; les vents et les flots en ont
» dispersé les débris, et je suis échappé seul avec les
» compagnons que vous voyez devant vous.

» A peine eus-je fini ces mots que le barbare se jette
» sur mes compagnons, en empoigne deux et les froisse
» contre la roche comme de petits faons. Leur cervelle
» rejaillit de tous côtés, et le sang inonda la terre tout
» aux environs. Il les met en pièces, les prépare pour
» son souper, et les dévore comme un lion qui a couru
» les montagnes sans trouver de proies; il mange non-
» seulement les chairs, mais les entrailles et les os. A la
» vue de cet horrible spectacle nous fondions en larmes,
» levant les mains au ciel et ne sachant que devenir.
» Après qu'il eut rempli son vaste estomac des chairs
» de mes compagnons, et bu une grande quantité de
» lait, il se jette par terre en s'étendant dans sa caverne
» au milieu de ses brebis. Cent fois mon courage m'ins-
» pira de mettre l'épée à la main, de me jeter sur lui et
» de lui percer le cœur, mais une considération très-
» forte me retint. Si je l'avois fait, nous aurions tous

» Αὐτοῦ γάρ κε καὶ ἄμμες ἀπωλόμεθ' αἰπὺν ὄλεθρον·
» Οὐ γάρ κεν δυνάμεσθα θυράων ὑψηλάων
» Χερσὶν ἀπώσασθαι λίθον ὄβριμον, ὃν προσέθηκεν.
» Ὣς τότε μὲν στενάχοντες ἐμείναμεν ἠῶ δῖαν. 306
» Ἦμος δ' ἠριγένεια φάνη ῥοδοδάκτυλος ἠώς,
» Καὶ τότε πῦρ ἀνέκαιε, καὶ ἤμελγε κλυτὰ μῆλα
» Πάντα κατὰ μοῖραν, καὶ ὑπ' ἔμβρυον ἧκεν ἑκάστῃ.
» Αὐτὰρ ἐπειδὴ σπεῦσε πονησάμενος τὰ ἃ ἔργα, 310
» Σὺν δ' ὅγε δ' αὖτε δύω μάρψας ὡπλίσσατο δεῖπνον.
» Δειπνήσας δ' ἄντρου ἐξήλασε πίονα μῆλα,
» Ῥηϊδίως ἀφελὼν θυρεὸν μέγαν· αὐτὰρ ἔπειτα
» Ἂψ ἐπέθηχ', ὡς εἴτε φαρέτρῃ πῶμ' ἐπιθείη.
» Πολλῇ δὲ ῥοίζῳ πρὸς ὄρος τρέπε πίονα μῆλα 315
» Κύκλωψ· αὐτὰρ ἐγὼ λιπόμην κακὰ βυσσοδομεύων,
» Εἴπως τισαίμην, δῴη δέ μοι εὖχος Ἀθήνη.
» Ἥδε δέ μοι κατὰ θυμὸν ἀρίστη φαίνετο βουλή·
» Κύκλωπος γὰρ ἔκειτο μέγα ῥόπαλον παρὰ σηκῷ,
» Χλωρὸν, ἐλαΐνεον, τὸ μὲν ἔκταμεν, ὄφρα φοροίη 320
» Αὐανθέν· τὸ μὲν ἄμμες ἐΐσκομεν εἰσορόωντες,
» Ὅσσον θ' ἱστὸν νηὸς ἐεικοσόροιο μελαίνης,
» Φορτίδος, εὐρείης, ἥτ' ἐκπεράᾳ μέγα λαῖτμα·
» Τόσσον ἔην μῆκος, τόσσον πάχος εἰσοράασθαι·
» Τοῦ μὲν ὅσον τ' ὄργυιαν ἐγὼν ἀπέκοψα παραστὰς,
» Καὶ παρέθηχ' ἑτάροισιν, ἀποξῦναι δ' ἐκέλευσα. 326
» Οἱ δ' ὁμαλὸν ποίησαν· ἐγὼ δ' ἐθόωσα παραστὰς
» Ἄκρον, ἄφαρ δὲ λαβὼν ἐπυράκτεον ἐν πυρὶ κηλέῳ·
» Καὶ τὸ μὲν εὖ κατέθηκα κατακρύψας ὑπὸ κόπρῳ,
» Ἥ ῥα κατὰ σπείους κέχυτο μεγάλ' ἤλιθα πολλή. 330
» Αὐτὰρ τοὺς ἄλλους κλήρῳ πεπαλάχθαι ἄνωγον,
» Ὅστις τολμήσειεν ἐμοὶ σὺν μοχλὸν ἀείρας,
» Τρῖψαι ἐν ὀφθαλμῷ, ὅτε τὸν γλυκὺς ὕπνος ἱκάνοι.

» péri malheureusement dans cette caverne, car jamais
» nous n'aurions pu ôter de la porte l'épouvantable roche
» dont il l'avoit bouchée. Nous passâmes ainsi la nuit
» dans la douleur et dans les angoisses en attendant le
» jour. Le lendemain dès que l'aurore eut doré les cimes
» des montagnes, il alluma du feu, se mit à traire ses
» brebis les unes après les autres, et à donner à chacune
» ses agneaux. Sa besogne étant faite, il prend encore
» deux de mes compagnons et en fait son dîner. Quand
» il fut rassasié il ouvrit la porte de l'antre, fit sortir ses
» troupeaux, sortit avec eux et referma la porte sur nous
» avec cette énorme roche, aussi facilement qu'on ferme
» un carquois avec son couvert; et faisant retentir toute
» la campagne du son effroyable de son chalumeau, il
» mena ses troupeaux vers la montagne. Je demeurai
» donc enfermé dans cet antre, méditant sur les moyens
» de me venger, si Minerve vouloit m'accorder la gloire
» de punir ce monstre. Plusieurs pensées me passèrent
» dans la tête; mais enfin voici le parti qui me parut
» le meilleur. Dans la caverne il y avoit une grande
» massue de bois d'olivier encore vert, que le Cyclope
» avoit coupée pour la porter quand elle seroit sèche; à
» la voir, elle nous parut comme le mât d'un vaisseau
» de charge à vingt rames, qui affronte toutes sortes de
» mers; elle étoit aussi haute et aussi grosse. J'en coupai
» moi-même environ la longueur de quatre coudées, et
» la donnant à mes compagnons, je leur ordonnai de la
» dégrossir. Ils la rabotèrent et l'amenuisèrent, et moi,
» la retirant de leurs mains, je l'aiguisai par le bout;
» j'en fis aussitôt durcir la pointe dans le feu, et je la
» cachai dans du fumier, dont il y avoit une grande
» quantité dans cette caverne. Ensuite je fis tirer tous
» mes compagnons au sort, afin que la fortune choisît
» ceux qui devoient avoir la résolution de m'aider à
» enfoncer ce pieu dans l'œil du Cyclope; quand il

» Οἱ δ' ἔλαχον, τοὺς ἄν κε καὶ ἤθελον αὐτὸς ἑλέσθαι,
» Τέσσαρες, αὐτὰρ ἐγὼ πέμπτος μετὰ τοῖσιν ἐλέγμην.
» Ἑσπέριος δ' ἦλθεν καλλίτριχα μῆλα νομεύων· 336
» Αὐτίκα δ' εἰς εὐρὺ σπέος ἤλασε πίονα μῆλα
» Πάντα μάλ'· οὐδέ τι λεῖπε βαθείης ἔκτοθεν αὐλῆς,
» Ἤ τι ὀϊσσάμενος, ἢ καὶ θεὸς ὣς ἐκέλευεν.
» Αὐτὰρ ἔπειτ' ἐπέθηκε θυρεὸν μέγαν ὑψόσ' ἀείρας,
» Ἑζόμενος δ' ἤμελγεν ὄϊς καὶ μηκάδας αἶγας, 341
» Πάντα κατὰ μοῖραν, καὶ ὑπ' ἔμβρυον ἧκεν ἑκάστῃ.
» Αὐτὰρ ἐπειδὴ σπεῦσε πονησάμενος τὰ ἃ ἔργα,
» Σὺν δ' ὅ γε δ' αὖτε δύω μάρψας ὡπλίσσατο δόρπον·
» Καὶ τότ' ἐγὼ Κύκλωπα προσηύδων ἄγχι παραστὰς,
» Κισσύβιον μετὰ χερσὶν ἔχων μέλανος οἴνοιο· 346

» Κύκλωψ, τῆ, πίε οἶνον, ἐπεὶ φάγες ἀνδρόμεα κρέα·
» Ὄφρ' εἰδῇς, οἷόν τι ποτὸν τόδε νηῦς ἐκεκεύθει
» Ἡμετέρη· σοὶ δ' αὖ λοιβὴν φέρον, εἴ μ' ἐλεήσας
» Οἴκαδε πέμψειας· σὺ δὲ μαίνεαι οὐκ ἔτ' ἀνεκτῶς. 350
» Σχέτλιε, πῶς κέν τίς σε καὶ ὕστερον ἄλλος ἵκοιτο
» Ἀνθρώπων πολέων, ἐπεὶ οὐ κατὰ μοῖραν ἔρεξας;
» Ὣς ἐφάμην· ὁ δ' ἔδεκτο καὶ ἔκπιεν· ἥσατο δ' αἰνῶς
» Ἡδὺ ποτὸν πίνων· καί μ' ᾔτεε δεύτερον αὖτις·
» Δός μοι ἔτι πρόφρων, καί μοι τεὸν οὔνομα εἰπὲ 355
» Αὐτίκα νῦν, ἵνα τοί δῶ ξείνιον, ᾧ κε σὺ χαίροις.
» Καὶ γὰρ Κυκλώπεσσι φέρει ζείδωρος ἄρουρα

» seroit enseveli dans un profond sommeil. Mes compa-
» gnons tirèrent, et heureusement le sort tomba sur les
» quatre que j'aurois moi-même choisis, à cause de leur
» intrépidité et de leur audace. Je me mis volontaire-
» ment à leur tête, pour conduire cette entreprise si
» périlleuse. Sur le soir le Cyclope revint des pâturages
» à la tête de ses troupeaux; il les fait tous entrer, et
» contre sa coutume il ne laissa aucune bête à la porte,
» soit qu'il craignît quelque surprise, ou que Dieu l'or-
» donnât ainsi, pour nous sauver du plus grand de tous
» les dangers. Après qu'il eut bouché sa porte avec cet
» horrible rocher, il s'assit et se mit à traire ses brebis
» et ses chèvres à son ordinaire, leur donna à chacune
» leurs petits, et quand tout fut fait, il prit encore deux
» de mes compagnons, dont il fit son souper. Dans ce
» moment je m'approchai de ce monstre, et lui présen-
» tant de ce vin que j'avois apporté, je lui dis :

» Cyclope, tenez, buvez de ce vin, vous avez assez
» mangé de chair humaine; vous verrez quelle est cette
» boisson, dont j'avois une bonne provision dans mon
» vaisseau; le peu que j'en ai sauvé, je l'ai apporté avec
» moi pour vous faire des libations comme à un Dieu,
» si, touché de compassion, vous avez la bonté de me
» renvoyer dans ma patrie. Mais vous vous êtes porté
» à des excès de cruauté indignes de vous. Eh, qui
» pensez-vous désormais qui voudra venir dans votre
» île, quand on saura avec quelle inhumanité vous trai-
» tez les étrangers ! Il prit la coupe de mes mains sans
» me répondre, et but. Il trouva cette boisson si déli-
» cieuse, qu'il m'en demande encore. Donne-moi un
» second coup de ce vin sans l'épargner, me dit-il, et
» dis-moi tout présentement ton nom, afin que je te
» fasse un présent d'hospitalité dont tu sois content.
» Cette terre fournit aux Cyclopes d'excellent vin, que
» les pluies de Jupiter nourrissent; mais il n'approche

» Οἶνον ἐρισταφυλον, καί σφιν Διὸς ὄμβρος ἀέξει.
» Ἀλλὰ τόδ᾽ ἀμβροσίης καὶ νέκταρός ἐστιν ἀπορρώξ.

» Ὣς ἔφαθ᾽· αὐτάρ οἱ αὖτις ἐγὼ πόρον αἴθοπα οἶνον.
» Τρὶς μὲν ἔδωκα φέρων, τρὶς δ᾽ ἔκπιεν ἀφραδίῃσιν. 361
» Αὐτὰρ ἐπεὶ Κύκλωπα περὶ φρένας ἤλυθεν οἶνος,
» Καὶ τότε δή μιν ἔπεσσι προσηύδων μειλιχίοισι·

» Κύκλωψ, εἰρωτᾷς μ᾽ ὄνομα κλυτόν; αὐτὰρ ἐγώ τοι
» Ἐξερέω· σὺ δέ μοι δὸς ξείνιον, ὥς περ ὑπέστης· 365
» Οὖτις ἐμοί γ᾽ ὄνομ᾽ ἔστ᾽· Οὖτιν δέ με κικλήσκουσι
» Μήτηρ, ἠδὲ πατήρ, ἠδ᾽ ἄλλοι πάντες ἑταῖροι.

» Ὣς ἐφάμην· ὁ δέ μ᾽ αὖτις ἀμείβετο νηλέϊ θυμῷ·
» Οὖτιν ἐγὼ πύματον ἔδομαι μετὰ οἷς ἑτάροισι,
» Τοὺς δ᾽ ἄλλους πρόσθεν· τόδε τοι ξεινήϊον ἔσται. 370
» Ἦ, καὶ ἀνακλινθεὶς πέσεν ὕπτιος· αὐτὰρ ἔπειτα
» Κεῖτ᾽ ἀποδοχμώσας παχὺν αὐχένα· καδδέ μιν ὕπνος
» Ἥρει παδαμάτωρ· φάρυγος δ᾽ ἐξέσσυτο οἶνος,
» Ψωμοί τ᾽ ἀνδρόμεοι· ὁ δ᾽ ἐρεύγετο οἰνοβαρείων.
» Καὶ τότ᾽ ἐγὼ τὸν μοχλὸν ὑπὸ σποδοῦ ἤλασα πολλῆς,
» Εἴως θερμαίνοιτο· ἔπεσσί τε πάντας ἑταίρους 376
» Θάρσυνον, μήτις μοι ὑποδδείσας ἀναδύῃ.
» Ἀλλ᾽ ὅτε δὴ τάχ᾽ ὁ μοχλὸς ἐλάϊνος ἐν πυρὶ μέλλεν
» Ἄψεσθαι, χλωρός περ ἐών, διεφαίνετο δ᾽ αἰνῶς,
» Καὶ τότ᾽ ἐγὼν ἆσσον φέρον ἐκ πυρός, ἀμφὶ δ᾽ ἑταῖροι
» Ἵσταντ᾽· αὐτὰρ θάρσος ἐνέπνευσεν μέγα δαίμων. 381
» Οἱ μέν, μοχλὸν ἑλόντες ἐλάϊνον ὀξὺν ἐπ᾽ ἄκρῳ,
» Ὀφθαλμῷ ἐνέρεισαν· ἐγὼ δ᾽ ἐφύπερθεν ἀερθεὶς
» Δίνεον· ὡς δ᾽ ὅτε τις τρυπῷ δόρυ νήϊον ἀνὴρ

» pas de celui-ci ; ce vin que tu me donnes, ce n'est
» pas du vin, c'est du nectar et de l'ambroisie même des
» Dieux.

» Je lui en présentai une troisième coupe, et il eut
» l'imprudence de la boire. Quand je vis que le vin
» commençoit à faire son effet et à lui porter à la tête,
» je lui dis avec beaucoup de douceur:

» Cyclope, vous me demandez mon nom, il est assez
» connu dans le monde, je vais vous l'apprendre puisque
» vous l'ignorez, et vous me ferez le présent que vous
» m'avez promis. Je m'appelle *Personne*, mon père et
» ma mère me nommèrent ainsi, et tous mes compa-
» gnons me connoissent sous ce nom.

» Oh bien, puisque tu t'appelles Personne, me répond
» ce monstre avec une cruauté inouie, Personne sera le
» dernier que je mangerai; je ne le mangerai qu'après
» tous ses compagnons; voilà le présent que je te pré-
» pare. En finissant ces mots il tombe à la renverse, son
» énorme cou replié sur son épaule. Le sommeil, qui
» dompte tous les animaux, s'empare de lui. Le vin lui
» sort de la gorge avec des morceaux de la chair de mes
» compagnons qu'il a dévorés. Alors tirant le pieu que
» j'avois caché sous le fumier, je le mis dans la cendre
» vive pour le faire chauffer, et m'adressant à mes com-
» pagnons, je leur dis tout ce que je crus le plus capable
» de fortifier leur courage, afin qu'aucun d'eux ne fût
» saisi de frayeur, et ne reculât dans le moment de
» l'exécution. Bientôt le pieu fut si chaud, que quoique
» encore vert il alloit s'allumer, et il étoit déjà tout
» rouge. Je le tire donc du feu, mes compagnons tout
» prêts autour de moi. Alors Dieu m'inspira une audace
» surnaturelle. Mes compagnons prenant le pieu, qui
» étoit pointu par le bout, l'appuient sur l'œil du
» Cyclope, et moi m'élevant par-dessus, je le faisois
» tourner. Comme quand un charpentier perce avec un

» Τρυπάνῳ, οἱ δέ τ᾽ ἔνερθεν ὑποσσείουσιν ἱμάντι 385
» Ἁψάμενοι ἑκάτερθε, τὸ δὲ τρέχει ἐμμενὲς αἰέν·
» Ὣς τοῦ ἐν ὀφθαλμῷ πυριήκεα μοχλὸν ἑλόντες
» Δινέομεν, τὸν δ᾽ αἷμα περίρρεε θερμὸν ἐόντα.
» Πάντα δέ οἱ βλέφαρ᾽ ἀμφὶ καὶ ὀφρύας εὖσεν ἀϋτμή,
» Γλήνης καιομένης· σφαραγεῦντο δέ οἱ πυρὶ ῥίζαι. 390
» Ὡς δ᾽ ὅτ᾽ ἀνὴρ χαλκεὺς πέλεκυν μέγαν, ἠὲ σκέπαρνον,
» Εἰν ὕδατι ψυχρῷ βάπτει μεγάλα ἰάχοντα,
» Φαρμάσσων· (τὸ γὰρ αὖτε σιδήρου τε κράτος ἐστίν·)
» Ὣς τοῦ σίζ᾽ ὀφθαλμὸς ἐλαϊνέῳ περὶ μοχλῷ.
» Σμερδαλέον δὲ μέγ᾽ ᾤμωξεν· περὶ δ᾽ ἴαχε πέτρη. 395
» Ἡμεῖς δὲ δείσαντες ἀπεσσύμεθ᾽· αὐτὰρ ὁ μοχλὸν
» Ἐξέρυσ᾽ ὀφθαλμοῖο πεφυρμένον αἵματι πολλῷ·
» Τὸν μὲν ἔπειτ᾽ ἔρριψεν ἀπὸ ἕο χερσὶν ἀλύων.
» Αὐτὰρ ὁ Κύκλωπας μεγάλ᾽ ἤπυεν, οἵ ῥά μιν ἀμφὶς
» Ὤκεον ἐν σπήεσσι δι᾽ ἄκριας ἠνεμοέσσας· 400
» Οἱ δὲ, βοῆς ἀΐοντες ἐφοίτων ἄλλοθεν ἄλλος·
» Ἱστάμενοι δ᾽ εἴροντο περὶ σπέος, ὅ,ττι ἑ κήδοι·

» Τίπτε τόσον, Πολύφημ᾽, ἀρημένος ὧδ᾽ ἐβόησας,
» Νύκτα δι᾽ ἀμβροσίην, καὶ ἀΰπνους ἄμμε τίθησθα;
» Ἦ μή τίς σευ μῆλα βροτῶν ἀέκοντος ἐλαύνει; 405
» Ἦ μή τίς σ᾽ αὐτὸν κτείνει δόλῳ, ἠὲ βίηφι;

» Τοὺς δ᾽ αὖτ᾽ ἐξ ἄντρου προσέφη κρατερὸς Πολύφημος·
» Ὦ φίλοι, Οὖτίς με κτείνει δόλῳ, οὐδὲ βίηφιν.
» Οἱ δ᾽ ἀπαμειβόμενοι ἔπεα πτερόεντ᾽ ἀγόρευον·
» Εἰ μὲν δὴ μή τις σε βιάζεται, οἶον ἐόντα, 410
» Νοῦσόν γ᾽ οὔπως ἐστὶ Διὸς μεγάλου ἀλέασθαι·

» virebrequin une planche de bois pour l'employer à la
» construction d'un vaisseau, il appuie l'instrument par
» dessus, et ses garçons au-dessous le font tourner avec
» sa courroie qui va et vient des deux côtés, et le vire-
» brequin tourne sans cesse, de même nous faisions
» tourner ce pieu dans l'œil de ce monstre. Le sang
» rejaillit autour du pieu tout ardent. La vapeur qui
» s'élève de sa prunelle lui brûle les paupières et les
» sourcils, et les racines de son œil, embrasées par l'ar-
» deur du feu, jettent un sifflement horrible. Comme
» lorsqu'un forgeron, après avoir fait rougir à sa forge
» le fer d'une hache ou d'une scie, le jette tout brûlant
» dans l'eau froide pour le durcir; car c'est ce qui fait
» la bonté de sa trempe; ce fer excite un sifflement hor-
» rible qui fait retentir la forge; l'œil du Cyclope siffla
» de même par l'ardeur du pieu. Le Cyclope s'éveil-
» lant, jette des cris épouvantables, dont toute la mon-
» tagne retentit. Saisis de frayeur, nous nous éloignons;
» il tire de son œil ce pieu tout dégoûtant de sang, le
» jette loin de lui, et appelle à son secours les Cyclopes
» qui habitoient tout autour dans les antres des mon-
» tagnes voisines. Ces Cyclopes, entendant sa voix,
» arrivent en foule de tous côtés, et environnant l'antre,
» ils lui demandent la cause de sa douleur:

» Polyphême, que vous est-il arrivé? Qu'est-ce qui
» vous oblige à nous réveiller au milieu de la nuit, et à
» nous appeler à votre aide? Quelqu'un emmène-t-il
» vos troupeaux? Quelqu'un attente-t-il à votre vie à
» force ouverte, ou par la ruse?

» Le terrible Polyphême répond du fond de son antre:
» Hélas, mes amis, *Personne*. Plus il leur dit ce nom,
» plus ils sont trompés par cette équivoque. Puisque ce
» n'est personne qui vous a mis en cet état, lui disent-
» ils, que pouvons-nous faire? Pouvons-nous vous déli-
» vrer des maux qu'il plait à Jupiter de vous envoyer?

» Ἀλλὰ σύ γ' εὔχεο πατρὶ Ποσειδάωνι ἄνακτι.
» Ὣς ἄρ' ἔφαν ἀπιόντες· ἐμὸν δ' ἐγέλασσε φίλον κῆρ,
» Ὡς ὄνομ' ἐξαπάτησεν ἐμὸν καὶ μῆτις ἀμύμων.
» Κύκλωψ δὲ στενάχων τε, καὶ ὠδίνων ὀδύνῃσι, 415
» Χερσὶ ψηλαφόων, ἀπὸ μὲν λίθον εἷλε θυράων·
» Αὐτὸς δ' εἰνὶ θύρῃσι καθέζετο, χεῖρε πετάσσας,
» Εἴτινά που μετ' ὄεσσι λάβοι στείχοντα θύραζε·
» Οὕτω γάρ που μ' ἤλπετ' ἐνὶ φρεσὶ νήπιον εἶναι.
» Αὐτὰρ ἐγὼ βούλευον, ὅπως ὄχ' ἄριστα γένοιτο, 420
» Εἴτιν' ἑταίροισιν θανάτου λύσιν, ἠδ' ἐμοὶ αὐτῷ
» Εὑροίμην· πάντας δὲ δόλους καὶ μῆτιν ὕφαινον,
» Ὥστε περὶ ψυχῆς· μέγα γὰρ κακὸν ἐγγύθεν ἦεν.
» Ἥδε δέ μοι κατὰ θυμὸν ἀρίστη φαίνετο βουλή.
» Ἄρσενες ὄιες ἦσαν εὐτρεφέες, δασύμαλλοι, 425
» Καλοί τε, μεγάλοι τε, ἰοδνεφὲς εἶρος ἔχοντες·
» Τοὺς ἀκέων συνέεργον ἐϋστρεφέεσσι λύγοισι,
» Τῆς ἔπι Κύκλωψ εὗδε, πέλωρ, ἀθεμίστια εἰδώς,
» Σύντρεις αἰνύμενος· ὁ μὲν ἐν μέσῳ ἄνδρα φέρεσκεν,
» Τὼ δ' ἑτέρω ἑκάτερθεν ἴτην, σώοντες ἑταίρους. 430
» Τρεῖς δὲ ἕκαστον φῶτ' ὄϊες φέρον· αὐτὰρ ἔγωγε,
» ('Ἀρνειὸς γὰρ ἔην, μήλων ὄχ' ἄριστος ἁπάντων,)
» Τοῦ κατὰ νῶτα λαβών, λασίην ὑπὸ γαστέρ' ἐλυσθεὶς
» Κείμην· αὐτὰρ χερσὶν ἀώτου θεσπεσίοιο
» Νωλεμέως στρεφθεὶς ἐχόμην τετληότι θυμῷ. 430
» Ὣς τότε μὲν στενάχοντες ἐμείναμεν ἠῶ δῖαν.
» Ἦμος δ' ἠριγένεια φάνη ῥοδοδάκτυλος ἠώς,
» Καὶ τότ' ἔπειτα νομόνδ' ἐξέσσυτο ἄρσενα μῆλα·

» Ayez donc recours à votre père Neptune, et lui adres-
» sez vos vœux pour le prier de vous secourir. Après lui
» avoir donné cette belle consolation, ils se retirèrent.
» Je ne pus m'empêcher de rire de l'erreur où ce nom
» si heureusement trouvé les avoit jetés. Le Cyclope,
» soupirant et rugissant de douleur, s'approche à tâtons
» de l'entrée de sa caverne, en ôte la pierre et s'assied
» au milieu, ses deux bras étendus pour nous prendre
» quand nous sortirions, car il me croyoit assez impru-
» dent pour tenter de sortir avec ses troupeaux. Mais le
» péril étoit trop manifeste. Je me mis donc à penser
» aux moyens que je pourrois trouver pour garantir de
» la mort mes compagnons et pour me sauver moi-même.
» Il n'y a point de ruse, point de stratagème qui ne me
» passât alors dans l'esprit, car il s'agissoit de la vie, et
» le danger étoit pressant. Voici enfin le parti qui me
» parut le plus sûr. Il y avoit dans ses troupeaux des
» beliers fort grands et fort beaux, et dont la laine, de
» couleur violette, étoit fort longue et fort épaisse. Je
» m'avisai d'en lier trois ensemble, et pour cet effet, je
» pris des branches d'ozier, qui servoient de lit à ce
» monstre abominable en toutes sortes d'injustices et de
» cruauté. Avec ces branches, j'assemble ces beliers, et
» les lie trois à trois; celui du milieu portoit un de mes
» compagnons, et les deux des côtés lui servoient comme
» de rempart. Les voilà donc chacun d'eux porté par
» trois beliers. Il y avoit un belier d'une grandeur et
» d'une force extraordinaire, qui marchoit toujours à la
» tête du troupeau; je le réservai pour moi. M'étendant
» donc sous lui, et empoignant sa laine à pleines mains,
» je me tenois collé fortement à son ventre avec beau-
» coup de résolution. Nous passons la nuit en cet état,
» non sans beaucoup de crainte. Le lendemain, dès que
» l'aurore eut ramené le jour, le Cyclope fit sortir ses
» troupeaux pour le pâturage. Les brebis n'étant point

» Θήλειαι δ' ἐμέμηκον ἀνήμελκτοι περὶ σηκοὺς,
» Οὔθατα γὰρ σφαραγεῦντο· ἄναξ δ' ὀδύνῃσι κακῇσι
» Τειρόμενος, πάντων οἴων ἐπεμαίετο νῶτα   440
» Ὀρθῶν ἑσταότων· τὸ δὲ νήπιος οὐκ ἐνόησεν,
» Ὣς οἱ ὑπ' εἰροπόκων οἴων στέρνοισι δέδεντο.
» Ὕστατος ἀρνειὸς μήλων ἔστειχε θύραζε,
» Λαχμῷ στεινόμενος, καὶ ἐμοὶ πυκινὰ φρονέοντι. 445
» Τὸν δ' ἐπιμασσάμενος προσέφη κρατερὸς Πολύφημος·
» Κριὲ πέπον, τί μοι ὧδε διὰ σπέος ἔσσυο μήλων
» Ὕστατος; οὔτι πάρος γὲ λελειμμένος ἔρχεαι οἰῶν,
» Ἀλλὰ πολὺ πρῶτος νέμεαι τέρεν' ἄνθεα ποίης,
» Μακρὰ βιβάς· πρῶτος δὲ ῥοὰς ποταμῶν ἀφικάνεις·
» Πρῶτος δὲ σταθμόνδε λιλαίεαι ἀπονέεσθαι   451
» Ἑσπέριος· νῦν αὖτε πανύστατος· ἢ σύγ' ἄνακτος
» Ὀφθαλμὸν ποθέεις; τὸν ἀνὴρ κακὸς ἐξαλάωσε,
» Σὺν λυγροῖς ἑτάροισι, δαμασσάμενος φρένας οἴνῳ,
» Οὖτις ὃν οὔπω φημὶ πεφυγμένον εἶναι ὄλεθρον. 455
» Εἰ δὴ ὁμοφρονέοις ποτιφωνήεις τὲ γένοιο,
» Εἰπεῖν, ὅππῃ κεῖνος ἐμὸν μένος ἠλασκάζει·
» Τῷ κέ οἱ ἐγκέφαλός γε διὰ σπέος ἄλλυδις ἄλλῃ
» Θεινομένου ῥαίοιτο πρὸς οὔδεϊ· κὰδ δὲ ἐμὸν κῆρ
» Λωφήσειε κακῶν, τά μοι οὐτιδανὸς πόρεν Οὖτις. 460
» Ὣς εἰπὼν, τὸν κριὸν ἀπὸ ἕο πέμπε θύραζε.
» Ἐλθόντες δ' ἠβαιὸν ἀπὸ σπείους τὲ, καὶ αὐλῆς,
» Πρῶτος ὑπ' ἀρνειοῦ λυόμην, ὑπέλυσα δ' ἑταίρους.
» Καρπαλίμως δὲ τὰ μῆλα ταναύποδα, πίονα δημῷ,

» traites à leur ordinaire, et se sentant trop chargées de
» lait, remplirent de leurs bêlemens la bergerie. Leur
» berger qui sentoit des douleurs très-aigües, tâtoit
» avec ses mains les dos de ses moutons qui sortoient;
» et jamais, insensé qu'il étoit, il ne soupçonna que mes
» compagnons étoient étendus sous le ventre de ceux
» du milieu. Le belier sous lequel j'étois, sortit le der-
» nier, chargé d'une toison fort épaisse, et de moi qui
» étois fort agité et fort inquiet. Le terrible Polyphême
» le tâte avec ses mains, et lui parle en ces termes : Mon
» cher belier, pourquoi sors-tu aujourd'hui le dernier
» de mon antre? Avant ce jour ce n'étoit pas ta coutume
» de sortir après mes moutons; et tous les matins tu
» marchois le premier à la tête du troupeau. Tu étois
» toujours le premier dans les vertes prairies, toujours
» le premier dans les eaux des fleuves, et tous les soirs
» tu revenois le premier dans ma caverne. Aujourd'hui
» tu sors le dernier. Qu'est-ce qui peut causer ce chan-
» gement? est-ce la douleur de voir que tu n'es plus
» conduit par l'œil de ton maître? Un méchant, nommé
» *Personne*, assisté de ses compagnons aussi scélérats
» que lui, m'a rendu aveugle, après avoir lié mes forces
» par le vin. Ah! je ne crois pas qu'il lui fût possible
» d'éviter la mort, si tu avois de la connoissance, et
» que tu pusses parler et me dire où se cache ce mal-
» heureux pour se dérober à ma fureur; bientôt écrasé
» contre cette roche, il rempliroit ma caverne de son
» sang et de sa cervelle dispersée de tous côtés, et alors
» mon cœur sentiroit quelque soulagement dans les
» maux affreux que m'a faits ce misérable, ce scélérat
» de Personne. En finissant ces mots, il laisse passer son
» belier. Quand nous nous vîmes un peu loin de la
» caverne et de la cour, je me détachai le premier de
» dessous mon belier, j'allai détacher mes compagnons,
» et sans perdre un moment nous choisîmes les meilleurs

» Πολλὰ περιτροπέοντες ἐλαύνομεν, ὄφρ᾽ ἐπὶ νῆα 465
» Ἱκόμεθ᾽· ἀσπάσιοι δὲ φίλοις ἑτάροισι φάνημεν,
» Οἳ φύγομεν θάνατον· τοὺς δὲ στενάχοντο γοῶντες.
» Ἀλλ᾽ ἐγὼ οὐκ εἴων, ἀνὰ δ᾽ ὀφρύσι νεῦον ἑκάστῳ,
» Κλαίειν· ἀλλ᾽ ἐκέλευσα θοῶς καλλίτριχα μῆλα
» Πόλλ᾽ ἐν νηῒ βαλόντας ἐπιπλεῖν ἁλμυρὸν ὕδωρ. 470
» Οἱ δ᾽ αἶψ᾽ εἴσβαινον, καὶ ἐπὶ κληῗσι κάθιζον.
» Ἑξῆς δ᾽ ἑζόμενοι πολιὴν ἅλα τύπτον ἐρετμοῖς.
» Ἀλλ᾽ ὅτε τόσσον ἀπῆν, ὅσσον τε γέγωνε βοήσας,
» Καὶ τότ᾽ ἐγὼ Κύκλωπα προσηύδων κερτομίοισι·
» Κύκλωψ, οὐκ ἄρ᾽ ἔμελλες ἀνάλκιδος ἀνδρὸς ἑταίρους,
» Ἔδμεναι ἐν σπῆϊ γλαφυρῷ κρατερῆφι βίηφι. 476
» Καὶ λίην σέ γε μέλλε κιχήσεσθαι κακὰ ἔργα,
» Σχέτλι᾽· ἐπεὶ ξείνους οὐχ ἅζεο σῷ ἐνὶ οἴκῳ
» Ἐσθέμεναι· τῷ σε Ζεὺς τίσατο καὶ θεοὶ ἄλλοι.
» Ὣς ἐφάμην. ὁ δ᾽ ἔπειτα χολώσατο κηρόθι μᾶλλον·
» Ἧκε δ᾽ ἀπορρήξας κορυφὴν ὄρεος μεγάλοιο· 481
» Κὰδ δ᾽ ἔβαλε προπάροιθε νεὼς κυανοπρώροιο,
» Τυτθὸν ἐδεύησεν δ᾽ οἰήϊον ἄκρον ἱκέσθαι·
» Ἐκλύσθη δὲ θάλασσα κατερχομένης ὑπὸ πέτρης·
» Τὴν δ᾽ αἶψ᾽ ἤπειρόνδε παλιρρόθιον φέρε κῦμα, 485
» Πλημμυρὶς ἐκ πόντοιο, θέμωσε δὲ χέρσον ἱκέσθαι.
» Αὐτὰρ ἐγὼ χείρεσσι λαβὼν περιμήκεα κοντὸν
» Ὦσα παρέξ· ἑτάροισι δ᾽ ἐποτρύνας, ἐκέλευσα
» Ἐμβαλέειν κώπης, ἵν᾽ ὑπ᾽ ἐκ κακότητα φύγοιμεν,
» Κρατὶ κατανεύων· οἱ δὲ, προπεσόντες ἔρεσσον. 490
» Ἀλλ᾽ ὅτε δὴ δὶς τόσσον ἅλα πρήσσοντες ἀπῆμεν,
» Καὶ τότ᾽ ἐγὼ Κύκλωπα προσηύδων· ἀμφὶ δ᾽ ἑταῖροι
» Μειλιχίοις ἐπέεσσιν ἐρήτυον ἄλλοθεν ἄλλος·
» Σχέτλιε, τίπτ᾽ ἐθέλεις ἐρεθιζέμεν ἄγριον ἄνδρα;
» Ὃς καὶ νῦν πόντονδε βαλὼν βέλος, ἤγαγε νῆα 495

» moutons du troupeau que nous poussâmes devant
» nous, et nous prîmes le chemin de notre navire. Notre
» arrivée causa une grande joie à nos compagnons, qui
» n'espéroient plus de nous revoir ; mais en même temps
» ils se mirent à pleurer ceux qui nous manquoient. Je
» leur fis signe de cesser ces larmes, et leur ordonnai
» d'embarquer promptement notre proie et de gagner
» la haute mer. Ils remontent tous dans le vaisseau, et
» remplissant les bancs, ils font gémir les flots sous
» l'effort de leurs rames. Quand je me vis éloigné de la
» caverne de la portée de la voix, j'adressai ces paroles
» piquantes au Cyclope, et je lui criai de toute ma force:
» Cyclope, tu as eu grand tort d'abuser de tes forces
» pour dévorer les compagnons d'un homme sans
» défense, et ces maux vengeurs ne pouvoient manquer
» de t'arriver. Malheureux, tu as dévoré dans ton antre
» tes supplians et tes hôtes, c'est pourquoi Jupiter et les
» autres Dieux t'ont puni de ton inhumanité. Ces
» paroles augmentèrent sa fureur. Il détacha la cime
» d'une haute montagne, et la jeta avec tant de force,
» qu'elle tomba devant notre vaisseau. La chute de cette
» masse énorme excita un mouvement si violent dans la
» mer, que le flot en repoussa notre vaisseau contre la
» terre, comme auroit pu faire le flux de l'Océan, et
» pensa le briser contre le rivage; mais moi prenant un
» long aviron, je le repoussai et l'éloignai. En exhor-
» tant mes compagnons, je leur ordonnai d'un signe de
» tête de faire force de rames pour nous mettre à cou-
» vert du danger qui nous menaçoit. Ils rament en
» même temps sans se ménager. Quand nous fûmes une
» fois aussi loin, j'adressai encore la parole au Cyclope,
» quoique tous mes compagnons tâchassent de m'en
» empêcher: Cruel, que vous êtes, me disoient-ils,
» pourquoi voulez-vous irriter davantage cet homme
» barbare, qui, en lançant contre nous cette énorme

» Αὖτις ἐς ἤπειρου, καὶ δὴ φάμεν αὐτόθ' ὀλέσθαι.
» Εἰ δὲ φθεγξαμένου τεῦ, ἢ αὐδήσαντός ἄκουσε,
» Σύν κεν ἄραξ' ἡμέων κεφαλὰς, καὶ νήϊα δοῦρα,
» Μαρμάρῳ ὀκρυόεντι βαλών· τόσσον γὰρ ἵησιν.
» Ὣς φάσαν· ἀλλ' οὐ πεῖθον ἐμὸν μεγαλήτορα θυμὸν,
» Ἀλλά μιν ἄψορρον προσέφην κεκοτηότι θυμῷ·   501
» Κύκλωψ, αἴκεν τίς σε καταθνητῶν ἀνθρώπων
» Ὀφθαλμοῦ εἴρηται ἀεικελίην ἀλαωτὺν,
» Φάσθαι, Ὀδυσσῆα πτολιπόρθιον ἐξαλαῶσαι,
» Υἱὸν Λαέρτεω, Ἰθάκῃ ἔνι οἰκί' ἔχοντα.   505
» Ὣς ἐφάμην· ὁ δέ μ' οἰμώξας ἠμείβετο μύθῳ·
» Ὢ πόποι, ἦ μάλα δή με παλαίφατα θέσφαθ' ἱκάνει·
» Ἔσκε τις ἐνθάδε μάντις ἀνὴρ ἠΰς τε μέγας τέ,
» Τήλεμος Εὐρυμίδης, ὃς μαντοσύνῃ ἐκέκαστο,
» Καὶ μαντευόμενος κατεγήρα Κυκλώπεσσιν·   510
» Ὅς μοι ἔφη τάδε πάντα τελευτήσεσθαι ὀπίσσω,
» Χειρῶν ἐξ Ὀδυσῆος ἁμαρτήσεσθαι ὀπωπῆς.
» Ἀλλ' αἰεί τινα φῶτα μέγαν καὶ καλὸν ἐδέγμην
» Ἐνθάδ' ἐλεύσεσθαι, μεγάλην ἐπιειμένον ἀλκήν·
» Νῦν δέ μ', ἐὼν ὀλίγος τέ, καὶ οὐτιδανὸς, καὶ ἄκικυς,
» Ὀφθαλμοῦ ἀλάωσεν, ἐπεί μ' ἐδαμάσσατο οἴνῳ. 516
» Ἀλλ' ἄγε δεῦρ' Ὀδυσεῦ, ἵνα τοὶ πὰρ ξείνια θείω,
» Πομπήν τ' ὀτρύνω δόμεναι κλυτὸν Ἐννοσίγαιον·
» Τοῦ γὰρ ἐγὼ πάϊς εἰμί, πατὴρ δ' ἐμὸς εὔχεται εἶναι·
» Αὐτὸς δ', αἴκ' ἐθέλῃσ', ἰήσεται, οὐδέ τις ἄλλος, 520
» Οὔτε θεῶν μακάρων, οὔτε θνητῶν ἀνθρώπων.
» Ὣς ἔφατ'· αὐτὰρ ἐγώ μιν ἀμειβόμενος προσέειπον·
» Αἲ γὰρ δὴ ψυχῆς τε καὶ αἰῶνός σε δυναίμην
» Εὖνιν ποιήσας πέμψαι δόμον Ἄϊδος εἴσω·
» Ὡς οὐκ ὀφθαλμόν γ' ἰήσεται οὐδ' Ἐνοσίχθων. 525
» Ὣς ἐφάμην· ὁ δ' ἔπειτα Ποσειδάωνι ἄνακτι

» masse comme un trait, a ramené notre vaisseau contre
» le rivage? Nous avons cru n'en pas revenir. S'il entend
» encore vos insultes, ou seulement votre voix, il nous
» écrasera et brisera notre vaisseau avec quelque masse
» de rocher encore plus grande, qu'il lancera contre
» nous. Leurs remontrances furent inutiles, j'étois trop
» irrité contre ce monstre pour me retenir. Je lui criai
» donc : Cyclope, si un jour quelque voyageur te
» demande qui t'a causé cet horrible aveuglement, tu
» peux répondre que c'est Ulysse, le destructeur des
» villes, fils de Laërte, qui habite à Ithaque. A ces mots,
» ses hurlemens redoublèrent, et il se mit à crier : Hélas!
» voilà donc l'accomplissement des anciens oracles. Il y
» avoit autrefois ici un célèbre devin, nommé *Télé-*
» *mus*, fils d'Eurymus, qui avoit le don de prédire
» l'avenir, et qui a vieilli parmi les Cyclopes, en exer-
» çant sa profession. Il m'avertit un jour que tout ce
» que je souffre m'arriveroit, et me dit en propres
» termes que je serois privé de la vue par les mains
» d'Ulysse. Sur cette prédiction, je m'attendois à voir
» arriver ici quelque homme beau, bien fait, de grande
» taille et d'une force bien au-dessus de la nôtre ; et
» aujourd'hui c'est un petit homme, sans force, de
» méchante mine, qui m'a crevé l'œil après m'avoir
» dompté par le vin. Ha! je t'en prie, Ulysse, approche,
» que je te fasse les présens d'hospitalité, et que je presse
» Neptune de favoriser ton retour ; je suis son fils, et il
» se glorifie d'être mon père. S'il veut, il a le pouvoir
» de me guérir, et je n'attends ma guérison, ni d'aucun
» autre Dieu, ni d'aucun autre homme. Ne te flatte
» point de ta guérison, lui répondis-je, et plût à Dieu
» que j'eusse aussi bien pu te priver de la vie, et te
» précipiter dans le sombre royaume de Pluton, comme
» il est sûr que Neptune ne te rendra pas l'œil que tu
» as perdu! Le Cyclope, piqué de ces paroles, adresse

» Εὔχετο, χεῖρ' ὀρέγων εἰς οὐρανὸν ἀστερόεντα·
» Κλῦθι, Ποσείδαον, γαιήοχε, κυανοχαῖτα·
» Εἰ ἐτεόν γε σός εἰμι, πατὴρ δ' ἐμὸς εὔχεαι εἶναι,
» Δὸς μὴ 'Οδυσσῆα πτολιπόρθιον οἴκαδ' ἱκέσθαι, 530
» Υἱὸν Λαέρτεω, 'Ιθάκῃ ἔνι οἰκί' ἔχοντα.
» Ἀλλ' εἴ οἱ μοῖρ' ἐστὶ φίλους τ' ἰδέειν, καὶ ἱκέσθαι
» Οἶκον ἐϋκτίμενον καὶ ἑὴν ἐς πατρίδα γαῖαν,
» Ὀψὲ κακῶς ἔλθοι, ὀλέσας ἀπὸ πάντας ἑταίρους,
» Νηὸς ἐπ' ἀλλοτρίης, εὔροι δ' ἐν πήματα οἴκῳ. 535
» Ὣς ἔφατ' εὐχόμενος· τοῦ δ' ἔκλυε Κυανοχαίτης.
» Αὐτὰρ ὅγ' ἐξαῦτις πολὺ μείζονα λᾶαν ἀείρας,
» Ἧκ' ἐπιδινήσας· ἐπέρεισε δὲ ἶν' ἀπέλεθρον.
» Κὰδ δ' ἔβαλεν μετόπισθε νεὼς κυανοπρῴροιο,
» Τυτθὸν ἐδεύησεν δ' οἰήϊον ἄκρον ἱκέσθαι· 540
» 'Ἐκλύσθη δὲ θάλασσα κατερχομένης ὑπὸ πέτρης·
» Τὴν δὲ πρόσω φέρε κῦμα, θέμωσε δὲ χέρσον ἱκέσθαι.
» Ἀλλ' ὅτε δὴ τὴν νῆσον ἀφικόμεθ', ἔνθα περ ἄλλαι
» Νῆες ἐΰσσελμοι μένον ἀθρόαι, ἀμφὶ δ' ἑταῖροι
» Εἴατ' ὀδυρόμενοι, ἡμέας ποτιδέγμενοι αἰεί· 545
» Νῆα μὲν ἔνθ' ἐλθόντες ἐκέλσαμεν ἐν ψαμάθοισιν,
» Ἐκ δὲ καὶ αὐτοὶ βῆμεν ἐπὶ ῥηγμῖνι θαλάσσης·
» Μῆλα δὲ Κύκλωπος, γλαφυρῆς ἐκ νηὸς ἑλόντες,
» Δασσάμεθ', ὡς μήτις μοι ἀτεμβόμενος κίοι ἴσης.
» Ἀρνειὸν δ' ἐμοὶ οἴῳ ἐϋκνήμιδες ἑταῖροι, 550
» Μήλων δαιομένων, δόσαν ἔξοχα· τὸν δ' ἐπὶ θινὶ
» Ζηνὶ κελαινεφέϊ Κρονίδῃ, ὃς πᾶσιν ἀνάσσει,
» Ῥέξας, μηρί' ἔκηον· ὁ δ' οὐκ ἐμπάζετο ἱρῶν,
» Ἀλλ' ἄρα μερμήριζεν, ὅπως ἀπολοίατο πᾶσαι
» Νῆες ἐΰσσελμοι, καὶ ἐμοὶ ἐρίηρες ἑταῖροι. 555

» en même temps ses prières à Neptune, et lui dit, en
» levant les mains au ciel : Grand Neptune, qui avez la
» force d'ébranler la terre jusqu'à ses fondemens, écou-
» tez les vœux que je vous adresse : si je suis véritable-
» ment votre fils, et si vous êtes véritablement mon
» père, accordez-moi ce que je vous demande ; empê-
» chez Ulysse, le destructeur des villes, fils de Laërte,
» qui habite à Ithaque, de retourner jamais dans son
» palais ; ou si c'est l'ordre des destinées qu'il revoie sa
» patrie, sa famille et ses amis, qu'il n'y arrive qu'après
» longues années, qu'il n'y arrive qu'après avoir perdu
» ses compagnons, avec un méchant équipage, et sur
» un vaisseau d'emprunt, et qu'il trouve sa maison
» pleine de troubles. Il fit cette prière, et Neptune
» l'exauça. En même temps, il lève une roche plus
» grande que la première, et lui faisant faire plusieurs
» tours avec son bras, pour lui donner plus de force, il
» la lance ; la roche tombe derrière notre vaisseau. Il
» s'en fallut bien peu qu'elle ne tombât sur le bout de la
» poupe, et qu'elle ne fracassât le gouvernail. La chute
» de cette masse énorme fait reculer la mer, et le flot
» agité pousse en avant notre vaisseau, et l'approche
» de l'île, où nos compagnons nous attendoient dans
» une extrême affliction. Dès que nous fûmes abordés,
» nous tirâmes notre vaisseau sur le sable, et, descendus
» sur le rivage, nous nous mîmes d'abord à partager les
» moutons que nous avions enlevés au Cyclope : tous
» mes compagnons en eurent leur part, et d'un com-
» mun consentement, ils me firent présent à moi seul
» du belier qui m'avoit sauvé. Je l'offris dès le moment
» en sacrifice au fils de Saturne, qui règne sur les
» hommes et sur les Dieux. Mais mon sacrifice ne lui fut
» pas agréable, il me préparoit de nouveaux malheurs,
» et rouloit dans sa tête le dessein de faire périr mes
» vaisseaux et tous mes chers compagnons.

» Ὡς τότε μὲν πρόπαν ἦμαρ, ἐς ἠέλιον καταδύντα,
» Ἥμεθα δαινύμενοι κρέα τ' ἄσπετα, καὶ μέθυ ἡδύ.
» Ἦμος δ' ἠέλιος κατέδυ, καὶ ἐπὶ κνέφας ἦλθε,
» Καὶ τότ' ἐκοιμήθημεν ἐπὶ ῥηγμῖνι θαλάσσης.
» Ἦμος δ' ἠριγένεια φάνη ῥοδοδάκτυλος Ἠώς, 560
» Δὴ τότ' ἐγὼν ἑτάροισιν ἐποτρύνων ἐκέλευσα,
» Αὐτούς τ' ἀμβαίνειν, ἀνά τε πρυμνήσια λῦσαι.
» Οἱ δ' αἶψ' εἴσβαινον καὶ ἐπὶ κληῖσι κάθιζον·
» Ἑξῆς δ' ἑζόμενοι πολιὴν ἅλα τύπτον ἐρετμοῖς.
» Ἔνθεν δὲ προτέρω πλέομεν, ἀκαχήμενοι ἦτορ, 565
» Ἄσμενοι ἐκ θανάτοιο, φίλους ὀλέσαντες ἑταίρους.

» Nous passâmes tout le reste du jour, jusqu'au cou-
» cher du soleil, à faire bonne chère et à boire de mon
» excellent vin. Quand le soleil fut couché, et que la
» nuit eut répandu ses voiles sur la terre, nous nous
» couchâmes sur le rivage même, et le lendemain, à la
» pointe du jour, je pressai mes compagnons de se
» rembarquer, et de délier les câbles. Ils montent tous
» dans leurs vaisseaux, prennent les rames, et fendent
» le sein de la vaste mer. Nous nous éloignons de cette
» terre, fort joyeux d'avoir échappé à la mort, mais
» fort tristes de la perte que nous avions faite.

ΟΜΗΡΟΥ
ΟΔΥΣΣΕΙΑΣ
ΡΑΨΩΔΙΑ Κ.

Τὰ περὶ τὸν Αἴολον ἀπαγγέλλει, τὸν τῶν ἀνέμων φύλακα, ὡς ἔδωκεν Ὀδυσσεῖ οὔριον Ζέφυρον, τοὺς ἄλλους ἀνέμους ἐγκαθείρξας ἐν ἀσκῷ· ὃν οἱ ἑταῖροι λύσαντες, κοιμωμένου Ὀδυσσέως, ἅτε ἐν αὐτῷ χρυσὸν εἶναι νομίζοντες, ὑπονοστοῦσι πρὸς Αἴολον· οὐ προσιεμένου δὲ τοῦ Αἰόλου τὸν Ὀδυσσέα, ἐκεῖθεν ἀποπλέων, εἰς Λαιστρυγόνας ἀφικνεῖται· παρ' οἷς ἕνδεκα τῶν νεῶν ἀπολέσας, μιᾷ εἰς Αἰαίαν τὴν νῆσον παραγίνεται· καὶ σὺν Εὐρυλόχῳ τοὺς ἡμίσεας τῶν ἑταίρων κλήρῳ λαχόντας ἐκπέμπει, πευσομένους, τίνες οἱ κατοικοῦντες. Μεταμορφωθέντων δὲ ἐκείνων εἰς σύας ὑπὸ τῆς Κίρκης, πλὴν Εὐρυλόχου, αὐτὸς ἐπὶ ζήτησιν ἐλθών, λαβὼν παρὰ τοῦ Ἑρμοῦ φάρμακον, τὸ μῶλυ, οὐδὲν βλάπτεται· ἀλλὰ καὶ τῶν ἑταίρων τὴν ἀρχαίαν φύσιν λαβόντων, ἐνιαυτὸν παραμείνας παρὰ τῇ Κίρκῃ, εἰς Ἅδου κατέρχεται.

Κάππ' ἔχει Αἰόλου, Λαιστρυγόνος, ἔργα τὲ Κίρκης.

« ΑΙΟΛΙΗΝ δ' ἐς νῆσον ἀφικόμεθ'· ἔνθα δ' ἔναιεν
» Αἴολος Ἱπποτάδης, φίλος ἀθανάτοισι θεοῖσι

L'ODYSSÉE D'HOMÈRE.

LIVRE DIXIÈME.

ARGUMENT.

Ulysse arrive dans l'île d'Éolie, où règne Éole, roi et gardien des vents. Éole lui donne le Zéphyr pour le conduire heureusement, et lui livre tous les autres vents enfermés et liés dans une outre. Pendant son sommeil, ses compagnons ouvrent cette outre, pensant que ce fût de l'or. Ces vents déchaînés repoussent Ulysse sur les côtes d'Éole, qui refuse de le recevoir. Ulysse s'éloigne de cette île, et arrive chez les Lestrygons. Il perd là onze de ses vaisseaux; et avec le seul qui lui reste, il part et arrive à l'île d'Æœa, et envoie la moitié de ses compagnons, choisis par le sort, avec Euryloque, pour reconnoître le pays et ceux qui l'habitent. Tous ceux qu'il envoie, excepté Euryloque, sont changés en pourceaux par Circé. Ulysse va pour les chercher; Mercure lui donne une plante appelée Moly, excellent antidote contre les enchantemens, qui le garantit de ceux de Circé. Ses compagnons reprennent leur première forme; et Ulysse, après avoir demeuré un an auprès de Circé, se rembarque par ses ordres pour descendre aux Enfers.

« Nous arrivâmes heureusement dans l'île d'Éolie, où
» régnoit Éole, fils d'Hippotès et favori des Dieux.

» Πλωτῇ ἐνὶ νήσῳ· πᾶσαν δέ τέ μιν πέρι τεῖχος
» Χάλκεον, ἄρρηκτον· λισσὴ δ᾽ ἀναδέδρομε πέτρη.
» Τοῦ καὶ δώδεκα παῖδες ἐνὶ μεγάροις γεγάασιν· 5
» Ἓξ μὲν θυγατέρες, ἓξ δ᾽ υἱέες ἡβώοντες.
» Ἔνθ᾽ ὅγε θυγατέρας πόρεν υἱάσιν εἶναι ἀκοίτας.
» Οἱ δ᾽ αἰεὶ παρὰ πατρὶ φίλῳ καὶ μητέρι κεδνῇ
» Δαίνυνται· παρὰ δέ σφιν ὀνείατα μυρία κεῖται.
» Κνισσῆεν δέ τε δῶμα περιστεναχίζεται αὐλῇ 10
» Ἤματα, νύκτας δ᾽ αὖτε παρ᾽ αἰδοίης ἀλόχοισιν
» Εὕδουσ᾽, ἔν τε τάπησι καὶ ἐν τρητοῖς λεχέεσσι·
» Καὶ μὲν τῶν ἱκόμεσθα πόλιν καὶ δώματα καλά.
» Μῆνα δὲ πάντα φίλει μέ, καὶ ἐξερέεινεν ἕκαστα,
» Ἴλιον, Ἀργείων τε νέας, καὶ νόστον Ἀχαιῶν· 15
» Αὐτὰρ ἐγὼ τῷ πάντα μοῖραν κατέλεξα.
» Ἀλλ᾽ ὅτε δὴ καὶ ἐγὼν ὁδὸν ᾔτεον, ἠδ᾽ ἐκέλευον
» Πεμπέμεν, οὐδέ τι κεῖνος ἀνήνατο, τεῦχε δὲ πομπήν·
» Δῶκε δέ μοι δείρας ἀσκὸν βοὸς ἐννεώροιο,
» Ἔνθα δὲ βυκτάων ἀνέμων κατέδησε κέλευθα· 20
» Κεῖνον γὰρ ταμίην ἀνέμων ποίησε Κρονίων,
» Ἠμὲν παυέμεναι, ἠδ᾽ ὀρνύμεν, ὅν κ᾽ ἐθέλῃσι.
» Νηῒ δ᾽ ἐπὶ γλαφυρῇ κατέδει μέρμιθι φαεινῇ
» Ἀργυρέῃ, ἵνα μήτι παραπνεύσῃ ὀλίγον πέρ.
» Αὐτὰρ ἐμοὶ πνοιὴν Ζεφύρου προέηκεν ἀῆναι, 25
» Ὄφρα φέροι νῆάς τε καὶ αὐτούς· οὐδ᾽ ἄρ᾽ ἔμελλεν
» Ἐκτελέειν· αὐτῶν γὰρ ἀπωλόμεθ᾽ ἀφραδίῃσιν.
» Ἐννῆμαρ μὲν ὁμῶς πλέομεν νύκτας τε καὶ ἦμαρ·
» Τῇ δεκάτῃ δ᾽ ἤδη ἀνεφαίνετο πατρὶς ἄρουρα·
» Καὶ δὴ πυρπολέοντας ἐλεύσσομεν, ἐγγὺς ἐόντας· 30
» Ἔνθ᾽ ἐμὲ μὲν γλυκὺς ὕπνος ἐπήλυθε κεκμηῶτα·

» C'est une île flottante, ceinte tout autour d'une forte
» muraille d'airain, et bordée en dehors de roches
» escarpées. Ce roi a douze enfans, six garçons et six
» filles. Il a marié les frères avec les sœurs, et ces jeunes
» gens passent leur vie auprès de leur père et de leur
» mère, dans des festins continuels, où ils n'ont rien à
» désirer pour la bonne chère. Pendant le jour le palais,
» parfumé de parfums délicieux, retentit de cris de
» joie : on y entend un bruit harmonieux, et la nuit
» les maris vont coucher près de leurs femmes, sur des
» tapis et sur des lits magnifiques. Nous arrivâmes donc
» dans ce palais. Le roi me régala pendant un mois, et
» me fit mille questions sur le siége de Troie, sur la
» flotte des Grecs, et sur leur retour. Je satisfis sa curio-
» sité, et je lui racontai en détail toutes nos aventures.
» Je lui demandai ensuite la permission de m'en retour-
» ner, et la faveur de m'en donner les moyens. Il ne me
» refusa point, et prépara tout ce qui m'étoit nécessaire
» pour mon voyage. Il me donna une outre faite de la
» peau d'un des plus grands bœufs, où il enferma les
» souffles impétueux des vents; car le fils de Saturne
» l'en a fait le dispensateur et le garde : en sorte qu'il
» est le maître de les retenir ou de les lâcher comme il
» lui plaît. Il lia lui-même cette outre dans mon vais-
» seau avec un cordon d'argent, afin qu'il ne pût en
» échapper la moindre haleine. Il laissa seulement en
» liberté le zéphyr, auquel il donna ordre de conduire
» mes vaisseaux, ordre qu'il n'exécuta point, car nous
» l'en empêchâmes par notre folie, qui pensa nous faire
» tous périr. Nous voguâmes heureusement pendant
» neuf jours entiers, et le dixième jour nous découvrions
» déjà notre chère patrie, et nous voyions les feux allu-
» més sur le rivage, pour éclairer les vaisseaux; mais
» accablé de travaux et de lassitude, je me laissai mal-
» heureusement surprendre au sommeil ; car j'avois

» Αἰεὶ γὰρ πόδα νηὸς ἐνώμων· οὐδέ τῳ ἄλλῳ
» Δῶχ᾽ ἑτάρων, ἵνα θᾶσσον ἱκοίμεθα πατρίδα γαῖαν.
» Οἱ δ᾽ ἕταροι ἐπέεσσι πρὸς ἀλλήλους ἀγόρευον,
» Καί μ᾽ ἔφασαν χρυσόν τε καὶ ἄργυρον οἴκαδ᾽ ἄγεσθαι,
» Δῶρα παρ᾽ Αἰόλου μεγαλήτορος Ἱπποτάδαο.   36
» Ὧδε δέ τις εἴπεσκεν ἰδὼν ἐς πλησίον ἄλλον·
» Ὦ πόποι, ὡς ὅδε πᾶσι φίλος καὶ τίμιός ἐστιν
» Ἀνθρώποις, ὅτεών τε πόλιν καὶ γαῖαν ἵκηται.
» Πολλὰ μὲν ἐκ Τροίης ἄγεται κειμήλια καλὰ   40
» Ληΐδος· ἡμεῖς δ᾽ αὖτε ὁμὴν ὁδὸν ἐκτελέσαντες,
» Οἴκαδε νισσόμεθα κενεὰς σὺν χεῖρας ἔχοντες.
» Καὶ νῦν οἱ τά γ᾽ ἔδωκε χαριζόμενος φιλότητι,
» Αἴολος· ἀλλ᾽ ἄγε θᾶσσον ἰδώμεθα, ὅ, ττι τάδ᾽ ἐστιν,
» Ὅσσος τις χρυσός τε καὶ ἄργυρος ἀσκῷ ἔνεστιν.   45
» Ὣς ἔφασαν· βουλὴ δὲ κακὴ νίκησεν ἑταίρων·
» Ἀσκὸν μὲν λῦσαν, ἄνεμοι δ᾽ ἐκ πάντες ὄρουσαν.
» Τοὺς δ᾽ αἶψ᾽ ἁρπάξασα φέρεν πόντονδε θύελλα
» Κλαίοντας, γαίης ἄπο πατρίδος· αὐτὰρ ἔγωγε
» Ἐγρόμενος, κατὰ θυμὸν ἀμύμονα μερμήριξα,   50
» Ἠὲ πεσὼν ἐκ νηὸς ἀποφθίμην ἐνὶ πόντῳ,
» Ἦ ἀκέων τλαίην, καὶ ἔτι ζωοῖσι μετείην.
» Ἀλλ᾽ ἔτλην καὶ ἔμεινα· καλυψάμενος δ᾽ ἐνὶ νηῒ
» Κείμην· αἱ δ᾽ ἐφέροντο κακῇ ἀνέμοιο θυέλλῃ
» Αὖτις ἐπ᾽ Αἰολίην νῆσον· στενάχοντο δ᾽ ἑταῖροι. 55
» Ἔνθα δ᾽ ἐπ᾽ ἠπείρου βῆμεν, καὶ ἀφυσσάμεθ᾽ ὕδωρ·
» Αἶψα δὲ δεῖπνον ἕλοντο θοῆς παρὰ νηυσὶν ἑταῖροι.
» Αὐτὰρ ἐπεὶ σίτοιό τ᾽ ἐπασσάμεθ᾽ ἠδὲ ποτῆτος,
» Δὴ τότ᾽ ἐγὼ κήρυκά τ᾽ ὀπασσάμενος καὶ ἑταῖρον,

» toujours tenu le gouvernail, et je n'avois pas voulu
» me reposer de ce soin sur d'autres, afin d'arriver plus
» promptement et plus sûrement. Pendant que je dor-
» mois, mes compagnons se mirent à parler ensemble,
» dans la pensée que cette outre, que j'avois dans mon
» vaisseau, étoit remplie d'or et d'argent, qu'Eole
» m'avoit donné. Ils se dirent donc les uns aux autres :
» grands Dieux, combien Ulysse est chéri et honoré de
» tous ceux chez qui il arrive ! Il emmène de son voyage
» de Troie un riche butin, et nous, qui avons été les
» compagnons de toutes ses courses, et qui avons essuyé
» les mêmes dangers, nous nous en retournons dans nos
» maisons les mains vides. Voilà encore un sac plein
» d'or, dont lui a fait présent le roi Eole, pour gage de
» son amitié. Allons donc, ouvrons ce sac, et voyons
» toutes les grandes richesses dont il est plein. Ainsi par-
» lèrent mes compagnons; et ce funeste conseil fut suivi.
» Ils ouvrirent le sac; en même temps les vents sortirent
» en foule, et excitèrent une si furieuse tempête, qu'elle
» emporta mes vaisseaux, et les éloigna de ma chère
» patrie. Réveillé par ce bruit affreux, et par les cris et
» les larmes de mes compagnons, je m'abandonnai
» presque au désespoir. Je délibérai en moi-même si je
» ne me jetterois point dans la mer, pour périr dans ses
» gouffres, ou si je supporterois encore ce revers sans
» me plaindre et sans recourir à la mort. Je pris ce der-
» nier parti comme le plus digne de l'homme ; et me
» couvrant la tête de mon manteau, je me couchai sur
» le tillac de mon navire. Toute ma flotte est repoussée
» par la tempête sur les côtes de l'île d'Eolie, d'où
» j'étois parti. Mes compagnons ne pouvoient se conso-
» ler, et fondoient en larmes. Nous descendîmes sur le
» rivage, nous fîmes de l'eau, et mes compagnons pré-
» parèrent le dîner. Après un léger repas, je pris avec
» moi un héraut et un de mes compagnons, et j'allai

» Βῆν εἰς Αἰόλου κλυτὰ δώματα· τὸν δ᾽ ἐκίχανον   60
» Δαινύμενον, παρὰ ᾗ τ᾽ ἀλόχῳ καὶ οἷσι τέκεσσιν.
» Ἐλθόντες δ᾽ ἐς δῶμα, παρὰ σταθμοῖσιν ἐπ᾽ οὐδοῦ
» Ἑζόμεθ᾽· οἱ δ᾽ ἀνὰ θυμὸν ἐθάμβεον, ἔκ τ᾽ ἐρέοντο·
» Πῶς ἦλθες, Ὀδυσεῦ; τίς τοι κακὸς ἔχραε δαίμων;
» Ἦ μέν σ᾽ ἐνδυκέως ἀπεπέμπομεν, ὄφρ᾽ ἀφίκοιο   65
» Πατρίδα σὴν, καὶ δῶμα, καὶ εἴπου τοι φίλον ἐστίν·
» Ὣς φάσαν· αὐτὰρ ἐγὼ μετεφώνεον, ἀχνύμενος κῆρ·
» Ἄασάν μ᾽ ἕταροί τε κακοὶ, πρὸς τοῖσί τε ὕπνος
» Σχέτλιος· ἀλλ᾽ ἀκέσασθε, φίλοι· δύναμις γὰρ ἐν ὑμῖν.
» Ὣς ἐφάμην, μαλακοῖσι καθαπτόμενος ἐπέεσσιν·   70
» Οἱ δ᾽ ἄνεῳ ἐγένοντο· πατὴρ δ᾽ ἠμείβετο μύθῳ·
» Ἔρρ᾽ ἐκ νήσου θᾶσσον, ἐλέγχιστε ζωόντων·
» Οὐ γάρ μοι θέμις ἐστὶ κομιζέμεν οὐδ᾽ ἀποπέμπειν
» Ἄνδρα τὸν, ὅς κε θεοῖσιν ἀπέχθηται μακάρεσσιν.
» Ἔρρ᾽, ἐπειή ῥα θεοῖσιν ἀπεχθόμενος τόδ᾽ ἱκάνεις.   75
» Ὣς εἰπὼν, ἀπέπεμπε δόμων βαρέα στενάχοντα·
» Ἔνθεν δὲ προτέρω πλέομεν, ἀκαχήμενοι ἦτορ.
» Τείρετο δ᾽ ἀνδρῶν θυμὸς ὑπ᾽ εἰρεσίης ἀλεγεινῆς
» Ἡμετέρῃ ματίῃ· ἐπεὶ οὐκέτι φαίνετο πομπή.
» Ἑξῆμαρ μὲν ὁμῶς πλέομεν νύκτας τε καὶ ἦμαρ·   80
» Ἑβδομάτῃ δ᾽ ἱκόμεσθα Λάμου αἰπὺ πτολίεθρον,
» Τηλέπυλον Λαιστρυγονίην, ὅθι ποιμένα ποιμὴν

» avec eux au palais d'Eole, que je trouvai à table avec
» sa femme et ses enfans. En entrant dans la salle, nous
» nous arrêtons à la porte, et nous nous asseyons sur le
» seuil. Eole et ses fils, étonnés de nous revoir : Ulysse,
» me dirent-ils, pourquoi êtes-vous revenu ? Quel Dieu
» ennemi vous a fait éprouver sa colère ? Nous vous
» avions donné de bonne foi tous les moyens nécessaires
» pour retourner dans votre patrie, et pour aller par-
» tout où vous auriez voulu. Hélas ! leur répondis-je,
» avec toutes les marques d'une véritable douleur, ce
» sont mes infidèles compagnons qui m'ont trahi. C'est
» un moment d'un malheureux sommeil qui m'a livré à
» cette infortune. Mais ayez la charité, mes amis, de
» remédier encore une fois à tous mes malheurs ; les
» Dieux vous en ont donné le pouvoir. Je tâchois ainsi
» d'attirer leur compassion par la douceur de mes
» paroles. Ils demeurèrent tous dans le silence. Le roi
» le rompt enfin, et me regardant avec des yeux d'indi-
» gnation ; va, me dit-il, fuis promptement de cette île,
» le plus méchant de tous les mortels. Il ne m'est permis
» ni de recevoir, ni d'assister un homme que les Dieux
» immortels ont déclaré leur ennemi. Va, fuis, puisque
» tu viens dans mon palais chargé de leur haine et de leur
» colère. Il me renvoya ainsi de son île avec inhuma-
» nité, malgré l'état pitoyable où il me voyoit. Nous
» nous éloignâmes donc de cette terre fort affligés. Le
» courage de mes compagnons étoit abattu de la pénible
» navigation à laquelle nous nous voyions encore expo-
» sés, par notre imprudence, car nous n'avions plus
» aucune espérance de retour. Cependant nous fîmes
» route six jours entiers, et le septième nous arrivâmes
» à la hauteur de la ville de Lamus, de la spacieuse
» Lestrygonie, qui abonde en toutes sortes de troupeaux ;
» car le berger qui ramène son troupeau de moutons le
» soir, appelle le pasteur de bœufs, qui, entendant sa

» Ἠπύει εἰσελάων, ὅδε τ' ἐξελάων ὑπακούει.
» Ἔνθα κ' ἄυπνος ἀνὴρ δοιοὺς ἐξήρατο μισθούς,
» Τὸν μὲν βουκολέων, τὸν δ' ἄργυφα μῆλα νομεύων·
» Ἐγγὺς γὰρ νυκτός τε καὶ ἤματός εἰσι κέλευθοι. 86
» Ἔνθ' ἐπεὶ ἐς λιμένα κλυτὸν ἤλθομεν, ὃν πέρι πέτρη
» Ἠλίβατος τετύχηκε διαμπερὲς ἀμφοτέρωθεν·
» Ἀκταὶ δὲ προβλῆτες ἐναντίαι ἀλλήλῃσιν
» Ἐν στόματι προὔχουσιν· ἀραιὴ δ' εἴσοδός ἐστιν· 90
» Ἔνθ' οἵγ' εἴσω πάντες ἔχον νέας ἀμφιελίσσας·
» Αἱ μὲν ἄρ' ἔντοσθεν λιμένος κοίλοιο δέδεντο
» Πλησίαι· οὐ μὲν γάρ ποτ' ἀέξετο κῦμά γ' ἐν αὐτῷ,
» Οὔτε μέγ', οὔτ' ὀλίγον· λευκὴ δ' ἦν ἀμφὶ γαλήνη.
» Αὐτὰρ ἐγὼν οἶος σχέθον ἔξω νῆα μέλαιναν, 95
» Αὐτοῦ ἐπ' ἐσχατιῇ, πέτρης ἐκ πείσματα δήσας.
» Ἔστην δέ, σκοπιὴν ἐς παιπαλόεσσαν ἀνελθών·
» Ἔνθα μὲν οὔτε βοῶν, οὔτ' ἀνδρῶν φαίνετο ἔργα,
» Καπνὸν δ' οἶον ὁρῶμεν ἀπὸ χθονὸς ἀΐσσοντα.
» Δὴ τότ' ἐγὼν ἑτάρους προΐην πεύθεσθαι ἰόντας, 100
» Οἵτινες ἀνέρες εἶεν ἐπὶ χθονὶ σῖτον ἔδοντες·
» Ἄνδρε δύω κρίνας, τρίτατον κήρυχ' ἅμ' ὀπάσσας.
» Οἱ δ' ἴσαν ἐκβάντες λείην ὁδόν, ᾗπερ ἄμαξαι
» Ἄστυδ' ἀφ' ὑψηλῶν ὀρέων καταγίνεον ὕλην.
» Κούρῃ δὲ ξύμβληντο πρὸ ἄστεος ὑδρευούσῃ, 105
» Θυγατρὶ ἰφθίμῃ Λαιστρυγόνος Ἀντιφάταο.
» Ἡ μὲν ἄρ' ἐς κρήνην κατεβήσετο καλλιρέεθρον
» Ἀρτακίην, ἔνθεν γὰρ ὕδωρ προτὶ ἄστυ φέρεσκον.
» Οἱ δὲ παριστάμενοι προσεφώνεον, ἔκ τ' ἐρέοντο,
» Ὅστις τῶν εἴη βασιλεύς, καὶ οἷσιν ἀνάσσοι. 110
» Ἡ δὲ μάλ' αὐτίκα πατρὸς ἐπέφραδεν ὑψερεφὲς δῶ.
» Οἱ δ' ἐπεὶ εἰσῆλθον κλυτὰ δώματα, τὴν δὲ γυναῖκα
» Εὗρον, ὅσην τ' ὄρεος κορυφήν, κατὰ δ' ἔστυγον αὐτήν.
» Ἡ δ' αἶψ' ἐξ ἀγορῆς ἐκάλει κλυτὸν Ἀντιφατῆα,
» Ὃν πόσιν, ὃς δὴ τοῖσιν ἐμήσατο λυγρὸν ὄλεθρον· 115
» Αὐτίχ' ἕνα μάρψας ἑτάρων, ὡπλίσσατο δόρπον.

» voix, fait sortir aussitôt ses bœufs pour le pâturage.
» Là un berger qui pourroit se passer de dormir la nuit,
» gagneroit double salaire : il meneroit paître les mou-
» tons le jour, et la nuit il meneroit les bœufs ; car ces
» deux différens pâturages sont fort voisins. Nous nous
» présentâmes pour entrer dans le port, qui est fort
» célèbre, mais l'entrée n'en est pas facile ; la nature l'a
» environné de roches fort hautes, et des deux côtés le
» rivage s'avance et fait deux pointes qui ne laissent au
» milieu qu'un passage fort étroit. Mes compagnons
» entrèrent dans ce port, et attachèrent leurs vaisseaux
» à terre les uns près des autres, car la marée étoit
» basse et la mer fort tranquille. Mais moi, je n'y entrai
» point, et je tins mon vaisseau dehors, près d'une de
» ces pointes, et après en avoir attaché le câble à un
» rocher, je montai sur une éminence d'où je ne décou-
» vris aucuns travaux de laboureurs, je vis seulement
» de la fumée qui s'élevoit et qui marquoit que le pays
» étoit habité. Aussitôt je choisis deux de mes compa-
» gnons que j'envoyai à la découverte, et je leur donnai
» un héraut pour les accompagner. Ils prirent le grand
» chemin par où les charrettes portoient à la ville le bois
» des montagnes voisines. Près de la ville ils rencon-
» trèrent une jeune fille qui étoit sortie pour aller puiser
» de l'eau à la fontaine d'Artacie, et c'étoit la fille même
» d'Antiphate, roi des Lestrigons. Mes gens s'appro-
» chèrent, et lui demandèrent qui étoit le roi du pays,
» et quels étoient les peuples qui lui obéissoient. Elle
» leur montra le palais de son père ; ils y allèrent, et
» trouvèrent à l'entrée la femme du roi, dont la vue
» leur fit horreur ; car elle étoit aussi grande qu'une
» haute montagne. Dès qu'elle les vit, elle appela son
» mari Antiphate, qui étoit à la place publique, et qui
» leur prépara une cruelle mort ; car empoignant d'abord
» un de mes compagnons, il le mangea pour son dîner.

L'ODYSSÉE

» Τὼ δὲ δύ' ἀίξαντε φυγῇ ἐπὶ νῆας ἱκέσθην.
» Αὐτὰρ ὁ τεῦχε βοὴν διὰ ἄστεος· οἱ δ' ἀΐοντες
» Φοίτων ἴφθιμοι Λαιστρυγόνες ἄλλοθεν ἄλλος.
» Μυρίοι, οὐκ ἄνδρεσσιν ἐοικότες, ἀλλὰ γίγασιν. 120
» Οἵ ῥ' ἀπὸ πετράων ἀνδραχθέσι χερμαδίοισι
» Βάλλον· ἄφαρ δὲ κακὸς κόναβος κατὰ νῆας ὀρώρει,
» Ἀνδρῶν ὀλλυμένων, νηῶν θ' ἅμα ἀγνυμενάων·
» Ἰχθῦς δ' ὥς, πείροντες, ἀτερπέα δαῖτα φέροντο.
» Ὄφρ' οἱ τοὺς ὄλεκον λιμένος πολυβενθέος ἐντός, 125
» Τόφρα δ' ἐγὼ ξίφος ὀξὺ ἐρυσσάμενος παρὰ μηροῦ,
» Τῷ ἀπὸ πείσματ' ἔκοψα νεὼς κυανοπρώροιο·
» Αἶψα δ' ἐμοῖς ἑτάροισιν ἐποτρύνας ἐκέλευσα
» Ἐμβαλέειν κώπῃσ', ἵν' ὑπ' ἐκ κακότητα φύγοιμεν.
» Οἱ δ' ἅμα πάντες ἀνέρριψαν, δείσαντες ὄλεθρον. 130
» Ἀσπασίως δ' ἐς πόντον ἐπιρρεφέας φύγε πέτρας
» Νηῦς ἐμή· αὐτὰρ αἱ ἄλλαι ἀολλέες αὐτόθ' ὄλοντο.
    » Ἔνθεν δὲ προτέρω πλέομεν, ἀκαχήμενοι ἦτορ,
» Ἄσμενοι ἐκ θανάτοιο, φίλους ὀλέσαντες ἑταίρους.
» Αἰαίην δ' ἐς νῆσον ἀφικόμεθ'· ἔνθα δ' ἔναιε 135
» Κίρκη ἐϋπλόκαμος, δεινὴ θεός, αὐδήεσσα,
» Αὐτοκασιγνήτη ὀλοόφρονος Αἰήταο·
» Ἄμφω δ' ἐκγεγάτην φαεσιμβρότου Ἠελίοιο,
» Μητρός τ' ἐκ Πέρσης, τὴν Ὠκεανὸς τέκε παῖδα.
» Ἔνθα δ' ἐπ' ἀκτῆς νηῒ κατηγαγόμεσθα σιωπῇ 140
» Ναύλοχον ἐς λιμένα, καί τις θεὸς ἡγεμόνευεν.
» Ἔνθα τότ' ἐκβάντες, δύο τ' ἤματα καὶ δύο νύκτας
» Κείμεθ', ὁμοῦ καμάτῳ τε, καὶ ἄλγεσι θυμὸν ἔδοντες.
» Ἀλλ' ὅτε δὴ τρίτον ἦμαρ ἐϋπλόκαμος τέλεσ' Ἠώς,
» Καὶ τότ' ἐγὼν ἐμὸν ἔγχος ἑλὼν καὶ φάσγανον ὀξύ,
» Καρπαλίμως παρὰ νηὸς ἀνήϊον ἐς περιωπήν, 146
» Εἴπως ἔργα ἴδοιμι βροτῶν, ἐνοπήν τε πυθοίμην.

« Les autres tâchèrent de regagner leurs vaisseaux par
» la fuite, mais ce monstre se mit à crier et à appeler les
» Lestrygons. Sa voix épouvantable fut entendue de
» toute la ville. Les Lestrygons accoururent de tous les
» côtés à milliers sur ce port, semblables non à des
» hommes, mais à des géans, et ils nous accabloient de
» grosses pierres du haut de ces roches escarpées. Un
» bruit confus d'hommes mourans et de vaisseaux bri-
» sés s'élève de ma flotte. Les Lestrygons, enfilant ces
» malheureux comme des poissons, les emportent pour
» en faire bonne chère. Pendant qu'on maltraite ainsi
» mes vaisseaux qui sont dans le port, je tire mon épée,
» et coupant le câble qui attachoit le mien hors du port
» à la pointe du rocher, j'ordonnai à mes compagnons
» de ramer de toutes leurs forces pour nous dérober au
» danger qui nous menaçoit. Aussitôt la mer blanchit
» sous l'effort de leurs rames, et dans un moment mon
» vaisseau fut hors de la portée des roches dont on
» tâchoit de l'accabler. Mais les autres périrent tous dans
» le port, sans qu'il en échappât un seul.

» Nous cinglâmes vers la haute mer, fort affligés de
» la perte de nos vaisseaux et de la mort de nos compa-
» gnons, et nous arrivâmes à l'île d'AEæa, qui étoit la
» demeure de la déesse Circé, dont la beauté de la voix
» répondoit à celle de son visage. Elle étoit sœur du
» sévère AEétès; le Soleil, qui éclaire tous les hommes,
» les avoit eus tous deux de la nymphe Persa, fille de
» l'Océan. Nous entrâmes dans le port, sans faire le
» moindre bruit, conduits par quelque Dieu. Nous des-
» cendîmes à terre, et nous fûmes là deux jours et deux
» nuits à nous reposer, car nous étions accablés de dou-
» leur et de fatigue. Le matin du troisième jour, dès que
» l'aurore eut doré les sommets des montagnes, je pris
» mon épée et ma pique, et j'avançai dans la campagne
» pour voir si je n'entendrois pas quelque voix, ou si je

» Ἔστην δὲ, σκοπιὴν ἐς παιπαλόεσσαν ἀνελθών,
» Καί μοι ἐείσατο καπνὸς ἀπὸ χθονὸς εὐρυοδείης,
» Κίρκης ἐν μεγάροισι, διὰ δρυμὰ πυκνὰ καὶ ὕλην. 150
» Μερμήριξα δ' ἔπειτα κατὰ φρένα καὶ κατὰ θυμὸν
» Ἐλθεῖν, ἠδὲ πυθέσθαι, ἐπεὶ ἴδον αἴθοπα καπνόν.
» Ὧδε δέ μοι φρονέοντι δοάσσατο κέρδιον εἶναι,
» Πρῶτ' ἐλθόντ' ἐπὶ νῆα θοὴν καὶ θῖνα θαλάσσης,
» Δεῖπνον ἑταίροισιν δόμεναι, προέμεν τὲ πυθέσθαι.
» Ἀλλ' ὅτε δὴ σχεδὸν ἦα κιὼν νεὸς ἀμφιελίσσης, 156
» Καὶ τότε τίς με θεῶν ὀλοφύρατο μοῦνον ἐόντα,
» Ὅς ῥά μοι ὑψίκερων ἔλαφον μέγαν εἰς ὁδὸν αὐτὴν
» Ἦκεν· ὁ μὲν ποταμόνδε κατήϊεν ἐκ νομοῦ ὕλης,
» Πιόμενος, (δὴ γάρ μιν ἔχεν μένος ἠελίοιο·) 160
» Τὸν δ' ἐγὼ ἐκβαίνοντα κατ' ἄκνηστιν μέσα νῶτα
» Πλῆξα· τὸ δ' ἀντικρὺ δόρυ χάλκεον ἐξεπέρησε·
» Κὰδ δ' ἔπεσ' ἐν κονίῃσι μακών, ἀπὸ δ' ἔπτατο θυμός·
» Τῷ δ' ἐγὼ ἐμβαίνων, δόρυ χάλκεον ἐξ ὠτειλῆς
» Εἰρυσάμην· τὸ μὲν αὖθι κατακλίνας ἐπὶ γαίῃ 165
» Εἴασ'· αὐτὰρ ἐγὼ σπασάμην ῥῶπάς τε λύγους τε·
» Πεῖσμα δ', ὅσον τ' ὄργυιαν, ἐϋστρεφὲς ἀμφοτέρωθεν
» Πλεξάμενος, συνέδησα πόδας δεινοῖο πελώρου.
» Βῆν δὲ καταλοφάδια φέρων ἐπὶ νῆα μέλαιναν,
» Ἔγχει ἐρειδόμενος, ἐπεὶ οὔπως ἦεν ἐπ' ὤμου 170
» Χειρὶ φέρειν ἑτέρῃ· μάλα γὰρ μέγα θηρίον ἦεν.
» Κὰδ δ' ἔβαλον προπάροιθε νεώς· ἀνέγειρα δ' ἑταίρους
» Μειλιχίοις ἐπέεσσι, παρασταδὸν ἄνδρα ἕκαστον·
» Ὦ φίλοι, οὐ γάρ πως καταδυσόμεθ', ἀχνύμενοί περ,
» Εἰς Ἀΐδαο δόμους, πρὶν μόρσιμον ἦμαρ ἐπέλθῃ. 175
» Ἀλλ' ἄγετ', ὄφρ' ἐν νηΐ θοῇ βρῶσίς τε, πόσις τε,
» Μνησόμεθα βρώμης, μηδὲ τρυχώμεθα λιμῷ.

» ne trouverois point quelques terres labourées. Je mon-
» tai sur un tertre élevé, et jetant ma vue de tous côtés,
» j'aperçus au loin de la fumée qui sortoit du palais de
» Circé, du milieu des bocages et des forêts qui l'envi-
» ronnent. Aussitôt ma première résolution fut d'aller
» moi-même m'informer ; mais après y avoir bien pensé,
» je trouvai qu'il étoit plus à propos de retourner à mon
» vaisseau, de faire repaître mes compagnons, et de les
» envoyer prendre langue. J'étois déjà près de mon
» vaisseau, lorsque quelqu'un des Dieux immortels eut
» pitié de me voir dénué de tout secours, et envoya sur
» mon chemin un grand cerf qui sortoit de la forêt pour
» aller se désaltérer dans le fleuve, car l'ardeur du soleil
» avoit irrité sa soif. Comme il passoit devant moi, je le
» frappai au milieu du dos, et le perçai de part en part
» d'un coup de pique. Il tombe mort sur la poussière,
» en poussant un grand cri. Je courus aussitôt sur lui,
» et lui mettant le pied sur la gorge, j'arrachai ma
» pique de son corps, je la posai à terre, et j'allai prendre
» quelques branches d'osier, dont je fis une corde d'en-
» viron quatre coudées, avec laquelle j'attachai ensemble
» les quatre pieds de ce monstrueux animal, et le char-
» geai sur mon cou, ma tête passée entre ses jambes ; je
» le portai ainsi dans mon vaisseau, m'appuyant sur ma
» pique, car il n'étoit pas possible de le porter sur mon
» épaule d'une seule main, il étoit trop grand et trop
» fort. En arrivant, je jetai mon fardeau à terre, et je
» ranimai mes compagnons en leur adressant ces paroles,
» qui ne leur furent pas désagréables : Mes amis, quelque
» douleur qui nous presse, nous n'irons pas visiter
» ensemble le sombre royaume de Pluton avant le jour
» marqué par la destinée. Levez-vous, faisons bonne
» chère, puisque nous avons une assez bonne provision,
» et chassons la faim qui nous livroit déjà une cruelle
» guerre.

» Ὣ ἐφάμην· οἱ δ' ὦκα ἐμοῖς ἐπέεσσι πίθοντο·
» Ἐκ δὲ καλυψάμενοι παρὰ ϑῖν' ἁλὸς ἀτρυγέτοιο
» Θηήσαντ' ἔλαφον· μάλα γὰρ μέγα ϑηρίον ἦεν. 180
» Αὐτὰρ ἐπεὶ τάρπησαν ὁρώμενοι ὀφθαλμοῖσιν,
» Χεῖρας νιψάμενοι τεύχοντ' ἐρικυδέα δαῖτα.

» Ὣς τότε μὲν πρόπαν ἦμαρ ἐς ἠέλιον καταδύντα
» Ἥμεθα δαινύμενοι κρέα τ' ἄσπετα καὶ μέθυ ἡδύ·
» Ἦμος δ' ἠέλιος κατέδυ, καὶ ἐπὶ κνέφας ἦλθε, 185
» Δὴ τότ' ἐκοιμήθημεν ἐπὶ ῥηγμῖνι θαλάσσης.
» Ἦμος δ' ἠριγένεια φάνη ῥοδοδάκτυλος ἠώς,
» Καὶ τότ' ἐγὼν ἀγορὴν θέμενος μετὰ πᾶσιν ἔειπον·

» Κέκλυτέ μευ μύθων, κακά περ πάσχοντες, ἑταῖροι·
» Ὦ φίλοι, οὐ γάρ τ' ἴδμεν, ὅπῃ ζόφος, οὐδ' ὅπῃ ἠώς,
» Οὐδ' ὅπῃ ἠέλιος φαεσίμβροτος εἶσ' ὑπὸ γαῖαν, 191
» Οὐδ' ὅπῃ ἀννεῖται· ἀλλὰ φραζώμεθα θᾶσσον,
» Εἴ τις ἔτ' ἔσται μῆτις· ἐγὼ δ' οὐκ οἴομαι εἶναι.
» Εἶδον γάρ, σκοπιὴν ἐς παιπαλόεσσαν ἀνελθών,
» Νῆσον, τὴν πέρι πόντος ἀπείριτος ἐστεφάνωται· 195
» Αὐτὴ δὲ χθαμαλὴ κεῖται, καπνὸν δ' ἐνὶ μέσσῃ
» Ἔδρακον ὀφθαλμοῖσι, διὰ δρυμὰ πυκνὰ καὶ ὕλην.
» Ὣς ἐφάμην· τοῖσιν δὲ κατεκλάσθη φίλον ἦτορ,
» Μνησαμένοις ἔργων Λαιστρυγόνος Ἀντιφάταο,
» Κύκλωπός τε βίης μεγαλήτορος ἀνδροφάγοιο. 200
» Κλαῖον δὲ λιγέως, θαλερὸν κατὰ δάκρυ χέοντες·
» Ἀλλ' οὐ γάρ τις πρῆξις ἐγίνετο μυρομένοισιν.
» Αὐτὰρ ἐγὼ δίχα πάντας ἐϋκνήμιδας ἑταίρους
» Ἠρίθμεον· ἀρχὸν δὲ μετ' ἀμφοτέροισιν ὄπασσα·
» Τῶν μὲν ἐγὼν ἦρχον, τῶν δ' Εὐρύλοχος θεοειδής. 205
» Κλήρους δ' ἐν κυνέῃ χαλκήρεϊ πάλλομεν ὦκα,
» Ἐκ δ' ἔθορε κλῆρος μεγαλήτορος Εὐρυλόχοιο.

» A ces mots, ils reviennent de leur abbattement, et
» se découvrent la tête qu'ils avoient couverte de leurs
» manteaux par désespoir. Ils se lèvent, et regardent
» avec admiration ce cerf, qui étoit d'une grandeur
» énorme; quand ils se furent rassasiés du plaisir de le
» contempler, ils se lavèrent les mains et se mirent à
» préparer le souper.

» Nous passâmes le reste du jour à boire et à faire
» bonne chère; et dès que le soleil fut couché, et que la
» nuit eut répandu ses ténèbres sur les campagnes, nous
» nous couchâmes près de notre vaisseau sur le rivage
» même. Le lendemain, au point du jour, j'assemblai
» mes compagnons, et leur dis:

» Mais amis, nous voici dans une terre entièrement
» inconnue, car nous ne savons en quelle partie du
» monde nous sommes, par rapport au septentrion et au
» midi, au couchant et au levant. Voyons donc quel
» conseil nous avons à prendre, s'il y en a quelqu'un,
» et je doute qu'il y en ait un bon; car étant monté sur
» une éminence, j'ai reconnu que nous sommes dans
» une île fort basse et environnée d'une vaste mer; et
» j'ai vu sortir de la fumée du milieu de ses bocages et
» de ses forêts. Ces paroles abattirent entièrement le
» courage de mes compagnons, à qui les cruautés d'An-
» tiphate et celles du terrible cyclope Polyphême ne
» manquèrent pas de revenir dans l'esprit. Ils se mirent
» tous à crier et à verser des torrens de larmes. Eh, à
» quoi servent les cris et les larmes dans l'affliction?
» Mais moi, après les avoir tous passés en revue, et bien
» comptés, je les partageai en deux bandes; je leur
» donnai à chacune un chef, je me mis à la tête de la
» première, et Euryloque commanda la seconde. Je
» jetai en même temps deux sorts dans un casque, pour
» voir quelle compagnie devoit aller à la découverte.
» Le sort d'Euryloque sortit le premier. Il se met aussi-

» Βῆ δ' ἰέναι, ἅμα τῷ γε δύω καὶ εἴκοσ' ἑταῖροι
» Κλαίοντες· κατὰ δ' ἄμμε λίπον γοόωντας ὄπισθεν.
» Εὗρον δ' ἐν βήσσῃσι τετυγμένα δώματα Κίρκης 210
» Ξεστοῖσιν λάεσσι, περισκέπτῳ ἐνὶ χώρῳ.
» Ἀμφὶ δέ μιν λύκοι ἦσαν ὀρέατεροι, ἠδὲ λέοντες,
» Τοὺς αὐτὴ κατέθελξεν, ἐπεὶ κακὰ φάρμακ' ἔδωκεν.
» Οὐδ' οἵγ' ὡρμήθησαν ἐπ' ἀνδράσιν, ἀλλ' ἄρα τοίγε
» Οὐρῇσιν μακρῇσι περισσαίνοντες ἀνέσταν. 215
» Ὡς δ' ὅταν ἀμφὶ ἄνακτα κύνες δαίτηθεν ἰόντα
» Σαίνωσ'· (αἰεὶ γάρ τε φέρει μειλίγματα θυμοῦ·)
» Ὣς τοὺς ἀμφὶ λύκοι κρατερώνυχες, ἠδὲ λέοντες,
» Σαῖνον· τοὶ δ' ἔδδεισαν, ἐπεὶ ἴδον αἰνὰ πέλωρα.
» Ἔσταν δ' εἰνὶ θύρῃσι θεᾶς καλλιπλοκάμοιο· 220
» Κίρκης δ' ἔνδον ἄκουον ἀειδούσης ὀπὶ καλῇ,
» Ἱστὸν ἐποιχομένης μέγαν, ἄμβροτον· οἷα θεάων
» Λεπτά τε, καὶ χαρίεντα, καὶ ἀγλαὰ ἔργα πέλονται.
» Τοῖσι δὲ μύθων ἦρχε Πολίτης, ὄρχαμος ἀνδρῶν,
» Ὅς μοι κήδιστος ἑτάρων ἦν, κεδνότατός τε· 225

» Ὦ φίλοι, ἔνδον γάρ τις ἐποιχομένη μέγαν ἱστὸν,
» Καλὸν ἀοιδιάει, (δάπεδον δ' ἅπαν ἀμφιμέμυκεν,)
» Ἢ θεὸς, ἠὲ γυνή· ἀλλὰ φθεγγώμεθα θᾶσσον.

» Ὣς ἄρ' ἐφώνησεν· τοὶ δ' ἐφθέγγοντο καλεῦντες·
» Ἡ δ' αἶψ' ἐξελθοῦσα θύρας ὤϊξε φαεινάς, 230
» Καὶ κάλει· οἱ δ' ἅμα πάντες ἀϊδρείῃσιν ἕποντο·
» Εὐρύλοχος δ' ὑπέμεινεν, ὀϊσσάμενος δόλον εἶναι.
» Εἷσεν δ' εἰσαγαγοῦσα κατὰ κλισμούς τε, θρόνους τε.
» Ἐν δέ σφιν τυρόν τε, καὶ ἄλφιτα, καὶ μέλι χλωρὸν,
» Οἴνῳ Πραμνείῳ ἐκύκα· ἀνέμισγε δὲ σίτῳ 235
» Φάρμακα λύγρ', ἵνα πάγχυ λαθοίατο πατρίδος αἴης.
» Αὐτὰρ ἐπεὶ δῶκέν τε καὶ ἔκπιον, αὐτίκ' ἔπειτα
» Ῥάβδῳ πεπληγυῖα, κατὰ συφεοῖσιν ἔεργνυ.

» tôt en marche à la tête de ses vingt-deux compagnons.
» Ils ne purent nous quitter sans pleurer amèrement,
» ni nous les voir partir sans fondre en larmes. Dans le
» fond d'une vallée, ils trouvèrent le palais de Circé,
» qui étoit bâti de belles pierres de taille et environné de
» bois. On voyoit à l'entrée, des loups et des lions qu'elle
» avoit apprivoisés par ses funestes drogues. Ils ne se
» jetèrent point sur mes gens ; au contraire, ils se levèrent
» pour les flatter en remuant la queue. Comme des chiens
» domestiques caressent leur maître qui sort de table,
» car il leur apporte toujours quelque douceur ; de même
» ces lions et ces loups caressoient mes compagnons,
» qui ne laissoient pas d'être effrayés de leur taille
» énorme. Ils s'arrêtèrent sur la porte de la Déesse, et
» ils entendirent qu'elle chantoit d'une voix admirable
» en travaillant à un ouvrage de tapisserie, ouvrage
» immortel, d'une finesse, d'une beauté et d'un éclat
» qui ne se trouvent qu'aux ouvrages des Déesses. Le
» brave Politès, qui étoit le plus prudent de la troupe,
» et qui m'étoit le plus cher, prit la parole, et dit :

» Mes amis, j'entends quelque personne qui, en tra-
» vaillant à quelque ouvrage, chante merveilleuse-
» ment ; c'est une femme, ou plutôt une Déesse ; ne
» craignons point de lui parler.

» En même temps ils se mettent à l'appeler. Elle se
» lève de son siége, ouvre ses portes éclatantes et les
» convie d'entrer. Ils entrent par un excès d'imprudence.
» Euryloque seul, soupçonnant quelque embûche,
» demeura dehors. La Déesse fait d'abord asseoir ces
» malheureux sur de beaux siéges, et leur sert un breu-
» vage composé de fromage, de farine et de miel
» détrempés dans du vin de Pramne, et où elle avoit
» mêlé des drogues enchantées pour leur faire oublier
» leur patrie. Dès qu'ils eurent avalé ce breuvage empoi-
» sonné, elle leur donna sur la tête un coup de sa

» Οἱ δὲ συῶν μὲν ἔχον κεφαλὰς, φωνήν τε, δέμας τε,
» Καὶ τρίχας· αὐτὰρ νοῦς ἦν ἔμπεδος, ὡς τοπάρος πέρ.
» Ὣς οἱ μὲν κλαίοντες ἔερχατο· τοῖσι δὲ Κίρκη   241
» Πὰρ ἄκυλον, βάλανόν τ᾽ ἔβαλεν, καρπόν τε κρανείης,
» Ἔδμεναι, οἷα σύες χαμαιευνάδες αἰὲν ἔδουσιν.
» Εὐρύλοχος δ᾽ αἶψ᾽ ἦλθε θοὴν ἐπὶ νῆα μέλαιναν,
» Ἀγγελίην ἑτάρων ἐρέων καὶ ἀδευκέα πότμον.   245
» Οὐδέ τι ἐκφάσθαι δύνατο ἔπος, ἱέμενός περ,
» Κῆρ ἄχεϊ μεγάλῳ βεβολημένος· ἐν δέ οἱ ὄσσε
» Δακρυόφιν πίμπλαντο, γόον δ᾽ ὠΐετο θυμός.
» Ἀλλ᾽ ὅτε δή μιν πάντες ἀγασσάμεθ᾽ ἐξερέοντες,
» Καὶ τότε τῶν ἄλλων ἑτάρων κατέλεξεν ὄλεθρον·   250

» Ἤομεν, ὡς ἐκέλευες, ἀνὰ δρυμὰ, φαίδιμ᾽ Ὀδυσσεῦ·
» Εὕρομεν ἐν βήσσῃσι τετυγμένα δώματα καλὰ
» Ξεστοῖσιν λάεσσι, περισκέπτῳ ἐνὶ χώρῳ.
» Ἔνθα δέ τις μέγαν ἱστὸν ἐποιχομένη λίγ᾽ ἄειδεν,
» Ἢ θεὸς, ἠὲ γυνή· τοὶ δ᾽ ἐφθέγγοντο καλεῦντες.   255
» Ἡ δ᾽ αἶψ᾽ ἐξελθοῦσα θύρας ὤϊξε φαεινὰς,
» Καὶ κάλει· οἱ δ᾽ ἅμα πάντες ἀϊδρείῃσιν ἕποντο·
» Αὐτὰρ ἐγὼν ὑπέμεινα, ὀϊσσάμενος δόλον εἶναι.
» Οἱ δ᾽ ἄμ᾽ ἀϊστώθησαν ἀολλέες, οὐδέ τις αὐτῶν
» Ἐξεφάνη· δηρὸν δὲ καθήμενος ἐσκοπίαζον.   260

» Ὣς ἔφατ᾽· αὐτὰρ ἐγὼ περὶ μὲν ξίφος ἀργυρόηλον
» Ὤμοιϊν βαλόμην, μέγα, χάλκεον· ἀμφὶ δὲ τόξα.
» Τὸν δ᾽ αἶψ᾽ ἠνώγεα αὐτὴν ὁδὸν ἡγήσασθαι.
» Αὐτὰρ ὅγ᾽ ἀμφοτέρῃσι λαβὼν ἐλλίσσετο γούνων,
» Καί μ᾽ ὀλοφυρόμενος ἔπεα πτερόεντα προσηύδα·   265

» Μή μ᾽ ἄγε κεῖσ᾽ ἀέκοντα, διοτρεφὲς, ἀλλὰ λίπ᾽ αὐτοῦ·
» Οἶδα γὰρ, ὡς οὔτ᾽ αὐτὸς ἐλεύσεαι, οὔτε τίν᾽ ἄλλον

» verge, et les enferma dans l'étable. Ils avoient la tête,
» la voix, les soies, enfin tout le corps de véritables
» pourceaux; mais leur esprit étoit encore entier comme
» auparavant. Ils entrèrent dans l'étable en pleurant.
» Avant que de les enfermer, la Déesse remplit leur
» auge de gland et de gousses, dont les pourceaux sont
» accoutumés de se nourrir. Euryloque retourne promp-
» tement au vaisseau pour nous annoncer la malheu-
» reuse et surprenante aventure de mes compagnons. Il
» étoit si pénétré de douleur, qu'il ne pouvoit parler,
» quelque envie qu'il eût de nous l'apprendre, et ses
» yeux étoient noyés de pleurs. Par l'état où nous le
» voyions il étoit aisé de juger que son affliction étoit
» extrême. Enfin nous le pressâmes tant de parler, qu'il
» nous apprit le malheur qui venoit d'arriver.

» Divin Ulysse, me dit-il, nous avons parcouru ces
» bois selon vos ordres; nous avons trouvé, dans le fond
» d'une vallée, la maison de Circé; là nous avons entendu
» une voix mélodieuse : c'étoit une femme, ou plutôt
» une Déesse, qui chantoit. Nos compagnons ont com-
» mencé à l'appeler. Elle a quitté promptement son
» siége, elle est venue ouvrir les portes, et les a conviés
» d'entrer. Ils sont entrés par un excès d'imprudence;
» mais moi soupçonnant quelque embûche, je suis
» demeuré à la porte. Ils sont tous péris dans le palais,
» aucun d'eux n'a reparu, quoique j'aie attendu long-
» temps pour en avoir quelques nouvelles.

» A ces mots, je pris mon épée et un javelot, et j'or-
» donnai à Euryloque de me conduire par le même che-
» min qu'il avoit tenu. Mais lui se jetant à mes genoux,
» et les embrassant étroitement, me conjuroit avec
» larmes de renoncer à ce dessein.

» Généreux Ulysse, n'allez point là, me disoit-il, je
» vous en prie, et ne m'y menez pas malgré moi. Laissez-
» moi plutôt ici, je sais que vous n'en reviendrez point,

» Ἄξεις σῶν ἑτάρων· ἀλλὰ ξὺν τοῖσδεσι θᾶσσον
» Φεύγωμεν· ἔτι γάρ κεν ἀλύξαιμεν κακὸν ἦμαρ.

» Ὣς ἔφατ'· αὐτὰρ ἐγώ μιν ἀμειβόμενος προσέειπον·
» Εὐρύλοχ', ἤτοι μὲν σὺ μέν' αὐτοῦ τῷδ' ἐνὶ χώρῳ, 271
» Ἔσθων καὶ πίνων, κοίλῃ παρὰ νηῒ μελαίνῃ·
» Αὐτὰρ ἐγὼν εἶμι· κρατερὴ δέ μοι ἔπλετ' ἀνάγκη.
» Ὣς εἰπὼν, παρὰ νηὸς ἀνήϊον, ἠδὲ θαλάσσης.
» Ἀλλ' ὅτε δὴ ἄρ' ἔμελλον, ἰὼν ἱερὰς ἀνὰ βήσσας, 275
» Κίρκης ἵξεσθαι πολυφαρμάκου ἐς μέγα δῶμα,
» Ἔνθα μοι Ἑρμείας χρυσόρραπις ἀντεβόλησεν
» Ἐρχομένῳ πρὸς δῶμα, νεηνίῃ ἀνδρὶ ἐοικὼς,
» Πρῶτον ὑπηνήτῃ, τοῦπερ χαριεστάτη ἥβη·
» Ἔν τ' ἄρα μοι φῦ χειρὶ, ἔπος τ' ἔφατ', ἔκ τ' ὀνόμαζε·

» Πῆ δ' αὕτως, δύστηνε, δι' ἄκριας ἔρχεαι οἶος, 281
» Χῶρον ἄϊδρις ἐών; ἕταροι δέ τοι οἵδ' ἐνὶ Κίρκης
» Ἔρχαται, ὥστε σύες πυκινοὺς κευθμῶνας ἔχοντες.
» Ἦ τοὺς λυσόμενος δεῦρ' ἔρχεαι; οὐδέ σε φημὶ
» Αὐτὸν νοστήσειν, μενέεις δέ σὺ, ἔνθα περ ἄλλοι. 285
» Ἀλλ' ἄγε δή σε κακῶν ἐκλύσομαι, ἠδὲ σαώσω·
» Τῆ τόδε φάρμακον ἐσθλὸν, ἔχων δ' ἐς δώματα Κίρκης
» Ἔρχευ, ὅ κέν τοι κρατὸς ἀλαλκήσει κακὸν ἦμαρ.
» Πάντα δέ τοι ἐρέω ὀλοφώϊα δήνεα Κίρκης·
» Τεύξει τοι κυκεῶ, βαλέει δ' ἐνὶ φάρμακα σίτῳ· 290
» Ἀλλ' οὐδ' ὣς θέλξαι σε δυνήσεται· οὐ γὰρ ἐάσει
» Φάρμακον ἐσθλὸν, ὅ τοι δώσω· ἐρέω δὲ ἕκαστα·
» Ὁππότε κεν Κίρκη σ' ἐλάσῃ περιμήκεϊ ῥάβδῳ,
» Δὴ τότε σὺ ξίφος ὀξὺ ἐρυσσάμενος παρὰ μηροῦ,
» Κίρκῃ ἐπαΐξαι, ὥστε κτάμεναι μενεαίνων. 295
» Ἡ δέ σ' ὑποδδείσασα κελήσεται εὐνηθῆναι·
» Ἔνθα σὺ μηκέτ' ἔπειτ' ἀπανήνασθαι θεοῦ εὐνὴν,

» et que vous ne ramenerez pas un seul de votre troupe.
» Fuyons sans perdre un moment, peut-être est-il encore
» temps de nous dérober au danger qui nous menace,
» et d'éviter ce funeste jour.

» Euryloque, lui dis-je, demeurez donc ici à faire
» bonne chère sur votre vaisseau; pour moi, je suis
» résolu de m'exposer au danger; car c'est une nécessité
» indispensable. Je le quitte en même temps, et je
» m'éloigne du rivage. J'avois à peine traversé le bois,
» et parcouru une partie de la vallée, que, comme
» j'approchai du palais de Circé, Mercure vint à ma
» rencontre, sous la forme d'un jeune homme qui est à
» la fleur de sa jeunesse, et m'abordant et me prenant
» par la main, il me dit:

» Où allez-vous, malheureux, en parcourant ainsi
» seul ces coteaux, sans avoir aucune connoissance des
» lieux où vous êtes? Vos compagnons sont dans ce palais
» de Circé, enfermés comme des pourceaux dans des
» étables. Venez-vous pour les délivrer? Je ne crois pas
» que vous en sortiez jamais; vous ne ferez qu'augmen-
» ter le nombre. Mais j'ai pitié de vous, je veux vous
» garantir de ce danger: prenez le contre-poison que je
» vais vous donner; avec ce remède, vous pouvez sûre-
» ment entrer dans ce palais; il éloignera de vous tous
» les maux qu'on voudroit vous faire. Je vais vous décou-
» vrir les pernicieux desseins de Circé. Dès que vous
» serez arrivé, elle vous préparera une boisson mixtion-
» née, où elle mêlera des drogues plus dangereuses que
» les poisons. Mais ses enchantemens seront inutiles sur
» vous. Le remède que je vous donne est un excellent
» préservatif, et voici de quelle manière vous devez vous
» conduire. Quand elle vous aura frappé de sa longue
» verge, tirez promptement l'épée, et jetez-vous sur
» elle, comme si vous aviez le dessein de la tuer. Effrayée
» de cette audace, elle vous offrira sa couche, et gardez-

» Ὄφρα κέ τοι λύσῃ θ' ἑτάρους, αὐτόν τε κομίσσῃ·
» Ἀλλὰ κελεσθαί μιν μακάρων μέγαν ὅρκον ὀμόσσαι.
» Μή τί τοι αὐτῷ πῆμα κακὸν βουλευσέμεν ἄλλο, 300
» Μή σ' ἀπογυμνωθέντα κακὸν καὶ ἀνήνορα θείῃ.

» Ὣς ἄρα φωνήσας πόρε φάρμακον Ἀργειφόντης,
» Ἐκ γαίης ἐρύσας, καί μοι φύσιν αὐτοῦ ἔδειξεν.
» Ῥίζῃ μὲν μέλαν ἔσκε, γάλακτι δὲ εἴκελον ἄνθος·
» Μῶλυ δέ μιν καλέουσι θεοί· χαλεπὸν δέ τ' ὀρύσσειν
» Ἀνδράσι γε θνητοῖσι· θεοὶ δέ τε πάντα δύνανται. 306
» Ἑρμείας μὲν ἔπειτ' ἀπέβη πρὸς μακρὸν Ὄλυμπον,
» Νῆσον ἀν' ὑλήεσσαν· ἐγὼ δ' ἐς δώματα Κίρκης
» Ἤϊα· πολλὰ δέ μοι κραδίη πόρφυρε κιόντι.
» Ἔστην δ' εἰνὶ θύρῃσι θεᾶς καλλιπλοκάμοιο· 310
» Ἔνθα στὰς ἐβόησα, θεὰ δέ μευ ἔκλυεν αὐδῆς.
» Ἡ δ' αἶψ' ἐξελθοῦσα θύρας ὤϊξε φαεινάς,
» Καὶ κάλει· αὐτὰρ ἐγὼν ἑπόμην, ἀκαχήμενος ἦτορ.
» Εἷσε δέ μ' εἰσαγαγοῦσα ἐπὶ θρόνου ἀργυροήλου,
» Καλοῦ, δαιδαλέου· ὑπὸ δὲ θρῆνυς ποσὶν ἦεν. 315
» Τεῦξε δέ μοι κυκεῶ χρυσέῳ δέπα, ὄφρα πίοιμι·
» Ἐν δέ τε φάρμακον ἧκε, κακὰ φρονέουσ' ἐνὶ θυμῷ.
» Αὐτὰρ ἐπεὶ δῶκέν τε καὶ ἔκπιον, οὐδέ μ' ἔθελξεν,
» Ῥάβδῳ πεπληγυῖα, ἔπος τ' ἔφατ', ἔκ τ' ὀνόμαζεν·
» Ἔρχεο νῦν συφεόνδε, μετ' ἄλλων λέξο ἑταίρων. 320
» Ὣς φάτ'· ἐγὼ δ' ἄορ ὀξὺ ἐρυσσάμενος παρὰ μηροῦ,
» Κίρκῃ ἐπήϊξα, ὥστε κτάμεναι μενεαίνων.
» Ἡ δὲ μέγα ἰάχουσα ὑπέδραμε, καὶ λάβε γούνων,
» Καί μ' ὀλοφυρομένη ἔπεα πτερόεντα προσηύδα·

» Τίς; πόθεν εἶς ἀνδρῶν; πόθι τοι πόλις ἠδὲ τοκῆες; 325
» Θαῦμά μ' ἔχει, ὡς οὔτι πιὼν τάδε φάρμακ' ἐθέλχθης.

» vous bien de la refuser, afin qu'elle délivre vos com-
» pagnons, et qu'elle vous donne tous les secours qui
» vous sont nécessaires. Mais, auparavant, obligez-la de
» jurer le plus grand serment des immortels, qu'elle ne
» vous tendra aucune sorte de piége, afin que, quand
» elle vous tiendra désarmé, elle ne vous rende pas lâche
» et efféminé.

» Ce Dieu ayant parlé ainsi, me présente cet anti-
» dote, qu'il arracha de terre, et dont il m'enseigna les
» vertus; c'étoit une espèce de plante, dont la racine
» étoit noire et la fleur blanche comme du lait. Les
» Dieux l'appellent Moly. Il est difficile aux mortels de
» l'arracher, mais les Dieux peuvent toutes choses. En
» finissant ces mots, il s'éleva dans les airs et prit son
» vol vers l'Olympe. Je continuai mon chemin vers le
» palais de Circé, et en marchant j'étois agité de diffé-
» rentes pensées. Je m'arrêtai à la porte de la Déesse, je
» l'appelai, elle entendit ma voix, vint elle-même ouvrir
» les portes et me pria d'entrer. Je la suivis, plongé dans
» une profonde tristesse. Elle me mena dans la salle, et
» après m'avoir fait asseoir sur un beau siége à marche-
» pied et tout parsemé de clous d'argent, elle me pré-
» sente dans une coupe d'or cette boisson mixtionnée, où
» elle avoit mêlé ses poisons, qui devoient produire une
» si cruelle métamorphose. Je pris la coupe de ses mains,
» et je bus, mais elle n'eut pas l'effet qu'elle en atten-
» doit; elle me donna un coup de sa verge, et en me
» frappant elle dit: *Va dans l'étable, va retrouver*
» *tes compagnons, et être comme eux.* En même
» temps je tire mon épée, et je me jette sur elle comme
» pour la tuer. Elle se met à crier, et tombant à mes
» genoux, elle me dit, le visage couvert de larmes:

» Qui êtes-vous? d'où êtes-vous, je suis dans un éton-
» nement inexprimable de voir qu'après avoir bu mes
» poisons, vous n'êtes point changé. Jamais aucun autre

» Οὐδὲ γὰρ οὐδέ τις ἄλλος ἀνὴρ τάδε φάρμακ' ἀνέτλη,
» Ὅς κε πίῃ, καὶ πρῶτον ἀμείψεται ἕρκος ὀδόντων·
» Σοὶ δέ τις ἐν στήθεσσιν ἀκήλητος νόος ἐστίν.
» Ἦ σύ γ' Ὀδυσσεύς ἐσσι πολύτροπος, ὅν τέ μοι αἰεὶ
» Φάσκεν ἐλεύσεσθαι χρυσόρραπις Ἀργειφόντης, 331
» Ἐκ Τροίης ἀνιόντα θοῇ σὺν νηΐ μελαίνῃ;
» Ἀλλ' ἄγε δὴ κολεῷ μὲν ἄορ θέο, νῶϊ δ' ἔπειτα
» Εὐνῆς ἡμετέρης ἐπιβήσομεν, ὄφρα μιγέντε
» Εὐνῇ καὶ φιλότητι, πεποίθομεν ἀλλήλοισιν.   335
   » Ὣς ἔφατ', αὐτὰρ ἐγώ μιν ἀμειβόμενος προσέειπον·
» Ὦ Κίρκη, πῶς γάρ με κέλῃ σοι ἤπιον εἶναι;
» Ἥ μοι σῦς μὲν ἔθηκας ἐνὶ μεγάροισιν ἑταίρους·
» Αὐτὸν δ' ἐνθάδ' ἔχουσα, δολοφρονέουσα κελεύεις
» Ἐς θάλαμόν τ' ἰέναι, καὶ σῆς ἐπιβήμεναι εὐνῆς, 340
» Ὄφρα με γυμνωθέντα, κακὸν καὶ ἀνήνορα θείῃς;
» Οὐδ' ἂν ἔγωγ' ἐθέλοιμι τεῆς ἐπιβήμεναι εὐνῆς,
» Εἰ μή μοι τλαίης γε, θεά, μέγαν ὅρκον ὀμόσσαι,
» Μήτι μοι αὐτῷ πῆμα κακὸν βουλευσέμεν ἄλλο.
   » Ὣς ἐφάμην· ἡ δ' αὐτίκ' ἀπώμνυεν, ὡς ἐκέλευον.
» Αὐτὰρ ἐπεί ῥ' ὄμοσέν τε τελεύτησέν τε τὸν ὅρκον, 346
» Καὶ τότ' ἐγὼ Κίρκης ἐπέβην περικαλλέος εὐνῆς.
» Ἀμφίπολοι δ' ἄρα κεδναὶ ἐνὶ μεγάροισι πένοντο
» Τέσσαρες, αἵ οἱ δῶμα κάτα δρήστειραι ἔασι.
» Γίνονται δ' ἄρα ταί γ' ἔκ τε κρηνέων, ἀπό τ' ἀλσέων,
» Ἔκ θ' ἱερῶν ποταμῶν, οἵτ' εἰς ἅλαδε προρέουσι. 350
» Τάων ἡ μὲν ἔβαλλε θρόνοις ἔνι ῥήγεα καλὰ,
» Πορφύρεα καθύπερθ', ὑπένερθε δὲ λῖθ' ὑπέβαλλεν·
» Ἡ δ' ἑτέρη προπάροιθε θρόνων ἐτίταινε τραπέζας
» Ἀγυρέας, ἐπὶ δέ σφι τίθει χρύσεια κάνεια·   355
» Ἡ δὲ τρίτη κρητῆρι μελίφρονα οἶνον ἐκίρνα
» Ἡδὺν ἐν ἀργυρέῳ, νέμε δὲ χρύσεια κύπελλα·
» Ἡ δὲ τετάρτη ὕδωρ ἐφόρει, καὶ πῦρ ἀνέκαιε
» Πολλὸν ὑπὸ τρίποδι μεγάλῳ· ἰαίνετο δ' ὕδωρ.

» mortel n'a pu résister à ces drogues, non-seulement
» après en avoir bu, mais même après avoir approché
» la coupe de ses lèvres. Il faut que vous ayez un esprit
» supérieur à tous les enchantemens, ou que vous soyez
» le prudent Ulysse ; car Mercure m'a toujours dit qu'il
» viendroit ici au retour de la guerre de Troie. Mais
» remettez votre épée dans le fourreau, et ne pensons
» qu'à l'amour. Donnons-nous des gages d'une passion
» réciproque pour établir la confiance qui doit régner
» entre nous.

» Elle me parla ainsi. Mais moi, sans me laisser sur-
» prendre à ces démonstrations trop suspectes, je lui
» répondis : Circé, comment voulez-vous que je réponde
» à votre passion, vous qui venez de changer si indi-
» gnement mes compagnons en pourceaux, et qui, me
» retenant dans votre palais, m'offrez insidieusement
» de partager avec moi votre couche, afin que, quand
» je serai désarmé, je sois à votre discrétion, et que
» vous triomphiez de moi comme d'un homme sans
» vertu et sans force ? Non, jamais je ne consentirai à ce
» que vous me proposez, si, comme Déesse que vous
» êtes, vous ne me faites le plus grand serment des immor-
» tels que vous ne me tendrez aucun autre piége.

» Elle ne balança point : elle me fit le serment que
» je demandois. Ce serment fait sans aucune ambiguïté,
» je consentis à ce qu'elle demandoit de moi. Elle avoit
» près d'elle quatre nymphes dignes des vœux de tous
» les mortels ; elles la servoient et avoient soin de tout
» son palais. C'étoient des nymphes des fontaines, des
» bois et des fleuves qui portent le tribut de leurs eaux
» dans la mer. L'une couvrit les siéges de beaux tapis de
» pourpre, et étendit sur le plancher d'autres tapis d'une
» finesse admirable et d'un travail exquis. L'autre
» dressa une table d'argent, et mit dessus des corbeilles
» d'or. La troisième versa le vin dans une urne d'argent,
» et prépara les coupes d'or. Et la quatrième apporta de
» l'eau, alluma du feu et prépara le bain. Quand tout

» Αὐτὰρ ἐπειδὴ ζέσσεν ὕδωρ ἐνὶ ἤνοπι χαλκῷ,   360
» Ἔς ῥ᾽ ἀσάμινθον ἕσασα, λό᾽ ἐκ τρίποδος μεγάλοιο,
» Θυμῆρες κεράσασα κατὰ κρατός τε καὶ ὤμων,
» Ὄφρα μοι ἐκ κάματον θυμοφθόρον εἵλετο γυίων.
» Αὐτὰρ ἐπεὶ λοῦσέν τε, καὶ ἔχρισεν λίπ᾽ ἐλαίῳ,
» Ἀμφὶ δέ με χλαῖναν καλὴν βάλεν ἠδὲ χιτῶνα·   365
» Εἷσε δέ μ᾽ εἰσαγαγοῦσα ἐπὶ θρόνου ἀργυροήλου,
» Καλοῦ, δαιδαλέου· ὑπὸ δὲ θρῆνυς ποσὶν ἦεν.
» Χέρνιβα δ᾽ ἀμφίπολος προχόῳ ἐπέχευε φέρουσα
» Καλῇ, χρυσείῃ, ὑπὲρ ἀργυρέοιο λέβητος,
» Νίψασθαι· παρὰ δὲ ξεστὴν ἐτάνυσσε τράπεζαν.   370
» Σῖτον δ᾽ αἰδοίη ταμίη παρέθηκε φέρουσα,
» Εἴδατα πόλλ᾽ ἐπιθεῖσα, χαριζομένη παρεόντων.
» Ἐσθέμεναι δ᾽ ἐκέλευεν· ἐμῷ δ᾽ οὐχ ἥνδανε θυμῷ·
» Ἀλλ᾽ ἥμην ἀλλοφρονέων, κακὰ δ᾽ ὄσσετο θυμός.
» Κίρκη δ᾽ ὡς ἐνόησεν ἔμ᾽ ἥμενον, οὐδ᾽ ἐπὶ σίτῳ   375
» Χεῖρας ἰάλλοντα, στυγερὸν δέ με πένθος ἔχοντα,
» Ἀγχὶ παρισταμένη ἔπεα πτερόεντα προσηύδα·

» Τίφθ᾽ οὕτως, Ὀδυσεῦ, κατ᾽ ἄρ᾽ ἕζεαι ἶσος ἀναύδῳ,
» Θυμὸν ἔδων; βρώμης δ᾽ οὐχ ἅπτεαι, οὐδὲ ποτῆτος;
» Ἤ τινά που δόλον ἄλλον ὀΐεαι; οὐδ᾽ ἔτι σε χρὴ 380
» Δειδίμεν· ἤδη γάρ τοι ἀπώμοσα καρτερὸν ὅρκον.

» Ὣς ἔφατ᾽· αὐτὰρ ἐγώ μιν ἀμειβόμενος προσέειπον,
» Ὦ Κίρκη, τίς γάρ κεν ἀνὴρ, ὃς ἐναίσιμος εἴη,
» Πρὶν τλαίη πάσσασθαι ἐδητύος, ἠδὲ ποτῆτος,
» Πρὶν λύσασθ᾽ ἑτάρους καὶ ἐν ὀφθαλμοῖσιν ἰδέσθαι;
» Ἀλλ᾽ εἰ δὴ πρόφρασσα πιεῖν, φαγέμεν τε κελεύεις, 386
» Λῦσον, ἵν᾽ ὀφθαλμοῖσιν ἴδω ἐρίηρας ἑταίρους.

» Ὣς ἐφάμην· Κίρκη δὲ δι᾽ ἐκ μεγάροιο βεβήκει,
» Ῥάβδον ἔχουσ᾽ ἐν χειρί, θύρας δ᾽ ἀνέῳγε συφειοῦ·
» Ἐκ δ᾽ ἔλασεν σιάλοισιν ἐοικότας ἐννεώροισιν.   390
» Οἱ μὲν ἔπειτ᾽ ἔστησαν ἐναντίοι· ἡ δὲ δι᾽ αὐτῶν
» Ἐρχομένη προσάλειφεν ἑκάστῳ φάρμακον ἄλλο.
» Τῶν δ᾽ ἐκ μὲν μελέων τρίχες ἔρρεον, ἃς πρὶν ἔφυσσε

» fut prêt, elle me mit au bain et versa l'eau chaude sur
» ma tête et sur mes épaules, jusqu'à ce qu'elle eût dis-
» sipé la lassitude qui me restoit de tant de peines et de
» travaux que j'avois soufferts. Après qu'elle m'eut bai-
» gné et parfumé d'essences, elle me présenta une
» tunique d'une extrême beauté, et un manteau magni-
» fique, et me remenant dans la salle, elle me plaça
» sur un beau siége à marchepied, et me pressa de
» manger. Mais je n'étois guère en état de lui obéir,
» j'avois bien d'autres pensées; car mon cœur ne me
» présageoit que des maux. Quand la Déesse s'aperçut
» que je ne mangeois point et que je m'abandonnois à
» la tristesse, elle s'approcha de moi et me dit :

» Ulysse, pourquoi vous tenez-vous là sans manger
» et sans dire une seule parole, rongeant votre cœur ?
» craignez-vous quelque nouvelle embûche ? Cette
» crainte m'est trop injurieuse ; ne vous ai-je pas fait le
» plus grand et le plus inviolable de tous les sermens ?

» Grande Déesse, lui répondis-je, est-il quelqu'un
» qui, en ma place, pour peu qu'il eût de bonté et
» d'humanité, pût avoir le courage de manger et de
» boire avant que ses compagnons fussent délivrés, et
» avant que de les voir lui-même de ses propres yeux ?
» Si c'est par un sentiment d'amitié que vous me pressez
» de prendre de la nourriture, délivrez donc mes com-
» pagnons, que j'aie la consolation de les voir.

» A ces mots elle sort, tenant à sa main sa verge
» enchanteresse. Elle ouvre la porte de l'étable, fait
» sortir mes compagnons, qui avoient la figure de pour-
» ceaux, et les amena dans la salle. Là elle passe et
» repasse autour d'eux et les frotte d'une autre drogue.
» Aussitôt on voit tomber toutes les soies qu'avoit

» Φάρμακον οὐλόμενον, τό σφιν πόρε πότνια Κίρκη·
» Ἄνδρες δ' αἶψ' ἐγένοντο νεώτεροι, ἢ πάρος ἦσαν, 395
» Καὶ πολὺ καλλίονες καὶ μείζονες εἰσοράασθαι.
» Ἔγνωσαν δέ με κεῖνοι, ἔφυν τ' ἐν χερσὶν ἕκαστος·
» Πᾶσιν δ' ἱμερόεις ὑπέδυ γόος, ἀμφὶ δὲ δῶμα
» Σμερδαλέον κονάβιζε· θεὰ δ' ἐλέαιρε καὶ αὐτή.
» Ἡ δέ μευ ἄγχι στᾶσα προσηύδα δῖα θεάων·   400

    » Διογενὲς Λαερτιάδη, πολυμήχαν' Ὀδυσσεῦ,
» Ἔρχεο νῦν ἐπὶ νῆα θοὴν καὶ θῖνα θαλάσσης·
» Νῆα μὲν ἂρ πάμπρωτον ἐρύσσατε ἤπειρόνδε,
» Κτήματα δ' ἐν σπήεσσι πελάσσατε, ὅπλα τε πάντα·
» Αὐτὸς δ' αἶψ' ἰέναι, καὶ ἄγειν ἐρίηρας ἑταίρους. 405

    » Ὣς ἔφατ'· αὐτὰρ ἔμοιγ' ἐπεπείθετο θυμὸς ἀγήνωρ.
» Βῆν δ' ἰέναι ἐπὶ νῆα θοὴν καὶ θῖνα θαλάσσης.
» Εὗρον ἔπειτ' ἐπὶ νηΐ θοῇ ἐρίηρας ἑταίρους
» Οἴκτρ' ὀλοφυρομένους, θαλερὸν κατὰ δάκρυ χέοντας.
» Ὡς δ' ὅταν ἄγραυλοι πόριες περὶ βοῦς ἀγελαίας 410
» Ἐλθούσας ἐς κόπρον, ἐπὴν βοτάνης κορέσωνται,
» Πᾶσαι ἅμα σκαίρουσιν ἐναντίαι· οὐδέτι σηκοὶ
» Ἴσχουσ', ἀλλ' ἀδινὸν μυκώμεναι ἀμφιθέουσι
» Μητέρας· ὣς ἐμὲ κεῖνοι, ἐπεὶ ἴδον ὀφθαλμοῖσι,
» Δακρυόεντες ἔχυντο· δόκησε δ' ἄρα σφίσι θυμὸς 415
» Ὣς ἔμεν, ὡς εἰ πατρίδ' ἱκοίατο καὶ πόλιν αὐτῶν
» Τρηχείης Ἰθάκης, ἵνα τ' ἐτράφεν, ἠδ' ἐγένοντο.
» Καί μ' ὀλοφυρόμενοι ἔπεα πτερόεντα προσηύδων·
» Σοὶ μὲν νοστήσαντι, διοτρεφές, ὡς ἐχάρημεν,
» Ὡς εἴτ' εἰς Ἰθάκην ἀφικοίμεθα πατρίδα γαῖαν· 420
» Ἀλλ' ἄγε, τῶν ἄλλων ἑτάρων κατάλεξον ὄλεθρον.

    » Ὣς ἔφαν· αὐτὰρ ἐγὼ προσέφην μαλακοῖς ἐπέεσσιν·
» Νῆα μὲν ἂρ πάμπρωτον ἐρύσσομεν ἤπειρόνδε,
» Κτήματά τ' ἐν σπήεσσι πελάσσομεν, ὅπλα τε πάντα·
» Αὐτοὶ δ' ὀτρύνεσθε ἐμοὶ ἅμα πάντες ἕπεσθαι,   425

» produites la boisson empoisonnée dont elle les avoit
» régalés. Ils reprennent leur première forme, et
» paroissent plus jeunes, plus beaux et plus grands
» qu'auparavant. Ils me reconnoissent à l'instant, et
» accourent m'embrasser avec des soupirs et des larmes
» de joie. Tout le palais en retentit; la Déesse elle-même
» en fut touchée, et s'approchant de moi, elle me dit:

» Divin fils de Laërte, Ulysse, si fécond en ressources
» et en expédiens, allez promptement à votre vaisseau,
» retirez-le à sec sur le rivage, mettez dans les grottes
» voisines tout votre butin, vos armes et les agrès, et
» en revenant amenez-moi tous vos autres compagnons.

» J'obéis sans perdre de temps. Arrivé sur le rivage,
» je trouve mes compagnons plongés dans une douleur
» très-vive et fondant en pleurs. Comme de tendres
» génisses qui, voyant le soir revenir leurs mères du
» pâturage, bondissent autour d'elles, et sans que les
» parcs qui les renferment puissent les retenir, elles
» accourent au-devant, et font retentir de leurs meu-
» glemens toute la plaine; de même mes compagnons
» me voyant, accourent et s'empressent autour de moi,
» et m'environnent avec de grands cris, et les yeux
» baignés de larmes. Ils témoignent la même joie que
» s'ils revoyoient leur chère Ithaque, qui les a nourris
» et élevés. Je n'entends de tous côtés que ces paroles:
» Divin Ulysse, nous avons autant de joie de votre
» retour, que si nous nous voyions de retour dans notre
» patrie. Mais contez-nous la mort déplorable de nos
» compagnons.

» Je tâchai de leur redonner courage et de mettre fin
» à leur douleur: Mes amis, leur dis-je, mettons promp-
» tement notre vaisseau à sec, retirons notre butin, nos
» armes et nos agrès dans les grottes voisines, et prépa-
» rez-vous à me suivre pour voir vos compagnons dans

» Ὄφρα ἴδηθ᾽ ἑτάρους, ἱεροῖς ἐν δώμασι Κίρκης
» Πίνοντας καὶ ἔδοντας· ἐπηετανὸν γὰρ ἔχουσιν.

» Ὣς ἐφάμην· οἱ δ᾽ ὦκα ἐμοῖς ἐπέεσσι πίθοντο·
» Εὐρύλοχος δέ μοι οἶος ἐρύκανε πάντας ἑταίρους,
» Καί σφεας φωνήσας, ἔπεα πτερόεντα προσηύδα· 430

» Ἆ δειλοί, πόσ᾽ ἴμεν; τί κακῶν ἱμείρετε τούτων,
» Κίρκης ἐς μέγαρον καταβήμεναι; ἥ κεν ἅπαντας
» Ἢ σῦς, ἠὲ λύκους ποιήσεται, ἠὲ λέοντας·
» Οἵ κέν οἱ μέγα δῶμα φυλάσσοιμεν καὶ ἀνάγκη.
» Ὥσπερ Κύκλωψ ἔρξ᾽, ὅτε οἱ μέσσαυλον ἵκοντο 435
» Ἡμέτεροι ἕταροι, σὺν δ᾽ ὁ θρασὺς εἵπετ᾽ Ὀδυσσεύς·
» Τούτου γὰρ καὶ κεῖνοι ἀτασθαλίῃσιν ὄλοντο.

» Ὣς ἔφατ᾽· αὐτὰρ ἔγωγε μετὰ φρεσὶ μερμήριξα,
» Σπασσάμενος τανύηκες ἄορ ταχέος παρὰ μηροῦ,
» Τῷ οἱ ἀποτμήξας κεφαλὴν οὖδάσδε πελάσσαι, 440
» Καί πηῷ περ ἐόντι μάλα σχεδόν· ἀλλά μ᾽ ἑταῖροι
» Μειλιχίοις ἐπέεσσιν ἐρήτυον ἄλλοθεν ἄλλος·
» Διογενές, τοῦτον μὲν ἐάσομεν, εἰ σὺ κελεύεις,
» Αὐτοῦ πὰρ νηΐ τε μένειν καὶ νῆα ἔρυσθαι·
» Ἡμῖν δ᾽ ἡγεμόνευ᾽ ἱερὰ πρὸς δώματα Κίρκης. 445
» Ὣς φάμενοι, παρὰ νηὸς ἀνήϊον ἠδὲ θαλάσσης.
» Οὐδὲ μὲν Εὐρύλοχος κοίλῃ παρὰ νηΐ λέλειπτο,
» Ἀλλ᾽ ἕπετ᾽· ἔδδεισεν γὰρ ἐμὴν ἔκπαγλον ἐνιπήν·
» Τόφρα δὲ τοὺς ἄλλους ἑτάρους ἐν δώμασι Κίρκη
» Ἐνδυκέως λοῦσέν τε, καὶ ἔχρισεν λίπ᾽ ἐλαίῳ· 450
» Ἀμφὶ δ᾽ ἄρα χλαίνας οὔλας βάλεν, ἠδὲ χιτῶνας·
» Δαινυμένους δ᾽ ἄρα πάντας ἐφεύρομεν ἐν μεγάροισιν.
» Οἱ δ᾽ ἐπεὶ ἀλλήλους εἶδον, φράσσαντό τε πάντα,
» Κλαῖον ὀδυρόμενοι, περὶ δὲ στοναχίζετο δῶμα.
» Ἡ δέ μευ ἄγχι στᾶσα προσηύδα δῖα θεάων· 455

» le palais de Circé, merveilleusement bien traités et fai-
» sant très-bonne chère; ils ont en abondance tout ce
» qu'on sauroit désirer.

» Ravis de cette bonne nouvelle, ils exécutent mes
» ordres sans balancer, et se disposent à me suivre. Le
» seul Euryloque tâchoit de les retenir, et leur adres-
» sant la parole, il leur disoit:

» Ah, malheureux, où allons-nous? pourquoi courez-
» vous à votre perte? quoi, aller dans le palais de Circé,
» qui nous changera tous en pourceaux, en loups, en
» lions, pour nous obliger à garder ses portes? avez-
» vous oublié les cruautés que le Cyclope a exercées sur
» nos compagnons qui suivirent Ulysse dans sa caverne?
» leur perte ne doit être imputée qu'à l'imprudence du
» chef.

» Je fus si irrité de cette insolence, que j'allois tirer
» mon épée pour lui abattre la tête, malgré l'alliance
» qui l'avoit uni à ma maison, si mes compagnons ne se
» fussent tous mis au-devant, et ne m'eussent retenu
» par leurs prières. Ulysse, me dirent-ils, consentez
» qu'il demeure ici pour garder le vaisseau, et menez-
» nous, sans perdre de temps, au palais de la Déesse. Je
» m'éloigne en même temps du rivage. Euryloque ne
» demeura point dans le vaisseau, il nous suivit; car il
» craignit les terribles reproches que je lui aurois faits.
» Pendant que j'étois allé chercher mes compagnons,
» Circé eut grand soin de ceux que j'avois laissés dans
» son palais. Elle les fit baigner et parfumer d'essences,
» elle leur donna des tuniques et des manteaux magni-
» fiques, et en arrivant nous les trouvâmes à table. Je
» ne saurois vous peindre l'entrevue de mes compagnons.
» Ils s'embrassent, ils se racontent leurs aventures, et
» leurs récits sont entrecoupés de sanglots, de larmes et
» de gémissemens qui font retentir tout le palais. La
» Déesse s'approche de moi, et me dit:

» Διογενὲς Λαερτιάδη, πολυμήχαν' Ὀδυσσεῦ,
» Μηκέτι νῦν θαλερὸν γόον ὄρνυτε· οἶδα καὶ αὐτὴ
» Ἡμὲν ὅσ' ἐν πόντῳ πάθετ' ἄλγεα ἰχθυόεντι,
» Ἡδ' ὅσ' ἀνάρσιοι ἄνδρες ἐδηλήσαντ' ἐπὶ χέρσου.
» Ἀλλ' ἄγετ', ἐσθίετε βρώμην, καὶ πίνετε οἶνον, 460
» Εἰσόκεν αὖτις θυμὸν ἐνὶ στήθεσσι λάβητε,
» Οἷον ὅτε πρώτιστον ἐλείπετε πατρίδα γαῖαν
» Τρηχείης Ἰθάκης· νῦν δ' ἀσκελέες καὶ ἄθυμοι,
» Αἰὲν ἄλης χαλεπῆς μεμνημένοι· οὐδέ ποθ' ὑμῖν
» Θυμὸς ἐν εὐφροσύνῃ, ἐπειὴ μάλα πολλὰ πέποσθε. 463
» Ὣς ἔφαθ'· ἡμῖν δ' αὖτ' ἐπεπείθετο θυμὸς ἀγήνωρ.
» Ἔνθα μὲν ἤματα πάντα τελεσφόρον εἰς ἐνιαυτὸν
» Ἥμεθα, δαινύμενοι κρέα τ' ἄσπετα καὶ μέθυ ἡδύ·
» Ἀλλ' ὅτε δή ῥ' ἐνιαυτὸς ἔην, περὶ δ' ἔτραπον ὧραι,
» Μηνῶν φθινόντων, περὶ δ' ἤματα μακρὰ τελέσθη, 470
» Καὶ τότε μ' ἐκκαλέσαντες ἔφαν ἐρίηρες ἑταῖροι·
» Δαιμόνι', ἤδη νῦν μιμνήσκεο πατρίδος αἴης,
» Εἴ τοι θέσφατόν ἐστι σαωθῆναι, καὶ ἱκέσθαι
» Οἶκον ἐς ὑψόροφον καὶ σὴν ἐς πατρίδα γαῖαν.
» Ὣς ἔφαν· αὐτὰρ ἔμοιγ' ἐπεπείθετο θυμὸς ἀγήνωρ. 475
» Ὣς τότε μὲν πρόπαν ἦμαρ ἐς ἠέλιον καταδύντα
» Ἥμεθα, δαινύμενοι κρέα τ' ἄσπετα καὶ μέθυ ἡδύ·
» Ἦμος δ' ἠέλιος κατέδυ, καὶ ἐπὶ κνέφας ἦλθεν,
» Οἱ μὲν κοιμήσαντο κατὰ μέγαρα σκιόεντα·
» Αὐτὰρ ἐγὼ Κίρκης ἐπιβὰς περικαλλέος εὐνῆς, 480
» Γούνων ἐλλιτάνευσα· θεὰ δέ μευ ἔκλυεν αὐδῆς·
» Καὶ μιν φωνήσας ἔπεα πτερόεντα προσηύδων·
» Ὦ Κίρκη, τέλεσόν μοι ὑπόσχεσιν, ἥν περ ὑπέστης,
» Οἴκαδε πεμψέμεναι· θυμὸς δέ μοι ἔσσυται ἤδη,
» Ἠδ' ἄλλων ἑτάρων, οἵ μευ φθινύθουσι φίλον κῆρ 485
» Ἀμφ' ἔμ' ὀδυρόμενοι, ὅτε πού σύγε νόσφι γένηαι.
» Ὣς ἐφάμην· ἡ δ' αὐτίκ' ἀμείβετο δῖα θεάων·
» Διογενὲς Λαερτιάδη, πολυμήχαν' Ὀδυσσεῦ,
» Μηκέτι νῦν ἀέκοντες ἐμῷ ἐνὶ μίμνετε οἴκῳ·

» Généreux Ulysse, faites cesser toutes ces larmes et
» tous ces sanglots. Je sais tous les maux que vous avez
» soufferts sur mer, et toutes les cruautés que des
» hommes inhumains et intraitables ont exercées contre
» vous sur la terre. Mais présentement ne pensez qu'à
» vous réjouir et à faire bonne chère, jusqu'à ce que vos
» forces et votre courage soient rétablis, et que vous
» vous trouviez dans le même état où vous étiez quand
» vous partîtes d'Ithaque. Le souvenir de toutes vos
» misères ne sert qu'à vous abattre encore et à vous
» affoiblir, et il vous empêche de goûter les plaisirs et
» la joie qui se présentent. Ce sage conseil nous persuada.
» Nous fûmes là une année entière à faire grande chère
» et à nous réjouir. Après que les quatre saisons révo-
» lues eurent consommé l'année, mes compagnons me
» firent leur remontrance, et me dirent : Sage Ulysse,
» il est temps que vous vous souveniez de votre patrie,
» si les destinées ont résolu de vous y remener heureu-
» sement. Je profitai de cet avis. Nous passâmes encore
» tout ce jour-là à table. Mais après que le soleil fut
» couché, et que la nuit eut couvert la terre de ténèbres,
» mes compagnons se retirèrent dans leurs appartemens
» pour se coucher. Et moi, me voyant seul près de Circé,
» je me jette à ses genoux; elle me donne une audience
» favorable, et je lui dis : Grande Déesse, après les
» bons traitemens que j'ai reçus de vous, la dernière
» faveur que je vous demande, c'est de me tenir la
» promesse que vous m'avez faite de me renvoyer chez
» moi, je ne soupire qu'après ma chère patrie, non plus
» que mes compagnons, qui m'affligent continuelle-
» ment, et me percent le cœur par leurs plaintes, dès
» que je ne suis plus près de vous. La Déesse me répon-
» dit : Ulysse, il n'est pas juste que vous demeuriez plus
» long-temps dans mon palais malgré vous. Mais avant

» Ἀλλ' ἄλλην χρὴ πρῶτον ὁδὸν τελέσαι, καὶ ἱκέσθαι
» Εἰς Ἀΐδαο δόμους καὶ ἐπαινῆς Περσεφονείης,   491
» Ψυχῇ χρησομένους Θηβαίου Τειρεσίαο,
» Μάντιος ἀλαοῦ, τοῦ τε φρένες ἔμπεδοί εἰσι·
» Τῷ καὶ τεθνειῶτι νόον πόρε Περσεφόνεια,
» Οἴῳ πεπνῦσθαι· τοὶ δὲ, σκιαὶ ἀΐσσουσιν.   495
» Ὣς ἔφατ'· αὐτὰρ ἔμοιγε κατεκλάσθη φίλον ἦτορ·
» Κλαῖον δ' ἐν λεχέεσσι καθήμενος, οὐδέ τι θυμὸς
» Ἤθελ' ἔτι ζώειν καὶ ὁρᾶν φάος ἠελίοιο.
» Αὐτὰρ ἐπεὶ κλαίων τε κυλινδόμενός τε κορέσθην,
» Καὶ τότε δή μιν ἔπεσσιν ἀμειβόμενος προσέειπον· 500
» Ὦ Κίρκη, τίς γὰρ ταύτην ὁδὸν ἡγεμονεύσει;
» Εἰς Ἄϊδος δ' οὔπω τις ἀφίκετο νηῒ μελαίνῃ.
» Ὣς ἐφάμην· ἡ δ' αὐτίκ' ἀμείβετο δῖα θεάων·
» Διογενὲς Λαερτιάδη, πολυμήχαν' Ὀδυσσεῦ,
» Μή τί τοι ἡγεμόνος γε ποθὴ παρὰ νηῒ μελέσθω. 505
» Ἱστὸν δὲ στήσας, ἀνὰ δ' ἱστία λευκὰ πετάσσας,
» Ἧσθαι· τὴν δέ κέ τοι πνοιὴ Βορέαο φέρῃσιν.
» Ἀλλ' ὁπότ' ἂν δὴ νηῒ δι' ὠκεανοῖο περήσῃς,
» Ἔνθ' ἀκτή τε λάχεια καὶ ἄλσεα Περσεφονείης,
» Μακραί τ' αἴγειροι, καὶ ἰτέαι ὠ.' ἴκαρποι,   510
» Νῆα μὲν αὐτοῦ κέλσαι ἐπ' ὠκεαν... βαθυδίνῃ,
» Αὐτὸς δ' εἰς Ἀΐδεω ἰέναι δόμον εὐρώεντα.
» Ἔνθα μὲν εἰς Ἀχέροντα Πυριφλεγέθων τε ῥέουσι,
» Κώκυτός θ', ὃς δὴ Στυγὸς ὕδατός ἐστιν ἀπορρώξ,
» Πέτρη τε, ξύνεσίς τε δύω ποταμῶν ἐριδούπων. 515
» Ἔνθα δ' ἔπειθ', ἥρως, χριμφθεὶς πέλας, ὥς σε κελεύω,
» Βόθρον ὀρύξαι, ὅσον τε πυγούσιον, ἔνθα καὶ ἔνθα.
» Ἀμφ' αὐτῷ δὲ χοὴν χεῖσθαι πᾶσιν νεκύεσσι,
» Πρῶτα μελικρήτῳ, μετέπειτα δὲ ἡδέϊ οἴνῳ,
» Τὸ τρίτον αὖθ' ὕδατι· ἐπὶ δ' ἄλφιτα λευκὰ παλύνειν.
» Πολλὰ δὲ γουνοῦσθαι νεκύων ἀμενηνὰ κάρηνα, 521

» que de retourner dans votre patrie, vous avez un
» autre voyage à faire : il faut que vous descendiez dans
» le sombre royaume de Pluton et de la redoutable
» Proserpine, pour y consulter l'ame de Tirésias le
» Thébain. C'est un devin qui est privé des yeux du
» corps ; mais en revanche il a les yeux de l'esprit si
» pénétrans, qu'il lit dans l'avenir le plus sombre. Pro-
» serpine lui a accordé ce grand privilége de conserver
» dans la mort son entendement ; les autres morts ne
» sont auprès de lui que des ombres et de vains fan-
» tômes. Ces paroles jetèrent le désespoir dans mon
» cœur. Je tombai sur son lit que je baignai de mes
» larmes. Je ne voulois plus vivre ni voir la lumière du
» soleil. Après que j'eus bien pleuré, et que je me fus
» bien tourmenté, je lui dis : Circé, qui est-ce qui me
» conduira dans un voyage si difficile ? Il n'y a jamais eu
» de route ouverte aux vaisseaux pour arriver dans les
» enfers. Fils de Laërte, me répondit-elle, ne vous met-
» tez pas en peine de conducteur. Dressez seulement
» votre mât, déployez vos voiles, et demeurez en repos ;
» les seuls souffles de Borée vous conduiront. Et quand
» vous aurez traversé l'Océan, vous trouverez une plage
» commode et les bois de Proserpine tout pleins d'arbres
» stériles, comme de peupliers et de saules. Abordez à
» cette plage de l'Océan, et allez de là dans le ténébreux
» palais de Pluton, à l'endroit où l'Achéron reçoit
» dans son lit le Puriphlégéthon et le Cocyte, qui est
» un écoulement des eaux du Styx ; avancez jusqu'à la
» roche où est le confluent de ces fleuves, dont la chute
» fait un grand bruit. Là, creusez une fosse d'une
» coudée en carré. Versez dans cette fosse pour tous les
» morts trois sortes d'effusions ; la première de lait et de
» miel, la seconde de vin pur, et la troisième d'eau, où
» vous aurez détrempé de la farine. En faisant les effu-
» sions, adressez vos prières à toutes ces ombres, et
» promettez-leur que dès que vous serez de retour dans

» Ἐλθὼν εἰς Ἰθάκην, στεῖραν βοῦν, ἥτις ἀρίστη,
» Ῥέξειν ἐν μεγάροισι, πυρήν τ' ἐμπλησέμεν ἐσθλῶν.
» Τειρεσίῃ δ' ἀπάνευθεν ὄϊν ἱερευσέμεν οἴῳ,
» Παμμέλαν', ὃς μήλοισι μεταπρέπει ὑμετέροισιν. 525
» Αὐτὰρ ἐπὴν εὐχῇσι λίσῃ κλυτὰ ἔθνεα νεκρῶν,
» Ἔνθ' ὄϊν ἀρνειὸν ῥέζειν, θῆλύν τε μέλαιναν,
» Εἰς Ἔρεβος στρέψας, αὐτὸς δ' ἀπονόσφι τραπέσθαι,
» Ἱέμενος ποταμοῖο ῥοάων· ἔνθα δὲ πολλαὶ
» Ψυχαὶ ἐλεύσονται νεκύων κατατεθνηώτων. 530
» Δὴ τότ' ἔπειθ' ἑτάροισιν ἐποτρῦναι καὶ ἀνῶξαι
» Μῆλα, τὰ δὴ κατέκειτ' ἐσφαγμένα νηλέϊ χαλκῷ,
» Δείραντας κατακῆαι· ἐπεύξασθαι δὲ θεοῖσιν,
» Ἰφθίμῳ τ' Ἀΐδῃ καὶ ἐπαινῇ Περσεφονείῃ.
» Αὐτὸς δὲ ξίφος ὀξὺ ἐρυσσάμενος παρὰ μηροῦ 535
» Ἧσθαι, μηδὲ ἐᾶν νεκύων ἀμενηνὰ κάρηνα
» Αἵματος ἆσσον ἴμεν, πρὶν Τειρεσίαο πυθέσθαι.
» Ἔνθα τοι αὐτίκα μάντις ἐλεύσεται, ὄρχαμε λαῶν,
» Ὅς κέν τοι εἴπῃσιν ὁδὸν καὶ μέτρα κελεύθου,
» Νόστον θ', ὡς ἐπὶ πόντον ἐλεύσεαι ἰχθυόεντα. 540
» Ὣς ἔφατ'· αὐτίκα δὲ χρυσόθρονος ἤλυθεν ἠώς.
» Ἀμφὶ δέ με χλαῖνάν τε, χιτῶνά τε, εἵματα ἕσσεν·
» Αὐτὴ δ' ἀργύφεον φᾶρος μέγα ἕννυτο Νύμφη
» Λεπτὸν καὶ χαρίεν, περὶ δὲ ζώνην βάλετ' ἰξύϊ,
» Καλὴν, χρυσείην· κεφαλῇ δ' ἐπέθηκε καλύπτρην. 545
» Αὐτὰρ ἐγὼ διὰ δώματ' ἰὼν ὤτρυνον ἑταίρους,
» Μειλιχίοις ἐπέεσσι παρασταδὸν ἄνδρα ἕκαστον·
» Μηκέτι νῦν εὕδοντες ἀωτεῖτε γλυκὺν ὕπνον·
» Ἀλλ' ἴομεν· δὴ γάρ μοι ἐπέφραδε πότνια Κίρκη.
» Ὣς ἐφάμην· τοῖσιν δ' ἐπεπείθετο θυμὸς ἀγήνωρ. 550
» Οὐδὲ μὲν οὐδ' ἔνθεν περ ἀπήμονας ἦγον ἑταίρους·

» votre palais, vous leur immolerez la plus belle génisse
» de vos pâturages, qui aura toujours été stérile; que
» vous leur éleverez un bûcher où vous jetterez toutes
» sortes de richesses, et que vous sacrifierez en particu-
» lier à Tirésias seul un belier tout noir, et qui sera la
» fleur de votre troupeau. Après que vous aurez achevé
» vos prières, immolez un belier noir et une brebis
» noire, en leur tournant la tête vers l'Erèbe, et en
» détournant vos regards du côté de l'Océan. Les ames
» d'une infinité de défunts se rendront en cet endroit.
» Alors pressez vos compagnons de prendre ces victimes
» que vous aurez égorgées, de les dépouiller, de les
» brûler, et d'adresser leurs vœux aux Dieux infer-
» naux, au puissant Pluton et à la sévère Proserpine. Et
» vous, l'épée à la main, tenez-vous là, écartez les
» ombres, et empêchez qu'elles n'approchent de ce sang,
» avant que vous ayez entendu la voix de Tirésias. Ce
» devin ne manquera pas de se rendre bientôt près de
» vous; il vous enseignera le chemin que vous devez
» tenir, et la manière dont vous devez vous conduire
» pour retourner heureusement chez vous. Elle me parla
» ainsi. En même temps l'Aurore parut sur son trône
» d'or. La Déesse m'habilla elle-même, et me donna des
» habits magnifiques. Elle eut soin aussi de se parer;
» elle prit un grand manteau de toile d'argent d'une
» finesse admirable et d'un travail exquis, mit une
» belle ceinture d'or, et couvrit sa tête d'un voile fait
» par les Grâces. Je ne fus pas plus tôt habillé, que j'allai
» par tout le palais éveiller mes compagnons pour les
» presser de partir. Mes amis, leur disois-je, ne goûtez
» pas plus long-temps les douceurs du sommeil; partons
» sans différer; la Déesse nous en donne la permission.
» Ils reçurent cette bonne nouvelle avec joie, et se pré-
» parèrent au départ. Cependant je ne fus pas assez heu-
» reux pour les ramener tous. Il y avoit parmi eux un

» Ἐλπήνωρ δέ τις ἔσκε νεώτατος, οὐδέ τι λίην
» Ἄλκιμος ἐν πολέμῳ, οὔτε φρεσὶν ᾗσιν ἀρηρώς,
» Ὅς μοι ἄνευθ᾽ ἑτάρων, ἱεροῖς ἐν δώμασι Κίρκης,
» Ψύχεος ἱμείρων κατελέξατο οἰνοβαρείων·   555
» Κινυμένων δ᾽ ἑτάρων ὅμαδον καὶ δοῦπον ἀκούσας,
» Ἐξαπίνης ἀνόρουσε, καὶ ἐκλάθετο φρεσὶν ᾗσιν
» Ἄψορρον καταβῆναι, ἰὼν ἐς κλίμακα μακρήν·
» Ἀλλὰ καταντικρὺ τέγεος πέσεν, ἐκ δέ οἱ αὐχὴν
» Ἀστραγάλων ἐάγη, ψυχὴ δ᾽ ἀϊδόσδε κατῆλθεν. 560
» Ἐρχομένοισι δὲ τοῖσιν ἐγὼ μετὰ μῦθον ἔειπον·
» Φάσθε νύ που οἶκόνδε φίλην ἐς πατρίδα γαῖαν
» Ἔρχεσθ᾽· ἄλλην δ᾽ ἧμιν ὁδὸν τεκμήρατο Κίρκη
» Εἰς Ἀΐδαο δόμους καὶ ἐπαινῆς Περσεφονείης,
» Ψυχῇ χρησομένους Θηβαίου Τειρεσίαο.   565
» Ὣς ἐφάμην· τοῖσιν δὲ κατεκλάσθη φίλον ἦτορ·
» Ἑζόμενοι δὲ κατ᾽ αὖθι γόων, τίλλοντό τε χαίτας.
» Ἀλλ᾽ οὐ γάρ τις πρῆξις ἐγίνετο μυρομένοισιν.
» Ἀλλ᾽ ὅτε δή ῥ᾽ ἐπὶ νῆα θοὴν καὶ θῖνα θαλάσσης
» Ἤομεν ἀχνύμενοι, θαλερὸν κατὰ δάκρυ χέοντες, 570
» Τόφρα δ᾽ ἄρ᾽ οἰχομένη Κίρκη παρὰ νηΐ μελαίνῃ
» Ἀρνειὸν κατέδησεν ὄϊν, θῆλύν τε μέλαιναν,
» Ῥεῖα παρεξελθοῦσα· τίς ἂν θεὸν οὐκ ἐθέλοντα
» Ὀφθαλμοῖσιν ἴδοιτ᾽, ἢ ἔνθ᾽, ἢ ἔνθα κιόντα;

» jeune homme nommé Elpénor, qui n'étoit ni d'une
» valeur distinguée à la guerre, ni homme de beaucoup
» de sens, et qui, ayant pris trop de vin la veille, étoit
» monté au haut de la maison pour chercher le frais, et
» s'étoit endormi. Le matin, réveillé en sursaut par le
» bruit et par le tumulte que faisoient ses compagnons,
» qui se préparoient au départ, il se leva; et comme il
» étoit encore à demi endormi, au lieu de prendre le
» chemin de l'escalier, il marcha tout droit devant lui,
» tomba du toit en bas, et se rompit le cou; son ame
» alla avant nous dans les enfers. Quand tous mes gens
» furent assemblés, je leur dis: Vous pensez peut-être
» partir pour retourner dans votre chère patrie; mais
» Circé m'a déclaré que nous avions auparavant un autre
» voyage à faire, et qu'il faut que nous descendions dans
» la sombre demeure de Pluton et de Proserpine, pour
» consulter l'ombre du divin Tirésias. Ces paroles les
» pénétrèrent d'une douleur si vive, qu'ils se mirent à
» crier et à s'arracher les cheveux. Mais ils avoient beau
» pleurer et gémir, le mal étoit sans remède. Quand
» nous fûmes sur le rivage, et sur le point de nous
» embarquer, tous fondant en larmes, la Déesse vint
» attacher à notre vaisseau deux moutons noirs, un mâle
» et une femelle, et disparut sans être aperçue; car,
» qui est-ce qui peut voir un Dieu, lorsqu'il veut se
» cacher, et se dérober aux yeux des hommes? »

ΟΜΗΡΟΥ

ΟΔΥΣΣΕΙΑΣ

ΡΑΨΩΔΙΑ Λ.

Ἀπαγγέλλει, πῶς κατὰ Κίρκης ἐντολὰς εἰς Ἅδου κατῆλθεν·
καὶ ὡς ἤκουσε Τειρεσίου, τοῦ μάν...ως, περὶ τῆς ἑαυ-
τοῦ καὶ τῶν ἄλλων σωτηρίας· καὶ ὡς τοὺς ἥρωας καὶ τὰς
ἡρωΐδας εἶδεν ἐν Ἅδου, καὶ τὴν μητέρα, καὶ τῶν ἐς
Ἴλιον συστρατευσάντων ἐνίους, καὶ τῶν ἐν Ἅδου κολα-
ζομένων τινάς.

Λάμβδα δ' ἐν Ἀΐδεω ψυχαῖς ἐνετύγχαν' Ὀδδυσσεύς.

« Αὐτὰρ ἐπεί ῥ' ἐπὶ νῆα κατήλθομεν, ἠδὲ θάλασσαν,
» Νῆα μὲν ἂρ πάμπρωτον ἐρύσσαμεν εἰς ἅλα δῖαν·

L'ODYSSÉE D'HOMÈRE.

LIVRE ONZIÈME.

ARGUMENT.

Ulysse raconte aux Phéaciens le voyage qu'il fit aux enfers par l'ordre de Circé, et ses effusions, à l'endroit marqué par la Déesse, pour inviter les ombres du fond de l'Erèbe, avides du sang des victimes. L'ame de Tirésias y vint, le reconnut, et, après avoir bu de ce sang, elle prononça ses oracles. Là se présentoit aussi l'ombre de sa mère Anticlée, qui lui apprend qu'elle est morte du seul regret de ne le plus voir. Proserpine avoit laissé passer encore d'autres femmes et filles de héros, dont Ulysse raconta des anecdotes, qui plurent tellement au roi et aux princes, que pour engager Ulysse à continuer, Alcinoüs l'interrogea sur l'apparition de quelques-uns de ces grands hommes qui étoient péris sous les remparts d'Ilion; sur quoi Ulysse recommence par la rencontre d'Agamemnon, et par le déplorable récit que celui-ci lui fit de sa mort, dans le temps qu'il croyoit que son retour feroit la joie de sa famille. Il raconte ensuite la conversation qu'il avoit eue avec l'ame d'Achille, de Patrocle, d'Antiloque, et du fier Ajax; et termine par les tourmens dont il voyoit punis les méchans.

« Quand nous fûmes donc arrivés à notre navire,
» nous le mettons à l'eau; nous dressons le mât, nous

» Ἐν δ' ἱστὸν τιθέμεσθα καὶ ἱστία νηὶ μελαίνῃ·
» Ἐν δὲ τὰ μῆλα λαβόντες ἐβήσαμεν, ἐν δὲ καὶ αὐτοὶ
» Βαίνομεν ἀχνύμενοι, θαλερὸν κατὰ δάκρυ χέοντες. 5
» Ἡμῖν δ' αὖ κατόπισθε νεὼς κυανοπρώροιο
» Ἴκμενον οὖρον ἵει πλησίστιον, ἐσθλὸν ἑταῖρον,
» Κίρκη ἐϋπλόκαμος, δεινὴ θεός, αὐδήεσσα.
» Ἡμεῖς δ' ὅπλα ἕκαστα πονησάμενοι κατὰ νῆα,
» Ἥμεθα· τὴν δ' ἄνεμός τε, κυβερνήτης τ' ἴθυνεν. 10
» Τῆς δὲ πανημερίης τέταθ' ἱστία ποντοπορούσης,
» Δύσετό τ' ἠέλιος, σκιόωντό τε πᾶσαι ἀγυιαί.
» Ἡ δ' ἐς πείραθ' ἵκανε βαθυῤῥόου Ὠκεανοῖο·
» Ἔνθα δὲ Κιμμερίων ἀνδρῶν δῆμός τε πόλις τέ,
» Ἠέρι καὶ νεφέλῃ κεκαλυμμένοι· οὐδέ ποτ' αὐτοὺς 15
» Ἠέλιος φαέθων ἐπιδέρκεται ἀκτίνεσσιν,
» Οὐδ' ὁπότ' ἂν στείχῃσι πρὸς οὐρανὸν ἀστερόεντα,
» Οὔθ' ὅταν ἂψ ἐπὶ γαῖαν ἀπ' οὐρανόθεν προτράπηται·
» Ἀλλ' ἐπὶ νὺξ ὀλοὴ τέταται δειλοῖσι βροτοῖσι.
» Νῆα μὲν ἔνθ' ἐλθόντες ἐκέλσαμεν· ἐκ δὲ τὰ μῆλα 20
» Εἱλόμεθ'· αὐτοὶ δ' αὖτε παρὰ ῥόον Ὠκεανοῖο
» Ἴομεν, ὄφρ' ἐς χῶρον ἀφικόμεθ', ὃν φράσε Κίρκη·
» Ἔνθ' ἱερήϊα μὲν Περιμήδης, Εὐρύλοχός τε,
» Εἶχον· ἐγὼ δ' ἄορ ὀξὺ ἐρυσσάμενος παρὰ μηροῦ,
» Βόθρον ὄρυξα, ὅσον τε πυγούσιον, ἔνθα καὶ ἔνθα· 25
» Ἀμφ' αὐτῷ δὲ χοὰς χέομεν πᾶσιν νεκύεσσιν,
» Πρῶτα μελικρήτῳ, μετέπειτα δὲ ἡδέϊ οἴνῳ,
» Τὸ τρίτον αὖθ' ὕδατι· ἐπὶ δ' ἄλφιτα λευκὰ πάλυνον.
» Πολλὰ δὲ γουνούμην νεκύων ἀμενηνὰ κάρηνα,
» Ἐλθὼν εἰς Ἰθάκην, στεῖραν βοῦν, ἥτις ἀρίστη, 30
» Ῥέξειν ἐν μεγάροισι, πυρήν τ' ἐμπλησέμεν ἐσθλῶν·
» Τειρεσίῃ δ' ἀπάνευθεν ὄϊν ἱερευσέμεν οἴῳ
» Παμμέλαν', ὃς μήλοισι μεταπρέπει ἡμετέροισι.
» Τοὺς δ' ἐπεὶ εὐχωλῇσι λιτῇσί τε, ἔθνεα νεκρῶν,
» Ἐλλισάμην, τὰ δὲ μῆλα λαβὼν ἀπεδειροτόμησα 35

» déployons les voiles, et après avoir embarqué les vic-
» times dont nous avions besoin, nous quittâmes le
» rivage, accablés de tristesse et baignés de pleurs. La
» Déesse nous envoya un vent favorable qui enfla nos
» voiles, et qui, secondé par l'effort de nos rameurs et
» par l'adresse de notre pilote, nous faisoit voguer heu-
» reusement. Nous courûmes ainsi tout le jour jusqu'au
» coucher du soleil, et lorsque la nuit répandit ses
» ténèbres sur la terre: notre vaisseau arriva à l'extré-
» mité de l'Océan. C'est là qu'habitent les Cimmériens
» toujours couverts de nuages et enveloppés d'une pro-
» fonde obscurité. Le soleil ne les éclaire jamais de ses
» rayons, ni lorsqu'il monte dans le ciel, et qu'il fait
» disparoître les astres, ni lorsque, se précipitant du
» ciel dans l'onde, il laisse à ces astres toute leur clarté;
» une éternelle nuit étend ses sombres voiles sur ces
» malheureux. Nous mîmes là notre vaisseau à sec, nous
» débarquâmes nos victimes, et nous courûmes le long
» du rivage, jusqu'à ce que nous eussions trouvé l'en-
» droit que Circé nous avoit marqué. Dès que nous y
» fûmes arrivés, Périmède et Euryloque se saisirent des
» victimes, et moi, tirant mon épée, je creusai une fosse
» d'une coudée en carré, et nous fîmes à tous les morts
» les effusions qui nous étoient ordonnées ; la première
» de lait et de miel, la seconde de vin pur, et la troi-
» sième d'eau, où nous avions détrempé de la farine.
» J'adressai là mes vœux à ces ombres, et je leur promis
» que, dès que je serois à Ithaque, je leur immolerois
» une génisse stérile, la plus belle de mes pâturages ;
» que je ferois consumer à leur honneur un bûcher
» rempli de toutes sortes de richesses, et que je sacrifie-
» rois en particulier à Tirésias seul, un bélier tout noir
» qui seroit la fleur de mes troupeaux. Après que j'eus
» adressé à ces morts mes vœux et mes prières, je pris
» les victimes et je les égorgeai sur la fosse. Le sang

» Ἐς βόθρον, ῥέε δ᾽ αἷμα κελαινεφές· αἱ δ᾽ ἀγέροντο
» Ψυχαὶ ὑπ᾽ ἐξ᾽ Ἐρέβευς νεκύων κατατεθνειώτων,
» Νύμφαι τ᾽, ἠίθεοί τε, πολύτλητοί τε γέροντες,
» Παρθενικαί τ᾽ ἀταλαί, νεοπενθέα θυμὸν ἔχουσαι·
» Πολλοὶ δ᾽ οὐτάμενοι χαλκήρεσιν ἐγχείῃσιν,   40
» Ἄνδρες ἀρηίφατοι, βεβροτωμένα τεύχε᾽ ἔχοντες,
» Οἱ πολλοὶ περὶ βόθρον ἐφοίτων ἄλλοθεν ἄλλος,
» Θεσπεσίῃ ἰαχῇ· ἐμὲ δὲ χλωρὸν δέος ᾕρει.
» Δὴ τότ᾽ ἔπειθ᾽ ἑτάροισιν ἐποτρύνας ἐκέλευσα,
» Μῆλα, τὰ δὴ κατέκειτ᾽ ἐσφαγμένα νηλέϊ χαλκῷ, 45
» Δείραντας κατακῆαι. ἐπεύξασθαι δὲ θεοῖσιν,
» Ἰφθίμῳ τ᾽ Ἀίδῃ καὶ ἐπαινῇ Περσεφονείῃ.
» Αὐτὰρ ἐγὼ ξίφος ὀξὺ ἐρυσσάμενος παρὰ μηροῦ
» Ἥμην, οὐδ᾽ εἴων νεκύων ἀμενηνὰ κάρηνα
» Αἵματος ἆσσον ἴμεν, πρὶν Τειρεσίαο πυθέσθαι.   50
» Πρώτη δὲ ψυχὴ Ἐλπήνορος ἦλθεν ἑταίρου·
» Οὐ γάρ πω ἐτέθαπτο ὑπὸ χθονὸς εὐρυοδείης·
» Σῶμα γὰρ ἐν μεγάρῳ Κίρκης κατελείπομεν ἡμεῖς
» Ἄκλαυστον καὶ ἄθαπτον· ἐπεὶ πόνος ἄλλος ἔπειγε.
» Τὸν μὲν ἐγὼ δάκρυσα ἰδών, ἐλέησά τε θυμῷ,   55
» Καί μιν φωνήσας ἔπεα πτερόεντα προσηύδων·
» Ἐλπῆνορ, πῶς ἦλθες ὑπὸ ζόφον ἠερόεντα;
» Ἔφθης πεζὸς ἐών, ἢ ἐγὼ σὺν νηὶ μελαίνῃ.
» Ὣς ἐφάμην· ὁ δέ μ᾽ οἰμώξας ἠμείβετο μύθῳ·
» Διογενὲς Λαερτιάδη, πολυμήχαν᾽ Ὀδυσσεῦ,   60
» Ἆσέ με δαίμονος αἶσα κακή, καὶ ἀθέσφατος οἶνος·
» Κίρκης δ᾽ ἐν μεγάρῳ καταλέγμενος οὐκ ἐνόησα
» Ἄψορρον καταβῆναι, ἰὼν ἐς κλίμακα μακρήν,
» Ἀλλὰ καταντικρὺ τέγεος πέσον, ἐκ δέ μοι αὐχὴν
» Ἀστραγάλων ἐάγη, ψυχὴ δ᾽ Ἄιδόσδε κατῆλθε,   65
» Νῦν δέ σε τῶν ὄπιθεν γουνάζομαι οὐ παρεόντων,

» coule à gros bouillons; les ombres viennent de tous
» côtés du fond de l'Erèbe. On voit pêle-mêle des jeunes
» femmes, des jeunes hommes, des vieillards desséchés
» par des longs travaux, des jeunes filles décédées en la
» fleur de leur âge, des guerriers couverts de larges
» blessures, victimes du dieu Mars, et dont les armes
» étoient encore teintes de sang. Ils se pressent tous
» autour de la fosse avec des cris aigus; une frayeur
» pâle me saisit. Je commande à mes compagnons de
» dépouiller les victimes que j'avois égorgées, de les
» brûler, et d'adresser leurs prières aux Dieux infer-
» naux, au puissant Pluton et à la sévère Proserpine. Et
» moi, l'épée à la main, j'écarte ces ombres, et j'em-
» pêche qu'elles n'approchent du sang, avant que j'aie
» entendu la voix de Tirésias. La première ombre qui se
» présenta à moi, ce fut celle d'Elpénor, qui n'avoit pas
» encore été enterré; nous avions laissé son corps dans
» le palais de Circé sans lui rendre les devoirs de la
» sépulture, parce que nous avions d'autres affaires et
» que le temps pressoit. Quand je le vis, il me fit pitié,
» je ne pus retenir mes larmes, et lui adressant le pre-
» mier la parole, je lui dis : Elpénor, comment êtes-
» vous venu dans ce ténébreux séjour; quoique vous
» soyez à pied, vous m'avez devancé, moi qui suis
» venu sur mon vaisseau, et à qui la mer et les vents ont
» été favorables. Fils de Laërte, me répondit-il en sou-
» pirant, c'est mon mauvais génie et le vin que j'ai bu
» avec excès qui m'ont mis dans l'état où vous me voyez.
» J'étois couché tout au haut du palais de Circé; à mon
» réveil je ne me suis pas souvenu de descendre par
» l'escalier, j'ai été tout droit devant moi; je suis tombé
» du toit en bas, et je me suis rompu le cou, et main-
» tenant mon ombre est descendue dans ces tristes
» lieux. Je vous conjure par tout ce que vous avez de
» plus cher, par votre femme, par votre père, qui vous

» Πρός τ' ἀλόχου καὶ πατρὸς, ὅ σ' ἔτρεφε τυτθὸν ἐόντα,
» Τηλεμάχου θ', ὃν μοῦνον ἐνὶ μεγάροισιν ἔλειπες·
» Οἶδα γὰρ, ὡς ἐνθένδε κιὼν δόμου ἐξ Ἀΐδαο,
» Νῆσον ἐς Αἰαίην σχήσεις εὐεργέα νῆα·   70
» Ἔνθα σ' ἔπειτα, ἄναξ, κέλομαι μνήσασθαι ἐμεῖο,
» Μή μ' ἄκλαυστον, ἄθαπτον, ἰὼν ὄπιθεν καταλείπειν,
» Νοσφισθεὶς, μή τοί τι θεῶν μήνιμα γένωμαι·
» Ἀλλά με κακκῆαι σὺν τεύχεσιν, ἄσσα μοί ἐστιν,
» Σῆμα τέ μοι χεῦαι, πολιῆς ἐπὶ θινὶ θαλάσσης,   75
» Ἀνδρὸς δυστήνοιο, καὶ ἐσσομένοισι πυθέσθαι·
» Ταῦτά τέ μοι τελέσαι, πῆξαί τ' ἐπὶ τύμβῳ ἐρετμὸν,
» Τῷ καὶ ζωὸς ἔρεσσον, ἐὼν μετ' ἐμοῖς ἑτάροισιν.
» Ὣς ἔφατ'· αὐτὰρ ἐγώ μιν ἀμειβόμενος προσέειπον·
» Ταῦτά τοι, ὦ δύστηνε, τελευτήσω τὲ καὶ ἔρξω.   80
» Νῶϊ μὲν ὣς ἐπέεσσιν ἀμειβομένω στυγεροῖσιν
» Ἥμεθ'· ἐγὼ μὲν ἄνευθεν ἐφ' αἵματι φάσγανον ἴσχων,
» Εἴδωλον δ' ἑτέρωθεν ἑταίρου πόλλ' ἀγόρευον·
» Ἦλθε δ' ἐπὶ ψυχὴ μητρὸς κατατεθνειυίης,
» Αὐτολύκου θυγάτηρ μεγαλήτορος Ἀντίκλεια,   85
» Τὴν ζωὴν κατέλειπον, ἰὼν εἰς Ἴλιον ἱρήν.
» Τὴν μὲν ἐγὼ δάκρυσα ἰδὼν, ἐλέησά τε θυμῷ·
» Ἀλλ' οὐδ' ὣς εἴων προτέρην, πυκινόν περ ἀχεύων,
» Αἵματος ἆσσον ἵμεν, πρὶν Τειρεσίαο πυθέσθαι.
» Ἦλθε δ' ἐπὶ ψυχὴ Θηβαίου Τειρεσίαο,   90
» Χρύσεον σκῆπτρον ἔχων, ἐμὲ δ' ἔγνω καὶ προσέειπεν·
» Τίπτ' αὖτ'. ὦ δύστηνε, λιπὼν φάος ἠελίοιο,
» Ἤλυθες, ὄφρα ἴδῃς νέκυας καὶ ἀτερπέα χῶρον;
» Ἀλλ' ἀποχάζεο βόθρου, ἄπισχε δὲ φάσγανον ὀξὺ,
» Αἵματος ὄφρα πίω, καί τοι νημερτέα εἴπω."   95
» Ὣς φάτ'· ἐγὼ δ' ἀναχασσάμενος, ξίφος ἀργυρόηλον

» a élevé avec tant de soin et de tendresse, par votre
» fils Télémaque, ce fils unique que vous avez laissé
» encore enfant dans votre palais, souvenez-vous de
» moi dès que vous serez arrivé à l'île de Circé, car je
» sais qu'en vous en retournant du palais de Pluton
» vous aborderez encore à cette île. N'en partez point,
» je vous prie, sans m'avoir rendu les derniers devoirs,
» de peur que je n'attire sur votre tête la colère des
» Dieux. Brûlez mon corps sur un bûcher avec toutes
» mes armes, et élevez-moi un tombeau sur le bord de
» la mer, afin que ceux qui passeront sur cette rive,
» apprennent mon malheureux sort. N'oubliez pas de
» mettre sur mon tombeau ma rame, pour marquer ma
» profession et le service que je vous ai rendu pendant
» ma vie. Je l'assurai que j'exécuterois de point en point
» tout ce qu'il désiroit. Pendant que nous nous entre-
» tenions ainsi tristement, j'avois toujours l'épée nue
» pour écarter ces ombres, et pour les empêcher de
» boire de ce sang, dont elles sont fort avides. Tout
» d'un coup je vis arriver l'ombre de ma mère Anticlée,
» fille du magnanime Autolycus, que j'avois laissée
» pleine de vie à mon départ pour Troie. Je m'atten-
» dris en la voyant et je fondis en larmes. Mais quelque
» douleur que je ressentisse en mon cœur, et quelque
» touché que je fusse de sa peine, je ne la laissai pas
» approcher de ce sang avant l'arrivée de Tirésias. Enfin
» je vis arriver l'ame de ce devin. Il avoit à la main son
» sceptre; il me reconnut et me parla le premier :
» Généreux Ulysse, me dit-il, pourquoi avez-vous
» quitté la lumière du soleil pour venir voir des morts,
» et cette triste demeure ; vous êtes bien malheureux !
» Mais éloignez-vous un peu de cette fosse et détournez
» cette épée, afin que je boive de ce sang et que je vous
» annonce ce que vous voulez savoir de moi. Je m'éloigne
» donc de la fosse, et je remets mon épée dans le fourreau.

» Κουλεῷ ἐγκατέπηξ· ὁ δ' ἐπεὶ πίεν αἷμα κελαινὸν,
» Καὶ τότε δή μ' ἐπέεσσι προσηύδα μάντις ἀμύμων·
» Νόστον δίζηαι μελιηδέα, φαίδιμ' Ὀδυσσεῦ·
» Τὸν δέ τοι ἀργαλέον θήσει θεός· οὐ γὰρ οἴω, 100
» Λήσειν Ἐννοσίγαιον, ὅ τοι κότον ἔνθετο θυμῷ,
» Χωόμενος, ὅτι οἱ υἱὸν φίλον ἐξαλάωσας.
» Ἀλλ' ἔτι μέν γε καὶ ὣς, κακά περ πάσχοντες, ἵκοισθε,
» Αἴκ' ἐθέλῃς σὺν θυμὸν ἐρυκακέειν καὶ ἑταίρων,
» Ὁππότε δὴ πρῶτον πελάσῃς εὐεργέα νῆα 105
» Θρινακίῃ νήσῳ, προφυγὼν ἰοειδέα πόντον·
» Βοσκομένας δ' εὕρητε βόας καὶ ἴφια μῆλα
» Ἡελίου, ὃς πάντ' ἐφορᾷ καὶ πάντ' ἐπακούει·
» Τὰς εἰ μέν κ' ἀσινέας ἐᾷς, νόστου τε μέδηαι,
» Καί κεν ἔτ' εἰς Ἰθάκην, κακά περ πάσχοντες, ἵκοισθε·
» Εἰ δέ κε σίνηαι, τότε τοι τεκμαίρομ' ὄλεθρον 111
» Νηΐ τε, καὶ ἑτάροις· αὐτὸς δ' εἴπερ κεν ἀλύξῃς,
» Ὀψὲ κακῶς νεῖαι, ὀλέσας ἄπο πάντας ἑταίρους,
» Νηὸς ἐπ' ἀλλοτρίης· δήεις δ' ἐν πήματα οἴκῳ,
» Ἄνδρας ὑπερφιάλους, οἵ τοι βίοτον κατέδουσιν, 115
» Μνώμενοι ἀντιθέην ἄλοχον καὶ ἕδνα διδόντες·
» Ἀλλ' ἤτοι κείνων γε βίας ἀποτίσεαι ἐλθών.
» Αὐτὰρ ἐπεὶ μνηστῆρας ἐνὶ μεγάροισι τεοῖσι
» Κτείνῃς, ἠὲ δόλῳ, ἢ ἀμφαδὸν ὀξέϊ χαλκῷ,
» Ἔρχεσθαι δὴ ἔπειτα, λαβὼν εὐῆρες ἐρετμὸν, 120
» Εἰσόκε τοὺς ἀφίκηαι, οἳ οὐκ ἴσασι θάλασσαν
» Ἀνέρες, οὐδέ θ' ἅλεσσι μεμιγμένον εἶδαρ ἔδουσιν,
» Οὐδ' ἄρα τοί γ' ἴσασι νέας φοινικοπαρήους,
» Οὐδ' εὐήρε' ἐρετμά, τά τε πτερὰ νηυσὶ πέλονται.
» Σῆμα δέ τοι ἐρέω μάλ' ἀριφραδές, οὐδέ σε λήσει· 125
» Ὁππότε κεν δή τοι ξυμβλήμενος ἄλλος ὁδίτης
» Φήῃ ἀθηρηλοιγὸν ἔχειν ἀνὰ φαιδίμῳ ὤμῳ,

» L'ombre s'approche, boit de ce sang, et me prononce
» ses oracles. Ulysse, vous cherchez les moyens de
» retourner heureusement dans votre patrie, mais un
» Dieu vous rendra ce retour difficile et laborieux; car
» je ne pense pas que Neptune renonce au ressentiment
» qu'il a conçu contre vous, de ce que vous avez privé
» de la lumière son cher fils Polyphême. Cependant,
» malgré toute sa colère, vous ne laisserez pas d'y arri-
» ver après bien des travaux et des peines, si vous pou-
» vez vous retenir et retenir vos compagnons lorsque
» vous serez arrivé dans l'île de Trinacie, et que vous
» verrez devant vous les bœufs et les moutons consacrés
» au soleil, qui voit tout et qui entend tout. Si vous avez
» la force de ne pas toucher à ces troupeaux dans la vue
» de ménager votre retour, vous pourrez espérer qu'a-
» près avoir beaucoup souffert, vous arriverez à Ithaque.
» Mais si vous y touchez, je vous prédis que vous péri-
» rez; vous, votre vaisseau et vos compagnons. Que si
» par une faveur particulière des Dieux vous échappez
» de ce grand danger, vous ne retournerez chez vous de
» longues années, et qu'après avoir perdu tout votre
» monde. Vous y arriverez seul et sur un navire étran-
» ger. Vous trouverez dans vos palais de grands
» désordres, des princes insolens qui poursuivent votre
» femme et qui lui font de grands présens. Vous puni-
» rez leur insolence. Mais après que vous les aurez mis
» à mort ou par la ruse ou par la force, prenez une
» rame; mettez-vous en chemin, et marchez jusqu'à ce
» que vous arriviez chez des peuples qui n'ont aucune
» connoissance de la mer, qui n'assaisonnent point
» leurs mets de sel, et qui n'ont ni vaisseaux ni rames.
» Et afin que vous ne puissiez les méconnoître, je vais
» vous donner un signe qui ne vous trompera point:
» Quand vous rencontrerez sur votre chemin un pas-
» sant qui vous dira que vous portez un van sur votre

» Καὶ τότε δὴ γαίῃ πήξας εὐῆρες ἐρετμὸν,
» Ῥέξας ἱερὰ καλὰ Ποσειδάωνι ἄνακτι,
» Ἀρνειὸν, ταῦρόν τε, συῶν τ' ἐπιβήτορα κάπρον, 130
» Οἴκαδ' ἀποστείχειν, ἔρδειν θ' ἱερὰς ἑκατόμβας
» Ἀθανάτοισι θεοῖσι, τοὶ οὐρανὸν εὐρὺν ἔχουσιν,
» Πᾶσι μάλ' ἐξείης· θάνατος δέ τοι ἐξ ἁλὸς αὐτῷ
» Ἀβληχρὸς μάλα τοῖος ἐλεύσεται, ὅς κέ σε πέφνῃ
» Γήρᾳ ὕπο λιπαρῷ ἀρημένον· ἀμφὶ δὲ λαοὶ 135
» Ὄλβιοι ἔσσονται· τάδε τοι νημερτέα εἴρω.
» Ὣς ἔφατ'· αὐτὰρ ἐγώ μιν ἀμειβόμενος προσέειπον·
» Τειρεσίη, τὰ μὲν ἄρ που ἐπέκλωσαν θεοὶ αὐτοί.
» Ἀλλ' ἄγε μοι τόδε εἰπὲ, καὶ ἀτρεκέως κατάλεξον,
» Μητρὸς τήν δ' ὁρόω ψυχὴν κατατεθνειυίης· 140
» Ἡ δ' ἀκέουσ' ἧσται σχεδὸν αἵματος, οὐδὲ ὃν υἱὸν
» Ἔτλη ἐσάντα ἰδεῖν, οὐδὲ προτιμυθήσασθαι.
» Εἰπὲ, ἄναξ, πῶς κέν μ' ἀναγνοίη τοῖον ἐόντα.
» Ὣς ἐφάμην· ὁ δέ μ' αὐτίκ' ἀμειβόμενος προσέειπεν·
» Ῥηίδιόν τοι ἔπος ἐρέω, καὶ ἐπὶ φρεσὶ θείω· 145
» Ὅντινα μέν κεν ἐᾷς νεκύων κατατεθνειώτων
» Αἵματος ἆσσον ἴμεν, ὅδε τοι νημερτὲς ἐνίψει·
» Ὧδέ κ' ἐπιφθονέεις, ὅδε τοι πάλιν εἶσιν ὀπίσσω.
» Ὣς φαμένη ψυχὴ μὲν ἔβη δόμον Ἄϊδος εἴσω
» Τειρεσίαο ἄνακτος, ἐπεὶ κατὰ θέσφατ' ἔλεξεν· 150
» Αὐτὰρ ἐγὼν αὐτοῦ μένον ἔμπεδον, ὄφρ' ἐπὶ μήτηρ
» Ἤλυθε, καὶ πίεν αἷμα κελαινεφές· αὐτίκα δ' ἔγνω,
» Καί μ' ὀλοφυρομένη ἔπεα πτερόεντα προσηύδα·
» Τέκνον ἐμὸν, πῶς ἦλθες ὑπὸ ζόφον ἠερόεντα,
» Ζωὸς ἐών; χαλεπὸν δὲ τάδε ζωοῖσιν ὁρᾶσθαι· 155
» Μέσσῳ γὰρ μεγάλοι ποταμοὶ καὶ δεινὰ ῥέεθρα,
» Ὠκεανὸς μὲν πρῶτα, τὸν οὔπως ἐστὶ περῆσαι,
» Πεζὸν ἐόντ', ἢν μή τις ἔχῃ εὐεργέα νῆα.

» épaule, alors, sans vous enquérir davantage, plantez
» à terre votre rame, offrez en sacrifice à Neptune un
» mouton, un taureau et un verrat, et retournez dans
» votre palais, où vous offrirez des hécatombes par-
» faites à tous les Dieux qui habitent l'Olympe, sans en
» oublier un seul. Après cela, du sein de la mer sortira
» le trait fatal qui vous donnera la mort, et qui vous
» fera descendre dans le tombeau à la fin d'une vieillesse
» exempte de toutes sortes d'infirmités, et vous laisserez
» vos peuples heureux. Voilà tout ce que j'ai à vous pré-
» dire. Quand il eut cessé de parler, je lui répondis :
» Tirésias, je veux croire que les Dieux ont prononcé
» ces arrêts contre moi. Mais expliquez-moi, je vous
» prie, ce que je vais vous demander. Je vois là l'ombre
» de ma mère ; elle se tient près de la fosse dans un pro-
» fond silence, sans daigner ni regarder son fils, ni lui
» parler ; comment pourrois-je faire pour l'obliger à
» me reconnoître ? Vous me demandez là une chose
» qu'il n'est pas difficile de vous éclaircir. Sachez
» donc qu'il n'y a que les ombres auxquelles vous per-
» mettrez d'approcher de cette fosse et d'en boire le
» sang, qui puissent vous reconnoître, et vous prédire
» l'avenir, et que celles à qui vous refuserez s'en retour-
» neront sans vous parler. Quand l'ombre de Tirésias
» m'eut ainsi parlé, et rendu ses oracles, elle se retira
» dans le palais de Pluton. Mais moi, je demeurai là
» de pied ferme, jusqu'à ce que ma mère se fût rappro-
» chée, et qu'elle eût bu de ce sang. Dès le moment elle
» me reconnut, et faisant de grandes lamentations, elle
» me parla en ces termes : Mon fils, comment êtes-vous
» venu tout en vie dans ce séjour de ténèbres ? Il est
» difficile aux vivans de voir l'empire des morts ; car ils
» sont séparés par de grands fleuves et par une grande
» étendue d'eaux, surtout par l'Océan qu'il n'est pas
» aisé de traverser. Est-ce qu'à votre retour de Troie

» Ἢ νῦν δὴ Τροίηθεν ἀλώμενος ἐνθάδ᾽ ἱκάνεις
» Νηΐ τε, καὶ ἑτάροισι, πολὺν χρόνον; οὐδέ πω ἦλθες
» Εἰς Ἰθάκην; οὐδ᾽ εἶδες ἐνὶ μεγάροισι γυναῖκα; 161
» Ὣς ἔφατ᾽· αὐτὰρ ἐγώ μιν ἀμειβόμενος προσέειπον·
» Μῆτερ ἐμὴ, χρειώ με κατήγαγεν εἰς Ἀΐδαο,
» Ψυχῇ χρησόμενον Θηβαίου Τειρεσίαο.
» Οὐ γάρ πω σχεδὸν ἦλθον Ἀχαιΐδος, οὐδέ πω ἀμῆς
» Γῆς ἐπέβην, ἀλλ᾽ αἰὲν ἔχων ἀλάλημαι ὀϊζὺν, 166
» Ἐξ οὗ τὰ πρώτισθ᾽ ἑπόμην Ἀγαμέμνονι δίῳ
» Ἴλιον εἰς εὔπωλον, ἵνα Τρώεσσι μαχοίμην.
» Ἀλλ᾽ ἄγε μοι τόδε εἰπὲ καὶ ἀτρεκέως κατάλεξον,
» Τίς νύ σε κὴρ ἐδάμασσε τανηλεγέος θανάτοιο; 170
» Ἢ δολιχὴ νοῦσος; ἢ Ἄρτεμις ἰοχέαιρα
» Οἷς ἀγανοῖς βελέεσσιν ἐποιχομένη κατέπεφνεν;
» Εἰπὲ δέ μοι πατρός τε, καὶ υἱέος, ὃν κατέλειπον,
» Ἢ ἔτι πὰρ κείνοισιν ἐμὸν γέρας, ἠέ τις ἤδη
» Ἀνδρῶν ἄλλος ἔχει, ἐμὲ δ᾽ οὐκ ἔτι φασὶ νέεσθαι; 175
» Εἰπὲ δέ μοι μνηστῆς ἀλόχου βουλήν τε, νόον τε,
» Ἠὲ μένει παρὰ παιδὶ, καὶ ἔμπεδα πάντα φυλάσσει;
» Ἢ ἤδη μιν ἔγημεν Ἀχαιῶν, ὅστις ἄριστος;
» Ὣς ἐφάμην· ἡ δ᾽ αὐτίκ᾽ ἀμείβετο πότνια μήτηρ·
» Καὶ λίην κείνη γε μένει τετληότι θυμῷ 180
» Σοῖσιν ἐνὶ μεγάροισιν· ὀϊζυραὶ δέ οἱ αἰεὶ
» Φθίνουσιν νύκτες τε, καὶ ἤματα δακρυχεούσῃ.
» Σὸν δ᾽ οὔπω τίς ἔχει καλὸν γέρας· ἀλλὰ ἕκηλος
» Τηλέμαχος τεμένη νέμεται, καὶ δαῖτας ἐΐσας
» Δαίνυται, ἃς ἐπέοικε δικασπόλον ἄνδρ᾽ ἀλεγύνειν· 185
» Πάντες γὰρ καλέουσι· πατὴρ δὲ σὸς αὐτόθι μίμνει
» Ἀγρῷ, οὐδὲ πόλινδε κατέρχεται· οὐδέ οἱ εὐναὶ,
» Δέμνια, καὶ χλαῖναι, καὶ ῥήγεα σιγαλόεντα·
» Ἀλλ᾽ ὅγε χεῖμα μὲν εὕδει, ὅθι δμῶες, ἐνὶ οἴκῳ,
» Ἐν κόνι, ἄγχι πυρὸς, κακὰ δὲ χροῒ εἵματα εἷται·

» vous avez perdu votre route, et qu'après avoir été
» long-temps égaré, vous avez été porté dans ces tristes
» lieux avec vos compagnons, avant que d'être retourné
» à Ithaque, et sans avoir revu votre femme et votre
» fils? Ma mère, repartis-je, la nécessité de consulter
» l'ombre de Tirésias, m'a fait entreprendre ce terrible
» voyage. Je n'ai pu encore approcher de la Grèce, ni
» regagner ma patrie; mais accablé de maux, j'erre de
» plage en plage depuis que j'ai suivi Agamemnon pour
» faire la guerre aux Troyens. Mais apprenez-moi, je
» vous prie, de quelle manière la destinée vous a fait
» tomber dans les liens de la mort. Est-ce une longue
» maladie, ou seroit-ce Diane, qui avec ses douces
» flèches auroit terminé vos jours? Dites-moi des nou-
» velles de mon père et de mon fils; règnent-ils encore
» dans mes états? ou quelqu'un s'en est-il mis en pos-
» session, et n'attend-on plus mon retour? Apprenez-
» moi aussi ce que pense ma femme, et la conduite
» qu'elle tient. Est-elle toujours près de son fils, et a-t-
» elle soin de sa maison? ou quelqu'un des plus grands
» princes de la Grèce l'a-t-il épousée? Ma mère me
» répondit sans balancer: Votre femme demeure enfer-
» mée dans votre palais avec un courage et une sagesse
» qu'on ne peut assez admirer; elle passe les jours et les
» nuits dans les larmes; personne ne s'est mis en posses-
» sion de vos états; Télémaque jouit en paix de tous vos
» biens; et va aux festins publics que les princes, et
» ceux à qui Dieu a confié sa justice et ses lois, doivent
» honorer de leur présence; car tout le peuple l'invite
» avec un grand empressement. Votre père demeure à
» sa maison de campagne, et ne va jamais à la ville. Là
» son lit n'est point de beaux tapis, de riches étoffes, de
» magnifiques couvertures; mais pendant l'hiver il
» couche à terre près de son foyer, au milieu de ses
» domestiques, et n'est vêtu que de méchans habits; et

» Αὐτὰρ ἐπὴν ἔλθησι θέρος, τεθαλυῖά τ' ὀπώρη, 191
» Πάντη οἱ κατὰ γουνὸν ἀλωῆς οἰνοπέδοιο
» Φύλλων κεκλιμένων χθαμαλαὶ βεβλήαται εὐναί·
» Ἔνθ' ὅγε κεῖτ' ἀχέων, μέγα δὲ φρεσὶ πένθος ἀέξει,
» Σὸν πότμον γοόων· χαλεπὸν δ' ἐπὶ γῆρας ἱκάνει. 195
» Οὕτω γὰρ καὶ ἐγὼν ὀλόμην, καὶ πότμον ἐπέσπον·
» Οὔτ' ἔμ' ἐνὶ μεγάροισιν εὔσκοπος Ἰοχέαιρα
» Οἷς ἀγανοῖς βελέεσσιν ἐποιχομένη κατέπεφνεν·
» Οὔτέ τις οὖν μοι νοῦσος ἐπήλυθεν, ἥτε μάλιστα
» Τηκεδόνι στυγερῇ μελέων ἐξείλετο θυμόν· 200
» Ἀλλά με σός τε πόθος, σά τε μήδεα, φαίδιμ' Ὀδυσσεῦ,
» Σή τ' ἀγανοφροσύνη μελιηδέα θυμὸν ἀπηύρα.
» Ὣς ἔφατ'· αὐτὰρ ἔγωγ' ἔθελον φρεσὶ μερμηρίξας
» Μητρὸς ἐμῆς ψυχὴν ἑλέειν κατατεθνειυίης·
» Τρὶς μὲν ἐφωρμήθην, ἑλέειν τέ με θυμὸς ἄνωγε, 205
» Τρὶς δέ μοι ἐκ χειρῶν, σκιῇ εἴκελον, ἢ καὶ ὀνείρῳ,
» Ἔπτατ'· ἐμοὶ δ' ἄχος ὀξὺ γενέσκετο κηρόθι μᾶλλον·
» Καί μιν φωνήσας ἔπεα πτερόεντα προσηύδων·
» Μῆτερ ἐμή, τί νύ μ' οὐ μίμνεις ἑλέειν μεμαῶτα,
» Ὄφρα καὶ εἰν ἀΐδαο, φίλας περὶ χεῖρε βαλόντε, 210
» Ἀμφοτέρω κρυεροῖο τεταρπώμεσθα γόοιο;
» Ἦ τί μοι εἴδωλον τόδ' ἀγαυὴ Περσεφόνεια
» Ὤτρυν', ὄφρ' ἔτι μᾶλλον ὀδυρόμενος στεναχίζω;
» Ὣς ἐφάμην· ἡ δ' αὐτίκ' ἀμείβετο πότνια μήτηρ·
» Ὤ μοι τέκνον ἐμόν, περὶ πάντων κάμμορε φωτῶν, 215
» Οὔτι σε Περσεφόνεια, Διὸς θυγάτηρ, ἀπαφίσκει,
» Ἀλλ' αὕτη δίκη ἐστὶ βροτῶν, ὅτε κέν τε θάνωσιν.
» Οὐ γὰρ ἔτι σάρκας τε καὶ ὀστέα ἶνες ἔχουσιν,
» Ἀλλὰ τὰ μέν τε πυρὸς κρατερὸν μένος αἰθομένοιο
» Δαμνᾷ, ἐπεί κε πρῶτα λίπῃ λεύκ' ὀστέα θυμός, 220
» Ψυχὴ δ', ἠΰτ' ὄνειρος, ἀποπταμένη πεπότηται.
» Ἀλλὰ φόωσδε τάχιστα λιλαίεο· ταῦτα δὲ πάντα
» Ἴσθ', ἵνα καὶ μετόπισθε τεῇ εἴπῃσθα γυναικί.

» l'été et l'automne il couche au milieu de sa vigne sur
» un lit de feuilles, toujours livré à ses ennuis, qu'en-
» tretient et qu'augmente de plus en plus la douleur de
» votre absence, qui le fait encore plus vieillir que les
» années. C'est cette même douleur qui m'a précipitée
» dans le tombeau : ni Diane n'a abrégé mes jours par
» ses douces flèches, ni aucune maladie n'est venue me
» consumer par ses langueurs; mais ce sont les regrets
» de ne vous plus voir, c'est la douleur de vous croire
» exposé tous les jours à de nouveaux périls, c'est le
» tendre souvenir de toutes vos rares qualités, qui m'ont
» ôté la vie. A ces mots, je voulus embrasser cette chère
» ombre; trois fois je me jetai sur elle, et trois fois elle
» se déroba à mes embrassemens, semblable à une
» vapeur ou à un songe; ce qui redoubla ma douleur.
» Ma mère, m'écriai-je, pourquoi vous refusez-vous au
» désir extrême que j'ai de vous embrasser? Pourquoi
» ne voulez-vous pas que, joints tous deux par nos tendres
» embrassemens, nous mêlions ensemble nos larmes, et
» que nous nous rassasiions de regrets et de deuil? La
» cruelle Proserpine, au lieu de cette chère ombre, ne
» m'auroit-elle présenté qu'un vain fantôme, afin que,
» privé de cette consolation, je trouve dans mes mal-
» heurs encore plus d'amertume? Je lui exprimois ainsi
» mes regrets. Elle me répondit : Hélas, mon fils, le
» plus malheureux de tous les hommes! la fille de Jupi-
» ter, la sévère Proserpine, ne vous a point trompé;
» mais telle est la condition des mortels, quand ils sont
» sortis de la vie, leurs nerfs ne soutiennent plus ni
» chair ni os; tout ce qui ne compose que le corps
» matériel, est la pâture des flammes dés que l'esprit
» l'a quitté; et l'ame, ce corps délié et subtil, s'envole
» de son côté comme un songe. Mais retournez-vous-en
» promptement à la lumière, et retenez bien tout ce
» que je vous ai appris, afin que vous puissiez le redire

» Νῶϊ μὲν ὣς ἐπέεσσι ἀμειβόμεθ᾽· αἱ δὲ γυναῖκες
» Ἤλυθον, (ὤτρυνεν γὰρ ἀγαυὴ Περσεφόνεια,) 225
» Ὅσσαι ἀριστήων ἄλοχοι ἔσαν, ἠδὲ θύγατρες.
» Αἱ δ᾽ ἀμφ᾽ αἷμα κελαινὸν ἀολλέες ἠγερέθοντο.
» Αὐτὰρ ἐγὼ βούλευον, ὅπως ἐρέοιμι ἑκάστην·
» Ἥδε δέ μοι κατὰ θυμὸν ἀρίστη φαίνετο βουλή,
» Σπασσάμενος τανύηκες ἄορ παχέος παρὰ μηροῦ, 230
» Οὐκ εἴων πιέειν ἅμα πάσας αἷμα κελαινόν.
» Αἱ δὲ, προμνηστῖναι ἐπήϊσαν· ἡ δὲ ἑκάστη
» Ὃν γόνον ἐξαγόρευεν· ἐγὼ δ᾽ ἐρέεινον ἁπάσας.
» Ἔνθ᾽ ἤτοι πρώτην Τυρὼ ἴδον εὐπατέρειαν,
» Ἣ φάτο Σαλμωνῆος ἀμύμονος ἔκγονος εἶναι, 235
» Φῆ δὲ Κρηθῆος γυνὴ ἔμμεναι Αἰολίδαο.
» Ἣ ποταμοῦ ἠράσσατ᾽ Ἐνιπῆος θείοιο,
» Ὃς πολὺ κάλλιστος ποταμῶν ἐπὶ γαῖαν ἵησι·
» Καί ῥ᾽ ἐπ᾽ Ἐνιπῆος πωλέσκετο καλὰ ῥέεθρα.
» Τῷ δ᾽ ἄρα εἰσάμενος γαιήοχος Ἐννοσίγαιος, 240
» Ἐν προχοῇς ποταμοῦ παρελέξατο δινήεντος·
» Πορφύρεον δ᾽ ἄρα κῦμα περιστάθη, οὔρεϊ ἶσον,
» Κυρτωθὲν, κρύψεν τε θεὸν, θνητήν τε γυναῖκα·
» Λῦσε δὲ παρθενίην ζώνην, κατὰ δ᾽ ὕπνον ἔχευεν.
» Αὐτὰρ ἐπεί ῥ᾽ ἐτέλεσσε θεὸς φιλοτήσια ἔργα, 245
» Ἔν τ᾽ ἄρα οἱ φῦ χειρὶ, ἔπος τ᾽ ἔφατ᾽, ἔκ τ᾽ ὀνόμαζε·
» Χαῖρε, γύναι, φιλότητι· περιπλομένου δ᾽ ἐνιαυτοῦ,
» Τέξεις ἀγλαὰ τέκν᾽· ἐπεὶ οὐκ ἀποφώλιοι εὐναὶ
» Ἀθανάτων· σὺ δὲ τοὺς κομέειν, ἀτιταλλέμεναί τε,
» Νῦν δ᾽ ἔρχευ πρὸς δῶμα, καὶ ἴσχεο, μηδ᾽ ὀνομήνῃς·
» Αὐτὰρ ἐγώ τοι εἰμι Ποσειδάων ἐνοσίχθων. 250
» Ὣς εἰπὼν, ὑπὸ πόντον ἐδύσατο κυμαίνοντα.
» Ἡ δ᾽ ὑποκυσσαμένη, Πελίην τέκε καὶ Νηλῆα·

» à votre chère Pénélope. Pendant que nous nous entre-
» tenions ainsi, je vois arriver les femmes et les filles
» des plus grands capitaines, que Proserpine laissoit
» passer. Elles s'assembloient en foule autour de la fosse
» pour boire du sang; mais moi, qui cherchois les
» moyens de les entretenir chacune en particulier, je
» pris le parti de tirer mon épée, et de les empêcher de
» boire toutes ensemble. Elles approchèrent donc de
» suite l'une après l'autre, et chacune m'apprenoit sa
» naissance. Ainsi j'eus le temps de les questionner
» toutes, et de savoir leurs aventures. La première qui
» se présenta, ce fut Tyro, issue d'un sang très-noble ;
» car elle me dit qu'elle étoit fille du sage Salmonée, et
» elle fut femme de Créthée, fils d'Eolus. Autrefois
» devenue amoureuse du divin fleuve Enipée, le plus
» beau de tous les fleuves qui arrosent les campagnes,
» elle alloit souvent se promener sur ses charmantes
» rives. Neptune prenant la figure de ce fleuve, profita
» de l'erreur de cette belle nymphe à l'embouchure du
» fleuve, dont les eaux s'élevant comme une montagne,
» et se courbant comme en voûte, environnèrent et
» couvrirent ces deux amans. Il eut d'elle les dernières
» faveurs, après lui avoir inspiré un doux sommeil qui
» l'empêcha de le reconnoître. Après que ce Dieu se fût
» rassasié d'amour, il lui prit la main, et lui parla en
» ces termes : Belle nymphe, réjouissez-vous de l'hon-
» neur que vous venez de recevoir. Dès que l'année
» sera révolue, vous mettrez au monde deux beaux
» enfans ; car la couche des immortels est toujours
» féconde. Ayez soin de les nourrir et de les élever.
» Retournez dans le palais de votre père, ne me nom-
» mez à personne, et sachez que je suis Neptune, qui
» ai le pouvoir d'ébranler la terre jusqu'à ses fonde-
» mens En finissant ces mots, il se plonge dans la mer.
» Tyro accouche de deux enfans, de Pélias et de Nélée,

» Τὼ κρατερὼ θεράποντε Διὸς μεγάλοιο γενέσθην
» Ἀμφοτέρω· Πελίης μὲν ἐν εὐρυχόρῳ Ἰαολκῷ   255
» Ναῖε πολύῤῥηνος· ὁ δ᾽ ἄρ᾽ ἐν Πύλῳ ἠμαθόεντι.
» Τοὺς δ᾽ ἑτέρους Κρηθῆϊ τέκεν βασίλεια γυναικῶν,
» Αἴσονά τ᾽, ἠδὲ Φέρητ᾽, Ἀμυθάονά θ᾽ ἱππιοχάρμην.
» Τὴν δὲ μετ᾽, Ἀντιόπην ἴδον, Ἀσωποῖο θύγατρα,
» Ἣ δὴ καὶ Διὸς εὔχετ᾽ ἐν ἀγκοίνῃσιν ἰαῦσαι,   260
» Καί ῥ᾽ ἔτεκεν δύο παῖδ᾽, Ἀμφίονά τε, Ζῆθόν τε,
» Οἳ πρῶτοι Θήβης ἕδος ἔκτισαν ἑπταπύλοιο,
» Πύργωσάν τ᾽· ἐπεὶ οὐ μὲν ἀπύργωτόν γ᾽ ἐδύναντο
» Ναιέμεν εὐρύχορον Θήβην, κρατερώ περ ἐόντε.
» Τὴν δὲ μέτ᾽, Ἀλκμήνην ἴδον, Ἀμφιτρύωνος ἄκοιτιν,
» Ἣ ῥ᾽ Ἡρακλῆα θρασυμέμνονα, θυμολέοντα,   266
» Γείνατ᾽, ἐν ἀγκοίνῃσι Διὸς μεγάλοιο μιγεῖσα.
» Καὶ Μεγάρην, Κρείοντος ὑπερθύμοιο θύγατρα,
» Τὴν ἔχεν Ἀμφιτρύωνος υἱός, μένος αἰὲν ἀτειρής.
» Μητέρα τ᾽ Οἰδιπόδαο ἴδον, καλὴν Ἐπικάστην,   270
» Ἣ μέγα ἔργον ἔρεξεν ἀϊδρείῃσι νόοιο,
» Γημαμένη ᾧ υἱεῖ· ὁ δ᾽ ὃν πατέρ᾽ ἐξεναρίξας
» Γῆμεν· ἄφαρ δ᾽ ἀνάπυστα θεοὶ θέσαν ἀνθρώποισιν.
» Ἀλλ᾽ ὁ μὲν ἐν Θήβῃ πολυηράτῳ ἄλγεα πάσχων,
» Καδμείων ἤνασσε, θεῶν ὀλοὰς διὰ βουλάς·   275
» Ἣ δ᾽ ἔβη εἰς Ἀΐδαο πυλάρταο κρατεροῖο,
» Ἁψαμένη βρόχον αἰπὺν ἀφ᾽ ὑψηλοῖο μελάθρου,
» Ὧ ἄχεϊ σχομένη· τῷ δ᾽ ἄλγεα κάλλιπ᾽ ὀπίσσω
» Πολλὰ μάλ᾽, ὅσσα τὲ μητρὸς Ἐριννύες ἐκτελέουσι.
» Καὶ Χλῶριν εἶδον περικαλλέα, τήν ποτε Νηλεὺς   280
» Γῆμεν, ἑὸν διὰ κάλλος, ἐπεὶ πόρε μυρία ἕδνα,
» Ὁπλοτάτην κούρην Ἀμφίονος Ἰασίδαο·
» Ὅς ποτ᾽ ἐν Ὀρχομενῷ Μινυηΐῳ ἶφι ἄνασσεν,

» qui tous deux furent ministres du grand Jupiter. Car
» Pélias régna à Iolcos, où il fut riche en troupeaux, et
» Nélée fut roi de Pylos, sur le fleuve Amathus. Tyro
» eut de son mari Créthée ses autres enfans Æson,
» Phérès, et Amython qui se plaisoit à dresser des
» chevaux. Après Tyro, je vis approcher la fille d'Aso-
» pus, Antiope, qui se vantoit d'avoir dormi entre les
» bras de Jupiter. Il est vrai qu'elle eut deux fils, Zéthus
» et Amphion, qui les premiers jetèrent les fondemens
» de la ville de Thèbes, et qui élevèrent ses murailles
» et ses tours, car, quelque forts et vaillans qu'ils
» fussent, ils ne pouvoient habiter sûrement une si
» grande ville sans ses tours qui la défendoient. Je vis
» ensuite Alcmène, femme d'Amphitryon, qui des
» embrassemens de Jupiter eut le fort, le patient, le
» courageux Hercule. Après elle venoit Mégare, fille
» du superbe Créon. Elle fut femme du laborieux fils
» d'Amphitryon, du grand Hercule. Je vis aussi la belle
» Epicaste, mère d'Œdipe, qui, par son imprudence,
» commit un très-grand forfait, en épousant son fils,
» son propre fils, qui venoit de tuer son père. Les Dieux
» découvrirent cet inceste aux yeux des hommes. Ce
» malheureux prince, accablé de douleurs, régna sur
» les superbes descendans de Cadmus, selon les funestes
» décrets des immortels, dans cette même Thèbes pleine
» de malédiction. La reine, qui étoit en même temps sa
» mère et sa femme, se précipita dans les enfers; car,
» vaincue par son désespoir, elle attacha au haut de sa
» chambre un fatal cordon, qui fut l'instrument de sa
» mort; et en mourant elle laissa à son fils, devenu son
» mari, un fond inépuisable de malheurs, que les
» furies, qu'elle avoit invoquées, ne manquèrent pas de
» remplir. Après Epicaste, j'aperçus Chloris, la plus
» jeune des filles d'Amphion, fils d'Iasus, qui régna
» dans Orchomène de Minyens; Nélée l'épousa à cause

» Ἠδὲ Πύλου βασίλευε· τέκεν δέ οἱ ἀγλαὰ τέκνα,
» Νέστορά τε, Χρομίον τε, Περικλύμενόν τ' ἀγέρωχον.
» Τοῖσι δ' ἐπ' ἰφθίμην Πηρὼ τέκε, θαῦμα βροτοῖσι, 286
» Τὴν πάντες μνώοντο περικτίται· οὐδέ τι Νηλεὺς
» Τῷ ἐδίδου, ὃς μὴ ἕλικας βόας εὐρυμετώπους
» Ἐκ Φυλάκης ἐλάσειε βίης Ἰφικληείης
» Ἀργαλέας· τὰς δ' οἶος ὑπέσχετο μάντις ἀμύμων 290
» Ἐξελάαν· χαλεπὴ δὲ θεοῦ κατὰ μοῖρα πέδησε,
» Δεσμοί τ' ἀργαλέοι, καὶ βουκόλοι ἀγροιῶται.
» Ἀλλ' ὅτε δὴ μῆνές τε καὶ ἡμέραι ἐξετελεῦντο,
» Ἂψ περιτελλομένου ἔτεος, καὶ ἐπήλυθον ὧραι,
» Καὶ τότε δή μιν ἔλυσε βίη Ἰφικληείη, 295
» Θέσφατα πάντ' εἰπόντα· Διὸς δ' ἐτελείετο βουλή.
» Καὶ Λήδην εἶδον, τὴν Τυνδαρέου παράκοιτιν,
» Ἥ ῥ' ὑπὸ Τυνδαρέῳ κρατερόφρον' ἐγείνατο παῖδε,
» Κάστορά θ' ἱππόδαμον, καὶ πὺξ ἀγαθὸν Πολυδεύκεα·
» Τοὺς ἄμφω ζωοὺς κατέχει φυσίζοος αἶα· 300
» Οἳ καὶ νέρθεν γῆς τιμὴν πρὸς Ζηνὸς ἔχοντες,
» Ἄλλοτε μὲν ζώουσ' ἑτερήμεροι, ἄλλοτε δ' αὖτε
» Τεθνᾶσιν, τιμὴν δὲ λελόγχασ', ἶσα θεοῖσι.
» Τὴν δὲ μέτ', Ἰφιμέδειαν, Ἀλωῆος παράκοιτιν,
» Εἴσιδον, ἣ δὴ φάσκε Ποσειδάωνι μιγῆναι· 305
» Καί ῥ' ἔτεκεν δύο παῖδε, (μινυνθαδίω δὲ γενέσθην,)
» Ὦτόν τ' ἀντίθεον, τηλεκλειτόν τ' Ἐφιάλτην.
» Οὓς δὴ μηκίστους θρέψε ζείδωρος Ἄρουρα,
» Καὶ πολὺ καλλίστους, μετά γε κλυτὸν Ὠρίωνα·
» Ἐννέωροι γάρ τοί γε, καὶ ἐννεαπήχεες ἦσαν 310
» Εὖρος, ἀτὰρ μῆκός γε γενέσθην ἐννεόργυιοι.
» Οἵ ῥα καὶ ἀθανάτοισιν ἀπειλήτην, ἐν Ὀλύμπῳ

» de sa parfaite beauté, après lui avoir fait une infinité
» de présens très-magnifiques. Elle régna avec lui à
» Pylos, et lui donna trois fils, Nestor, Chromius et le
» fier Périclymène, et une fille nommée Péro, qui par
» sa beauté et par sa sagesse fut la merveille de son
» temps. Tous les princes voisins la cherchoient en
» mariage, mais Nélée ne voulut la promettre qu'à celui
» qui lui ameneroit de Phylacé les bœufs d'Iphiclus.
» C'étoit une entreprise très-difficile et très-périlleuse ;
» il n'y eut qu'un devin, nommé Mélampus, qui eut
» l'audace de l'entreprendre. Les arrêts des Dieux, les
» bergers qui gardoient ces bœufs, et les liens où il fut
» retenu, l'empêchèrent de l'exécuter. Mais après que
» les jours et les mois en s'écoulant eurent achevé l'an-
» née, Iphiclus délivra Mélampus son prisonnier, pour
» le récompenser de ce qu'il lui avoit expliqué les
» anciens oracles. Ainsi s'accomplirent les décrets de
» Jupiter. Chloris étoit suivie de Léda, qui fut femme
» de Tyndare, dont elle eut deux fils qui furent très-
» vaillans, Castor grand dompteur de chevaux, et Pol-
» lux invincible dans les combats du ceste. Ils sont les
» seuls qui retrouvent la vie dans le sein même de la
» mort ; car, dans le séjour des ténèbres, ils ont reçu
» de Jupiter ce grand privilége, qu'ils vivent et meurent
» tour à tour, et reçoivent des honneurs égaux à ceux
» des Dieux mêmes. Après Léda je vis Iphimédée,
» femme d'Aloéus, qui se vantoit d'avoir été aimée de
» Neptune. Elle eut deux fils, dont la vie fut fort
» courte ; le divin Othus et le célèbre Ephialtès, les
» deux plus grands et les plus beaux hommes que la
» terre ait jamais nourris ; car ils étoient d'une taille
» prodigieuse et d'une beauté si grande, qu'elle ne
» cédoit qu'à la beauté d'Orion. A l'âge de neuf ans, ils
» avoient neuf coudées de grosseur et trente-six de hau-
» teur. Ils menaçoient les immortels qu'ils porteroient

» Φυλόπιδη στήσειν πολυάϊκος πολέμοιο·
» Ὄσσαν ἐπ' Οὐλύμπῳ μέμασαν θέμεν, αὐτὰρ ἐπ' Ὄσσῃ
» Πήλιον εἰνοσίφυλλον, ἵν' οὐρανὸς ἀμβατὸς εἴη. 315
» Καί νύ κεν ἐξετέλεσσαν, εἰ ἥβης μέτρον ἵκοντο·
» Ἀλλ' ὄλεσεν Διὸς υἱὸς, ὃν ἠΰκομος τέκε Λητὼ,
» Ἀμφοτέρω· πρὶν σφῶϊν ὑπὸ κροτάφοισιν ἰούλους,
» Ἀνθῆσαι, πυκάσαι τὲ γένυν εὐανθέϊ λάχνῃ.
» Φαίδρην τὲ, Πρόκριν τὲ ἴδον, καλήν τ' Ἀριάδνην,
» Κούρην Μίνωος ὀλοόφρονος, ἥν ποτε Θησεὺς, 321
» Ἐκ Κρήτης ἐς γουνὸν Ἀθηνάων ἱεράων,
» Ἦγε μὲν, οὐδ' ἀπόνητο· πάρος δέ μιν Ἄρτεμις ἔσχε
» Δίῃ ἐν ἀμφιρύτῃ, Διονύσου μαρτυρίῃσι.
» Μαῖράν τε, Κλυμένην τὲ ἴδον, στυγερήν τ' Ἐριφύλην,
» Ἡ χρυσὸν φίλου ἀνδρὸς ἐδέξατο τιμήεντα. 326
» Πάσας δ' οὐκ ἂν ἐγὼ μυθήσομαι οὐδ' ὀνομήνω,
» Ὅσσας ἡρώων ἀλόχους ἴδον, ἠδὲ θύγατρας·
» Πρὶν γάρ κεν καὶ νὺξ φθεῖτ' ἄμβροτος· ἀλλὰ καὶ ὥρη
» Εὕδειν, ἢ ἐπὶ νῆα θοὴν ἐλθόντ' ἐς ἑταίρους, 330
» Ἢ αὐτοῦ· πομπὴ δὲ θεοῖς, ὑμῖν τε μελήσει. »

Ὣς ἔφατ'· οἱ δ' ἄρα πάντες ἀκὴν ἐγένοντο σιωπῇ·
« Κηληθμῷ δ' ἔσχοντο κατὰ μέγαρα σκιόεντα.
» Τοῖσιν δ' Ἀρήτη λευκώλενος ἤρχετο μύθων·

» Φαίηκες, πῶς ὔμμιν ἀνὴρ ὅγε φαίνεται εἶναι, 335
» Εἶδός τε, μέγεθός τε, ἰδὲ φρένας ἔνδον ἐΐσας;
» Ξεῖνος δ' αὖτ' ἐμός ἐστιν· ἕκαστος δ' ἔμμορε τιμῆς.
» Τῷ μὴ ἐπειγόμενοι ἀποπέμπετε, μηδὲ τὰ δῶρα
» Οὕτω χρηΐζοντι κολούετε· πολλὰ γὰρ ὔμμιν

» la guerre jusque dans les cieux ; et, pour cet effet, ils
» entreprirent d'entasser le mont Ossa sur le mont
» Olympe, et de porter le Pélion sur l'Ossa, afin de
» pouvoir escalader les cieux. Et ils l'auroient exécuté
» sans doute, s'ils étoient parvenus à l'âge parfait ; mais
» le fils de Jupiter et de Latone les précipita tous deux
» dans les enfers, avant que le poil follet eût ombragé
» leurs joues, et que leur menton eût tout fleuri. Je vis
» ensuite Phèdre, Procris et la belle Ariadne, fille de
» l'implacable Minos, que Thésée enleva autrefois de
» Crète, et qu'il vouloit mener dans la sacrée ville
» d'Athènes ; mais il ne put l'y conduire, car la chaste
» Diane la retint dans l'île de Dia, sur le témoignage
» que Bacchus rendit contre elle. Après Ariadne, je vis
» Mœra, Clymène, et l'odieuse Eriphyle, qui préféra
» un collier d'or à la vie de son mari. Mais je ne puis
» vous nommer toutes les femmes et toutes les filles des
» grands personnages qui passèrent devant moi ; car là
» nuit seroit plus tôt finie, et les astres qui se lèvent
» m'avertissent qu'il est temps de se coucher ou ici dans
» votre palais, ou dans le vaisseau que vous m'avez fait
» équiper. Je me repose sur la bonté des Dieux et sur
» vos soins de ce qui est nécessaire pour mon voyage. »

Ainsi parla Ulysse, et tous les princes demeurèrent dans un profond silence, enchantés par le plaisir extrême que leur avoit fait son récit. La reine Arété le rompit la première, et dit :

« Princes, comment trouvez-vous cet étranger, et
» que dites-vous de sa bonne mine, de la noblesse de sa
» taille et de son bon esprit ? c'est mon hôte, et chacun
» de vous est riche et puissant ; c'est pourquoi ne vous
» pressez pas de le renvoyer, et par cette diligence ne
» diminuez point les présens que vous lui devez dans la
» nécessité où il se trouve. Vous avez dans vos maisons

» Κτήματ' ἐνὶ μεγάροισι, θεῶν ἰότητι, κέονται. 340

Τοῖσι δὲ καὶ μετέειπε γέρων, ἥρως Ἐχένηος,
« Ὃς δὴ Φαιήκων ἀνδρῶν προγενέστερος ἦεν·

» Ὦ φίλοι, οὐ μὰν ὔμμιν ἀπὸ σκοποῦ οὐδ' ἀπὸ δόξης
» Μυθεῖται βασίλεια περίφρων· ἀλλὰ πίθεσθε·
» Ἀλκινόου δ' ἐκ τοῦδ' ἔχεται ἔργον τέ, ἔπος τέ. » 345

Τὸν δ' αὖτ' Ἀλκίνοος ἀπαμείβετο, φώνησέν τε·
« Τοῦτο μὲν οὕτω δὴ ἔσται ἔπος, αἴκεν ἔγωγε
» Ζωὸς Φαιήκεσσι φιληρέτμοισιν ἀνάσσω.
» Ξεῖνος δὲ τλήτω, μάλα περ νόστοιο χατίζων,
» Ἔμπης οὖν ἐπιμεῖναι ἐς αὔριον, εἰσόκε πᾶσαν 350
» Δωτίνην τελέσω· πομπὴ δ' ἄνδρεσσι μελήσει
» Πᾶσι, μάλιστα δ' ἐμοί· τοῦ γὰρ κράτος ἔστ' ἐνὶ δήμῳ. »

Τὸν δ' ἀπαμειβόμενος προσέφη πολύμητις Ὀδυσσεύς·
« Ἀλκίνοε κρεῖον, πάντων ἀριδείκετε λαῶν,
» Εἴ με καὶ εἰς ἐνιαυτὸν ἀνώγοιτ' αὐτόθι μίμνειν, 355
» Πομπήν τ' ὀτρύνοιτε, καὶ ἀγλαὰ δῶρα διδοῖτε,
» Καί κε τὸ βουλοίμην, καί κεν πολὺ κέρδιον εἴη,
» Πλειοτέρῃ σὺν χειρὶ φίλην ἐς πατρίδ' ἱκέσθαι·
» Καί κ' αἰδοιότερος καὶ φίλτερος ἀνδράσιν εἴην
» Πᾶσιν, ὅσοι μ' Ἰθάκηνδε ἰδοίατο νοστήσαντα. » 360

Τὸν δ' αὖτ' Ἀλκίνοος ἀπαμείβετο, φώνησέν τε·
« Ὦ Ὀδυσεῦ, τὸ μὲν οὔτι σ' ἐΐσκομεν εἰσορόωντες,
» Ἠπεροπῆά τ' ἔμεν καὶ ἐπίκλοπον, οἷά τε πολλοὺς
» Βόσκει γαῖα μέλαινα πολυσπερέας ἀνθρώπους,
» Ψεύδεά τ' ἀρτύνοντας, ὅθεν κέ τις οὐδὲ ἴδοιτο· 365

» des biens infinis que vous tenez de la bonté des Dieux;
» quel meilleur usage en pourriez-vous faire ? »

Le héros Echenée, qui étoit le plus âgé des Phéaciens, prit la parole après la reine, et dit :

« Mes amis, la vertu et la générosité de la reine
» doivent nous avoir préparés à ce qu'elle vient de nous
» dire; elle nous a fort bien montré notre devoir : obéis-
» sez, et qu'Alcinoüs ordonne ce que nous avons à faire,
» et qu'il nous donne lui-même l'exemple. »

Alcinoüs répondit : « Tout ce que la reine vient d'or-
» donner sera exécuté, si Dieu me conserve la vie et le
» sceptre. Que notre hôte, quelque pressé qu'il soit de
» partir, ait la patience d'attendre seulement jusqu'à
» demain, afin que tous les présens qu'on lui destine
» soient prêts. Mes sujets prépareront de leur côté ce
» qui est nécessaire pour son départ, et moi j'y travail-
» lerai du mien tout le premier; car je veux bien leur
» donner l'exemple, puisque je tiens ici le premier
» rang. »

Ulysse, touché de ces honnêtetés, répondit : « Alci-
» noüs, que vos grandes qualités distinguent autant que
» votre trône, si vous vouliez que je demeurasse une
» année entière pour vous donner le temps de pré-
» parer tout ce qui est nécessaire pour mon départ, et
» de me faire des présens magnifiques et dignes de vous,
» j'y consentirois de tout mon cœur; car il me seroit
» bien plus avantageux d'arriver dans ma patrie avec
» des marques si glorieuses; j'en serois plus honoré et
» mieux reçu de ceux qui me verroient de retour dans
» Ithaque. »

Alcinoüs répondit : « Ulysse, à vous voir, on ne sau-
» roit vous soupçonner d'être un imposteur ni un
» fourbe, comme il y en a grand nombre qui courent
» le monde, et qui, pour venir à leurs fins, composent

» Σοὶ δ᾽ ἔνι μὲν μορφὴ ἐπέων, ἔνι δὲ φρένες ἐσθλαί·
» Μῦθον δ᾽, ὡς ὅ, τ᾽ ἀοιδὸς, ἐπισταμένως κατέλεξας,
» Πάντων τ᾽ Ἀργείων, σέο τ᾽ αὐτοῦ, κήδεα λυγρά.
» Ἀλλ᾽ ἄγε μοι τόδε εἰπὲ, καὶ ἀτρεκέως κατάλεξον,
» Εἴ τινας ἀντιθέων ἑτάρων ἴδες, οἵ τοι ἅμ᾽ αὐτῷ 370
» Ἴλιον εἰς ἅμ᾽ ἕποντο, καὶ αὐτοῦ πότμον ἐπέσπον.
» Νὺξ δ᾽ ἥδε μάλα μακρὴ, ἀθέσφατος· οὐδέ πω ὥρη
» Εὕδειν ἐν μεγάρῳ· σὺ δέ μοι λέγε θέσκελα ἔργα.
» Καί κεν ἐς ἠῶ δῖαν ἀνασχοίμην, ὅτε μοι σὺ
» Τλαίης ἐν μεγάρῳ τὰ σὰ κήδεα μυθήσασθαι· » 375

Τὸν δ᾽ ἀπαμειβόμενος προσέφη πολύμητις Ὀδυσσεύς.
« Ἀλκίνοε κρεῖον, πάντων ἀριδείκετε λαῶν,
» Ὥρη μὲν πολέων μύθων, ὥρη δὲ καὶ ὕπνου.
» Εἰ δ᾽ ἔτ᾽ ἀκουέμεναί γε λιλαίεαι, οὐκ ἂν ἔγωγε
» Τούτων σοι φθονέοιμι καὶ οἰκτρότερ᾽ ἄλλ᾽ ἀγορεῦσαι
» Κήδε᾽ ἐμῶν ἑτάρων, οἳ δὴ μετόπισθεν ὄλοντο· 381
» Οἳ Τρώων μὲν ὑπεξέφυγον στονόεσσαν ἀϋτὴν,
» Ἐν νόστῳ δ᾽ ἀπόλοντο, κακῆς ἰότητι γυναικός.

» Αὐτὰρ ἐπεὶ ψυχὰς μὲν ἀπεσκέδασ᾽ ἄλλυδις ἄλλη
» Ἁγνὴ Περσεφόνεια γυναικῶν θηλυτεράων, 385
» Ἦλθε δ᾽ ἐπὶ ψυχὴ Ἀγαμέμνονος Ἀτρείδαο,
» Ἀχνυμένη· περὶ δ᾽ ἄλλαι ἀγηγέραθ᾽, ὅσσαι ἅμ᾽ αὐτῷ
» Οἴκῳ ἐν Αἰγίσθοιο θάνον καὶ πότμον ἐπέσπον.
» Ἔγνω δ᾽ αἶψ᾽ ἐμὲ κεῖνος, ἐπεὶ πίεν αἷμα κελαινόν·
» Κλαῖε δ᾽ ὅγε λιγέως, θαλερὸν κατὰ δάκρυον εἴβων,
» Πιτνὰς εἰς ἐμὲ χεῖρας, ὀρέξασθαι μενεαίνων. 391
» Ἀλλ᾽ οὐ γάρ οἱ ἔτ᾽ ἦν ἲς ἔμπεδος, οὐδέ τι κίκυς,
» Οἵη περ πάρος ἔσκεν ἐνὶ γναμπτοῖσι μέλεσσι.
» Τὸν μὲν ἐγὼ δάκρυσά τ᾽ ἰδὼν, ἐλέησά τε θυμῷ,

» des fables que l'on ne sauroit démentir. Pour vous, il
» est vrai que vos paroles ont tout l'air de ces contes
» ingénieusement inventés; mais vous avez un esprit
» trop solide pour vouloir tromper. Vous nous avez
» exposé, comme le meilleur chantre l'auroit pu faire,
» l'histoire de tous les Grecs et celle de vos malheurs.
» Mais dites-moi, je vous prie, sans me rien cacher, si
» vous avez vu dans les enfers quelqu'un de ces grands
» hommes, de ces héros qui ont été avec vous au siége
» de Troie, et qui sont morts dans cette expédition. Les
» nuits sont longues, et il n'est pas encore temps de se
» coucher; contez-moi ces aventures merveilleuses.
» Pour moi j'attendrois avec plaisir l'aurore en vous
» écoutant, si vous aviez la force de me raconter tout ce
» que vous avez souffert dans ce voyage. »

« Grand roi, reprit Ulysse, il est vrai que les nuits
» sont longues, et que j'aurai tout le temps de vous
» conter encore plusieurs histoires, et de dormir. Si
» vous avez si grande envie de m'entendre, je ne vous
» refuserai pas cette satisfaction, et je vous raconterai
» des aventures plus pitoyables encore arrivées à mes
» illustres amis, qui, après avoir échappé à tous les
» périls de la guerre sous les remparts d'Ilion, ont
» trouvé la mort dans leur palais, par la perfidie même
» de leurs propres femmes.

« Après que la chaste Proserpine eut fait retirer les
» ombres des femmes dont je vous viens de parler, je
» vis arriver l'ame d'Agamemnon toute éplorée, et envi-
» ronnée des ames de tous ceux qui avoient été tués
» avec lui dans le palais d'Egisthe. Il n'eut pas plus tôt
» bu du sang dans la fosse, qu'il me reconnut, et se mit
» à jeter des cris perçans, à fondre en larmes, et à
» étendre ses mains vers moi pour m'embrasser; mais
» cette ombre étoit destituée de nerfs, et n'avoit plus ni
» vertu ni force. A cette vue, je fus saisi de compassion,

» Καί μιν φωνήσας ἔπεα πτερόεντα προσηύδων· 395
» Ἀτρείδη κύδιστε, ἄναξ ἀνδρῶν, Ἀγάμεμνον,
» Τίς νύ σε κὴρ ἐδάμασσε τανηλεγέος θανάτοιο;
» Ἠὲ σέ γ᾽ ἐν νήεσσι Ποσειδάων ἐδάμασσεν,
» Ὄρσας ἀργαλέων ἀνέμων ἀμέγαρτον ἀϋτμήν;
» Ἠέ σ᾽ ἀνάρσιοι ἄνδρες ἐδηλήσαντ᾽ ἐπὶ χέρσου, 400
» Βοῦς περιταμνόμενον, ἠδ᾽ οἰῶν πώεα καλά,
» Ἠὲ περὶ πτόλιος μαχεούμενον, ἠὲ γυναικῶν;
» Ὣς ἐφάμην· ὁ δέ μ᾽ αὐτίκ᾽ ἀμειβόμενος προσέειπε·
» Διογενὲς Λαερτιάδη, πολυμήχαν᾽ Ὀδυσσεῦ,
» Οὔτ᾽ ἐμέ γ᾽ ἐν νήεσσι Ποσειδάων ἐδάμασσεν, 405
» Ὄρσας ἀργαλέων ἀνέμων ἀμέγαρτον ἀϋτμήν,
» Οὔτε κ᾽ ἀνάρσιοι ἄνδρες ἐδηλήσαντ᾽ ἐπὶ χέρσου·
» Ἀλλά μοι Αἴγισθος τεύξας θάνατόν τε, μόρον τέ,
» Ἔκτα, σὺν οὐλομένῃ ἀλόχῳ, οἶκόνδε καλέσσας,
» Δειπνίσσας, ὥς τίς τε κατέκτανε βοῦν ἐπὶ φάτνῃ. 410
» Ὣς θάνον οἰκτίστῳ θανάτῳ· περὶ δ᾽ ἄλλοι ἑταῖροι
» Νωλεμέως κτείνοντο, σύες ὣς ἀργιόδοντες,
» Οἵ ῥά τ᾽ ἐν ἀφνειοῦ ἀνδρὸς μέγα δυναμένοιο
» Ἢ γάμῳ, ἢ ἐράνῳ, ἢ εἰλαπίνῃ τεθαλυίῃ.
» Ἤδη μὲν πολέων ἀνδρῶν φόνῳ ἀντεβόλησας 415
» Μουνὰξ κτεινομένων, καὶ ἐνὶ κρατερῇ ὑσμίνῃ·
» Ἀλλά κε κεῖνα μάλιστα ἰδὼν ὀλοφύραο θυμῷ,
» Ὣς ἀμφὶ κρητῆρα, τραπέζας τὲ πληθούσας,
» Κείμεθ᾽ ἐνὶ μεγάρῳ· δάπεδον δ᾽ ἅπαν αἵματι θῦεν.
» Οἰκτροτάτην δ᾽ ἤκουσα ὄπα Πριάμοιο θυγατρὸς, 420
» Κασσάνδρης, τὴν κτεῖνε Κλυταιμνήστρη δολόμητις
» Ἀμφ᾽ ἐμοί· αὐτὰρ ἐγὼ ποτὶ γαίῃ χεῖρας ἀείρων,
» Βάλλον ἀποθνήσκων περὶ φασγάνῳ· ἡ δὲ κυνῶπις
» Νοσφίσατ᾽, οὐδέ μοι ἔτλη, ἰόντι πὲρ εἰς Ἀΐδαο,

» et les larmes aux yeux je lui dis: Fils d'Atrée, le plus
» grand des rois, comment la Parque cruelle vous a-t-elle
» fait éprouver son pouvoir ? Neptune vous a-t-il fait
» périr avec votre flotte, en excitant contre vous ses
» flots, et en déchaînant ses vents et ses tempêtes ? ou
» des étrangers vous ont-ils fait mordre la poussière, en
» courant sur vous lorsque vous emmeniez leurs trou-
» peaux ? ou enfin avez-vous été devant quelque ville,
» que vous eussiez attaquée pour la piller et pour emme-
» ner ses femmes captives ? Fils de Laërte, me répondit
» le roi, ni le dieu Neptune ne m'a fait périr en exci-
» tant contre moi ses flots et en déchaînant ses tempêtes,
» ni je n'ai succombé sous l'effort des étrangers qui aient
» voulu repousser mes violences; ma mort est l'ouvrage
» du traître Egisthe et de ma pernicieuse femme, qui,
» par le plus noir des attentats, m'ont assassiné à un
» festin, comme on assomme un taureau à sa crèche.
» Voilà quelle a été ma fin malheureuse. Tous mes
» compagnons ont été égorgés autour de moi, comme
» on égorge des moutons dans la maison d'un homme
» puissant et riche pour un festin de noces, pour quelque
» grand repas, ou pour quelque grande débauche. Vous
» avez bien vu mourir des hommes qui ont été tués à
» vos yeux, soit en combat singulier, soit dans la san-
» glante mêlée; mais cette vue n'a rien qui approche de
» l'horrible spectacle de nous voir massacrés autour de
» l'urne sacrée et de la table où nous étions assis, et de
» voir le plancher inondé de sang. Dans le moment
» même qu'on m'assassinoit, j'entendis la voix plaintive
» de la fille de Priam, de Cassandre, que la perfide Cly-
» temnestre tuoit pour me faire mourir plus cruelle-
» ment. A ses cris, quoique je fusse déjà à terre et
» expirant, je fis des efforts pour porter la main à mon
» épée, mais cette impudente me l'avoit ôtée. Après ma
» mort, elle n'approcha point de moi pour me rendre

» Χερσὶ κατ' ὀφθαλμοὺς ἑλέειν, σύν τε στόμ' ἐρεῖσαι.
» Ὡς οὐκ αἰνότερον καὶ κύντερον ἄλλο γυναικὸς, 426
» Ἥ τις δὴ τοιαῦτα μετὰ φρεσὶν ἔργα βάληται·
» Οἷον δὴ καὶ κείνη ἐμήσατο ἔργον ἀεικὲς,
» Κουριδίῳ τεύξασα πόσει φόνον· ἤτοι ἔφην γὲ
» Ἀσπάσιος παίδεσσιν, ἰδὲ δμώεσσιν ἐμοῖσιν, 430
» Οἴκαδ' ἐλεύσεσθαι· ἡ δ' ἔξοχα λύγρ' εἰδυῖα,
» Ἧτε κατ' αἶσχος ἔχευε, καὶ ἐσσομένῃσιν ὀπίσσω
» Θηλυτέρῃσι γυναιξὶ, καὶ ἥ κ' εὐεργὸς ἔῃσιν.
» Ὣς ἔφατ'· αὐτὰρ ἐγώ μιν ἀμειβόμενος προσέειπον·
» Ὢ πόποι, ἦ μάλα δὴ γόνον Ἀτρέος εὐρύοπα Ζεὺς 435
» Ἐκπάγλως ἤχθηρε, γυναικείας διὰ βουλὰς,
» Ἐξ ἀρχῆς· Ἑλένης μὲν ἀπωλόμεθ' εἵνεκα πολλοί·
» Σοὶ δὲ Κλυταιμνήστρη δόλον ἤρτυε τηλόθ' ἐόντι.
» Ὣς ἐφάμην· ὁ δέ μ' αὐτίκ' ἀμειβόμενος προσέειπεν·
» Τῷ νῦν μή ποτε καὶ σὺ γυναικί περ ἤπιος εἶναι, 440
» Μηδ' οἷ μῦθον ἅπαντα πιφαυσκέμεν, ὅν κ' εὖ εἰδῇς,
» Ἀλλὰ τὸ μὲν φᾶσθαι, τὸ δὲ καὶ κεκρυμμένον εἶναι.
» Ἀλλ' οὐ σοί γ', Ὀδυσεῦ, φόνος ἔσσεται ἔκ τε γυναικός·
» Λίην γὰρ πινυτή τε, καὶ εὖ φρεσὶ μήδεα οἶδε,
» Κούρη Ἰκαρίοιο, περίφρων Πηνελόπεια. 445
» Ἦ μέν μιν νύμφην γὲ νέην κατελείπομεν ἡμεῖς,
» Ἐρχόμενοι πόλεμόνδε· πάϊς δέ οἱ ἦν ἐπὶ μαζῷ,
» Νήπιος, ὅς που νῦν γε μετ' ἀνδρῶν ἵζει ἀριθμῷ,
» Ὄλβιος· ἦ γὰρ τόν γε πατὴρ φίλος ὄψεται ἐλθὼν,
» Καὶ κεῖνος πατέρα προσπτύξεται, ἣ θέμις ἐστίν· 450
» Ἡ δ' ἐμὴ οὐδέ περ υἷος ἐνιπλησθῆναι ἄκοιτις
» Ὀφθαλμοῖσιν ἔασε· πάρος δέ με πέφνε καὶ αὐτόν.

» les derniers devoirs, en me fermant les yeux et la
» bouche. Non, il n'y a rien de plus pernicieux ni de
» plus impudent qu'une femme capable de se mettre
» en tête des actions aussi abominables que le forfait
» que Clytemnestre a commis en assassinant son mari,
» et un mari avec qui elle avoit passé sa première jeu-
» nesse. Dans le temps que je pensois que mon retour
» feroit la joie de mes enfans et de ma famille, cette
» malheureuse, instruite aux crimes, s'est couverte
» d'une éternelle infamie, qui rejaillira sur toutes les
» femmes qui naîtront après elle, même sur les plus
» vertueuses, et sur celles qui aimeront le plus tendre-
» ment leurs maris. O Dieux! m'écriai-je, le puissant
» Jupiter, aux yeux duquel rien n'est caché, a donc
» bien haï la race d'Atrée, puisqu'il lui a fait tant de
» maux, et toujours par des femmes. A combien de
» héros Hélène, par un seul crime, n'a-t-elle pas causé
» la mort? Et voilà Clytemnestre qui vous prépare un
» piége mortel pendant votre absence! Mon exemple,
» reprit promptement Agamemnon, doit vous apprendre
» à n'avoir pas pour votre femme trop de complaisance,
» et à ne pas lui faire part de tous vos secrets. Il y a des
» choses que vous pouvez lui communiquer, mais il y
» en a d'autres qu'il faut lui tenir cachées. Quand je dis,
» vous, je parle à tous les hommes; car, pour vous,
» vous n'avez rien à craindre de semblable de la fille
» d'Icarius. Votre Pénélope est un modèle de prudence
» et de sagesse. Quand nous partîmes pour Troie, nous
» la laissâmes très-jeune dans votre palais, son fils étoit
» encore à la mamelle, et présentement il doit être en
» âge d'homme. Qu'il est heureux! son père aura la con-
» solation de le revoir, et il aura le plaisir d'embrasser
» son père, qu'il n'a pas encore connu. Ma pernicieuse
» femme n'a pas permis que j'aie eu la satisfaction de
» voir mon cher Oreste, elle m'a assassiné auparavant.

» Ἄλλο δέ τοι ἐρέω, σὺ δ' ἐνὶ φρεσὶ βάλλεο σῇσι,
» Κρύβδην, μηδ' ἀναφανδά, φίλην ἐς πατρίδα γαῖαν
» Νῆα κατισχέμεναι· ἐπεὶ οὐκ ἔτι πιστὰ γυναιξίν. 455
» Ἀλλ' ἄγε μοι τόδε εἰπέ, καὶ ἀτρεκέως κατάλεξον,
» Εἴπου ἔτι ζώοντος ἀκούετε παιδὸς ἐμοῖο,
» Ἢ που ἐν Ὀρχομενῷ, ἢ ἐν Πύλῳ ἠμαθόεντι,
» Ἢ που πὰρ Μενελάῳ, ἐνὶ Σπάρτῃ εὐρείῃ;
» Οὐ γάρ πω τέθνηκεν ἐπὶ χθονὶ δῖος Ὀρέστης.   460
» Ὣς ἔφατ'· αὐτὰρ ἐγώ μιν ἀμειβόμενος προσέειπον·
» Ἀτρείδη, τί με ταῦτα διείρεαι; οὐδέ τι οἶδα,
» Ζώει ὅγ', ἢ τέθνηκε· κακὸν δ' ἀνεμώλια βάζειν.
» Νῶϊ μὲν ὣς ἐπέεσσιν ἀμειβομένω στυγεροῖσιν
» Ἕσταμεν ἀχνύμενοι, θαλερὸν κατὰ δάκρυ χέοντες.
» Ἦλθε δ' ἐπὶ ψυχὴ Πηληϊάδεω Ἀχιλῆος,   466
» Καὶ Πατροκλῆος, καὶ ἀμύμονος Ἀντιλόχοιο,
» Αἴαντός θ', ὃς ἄριστος ἔην εἶδός τε, δέμας τε,
» Τῶν ἄλλων Δαναῶν, μετ' ἀμύμονα Πηλείωνα.
» Ἔγνω δὲ ψυχή με ποδώκεος Αἰακίδαο,   470
» Καί ῥ' ὀλοφυρομένη ἔπεα πτερόεντα προσηύδα·
» Διογενὲς Λαερτιάδη, πολυμήχαν' Ὀδυσσεῦ,
» Σχέτλιε, τίπτ' ἔτι μεῖζον ἐνὶ φρεσὶ μήσεαι ἔργον;
» Πῶς ἔτλης Ἄϊδόσδε κατελθέμεν, ἔνθα τε νεκροὶ
» Ἀφραδέες ναίουσι, βροτῶν εἴδωλα καμόντων;   475
» Ὣς ἔφατ'· αὐτὰρ ἐγώ μιν ἀμειβόμενος προσέειπον·
» Ὦ Ἀχιλεῦ, Πηλῆος υἱέ, μέγα φέρτατ' Ἀχαιῶν,
» Ἦλθον Τειρεσίαο κατὰ χρέος, εἴτινα βουλὴν
» Εἴποι, ὅπως Ἰθάκην ἐς παιπαλόεσσαν ἱκοίμην.
» Οὐ γάρ πω σχεδὸν ἦλθον Ἀχαιΐδος, οὐδέ πω ἁμῆς 480
» Γῆς ἐπέβην, ἀλλ' αἰὲν ἔχω κακά· σεῖο δ', Ἀχιλλεῦ,
» Οὔτις ἀνὴρ προπάροιθε μακάρτατος, οὔτ' ἄρ' ὀπίσσω.

» Et sur cela j'ai un avis à vous donner, gravez-le bien
» dans votre esprit, c'est que vous ne souffriez pas que
» votre vaisseau entre en plein jour dans le port d'Ithaque;
» tâchez d'y entrer sans être connu; car, en un mot, il
» ne faut plus se fier aux femmes. Mais dites-moi une
» chose, et dites-la-moi sans déguisement : avez-vous
» appris quelque nouvelle de mon fils? Est-il en vie?
» s'est-il retiré à Orchomène, ou à Pylos, chez Nestor,
» ou à Sparte, chez mon frère Ménélas? Car mon cher
» Oreste n'est pas mort, nous ne l'avons pas vu dans ce
» royaume sombre. Fils d'Atrée, lui répondis-je, pour-
» quoi me faites-vous ces questions? Je ne sais si votre
» fils est mort, ou s'il est en vie; et il est inutile de par-
» ler de ce qu'on ne sait pas. Pendant cette conversation,
» pleine de tristesse et de larmes, je vois arriver l'ame
» d'Achille, celle de Patrocle, celle d'Antiloque, et
» celle d'Ajax, qui étoit le plus beau et le mieux fait
» des Grecs, après le fils de Pélée. L'ame d'Achille me
» reconnut, et m'adressant la parole avec de grandes
» lamentations, elle me dit : Divin fils de Laërte,
» Ulysse si fécond en ressources et en expédiens, quelle
» entreprise, plus hardie que toutes celles que vous
» avez jamais faites, venez-vous d'exécuter? Comment
» avez-vous eu l'audace de descendre dans ce palais de
» Pluton, dans cette demeure des morts qui sont privés
» d'entendement, et qui ne sont plus que les vaines
» ombres des hommes sortis de la vie? Achille, fils de
» Pélée, et le plus vaillant des Grecs, lui répondis-je,
» ce qui m'a porté à ce voyage, c'est le pressant besoin
» de consulter Tirésias, pour voir s'il ne pourra pas
» m'enseigner les moyens de retourner dans ma patrie;
» car je n'ai pu encore approcher de la Grèce, ni de
» ma chère Ithaque, mais je suis toujours accablé de
» malheurs. Pour vous, il n'y a jamais eu et il n'y aura
» jamais d'homme si heureux; car, pendant votre vie,

» Πρὶν μὲν γάρ σε ζωὸν ἐτίομεν, ἶσα θεοῖσιν,
» Ἀργεῖοι, νῦν αὖτε μέγα κρατέεις νεκύεσσιν,
» Ἐνθάδ᾽ ἐών· τῷ μήτι θανὼν ἀκαχίζευ, Ἀχιλλεῦ. 485
» Ὣς ἐφάμην· ὁ δέ μ᾽ αὐτίκ᾽ ἀμειβόμενος προσέειπεν·
» Μὴ δή μοι θάνατόν γε παραύδα, φαίδιμ᾽ Ὀδυσσεῦ·
» Βουλοίμην κ᾽ ἐπάρουρος ἐὼν θητευέμεν ἄλλῳ
» Ἀνδρὶ παρ᾽ ἀκλήρῳ, ᾧ μὴ βίοτος πολὺς εἴη,
» Ἢ πᾶσιν νεκύεσσι καταφθιμένοισιν ἀνάσσειν. 490
» Ἀλλ᾽ ἄγε μοί τοῦ παιδὸς ἀγαυοῦ μῦθον ἔνισπε,
» Ἢ ἔπετ᾽ ἐς πόλεμον πρόμος ἔμμεναι, ἠὲ καὶ οὐκί;
» Εἰπὲ δέ μοι, Πηλῆος ἀμύμονος εἴτι πέπυσσαι,
» Ἢ ἔτ᾽ ἔχει τιμὴν πολέσιν μετὰ Μυρμιδόνεσσιν,
» Ἦ μιν ἀτιμάζουσιν ἀν᾽ Ἑλλάδα τὲ Φθίην τέ, 495
» Οὕνεκά μιν κατὰ γῆρας ἔχει χεῖράς τε, πόδας τέ.
» Οὐ γὰρ ἐγὼν ἐπαρωγὸς ὑπ᾽ αὐγὰς ἠελίοιο,
» Τοῖος ἐών, οἷός ποτ᾽ ἐνὶ Τροίῃ εὐρείῃ
» Πέφνον λαὸν ἄριστον, ἀμύνων Ἀργείοισιν.
» Εἰ τοῖος δ᾽ ἔλθοιμι μίνυνθά περ ἐς πατέρος δῶ, 500
» Τῷ κε τέῳ στύξαιμι μένος καὶ χεῖρας ἀάπτους,
» Οἳ κεῖνον βιόωνται, ἐέργουσίν τ᾽ ἀπὸ τιμῆς.
» Ὣς ἔφατ᾽· αὐτὰρ ἐγώ μιν ἀμειβόμενος προσέειπον·
» Ἤτοι μὲν Πηλῆος ἀμύμονος οὔτι πέπυσμαι·
» Αὐτάρ τοι παιδός γε Νεοπτολέμοιο φίλοιο 505
» Πᾶσαν ἀληθείην μυθήσομαι, ὥς με κελεύεις·
» Αὐτὸς γάρ μιν ἐγὼ κοίλης ἐπὶ νηὸς ἐΐσης
» Ἤγαγον ἐκ Σκύρου μετ᾽ ἐϋκνήμιδας Ἀχαιούς.
« Ἤτοι ὅτ᾽ ἀμφὶ πόλιν Τροίην φραζοίμεθα βουλάς,
« Αἰεὶ πρῶτος ἔβαζε, καὶ οὐχ ἡμάρτανε μύθων· 510
« Νέστωρ τ᾽ ἀντίθεος καὶ ἐγὼ νεικέσκομεν οἴω.
» Αὐτὰρ ὅτ᾽ ἀμφὶ πόλιν Τροίην μαρνοίμεθ᾽ Ἀχαιοί,
« Οὔποτε ἐς πληθὺν μένεν ἀνδρῶν, οὐδ᾽ ἐν ὁμίλῳ,
« Ἀλλὰ πολὺ προθέεσκε, τὸ ὃν μένος οὐδενὶ εἴκων·

» nous vous avons tous honoré comme un Dieu, et après
» votre trépas vous régnez sur toutes ces ombres. C'est
» pourquoi, Achille, ne vous plaignez point tant d'être
» mort. Et vous, généreux Ulysse, repartit Achille,
» ne me parlez point de la mort. Je préférerois d'être
» dans le monde le jardinier d'un fermier, qui ne gagne-
» roit sa vie qu'à la sueur de son front, à régner ici sur
» toutes les ombres. Mais dites-moi, je vous prie, des
» nouvelles de mon fils. Suit-il mes exemples ? se dis-
» tingue-t-il à la guerre, et promet-il d'être le premier
» des héros ? Apprenez-moi aussi si vous savez quelque
» chose de mon père. Ses sujets lui rendent-ils toujours
» les mêmes honneurs ? ou le méprisent-ils à cause de
» son grand âge ? Car, ne jouissant plus de la lumière
» du jour, je ne puis le secourir. Si j'étois tel que vous
» m'avez vu autrefois, lorsque, volant au secours des
» Grecs, je fis mordre la poussière à un peuple de vail-
» lans hommes, et que je parusse un moment dans le
» palais de mon père, je ferois bientôt sentir la force de
» mon bras à tous ces rebelles qui veulent le maîtriser,
» et qui refusent de lui rendre les respects qu'ils lui
» doivent. Je n'ai appris aucunes nouvelles du sage
» Pélée, lui répondis-je ; mais pour ce qui est de votre
» fils Néoptolème, je vous dirai la pure vérité, puisque
» vous me l'ordonnez ; car ce fut moi qui le menai de
» l'île de Scyros à Troie sur mon vaisseau. Toutes les
» fois que nous tenions conseil sous les remparts de cette
» superbe ville, il parloit toujours le premier, et
» appuyoit fort bien son avis, sans s'écarter en vains
» discours. Il n'y avoit que le divin Nestor et moi qui,
» dans l'art de parler, remportions sur lui l'avantage.
» Mais lorsque nous donnions des combats, ne croyez
» pas qu'il se tînt au milieu des bataillons ou des esca-
» drons, il devançoit toujours les troupes, et voloit le
» premier à l'ennemi, ne cédant la gloire du courage à

» Πολλοὺς δ' ἄνδρας ἔπεφνεν ἐν αἰνῇ δηϊοτῆτι· 515
» Πάντας δ' οὐκ ἂν ἐγὼ μυθήσομαι, οὐδ' ὀνομήνω,
» Ὅσσον λαὸν ἔπεφνεν, ἀμύνων Ἀργείοισιν·
» Ἀλλ' οἷον τὸν Τηλεφίδην κατενήρατο χαλκῷ
» Ἥρω' Εὐρύπυλον, πολλοὶ δ' ἀμφ' αὐτὸν ἑταῖροι
» Κήτειοι κτείνοντο, γυναίων εἵνεκα δώρων. 520
» Κεῖνον δὴ κάλλιστον ἴδον, μετὰ Μέμνονα δῖον.
» Αὐτὰρ ὅτ' εἰς ἵππον κατεβαίνομεν, ὃν κάμ' Ἐπειός,
» Ἀργείων οἱ ἄριστοι, ἐμοὶ δ' ἐπὶ πάντ' ἐτέταλτο,
» Ἠμὲν ἀνακλῖναι πυκινὸν λόχον, ἠδ' ἐπιθεῖναι·
» Ἔνθ' ἄλλοι Δαναῶν ἡγήτορες, ἠδὲ μέδοντες, 525
» Δάκρυά τ' ὠμόργνυντο, τρέμεν δ' ὑπὸ γυῖα ἑκάστου·
» Κεῖνον δ' οὔποτε πάμπαν ἐγὼν ἴδον ὀφθαλμοῖσιν,
» Οὔτ' ὠχρήσαντα χρόα κάλλιμον, οὔτε παρειῶν
» Δάκρυ' ὀμορξάμενον· ὁ δέ με μάλα πόλλ' ἱκέτευεν
» Ἱππόθεν ἐξίμεναι· ξίφεος δ' ἐπεμαίετο κώπην, 530
» Καὶ δόρυ χαλκοβαρές, κακὰ δὲ Τρώεσσι μενοίνα.
» Ἀλλ' ὅτε δὴ Πριάμοιο πόλιν διεπέρσαμεν αἰπήν,
» Μοῖραν καὶ γέρας ἐσθλὸν ἔχων ἐπὶ νηὸς ἔβαινεν
» Ἀσκηθής, οὔτ' ἄρ βεβλημένος ὀξέϊ χαλκῷ,
» Οὔτ' αὐτοσχεδίην οὐτασμένος· οἷά τε πολλὰ 535
» Γίνεται ἐν πολέμῳ· ἐπιμὶξ δέ τε μαίνεται Ἄρης.
» Ὣς ἐφάμην· ψυχὴ δὲ ποδώκεος Αἰακίδαο
» Φοίτα, μακρὰ βιβῶσα, κατ' ἀσφοδελὸν λειμῶνα,
» Γηθοσύνη, ὅ οἱ υἱὸν ἔφην ἀριδείκετον εἶναι.
» Αἱ δ' ἄλλαι ψυχαὶ νεκύων κατατεθνειώτων 540
» Ἕστασαν ἀχνύμεναι, εἴροντο δὲ κήδε' ἑκάστη.

» aucun de nos héros. Il a tué de sa main une infinité
» de vaillans hommes dans la sanglante mêlée. Je ne
» saurois vous nommer ici tous ceux qui sont tombés
» sous ses coups, je vous dirai seulement que c'est à lui
» que nous devons la défaite du héros Eurypyle, et de
» ses troupes qui se firent toutes tuer autour de son
» corps. Ces belliqueuses bandes de Cétéens étoient
» venues à cette guerre, attirées par des présens et par
» l'espérance d'épouser des femmes troyennes; leur
» général devoit être gendre de Priam. Je n'ai jamais
» vu un si beau prince; il n'y avoit que Memnon qui
» fût plus beau que lui. Mais l'occasion où votre fils
» signala le plus son courage, ce fut lorsque nous nous
» enfermâmes dans le cheval de bois avec l'élite des
» généraux de l'armée. C'étoit moi qui conduisois cette
» entreprise, et qui devois retenir les Grecs dans cette
» embuscade, et leur donner l'ordre quand il seroit
» temps d'en sortir. Là vous auriez vu les plus braves
» capitaines essuyer en secret leurs larmes et trembler
» de frayeur, au lieu que je ne vis jamais votre fils
» changer de visage, ni s'essuyer les yeux. Au contraire,
» plein d'une noble impatience, il me pressoit de don-
» ner le signal, toujours une main sur son épée, et
» l'autre sur sa pique, et se préparant à faire un grand
» carnage des Troyens. Quand nous eûmes saccagé la
» ville, il se retira sain et sauf, et emporta dans ses
» vaisseaux sa part du butin et un prix honorable, dont
» on récompensa sa valeur. Il ne fut blessé ni par l'épée,
» ni par les traits, comme cela arrive d'ordinaire dans
» la mêlée où Mars exerce toutes ses fureurs. A ces mots,
» l'ame d'Achille, pleine de joie du témoignage que
» j'avois rendu à la valeur de son fils, s'en retourna à
» grands pas dans la prairie d'Asphodèle. Les autres
» ames s'arrêtèrent près de moi plongées dans une pro-
» fonde tristesse, et elles me racontoient leurs peines et

» Οἴη δ' Αἴαντος ψυχὴ Τελαμωνιάδαο
» Νόσφιν ἀφεστήκει, κεχολωμένη εἵνεκα νίκης,
» Τήν μιν ἐγὼ νίκησα, δικαζόμενος παρὰ νηυσὶ,
» Τεύχεσιν ἀμφ' Ἀχιλῆος· ἔθηκε δὲ πότνια μήτηρ· 545
» Παῖδες δὲ Τρώων δίκασαν καὶ Παλλὰς Ἀθήνη.
» Ὡς δὴ μὴ ὄφελον νικᾶν τοιῷδ' ἐπ' ἀέθλῳ·
» Τοίην γὰρ κεφαλὴν ἕνεκ' αὐτῶν γαῖα κατέσχεν,
» Αἴανθ', ὃς πέρι μὲν εἶδος, πέρι δ' ἔργα τέτυκτο
» Τῶν ἄλλων Δαναῶν, μετ' ἀμύμονα Πηλείωνα· 550
» Τὸν μὲν ἐγὼν ἐπέεσσι προσηύδων μειλιχίοισιν·
» Αἶαν, παῖ Τελαμῶνος, ἀμύμονος, οὐκ ἄρ' ἔμελλες
» Οὐδὲ θανὼν λήσεσθαι ἐμοὶ χόλου, εἵνεκα τευχέων
» Οὐλομένων ; τὰ δὲ πῆμα θεοὶ θέσαν Ἀργείοισιν·
» Τοῖος γάρ σφιν πύργος ἀπώλεο· σεῖο δ' Ἀχαιοὶ 555
» Ἶσον Ἀχιλῆος κεφαλῇ Πηληϊάδαο,
» Ἀχνύμεθα φθιμένοιο διαμπερές· οὐδέ τις ἄλλος
» Αἴτιος, ἀλλὰ Ζεὺς Δαναῶν στρατὸν αἰχμητάων
» Ἐκπάγλως ἤχθηρε· τεῒν δ' ἐπὶ μοῖραν ἔθηκεν.
» Ἀλλ' ἄγε δεῦρο, ἄναξ, ἵν' ἔπος καὶ μῦθον ἀκούσῃς
» Ἡμέτερον· δάμασον δὲ μένος καὶ ἀγήνορα θυμόν. 561
» Ὣς ἐφάμην· ὁ δέ μ' οὐδὲν ἀμείβετο, βῆ δὲ μετ' ἄλλας
» Ψυχὰς εἰς Ἔρεβος νεκύων κατατεθνειώτων.
» Ἔνθα χ' ὅμως προσέφη κεχολωμένος, ἤ κεν ἐγὼ τὸν,
» Ἀλλά μοι ἤθελε θυμὸς ἐνὶ στήθεσσι φίλοισι 565
» Τῶν ἄλλων ψυχὰς ἰδέειν κατατεθνειώτων.
» Ἔνθ' ἤτοι Μίνωα ἴδον, Διὸς ἀγλαὸν υἱὸν,
» Χρύσεον σκῆπτρον ἔχοντα, θεμιστεύοντα νεκύεσσιν,
» Ἥμενον· οἱ δέ μιν ἀμφὶ δίκας εἴροντο ἄνακτα,
» Ἥμενοι, ἑσταότες τὲ, κατ' εὐρυπυλὲς Ἄϊδος δῶ. 570

» leurs douleurs. Mais l'ame d'Ajax, fils de Télamon, se
» tenoit un peu à l'écart, toujours possédée par la fureur
» où l'avoit jeté la victoire que je remportai sur lui,
» lorsqu'on m'adjugea les armes d'Achille ; ce fut la
» Déesse sa mère, Thétis elle-même, qui proposa ce
» prix, et ce furent les Grecs et Minerve qui me l'adju-
» gèrent. Eh, plût aux Dieux que je ne l'eusse pas rem-
» porté ! la terre ne couvriroit pas aujourd'hui un si
» grand personnage, qui, en bonne mine et en exploits
» de guerre, étoit le premier des Grecs, après le vail-
» lant Achille. Lui adressant donc le premier la parole
» avec le plus de douceur qu'il me fut possible, pour
» tâcher de l'apaiser : Fils de Télamon, lui dis je, ne
» voulez-vous point, même après la mort, oublier la
» colère que vous avez conçue contre moi, au sujet de
» ces malheureuses armes, que les Dieux ont rendues si
» fatales aux Grecs ? Car vous qui étiez leur plus fort
» rempart, vous êtes mort à cause d'elles. Nous sommes
» tous aussi affligés de votre perte que de celle du grand
» Achille. Il n'y a personne de nous qui soit cause de
» ce malheur ; c'est Jupiter seul qui a pris en haine
» toute l'armée des Grecs, et qui, pour la punir plus
» visiblement, a terminé votre vie. Mais approchez,
» grand prince, afin que vous entendiez ce que j'ai à
» vous dire ; surmontez votre colère, et domptez votre
» fierté. Mes paroles ne purent le fléchir, il ne daigna
» pas me répondre, et il s'en alla retrouver les autres
» ombres dans le fond de l'Erèbe. Si je l'avois suivi,
» quelque irrité qu'il fût contre moi, il n'auroit pu
» refuser de me parler ou de m'entendre ; mais je vou-
» lus voir les autres ombres, et ma curiosité l'emporta.
» Là je vis l'illustre fils de Jupiter, Minos, assis sur son
» trône, le sceptre à la main, et rendant la justice aux
» morts. Toutes les ombres comparoissoient devant son
» tribunal pour être jugées ; les unes étoient assises, et

» Τὸν δὲ μέτ', Ὠρίωνα πελώριον εἰσενόησα
» Θῆρας ὁμοῦ εἰλεῦντα, κατ' ἀσφοδελὸν λειμῶνα·
» Τοὺς αὐτὸς κατέπεφνεν ἐν οἰοπόλοισιν ὄρεσσι,
» Χερσὶν ἔχων ῥόπαλον παγχάλκεον, αἰὲν ἀαγές.
» Καὶ Τιτυὸν εἶδον, γαίης ἐρικυδέος υἱὸν,   575
» Κείμενον ἐν δαπέδῳ· ὁ δ' ἐπ' ἐννέα κεῖτο πέλεθρα·
» Γῦπε δέ μιν ἑκάτερθε παρημένω ἧπαρ ἔκειρον,
» Δέρτρον ἔσω δύνοντες· ὁ δ' οὐκ ἀπαμύνετο χερσί·
» Λητὼ γὰρ ἥλκησε, Διὸς κυδρὴν παράκοιτιν,
» Πυθώδ' ἐρχομένην, διὰ καλλιχόρου Πανοπῆος. 580
» Καὶ μὴν Τάνταλον εἰσεῖδον, χαλέπ' ἄλγε' ἔχοντα,
» Ἑσταότ' ἐν λίμνῃ· ἡ δὲ προσέπλαζε γενείῳ.
» Στεῦτο δὲ διψάων, πιέειν δ' οὐκ εἶχεν ἑλέσθαι·
» Ὁσσάκι γὰρ κύψει' ὁ γέρων, πιέειν μενεαίνων,
» Τοσσάχ' ὕδωρ ἀπολέσκετ' ἀναβροχέν· ἀμφὶ δὲ ποσσὶ
» Γαῖα μέλαινα φάνεσκε, καταζήνασκε δὲ δαίμων. 586
» Δένδρεα δ' ὑψιπέτηλα κατακρῆθεν χέε καρπὸν,
» Ὄγχναι καὶ ῥοιαὶ, καὶ μηλέαι ἀγλαόκαρποι,
» Συκαῖ τε γλυκεραὶ, καὶ ἐλαῖαι τηλεθόωσαι·
» Τῶν ὁπότ' ἰθύσει' ὁ γέρων ἐπὶ χερσὶ μάσασθαι, 590
» Τάσδ' ἄνεμος ῥίπτασκε ποτὶ νέφεα σκιόεντα.
» Καὶ μὴν Σίσυφον εἰσεῖδον, κρατέρ' ἄλγε' ἔχοντα,
» Λᾶαν βαστάζοντα πελώριον ἀμφοτέρῃσιν·
» Ἤτοι ὁ μὲν, σκηριπτόμενος χερσίν τε, ποσίν τε,
» Λᾶαν ἄνω ὤθεσκε ποτὶ λόφον· ἀλλ' ὅτε μέλλοι 595
» Ἄκρον ὑπερβαλέειν, τότ' ἀποστρέψασκε κραταιὶς
» Αὖτις, ἔπειτα πέδονδε κυλίνδετο λᾶας ἀναιδής·
» Αὐτὰρ ὅγ' ἂψ ὤσασκε τιταινόμενος· κατὰ δ' ἱδρὼς

» les autres debout. Un peu plus loin, j'aperçus le grand
» Orion, qui poursuivoit dans cette vaste prairie les
» bêtes qu'il avoit tuées sur les montagnes. Il avoit une
» massue toute d'airain. Au delà je vis Tityus, ce fils
» de la terre, tout étendu, et qui de son vaste corps cou-
» vroit neuf arpens. Deux vautours, attachés incessam-
» ment à cette ombre, lui déchirent le foie sans qu'il
» puisse les chasser; car il avoit eu l'insolence de vou-
» loir violer Latone, fille de Jupiter, comme elle tra-
» versoit les délicieuses campagnes de Panope, pour
» aller à Pytho. Auprès de Tityus, je vis le célèbre Tan-
» tale en proie à des douleurs qu'on ne sauroit expri-
» mer, consumé par une soif brûlante; il étoit au milieu
» d'un étang, dont l'eau plus claire que le cristal mon-
» toit jusqu'à son menton, sans qu'il pût prendre une
» goutte pour se désaltérer; car toutes les fois qu'il se
» baissoit pour en boire, l'eau disparoissoit tout autour
» de lui, et il ne voyoit à ses pieds qu'un sable aride
» qu'un Dieu ennemi desséchoit. Ce n'étoit là que la
» moitié de son supplice; également dévoré par la faim,
» il étoit environné de beaux arbres, d'où pendoient sur
» sa tête des fruits délicieux, des poires, des grenades,
» des oranges, des figues, des olives. Mais toutes les fois
» que ce malheureux levoit les bras pour en cueillir,
» un vent jaloux les élevoit jusqu'aux nues. Le tourment
» de Sisyphe ne me parut pas moins terrible; il avoit
» dans ses mains un gros rocher qu'il tâchoit de pousser
» sur le sommet d'une montagne, en grimpant avec les
» pieds et avec les mains; mais lorsque après des efforts
» infinis, il étoit presque parvenu jusqu'à la cime, et
» qu'il alloit placer son rocher, une force majeure le
» repoussoit, et cette énorme pierre retomboit en rou-
» lant jusques dans la plaine. Ce malheureux la repre-
» noit sur l'heure, et recommençoit son travail, des
» torrens de sueur couloient de tous ses membres, et sa

» Ἔῤῥεεν ἐκ μελέων, κονίη δ' ἐκ κρατὸς ὀρώρει.
» Τὸν δὲ μέτ', εἰσενόησα βίην Ἡρακληείην, 600
» Εἴδωλον· αὐτὸς δὲ μετ' ἀθανάτοισι θεοῖσι
» Τέρπεται ἐν θαλίῃς, καὶ ἔχει καλλίσφυρον Ἥβην,
» Παῖδα Διὸς μεγάλοιο καὶ Ἥρης χρυσοπεδίλου.
» Ἀμφὶ δέ μιν κλαγγὴ νεκύων ἦν, οἰωνῶν ὣς,
» Πάντοσ' ἀτυζομένων· ὁ δ', ἐρεμνῇ νυκτὶ ἐοικὼς, 605
» Γυμνὸν τόξον ἔχων, καὶ ἐπὶ νευρῆφιν ὀϊστὸν,
» Δεινὸν παπταίνων, αἰεὶ βαλέοντι ἐοικώς.
» Σμερδαλέος δέ οἱ ἀμφὶ περὶ στήθεσσιν ἀορτὴρ,
» Χρύσεος ἦν τελαμών· ἵνα θέσκελα ἔργα τέτυκτο,
» Ἄρκτοι τ', ἀγρότεροί τε σύες, χαροποί τε λέοντες, 610
» Ὑσμῖναί τε, μάχαι τέ, φόνοι τ', ἀνδροκτασίαι τέ.
» Μὴ τεχνησάμενος μηδ' ἄλλο τι τεχνήσαιτο,
» Ὃς κεῖνον τελαμῶνα ἑῇ ἐγκάτθετο τέχνῃ.
» Ἔγνω δ' αὐτίκα κεῖνος, ἐπεὶ ἴδεν ὀφθαλμοῖσι,
» Καί μ' ὀλοφυρόμενος ἔπεα πτερόεντα προσηύδα· 615
» Διογενὲς Λαερτιάδη, πολυμήχαν' Ὀδυσσεῦ,
» Ἆ δείλ', ἦ τινα καὶ σὺ κακὸν μόρον ἡγηλάζεις,
» Ὅν περ ἐγὼν ὀχέεσκον ὑπ' αὐγὰς ἠελίοιο.
» Ζηνὸς μὲν πάϊς ἦα Κρονίονος, αὐτὰρ ὀϊζὺν
» Εἶχον ἀπειρεσίην· μάλα γὰρ πολὺ χείρονι φωτὶ 620
» Δεδμήμην, ὁ δέ μοι χαλεποὺς ἐπετέλλετ' ἀέθλους·
» Καί ποτέ μ' ἐνθάδ' ἔπεμψε κύν' ἄξοντ'· οὐ γὰρ ἔτ' ἄλλον
» Φράζετο τοῦδέ τί μοι χαλεπώτερον εἶναι ἄεθλον.
» Τὸν μὲν ἐγὼν ἀνένεικα καὶ ἤγαγον ἐξ Ἀΐδαο·
» Ἑρμείας δέ μ' ἔπεμψεν, ἰδὲ γλαυκῶπις Ἀθήνη. 625
» Ὣς εἰπὼν, ὁ μὲν αὖτις ἔβη δόμον Ἄϊδος εἴσω.

» tête élevoit des tourbillons de poussière en poussant
» son rocher contre le mont. Après Sisyphe, j'aperçus
» le grand Hercule, c'est-à-dire, son image; car, pour
» lui, il est avec les Dieux immortels, et assiste à leurs
» festins, et il a pour femme la charmante Hébé, fille
» de Jupiter et de Junon. Autour de cette ombre on
» entendoit des cris aigus de morts qui fuyoient devant
» elle comme des oiseaux devant le chasseur. Il ressem-
» bloit parfaitement à une nuit obscure. Son arc tou-
» jours tendu, et la flèche appuyée sur la corde, il jetoit
» de terribles regards, comme prêt à tirer; son estomac
» étoit couvert d'un large baudrier d'or, horrible à voir,
» car il est tout rempli d'ouvrages admirables pour le
» travail, mais effroyables à la vue; on y voyoit des
» ours, des sangliers, des lions, des combats, des
» batailles, des défaites, des meurtres. Que l'ouvrier
» qui l'a fait n'en puisse jamais faire de semblables! qu'il
» ne puisse jamais employer si malheureusement son
» art! Cette ombre n'eut pas plus tôt jeté les yeux sur
» moi, qu'elle me reconnut, et qu'en poussant de pro-
» fonds soupirs, elle me parla en ces termes: Ah! mal-
» heureux Ulysse, es-tu aussi persécuté par le même
» destin qui m'a poursuivi pendant ma vie? J'étois fils
» du grand Jupiter, mais ma naissance n'a pas empêché
» que je n'aie passé mes jours dans des peines et des tra-
» verses continuelles. J'ai été soumis à un homme fort
» inférieur à moi, qui m'a ordonné des travaux très-
» difficiles. En dernier lieu, il me commanda de des-
» cendre dans cet empire des morts, et d'emmener le
» chien qui en gardoit l'entrée; car il pensoit que c'étoit
» un exploit au-dessus de mes forces, et que je ne pour-
» rois jamais exécuter. J'en vins pourtant à bout, j'em-
» menai ce monstre, car Mercure et Minerve me
» conduisoient. Après avoir ainsi parlé, il s'enfonça
» dans le ténébreux séjour, sans attendre ma réponse.

» Αὐτὰρ ἐγὼν αὐτοῦ μένον ἔμπεδον, εἴτις ἔτ' ἔλθοι
» Ἀνδρῶν ἡρώων, οἳ δὴ τοπρόσθεν ὄλοντο.
» Καί νύ κ' ἔτι προτέρους ἴδον ἀνέρας, οὓς ἔθελόν περ,
» Θησέα, Πειρίθοόν τε, θεῶν ἐρικυδέα τέκνα· 630
» Ἀλλὰ πρὶν ἐπὶ ἔθνε' ἀγείρετο μυρία νεκρῶν,
» Ἠχῇ θεσπεσίῃ· ἐμὲ δὲ χλωρὸν δέος ᾕρει,
» Μή μοι Γοργείην κεφαλὴν δεινοῖο πελώρου
» Ἐξ Ἄϊδος πέμψειεν ἀγαυὴ Περσεφόνεια.
» Αὐτίκ' ἔπειτ' ἐπὶ νῆα κιὼν, ἐκέλευον ἑταίρους 635
» Αὐτούς τ' ἀμβαίνειν, ἀνά τε πρυμνήσια λῦσαι·
» Οἱ δ' αἶψ' εἴσβαινον, καὶ ἐπὶ κληῖσι κάθιζον·
» Τὴν δὲ κατ' Ὠκεανὸν ποταμὸν φέρε κῦμα ῥόοιο·
» Πρῶτα μὲν εἰρεσίῃ, μετέπειτα δὲ κάλλιμος οὖρος.

» Je demeurai là de pied ferme, pour voir s'il ne vien-
» droit point encore quelque ombre importante, quelque
» autre des héros de ce temps là. Et peut-être que j'au-
» rois eu la satisfaction de voir ces grands personnages
» si dignes de ma curiosité, Pirithoüs et Thésée, ces
» illustres descendans des Dieux ; mais des légions de
» morts s'assemblèrent autour de moi avec des cris per-
» çans. La frayeur me saisit, et j'eus peur que la sévère
» Proserpine n'envoyât du fond de l'Erèbe la terrible
» tête de la Gorgone, pour l'exposer à mes yeux. C'est
» pourquoi, regagnant promptement mon vaisseau, j'or-
» donnai à mes compagnons de s'embarquer et de délier
» les câbles. Ils obéissent, et s'étant assis sur les bancs,
» ils fendent aussitôt les flots du grand fleuve à force de
» rames, et un vent favorable vint bientôt les soulager. »

ΟΜΗΡΟΥ

ΟΔΥΣΣΕΙΑΣ

ΡΑΨΩΔΙΑ Μ.

Διηγεῖται τὴν ἐξ Ἅδου γενομένην αὐτῷ ἐπάνοδον πρὸς Κίρκην· καὶ ὡς τὰς Σειρῆνας παρέπλευσε, καὶ τὰς Πλαγκτὰς πέτρας, Σκύλλαν τὲ καὶ Χάρυβδιν· καὶ τὴν τῆς αὐτοῦ νεὼς καὶ τῶν ἑταίρων ἀπώλειαν, ἀνελόντων τινὰς τῶν Ἡλίου βοῶν· καὶ ὡς μόνος ἐπὶ ξύλου πρὸς Καλυψὼ διεσώθη.

Μῦ Σειρῆνας ἔχει, πλαγκτὰς, βοῦς τ' Ἠελίοιο.

« Αὐτὰρ ἐπεὶ ποταμοῖο λίπεν ῥόον Ὠκεανοῖο
» Νηῦς, ἀπὸ δ' ἵκετο κῦμα θαλάσσης εὐρυπόροιο,

L'ODYSSÉE D'HOMÈRE.

LIVRE DOUZIÈME.
ARGUMENT.

Ulysse raconte au roi des Phéaciens et aux princes de sa cour comment à son retour des Enfers il arriva pour la seconde fois chez Circé, dans l'île d'Æœa, et s'acquitta des promesses faites à l'ombre d'Elpénor; comment la Déesse l'avertit du danger qu'il alloit courir sur les côtes des Sirènes, et de la nécessité de se faire lier au mât, après avoir bouché les oreilles de ses compagnons; que sans cela ces enchanteresses l'attireroient infailliblement par leurs voix délicieuses. Les avis de Circé regardèrent encore le passage périlleux auprès des monstres de Scylla et de Charybde, où Ulysse en fit la triste expérience par la perte de six de ses compagnons. Il fait ensuite le détail de son naufrage, et de la perte de tous ses compagnons, qui avoient tué quelques-uns des bœufs consacrés au Soleil; et il représente ensuite les dangers qu'il courut dans ce naufrage, et la manière dont il se sauva dans l'île de Calypso sur une partie du mât de son vaisseau.

« Quand notre vaisseau eut surmonté les courans du
» grand Océan, et qu'il eut gagné la haute mer, nous

» Νῆσον ἐς Αἰαίην, ὅθι τ' Ἠοῦς ἠριγενείης
» Οἰκία καὶ χοροί εἰσι, καὶ ἀντολαὶ Ἠελίοιο·
» Νῆα μὲν ἔνθ' ἐλθόντες ἐκέλσαμεν ἐν ψαμάθοισιν, 5
» Ἐκ δὲ καὶ αὐτοὶ βῆμεν ἐπὶ ῥηγμῖνι θαλάσσης.
» Ἔνθα δ' ἀποβρίξαντες ἐμείναμεν ἠῶ δῖαν·
» Ἦμος δ' ἠριγένεια φάνη ῥοδοδάκτυλος ἠώς,
» Δὴ τότ' ἐγὼν ἑτάρους προΐην εἰς δώματα Κίρκης
» Οἰσέμεναι νεκρὸν Ἐλπήνορα τεθνειῶτα.   10
» Φιτροὺς δ' αἶψα ταμόντες, ὅθ' ἀκροτάτη πρόεχ' ἀκτή,
» Θάπτομεν ἀχνύμενοι, θαλερὸν κατὰ δάκρυ χέοντες.
» Αὐτὰρ ἐπεὶ νεκρός τ' ἐκάη, καὶ τεύχεα νεκροῦ,
« Τύμβον χεύαντες, καὶ ἐπὶ στήλην ἐρύσαντες,
» Πήξαμεν ἀκροτάτῳ τύμβῳ εὐῆρες ἐρετμόν.   15
» Ἡμεῖς μὲν τὰ ἕκαστα διείπομεν· οὐδ' ἄρα Κίρκην
» Ἐξ Ἀΐδεω ἐλθόντες ἐλήθομεν, ἀλλὰ μάλ' ὦκα
» Ἦλθ' ἐντυναμένη· ἅμα δ' ἀμφίπολοι φέρον αὐτῇ
» Σῖτον καὶ κρέα πολλά, καὶ αἴθοπα οἶνον ἐρυθρόν.
» Ἡ δ' ἐν μέσσῳ στᾶσα μετηύδα δῖα θεάων·   20
» Σχέτλιοι, οἳ ζώοντες ὑπήλθετε δῶμ' Ἀΐδαο,
» Δισθανέες, ὅτε τ' ἄλλοι ἅπαξ θνήσκουσ' ἄνθρωποι.
» Ἀλλ' ἄγετ', ἐσθίετε βρώμην καὶ πίνετε οἶνον
» Αὖθι πανημέριοι· ἅμα δ' ἠοῖ φαινομένηφι
» Πλεύσεσθ'· αὐτὰρ ἐγὼ δείξω ὁδὸν, ἠδὲ ἕκαστα   25
» Σημανέω· ἵνα μή τι κακορραφίῃ ἀλεγεινῇ,
» Ἢ ἁλὸς, ἢ ἐπὶ γῆς, ἀλγήσετε πῆμα παθόντες.
» Ὣς ἔφαθ'· ἡμῖν δ' αὖτ' ἐπεπείθετο θυμὸς ἀγήνωρ.
» Ὣς τότε μὲν πρόπαν ἦμαρ ἐς ἠέλιον καταδύντα
» Ἥμεθα δαινύμενοι κρέα τ' ἄσπετα καὶ μέθυ ἡδύ· 30
» Ἦμος δ' ἥλιος κατέδυ καὶ ἐπὶ κνέφας ἦλθεν,
» Οἱ μὲν κοιμήσαντο παρὰ πρυμνήσια νηός·
» Ἡ δέ με χειρὸς ἑλοῦσα φίλων ἀπονόσφιν ἑταίρων,

» arrivâmes à l'île d'Ææa, où sont les chœurs et les
» danses de l'Aurore, et qui voit naître le soleil. Nous
» entrâmes dans le port, nous tirâmes le vaisseau sur le
» sable, et ayant mis pied à terre, nous nous couchâmes
» sur le rivage en attendant le jour. Le lendemain, dès
» que l'aurore eut annoncé le retour du soleil, j'en-
» voyai une partie de mes compagnons au palais de
» Circé, pour m'apporter le corps d'Elpénor, qui étoit
» mort le jour de mon départ. Nous coupâmes du bois
» pour le bûcher, que nous dressâmes sur un cap élevé
» qui avançoit dans la mer. Quand le corps fut brûlé
» avec ses armes, nous enterrâmes ses cendres avec
» toutes les marques d'une véritable douleur. Nous lui
» élevâmes un tombeau, sur lequel nous dressâmes une
» colonne, et nous plaçâmes sa rame sur le haut du tom-
» beau. A peine avions-nous achevé de nous acquitter de
» ce triste devoir, que Circé, avertie de notre retour,
» arriva. Elle étoit suivie de ses femmes, qui nous
» apportoient toutes sortes de rafraîchissemens. La
» Déesse s'étant avancée au milieu, nous dit : Malheu-
» reux, qui tous vivans êtes descendus dans l'empire des
» ombres, deux fois victimes de la mort, au lieu que
» les autres hommes ne meurent qu'une fois; passez le
» reste du jour à vous réjouir, et à faire bonne chère :
» demain, à la pointe du jour, vous vous embarquerez
» pour continuer votre route; je vous enseignerai moi-
» même le chemin que vous devez tenir, et je vous don-
» nerai toutes les instructions nécessaires, afin que vous
» évitiez les malheurs dont vous êtes encore menacés et
» sur terre et sur mer, et où vous ne manqueriez pas de
» périr par votre imprudence. Elle parla ainsi, et nous
» persuada sans peine. Nous passâmes donc le reste du
» jour à boire et à manger; et quand le soleil eut fait
» place à la nuit, mes compagnons se couchèrent près
« du vaisseau, et la Déesse, me prenant par la main, me

Tome I.

» Εἶσέ τε, καὶ προσέλεκτο, καὶ ἐξερέεινεν ἕκαστα·
» Αὐτὰρ ἐγὼ τῇ πάντα κατὰ μοῖραν κατέλεξα·   35
» Καὶ τότε δή μ' ἐπέεσσι προσηύδα πότνια Κίρκη·
» Ταῦτα μὲν οὕτω πάντα πεπείρανται· σὺ δ' ἄκουσον
» Ὡς τοι ἐγὼν ἐρέω, μνήσει δέ σε καὶ θεὸς αὐτός.
» Σειρῆνας μὲν πρῶτον ἀφίξεαι, αἵ ῥά τε πάντας
» Ἀνθρώπους θέλγουσιν, ὅ, τις σφέας εἰσαφίκηται. 40
» Ὅστις ἀϊδρείῃ πελάσῃ καὶ φθόγγον ἀκούσῃ
» Σειρήνων, τῷ δ' οὔτι γυνὴ, καὶ νήπια τέκνα,
» Οἴκαδε νοστήσαντι, παρίσταται, οὐδὲ γάνυνται.
» Ἀλλά τε Σειρῆνες λιγυρῇ θέλγουσιν ἀοιδῇ,
» Ἥμεναι ἐν λειμῶνι· πολὺς δ' ἀμφ' ὀστεόφιν θὶς   45
» Ἀνδρῶν πυθομένων, περὶ δὲ ῥινοὶ μινύθουσιν.
» Ἀλλὰ παρὲξ ἐλάαν· ἐπὶ δ' οὔατ' ἀλεῖψαι ἑταίρων,
» Κηρὸν δεψήσας μελιηδέα, μήτις ἀκούσῃ
» Τῶν ἄλλων· ἀτὰρ αὐτὸς ἀκουέμεν, αἴ κ' ἐθέλῃσθα·
» Δησάντων σ' ἐν νηῒ θοῇ χεῖράς τε, πόδας τὲ,   50
» Ὀρθὸν ἐν ἱστοπέδῃ· ἐκ δ' αὐτοῦ πείρατ' ἀνήφθω·
» Ὄφρα κε τερπόμενος ὄπ' ἀκούῃς Σειρήνοιϊν.
» Αἰ δέ κε λίσσηαι ἑτάρους, λῦσαί τε κελεύῃς,
» Οἱ δέ σ' ἐνὶ πλεόνεσσι τότ' ἐν δεσμοῖσι δεόντων.
» Αὐτὰρ ἐπειδὴ τάς γε παρὲξ ἐλάσωσιν ἑταῖροι,   55
» Ἐνθά τοι οὐκ ἔτ' ἔπειτα διηνεκέως ἀγορεύσω,
» Ὁπποτέρη δή τοι ὁδὸς ἔσσεται, ἀλλὰ καὶ αὐτὸς
» Θυμῷ βουλεύειν· ἐρέω δέ τοι ἀμφοτέρωθεν.
» Ἔνθεν μὲν γὰρ πέτραι ἐπηρεφέες· προτὶ δ' αὐτὰς
» Κῦμα μέγα ῥοχθεῖ κυανώπιδος Ἀμφιτρίτης·   60

» tira à l'écart ; et s'étant assise près de moi, elle voulut
» savoir tout ce qui m'étoit arrivé dans mon voyage. Je
» lui en fis le détail, et je n'eus pas plus tôt satisfait sa
» curiosité, qu'elle me dit : Ulysse, voilà donc une affaire
» finie, vous vous en êtes heureusement tiré. Mais écou-
» tez ce que j'ai encore à vous dire, quelque Dieu favo-
» rable vous en fera souvenir dans l'occasion. Vous
» trouverez sur votre chemin les Sirènes ; elles enchantent
» tous les hommes qui arrivent près d'elles. Ceux qui
» ont l'imprudence de les approcher et d'écouter leurs
» chants ne peuvent éviter leurs charmes, et jamais
» leurs femmes ni leurs enfans ne vont au-devant d'eux
» les saluer et se réjouir de leur retour. Les Sirènes les
» retiennent par la douceur de leurs chansons dans une
» vaste prairie, où l'on ne voit que monceaux d'osse-
» mens de morts, et que cadavres, que le soleil achève
» de sécher. Passez sans vous arrêter, et ne manquez pas
» de boucher avec de la cire les oreilles de vos com-
» pagnons, de peur qu'ils ne les entendent. Pour vous,
» vous pouvez les entendre si vous voulez ; mais souve-
» nez-vous de vous faire bien lier auparavant à votre mât,
» tout debout, avec de bonnes cordes qui vous attache-
» ront par les pieds et par les mains, afin que vous puis-
» siez entendre sans danger ces voix délicieuses. Que si,
» transporté de plaisir, vous ordonnez à vos compagnons
» de vous détacher, qu'ils vous chargent alors de nou-
» veaux liens, et qu'ils vous lient plus fortement encore.
» Quand vos compagnons vous auront tiré de ce danger,
» et qu'ils auront laissé assez loin derrière eux ces
» enchanteresses, je ne vous dirai pas précisément quelle
» est la route que vous devez choisir ; c'est à vous de
» choisir et de prendre conseil de vous-même. Tout ce
» que je puis, c'est de vous marquer ce que vous trou-
» verez à droite et à gauche. Il y a deux roches fort
» hautes, contre lesquelles les flots d'Amphitrite vont

» Πλαγκτὰς δή τοι τάς γε θεοὶ μάκαρες καλέουσι.
» Τῇ μέν τ' οὐδὲ ποτητὰ παρέρχεται, οὐδὲ πέλειαι
» Τρήρωνες, ταί τ' ἀμβροσίην Διὶ πατρὶ φέρουσιν,
» Ἀλλά τε καὶ τῶν αἰεὶ ἀφαιρεῖται λὶς πέτρη·
» Ἀλλ' ἄλλην ἐνίησι πατὴρ ἐναρίθμιον εἶναι.   65
» Τῇ δ' οὔπω τίς νηῦς φύγεν ἀνδρῶν, ἥτις ἵκηται,
» Ἀλλά θ' ὁμοῦ πίνακάς τε νεῶν καὶ σώματα φωτῶν
» Κύμαθ' ἁλὸς φορέουσι πυρός τ' ὀλοοῖο θύελλαι.
» Οἴη δὴ κείνη γε παρέπλω ποντοπόρος νηῦς,
» Ἀργὼ πασιμέλουσα, παρ' Αἰήταο πλέουσα·   70
» Καί νύ κε τὴν ἔνθ' ὦκα βάλεν μεγάλας ποτὶ πέτρας,
» Ἀλλ' Ἥρη παρέπεμψεν, ἐπεὶ φίλος ἦεν Ἰήσων.
» Οἱ δὲ δύω σκόπελοι, ὁ μὲν οὐρανὸν εὐρὺν ἱκάνει
» Ὀξείῃ κορυφῇ, νεφέλη δέ μιν ἀμφιβέβηκε
» Κυανέη· τὸ μὲν οὔποτ' ἐρωεῖ, οὐδέποτ' αἴθρη   75
» Κείνου ἔχει κορυφήν, οὔτ' ἐν θέρει, οὔτ' ἐν ὀπώρῃ·
» Οὐδέ κεν ἀμβαίη βροτὸς ἀνήρ, οὐ καταβαίη,
» Οὐδ' εἰ οἱ χεῖρές γε ἐείκοσι καὶ πόδες εἶεν·
» Πέτρη γὰρ λὶς ἐστι, περιξεστῇ εἰκυῖα.
» Μέσσῳ δ' ἐν σκοπέλῳ ἐστὶ σπέος ἠεροειδὲς   80
» Πρὸς ζόφον, εἰς Ἔρεβος τετραμμένον· ᾗπερ ἂν ὑμεῖς
» Νῆα παρὰ γλαφυρὴν ἰθύνετε, φαίδιμ' Ὀδυσσεῦ.
» Οὐδέ κεν ἐκ νηὸς γλαφυρῆς αἰζήϊος ἀνὴρ
» Τόξῳ ὀϊστεύσας κοῖλον σπέος εἰσαφίκοιτο.
» Ἔνθα δ' ἐνὶ Σκύλλη ναίει, δεινὸν λελακυῖα·   85
» Τῆς ἤτοι φωνὴ μὲν, ὅση σκύλακος νεογιλῆς,
» Γίνεται, αὐτὴ δ' αὖτε πέλωρ κακός· οὐδέ κε τίς μιν

» se briser avec un horrible mugissement. Les Dieux
» immortels les appellent les roches errantes. Les oiseaux
» des cieux ne volent pas par-dessus, et les colombes
» mêmes, qui portent l'ambroisie à Jupiter, ne les
» passent point impunément, car le sommet de ces
» roches en abat toujours quelqu'une ; mais Jupiter a
» soin d'en envoyer toujours une autre à la place, afin
» que le nombre soit toujours complet. Si quelque vais-
» seau approche malheureusement, il n'y a plus pour
» lui d'espérance ; il est d'abord fracassé, et ses débris
» et les hommes qui le montoient, sont emportés pêle-
» mêle par les vagues et par les tempêtes mêlées de
» tourbillons de feu. Il n'y a jamais eu qu'un seul vais-
» seau qui se soit tiré de ces abîmes ; c'est le célèbre
» navire Argo, qui, chargé de la fleur des héros de la
» Grèce, passa par là en revenant de la Colchide, où
» régnoit le roi AEétès ; et il ne faut pas douter que les
» courans ne l'eussent porté contre ces roches, si Junon
» ne l'eût conduit elle-même, et ne l'eût fait passer sans
» danger, parce qu'elle aimoit et protégeoit Jason. De
» ces deux écueils, dont je vous parle, l'un porte sa
» cime jusqu'aux cieux ; il est environné de nuages qui
« ne l'abandonnent en aucun temps ; jamais la sérénité
» ne dévoile son sommet, ni en été ni en automne, et il
» n'y a point de mortel qui y pût monter ni en des-
» cendre, quand il auroit vingt mains et vingt pieds ;
» car c'est une roche unie et lisse, comme si elle étoit
» taillée et polie. Au milieu, il y a une caverne obscure,
» dont l'ouverture est tournée vers le couchant et vers
» l'Erèbe ; et cette caverne est si haute, que le plus
» habile archer, passant près de là sur son vaisseau, ne
» pourroit pousser sa flèche jusqu'à son sommet ; pas-
» sez-le le plus vite qu'il vous sera possible ; car c'est la
» demeure de la pernicieuse Scylla, qui pousse des hur-
» lemens horribles ; sa voix est semblable au rugissement

» Γηθήσειεν ἰδὼν, οὐδ' εἰ θεὸς ἀντιάσειεν.
» Τῆς ἤτοι πόδες εἰσὶ δυώδεκα πάντες ἄωροι·
» Ἐξ δέ τέ οἱ δειραὶ περιμήκεες· ἐν δὲ ἑκάστῃ   90
» Σμερδαλέη κεφαλὴ, ἐν δὲ τρίστοιχοι ὀδόντες,
» Πυκνοὶ καὶ θαμέες, πλεῖοι μέλανος θανάτοιο.
» Μέσση μέν τε κατὰ σπείους κοίλοιο δέδυκεν·
» Ἔξω δ' ἐξίσχει κεφαλὰς δεινοῖο βερέθρου.
» Αὐτοῦ δ' ἰχθυάα σκόπελον περιμαιμώωσα   95
» Δελφῖνάς τε, κύνας τέ, καὶ εἴποθι μεῖζον ἕλῃσι
» Κῆτος, ἃ μυρία βόσκει ἀγάστονος Ἀμφιτρίτη.
» Τῇ δ' οὔπω ποτὲ ναῦται ἀκήριοι εὐχετόωνται
» Παρφυγέειν σὺν νηΐ· φέρει δέ τε κρατὶ ἑκάστῳ
» Φῶτ' ἐξαρπάξασα νεὼς κυανοπρώροιο.   100
» Τὸν δ' ἕτερον σκόπελον χθαμαλώτερον ὄψει, Ὀδυσσεῦ,
» Πλησίον ἀλλήλων· καί κεν διοϊστεύσειας.
» Τῷ δ' ἐν ἐρινεός ἐστι μέγας, φύλλοισι τεθηλώς·
» Τῷ δ' ὕπο δῖα Χάρυβδις ἀναρροιβδεῖ μέλαν ὕδωρ.
» Τρὶς μὲν γάρ τ' ἀνίησιν ἐπ' ἤματι, τρὶς δ' ἀναροιβδεῖ
» Δεινόν· μὴ σύ γε κεῖθι τύχοις, ὅτε ροιβδήσειεν·   106
» Οὐ γάρ κεν ρύσαιτό σ' ὑπ' ἐκ κακοῦ οὐδ' Ἐνοσίχθων.
» Ἀλλὰ μάλα Σκύλλης σκοπέλῳ πεπλημένος, ὦκα
» Νῆα πάρεξ ἐλάαν· ἐπειὴ πολὺ φέρτερόν ἐστιν,
» Ἓξ ἑτάρους ἐν νηΐ ποθήμεναι, ἢ ἅμα πάντας.   110
» Ὣς ἔφατ'· αὐτὰρ ἐγώ μιν ἀμειβόμενος προσέειπον·
» Εἰ δ' ἄγε δή μοι τοῦτο, θεά, νημερτὲς ἔνισπε,
» Εἴπως τὴν ὀλοὴν μὲν ὑπεκπροφύγοιμι Χάρυβδιν,
» Τὴν δέ κ' ἀμυναίμην, ὅτε μοι σίνοιτό γ' ἑταίρους.
» Ὣς ἐφάμην· ἡ δ' αὐτίκ' ἀμείβετο δῖα θεάων·   115

» d'un jeune lion ; c'est un monstre affreux, dont les
» hommes ni les Dieux mêmes ne peuvent soutenir la
» vue. Elle a douze griffes qui font horreur, six cous
» d'une longueur énorme, et sur chacun une tête épou-
» vantable, qu'habite la mort. Elle a la moitié du corps
» étendu dans sa caverne, elle avance dehors ses six
» têtes monstrueuses, et en allongeant ses cous, elle
» sonde toutes les cachettes de sa caverne, et pêche habi-
» lement les dauphins, les chiens marins, les baleines
» mêmes, et les autres monstres qu'Amphitrite nourrit
» dans son sein. Jamais pilote n'a pu se vanter d'avoir
» passé impunément contre cette roche ; car ce monstre
» ne manque jamais, de chacune de ses six gueules tou-
» jours ouvertes, d'enlever un homme de son vaisseau.
» L'autre écueil n'est pas loin de là ; mais il est moins
» élevé, et vous pousseriez fort aisément jusqu'au som-
» met une flèche. On y voit un figuier sauvage, dont
» les branches chargées de feuilles s'étendent fort loin.
» Sous ce figuier est la demeure de Charybde, qui
» engloutit les flots, car chaque jour elle les engloutit
» par trois fois, et par trois fois elle les rejette avec des
» mugissemens horribles. Qu'il ne vous arrive pas de
» vous trouver là quand elle absorbe ces vagues ; car
» Neptune même ne pourroit vous tirer de ce danger,
» et vous seriez immanquablement entraîné dans cet
» abîme ; tâchez plutôt de passer du côté de Scylla le
» plus promptement qu'il vous sera possible ; car il vaut
» encore mieux que vous perdiez six de vos compa-
» gnons, que de les perdre tous, et de périr vous-même.
» Mais, grande Déesse, lui répondis-je, dites-moi, si je
» fais tant que de m'éloigner de Charybde et d'approcher
» de Scylla, ne pourrai-je pas venger sur cette dernière la
» mort de mes six compagnons qu'elle aura dévorés ?
» Ah ! mon cher Ulysse, reprit-elle, quoi ! même en
» l'état où vous êtes, vous ne pouvez vous résoudre à

» Σχέτλιε, καὶ δ᾽ αὖ τοι πολεμήϊα ἔργα μέμηλε
» Καὶ πόνος. Οὐδὲ θεοῖσιν ὑπείξεαι ἀθανάτοισιν;
» Ἡ δέ τοι οὐ θνητὴ, ἀλλ᾽ ἀθάνατον κακόν ἐστι,
» Δεινόν τ᾽, ἀργαλέον τὲ, καὶ ἄγριον, οὐδὲ μαχητόν.
» Οὐδέ τις ἔστ᾽ ἀλκή· φυγέειν κάρτιστον ἀπ᾽ αὐτῆς·
» Ἢν γὰρ δηθύνῃσθα, κορυσσόμενος παρὰ πέτρῃ, 121
» Δείδω, μή σ᾽ ἐξαῦτις ἐφορμηθεῖσα κίχῃσι
» Τόσσῃσιν κεφαλῇσι, τόσους δ᾽ ἐκ φῶτας ἕληται.
» Ἀλλὰ μάλα σφοδρῶς ἐλάαν, βωστρεῖν δὲ Κραταιΐν,
» Μητέρα τῆς Σκύλλης, ἥ μιν τέκε πῆμα βροτοῖσιν·
» Ἥ μιν ἔπειτ᾽ ἀποπαύσει ἐς ὕστερον ὁρμηθῆναι. 126
» Θρινακίην δ᾽ ἐς νῆσον ἀφίξεαι· ἔνθα δὲ πολλαὶ
» Βόσκοντ᾽ Ἠελίοιο βόες καὶ ἴφια μῆλα,
» Ἑπτὰ βοῶν ἀγέλαι, τόσα δ᾽ οἰῶν πώεα καλὰ,
» Πεντήκοντα δ᾽ ἕκαστα· γόνος δ᾽ οὐ γίνεται αὐτῶν,
» Οὐδέ ποτε φθινύθουσι· θεαὶ δ᾽ ἐπιποιμένες εἰσὶν, 131
» Νύμφαι ἐϋπλόκαμοι, Φαέθουσά τε, Λαμπετίη τὲ,
» Ἃς τέκεν Ἠελίῳ Ὑπερίονι δῖα Νέαιρα.
» Τὰς μὲν ἄρα θρέψασα, τεκοῦσά τε, πότνια μήτηρ,
» Θρινακίην ἐς νῆσον ἀπῴκισε τηλόθι ναίειν, 135
» Μῆλα φυλασσέμεναι πατρώϊα καὶ ἕλικας βοῦς.
» Τὰς εἰ μέν κ᾽ ἀσινέας ἐάᾳς, νόστου τὲ μέδηαι,
» Ἦ τ᾽ ἂν ἔτ᾽ εἰς Ἰθάκην, κακά περ πάσχοντες, ἵκοισθε·
» Εἰ δέ κε σίνηαι, τότε τοι τεκμαίρομ᾽ ὄλεθρον
» Νηΐ τε, καὶ ἑτάροις· αὐτὸς δ᾽ εἴπερ κεν ἀλύξεις, 140
» Ὀψὲ κακῶς νεῖαι, ὀλέσας ἄπο πάντας ἑταίρους.
» Ὣς ἔφατ᾽· αὐτίκα δὲ χρυσόθρονος ἤλυθεν ἠώς.

» renoncer à la guerre et aux travaux, et vous ne voulez
» pas même céder aux Dieux. Sachez que ce n'est pas
» une créature ordinaire que vous vous proposez de
» combattre, mais un monstre terrible, inhumain,
» invincible et immortel; toute la valeur humaine ne
» sauroit lui résister. Le plus sûr est de se dérober à sa
» fureur par la fuite; car pour peu que vous vous arrê-
» tiez près d'elle pour prendre vos armes, je crains bien
» qu'elle ne vous enlève six autres de vos compagnons,
» et vous aurez encore la douleur de les voir dévorer
» en votre présence. Passez vite, vous dis-je, et appe-
» lez à votre secours la déesse Cratée, qui a mis au
» monde ce monstre horrible; elle arrêtera sa violence
» et l'empêchera de se jeter sur vous. Vous arriverez à
» l'île de Trinacrie, où paissent un grand nombre de
» bœufs et de moutons. Il y a sept troupeaux de bœufs,
» autant de troupeaux de moutons, et chaque troupeau
» est de cinquante bêtes, qui ne se continuent point par
» la génération, mais qui durent toujours les mêmes
» sans jamais finir, et tous ces troupeaux ont pour ber-
» gères deux Déesses; la belle Phaétuse et la charmante
» Lampétie, toutes deux le fruit des amours de la déesse
» Nééré et du Soleil. La mère, après les avoir nourries
» et élevées, les envoya habiter bien loin dans l'île de
» Trinacrie, et leur donna le soin des troupeaux de
» leur père. Si vous voulez vous procurer un heureux
» retour, vous laisserez là ces troupeaux sans y toucher
» et sans leur faire aucun mal, et il est sûr que vous
» arriverez à Ithaque, quelques traverses que vous ayez
» à essuyer. Mais si vous y touchez, je vous prédis
» la perte certaine de votre vaisseau et de vos com-
» pagnons; et si vous êtes assez heureux pour échapper,
» vous n'arriverez chez vous qu'après un long temps, et
» après avoir vu périr tous vos compagnons jusqu'au
» dernier. Elle parla ainsi, et l'aurore vint annoncer le

» Ἡ μὲν ἔπειτ' ἀνὰ νῆσον ἀπέστιχε δῖα θεάων·
» Αὐτὰρ ἐγὼν ἐπὶ νῆα κιὼν, ὤτρυνον ἑταίρους,
» Αὐτούς τ' ἀμβαίνειν, ἀνά τε πρυμνήσια λῦσαι. 145
» Οἱ δ' αἶψ' εἴσβαινον, καὶ ἐπὶ κληῗσι κάθιζον·
» Ἑξῆς δ' ἑζόμενοι, πολιὴν ἅλα τύπτον ἐρετμοῖς.
» Ἡμῖν δ' αὖ κατόπισθε νεὼς κυανοπρώροιο
» Ἴκμενον οὖρον ἵει πλησίστιον, ἐσθλὸν ἑταῖρον,
» Κίρκη ἐϋπλόκαμος, δεινὴ θεὸς, αὐδήεσσα. 150
» Αὐτίκα δ' ὅπλα ἕκαστα πονησάμενοι κατὰ νῆα
» Ἥμεθα· τὴν δ' ἄνεμός τε, κυβερνήτης τ' ἴθυνον.
» Δὴ τότ' ἐγὼν ἑτάροισι μετηύδων, ἀχνύμενος κῆρ·
» Ὦ φίλοι, οὐ γὰρ χρὴ ἕνα ἴδμεναι, οὐδὲ δύ' οἴους,
» Θέσφαθ', ἅ μοι Κίρκη μυθήσατο, δῖα θεάων· 155
» Ἀλλ' ἐρέω μὲν ἐγὼν, ἵνα εἰδότες, ἤ κε θάνωμεν,
» Ἤ κεν ἀλευάμενοι θάνατον καὶ κῆρα φύγοιμεν.
» Σειρήνων μὲν πρῶτον ἀνώγει θεσπεσιάων
» Φθόγγον ἀλεύασθαι, καὶ λειμῶν' ἀνθεμόεντα·
» Οἶον ἔμ' ἠνώγει ὄπ' ἀκουέμεν· ἀλλά με δεσμῷ 160
» Δῆσατ' ἐν ἀργαλέῳ, (ὄφρ' ἔμπεδον αὐτόθι μίμνω,)
» Ὀρθὸν ἐν ἱστοπέδῃ· ἐκ δ' αὐτοῦ πείρατ' ἀνήφθω.
» Αἱ δέ κε λίσσωμαι ὑμέας, λῦσαί τε κελεύω,
» Ὑμεῖς δὲ πλεόνεσσι τότ' ἐν δεσμοῖσι πιέζειν.
» Ἤτοι ἐγὼ τὰ ἕκαστα λέγων ἑτάροισι πίφαυσκον· 165
» Τόφρα δὲ καρπαλίμως ἐξίκετο νηῦς εὐεργὴς
» Νῆσον Σειρήνοιϊν· ἔπειγε γὰρ οὖρος ἀπήμων.
» Αὐτίκ' ἔπειτ' ἄνεμος μὲν ἐπαύσατο, ἠδὲ γαλήνη
» Ἔπλετο νηνεμίη, κοίμησε δὲ κύματα δαίμων.
» Ἀνστάντες δ' ἕταροι νεὸς ἱστία μηρύσαντο, 170
» Καὶ τὰ μὲν ἐν νηῒ γλαφυρῇ βάλον· οἱ δ' ἐπ' ἐρετμὰ
» Ἑζόμενοι, λεύκαινον ὕδωρ ξεστῇς ἐλάτῃσιν.
» Αὐτὰρ ἐγὼ κηροῖο μέγαν τροχὸν ὀξέϊ χαλκῷ
» Τυτθὰ διατμήξας, χερσὶ στιβαρῇσι πίεζον·
» Αἶψα δ' ἰαίνετο κηρὸς, ἐπεὶ κέλετο μεγάλη ἴς, 175

» jour. La Déesse reprit le chemin de son palais, et
» moi je retournai à mon vaisseau. J'ordonne à mes
» compagnons de s'embarquer, de délier les câbles, et
» de prendre les avirons ; ils obéissent, et se mettent à
» ramer. La belle Circé nous envoya un vent favorable,
» qui donna le temps à nos rameurs de se soulager ; car
» avec ce bon vent, l'adresse seule de notre pilote suffit
» pour nous conduire. Alors, quoique accablé de dou-
» leur, je pris ce moment pour parler à mes compa-
» gnons. Mes amis, leur dis-je, il n'est pas juste que
» nous ne soyons ici qu'un ou deux qui sachions les
» aventures que Circé m'a prédites. Je vais vous en
» informer, afin que, comme elles vous regardent toutes
» également, vous en soyez tous également instruits,
» soit que nous devions tous périr, soit que nous puis-
» sions espérer d'échapper aux dangers qui nous me-
» nacent. Premièrement la Déesse nous ordonne d'éviter
» la voix des Sirènes, et de fuir loin de la prairie qu'elles
» habitent. Elle ne permet qu'à moi seul d'entendre
» leurs chants ; mais auparavant il faut que vous m'atta-
» chiez tout debout, au mât de mon vaisseau, avec des
» liens très-forts. Que si, transporté du plaisir de les
» entendre, je vous ordonne de me détacher, gardez-
» vous bien de m'obéir, et liez-moi plus fortement
» encore. Pendant que je leur parle ainsi, notre vais-
» seau poussé par un bon vent arrive à l'île des Sirènes ;
» le vent s'apaise dans le moment ; les vagues tombent,
» et le calme règne. Aussitôt mes compagnons se lèvent,
» plient les voiles, reprennent leurs rames, et font écu-
» mer la mer sous l'effort de leurs avirons. Je prends en
» même temps un grand pain de cire, je le mets en
» pièces avec mon épée, et tournant ces morceaux dans
» mes mains, et à la chaleur du soleil qui étoit fort
» grande, j'en remplis les oreilles de mes compagnons ;

» Ἡελίου τ' αὐγή, Ὑπεριονίδαο ἄνακτος·
» Ἑξείης δ' ἑτάροισιν ἐπ' οὔατα πᾶσιν ἄλειψα.
» Οἱ δ' ἐν νηΐ μ' ἔδησαν ὁμοῦ χεῖράς τε, πόδας τέ,
» Ὀρθὸν ἐν ἱστοπέδῃ, ἐκ δ' αὐτοῦ πείρατ' ἀνῆψαν·
» Αὐτοὶ δ' ἑζόμενοι πολιὴν ἅλα τύπτον ἐρετμοῖς. 180
» Ἀλλ' ὅτε τόσσον ἀπῆμεν, ὅσον τε γέγωνε βοήσας,
» Ῥίμφα διώκοντες, τὰς δ' οὐ λάθεν ὠκύαλος νηῦς
» Ἐγγύθεν ὀρνυμένη· λιγυρὴν δ' ἔντυνον ἀοιδήν·
» Δεῦρ' ἄγ' ἰών, πολύαιν' Ὀδυσεῦ, μέγα κῦδος Ἀχαιῶν,
» Νῆα κατάστησον, ἵνα νωϊτέρην ὄπ' ἀκούσῃς. 185
» Οὐ γάρ πώ τις τῇδε παρήλασε νηῒ μελαίνῃ,
» Πρίν γ' ἡμέων μελίγηρυν ἀπὸ στομάτων ὄπ' ἀκοῦσαι·
» Ἀλλ' ὅγε τερψάμενος νεῖται, καὶ πλείονα εἰδώς.
» Ἴδμεν γάρ τοι πάνθ', ὅσ' ἐνὶ Τροίῃ εὐρείῃ
» Ἀργεῖοι, Τρῶές τε, θεῶν ἰότητι μόγησαν· 190
» Ἴδμεν δ', ὅσσα γένηται ἐπὶ χθονὶ πουλυβοτείρῃ.
» Ὣς φάσαν, ἱεῖσαι ὄπα κάλλιμον· αὐτὰρ ἐμὸν κῆρ
» Ἤθελ' ἀκουέμεναι, λῦσαί τ' ἐκέλευον ἑταίρους,
» Ὀφρύσι νευστάζων. Οἱ δὲ, προπεσόντες ἔρεσσον·
» Αὐτίκα δ' ἀνστάντες Περιμήδης, Εὐρύλοχός τε, 195
» Πλείοσί μ' ἐν δεσμοῖσι δέον, μᾶλλόν τε πίεζον.
» Αὐτὰρ ἐπειδὴ τάς γε παρήλασεν, οὐδ' ἔτ' ἔπειτα
» Φθογγῆς Σειρήνων ἠκούομεν, οὐδέ τ' ἀοιδῆς,
» Αἶψ' ἀπὸ κηρὸν ἕλοντο ἐμοὶ ἐρίηρες ἑταῖροι,
» Ὅν σφιν ἐπ' ὠσὶν ἄλειψ', ἐμέ τ' ἐκ δεσμῶν ἀνέλυσαν.
» Ἀλλ' ὅτε δὴ τὴν νῆσον ἐλείπομεν, αὐτίκ' ἔπειτα 201
» Καπνὸν καὶ μέγα κῦμα ἴδον, καὶ δοῦπον ἄκουσα,
» Τῶν δ' ἄρα δεισάντων ἐκ χειρῶν ἔπτατ' ἐρετμά.
» Βόμβησεν δ' ἄρα πάντα κατὰ ῥόον· εἴχετο δ' αὐτοῦ

» qui après cela me lièrent par les pieds et par les mains
» tout debout au mât du vaisseau, et s'étant remis sur les
» bancs, ils recommencèrent à ramer. Quand notre
» vaisseau ne fut plus éloigné du rivage que de la por-
» tée de la voix, et que sans aborder nous poursuivions
» notre route, les nymphes nous aperçurent, et aussitôt
» élevant leurs voix, elles se mirent à chanter, et à me
» dire : Approchez de nous, généreux Ulysse, qui méri-
» tez tant d'éloges, et qui êtes l'ornement et la gloire
» des Grecs, arrêtez votre vaisseau sur ce rivage pour
» entendre notre voix. Jamais personne n'a passé ces
» lieux, sans avoir auparavant admiré la douce harmo-
» nie de nos chants. On continue sa route après avoir
» eu ce plaisir, et après avoir appris de nous une infi-
» nité de choses ; car nous savons tous les travaux que
» les Grecs et les Troyens ont essuyés par la volonté
» des Dieux sous les remparts de Troie ; et rien de tout
» ce qui se passe dans ce vaste univers ne nous est caché.
» Voilà ce qu'elles me dirent avec une voix pleine de
» charmes. J'en fus si touché, que je voulois approcher
» pour les entendre, et que je fis signe à mes compa-
» gnons de me délier. Mais ils se mirent à faire force de
» rames ; en même temps Périmède et Euryloque s'étant
» levés, vinrent me charger de nouveaux liens et m'at-
» tacher plus fortement. Quand nous eûmes passé ces
» lieux charmans, mais trop dangereux, et que nous
» fûmes assez loin pour ne pouvoir plus entendre ni les
» sons, ni la voix de ces enchanteresses, alors mes com-
» pagnons ôtèrent la cire dont j'avois bouché leurs
» oreilles et vinrent me délier. Mais nous n'eûmes pas
» plus tôt quitté cette île, que j'aperçus une fumée
» affreuse, que je vis les flots s'amonceler, et que j'en-
» tendis des mugissemens horribles. Mes compagnons
» furent si effrayés, que les rames leur tombèrent des
» mains ; tous les environs retentissoient de ces mugis-
» semens épouvantables. Notre vaisseau étoit arrêté

» Νηῦς, ἐπεὶ οὐκ ἔτ᾽ ἐρετμὰ προήκεα χερσὶν ἔπειγον.
» Αὐτὰρ ἐγὼ, διὰ νηὸς ἰὼν, ὤτρυνον ἑταίρους 206
» Μειλιχίοις ἐπέεσσι παρασταδὸν ἄνδρα ἕκαστον·
» Ὦ φίλοι, οὐ γάρ πώ τι κακῶν ἀδαήμονές εἰμέν.
» Οὐ μὲν δὴ τόδε μεῖζον ἔπι κακὸν, ἢ ὅτε Κύκλωψ
» Εἴλει ἐνὶ σπῆϊ γλαφυρῷ κρατερῆφι βίηφιν· 210
» Ἀλλὰ καὶ ἔνθεν ἐμῇ ἀρετῇ, βουλῇ τε, νόῳ τὲ,
» Ἐκφύγομεν· καί που τῶνδε μνήσεσθαι ὀΐω.
» Νῦν δ᾽ ἄγεθ᾽, ὡς ἂν ἐγὼν εἴπω, πειθώμεθα πάντες·
» Ὑμεῖς μὲν κώπῃσιν ἁλὸς ῥηγμῖνα βαθεῖαν
» Τύπτετε, κληΐδεσσιν ἐφήμενοι, αἴ κέ ποθι Ζεὺς 215
» Δώῃ τόνδε γ᾽ ὄλεθρον ὑπεκφυγέειν καὶ ἀλύξαι.
» Σοὶ δὲ, κυβερνῆθ᾽, ὧδ᾽ ἐπιτέλλομαι, (ἀλλ᾽ ἐνὶ θυμῷ
» Βάλλευ, ἐπεὶ νηὸς γλαφυρῆς οἰήϊα νωμᾷς·)
» Τούτου μὲν καπνοῦ καὶ κύματος ἐκτὸς ἔεργε
» Νῆα· σὺ δὲ σκοπέλου ἐπιμαίεο, μή σε λάθῃσι 220
» Κεῖσ᾽ ἐξορμήσασα, καὶ ἐς κακὸν ἄμμε βάλῃσθα.
» Ὣς ἐφάμην· οἱ δ᾽ ὦκα ἐμοῖς ἐπέεσσι πίθοντο.
» Σκύλλην δ᾽ οὐκέτ᾽ ἐμυθεόμην, ἄπρηκτον ἀνίην,
» Μήπως μοι δείσαντες ἀπολλήξειαν ἑταῖροι
» Εἰρεσίης, ἐντὸς δὲ πυκάζοιεν σφέας αὐτούς. 225
» Καὶ τότε δὴ Κίρκης μὲν ἐφημοσύνης ἀλεγεινῆς
» Λανθανόμην, ἐπεὶ οὔτι μ᾽ ἀνώγει θωρήσσεσθαι·
» Αὐτὰρ ἐγὼ καταδὺς κλυτὰ τεύχεα, καὶ δύο δοῦρε
» Μάκρ᾽ ἐν χερσὶν ἑλών, εἰς ἴκρια νηὸς ἔβαινον
» Πρώρης· ἔνθεν γάρ μιν ἐδέγμην πρῶτα φανεῖσθαι 230
» Σκύλλην πετραίην, ἥ μοι φέρε πῆμ᾽ ἑτάροισιν.
» Οὐδέ πῃ ἀθρῆσαι δυνάμην· ἔκαμον δέ μοι ὄσσε
» Πάντη παπταίνοντι πρὸς ἠεροειδέα πέτρην.
» Ἡμεῖς δὲ στεινωπὸν ἀνεπλέομεν γοόωντες·

» sans pouvoir faire aucun mouvement ; car mes com-
» pagnons n'avoient plus la force de donner un coup de
» rame. Je courois par tout le vaisseau ; je leur parlois
» à tous les uns après les autres, et je tâchois de les rani-
» mer. Mes chers amis, nous ne sommes point novices à
» soutenir de grands maux ; celui qui se présente n'est
» pas le plus grand que nous ayons essuyé. Avez-vous
» oublié quand le Cyclope nous tenoit enfermés dans
» son affreuse caverne ? Par ma prudence, par mon
» courage et par mon adresse, nous nous tirâmes de ce
» terrible danger ; j'ai peine à croire que cela soit sorti
» de votre mémoire. Exécutez seulement les ordres que
» je vais donner. Vous, rameurs, ne vous ménagez
» point, et que les flots blanchissent sous vos rames ;
» Jupiter veut peut-être que notre vie soit le prix de
» vos grands efforts. Et vous, pilote, puisque vous avez
» en main le gouvernail, et que c'est à vous à nous
» conduire, éloignez toujours votre vaisseau de l'endroit
» où vous voyez cette fumée et les flots amoncelés ; ayez
» toujours la vue attachée sur le rocher qui est à gauche,
» tâchez d'en approcher, et prenez bien garde que les
» courans ne vous entraînent insensiblement de l'autre
» côté, et que par là vous ne nous précipitiez dans une
» mort certaine. Ils obéirent tous avec un merveilleux
» courage, mais je me gardai bien de leur nommer Scylla,
» de peur que ce seul nom ne les jetât dans le désespoir,
» et qu'abandonnant leurs rames ils n'allassent tous se
» cacher. Alors je ne me souvins plus de l'ordre trop
» dur que Circé m'avoit donné ; j'endossai mes armes,
» et prenant en main deux bons javelots, je m'avançai
» sur la proue, et là, de pied ferme, j'attendois de voir
» paroître cette monstrueuse Scylla qui devoit dévorer
» mes compagnons ; mais je ne pus jamais l'apercevoir.
» J'étois si appliqué à regarder dans toutes les ouver-
» tures de cette caverne obscure, que mes yeux en

» Ἔνθεν μὲν γὰρ Σκύλλ', ἑτέρωθι δὲ δῖα Χάρυβδις 235
» Δεινὸν ἀνερροίβδησε θαλάσσης ἁλμυρὸν ὕδωρ.
» Ἤτοι ὅτ' ἐξεμέσειε, λέβης ὣς ἐν πυρὶ πολλῷ,
» Πᾶσ' ἀναμορμύρεσκε κυκωμένη, ὑψόσε δ' ἄχνη
» Ἄκροισι σκοπέλοισιν ἐπ' ἀμφοτέροισιν ἔπιπτεν.
» Ἀλλ' ὅτ' ἀναβρόξειε θαλάσσης ἁλμυρὸν ὕδωρ, 240
» Πᾶσ' ἔντοσθε φάνεσκε κυκωμένη· ἀμφὶ δὲ πέτρῃ
» Δεινὸν ἐβεβρύχει, ὑπένερθε δὲ γαῖα φάνεσκε
» Ψάμμῳ κυανέη· τοὺς δὲ χλωρὸν δέος ᾕρει.
» Ἡμεῖς μὲν πρὸς τήνδ' ἴδομεν, δείσαντες ὄλεθρον.
» Τόφρα δέ μοι Σκύλλη γλαφυρῆς ἐκ νηὸς ἑταίρους 245
» Ἐξ ἕλεθ', οἳ χερσίν τε, βίηφί τε, φέρτεροι ἦσαν·
» Σκεψάμενος δ' ἐς νῆα θοὴν ἅμα καὶ μεθ' ἑταίρους,
» Ἤδη τῶν ἐνόησα πόδας, καὶ χεῖρας ὕπερθεν,
» Ὑψόσ' ἀειρομένων· ἐμὲ δὲ φθέγγοντο καλεῦντες
» Ἐξονομακλήδην, τότε δ' ὕστατον, ἀχνύμενοι κῆρ. 250
» Ὡς δ' ὅτ' ἐπὶ προβόλῳ ἁλιεὺς περιμήκεϊ ῥάβδῳ
» Ἰχθύσι τοῖς ὀλίγοισι δόλον κατὰ εἴδατα βάλλων,
» Ἐς πόντον προΐησι βοὸς κέρας ἀγραύλοιο,
» Ἀσπαίροντα δ' ἔπειτα λαβὼν ἔρριψε θύραζε·
» Ὣς οἵγ' ἀσπαίροντες ἀείροντο προτὶ πέτρας· 255
» Αὐτοῦ δ' εἰνὶ θύρῃσι κατήσθιε κεκληγόντας,
» Χεῖρας ἐμοὶ ὀρέγοντας ἐν αἰνῇ δηϊοτῆτι.
» Οἴκτιστον δὴ κεῖνο ἐμοῖς ἴδον ὀφθαλμοῖσιν
» Πάντων, ὅσσ' ἐμόγησα, πόρους ἁλὸς ἐξερεείνων.
» Αὐτὰρ ἐπεὶ πέτρας φύγομεν, δεινήν τε Χάρυβδιν, 260
» Σκύλλην τ', αὐτίκ' ἔπειτα θεοῦ ἐς ἀμύμονα νῆσον
» Ἱκόμεθ'· ἔνθα δ' ἔσαν καλαὶ βόες εὐρυμέτωποι,
» Πολλὰ δὲ ἴφια μῆλ' Ὑπερίονος Ἠελίοιο.
» Δὴ τότ' ἐγών, ἔτι πόντῳ ἐὼν ἐν νηῒ μελαίνῃ,
» Μυκηθμοῦ τ' ἤκουσα βοῶν αὐλιζομενάων, 265

» étoient fatigués. Nous passâmes ainsi ce petit détroit
» entre Scylla et Charybde. Cette dernière engloutis-
» soit avidement les flots. Quand elle les rejetoit, le
» bouillonnement de ces eaux, semblable à celui d'une
» cuve pressée par un feu violent, faisoit retentir les
» rivages, et l'écume montoit jusqu'à la cime de ces
» affreux rochers ; et quand elle les retiroit, on enten-
» doit des mugissemens terribles ; tout le rocher en
» retentissoit, et l'on voyoit à découvert le sable noir de
» ces abîmes. Mes compagnons sont saisis de frayeur.
» Pendant que nous avions les yeux attachés sur cette
» monstrueuse Charybde, pour éviter la mort dont elle
» nous menaçoit, la cruelle Scylla enleva de mon vais-
» seau six de mes compagnons qu'elle choisit les meil-
» leurs et les plus forts ; attiré par le bruit, je tournai la
» vue de leur côté. Je vis encore leurs pieds et leurs
» mains qui s'agitoient en l'air, comme elle les enlevoit,
» et je les entendis qui m'appeloient à leur secours. Mais
» ce fut pour la dernière fois que je les vis et que je les
» entendis. Comme un pêcheur qui, se tenant sur la
» pointe d'un rocher avancé, jette dans la mer sa ligne
» dont il a garni l'hameçon d'un appât trompeur, au-
» dessous de la corne qui le couvre, et enlève un petit
» poisson tout palpitant qu'il jette sur le sable ; Scylla
» enlève de même mes six compagnons dans son rocher,
» et les dévore à l'entrée de sa caverne. Ces malheureux
» jetoient des cris qui me perçoient le cœur, et ils me
» tendoient les mains, pour implorer mon assistance.
» Vous pouvez juger de mon état. De tout ce qui m'est
» arrivé de plus sensible et de plus affligeant dans mes
» courses, voilà ce que j'ai trouvé de plus cruel. Quand
» nous eûmes passé ces cruelles roches, Scylla et Cha-
» rybde, nous arrivâmes incontinent à l'île du Soleil,
» où paissoient les bœufs et les moutons de ce Dieu.
» Avant que d'aborder, j'entendis les meuglemens et les

» Οἰῶν τε βληχήν· καί μοι ἔπος ἔμπεσε θυμῷ
» Μάντιος ἀλαοῦ, Θηβαίου Τειρεσίαο,
» Κίρκης τ' Αἰαίης, ἥ μοι μάλα πόλλ' ἐπέτελλε,
» Νῆσον ἀλεύασθαι τερψιμβρότου Ἡελίοιο.
» Δὴ τότ' ἐγὼν ἑτάροισι μετηύδων, ἀχνύμενος κῆρ· 270
» Κέκλυτέ μευ μύθων, κακά περ πάσχοντες, ἑταῖροι,
» Ὄφρ' ὑμῖν εἴπω μαντήϊα Τειρεσίαο,
» Κίρκης τ' Αἰαίης, ἥ μοι μάλα πολλ' ἐπέτελλε,
» Νῆσον ἀλεύασθαι τερψιμβρότου Ἡελίοιο·
» Ἔνθα γὰρ αἰνότατον κακὸν ἔμμεναι ἄμμιν ἔφασκεν.
» Ἀλλὰ παρὲξ τὴν νῆσον ἐλαύνετε νῆα μέλαιναν. 276
» Ὣς ἐφάμην· τοῖσιν δὲ κατεκλάσθη φίλον ἦτορ.
» Αὐτίκα δ' Εὐρύλοχος στυγερῷ μ' ἠμείβετο μύθῳ·
» Σχέτλιος εἶς, Ὀδυσεῦ· πέρι τοι μένος, οὐδέ τι γυῖα
» Κάμνεις· ἦ ῥά νυ σοί γε σιδήρεα πάντα τέτυκται, 280
» Ὅς ῥ' ἑτάρους, καμάτῳ ἀδδηκότας, ἠδὲ καὶ ὕπνῳ,
» Οὐκ ἐᾷς γαίης ἐπιβήμεναι· ἔνθά κεν αὖτε
» Νήσῳ ἐν ἀμφιρύτῃ λαρὸν τετυκοίμεθα δόρπον·
» Ἀλλ' αὔτως διὰ νύκτα θοὴν ἀλάλησθαι ἄνωγας,
» Νήσου ἀποπλαγχθέντας ἐν ἠεροειδέϊ πόντῳ. 285
» Ἐκ νυκτῶν δ' ἄνεμοι χαλεποί, δηλήματα νηῶν,
» Γίνονται· πῇ κέν τις ὑπεκφύγοι αἰπὺν ὄλεθρον,
» Ἤν πως ἐξαπίνης ἔλθῃ ἀνέμοιο θύελλα,
» Ἢ Νότου, ἢ Ζεφύροιο δυσαέος, οἵ τε μάλιστα
» Νῆα διαρραίουσι, θεῶν ἀέκητι ἀνάκτων; 290

» bêlemens de ces troupeaux. Je me ressouvins d'abord
» de ce que m'avoit dit le devin Tirésias, et de l'ordre
» que m'avoit donné la déesse Circé, qui m'avoit
» recommandé sur toutes choses d'éviter l'île du Soleil,
» qui fait la joie des hommes. Je me résolus donc de
» parler à mes compagnons, quoique j'eusse le cœur
» serré de tristesse : Mes amis, leur dis-je, écoutez l'avis
» que j'ai à vous donner, et que les fatigues dont vous
» êtes accablés ne vous rendent pas indociles. J'ai à vous
» déclarer les oracles que j'ai reçus de Tirésias et de
» Circé. Ils m'ont ordonné d'éviter surtout l'île du
» Soleil, qui fait la joie et le bonheur des hommes, et
» ils m'ont prédit que si j'y entrois, il nous arriveroit à
» tous un très-grand malheur. Eloignez-en donc le
» vaisseau le plus qu'il vous sera possible. Ces paroles
» leur abattirent le courage et les remplirent de dou-
» leur. Euryloque, se levant avec précipitation, me
» répondit d'un ton fort aigre : Ulysse, vous êtes le plus
» impitoyable et le plus dur de tous les hommes, vous
» n'êtes jamais las de travaux, rien ne vous fatigue, il
» faut que vos entrailles soient toutes de fer. Vous voyez
» vos compagnons accablés de sommeil et de lassitude,
» et vous ne pouvez souffrir qu'ils relâchent à une île
» où ils touchent déjà, et où ils pourroient trouver
» quelque repos et les rafraîchissemens qui leur sont
» nécessaires ; mais vous voulez qu'ils s'abandonnent
» encore à la mer, et qu'ils errent pendant la nuit en
» s'éloignant d'une terre qui leur offre un asile. C'est
» pendant la nuit que se lèvent les vents les plus ora-
» geux ; si nous sommes accueillis d'une tempête, où
» voulez-vous que nous nous retirions ? que le vent de
» midi, ou le violent Zéphyr se lèvent, nous sommes
» perdus sans ressource ; car ces vents là règnent dans
» ces mers avec tant d'empire, que les meilleurs vais-
» seaux ne peuvent leur résister, et qu'ils périssent tous

» Ἀλλ' ἤτοι νῦν μὲν πειθώμεθα νυκτὶ μελαίνῃ,
» Δόρπον θ' ὁπλισόμεσθα, θοῇ παρὰ νηΐ μένοντες·
» Ἠῶθεν δ' ἀναβάντες ἐνήσομεν εὐρέϊ πόντῳ.
» Ὣς ἔφατ' Εὐρύλοχος· ἐπὶ δ' ἤνεον ἄλλοι ἑταῖροι.
» Καὶ τότε δὴ γίνωσκον, ὃ δὴ κακὰ μήδετο δαίμων·
» Καί μιν φωνήσας ἔπεα πτερόεντα προσηύδων· 296
» Εὐρύλοχ', ἦ μάλα δή με βιάζετε μοῦνον ἐόντα·
» Ἀλλ' ἄγε νῦν μοι πάντες ὀμόσσατε καρτερὸν ὅρκον,
» Εἴ κέ τιν' ἠὲ βοῶν ἀγέλην, ἢ πῶϋ μέγ' οἰῶν
» Εὕρωμεν, μήπου τις, ἀτασθαλίῃσι κακῇσιν, 300
» Ἢ βοῦν, ἠὲ ἔτι μῆλον, ἀποκτάνῃ· ἀλλὰ ἔκηλοι
» Ἐσθίετε βρώμην, τὴν ἀθανάτη πόρε Κίρκη.
» Ὣς ἐφάμην· οἱ δ' αὐτίκ' ἀπώμνυον, ὡς ἐκέλευον.
» Αὐτὰρ ἐπεί ῥ' ὄμοσάν τε, τελεύτησάν τε τὸν ὅρκον,
» Στήσαμεν ἐν λιμένι γλαφυρῷ εὐεργέα νῆα, 305
» Ἄγχ' ὕδατος γλυκεροῖο· καὶ ἐξαπέβησαν ἑταῖροι
» Νηὸς, ἔπειτα δὲ δόρπον ἐπισταμένως τετύκοντο.
» Αὐτὰρ ἐπεὶ πόσιος καὶ ἐδητύος ἐξ ἔρον ἔντο,
» Μνησάμενοι δὴ ἔπειτα φίλους ἔκλαιον ἑταίρους,
» Οὓς ἔφαγε Σκύλλη, γλαφυρῆς ἐκ νηὸς ἑλοῦσα· 310
» Κλαιόντεσσι δὲ τοῖσιν ἐπήλυθε νήδυμος ὕπνος.
» Ἦμος δὲ τρίχα νυκτὸς ἔην, μετὰ δ' ἄστρα βεβήκει,
» Ὦρσεν ἐπὶ ζαῆν ἄνεμον νεφεληγερέτα Ζεὺς
» Λαίλαπι θεσπεσίῃ, σὺν δὲ νεφέεσσι κάλυψε
» Γαῖαν ὁμοῦ καὶ πόντον· ὀρώρει δ' οὐρανόθεν νύξ. 315
» Ἦμος δ' ἠριγένεια φάνη ῥοδοδάκτυλος ἠὼς,
» Νῆα μὲν ὡρμίσαμεν, κοῖλον σπέος εἰσερύσαντες·
» Ἔνθα δ' ἔσαν Νυμφέων καλοὶ χοροί, ἠδὲ θόωκοι.
» Καὶ τότ' ἐγὼν ἀγορὴν θέμενος, μετὰ μῦθον ἔειπον·
» Ὦ φίλοι; ἐν γὰρ νηΐ θοῇ βρῶσίς τε, πόσις τὲ, 320
» Ἔστιν, τῶν δὲ βοῶν ἀπεχώμεθα, μή τι πάθωμεν·

» malgré les Dieux mêmes. A l'heure qu'il est, obéissons
» à la nuit, descendons à terre, préparons le souper
» près de notre vaisseau sur le rivage, et demain, dès
» la pointe du jour, nous nous remettrons en mer. Ce
» discours fut approuvé de tous ses compagnons. Je
» reconnus alors qu'un Dieu ennemi me préparoit de
» nouveaux malheurs. Reprenant donc la parole, je lui
» dis : Euryloque, je ne puis vous résister ; car je suis
» seul contre tous. Mais avant que nous abordions, pro-
» mettez-moi, et confirmez votre promesse par le plus
» grand des sermens, que si vous trouvez à terre des
» bœufs et des moutons, aucun de vous n'aura la folie
» d'en tuer un seul, et que vous vous contenterez de
» manger les provisions que Circé nous a données. Ils
» jurent tous en même temps. Ce serment fait, nous
» entrons dans le port, nous arrêtons notre vaisseau
» près d'un lieu qu'arrosoit une belle fontaine. Mes
» compagnons descendent et commencent à préparer
» leur souper. Quand ils eurent soupé, le souvenir de
» la perte de leurs compagnons que Scylla avoit enlevés
» et dévorés à nos yeux, leur arracha des larmes qu'un
» doux sommeil vint bientôt tarir. La nuit étoit fort
» avancée et les astres penchoient vers leur coucher,
» lorsque Jupiter excita une furieuse tempête, mêlée
» d'horribles tourbillons, et couvrit la terre et la mer
» d'épais nuages, qui, en nous dérobant la clarté des
» astres, redoublèrent l'obscurité de la nuit. Quand
» l'aurore nous eut rendu la lumière, nous cherchâmes
» un abri pour notre vaisseau sous un antre avancé qui
» étoit dans le port, et dans lequel les nymphes de la
» mer se retiroient et faisoient leurs danses. Là, j'as-
» semblai mes compagnons, et je leur dis : Mes amis,
» nous avons dans notre vaisseau toutes les provisions
» de bouche qui nous sont nécessaires ; ne touchons
» donc ni aux bœufs ni aux moutons de cette île, de

» Δεινοῦ γὰρ θεοῦ αἵδε βόες καὶ ἴφια μῆλα,
» Ἡελίου, ὃς πάντ᾽ ἐφορᾷ καὶ πάντ᾽ ἐπακούει.
» Ὣς ἐφάμην· τοῖσιν δ᾽ ἐπεπείθετο θυμὸς ἀγήνωρ.
» Μῆνα δὲ πάντ᾽ ἄλληκτος ἄη Νότος, οὐδέ τις ἄλλος
» Γίνετ᾽ ἔπειτ᾽ ἀνέμων, εἰ μὴ Εὖρός τε, Νότος τέ.
» Οἱ δὲ, ἕως μὲν σῖτον ἔχον καὶ οἶνον ἐρυθρὸν,
» Τόφρα βοῶν ἀπέχοντο, λιλαιόμενοι βιότοιο·
» Ἀλλ᾽ ὅτε δὴ νηὸς ἐξέφθιτο ἤϊα πάντα,
» Καὶ δὴ ἄγρην ἐφέπεσκον ἀλητεύοντες ἀνάγκῃ, 330
» Ἰχθῦς, ὄρνιθάς τε, φίλας ὅ, τι χεῖρας ἵκοιτο,
» Γναμπτοῖς ἀγκίστροισιν· ἔτειρε δὲ γαστέρα λιμός.
» Δὴ τότ᾽ ἐγὼν ἀνὰ νῆσον ἀπέστιχον, ὄφρα θεοῖσιν
» Εὐξαίμην, εἴ τις μοι ὁδὸν φήνειε νέεσθαι.
» Ἀλλ᾽ ὅτε δὴ διὰ νήσου ἰὼν ἤλυξα ἑταίρους, 335
» Χεῖρας νιψάμενος, ὅθ᾽ ἐπὶ σκέπας ἦν ἀνέμοιο,
» Ἡρώμην πάντεσσι θεοῖς, οἳ Ὄλυμπον ἔχουσιν·
» Οἱ δ᾽ ἄρα μοι γλυκὺν ὕπνον ἐπὶ βλεφάροισιν ἔχευαν.
» Εὐρύλοχος δ᾽ ἑτάροισι κακῆς ἐξήρχετο βουλῆς·
» Κέκλυτέ μευ μύθων, κακά περ πάσχοντες, ἑταῖροι·
» Πάντες μὲν στυγεροὶ θάνατοι δειλοῖσι βροτοῖσι, 341
» Λιμῷ δ᾽ οἴκτιστον θανέειν καὶ πότμον ἐπισπεῖν.
» Ἀλλ᾽ ἄγετ᾽, Ἡελίοιο βοῶν ἐλάσαντες ἀρίστας,
» Ῥέξομεν ἀθανάτοισι, τοὶ οὐρανὸν εὐρὺν ἔχουσιν.
» Εἰ δέ κεν εἰς Ἰθάκην ἀφικοίμεθα, πατρίδα γαῖαν,
» Αἶψά κεν Ἡελίῳ Ὑπερίονι πίονα νηὸν 346
» Τεύξομεν, ἔνθά κε θεῖμεν ἀγάλματα πολλὰ καὶ ἐσθλά·
» Εἰ δὲ χολωσάμενός τι βοῶν ὀρθοκραιράων,

» peur qu'il ne nous arrive quelque grand malheur; car
» ils appartiennent à un Dieu terrible, au Soleil, qui
» voit tout et qui entend tout. Touchés de mes paroles,
» ils me promirent tout ce que je voulois. La tempête
» excitée par le vent de midi continua un mois entier
» sans relâche, et à ce vent de midi se joignit le vent
» du levant qui rendoit la tempête plus furieuse. Tant
» que mes compagnons ne manquèrent ni de pain
» ni de vin, ils s'abstinrent de toucher aux troupeaux
» du Soleil, car ils ne vouloient que conserver leur vie;
» mais quand toutes nos provisions furent consommées,
» alors, se dispersant par nécessité, ils se mirent à
» chasser et à pêcher à la ligne les poissons, les oiseaux
» marins, et tout ce qui pouvoit tomber entre leurs
» mains; car ils étoient pressés d'une faim très-violente.
» Cependant je m'enfonçai dans l'île pour faire mes
» prières aux Dieux, et pour les supplier de vouloir
» m'ouvrir quelque voie de retour. Quand je me vis
» donc assez loin de mes compagnons et dans un lieu
» qui étoit à l'abri des vents, je lavai mes mains, et
» j'adressai mes prières à tous les Dieux qui habitent
» l'Olympe. J'avois à peine fini, que les Dieux m'en-
» voyèrent un doux sommeil. Euryloque profita de l'oc-
» casion pour donner à ses compagnons un conseil
» funeste : Mes amis, leur dit-il, qui avez essuyé tant
» de travaux et tant de misères, tous les genres de mort
» sont terribles; mais le plus terrible de tous c'est de
» mourir de faim. Choisissons donc parmi les bœufs du
» Soleil les plus beaux et les meilleurs, et faisons un
» sacrifice aux Dieux immortels; et si nous sommes assez
» heureux pour arriver à Ithaque, notre chère patrie,
» notre premier soin sera d'élever au père du jour un
» beau temple, que nous enrichirons de quantité d'of-
» frandes très-magnifiques. Que si ce Dieu, irrité de ce
» que nous aurons pris ses bœufs, veut faire périr notre

» Νῆ᾽ ἐθέλῃ ὀλέσαι, ἐπὶ δ᾽ ἕσπωνται θεοὶ ἄλλοι,
» Βούλομ᾽ ἅπαξ πρὸς κῦμα χανὼν ἀπὸ θυμὸν ὀλέσσαι,
» Ἢ δηθὰ στρεύγεσθαι, ἐὼν ἐν νήσῳ ἐρήμῃ.   550
» Ὣς ἔφατ᾽ Εὐρύλοχος· ἐπὶ δ᾽ ἤνεον ἄλλοι ἑταῖροι.
» Αὐτίκα δ᾽ Ἠελίοιο βοῶν ἐλάσαντες ἀρίστας
» Ἐγγύθεν, (οὐ γὰρ τῆλε νεὸς κυανοπρώροιο
» Βοσκέσκονθ᾽ ἕλικες καλαὶ βόες, εὐρυμέτωποι,)   356
» Τὰς δὲ περιστήσαντο, καὶ εὐχετόωντο θεοῖσι,
» Φύλλα δρεψάμενοι τέρενα δρυὸς ὑψικόμοιο·
» Οὐ γὰρ ἔχον κρῖ λευκὸν ἐϋσσέλμου ἐπὶ νηός.
» Αὐτὰρ ἐπεί ῥ᾽ εὔξαντο, καὶ ἔσφαξαν, καὶ ἔδειραν,
» Μηρούς τ᾽ ἐξέταμον, κατά τε κνίσσῃ ἐκάλυψαν,   361
» Δίπτυχα ποιήσαντες, ἐπ᾽ αὐτῶν δ᾽ ὠμοθέτησαν·
» Οὐδ᾽ εἶχον μέθυ λεῖψαι ἐπ᾽ αἰθομένοις ἱεροῖσιν,
» Ἀλλ᾽ ὕδατι σπένδοντες ἐπώπτων ἔγκατα πάντα.
» Αὐτὰρ ἐπεὶ κατὰ μῆρ᾽ ἐκάη, καὶ σπλάγχν᾽ ἐπάσαντο,
» Μίστυλλόν τ᾽ ἄρα τ᾽ ἄλλα, καὶ ἀμφ᾽ ὀβελοῖσιν ἔπειραν·
» Καὶ τότε μοι βλεφάρων ἐξέσσυτο νήδυμος ὕπνος· 366
» Βῆν δ᾽ ἰέναι ἐπὶ νῆα θοὴν καὶ θῖνα θαλάσσης.
» Ἀλλ᾽ ὅτε δὴ σχεδὸν ἦα κιὼν νεὸς ἀμφιελίσσης,
» Καὶ τότε μὲ κνίσσης ἀμφ᾽ ἤλυθεν ἡδὺς ἀϋτμή·
» Οἰμώξας δὲ θεοῖσι μετ᾽ ἀθανάτοισι γεγώνευν·   370
» Ζεῦ πάτερ, ἠδ᾽ ἄλλοι μάκαρες θεοί, αἰὲν ἐόντες,
» Ἦ με μάλ᾽ εἰς ἄτην κοιμήσατε νηλέϊ ὕπνῳ·
» Οἱ δ᾽ ἕταροι μέγα ἔργον ἐμητίσαντο μένοντες.
» Ὠκέα δ᾽ Ἠελίῳ Ὑπερίονι ἄγγελος ἦλθε
» Λαμπετίη τανύπεπλος, ὅ οἱ βόας ἔκταν ἑταῖροι. 375
» Αὐτίκα δ᾽ ἀθανάτοισι μετηύδα, χωόμενος κῆρ·

» vaisseau, et que les autres Dieux y consentent, j'aime
» mieux encore mourir au milieu des flots, que de lan-
» guir misérablement dans cette île déserte, et d'y être
» consumé par la faim. Ainsi parla Euryloque, et ce
» pernicieux conseil fut loué et suivi. Sans perdre un
» moment ils vont choisir dans les troupeaux les meil-
» leurs et les plus gras, et ils n'allèrent pas les chercher
» bien loin; car, comme ces bœufs n'étoient point effa-
» rouchés, ils paissoient près de notre vaisseau même.
» Ils les immolèrent en faisant leurs prières aux Dieux,
» et comme ils n'avoient point d'orge pour les consa-
» crer selon la coutume, ils prirent des feuilles de chêne;
» leurs prières étant finies et les victimes égorgées et
» dépouillées, ils coupèrent les cuisses, les envelop-
» pèrent d'une double graisse, mirent par-dessus des
» morceaux de toutes les autres parties, et les posèrent
» sur le feu. Ils manquoient de vin pour faire les asper-
» sions; dans cette nécessité ils employèrent de l'eau,
» qu'ils versèrent sur ces parties fumantes. Quand les
» cuisses furent consumées par le feu, et qu'on eût goûté
» aux entrailles, on coupa les restes des victimes par
» morceaux, et on les fit rôtir. Le sommeil me quitta
» dans ce moment, et je pris le chemin de mon vais-
» seau. Comme j'approchois, une odeur agréable de
» fumée de sacrifice se répandit autour de moi. Je ne
» doutai point de mon malheur; et m'adressant aux
» Dieux, je m'écriai avec de profonds soupirs: *Grand*
» *Jupiter, et tous les autres immortels qui habitez*
» *aussi l'Olympe, c'est donc pour ma perte que vous*
» *m'avez fait fermer les paupières par ce malheureux*
» *sommeil; car mes compagnons, devenus audacieux*
» *et rebelles par mon absence, ont commis un terrible*
» *forfait.* En même temps la belle Lampétie alla porter
» au Soleil la nouvelle de cet horrible attentat de mes
» compagnons. Le Soleil, outré de colère, dit aux Dieux:

» Ζεῦ πάτερ, ἠδ' ἄλλοι μάκαρες θεοί, αἰὲν ἐόντες,
» Τίσαι δὴ ἑτάρους Λαερτιάδεω Ὀδυσῆος,
» Οἵ μευ βοῦς ἔκτειναν ὑπέρβιον· ᾗσιν ἔγωγε
» Χαίρεσκον μὲν ἰὼν εἰς οὐρανὸν ἀστερόεντα, 380
» Ἠδ' ὁπότ' ἂψ ἐπὶ γαῖαν ἀπ' οὐρανόθεν προτραποίμην.
» Εἰ δέ μοι οὐ τίσουσι βοῶν ἐπιεικέ' ἀμοιβὴν,
» Δύσομαι εἰς Ἀΐδαο, καὶ ἐν νεκύεσσι φαείνω.
» Τὸν δ' ἀπαμειβόμενος προσέφη νεφεληγερέτα Ζεύς·
» Ἠέλι', ἤτοι μὲν σὺ μετ' ἀθανάτοισι φάεινε, 385
» Καὶ θνητοῖσι βροτοῖσιν, ἐπὶ ζείδωρον ἄρουραν.
» Τῶν δέ κ' ἐγὼ τάχα νῆα θοὴν ἀργῆτι κεραυνῷ
» Τυτθὰ βαλὼν κεάσαιμι, μέσῳ ἐνὶ οἴνοπι πόντῳ.
» Ταῦτα δ' ἐγὼν ἤκουσα Καλυψοῦς ἠϋκόμοιο·
» Ἡ δ' ἔφη Ἑρμείαο διακτόρου αὐτὴ ἀκοῦσαι. 390
» Αὐτὰρ ἐπεί ῥ' ἐπὶ νῆα κατήλυθον ἠδὲ θάλασσαν,
» Νείκεον ἄλλοθεν ἄλλον ἐπισταδὸν, οὐδέ τι μῆχος
» Εὑρέμεναι δυνάμεσθα· βόες δ' ἀποτέθνασαν ἤδη.
» Τοῖσιν δ' αὐτίκ' ἔπειτα θεοὶ τέρατα προὔφαινον·
» Εἷρπον μὲν ῥινοὶ, κρέα δ' ἀμφ' ὀβελοῖς ἐμεμύκει, 395
» Ὀπταλέα τε καὶ ὠμά· βοῶν δ' ὣς γίνετο φωνή·
» Ἑξῆμαρ μὲν ἔπειτα ἐμοὶ ἐρίηρες ἑταῖροι
» Δαίνυντ', Ἠελίοιο βοῶν ἐλάσαντες ἀρίστας·
» Ἀλλ' ὅτ' ἄρ' ἕβδομον ἦμαρ ἐπὶ Ζεὺς θῆκε Κρονίων,
» Καὶ τότ' ἔπειτ' ἄνεμος μὲν ἐπαύσατο λαίλαπι θύων·
» Ἡμεῖς δ' αἶψ' ἀναβάντες ἐνήκαμεν εὐρέϊ πόντῳ, 401
» Ἱστὸν στησάμενοι, ἀνά θ' ἱστία λεύκ' ἐρύσαντες.
» Ἀλλ' ὅτε δὴ τὴν νῆσον ἐλείπομεν, οὐδέ τις ἄλλη
» Φαίνετο γαιάων, ἀλλ' οὐρανὸς, ἠδὲ θάλασσα,
» Δὴ τότε κυανέην νεφέλην ἔστησε Κρονίων 405
» Νηὸς ὕπερ γλαφυρῆς· ἤχλυσε δὲ πόντος ὑπ' αὐτῆς.
» Ἡ δ' ἔθει οὐ μάλα πολλὸν ἐπὶ χρόνον· αἶψα γὰρ ἦλθε

» Grand Jupiter, et tous les autres immortels qui habi-
» tez aussi ce brillant Olympe, vengez-moi des compa-
» gnons d'Ulysse, fils de Laërte, qui, avec une insolence
» digne de tous vos châtimens, ont égorgé mes bœufs,
» que je voyois toujours avec un nouveau plaisir, quand
» je montois au ciel pour éclairer les hommes, ou quand
» je descendois du ciel sur la terre, pour faire place à la
» nuit. Si ces insolens ne portent bientôt la peine que
» mérite leur sacrilége, je descendrai dans l'Erèbe, et
» je n'éclairerai plus que les morts. Le maître du ton-
» nerre lui répond : Soleil, continuez de faire part de
» votre lumière aux Dieux et aux hommes, qui sont
» répandus sur la surface de la terre, et reposez-vous
» sur moi de la punition de ces audacieux. Bientôt je
» briserai leur vaisseau d'un coup de foudre au milieu
» de la vaste mer. Et cette conversation des Dieux, je
» l'appris de la belle Calypso, qui me dit la tenir de
» Mercure même. Quand j'eus regagné mon vaisseau,
» je fis à mes compagnons de très-sévères réprimandes.
» Mais tout cela n'apportoit aucun remède à nos maux;
» les bœufs du Soleil étoient tués. Les Dieux ne tar-
» dèrent pas d'envoyer à ces malheureux des signes de
» leur colère; les peaux de ces bœufs se mirent à mar-
» cher; les chairs qui rôtissoient sur les charbons com-
» mencèrent à mugir; celles qui étoient encore crues
» répondoient à leurs mugissemens, et nous croyions
» entendre les bœufs mêmes. Malgré ces prodiges, mes
» compagnons passèrent six jours entiers à faire bonne
» chère; et dès que Jupiter eut fait luire le septième
» jour, la tempête, qui jusque-là avoit été si furieuse,
» cessa tout d'un coup. Pour ne pas perdre un temps si
» favorable, nous nous rembarquâmes sur l'heure; et
» après avoir dressé le mât et déployé nos voiles, nous
» nous mîmes en mer. Dès que nous eûmes perdu l'île
» de vue, que nous ne découvrions plus aucunes terres,

» Κεκληγὼς Ζέφυρος, μεγάλῃ σὺν λαίλαπι θύων·
» Ἱστοῦ δὲ προτόνους ἔῤῥηξ' ἀνέμοιο θύελλα
» Ἀμφοτέρους· ἱστὸς δ' ὀπίσω πέσεν, ὅπλα τε πάντα
» Εἰς ἄντλον κατέχυνθ'· ὁ δ' ἄρα πρύμνῃ ἐνὶ νηΐ 411
» Πλῆξε κυβερνήτεω κεφαλὴν, σὺν δ' ὀστέ' ἄραξε
» Πάντ' ἄμυδις κεφαλῆς· ὁ δ' ἄρ' ἀρνευτῆρι ἐοικὼς
» Κάππεσ' ἀπ' ἰκριόφιν, λίπε δ' ὀστέα θυμὸς ἀγήνωρ.
» Ζεὺς δ' ἄμυδις βρόντησε, καὶ ἔμβαλε νηῒ κεραυνόν·
» Ἡ δ' ἐλελίχθη πᾶσα, Διὸς πληγεῖσα κεραυνῷ, 416
» Ἐν δὲ θεείου πλῆτο· πέσον δ' ἐκ νηὸς ἑταῖροι.
» Οἱ δὲ κορώνῃσιν ἴκελοι περὶ νῆα μέλαιναν
» Κύμασιν ἐμφορέοντο· θεὸς δ' ἀποαίνυτο νόστον.
» Αὐτὰρ ἐγὼ διὰ νηὸς ἐφοίτων, ὄφρ' ἀπὸ τοίχους 420
» Λῦσε κλύδων τρόπιος· τὴν δὲ ψιλὴν φέρε κῦμα.
» Ἐκ δέ οἱ ἱστὸν ἔαξε ποτὶ τρόπιν· αὐτὰρ ἐπ' αὐτῷ
» Ἐπίτονος βέβλητο, βοὸς ῥινοῖο τετευχώς.
» Τῷ ῥ' ἄμφω συνέεργον ὁμοῦ τρόπιν, ἠδὲ καὶ ἱστόν·
» Ἑζόμενος δ' ἐπὶ τοῖς, φερόμην ὀλοοῖς ἀνέμοισιν. 425
» Ἔνθ' ἤτοι Ζέφυρος μὲν ἐπαύσατο λαίλαπι θύων·
» Ἦλθε δ' ἐπὶ Νότος ὦκα, φέρων ἐμῷ ἄλγεα θυμῷ,
» Ὄφρ' ἔτι τὴν ὀλοὴν ἀναμετρήσαιμι Χάρυβδιν.
» Παννύχιος φερόμην· ἅμα δ' ἠελίῳ ἀνιόντι

» et que nous ne pouvions plus voir que la mer et le
» ciel, Jupiter fit lever au-dessus de notre vaisseau un
» nuage noir, qui couvrit tout à coup la mer d'épaisses
» ténèbres. Ce nuage ne courut pas long-temps ; car
» bientôt de ses flancs sortit le violent Zéphyr, accom-
» pagné d'un déluge de pluie et d'affreux tourbillons.
» L'effort du vent rompit d'abord les deux cordages du
» mât, qui tomba avec ses voiles et ses antennes dans la
» sentine, et en tombant il fracassa la tête à notre pilote,
» qui tenoit le gouvernail. Ce malheureux tomba de sa
» poupe dans la mer, la tête la première, comme un
» plongeur. En même temps Jupiter fit retentir les airs
» d'un horrible tonnerre, et lança sa foudre sur notre
» vaisseau. La secousse que causa le trait de ce Dieu,
» fut si violente, que tout le vaisseau en fut ébranlé ;
» une odeur de soufre le remplit, et tous mes compa-
» gnons furent précipités dans les flots. Ils flottoient sur
» les vagues comme des oiseaux marins, faisant tous
» leurs efforts pour regagner leur navire ; mais toute
» voie de salut leur étoit fermée par l'ordre de Jupiter.
» Dans cette extrémité, je courois d'un bout à l'autre du
» vaisseau pour tâcher de le gouverner ; mais un hor-
» rible coup de vent ayant emporté les deux côtés, il
» n'y eut plus que le fond qui resta entier, et qui étoit
» le jouet des flots et de la tempête. Un second coup de
» vent, plus fort, vint briser mon mât par le pied ; mais
» comme il étoit garni d'une espèce de câble fait de cuir
» de bœufs, je me servis de ce câble pour lier ce mât
» avec la quille du vaisseau, et le rendre plus solide ; et
» porté sur cette quille, fortifiée par le mât, je m'aban-
» donnai au gré des vents. Dans ce moment le violent
» Zéphyr tomba tout d'un coup, et fit place au vent du
» midi, qui étoit mille fois plus terrible pour moi ; car
» il me portoit dans les gouffres de Charybde. Toute la
» nuit se passa ainsi dans un danger continuel de ma

» Ἦλθον ἐπὶ Σκύλλης σκόπελον, δεινήν τε Χάρυβδιν.
» Ἡ μὲν ἀνερρίβδησε θαλάσσης ἁλμυρὸν ὕδωρ· 431
» Αὐτὰρ ἐγὼ ποτὶ μακρὸν ἐρινεὸν ὑψόσ' ἀερθεὶς,
» Τῷ προσφὺς ἐχόμην, ὡς νυκτερίς, οὐδέπη εἶχον
» Οὔτε στηρίξαι ποσὶν ἔμπεδον, οὔτ' ἐπιβῆναι.
» Ῥίζαι γὰρ ἑκὰς ἦσαν, ἀπήωροι δ' ἔσαν ὄζοι, 435
» Μακροί τε, μεγάλοι τὲ, κατεσκίαον δὲ Χάρυβδιν.
» Νωλεμέως δ' ἐχόμην, ὄφρ' ἐξεμέσειεν ὀπίσσω
» Ἱστὸν καὶ τρόπιν αὖτις· ἐελδομένῳ δέ μοι ἦλθεν
» Ὄψ'· ἦμος δ' ἐπὶ δόρπον ἀνὴρ ἀγορῆθεν ἀνέστη,
» Κρίνων νείκεα πολλὰ δικαζομένων αἰζηῶν, 440
» Τῆμος δὴ τάγε δοῦρα Χαρύβδιος ἐξεφαάνθη.
» Ἧκα δ' ἐγὼ καθύπερθε πόδας καὶ χεῖρε φέρεσθαι,
» Μέσσῳ δ' ἐνδούπησα παρὲξ περιμήκεα δοῦρα,
» Ἑζόμενος δ' ἐπὶ τοῖσι διήρεσα χερσὶν ἐμῇσι.
» Σκύλλην δ' οὐκ ἔτ' ἔασε πατὴρ ἀνδρῶν τε θεῶν τε
» Εἰσιδέειν· οὐ γάρ κεν ὑπέκφυγον αἰπὺν ὄλεθρον.
» Ἔνθεν δ' ἐννῆμαρ φερόμην· δεκάτῃ δέ με νυκτὶ
» Νῆσον ἐς Ὠγυγίην πέλασαν θεοί· ἔνθα Καλυψὼ
» Ναίει ἐϋπλόκαμος, δεινὴ θεὸς, αὐδήεσσα.
» Ἥ μ' ἐφίλει τ', ἐκόμει τέ. Τί τοι τάδε μυθολογεύω;
» Ἤδη γάρ τοι χθιζὸς ἐμυθεόμην ἐνὶ οἴκῳ 451
» Σοί τε καὶ ἰφθίμῃ ἀλόχῳ· ἐχθρὸν δέ μοι ἐστὶν,
» Αὖτις ἀριζήλως εἰρημένα μυθολογεύειν.

» vie. Le lendemain, comme le soleil se levoit, je me
» trouvai entre Scylla et Charybde, et ce fut justement
» dans le moment que celle-ci engloutissoit les flots. Ce
» reflux m'auroit entraîné dans ses gouffres, si, en me
» haussant sur les pieds, je ne me fusse pris à ce figuier
» sauvage dont je vous ai parlé; je me tins fortement
» attaché à ses branches avec les mains, comme un
» oiseau de nuit, le reste du corps suspendu en l'air,
» sans pouvoir trouver à appuyer les pieds; car ses
» racines étoient fort loin dans le rocher, et ses branches
» longues et fortes étoient avancées dans la mer et ombra-
» geoient tout cet abîme. Je demeurois donc ainsi sus-
» pendu en attendant que le monstre, en rejetant les flots,
» me renvoyât mon mât. Enfin mon impatience fut satis-
» faite, car dans le temps que le juge, après avoir jugé
» quantité de procès, quitte son tribunal pour aller
» dîner, je vis sortir mon mât de cet abîme; comme il
» passoit sous moi, je me laissai aller, je tombai un peu
» à côté avec un grand bruit, et l'ayant accroché, je
» m'assis au milieu, et je nageai avec les pieds et les
» mains qui me servoient de rames. Le père des Dieux et
» des hommes ne permit pas que je repassasse près de
» Scylla; car jamais je n'aurois pu éviter la mort. Je fus
» porté, en cet état, au gré des flots et des vents, pen-
» dant neuf jours entiers, et la dixième nuit les Dieux
» me firent aborder à l'île d'Ogygie, où habite la belle
» Calypso, qui me reçut avec beaucoup de bonté et de
» politesse. Mais pourquoi vous redirois-je présente-
» ment ce qui se passa dans son palais; je vous en fis
» hier le récit, à vous, grand roi, et à la reine; la
» répétition ne pourroit que vous être ennuyeuse, et je
» n'aime point à redire ce qui a été déjà dit. »

FIN DU PREMIER VOLUME.

L'ODYSSÉE D'HOMÈRE,

TRADUIT

PAR MADAME DACIER,

AVEC LE TEXTE EN REGARD.

TOME PREMIER.

PARIS.

DE L'IMPRIMERIE D'AUGUSTE DELALAIN,

Libraire, rue des Mathurins-S.-Jacques, N°. 5.

1818.

www.ingramcontent.com/pod-product-compliance
Lightning Source LLC
Chambersburg PA
CBHW070207240426
43671CB00007B/576